U0452184

北大美学研究丛书（第二辑）

章启群 主编

循美之路

基督宗教本体形上美学研究

徐龙飞 著

商务印书馆

2018年·北京

图书在版编目(CIP)数据

循美之路:基督宗教本体形上美学研究 / 徐龙飞著. —北京:商务印书馆,2018
(北大美学研究丛书)
ISBN 978-7-100-15580-9

Ⅰ.①循… Ⅱ.①徐… Ⅲ.①基督教—美学—研究 Ⅳ.①B97-05

中国版本图书馆 CIP 数据核字(2017)第297678号

权利保留,侵权必究。

北大美学研究丛书
循美之路
——基督宗教本体形上美学研究
徐龙飞 著

商 务 印 书 馆 出 版
(北京王府井大街36号 邮政编码100710)
商 务 印 书 馆 发 行
北京市艺辉印刷有限公司印刷
ISBN 978-7-100-15580-9

2018年6月第1版	开本 880×1230 1/32
2018年6月北京第1次印刷	印张 21 7/8

定价:78.00元

主编寄语

三"木"成"森",三"人"成"众",三"火"为"焱"。在这套丛书的第三辑即将面世的时候,我觉得再继续"潜水",不说几句话,实在有愧于作者,也有与读者躲猫猫的嫌疑。

用现代汉语言说和写作美学的历史,与北京大学具有血肉之关联。中国大学开出第一堂美学课在北大,现代中国最有影响的美学著作的作者在北大,几乎所有现代中国美学巨匠都在北大。北大培养的美学专门人才,是中国任何大学科研院所的数倍之多。北大人出版的美学著述及其影响,中国的任何其他学校、单位难以望其项背。北大可谓现代中国美学之渊薮和滥觞。细细罗列这样的辉煌,似乎不需多费力气,亦难以尽言。而有幸进入北大研习美学者,受前辈精神之熏染,得大师思想之滋养,寸草春晖,岂敢言报恩于万一!然献曝之忱终不能绝,况学术之薪火相传,不能截断于吾辈,故尔有本丛书之面世。

丛书第一辑和第二辑分别在安徽教育出版社和商务印书馆出版,第三辑将由四川人民出版社出版。这个现象大概只能用缘分来解释。我自1993年以来没有申报任何国家科研项目。在没有任何政府和个人资助的情况下,这套丛书至今将出版三辑共13本,在某种程度上亦验证了我的信念。因为我坚信,21世纪的中国,在任何情况下,纯粹学术一定能够找到适当的土壤,得以生存和发展。

因为实现中华民族的伟大复兴，不仅要有新科学、新技术，还要有新文化、新学术。为这个信念而做出的坚守，其意义甚至比学术本身更大。

《淮南鸿烈》云："昔者仓颉作书而天雨粟，鬼夜哭。"可谓惊天地泣鬼神！使用汉字是个极为神圣的事业。中国民间千年来素有"敬惜字纸"的传统。我辈假学术之名，操三寸之管，下笔千言，惟祈戒甚慎甚。然学养功力毕竟有限，期盼天下方家不吝示教。念兹在兹，是祷是祝！

章启群
戊戌正月廿一，岁次 2018 年 3 月 8 日

Meiner Familie

第二版序言

这部拙作是我在北京大学哲学系讲授基督宗教美学的参考文献，于2013年在中华书局（香港）出版繁体字版，现承蒙商务印书馆（北京）厚爱，出版本简体字版，在此版中增加了研究托马斯·阿奎那的"存在美学"一章（第6章）。在此，我十分感谢参加课程的诸多院校与院系的各位老师与同学：吴蓓蓓博士、吴莉琳博士、秦蘭珺博士、徐文静博士、黄茜博士、李晶博士、范吉宏博士、罗泮博士、王曦博士、康宁博士、吴忱博士、杨虹帆博士、彭瑞博士、郑小平博士以及方凯城同学等，也十分感谢那些我并不知晓其姓名的老师与同学；此外，许可、黄敬哲、伊璨、聂建松、郭建斌、巩天城、贺腾以及郎青等同学，不仅参与课程，而且还帮我校对书稿，在此表示对他（她）们的衷心感谢！商务印书馆的陈小文先生以其职业的高度与专业的深度对此书的出版大力赞襄，王希勇先生对书稿进行了细致认真的审阅，在此一并致谢！

2017年4月4日

序　言

　　摆在面前的这篇拙作，名为《循美之路——基督宗教本体形上美学研究》（以下简称《循美之路》）；这是继《形上之路——基督宗教的哲学建构方法研究》（以下简称《形上之路》）之后读书和教学的又一肤浅心得。

　　在写作《形上之路》的过程中，特别是在对于奥古斯丁和伪狄奥尼修斯的探讨过程中，一方面，美（κάλον）作为上帝的绝对谓项，亦即作为基督宗教哲学的基本概念，从诸多杂沓纷纭的理论和概念中迅即脱颖而出，成为不得不被研讨的主旨概念；另一方面，依然是在这一过程中，作为核心概念的美呈现出古典美学对于美在本体形上层面的理解，这一理解具有方法论的意义，并且也的确引领基督宗教美学甚或美学至少近千年的拓展之路；而从感官感觉（αἴσθησις）出发的审美美学的苍白面庞在人文主义之后，特别是文艺复兴之后才逐渐红润起来，于是对于美在本体形上层面的研讨，特别是在基督宗教哲学的问题域中的研讨，则庶几是必要的了。

　　由此，《循美之路》分上、下两篇；上篇讨论作为基督宗教美学源泉的古典美学中本体形上美学的基本问题、基本理论，其中特别述及和阐释柏拉图与亚里士多德的学说，之后阐释和分析同样作为基督宗教美学源泉的新柏拉图主义者布洛丁的美学，并进而阐释拉丁西部教父哲学的集大成者奥古斯丁的美学理论和形上音乐美学,然后探讨以希腊语为写作语言的伪狄奥尼修斯的本体形上美学;最终探讨作为中世纪经院哲学高峰的托马斯·阿奎那的本体论美学。伪狄奥尼修斯尽管是希腊东部的教父学者,但是他和奥古斯丁同为最重要的教父哲学家,同样不仅影响欧洲中世纪一千年,而且他们的以及托马斯的思想直到今天都丝毫未减其重要之程度。

在梳理得基本理论之后,下篇则探讨建立在亚里士多德哲学美学和伪狄奥尼修斯哲学神学、哲学美学基础之上的东部教会,特别是拜占庭时期的画像-圣像理论;其理论所提出的基本问题一言以蔽之则在于,上帝能否在质料中被表述。由于东部教会的画像-圣像问题和理论有其历史的产生和展开的过程,尽管面临同样的问题,但是在不同的时期问题所呈现出的侧重点则不尽相同,本篇在研讨的过程中尽量在关注历史的自然的发展过程的同时,概括出不同时期的问题的不同方面;所采信的希腊文原始文献大多为直接谈及画像和圣像问题者,而在文学作品(譬如诗歌等)和驳犹太教作品中兼及画像和圣像的文字,则稍有涉及而已;在概括问题和展现资料,并作系统研讨之后,再对从画像到圣像的发展过程以及圣像理论作专题和重点之理论研究,其中阐释和分析圣像概念的诞生——这标志着圣像理论的最终成型,阐释和分析圣像理论中的宗教虔诚性问题,提取圣像争执过程中前期和后期各一位代表人物,亦即大马士革的若望和学者特奥多鲁斯,阐释和分析他们的画像、圣像理论;最终,阐释和分析一向被视为属于技术层面的拜占庭圣像画法语言的本体形上美学特质,也就是分析技法的哲学内涵。

在本书之前,汉语学术界尚未发现在一部书中系统梳理基督宗教东、西部教会本体形上美学之专著,因而本书尚称有些许之学术参考价值;此外,在本书之前就画像和圣像问题尚未发现有原始文献之引用,而本书所引述的希腊文和拉丁文原典,在汉语学术界或许尚属首次称引,因而对于若干学科(譬如历史学、社会史、文学史、宗教史)而言或应具有比较重要的史料和文献参考价值。

本书所有引文皆本书笔者自译,敬请方家指正。

如同在《形上之路》的写作过程中一样,从《循美之路》写作之始,本书笔者就经常受到北京大学哲学系同仁的赐教。韩水法教授提出富含学术建设性之思想,都令笔者受益极多,笔者深怀感激,在此谨致谢忱;韩林合教授多次对于全书的核心旨趣和各章节之主题提出极具学术批评性之思想,笔者受益甚多、深怀感激,在此诚致谢意;章启群教授多次对全书的主题、整体建构和重点分布给出颇具启发性之建议,笔者受益颇多、深怀感激,在此敬致谢意;徐凤林教授特赠他的专著《东正教圣像史》(北京大学出版社,2012年)并提出极具专业水平的和鼓励性意见,笔者深怀感激,在此特致谢意;香港中华书局总编李占领先生全力支持这篇拙作之出版,在此谨致谢忱。

/ 目 录 /

上篇　本体形上美学：或曰神学语境下的基督宗教美学

第1章　引论：本体形上美学作为本体论的展开 ……………2
1. 美作为概念及其历史 ……………………………… 2
2. 本体论作为形上美学的基础 ………………………11
3. 美作为存在的谓项 …………………………………16
4. 形而上学作为美学：或曰作为美学的形而上学 ……20
5. 亚里士多德对于 ποίησις 和 πρᾶξις 的区分 …………21
6. 在自身中的存在、在他者中的存在 ………………23
7. 否定形上学 …………………………………………25

第2章　布洛丁新柏拉图主义的本体形上美学作为基督宗教美学理论的源泉之一 ……………………29
1. 美作为问题的提出 …………………………………29
2. 本体论之美、存在之美 ……………………………33
3. 本体形上美学中美与美的三个等级 ………………38
4. 从存在之美到感知和观想存在之美 ………………48

5. 至一之美与光的本体形上阐释 ·················51
　　6. 本体形上论中的至一与精神之美 ·················56
　　7. 本体形上论中的艺术美学 ·················59
　　8. 小结 ·················63

第3章　奥古斯丁美学概论 ·················66

　　1. 引论：奥古斯丁美学与古典美学 ·················66
　　2. 从美感美学到本体形上之认知美学 ·················70
　　3. 美作为存在的本质属性 ·················77
　　4. Pulchrum et aptum, pulchrum et suave 作为基督宗教美学的基本概念 ·················79
　　5. 美的历验作为美学心理学和基督宗教形上美学 ·················82
　　6. 此间世界之美与其丑陋：形上美学与神正论 ·················87
　　7. 上帝之美与此间世界之美：与古典美学的分水岭 ·················90
　　8. 艺术之美与本体形上之美 ·················94
　　9. 艺术美学的若干特质及其价值判断 ·················96
　　10. 小结 ·················99

第4章　Scientia bene modulandi
　　——论奥古斯丁的形上音乐美学 ·················103

　　1. "De musica"在奥古斯丁全部著作中的独特地位与意义及其所提出的问题 ·················103
　　2. "De musica"：究竟什么是音乐，或曰音乐美学之本体论的基础与形上哲学的主导方向 ·················109

2.1 音乐的定义及其本体论之基础与形上哲学的主导方向 ·················· 109
2.2 对构成音乐定义的若干因素的补充性分析 ····· 120
2.3 对音乐定义中的数字论的分析 ··············· 123
2.4 对若干相关联因素的分析 ····················· 128

3. Scientia bene modulandi: 奥古斯丁形上音乐美学中哲学与神学之思维方式 ······················ 133
3.1 存在与发生 ·· 134
3.2 精神行为中的存在与发生以及它们的神学蕴涵 ···································· 135
3.3 究竟发生了什么？ ································ 138

4. 有限的理性与无限的至美 ································· 141
4.1 理性的判断与音乐的认知 ····················· 141
4.2 理性与形上音乐之美 ··························· 143
4.3 向何处追求至美 ··································· 144

5. In te ipsum redi: "返回自身"，形上音乐美学之神学认知 ·· 148
5.1 美：本体论的结构分析 ························· 149
5.2 "返回自身"：返回精神的思考和对自身的反思之中 ······································ 153
5.3 形上音乐美学中的"返回自身"与奥古斯丁 illuminatio（光照论）的内在联系 ······ 158
5.4 理性判断在自由意志与上帝恩宠的张力之间的当下化 ·· 160

6. 小结：形上层面的音乐之美 ·· 161
  6.1 从奥古斯丁音乐定义出发，观照现代音乐
    理解的美学分析 ·· 162
  6.2 本体形上层面之方法论分析 ························· 165

第 5 章　美作为上帝的绝对谓项 ································ 173
  ——论伪狄奥尼修斯的本体形上美学 ······················ 173

1. 对美的重新阐释——主题、概念及其方法 ············· 173
2. 本体形上美学中美的概念：上帝作为超验之美 ······ 178
3. 本体形上美学中美的概念：上帝作为否定概念、
  作为绝对之美 ·· 185
4. 本体形上美学中美的流溢概念：象征神学、肯定神学、
  否定神学、神秘神学的思维方式 ························· 193
5. 本体形上美学中神学论的主题：与古典美感美学的
  分水岭 ·· 209
6. 小结 ··· 213

第 6 章　存在之美与此间世界之美 ································ 218
  ——论托马斯·阿奎那的本体形上美学 ·················· 218

1. 引入：托马斯面临的问题——存在之美与此间世界之美
  作为中世纪基督宗教美学的纲领 ························· 218
2. 美的三原则（tria requisita）、美的至一及其思维方式 ··· 224
3. 美作为 integritas（完足）或者 perfectio（完整）······ 232
4. 美作为内在的比例关系或者和谐
  （debita proportio sive consonantia）······················ 243

5. 美作为 claritas ·· 262
6. 小结：美作为上帝在此间世界的绽放 ··············· 278

下篇　拜占庭东方教会圣像理论研究
——上帝能够在质料中被表述吗？

第1章　引论：问题的提出 ······································ 288
　　1. 上帝能够在质料中被表述吗？ ····················· 288
　　2. 西部的观点：《卡尔大帝论圣像书》 ··········· 295

第2章　早期东方教会的画像学说 ························ 303
　　1. 异教的古典晚期的画像学说 ························ 303
　　2. 早期基督宗教护教学中的画像学说 ············ 312
　　3. 从异教的习俗而产生的基督宗教早期纪念像 ···· 333

**第3章　公元4、5世纪期间从逻各斯基督论而产生的
　　　　画像学说的变端** ······································ 337

**第4章　公元5、6世纪期间画像论中的基督论和作为
　　　　象征的十字架** ······································ 377

**第5章　至公元5世纪末以基督论为基础的画像争执：
　　　　从上帝模式到基督模式的转折** ············· 401

第 6 章 公元 6 世纪至 7 世纪之早期逻各斯基督论作为赞襄画像的论证基础 ……411

第 7 章 从肖像到原象 ……448
—— 公元 7、8 世纪间圣像概念的诞生 ……448

第 8 章 从画像到圣像 ……514
1. 文本及学说的逻辑的梳理 ……514
2. 伪狄奥尼修斯的思想作为画像理论的哲学神学基础 … 522
3. 文本和学说的神学总结 ……533

第 9 章 圣像理论中关于宗教虔诚性指向的神哲学思考 ……545
1. τιμή 和 λατρευία："崇敬"与"朝拜"作为问题的提出 ……545
2. 尊崇的秩序等级及其关系 ……547
3. 基督两性论带来的悖论 ……550
4. 宗教实践与神学反思 ……551
5. 圣像敬拜的神学阐释 ……559

第 10 章 奠基于伪狄奥尼修斯基础上的大马士革的若望的画像理论 ……568
1. 引论：大马士革的若望画像理论的地理和精神的故乡 ……568

2. 画像理论的形上哲学与神学之基础：上帝的无可
   认知性与道成肉身 ·· 571
3. 奠基在伪狄奥尼修斯哲学神学、神秘神学基础上的
   画像理论 ··· 578
   3.1 超验与内在的关系 ·· 578
   3.2 原象与画像的本体形上关系 ·························· 581
4. 大马士革的若望的画像理论的思维方式 ················ 586

第11章 奠基于亚里士多德哲学基础之上的学者特奥多鲁斯的圣像理论 ················ 594

1. 引入：问题的变端以及方法的调整 ······················· 594
2. 古典哲学的概念与基督论的阐释 ·························· 605
3. 亚里士多德的关系范畴与特奥多鲁斯圣像理论的
   本体形上之思考 ·· 612

第12章 拜占庭圣像画法语言的本体形上美学特质 ········ 623

1. 引入：拜占庭圣像理论的主旨、思维方式以及
   神学主题的诠释方法 ·· 623
2. 画像（圣像）的本体形上意义 ····························· 625
   2.1 认知功能 ··· 625
   2.2 构图体现的神学主题中的人本中心思想 ········· 627
   2.3 空间之本体形上意义 ···································· 629
   2.4 人与其他存在之关系及其意义 ······················ 630
   2.5 本体形上之多维时空观以及"倒透视法"之
       意义 ·· 633

3. 光与色之本体形上美学意义 ·············· 635
　　　　3.1 光作为本体形上美学以及圣像画法语言之
　　　　　　基本范畴 ···················· 636
　　　　3.2 光的诠释学意义 ··············· 642
　　　　3.3 色的本体形上意义 ·············· 646
　　4. 光与色的形上总结 ················· 653

第13章　结语 ························· 656

参考文献 ··························· 661

* 上 篇 *

本体形上美学：或曰神学语境下的基督宗教美学

第 1 章　引论：本体形上美学作为本体论的展开

1. 美作为概念及其历史

我们在此所说的美，首先并非是古希腊哲学中所谓的 αἴσθησις（感觉，特别是视觉和听觉），而是κάλον（美，并非从感官感觉而来的美，而主要是伦理之美、德行之美、精神之美），尽管后者似乎亦能涵盖前者；根据著名美学研究家塔塔捷维奇（Władysław Tatarkiewicz）的研究，κάλον 在拉丁语中的对应概念是 pulchrum，这一拉丁概念不仅在古典时期，而且在中世纪也是占统治地位的概念，直到文艺复兴之后，才让位于另一拉丁概念 bellum。这一新的概念表述 bellum 有一比较特殊的起源，它是从另一拉丁概念 bonum 产生的，bonum 的含义是善，其小化是 bonellum，从这一小化的形式的缩写 bellum 诞生了美这一语汇和概念。作为概念，bellum 自其诞生伊始庶几仅仅涉及，或曰仅仅指女士与孩童的美，在其发展过程中才逐渐具有比较广博的涵义，大凡美的事物、人等，都能够以 bellum 来表述，它最终取代了 pulchrum 而成为表述美的主要概念。现代西部欧洲主要语言中表述美的语汇和概念大多是从 bellum 而来的，比如意大利语和西班牙语的 bello，法语的 beau 以及英语的 beautiful 等；而欧洲其他语言中的美的概念则有各自的来源，譬如德语 schön，波兰语 piękny，俄语 krasivyj 等[①]。

无论是古典的，抑或是现代的语言，大多都有两个表述美的语汇，分别是具有同一词干的形容词和名词，譬如古典希腊语的 κάλλος 和 κάλον，古典拉丁语的 pulchritudo 和 pulcher，意大利语的 bello 和 bellezza，德语的 Schönheit 和 schön 等。

通常表述美的语汇至少有两个，一个表述具体的美的事物（或人），另一个表述抽象的美以及美的标志，正是由于这一点，并且相应于这一点，古希腊的语汇中表述具体的美的语汇是名词化的形容词 το κάλον，而表述抽象的美则用形容词 κάλλος。不仅如此，在古典的希腊，还有另外一个概念表述美，并且不仅表述美的事物、形式、颜色和声音，而且也表述美的思想、美的设想、美的伦理以及美的习俗等；柏拉图在"Hippias"中以这一语汇表述美的品质、美的律法等，他在《会饮篇》的著名段落 210e-211d 中用以表述美的理念的语汇，同样也可以表述为善的理念，能够这样说的原因在于，这一语汇不仅关涉可视觉的、可听觉的美，而且也关涉抽象的美。古典希腊的哲学家们恰恰在精神的和伦理的美之中、恰恰在理念和精神的美之中看到最稳妥、最确定的美[②]。

[①] 就此请参见 Władysław Tatarkiewicz, Geschichte der sechs Begriffe. Kunst, Schönheit, Form, Kreativität, Mimesis, Ästhetisches Erlebnis. Aus dem Polnischen von Friedrich Griese. Erste Auflage. Suhrkam Verlag, Baden-Baden 2003. S. 170. 本篇在这一章节中主要参照了塔塔捷维奇的著作，在具体引用之处则注明出处。

[②] 就此请参见 Władysław Tatarkiewicz, Geschichte der sechs Begriffe. Kunst, Schönheit, Form, Kreativität, Mimesis, Ästhetisches Erlebnis. Aus dem Polnischen von Friedrich Griese. Erste Auflage. Suhrkam Verlag, Baden-Baden 2003. S. 171。

在古典的希腊，如果哲学家们无需狭义理解的美也能表述他们的美的感觉、审美的直觉的话，那是因为他们还享有其他表述美、表述美感的语汇和概念，譬如可视见的美被称为"对称"，可听觉的美被称为"和谐"，前者已被用于雕塑和建筑艺术，后者固然亦用于音乐艺术[1]。换言之，就美的概念而言，古典的希腊甚或具有比我们今天更为宽裕的概念域，那时的哲学家能够就不同领域、不同主题、不同旨趣而以不同语汇和概念表述美、表述美的直觉。

塔塔捷维奇特别强调指出，无论是在古典时期，抑或是在中世纪，当美作为价值被考量时，也就是当美被考量为理念、真、善、存在、神性时，庶几都不会使用 αἰσθησις 概念，而庶几仅仅使用 κάλον 概念，即使使用前者，也并非在感官感觉的意义上，也就是说，通常不会使用表述感官感觉的概念，而是使用表述精神层面的概念[2]。

而雅典的智者们则对美的原初的概念有一种狭义的理解，在他们看来，"美是借助眼睛和耳朵所获取的舒适"（柏拉图 "Hippias" 298a；亚里士多德 "Topica" 146 a 21）；对于注重感官感觉的哲学家们而言，这一理解是理所当然的；而柏拉图则批评了美的概念内涵的这一理解，认为这一理解一方面并不符合这一概念所传承的内涵，而是创设了新的内涵；另一方面，这一理解限定了由传承而来的美的概念，也就是将他和善隔离开来；柏拉图认为，

---

[1] 就此请参见 Władysław Tatarkiewicz, Geschichte der sechs Begriffe. Kunst, Schönheit, Form, Kreativität, Mimesis, Ästhetisches Erlebnis. Aus dem Polnischen von Friedrich Griese. Erste Auflage. Suhrkam Verlag, Baden-Baden 2003. S. 172。

[2] 就此请参见 Władysław Tatarkiewicz, Geschichte der sechs Begriffe. Kunst, Schönheit, Form, Kreativität, Mimesis, Ästhetisches Erlebnis. Aus dem Polnischen von Friedrich Griese. Erste Auflage. Suhrkam Verlag, Baden-Baden 2003. S. 449。

这样做的错误在于在同一语汇之下旧有的概念内涵不仅并未消失，而且新的概念内涵却诞生了，甚或在同一语汇或概念之下人们理解的内涵完全不同，这就使得这一美的概念多义化了[①]。

从柏拉图的批评出发，我们庶几能够说，本体形上美学的基础几乎能够，甚或必须回溯到柏拉图的理念论；美一方面似乎仅仅栖身于永恒的理念中，并且是超感官的，但是尽管如此，人也应当，并且能够追求之；而另一方面，正如前文所提及的，美早在柏拉图那里就已经是最高的善，或曰至善了，他在《会饮篇》中认为，无论何时何地，人在生活中观想美是值得的（211，d），在真与善之外还有美是最高价值，这三者相互间是等值的，构成最高价值的三合一。塔塔捷维奇总结说，这一真、善、美三合一的本体形上美学思想在欧洲全部美学史上都是被认同的、都是适用的[②]；谁如果不观想美、不赞颂美，那么不仅他的眼睛，而且他的灵魂和理性也都是瞽目的。换言之，柏拉图并非首先在具体的事物中感觉美、感知美，而是思考理念之美，感官（眼、耳等）仅仅能够感受和体察具体事物之美，无法攫获理念之美；要想获取理念之美，则至少必须公设灵魂和理性的一种思考的能力，这一精神的能力不仅使人能够思考纯粹理念以及纯粹理念之美，也能够使人认知到具体事物之美以及人的审美经验，在这个意义上，柏拉图的美学不仅直接开启了以超验存在为主旨的本体形上美学之蹊径，而且至少间接拓展了以

---

① 就此请参见 Władysław Tatarkiewicz, Geschichte der sechs Begriffe. Kunst, Schönheit, Form, Kreativität, Mimesis, Ästhetisches Erlebnis. Aus dem Polnischen von Friedrich Griese. Erste Auflage. Suhrkam Verlag, Baden-Baden 2003. S. 171。

② 就此请参见 Władysław Tatarkiewicz, Geschichte der sechs Begriffe. Kunst, Schönheit, Form, Kreativität, Mimesis, Ästhetisches Erlebnis. Aus dem Polnischen von Friedrich Griese. Erste Auflage. Suhrkam Verlag, Baden-Baden 2003. S. 189。

美感经验为主旨的审美美学之进路。

斯多葛学派哲学家将美理解为具有舒适颜色的各部分的恰当的集合，这样的理解和智者们在思维方式上如出一辙，或曰都显得比较狭隘，在此能够提出的问题是，究竟是理性（精神）的何种能力被呼召而出，以至于人借此能够思考和理解美？难道恰恰是非理性的感觉脱颖而出使人感知到美吗？与斯多葛学派不同的是，布洛丁不仅将美理解为美德、精神之美、存在之美，而且也视为一种学说，甚或学科（见于《九章集》I 6, 1）①，这一方面在思维方式上与柏拉图有异曲同工之妙，而另一方面在学科分类意义上与鲍姆加通（Baumgarten, 1714-1762）所创设的美感美学则大相径庭②；人能够思考纯粹理念、能够认知审美经验，或简言之：人有思考的能力，这庶几能够被视为柏拉图的公理，这一公理作为美学史的主题庶几贯穿所有时代；对于柏拉图的诠释者布洛丁而言，纯粹之美不仅存在于宇宙之中，而且也存在于理念或至一之中；如果柏拉图将理念之美（也就是完美之美）和感官感知的美（也就是非完美之美）对立起来的话，那么布洛丁则将理念之美、至一之美设想为、思考为原初之美、本源之美，它涵盖感官可感知的美，甚或是消减了自身的光耀而成为了此间世界中可感知的美，对于美的感知和思考不仅需要感官，而且首先需要人的德行、伦理品质和精神的崇高；我们将在不远的下文中设专章探讨布洛丁的本体形上品性的美学思想。

---

① 就此请参见 Władysław Tatarkiewicz, Geschichte der sechs Begriffe. Kunst, Schönheit, Form, Kreativität, Mimesis, Ästhetisches Erlebnis. Aus dem Polnischen von Friedrich Griese.Erste Auflage. Suhrkam Verlag, Baden-Baden 2003. S. 171-172。

② 关于鲍姆加通的美学请参见 Joachim Ritter (Hrsg.), Historisches Wörterbuch der Philosophie. Schwabe & Co. Verlag Basel/Stuttgart. 1971. Band 1, 555-580, 特别是 555-559。

中世纪以及近代汲纳了古典的概念和术语，并且以各自不同的方式补充，甚或丰富了它们；经院哲学家们对于美做了比较严格的区分，这当然也符合经院哲学的品性，在托马斯·阿奎那的老师大阿尔伯特看来，美存在于诸多躯体之中（in corporibus）、诸多本质之中（in essentialibus）以及诸多精神之中（in spiritualibus）[①]；文艺复兴时期 Ficino 认为，美更多的是视觉而非听觉所获得的；在此之后的若干世纪中，美学家们更多地根据自己的舒适感受而使用美学概念，思辨的美感美学家们更多地愿意在广义上理解美，而经验的美学家们则更多地愿意在狭义上阐释美；不同的艺术门类时而属于美学关注的对象，时而又背井离乡而流落于其他的学科之中[②]。

从上述这一概念的和历史的简捷的梳理，我们约略能够概括出美的基本内涵；首先在最辽阔的意义上，美作为希腊语和希腊哲学的概念表述伦理和德行之美，这一涵义不仅涵盖美感美学的氛围和领域（因为美的伦理和德行也令人愉悦），而且还涵盖伦理学、神学和精神层面的若干领域，全部中世纪都保有美的这一涵义，其美学原则能够一言以蔽之："pulchrum et perfectum idem est."（"美就是完美"）[③]；其次在排他性的意义上，美仅仅指美感经验、美的历验以及能够引起此种经验的所有人和事物，无论是颜色、声音，甚

[①] 就此请参见 Władysław Tatarkiewicz, Geschichte der sechs Begriffe. Kunst, Schönheit, Form, Kreativität, Mimesis, Ästhetisches Erlebnis. Aus dem Polnischen von Friedrich Griese. Erste Auflage. Suhrkam Verlag, Baden-Baden 2003. S. 172。

[②] 就此请参见 Władysław Tatarkiewicz, Geschichte der sechs Begriffe. Kunst, Schönheit, Form, Kreativität, Mimesis, Ästhetisches Erlebnis. Aus dem Polnischen von Friedrich Griese. Erste Auflage. Suhrkam Verlag, Baden-Baden 2003. S. 172-173。

[③] 就此请参见 Władysław Tatarkiewicz, Geschichte der sechs Begriffe. Kunst, Schönheit, Form, Kreativität, Mimesis, Ästhetisches Erlebnis. Aus dem Polnischen von Friedrich Griese. Erste Auflage. Suhrkam Verlag, Baden-Baden 2003. S. 173。

或思想，美作为这个意义上的概念逐渐脱颖而出成为欧洲文艺复兴之后的重要文化概念[①]；其三在美感美学的意义上，并且仅仅限定在视觉感受的意义上，美仅仅指形式和颜色之美，这个意义上的概念美在古典时代就已经被应用了，也就是被斯多葛学派，而在当今则更多地是在日常用语中，而不是在美学学科领域中被使用[②]。

在此，美的第二层的意义是当今主流的理解，而本书要考察的则更多地是第一个层面的理解。

就第一个层面的理解而言，如同前文已经引述和分析的，柏拉图和亚里士多德应当是始作俑者；斯多葛学派认为，美建立在完美的结构和各个部分之间的恰当的比例上，换言之，必须能够为这样的结构和比例给出精确的数字；斯多葛这一理论是毕达哥拉斯学派的理论的泛化、普遍化，后者的学说建立在对于声音（声调）和谐的观察和思考之上，也就是说，当各个音节之间的长短的关系是一种简质的数字关系时，音乐对于人的感官感觉（也就是听觉）而言就是和谐的，而和谐与对称这两个美学概念恰恰适合这一理论，我们在随后的几乎各章节之中，在讨论不同人物的思想时（譬如布洛丁、奥古斯丁以及托马斯等），都会随时提及斯多葛学派和毕达哥拉斯学派的理论。

古典希腊的音乐中的一些旋律程式，被认为是美而不可更动的，它们被称为 νόμοι，亦即法则、律法，在造型艺术中某些比例被普

[①] 就此请参见 Władysław Tatarkiewicz, Geschichte der sechs Begriffe. Kunst, Schönheit, Form, Kreativität, Mimesis, Ästhetisches Erlebnis. Aus dem Polnischen von Friedrich Griese. Erste Auflage. Suhrkam Verlag, Baden-Baden 2003. S. 173。

[②] 就此请参见 Władysław Tatarkiewicz, Geschichte der sechs Begriffe. Kunst, Schönheit, Form, Kreativität, Mimesis, Ästhetisches Erlebnis. Aus dem Polnischen von Friedrich Griese. Erste Auflage. Suhrkam Verlag, Baden-Baden 2003. S. 173。

遍认同，并且亦不被改动，它们被称为 κάνον，亦即法典、法则，这两个希腊美学概念也是奠定在美这一基本概念的基础之上，这些概念被抽象为宇宙的本源、宇宙的原初法则，这是在本体形上层面讨论美的内涵，我们在讨论奥古斯丁形上音乐美学时还会述及希腊音乐的美学思想，特别是将音乐作为宇宙原初法则的思想。

尽管以柏拉图、亚里士多德、毕达哥拉斯学派以及斯多葛学派为代表的古典希腊的美学，特别是关于比例、对称以及光的学说，主导了欧洲全部美学的历史[①]，但是古典晚期，特别是从古典到基督宗教的转折时期，古典的美学学说依然遭遇到布洛丁的批判；固然，布洛丁并未否认比例、对称等学说，但是他以柏拉图和亚里士多德哲学、美学为依托而强调，比例与对称之美并非来自于比例与对称自身，而是源自于灵魂，灵魂借助它们而表述自身，我们在探讨布洛丁的本体形上美学学说时还将比较详尽地述及和分析之。

古典哲学中美作为完美之美，不仅是一种形上的美学概念，而且也成为某种神学品性的美学概念，这样理解的美学概念被基督宗教所继承，并且其内涵在基督宗教美学中得以丰富和拓展。尽管一方面，在教会的传统中的确有一种小觑此间世界之美的倾向，譬如奥古斯丁就披露过这样的观点（见于《论音乐》VI, 10 以及《忏悔录》IV, 3, 我们在探讨奥古斯丁的章节中将会引述这一点），但是另一方面，基督宗教对于此间世界的美的判断总体上是肯定的，上帝依然被视为所有美的原因，而此间世界之所以美，是因为它是上帝的创造物；由于上帝是一切美的原因、由于此间世界之美来自于上帝，

[①] 就此请参见 Władysław Tatarkiewicz, Geschichte der sechs Begriffe. Kunst, Schönheit, Form, Kreativität, Mimesis, Ästhetisches Erlebnis. Aus dem Polnischen von Friedrich Griese.Erste Auflage. Suhrkam Verlag, Baden-Baden 2003. S. 179。

所以美成为了上帝在存在、真、善之外的又一个超验谓项，换言之，上帝是永恒之美、是完美之美、是美自身，上帝是美的运作者、是运作美的原因，上帝是美的原象、是所有受造之美的目的因；这一神学品性的内涵不仅充分体现在奥古斯丁和伪狄奥尼修斯的本体形上美学之中，而且在中世纪经院哲学中占据一席之地，不仅是经院哲学探讨上帝之主旨，而且也是经院哲学中美学的标示之一。

尽管布洛丁在走出古典之时所创设的美学学说还依然属于古典的思维和氛围，但是他的学说已经不再是典型的古典的品性了；公元5世纪期间，基督宗教两位最著名的教父学者奥古斯丁和伪狄奥尼修斯汲纳了布洛丁的哲学思想和本体形上美学学说，在比例、和谐以及对称的美学标准之上，他们又提出了光的理论、光照论以及秩序论的思想，并将它们传承到了中世纪，经院哲学家们，特别是13世纪经院哲学顶峰时期的代表人物托马斯·阿奎那，在研讨古典哲学和教父哲学的另一传介者波埃修斯的同时，一方面继承了古典哲学的传统，另一方面继承了教父哲学的权威，并且将它们发扬光大，以至于经院哲学，特别是经院哲学的美学，不仅在古典哲学方面既具有柏拉图的、又具有亚里士多德的传统，在基督宗教哲学，特别是基督宗教美学方面，既具有奥古斯丁的、又具有伪狄奥尼修斯的传统，托马斯的美学理论从整体上看至今都无出其右者，以他为代表的中世纪的美学是全部欧洲美学史上一个庶几不可逾越的高峰，他的美学理论享有足够的学术性和尊严，以至于我们必须假诸多专著而详尽探讨之，以表述我们对一代学者的崇敬；而奥古斯丁、伪狄奥尼修斯以及托马斯美学理论的重大影响不仅在中世纪，而且至今在若干领域都未曾有些许之消减，我们在本书中将设专章分别探讨他们三位的本体形上美学理论。

文艺复兴时期的美学理论与中世纪者在根源上如出一辙，也奠基在古典的概念之上；在塔塔捷维奇看来，比起文艺复兴时期的美学学说，中世纪的美学含有更丰富的思想，而文艺复兴时期的美学则相反，其所提供的思想比人们期待的要少得多；即使在文艺复兴时期，神学论的形上美学也并未从美学概念中消失，米开朗基罗在致卡瓦勒里（Cavalieri）的诗篇中说道，如果上帝的恩宠并非在别处，而是在俗世的贫穷中启示自身，那么他将珍爱这一贫穷，因为在其中映射出了上帝[①]；这一时期的美学思想已超出本书写作之范围，因而不作讨论。

2. 本体论作为形上美学的基础

我们在此所说的本体形上美学，并非从感官的感觉出发而来的、主要关注美感经验的审美美学，尽管这两者之间的确也有联系。而如果我们讲述形上美学的话，那么首先固然不能不讲述本体论，本体论不仅是我们将要谈论的美学的基础，而且也是形上学的基础；从定义上来看，本体论是关于存在的普遍谓项的科学；简言之，本体论是关于存在的学问。本体论的原则和定义也适用于美学，也就是说，principium identitatis（同一律）、principium contradictionis（矛盾律）、principium rationis sufficientis（充足理由律）以及 principium exclusi tertii（排中律）是普遍适用的、本质上不能有任何例外。对于

[①] 就此请参见 Władysław Tatarkiewicz, Geschichte der sechs Begriffe. Kunst, Schönheit, Form, Kreativität, Mimesis, Ästhetisches Erlebnis. Aus dem Polnischen von Friedrich Griese.Erste Auflage. Suhrkam Verlag, Baden-Baden 2003. S. 181-182 以及 188。

美的现象的分析、美学,从包括人在内的世界本体概念出发才能被真正理解,这一方面表明,本体论是美学、形上美学的基础,另一方面同时也表明,美学是本体论在一个特定的问题域中的进一步展开;或曰:相对于一个普遍的哲学本体论而言,美学庶几是一个具体的本体论,甚或是本体论的内在组成部分。

本体论的出发点是亚里士多德关于存在的学说,由此出发我们庶几可以说,本体论的内容首先是关于存在、存在自身的科学,然后是关于存在者的科学,存在与存在者之间、存在者相互之间的关系,就构成了形上学,形上学探讨存在的属性、本质。当然,如果追究起来的话,对于存在者的质询其实也就是对于存在、存在自身的质询,原因庶几在于,存在与在存在者之中的多重呈现应当是一致的。关于存在与存在者之关系,似乎可以类比为即真理与真实的关系;存在的超验性在于,它是所有存在者之所以能够存在的基础,在思维中,借助存在者才能达于,甚或仅仅能驰近存在自身,人庶几不可能理解存在、不可能握有对于存在的最原本的理解,只能在拥挤的存在者中摩肩接踵而已,换言之,人无法前突到存在自身的超验属性中,以至于最终探囊取物般获得本体论的终极真理。

之所以这样说,固然有其本体论和形上学的理由。从本体论来看,人作为存在者是自然的现象,或曰本然的现象,人也将自身认知为存在者;无论认知是如此的深刻,抑或是如彼的天真,其中总有一种对于独立于认知者以外的认知对象的知晓和理解;作为思想或概念,这样的知晓和理解一旦形成,就是一种自在之物,无论人是否知晓和理解这个在认知过程中,并且作为认知的结果而已经成为了思想或概念的知晓和理解,它都存在着;于是,这一自在之物(譬如这里所说的思想或概念)是否存在已经不是问题了,既然它是自在的，那么它一定存在，重要的是，它究竟是什么，或曰在确定了它的存在后，其本质的确定就是本体论思维的当务之急了。

尽管这一自身存在能够成为思维的对象，但是它并非某种质料性的对象，因为作为思想（或概念）的自在之物，并不依赖于任何一个载体，甚或并不依赖于单一的思维的主体。固然，实际存在的对象和在思想、旨趣中的这一同一对象的呈现是有区别的，但是，存在作为一个纯粹的概念，庶几仅仅能够存在于人的思维之中，作为一切存在者的基础的存在庶几是一个超验概念，它没有、也无需任何质料性的载体，在这个意义上，存在表达的是一个属性、一个本质，是一个属性概念，或曰：存在首先并非一个本体的概念，而庶几更多地是一个形上的概念，它表示某种自在之物的存在，存在就是这一自在之物的属性，甚或全部属性。随之而来的另一个结果就是，尽管美学是本体论的一个展开，但是它依然能够被称为形上美学。

前文提到"对于美的现象的分析、美学，从包括人在内的世界本体概念出发才能被真正理解"，同时也提到存在的超验性，或超验的存在，之所以这样说，理由在于，人作为精神的存在，其所生活于其中的周边世界，其实并非某种作为附属的、环境性的空间，而是人的共同世界，人参有到其中，而它也进入人的生活，人与其周边世界、亦即共同世界构成一个整体，构成一体，这庶几可视为世界整体的形上一体性，或曰某种形上的至一；如同人一样，其共同世界并非一个可令人任意打扮的小姑娘，而是一个同等质量、享有尊严与荣誉的存在者，这两者的关系并不能简单地归结为认知主体与客体的关系，换言之，我们不能将他人视为客体，而是应当视为共同之主体，同样，我们不但不能将共同世界简单地视为一个客体、一个对象，而且还必须将它视为一个共同的存在者，如同我们人一样；这一关系应当也适用于人与人之间的关系，并应当成为一种形上准则；在这个意义上，我们庶几才能有一个切实的，甚或真正的形上学，亦即关于存在者之间的关系的学说，而非主客体关系的阐释。人（即使作为主体）和其他存在者之间的关系，本来就是内在于（当然包括人在内的）世界整体的关系，对于这一关系在思维中的建立和阐释，庶几无需任何前提和理由，是一种超验的理性行为，哲学（特别是本体论哲学）不仅是这样的行为，而且也是这一行为的反思和检测，哲学在此至少具有双重的问题意识和问题思维，一方面是对于存在与存在者之间、诸多存在者相互之间关系的建立和有系统的阐释，另一方面是对这一阐释的理性考量，这也意味着，哲学是对问题的考量、是对问题的历史的考量，没有对（特别是许多单一）问题的历史的考量，也就很难有对于这一问题的当下此在的正确研判。

在这个意义上，与艺术美学、经验美学不同的是，形上美学庶几亦可称为超验美学。超验的并非脱离经验的，而是洞彻一切经验的、洞彻一切问题的、洞彻一切问题的历史的，因而它不仅并非伤及，甚或限定艺术美学和经验美学，甚至相反还加强了它，原因在于，尽管艺术美学、经验美学也是系统的思维、有系统的思维，但是并非形上的系统思维，由于领域和主题的不同，它们似乎更加关注美的形式、内涵、对于美的历验等，而本体论美学、形上美学、亦即超验美学则关注本体论与形上学系统中的作为存在的美，或曰存在之美，更加关注存在之美与存在者之美究竟是什么，并且更加关注它们之间的关系，这对于艺术美学、经验美学对于美究竟是什么的阐释应当颇有裨益。

在本体论层面还需解释的是，就存在而言，甚或就存在者而言，它一方面当下此时的"存在着"，也就是说它的存在是不可否定的、他的不存在是无可思考的，在这个意义上它是 existentia，而另一方面存在者固然有其属性，也就是说它的存在是可以研判的，甚或能够以定义限定的，在这个意义上它是 essentia，也就是说，这是从两个方面、亦即本体论和形上学方面考量同一个存在者，而并非在考量同一个存在者时生出两个不同的存在者，以至于其中一个是 existentia，另一个是 essentia；就存在本身而言，如果我们知道它、思考它，那么其当下此时的存在亦无可否认、其不存在不可思考，在这个意义上它是 esse 或 ens，而其属性也具有某种可研判性，在这个意义上它是 essentia，而与存在者不同的是，存在的 essentia 无从研判与限定，因为它超出所有研判、限定以及下定义所需要的概念和范畴，它本身超出它们，并且是它们存在的基础，存在的 existentia 和它的 essentia 是全等的，存在的属性就是它的存在，存在的存在就是它的属性，而这一全等也就是它的存在方式。关于存在之美的形上美学于是也在这个意义上能够被称为超验美学[①]。

从形上学层面来看，如果我们在哲学的整体系统中将美学视为形上学，或者将形上学视为美学，那么如同前文所说的，这也就意味着我们将美学置于当然首先包括人在内的世界整体的形上关系中来考量；由此，美学与形上学或许具有同样的形式，或曰相类的概念系统和秩序，在这个意义上，本体论解释的形上美学亦可被称为宇宙论的时空美学，甚或目的论的美学。在此，决定性的因素首先

---

① 这仅仅是笔者的一己之见；康德在其《纯粹理性批判》的第一部分中（§67）也使用"超验美学"（"Transzendentale Ästhetik"）概念，而其含义在于对感官观感的美、对于感官感觉的美的探讨。

是时间概念，时间是世界、宇宙的基本范畴，时间作为基本范畴庶几能够涵盖所有现实性，是存在的普遍而基本的形式；时间本身不仅是当下此在、不仅是一种现实性，而且更难能可贵的是，时间亦是非质料的属性，能够涵盖质料的和非质料的现实性，万物的存在、所发生的事件、人物、行为、状态等，无不与时间相关联；形上层面的美学，或曰形上美学，不仅与空间藕断丝连，而且首先与时间无法割袍断义，换言之，形上美学与世界整体、与事物的运动具有同样的存在形式。同时，如果包括人在内的宇宙的系统，以至于形上的系统能够被诸多概念所建立和阐释，并且由此而有意义的话，那么目的论庶几就是这一宇宙论的唯一可能性的解释，宇宙论的形上美学于是亦可称为目的论的形上美学。目的论一方面不仅揭示，并解释了事物运动的方向与终极目标，而且也提示了运动的初始本源、原则以及动力；另一方面，目的论也提示出一个运动的终结的可能性，在此，由于本源（principium）与目的（telos）虽然也是本体论和形上学中的极致概念，但是它们并非立即就能够与上帝概念等同起来，所以无论是形上美学，抑或是被称为宇宙论的、目的论的美学，即使在本体形上层面也都不能天然就与上帝概念、上帝论等量齐观，何况：上帝本身同时就是这两者。

3. 美作为存在的谓项

如果哲学是在诸多概念中运动和运作的话，如果哲学的思维是以概念推动他的运动的话，那么，在本体论和形上学层面，美作为概念不仅能够表述自然的美、人造作而出的美、感官感觉的美的内涵等等，而且美作为一个极致概念、作为存在的一个谓项，也能驱动关于绝对无限的思考，也被允许用来表述一个绝对的无限概念、表述上帝、表述神性之美，在这个意义上美不再仅仅是感官愉悦的感觉，以及在这一感觉之上的持续的美感观想，美在此表述的是另一种绝对属性；我们于是从感官可感觉的美踱入精神的美、神性的美，美是上帝内在本有的能力、是神性的自然的属性的解释；如果哲学不仅是心灵的童话，而是将其自身在概念中的运动的过程和结果展现为思想和认知的话，那么，在本体论和形上学层面，美作为概念展现的就是人对于上帝的认知，我们将在较远的下文的相关章节中、也就是对于奥古斯丁、伪狄奥尼修斯和托马斯的探讨中，比较详尽地分析这一点；尽管这一认知也许就是人对于似乎无可驰近的上帝的迎面而来，尽管这一认知也许就是一种无知，甚或一种有学识的无知而已，但是这恰恰体现了存在的形上结构：那一超时间、超空间、洞彻一切时空的永恒，真切地运动到人的思维中的最内在、最深刻之处，但是对于人的理性而言他却瞻之在前、忽焉在后，尽管人的思维也力图以概念理解他、掌控他，甚或攫取他，但是这样的思维运动能够捕捉到他吗？理性尽管能够判断人的美感历验，理性尽管赋予诗情以美感的品性，理性尽管呼召所有概念于眸前，但是令理性的眼帘不能瞑目的是，他无法凌驾于那一超出一切概念和范畴的绝对无限之上，他无法逾越那一洞彻一切时空的永恒之外，他无法超度那一作为一切存在者基础的超存在、超验的存在、绝对的存在；人作为有限的本质如何能够控有一个绝对的无限呢？这难道不是理性和思维的永恒遗憾吗？自视甚高的理性无处博取红颜知己，在此也只有自认蓝颜薄命了！

理性的救赎在何方？

如果如同前文所说，本体论是关于存在的学说，那么形而上学作为美学、形上美学作为本体论的展开，则一方面要求美、要求作为概念的美并非完全的他者，并非与存在有隔参商，而是就是存在自身，并且是以其全部最内在的品性而是存在自身，另一方面要求美对于理性而言并非关闭的，而是可企及的、可探求的；换言之，一方面，美作为概念必须逡巡在理性的旷莽原野之上，必须沉湎于精神的自我探求之中，美必须当下在场，否则存在将不存在、理性将非理性；而另一方面，美对于存在和理性而言并非含羞草，并非自闭症，否则美将不美、不成其美，美之为美、其不美也。一个极致的表述是，美就是存在，它与存在者无可分离，美赋予存在者内在的深度和存在的结构，美在这样的深度内涵和结构中呈现自身。

如果本体论的核心在于存在自身的超验限定，并在范畴上将其与存在者区分开来的话，那么我们在形上美学中、在作为本体论的展开的美学中所面临的问题是，美究竟能否成为存在的一个超验谓项、一个超验限定？一方面，由于存在是存在者的基础，或曰由于存在者是在存在中被奠定的，因此所有超验限定也都是范畴的基础，也就是说，所有的范畴作为存在者也都出自于那些超验限定，并且通过它们而被理解；诸多超验限定之所以获有其"超验限定"之名号（名称），恰恰在于它们超出了所有范畴的界限，并且由此而立于存在者所构成的秩序之上而不受任何规制。而另一方面，如果存在在存在者秩序中的基本限定能够成立的话，或曰存在能够处于存在者的秩序之中的话，那么这意味着存在者，或存在的秩序参有到存在之中，之所以能够这样说的原因在于，存在作为绝对的无限能够立于有限之中，否则有限就是无限的界限、存在亦不成其为存在者的基础了。美要成为存在的一个超验限定,而并非仅仅一个范畴限定,要看它能否逃逸出存在者的存在秩序,并且是否还依然能够令存在者参有到自身之中。

即使我们将美确定为范畴限定的美、确定为感官感知的美,我们庶几也应当,甚或必须承认,并就此而补充说,美在至一、至真、至善之中已经得到某种程度的表述,甚或某种程度的确定和论证,这些表述存在自身的正面肯认的超验谓项,掩映着立于感官感觉之彼岸的美,在至一、至真、至善的错落扶疏之中,透析出至美的讯息;如果美不仅仅意味着感官感觉的愉悦、不仅意味着对于自然之美与造作之美的历验、不仅仅意味着形式与内涵的正面价值,而且还具有某种无可言说性,也就是说,我们无法断然肯定,美究竟是什么、美的属性究竟是什么。在这个意义上,美至少具有超出范畴限定的嫌疑,并且由此而能够被设定为具有超验限定的属性,甚或能够被设定为存在的超验限定之一。这样的设定并非将美奠定在有限的存在者之中,而是奠定在存在自身之中,以及奠定在无限之中;在此,美即纯粹之完美、至美,它是所有可感知之美的本源,作为完美、至美,它超出,并洞彻一切可感知之美,在奥古斯丁看来,它就是上帝之美、神性之美,甚或就是上帝自身[1],在伪狄奥尼修斯看来,它是上帝的一个名号、是神性之美的一个名号[2],在托马斯看来,他就是存在之美[3]。如同前文已经提及的,作为教父时期(以

---

[1] 就此请参见 Augustinus, Confessiones(《忏悔录》), Buch X, Kapitel 27, n. 38。

[2] 就此请参见伪狄奥尼修斯, De Divinis nominibus(《论上帝的名号》),其行文中随处可见。

[3] 就此请参见徐龙飞,"存在之美与此间世界之美",《云南大学学报》哲社版,2009年第二期;亦请参见本书关于托马斯的专章研究。

及从教父时期向中世纪转折时期以至于中世纪之高峰）的基督宗教哲学和本体形上美学的奠基人和集大成者，本书将设专章分别探讨奥古斯丁、伪狄奥尼修斯和托马斯的本体形上美学思想。

4. 形而上学作为美学：或曰作为美学的形而上学

　　本部分的标题要求一种解释。"形而上学作为美学"这一表述，既不同于"形上美学"，亦不同于"美学形上学"，后面的表述也是存在和成立的。形上美学是在普遍形上学（基础形上学、普通形上学）框架内的美学；而美学形上学是关涉艺术经验之内的形上学。而"形而上学作为美学"（"作为美学的形而上学"）这一表述，则关涉作为美学理解的形而上学。当然,这究竟是什么,并非十分清晰。美学一词，如众所周知者，最初是关于感觉的学说（αἴσθησις），是对艺术的哲学的观想与思考。形而上学则庶几是包罗万象的，是关于存在作为存在的学术，是关于初始原则的学问，是关于上帝的学问，如同亚里士多德所说的[①]。而究竟如何能够将关于初始原则，甚或关于上帝的学问理解为关于艺术的学问（关于艺术的观想）呢？在亚里士多德的传统上，我们将形而上学理解为关于"绝对"的学问（学科）；尽管形而上学涉及诸多事物，但是无论如何"绝对"都是它提出和关注的主题。于是，"作为美学的形而上学"这一表述，其含义在于：将关于艺术的学说作为关于绝对的学说。在

[①] 就此请参见亚里士多德《形而上学》, A, 1, 982a2-4；Γ, 1, 1003a24；E, 1, 1023a19。

此，艺术并非在形而上学的框架中被设定、限定，而形而上学也并未沦陷到艺术之中；更多地是：关于绝对的学说被理解为关于艺术的学说；言说"作为美学的形而上学"意味着言说如此这般理解的可能性。

5. 亚里士多德对于 ποίησις 和 πρᾶξις 的区分

为了驰近这样一种可能性，我们必须从艺术的单一细胞出发，这样的单一细胞就是艺术作品。

每一件艺术作品都是被造作而出的。一个文本是被写作而出的，一幅画是被画出的，一座雕像是被雕凿而出的，一首乐曲是被谱写而出的；他们都是被一位，或数位创作者创作而出的。他们的被造作性并非意味着在其中没有预先给定者，文本加工已有的信息，画作需要颜料（颜色）等质料，雕像需要加工已有的材料，音乐（乐曲）令声调、音符奏响，而这些最初的东西（元素、因素）并非一定被其创作者（艺术家）所创设；它们可以来自于传统（比如一个文本），来自于前美学（前感觉）的经验，或者来自于简单的质料，这些都可能是已经被给出者。当然，只有当这些原始（原初）的、已经被给出的因素在一定的内在关系中才有可能成为艺术作品，而这样的内在关系并非一定事先被给定者。颜色被加给图画，声响（声调）被联系成音乐作品，文本信息被加工等等不一而足；这些内在的联系则并非事先给定的，而是出自于艺术品的创设者，他们的创设的行为改变了已经给定者。而事先已经给定者则在创设的行为中完成了某种特定的使命。而如果事先给定者还依然停留在事先给定者的角色中（还依然是事先给定的因素），那么它们并非、并未形成艺术作品；作品的被创设性剥离了被给定者的被给定的存在、剥离了被给定者的被给定性，并且将其提升到了艺术的维度中。

亚里士多德为艺术品这样的造作提供了一个表述，亦即 ποίησις，也就是"创设"。这一表述，或曰这一概念，在完全不同于 πρᾶξις（实践、行为、行动）的意义上赢得其内涵；这两个概念的区别，在于行为的目的的不同，或曰出于不同的目的、为了不同的目的。（艺术）创设的目的并非立于被创设的作品（ἔργον）之中，（目的与）作品（甚或都）以独立的方式而立于我们的行为的彼岸；而我们的实践的目的，则立于作品之中，这一作品是我们的行为的贯彻实施（ἐνέργεια），而并非我们的行为结束之后（或许是多余）的东西。工具制造者制造工具的行为，意图在于工具本身，这一意图贯彻到其作品（ἔργον），或曰工具本身之中；而当一个笛子吹奏者吹奏笛子时，他的目的在于吹奏行为本身[1]。

亚里士多德对于行为和创设的区分，有两种进路。这一区分首先使得一些关于创设的清晰的表述成为可能：由于 ποίησις 是朝向要完成的作品的，所以它在技术上是有源头可寻的、可检测、可学习的；对于这一作品的视看、品评，使得创设的行为的调整成为可能，并且这样的创设行为以其作品的创设作为它的目的。亚里士多德的区分，在考量行为的意义时，对于行为者而言，还有另一种限定；托马斯·阿奎那非常清晰地表述了这一点，他认为："Non est perfectio facientis, sed facti."[2]（"造作并非造作者的实现，而是作

---

[1] 就此请参见亚里士多德，NE 1094a 1 以下。

[2] Thomas von Aquin, Summa Theologiae, I. q. 57 a 5。

品的完成。")。亚里士多德区分 ποίησις 和 πρᾶξις 的意义并不止于此，后者的实践行为完成于行为的付诸实践之中；而创设的行为则完成于作品本身之中，而并非在行为本身之中。托马斯的表述的核心在于，创设并非对创设者的形象有所贡献，而是创设了他的作品（创设了他的作品的形象）。

当然，在广义上，也就是在考量技术时，工具的制造者也在能力上建构了自身。而如果将亚里士多德对于 ποίησις 和 πρᾶξις 的区分用于我们在本篇开篇就提及的艺术作品中的话，我们就有这样的结果：艺术作品作为被某种行为所创设者，是行为的见证，这样的行为首先是可以探寻的、可以传授的、可以检视的，其次，这样的行为更多地改变被创设的作品，而不是创设者本身。在这个意义上，艺术的创作、作品的创作，其目的并非在自身之中，而是在他者之中。

6. 在自身中的存在、在他者中的存在

由此，艺术作品就是在自身中的存在，艺术作品具有一种"在自身中存在"之品性；这一方面表述了艺术作品的存在方式，另一方面也提示出，作品与经验者之间的特殊关系，享有一种本体论的源头，在这个意义上，我们也有可能性谈论本体形上美学。

由此也能够理解，艺术作品本体论在什么样的框架中得以展开。我们在其中所面临的问题是：一个物理上的对象，或曰一个能够是在经验上可描述状态的物理的对象，甚或一个在如此状态上的事件，就是一件作品吗？抑或它仅仅是一件作品的代表（表象）？如果回

答是肯定的话，那么如何能发现、如何定义作品的界限呢？在本体论上的提问庶几应当是：作品有（是）在自身中的存在和在它者之中的存在吗？作品奠基在诸多元素之中，奠基在诸多瞬间的一致的（至一的）内在联系之中，这甚或是作品在自身中的存在；而作品（在自身中）的存在同时又表述了一个在他者中的存在，这庶几是因为，作品是一个受造的存在者，并且由此而依赖于另一个存在者，或曰至少依赖于一个创设它的存在者，甚或存在。由此，艺术作品的存在便被绷紧在受造的存在和在自身中的存在之间，或曰将自己表述在受造的存在和在自身中的存在之间。这才是一件艺术作品真实地内在紧张、内在旨趣，而并非其外在的物理可描述性之间的不统一或矛盾，以至于不和谐[①]。绷紧在受造的存在和在自身中的存在的艺术造作之物，清晰提示出，艺术品涉及的是一种存在者，这一存在者在其或然的偶性中提示出"绝对"的本体论标记，尽管上述分析是类比论意义上的[②]。

换言之，艺术作品所处于其中的受造的存在和在自身中的存在之间的张力，是无可消解的。当我们观想这一张力时，我们必须考量到艺术品（受造之物）不同的存在方式；受造之物有别于偶然存在之物，原因在于，受造之物自身享有和谐的内在一致性，自身就是和谐的内在一致；受造之物也有别于以绝对方式存在者，原因在

[①] 就此请参见 Günter Patzig, Über den ontologischen Status von Kunstwerken. In: Gesammelte schriften IV. Theoretische Philosophie. Göttingen 1996. S. 192-208。

[②] 类比论的真正含义指的是"不相似"，就此请参见本书笔者在所发表的专著和论文中所多次引述的 Wohlfart Pannenberg, Analogie und Offenbarung. Eine kritische Untersuchung zur Geschichte des Analogiebegriffs in der Lehre von der Gotteserkenntnis. Göttingen 2007。本书在此后的若干章节中还会在相关论述中多次引述这部关于类比论的标准著作。

于，因着它是受造的存在，所以它并非真实的（就是）具有它的存在；于是受造之物就立于这样的过渡区间。如果意图将这样的受造之物从这一区间领域烘托而出，那就意味着要剥离他的自身属性，以至于它不再是一个受造之物。当然，也有一种偶性，其内在的一致性（至一性）在绝对存在之中，其不受法则限定的本体论就奠基在其中。由于立于过渡区间领域，所以受造之物就是"绝对"的，或曰"绝对者"的、"超验者"的否定性表述，或曰否定性阐释。

7. 否定形上学

形而上学能够被理解为美学，如果它将造作之物理解为绝对的否定性表述、否定性阐释的话。当形而上学这样做的时候，它就阐释了一种形上思维的形象，这样的形象（亦即这样的思维）能够面对批判性的考量和研判。将造作之物理解为绝对的否定性阐释，而实际上（在真实的意义上）它却是在批判条件下的形上思维的持续。

只有在批判的前提下，对于绝对的否定性阐释才能够（才在可能性上）是恰当的阐释。绝对必定具有可阐释性，无论是肯定性的，抑或是否定性的，无论这一可阐释性是仅仅在思维层面中，抑或也在实际层面中，甚或即在思维层面中、又在实践层面中，无论如何，只有在这样的前提下才有造作之物对于他的阐释。而如果对于他的阐释是否定性的阐释的话，那么这表明，在这一绝对和对于他的阐释之间具有一定的张力，我们对于他的阐释或许永远也不能完全达到他，而至多仅仅能无限驰近他。在欧洲中世纪的音乐理解中，基督宗教在此间世界的音乐（礼仪）被视为天堂的礼仪音乐的奏响，它甚至被理解为并非仅仅是此间世界的音乐秩序，而是天堂的礼仪融化在其中，甚至是天堂的礼仪在其中的完满实现。一曲 Sanctus，必须以低垂着的头而被颂唱，因为在中世纪的音乐理解中，天使参有到其间，也就是参有到颂唱的信众之间；但是尽管如此，在 harmonia coelestis（天堂的和谐）和 harmonia mundana（世间的和谐）之间依然存在的区别，并未因此而被涤除；天使的音乐具有无可量度的美、无限的美，我们将在较远的下文关于奥古斯丁美学，特别是他的形上音乐美学的部分比较详尽地探讨之。

而以形而上学的术语来理解这一点则意味着，"绝对"突破一切我们所具有的阐释的力量，绝对超越一切阐释力。阐释力总是在偶性的给定性中（亦即在受造的人之中），于是这样的阐释力将无法达到那一它所要阐释的"绝对"，如果用形而上学的另外一个概念来解释的话，那么这意味着：绝对是无限，无限则意味着并非依赖于任何有限，而是恰恰相反，它涵盖一切有限，并立于有限之内。所有艺术的（造作的）阐释方式，都毫无疑问立于某种（某些）限定之下、某些条件之下，其受限定性损毁了绝对的非受限定性，或曰，其有限性限定了它对于无限的表述和阐释，从有限的角度出发（也就是从造作者的角度出发），无法弥合与无限之间的鸿沟；在这个意义上，如果有限还应当能够阐释无限的话，那么庶几只有一种否定的方式。

造作（艺术）的独立性、自治性，一方面能够令自己以极致的方式自由于绝对之外，而另一方面又恰恰因此而开启了通向，并且达于否定阐释之路；无论这一造作是否意愿，它都是可以接受的对于绝对的经验。在这个意义上，独立自治的造作（艺术）提示了一个方向，在这一方向上对于绝对的思考还依然是可思考的，而这样的思考庶几亦应当是否定方式的。

或许对于绝对的思考并不构成决定性的判断，但由此并不能得出如下结论，即关于绝对的思考应当停止；恰恰相反，这一思考是对自我满意的后形而上学思维的必然的校正，也就是说，如果没有绝对概念的话，那么后形而上学的思维将陷于无助的散乱境地[①]。

在这个意义上，作为美学的形而上学，或者说形而上学作为美学，庶几也能够成为阐释"绝对"的形上之路，固然，这样的形上阐释，也依然是以否定方式呈现的。第四次拉特兰大公会议文献的表述似乎能够帮助我们理解否定的阐释和"绝对"之间的关系，大公会议文献表述说：

"Inter creatorem et creaturam non potest tanta similitudo notari, quin inter eos maior sit dissimilitudo notanda."[②]

"在创造者和受造者之间不能有那样大的相似性被载记下来，而是在他们之间更大的是非相似性。"

这一表述呈现出所谓 Analogia Entis 的思想，亦即存在类比论的思想[③]。在本书关于拜占庭圣像理论的研究部分，我们还会在原象与肖像关系的意义上再次提及大公会议的这一表述。

而由独立自治的造作（艺术）而来的对于"绝对"的阐释，表

[①] 就此请参见 Immanuel Kant, Kritik der reinen Vernunft. A 645/B673 ff.。

[②] 就此请参见 Denzenger-Hühnermann (Hrsg.), Enchiridion Symbolorum. Nr. 432. Freiburg im Breisgau 2005。

[③] 除了前文曾经引述过的 Wohlfart Pannenberg 的专著外，就此亦请参见 Erich Przywara S. J., Analogia Entis. Metaphysik I. München 1932. S. 97 ff.。

明了一种受造的偶然与"绝对"的非相似性，或曰，在两者之间的较大的非相似性中表述了这两者之间的相似性；如果大公会议的表述将超验拯救在内在之中了的话（力挽超验与内在之前），那么（艺术的）造作就将内在拯救在了自身之中（力挽内在于自身之前）；形而上学的最内在的内在，于是就表述了美学。

第2章　布洛丁新柏拉图主义的本体形上美学作为基督宗教美学理论的源泉之一

1. 美作为问题的提出

布洛丁发展了柏拉图的思想，在其《九章集》中就美的问题多次提出了论述，在特定的意义上他以两篇专论分析了美，亦即"论美"（Περὶ τοῦ καλοῦ，《九章集》Ⅰ6）、"论精神之美"（Περὶ τοῦ νοητοῦ κάλλους，《九章集》Ⅴ8）[①]。

固然，布洛丁庶几在其《九章集》的开篇就谈到了美，但其意旨却并非一目了然；他似乎要探讨对于感官可感知的美的历验与认知的可能性条件，在"论美"这篇文字中，布洛丁就美这一问题首先谈及了感官感觉的美，并且随即指出，美也能够是行为的方式、行动本身、认知、美德、亦即诸如此类之呈现；而他的表述似乎令

---

① 关于布洛丁的美学请参见 R. Volkmann, Die Höhe der antiken Ästhetik oder Plotins Abhandlungen vom Schönen. Stettin 1860. K. Horst, Plotins Ästhetik. Gotha 1905. E. Krakowski, Une philosophie de l'amour et de la beauté. Paris 1929. R. E. Brennaus, The Philosophy of Beauty in the "Enneads" of Plotin. In: The New Scholasticism 19 (1940). A. F. Losev, Istorija antičnoj estetiki. Pozdnij ellinizm. Moskva 1980. S. 193-735。关于《九章集》有这样的译本可以参考，R. Harder, Plotins Schriften. Band I-V. 2. Aufl., Hamburg 1956-1960。

人多少有些迷惑。他似乎更倾向于拒绝普遍流行的观点，亦即美奠基在各部分之间的相互适应及其对于整体的适应的基础上，他并不赞同、至少并不完全赞同美建立在几何对称的标准关系中这一观点；他似乎首先批评了斯多葛学派对于美的界定①，他认为：

"Λέγεται μὲν δὴ παρὰ πάντων, ὡς εἰπεῖν, ὡς συμμετρία τῶν μερῶν πρὸς ἄλληλα καὶ πρὸς τὸ ὅλον τό τε τῆς εὐχροίας προστεθὲν τὸ πρὸς τὴν ὄψιν κάλλος ποιεῖ καὶ ἐστιν αὐτοῖς καὶ ὅλως τοῖς ἄλλοις πᾶσι τὸ καλοῖς εἶναι τὸ συμμέτροις καὶ μεμετρημένοις ὑπάρχειν· οἷς ἁπλοῦν οὐδέν, μόνον δὲ τὸ σύνθετον ἐξ ἀνάγκης καλὸν ὑπάρξει· τό τε ὅλον ἔσται καλὸν ἔσται καλὸν αὐτοῖς, τὰ δὲ μέρη ἕκαστα οὐχ ἕξει παρ᾽ ἑαυτῶν τὸ καλὰ εἶναι, πρὸς δὲ τὸ ὅλον συντελοῦντα, ἵνα καλὸν ᾖ· καίτοι δεῖ, εἴπερ ὅλον, καὶ τὰ μέρη καλὰ εἶναι· οὐ γὰρ δὴ ἐξ αἰσχρῶν, ἀλλὰ πάντα κατειληφέναι τὸ κάλλος."②

"一个普遍流行的执见是，各部分之间相互的对称（或译：舒适）的关系（συμμετρία）、各部分与整体的对称的关系，

---

① 在斯多葛学派看来，身体的美立于各部分的对称之中、在美的颜色之中，并且在物理性质的质量之中。这样的观点在前布洛丁的美学中比较流行；就此请参见 Stoic. Veter. Fragm. Arnim III 278; III 279; III 392; III 472. V. Tatarkevič, Antičnaja estetika. Moskova 1977. S. 302, 323。

② 就此请参见 Paul Henry et Hans-Rudolf Schwyzer (Edt.) Plotini Opera. Tomus I, Porphyrii vita Plotini. Enneades I-III. Paris 1951。在此，Enneaden I 6, 1, 20-25。本书所引用希腊文本之《九章集》即据此版本，此后对于此书之引述皆仅注书名与章节。

以及美丽的颜色,决定了可视见的美;就可视见之物,甚或所有事物而言,美意味着对称、意味着在自身中的尺度。对于这一学说的怀疑者而言,没有(不存在)简质的美,而必然仅仅存在复合的美。另外,整体能够是美的,而其各部分由自身而言能够是不美的,而仅仅能够对于整体的美有所贡献而已。而如果整体是美的,则各部分必然也是美的,因为美不能由丑的各个部分所组成,而是美必定洞贯各个部分。"

布洛丁对于这样的观点的批评多少令人感到惊奇,因为柏拉图和亚里士多德关于美产生的条件几乎有同样的表述;柏拉图在 Phaidros 中提及演说(演讲),在他看来,美的演讲必须是鲜活的、像一个活生生的生命一样被建构的,要有为了自身的自身的躯体,以至于这样的活生生的躯体(亦即演讲)不仅有头有脚,而且也有中部(躯干?)和末端(不知指何处,可能比喻演讲之结论?),它们相互之间,并且与整体相互适应(Phaidros 264 C)。在 Philebos 的结尾,柏拉图总结说,正确的尺度和对称在任何地方都带来美和完美(64 E)。亚里士多德汲纳了这样的观点,并且作为对于文雅诗艺的要求,在他看来,诗歌的艺术品性在于自始至终完全阐释全部的情节,以至于一首诗应当如同一个整体而鲜活的生命躯体,并由此而引发独特的美学享受(Poetik 1459 a 18-21; 类似的表述亦请参见 1451 a 30-35)。亚里士多德还提及,特别是在数学科学中,秩序、对称,以及相应的尺度(标准、比例)是美的本质条件(《形而上学》1078 a 36-b2)。

布洛丁对于柏拉图、亚里士多德的美学学说的批评,似乎更应理解为他对其学说的阐释;在其《九章集》的开篇,他批评的其实是斯多葛学派所代表的观点，这一点早有学者指出了，Friedrich Creuzer 认为："Heac sententia fuit stoicorum."① （"这一观点是斯多葛学派诸人的。"）之所以能够这样说的原因在于，布洛丁还生活在希腊哲学，特别是斯多葛哲学普遍掌控话语权的时代，而对于概念的关注恰恰又是希腊哲学所强调的。在此，区分柏拉图、亚里士多德希腊哲学和斯多葛希腊哲学这两种在这一观点上似乎十分近似的表述不仅极为正确、重要，而且也是非常必要的。盖仑提供了一个斯多葛学派发展出来的比例学说，这一学说在对美作判断时被斯多葛学派奉为圭臬，美对于斯多葛学派中人而言，并非存在于单一而独立的因素之中，而是存在于各部分相互间的对称之中，是一个手指与其他手指之间的关系，是手指与手掌和手掌根的关系，并且由此延伸到手腕、小臂，再从小臂延伸到全部胳膊②。在布洛丁看来，如此这般产生的美似乎略嫌简单，美并非就是颜色、声音（声响），以及各部分之间的对称关系所能产生的。布洛丁思考的并非如此这般的经验领域中的美（美学），况且颜色、声响，无论各自作为单一的元素，抑或是各自组合而成的整体，并非一定引起感官的愉悦，而对称也有可能引起丑和不舒适的感觉。柏拉图在 Phaidros 中引述了苏格拉底的观点，在这位终究饮鸩而亡的哲学家看来，物之所是，并非其颜色、形式、结构，人也无从感受它，人只能以理智认知它（Phaidros 247 C），在他看来，美是一种特殊性，是事物整体放射于外的光耀（Phaidros 250 D）。柏拉图关于美的可认知性和影响的阐释，

---

① 就此请参见 Friedrich Creuzer, Plotini liber de pulcritudine. Heidelberg 1814. Nachdruck Hildesheim, New York 1976. S. 148。

② 就此请参见 Galen, Placita Hippocratis et Platonis. V 3. In: Medicorum graecorum opera. Tom. V, rec. D. Carolus Gottlob Kühn, Leipzig 1823. 211-805。

那么灵魂的域界与美的质料性的躯体相似性究竟建立（奠基）在何处呢？布洛丁认为，这一相似性立于对理念和内在形式的参有之中（τὸ ἔνδον）。他说：

"Καὶ γάρ, εἰ ὁμοιότης, ὅμοια μὲν ἔστω· πῶς δὲ καλὰ κἀκεῖνα καὶ ταῦτα; Μετοχῇ εἴδους φαμὲν ταῦτα. Πᾶν μὲν γὰρ τὸ ἄμορφον πεφυκὸς μορφὴν καὶ εἶδος δέχεσθαι ἄμοιρον ὂν λόγου καὶ εἴδους αἰσχρὸν καὶ ἔχω θείου λόγου· καὶ τὸ πάντη αἰσχρὸν τοῦτο. Αἰσχρὸν δὲ καὶ τὸ μὴ κρατηθὲν ὑπὸ μορφῆς καὶ λόγου οὐκ ἀνασχομένης τῆς ὕλης τὸ πάντη κατὰ τὸ εἶδος μορφοῦσθαι. Προσιὸν οὖν τὸ εἶδος τὸ μὲν ἐκ πολλῶν ἐσόμενον μερῶν ἓν συνθέσει συνέταξέ τε καὶ εἰς μίαν συντέλειαν ἤγαγε καὶ ἐν τῇ ὁμολογίᾳ πεποίηκεν, ἐπείπερ ἓν ἦν αὐτὸ ἕν τε ἔδει τὸ μορφούμενον εἶναι ὡς δυνατὸν αὐτῷ ἐκ πολλῶν ὄντι... Οὕτω μὲν δὴ τὸ καλὸν σῶμα γίγνεται λόγου ἀπὸ θείων ἐλθόντος κοινωνίᾳ." ①

"我们认为，可视的躯体通过参有到形象（μετοχῇ εἴδους）之中方才是美的。因为所有无形式者（不具备形式者），都必定要袭取形式和形象；只要它没有参有到概念和形象之中，那么它就是丑的，并且被神性的理性所放逐，这其实就是丑。而丑的还有，在形式上无法被概念统辖者，因为质料无法邀来完

---

① 就此请参见 Enneaden I, 6, 2。

不仅是文艺复兴时期柏拉图主义的基础，而且布洛丁也由此拾级而上，超出他那一时代的斯多葛学派的美的概念。美在布洛丁的学说中，不仅是可感知，以至于可内在化的经验，美首先也是一个认知概念。

2. 本体论之美、存在之美

在美学史上，布洛丁第一次质询了简质之事物是否美的问题，提出了阳光、月光、单一声调的声音等是否是美的问题，并由此表述了对于由传承而来的美的程式不满和怀疑。他继续提示说，一个，并且是同一个几何对称的脸，在一个人的眼中可能是美的，而在另一个人的眼中则可能是不美的；他由此总结说，即使在几何对称之中、在尺度的量度中，也应当在它们之外而有另外的东西（因素）、也应当有（一个）他者，赋予它们以美，或曰：将美赋予他们。而如果人们将目光仅仅投向，并且关注诸如美的行为、美的言说、数学的认知、美德等，也就是说，关注精神实践行为的表现（呈现），那么仅仅从几何对称和量度上考量美，显然是远远不够的、也是不恰当的。

而为了考量可视见之物（可视见的对象）的美，布洛丁必然踱入感觉领域。在他看来，灵魂能够感知美，感知美的灵魂能够将美摄入到自身之中，譬如美的声音；而如果灵魂相遇到丑，那么灵魂就会拒绝之、逐除之，并不将其摄入自身之中。灵魂就其本质而言，属于比较优良的存在，乐于将并且仅仅将与之兴味相投者、相似者、同类者摄入到自身之中。

全适应于理念的形式。理念出现，大凡诸多部分被纠集在一起而成为一体者，理念就将其领入秩序，将其领入内在的关系，并且令其与自己保持一致……于是美的躯体就诞生于对理念的参有之中，而这一理念则是从众神那里降来的。"

布洛丁并不十分关注美的程式上的标志，而是更多地关注其本质的基础，他在理念和 ειδος（形象）中探求美的基础[①]，而理念和 ειδος 则体现在质料中。由此，ειδος 的可视见的等级梯次，就不仅在可视见（形式）的领域（此间世界）的等级建构的存在形式之中成为美的主要品性，而且本身就是美的主要品性。美也能够起始于质料，美是如何被一种 ειδος 原则所建构的，那么它也就在多大程度上在质料中得到表述；这一原则在作为形象（造型）的美的躯体中实现自身，并且在通过人的造作而来的美的形象中实现自身。一个建筑的外在的呈现也是如此，如果不考量其石料的量（作为诸多），其内在的形象（τὸ ἐνδον ειδον）是由质料所分配的（所建构而成的），尽管 ειδος 似乎表现为诸多，而 ειδος 则在本质上是无可分的[②]。

在布洛丁看来，质料之美并非极致之美；从精神、精神之美（在此应当就是至一之美）不仅产生灵魂的美，甚至产生众神之美，众神和至一共同构成了某种确切的神性的一致性、构成了神性的宇宙、

[①] 在布洛丁那里，并非简单地被理解为质料品性的形象和形式，而更多的是具有图像（画像）般的、造型般的结构；就此请参见 A. F. Losev, Istorija estetiki. Pamjatniki mirovoj estetičeskoj mysli. Moskova 1962. Band I. S. 222。

[②] 就此请参见 Enneaden I, 6, 2。

神性的域界。他认为，众神都是美的，并且他们的美是无可量度的、极致的①。当然，布洛丁在此并非表述众神的外在的美，而是言说其内在的本质，众神，或曰其本质在神性的氛围中、在与万物的原因的更深层的精神一致中享有其存在。这一最高的精神宇宙的一致性（至一性）并不从属于通常的法则，不受任何法则的限定，甚或是非法则的，它是上帝的简质性与诸多性的至一，是上帝的简质性与诸多性，以及众神的至一。这也令人回忆起基督宗教哲学三位一体程式论所阐释的 ὑπόστασις 概念，这一概念就是简质与诸多的至一，基督宗教的学者们，特别是教父时期的学者们对此有十分深刻的论述②，当然，布洛丁理论的影响亦不可小觑。

也恰恰就是这个非法则的美的精神宇宙的至高境界，才享有真实的存在。对于布洛丁而言，美是本体论的。而所谓宇宙一词，亦即 κόσμος，本身的含义就是"美"、"装饰"，布洛丁并非在偶然的意义上使用这一语汇、这一术语。但是彰明较著的是，对于布洛丁而言，美并非仅仅存在的实体的属性而已，而是美属于存在的本质，或曰就是存在的本质。对于存在的参有程度，是实体参有的美的比例：实体越美，他也就越具有存在，他也就越是存在、越是更多地存在，也就距离真实而永恒的存在越近；简言之，存在者越多参有存在，它当然也就越多具有存在，也就越美。布洛丁认为：

"Ἡ δὲ δύναμις ἡ ἐκεῖ μόνον τὸ εἶναι ἔχει καὶ

---

① 就此请参见 Enneaden V, 8, 3。
② 关于基督宗教哲学的上帝三位一体程式论，请参见本书笔者另一拙著《形上之路——基督宗教的哲学建构方法研究》中之相关论述。

μόνον τὸ καλὸν εἶναι. Ποῦ γὰρ ἂν εἴη τὸ καλὸν ἀποστερηθὲν τοῦ εἶναι; Ποῦ δ᾽ ἂν ἡ οὐσία τοῦ καλὸν εἶναι ἐστερημένη; Ἐν τῷ γὰρ ἀπολειφθῆναι τοῦ καλοῦ ἐλλείπει καὶ τῇ οὐσίᾳ. Διὸ καὶ τὸ εἶναι ποθεινόν ἐστιν, ὅτι ταὐτὸν τῷ καλῷ, καὶ τὸ καλὸν ἐράσμιον, ὅτι τὸ εἶναι. Πότερον δὲ ποτέρου αἴτιον τί χρὴ ζητεῖν οὔσης τῆς φύσεως μιᾶς;"①

"而那一至上的力量则享有纯粹的存在和纯粹的美（美的存在）。原因在于，如果没有这一存在，那么美又将安在呢？而如果存在匮乏美，那么他也就匮乏存在。由此，存在也是被思慕的对象，因为他与美是等同的；而美是具有吸引力的，因为他是存在。而究竟什么是他者的原因呢？为什么要研究他们呢，如果这两个其实是一个存在本质的话？"

就此，我们庶几能够回答说，美与存在并无区别，美并非别的什么，而是存在的绽放，美就是依附于存在而绽开的属性。

基督宗教的美学，从古典的美学理论中汲取了诸多美学的理论、学说；在其中，特别是在早期，美的问题享有十分重要的地位②，我们在较远的后文中、在详尽探讨和分析奥古斯丁和伪狄奥尼修斯的美学理论时将会相遇到这一点。在此我们庶几已经可以说，卡帕多西亚的教父思想家们，以及著名的、当然却是匿名的，或曰以匿名的方式而最终著名的伪狄奥尼修斯的著作，陶铸了关于美的理论

---

① 就此请参见 Enneaden V, 8, 9。
② 就此请参见 Viktor Byčkov, Zeitschrift für Ästhetik und allgemeine Kunstwissenschaft (Bonn) Band XXVIII/1 (1983). S. 22-33。

和学说的核心,这样的学说与核心也被拜占庭的文化和学者们几乎毫无变端地汲纳过来,并且对拜占庭的圣像讨论产生了比较大的影响;拜占庭美学理论的主要源泉,除了早期基督宗教思想家的美的理论与学说(譬如奥古斯丁、伪狄奥尼修斯、亚历山大的斐洛的美学理论)之外,也部分地汲取了斯多葛学派的、柏拉图的美学理论,特别是汲纳了布洛丁关于美的理论,没有这位新柏拉图主义的奠基人对于美的理解与阐释,拜占庭美学理论中许多内容恐怕难以被理解。

3. 本体形上美学中美与美的三个等级

就美的等级问题而言,布洛丁就在古典晚期的柏拉图主义的温床中,似乎发现了某种解决问题的方案。在他的美学理解中,集合的与简质的美的客体、美的对象,都能够享有它们的位置,质料世界的对象、诸多实践的行为、精神与知识的呈现(对于精神与知识的追求行为等),都能够是美的。

在这个意义上,质料的美构成柏拉图主义的、布洛丁的美的第一个等级梯次。而如果一方面,柏拉图主义者庶几能够在每一因素中、在此间世界的每一可能性的氛围中,发现此一抑或彼一 εἶδος 的实现;那么另一方面,布洛丁则更从感官可感觉的美进而提升到对于较高秩序之美的观想层面,在这一层面上,无需灵魂在中间借助感觉器官(感官)的传介,并且感官的感觉也并不具备任何通道以达于观想层面的较高秩序之美。比如,颜色的美是借助某一形式的简质之美,在这样的简质之美中,质料中的黑暗(暗色、暗)通过光的当下在场而被战胜、被克服、被覆盖，而光本身却是非躯体性的；这首先是质料的美，在这个意义上，美也能够是借助思维和形象的简质之美，或曰仅仅借助思维和形象的简质之美①。由此，布洛丁也就标示出了达于美的氛围的梯次等级性通道，这一点不仅在逻辑上完全符合他的流溢的从属概念的宇宙观，而且也与柏拉图主义的精神花萼相辉、相映生辉。

美的第二个等级梯次，在布洛丁看来，是行为的美和认知的美，也就是所谓的"美德的闪光"（美德本身就是美的）、"正义和中庸的美丽面庞"（在此，"中庸"的含义就是"恰当"）等，换言之，这样的美是在它们的美之中（在它们的美的存在中），远远超出自然现象的美。比起质料的美和躯体的美而言，在这一梯次等级上的美，能够在较高的程度上引出更大的、更深刻的触动、震撼②。为了更清晰地表述灵魂之美，布洛丁从反面出发而接近问题，也就是说，他先确定丑恶的灵魂的本质。丑恶的灵魂的本质立于毫无节制之中，立于放纵之中，并且立于非正义、贪欲（贪婪）、怯懦，以及对于非洁净的享受之中。灵魂的丑恶立于其诸如此类的肮脏性之中，这样的肮脏性庶几是由身体的恶欲所带来的。"于是我们有理由将灵魂的丑陋表述为陌生之物的混入，以及对于肉身和质料的倾慕，灵魂丑陋的存在意味着灵魂的不纯净以及受蒙蔽。"（《九章集》I 6, 5）于是在这个意义上，灵魂的美则立于纯洁性（纯净）之中，这样的纯洁与纯净超出所有过往性（消失性、非永恒性）和躯体性。由此布洛丁认为：

---

① 就此请参见 Enneaden I, 6, 3。
② 就此请参见 Enneaden I, 6, 4。

> "Γίνεται οὖν ἡ ψυχὴ καθαρθεῖσα εἶδος καὶ λόγος καὶ πάντη ἀσώματος καὶ νοερὰ καὶ ὅλη τοῦ θείου, ὅθεν ἡ πηγὴ τοῦ καλοῦ καὶ τὰ συγγενῆ πάντα τοιαῦτα. Ψυχὴ οὖν ἀναχθεῖσα πρὸς νοῦν ἐπὶ τὸ μᾶλλόν ἐστι καλόν." ①

> "通过这样的纯净（化）灵魂就成为了形象和形式，完全自由于肉体之外，精神般的，并且完全从属于神性，而美也就是从作为源泉的神性中涌流而出，从那里产生所有其他者，他们从属于这一神性。而如果灵魂被向上引向精神，那么它就在更高的品级上是美的。"

美的更高的，或曰第三个等级梯次，在布洛丁看来，就是 νοῦς 的等级。由此，他的思考从人的灵魂逐渐蹚入所谓的世界灵魂，并进而驰向世界精神，而所谓的世界灵魂和世界精神则从至一，或曰上帝（当然这一上帝并非基督宗教的上帝）流溢而出，并且建构出全部的宇宙及其美。这样说的理由在于，

> "Νοῦς δὲ καὶ τὰ παρὰ νοῦ τὸ κάλλος αὐτῇ οἰκεῖον καὶ οὐκ ἀλλότριον, ὅτι τότε ἐστὶν ὄντως μόνον ψυχή. Διὸ καὶ λέγεται ὀρθῶς τὸ ἀγαθὸν καὶ καλὸν τὴν ψυχὴν γίνεσθαι ὁμοιωθῆναι εἶναι θεῷ, ὅτι ἐκεῖθεν τὸ καλὸν καὶ ἡ μοῖρα ἡ ἑτέρα τῶν ὄντων." ②

---

① 就此请参见 Enneaden I, 6, 6。
② 就此请参见 Enneaden I, 6, 6。

"精神及其他在自身中所涵盖者，对于灵魂而言并非陌生的，而是本质所属的美（本质自身的美、自身所属的美），因为灵魂在那里才是真正的灵魂。由此就有理由说，灵魂成为美的，意味着相像于（相类于）上帝，因为由他诞生了美以及至少一半存在者。"

由此我们庶几可以说，至一构成了美的梯次等级的尖峰，与之相比较，质料就显得是丑陋的了。在至一之中，至高的善和美无可消解的联系在一起，并且以梯次等级的方式流溢到质料存在的世界中。他认为：

"Καὶ τὸ πρῶτον θετέον τὴν καλλονήν, ὅπερ καὶ τἀγαθόν· ἀφ' οὗ νοῦς εὐθὺς τὸ καλόν· ψυχὴ δὲ νῷ καλόν· τὰ δὲ ἄλλα ἤδη παρὰ ψυχῆς μορφούσης καλά, τά τε ἐν ταῖς πράξεσι τά τε ἐν τοῖς ἐπιτηδεύμασι. Καὶ δὴ καὶ τὰ σώματα, ὅσα οὕτω λέγεται, ψυχὴ ἤδη ποιεῖ· ἅτε γὰρ θεῖον οὖσα καὶ οἷον μοῖρα τοῦ καλοῦ, ὧν ἂν ἐφάψηται καὶ κρατῇ, καλὰ ταῦτα, ὡς δυνατὸν αὐτοῖς μεταλαβεῖν, οἰεῖ."[①]

"作为至一，美必然在其中，而美同时就是善；由此，精神就与美有了直接的关系，借着精神灵魂也就是美的了；而在行为与造作（活动）中的其他的美，则是借着建构的灵魂而来的；而人称躯体是美的，这在于，灵魂最终也将躯体建构成

---

① 就此请参见 Enneaden I, 6, 6。

美的。这是因为，灵魂是神性的，在某种意义上是美的一部分（μοῖρα）于是灵魂就能够将所触及和统领之物造作成美的，只要它能够参有到美之中。"

译文中首句的"至一"亦可译为"本源"、"初始"、"原初"等，末句的"它"，指的是灵魂所触及和统领之物。至一，也就是至善，被描述为，或曰被理解为美的术语（或曰美的概念）；对于至一的观想，实际上也就是对于美的感觉行为（亦即感觉美的行为），这两者是等同的。

"Ἔστι γὰρ τῷ μὲν μήπω ἰδόντι ὀρέγεσθαι ὡς ἀγαθοῦ· τῷ δὲ ἰδόντι ὑπάρχει ἐπὶ καλῷ ἄγασθαί τε καὶ θάμβους πίμπλασθαι μεθ' ἡδονῆς καὶ ἐκπλήττεσθαι ἀβλαβῶς καὶ ἐρᾶν ἀληθῆ ἔρωτα καὶ δριμεῖς πόθους καὶ τῶν ἄλλων ἐρώτων καταγελᾶν καὶ τῶν πρόσθεν νομιζομένων καλῶν καταφρονεῖν."[①]
"如果谁还不理解这一点，那么他将至一作为善而追求；而如果谁理解了这一点，那么他就会愉悦于它的美，他会充满喜悦而去欣赏，而被震撼，这样的震撼并没有什么伤害，他爱着真实的爱，他笑对所有其他欲望燃烧的爱，并且轻蔑他以前所认为美的。"

这表明，在这一理解的过程中，理解的主体自身参有到了至高

---

① 就此请参见 Enneaden I, 6, 7。

的美之中，自身成为美的。如果谁去理解那一造作（创设）万物，并且将自己传介给万物的那一位，并且在这样的创设和传介中那一位依然停留于自身之中，并且由他自身这一方面并不汲纳任何东西，那么这位理解者就徜徉在对至高者的观想之中，他享受这一观想，并且与至高者相像（相类），他还需要什么美吗？因为这就是美自身、就是源泉之美，她使爱她的人美而可爱。

布洛丁在《九章集》的Ｉ６中阐释了美的一种清晰的等级梯次论；其中，美的原因，或者源泉，是作为善与美的至高的合一的至一。精神就依赖于这个至一，并且以 εἶδος 的形式传输（世界）灵魂；而这个（世界）灵魂则将形象，或者 εἴδη、亦即美，赋予人的整体的精神实践的行为，并且同时赋予人的灵魂，以及质料世界的所有躯体。人作为精神的本质、作为以 εἶδος 为自身品性的精神本质，从自身的角度则有一种与美和理念相触碰的需求，有一种与美和理念相接壤的需求，有一种与美和理念互通款曲的需求，有一种与美和理念缔结秦晋之好的需求，人力求参有到美之中，对于美的享受赋予人无可言状的福祉。

而最高的等级梯次，也就是处于尖峰的至一，布洛丁并没有对此作出精确的定义，这个至一时而是善与至美的合一，时而是超越于美的善，并且是美的源泉与原初的基础。而精神则已经完全属于美的氛围之中了。在这个意义上，精神就是 εἶδος 的源泉，而美则是 εἴδη，他认为：

"Πάντα γὰρ ταύταις καλά, τοῖς νοῦ γεννήμασι καὶ οὐσία." [①]

[①] 就此请参见 Enneaden I, 6, 9。

"万物则借助理念而是美的,他们是精神的产物和实体。"

而 εἴδη 则是布洛丁美的等级梯次中美的主要承载者、主要载体。

在《九章集》的第五卷第八章中(Ⅴ8),布洛丁对其美的等级梯次有所补充,并且由此引出一系列有趣的结果。在此,首先被引入等级梯次的是艺术的美。在布洛丁看来,艺术作品具有感官感觉的美,这是艺术家赋予无形象(无形式)的自然的质料的。艺术作品的形象,或曰 εἶδος 首先呈现在艺术家的精神计划中,然后被付诸在质料中,或曰,被实现在质料中。这个 εἶδος 诞生于艺术家,因为艺术家参有艺术。他认为:

"Ἦν ἄρα ἐν τῇ τέχνῃ τὸ κάλλος τοῦτο ἄμεινον πολλῷ· οὐ γὰρ ἐκεῖνο ἦλθεν εἰς τὸν λίθον τὸ ἐν τῇ τέχνῃ, ἀλλ' ἐκεῖνο μὲν μένει, ἄλλο δὲ ἀπ' ἐκείνης ἔλαττον ἐκείνου· καὶ οὐδὲ τοῦτο ἔμεινε καθαρὸν ἐν αὐτῷ, οὐδὲ οἷον ἐβούλετο, ἀλλ' ὅσον εἶξεν ὁ λίθος τῇ τέχνῃ. Εἰ δ' ἡ τέχνη ὅ ἐστι καὶ ἔχει τοιοῦτο ποιεῖ – καλὸν δὲ ποιεῖ κατὰ λόγον οὗ ποιεῖ – μειζόνως καὶ ἀληθεστέρως καλή ἐστι τὸ κάλλος ἔχουσα τὸ τέχνης μεῖζον μέντοι καὶ κάλλιον, ἢ ὅσον ἐστὶν ἐν τῷ ἔξω."①

"在艺术中,美是较高的,因为并非艺术中的美沁入石头,而是美就存留于其中,而从中渗透出低于美者;即使美也并不在自身之中,如同他所意愿的,而仅仅是当石头屈从于艺术时。而如果艺术带来一种创设的话,并且这一创设表述了艺术究竟是什么,以及

---

① 就此请参见 Enneaden V 8, 1。

具有什么（也就是说，艺术借助它所要创设者的形式的概念而造作某一事物成为美的），那么艺术就在一种更大的和更真实的意义上是美的，因为比起在外在事物中所呈现的，艺术必定享有一种更大的、更美的美。"

布洛丁首次有意识地、有理由地（有论证的）提出了艺术与美的内在关系的问题。当然在"艺术"之下，他首先理解的是造型艺术和建筑，并非所谓"自由的"艺术。在古典时期，就这两者之间的内在关系的论述并不多见。恰恰是布洛丁在美之中看到了艺术的当务之急、艺术的价值和标准；这是布洛丁从不过时的，甚或是不朽的学术功绩，古往今来有如此之学术功绩者，指不多屈。

布洛丁在此提出一种纯粹精神的艺术原则（准则），如同在诗歌和音乐中一样，艺术理想的美（理念的美）就是在这样的准则中享有其位置。掌握这一准则，或者"学术"（"学问"）的艺术家，就能够尝试在这一基础上创设原本意义上的质料的艺术作品。粗放的质料本身并不能允许艺术理想的美完全被领入形象（形式），在这个意义上，真正的艺术作品多少总是代表（展现、体现）一种这个纯粹精神之美的成功的肖像；而这个纯粹精神之美，也能够被称为艺术的"内在的形式"（"内在的美"），对于这一内在形式的驰近程度，则庶几决定于艺术家的天赋和技术的娴熟。在作了这样的阐释之后，布洛丁又解释了"μίμησις"、亦即"模仿"这一术语的含义。在布洛丁看来，模仿并非要仿照自然对象的外在形式，而是要模仿其内在的形式"、模仿其 εἴδη、理念，以及逻各斯（概念 λόγος）。艺术家要在被重新安顿的质料的形式中，阐释被模仿的对象的内在的美。他认为：

"Εἰ δέ τις τὰς τέχνας ἀτιμάζει, ὅτι μιμούμεναι

τὴν φύσιν ποιοῦσι, πρῶτον μὲν φατέον καὶ τὰς φύσεις μιμεῖσθαι ἄλλα. Ἔπειτα δεῖ εἰδέναι, ὡς οὐχ ἁπλῶς τὸ ὁρώμενον μιμοῦνται, ἀλλ' ἀνατρέχουσιν ἐπὶ τοὺς λόγους, ἐξ ὧν ἡ φύσις. Εἶτα καὶ ὅτι πολλὰ παρ' αὑτῶν ποιοῦσι καὶ προστιθέασι δέ, ὅτῳ τι ἐλλείπει, ὡς ἔχουσαι τὸ κάλλος."①

"如果一位艺术家由于其创设是对于自然的模仿而较少地关注这一点，那么对此的回答首先是，自然也在模仿一个他者。其次，还必须知道，艺术并非简单地就能模仿可视见之对象，而是要提升到理性的形式，自然就出自于这些理性的形式。第三，艺术也从自身出发而创设许多东西，原因在于，谁匮乏什么，谁就会补充什么，艺术是在美的私有之中。"

布洛丁再次涉入美的等级梯次论的思想，并且以一个新的梯次补充其等级论的美学思想。如同他在艺术作品和（世界）灵魂之间设置了艺术自身的美一样，他在自然的作品和世界灵魂之间也设置了一个自然的理想之美。他认为：

"Ἔστιν οὖν καὶ ἐν τῇ φύσει λόγος κάλλους ἀρχέτυπος τοῦ ἐν σώματι, τοῦ δ' ἐν τῇ φύσει ὁ ἐν τῇ ψυχῇ καλλίων, παρ' οὗ καὶ ὁ ἐν τῇ φύσει. Ἐναργέστατός γε μὴν ὁ ἐν σπουδαίᾳ ψυχῇ καὶ ἤδη προϊὼν κάλλει."②

"在自然之中也有一个美的逻各斯（或译：理念？），这是躯体（或译：肉体）中美的原象；而相对于自然中的原象而言，

---

① 就此请参见 Enneaden V, 8, 1。
② 就此请参见 Enneaden V, 8, 3。

在灵魂中的原象要更美一些，自然中的原象也是从这一原象中起源的。"

布洛丁还提示说，精神的美被赋予到灵魂之中，精神是从一种更大的光出发才奉献出了美，而那一更大的光就是第一手的美、原初的美。在此，布洛丁将美和光等同起来，这不仅对伪狄奥尼修斯的美学[1]，而且也对中世纪、譬如对托马斯的美学论有着重大影响。

古典思想家的这一关键性思考，不仅是中世纪美学的基础，而且直到今天都能够对艺术创作者有所激发、有所激动。之所以能够这样说，理由在于，这一在古典时代的关涉美学的抽象而超验的艺术理论的表述，并非纯粹思辨的，甚或空想的产物，而是建立在论证的基础之上的。

布洛丁还强调说，自然的外在美，以及艺术的外在美，并非原本的美，而人恰恰追求躯体的美、外在的美，并且止步于此，原因在于，人不知道，真正对人产生影响的是内在的美，内在的美，甚或只有内在的美，借助外在的美而运作而对人产生影响[2]。我们庶几可以说，在这个意义上，人不应当止步于对于外在美的追求。

由此我们也可以看出，布洛丁实际上设置了一个美的等级梯次，并且这一等级并非仅仅是一种外在的美的区分，或曰并非一种外在美的高低不同之区别，这一等级甚至也是内在美与外在美的等级梯次之分别，甚或是这两者的本质区别。

---

[1] 就此请参见 W. Perpeet, Ästhetik im Mittelalter. München 1977. S. 72-79.

[2] 就此请参见 Enneaden V, 8, 2。

4. 从存在之美到感知和观想存在之美

不仅布洛丁的本体形上的美学概念，而且他的美感概念。对于基督宗教美学，特别是拜占庭基督宗教美学（圣像美学）也颇为重要。

布洛丁认为，通达于美的道路，是从下至上沿着被思考的梯次等级的运动。在这条路上的第一步，是从感官可感知的美之中逃逸而出驰向较高层次的精神之美。人必须闭合双眼，唤醒自身而朝向自己的内在观想，并藉此而挤入对于美的更高梯次的观想①。尽管内在的观想被唤醒，但是它还无法由自身而处于一种有能力的境地中，去观视"闪烁之物"，也就是在较高的梯次上去观视美。因此，灵魂首先要学习，去观视好人的美的行为和作品。由此：

"Εἶτα ψυχὴν ἴδε τῶν τὰ ἔργα τὰ καλὰ ἐργαζομένων. Πῶς ἂν οὖν ἴδοις ψυχὴν ἀγαθὴν οἷον τὸ κάλλος ἔχει; Ἄναγε ἐπὶ σαυτὸν καὶ ἴδε."②

"人要观视那些创设美的作品的人的灵魂。你如何能知道，什么样的美具有善的灵魂呢？返回你自身，并且环视你自己吧！"

这一返回自身的号召，或曰这一返回自身之内以观想内在世界的（深层）纵深的号召，是晚期柏拉图主义（新柏拉图主义）最本质的成功，这一起始于俗世哲学的号召，不但终于成为德尔图良、波埃修斯"精神返乡说"的始作俑者，不但终于成为以奥古斯

---

① 就此请参见 Enneaden I, 6, 8。
② 就此请参见 Enneaden I, 6, 9。

丁为代表的教父时期的基督宗教哲学"返回内心深处"的呼唤，而且也在中世纪的哲学、神秘神学和神秘主义中得到积极的倡导和发展[①]。这当然也深刻影响了美学思想的发展，因为这一思想将人的特殊的美学的关注，引导向人的心灵（心理）的深度过程（深层过程），将人的美学关注引导向深度心灵层面的美的感知和美的判断。

在此，我们似乎可以说，人在他沉入自身的深层观想之中所发现的，并非一定（都）是美，这似乎也是能够理解的。在人的内心深处，似乎也隐匿着非荣耀的因素、丑陋的因素，这些对于人而言并非是陌生的。而如果人在自身之中并未发现美，那么人就必须开始在其中建构美，如同一个雕塑家，增删修补，直到一个美的雕像落成为止；同样，没有在自身的内在之中发现美的人，也需要在自身的内在之中斧正删削等，直到自身放射出甚或是神性的美德之光。

如果观想的主体达到了这一程度，那么他自身也就成为"真正的光"和"观想自身"了，那么他也就有能力感知至上之美[②]。这是因为，只有当感知者肖似于感知的客体时，感知的行为才有可能。我们的眼睛从来不可能看入阳光，除非眼睛本身和太阳相类似；而灵魂也不会有能力看到美，如果他自己尚未成为美的话。在这个意义上，每一个意图看到美的人，自身必须成为美的[③]，这也就是说，他必须将自己的内在的世界校准于美的感知；只有这样，对美的最终而完全的（完全、彻底、全部的）感知才是有可能的。

---

① 关于灵魂返回自身的学说对于诸如德尔图良、奥古斯丁以及波埃修斯等教父学者们的影响，请参见拙著《形上之路——基督宗教的哲学建构方法研究》中之相关论述。

② 就此请参见 Enneaden I, 6, 9。

③ 就此请参见 Enneaden I, 6, 9。

在灵魂中的美的感知过程中诞生一种客体类比论,或曰某种客体肖像论,也就是说,主体近似于客体、主体接近于客体,甚或庶几与客体等同,而恰恰就是这一点生出了精神的享受,生出了美感的享受。

由此我们也能探寻出这样一种感知过程,也就是说,如果灵魂将其自身的图像向外投射而出的话(因为它要感知某物),亦即向着要感知的客体投射的话,那么这一图像也就作为客体而被接受、而被汲纳。这样的感知在布洛丁看来似乎并非真实的感知,但是却是迈向真实的感知的一步[①]。

对于美的感知,在布洛丁看来,在很大程度上类似于对于"万物原因"的理解,而这一万物原因对于语言认知(理性认知)而言是无法通达的,或曰从理性认知自身而言并不具备一种通达这一万物原因的渠道,相反,对于出神入化的明悟行为中的情感 – 美感,却是可以通达的。在此,出神入化指的是出于神境而入于化境,亦即 εχτασε,这也就是说,众神的智慧并非在判断中得以表述,而是在美的图像中得以表述,其存在本质并不能被形式逻辑的表述、认知理论的表述所描述;这也是拜占庭圣像理论之一,以及圣像争论的原因之一。美、美感,这样原本极致抽象和超验的美学论题,却不仅在古典的历史中,特别是在古典的哲学家中引起那样深刻的思考,而且也必定在基督宗教哲学及其经院哲学的形式中引发广泛而深刻的思考,这一点是我们现在就可以想见的了,而在较远的后文,特别是在关于拜占庭圣像美学的探讨中,将随处可见这一理论的痕迹。

---

① 就此请参见 Enneaden V, 8, 11。

5. 至一之美与光的本体形上阐释

如果布洛丁的思想是新柏拉图主义哲学的始作俑者的话，那么，即使就基督宗教而言，他的美学也是本体形上美学，或曰美学形上学的源头（或曰：至少是源头之一）。如果美作为概念在柏拉图哲学中具有普遍适用的、建构存在者整体的含义的话，那么这一方面尽管表明，每一单一的存在者以各自的方式是美的、存在者作为整体是美的，但是另一方面也恰恰意味着，存在者并非以同样的方式、在同等质量上是美的。

之所以能够这样说，原因在于，一方面，由于存在之美并非奠基在无序的多样性的杂多性上，而是奠基在至一性上，所以这一至一性的存在之美本身就是纯净而完美的秩序；而如果存在之美也能够被理解为一个至一的完美秩序，那么如同存在是存在者的基础一样，这也表明存在之完美秩序是一切存在者所形成的秩序的基础，如果存在者能够形成某种秩序的话；或者说，存在之美不仅能够自身秩序化，而且也能够在存在者之中呈现这一自身秩序化、能够赋予存在者以秩序。柏拉图在其《会饮篇》（210 A 以下）中已经述及，并区分了这样的美的程度秩序、等级秩序，其中，从身体活力机制的美、到灵魂感知行为的美、再到精神认知的美，以至于对于神性之美的观想，这庶几构成一种美的上行秩序，或曰从身体之美到神性之美的梯级上升秩序。

而另一方面的原因在于，美的梯次等级性不仅从外在现象上表明了存在者从原级、比较级到最高级的秩序，同时也在内在学理上透析出一种比较论的本体论；换言之，存在者享有越高质量的美，他也就享有更多的存在，或曰他也就是更多的存在（μᾶλλον ὄν），简言之，存在者越美，也就更富有存在、更富有一致性。同时，从问题的历史纵深来看，美及其所引发的比较论的本体论，不仅是布洛丁的美的概念的基础[①]，而且应当也是伪狄奥尼修斯的存在论的秩序等级论以及神学等级论的始作俑者[②]。

布洛丁在柏拉图的殿堂前拾级而上——这样的殿堂的确值得我们登堂入室、俯下身来去亲吻它的地面，他将绝对的精神（νοῦς）、神性的至一视为思维自身的、观想自身的至一；绝对精神思维自身，就与自身建立了关系，精神思维着的、在思维中的自我关系，是这样得以建立的：精神所思维的，是能涵盖所有理念的整体，是整体的普遍至一，这个整体首先并非黑格尔所说的包含诸多部分，或因素的（各个部分和因素其实也是次级的整体，并非不完整的、自身缺失的、非独立的存在者）"具体的整体"（konkrete Totalität）[③]，尽管布洛丁也描述了这样的整体，而他所说的整体首先应当是不可分、无可分的整一而绝对的整体，否则他的至一概念就无法成立；存在整体（至一）思维自身，意味着将自身展开而又返回自身，这是作为存在的整一而绝对的整体对于自身的检视，是存在或至一对于自身的吟咏，并且是在自身之中（被）吟咏而出的思

[①] Werner Beierwalter 对此有过论述，就此请参见其 Das wahre Selbst. Studien zu Plotins Begriff des Geistes und des Einen. Frankfurt am Main 2001. S. 53-70。

[②] 关于伪狄奥尼修斯的等级论，请参见本书笔者之拙著《形上之路——基督宗教的哲学建构方法研究》中之相关论述。

[③] 就此请参见 Hegel, Wissenschaft der Logik. Hrsg., Friedrich Hogemann, Walter Jaeschke, Hamburg 1981. Band 2, S. 252。

维（οὐσιώδης νόησις）①，这是他对于自身的提示，他将自身提示给每个"具体的整体"，这是存在无可限定的完满，或曰无可限定的自身完满②。

布洛丁说：

"Καλὸν οὖν πρώτως, καὶ ὅλον δὲ καὶ πανταχοῦ ὅλον, ἵνα μηδὲ μέρη ἀπολείπηται τῷ καλῷ ἐλλείπειν. Τίς οὖν οὐ φήσει καλόν？"③

"由于整体原本就是美的，并且作为整体是美的，而且作为整体总是美的，谁会称他为不美呢？"

这固然是一个反问，换言之，答案已经彰明较著存在于问题之中了；但是尽管如此，布洛丁依然做了更进一步的分析：

"Ἡ δὲ δύναμις ἡ ἐκεῖ μόνον τὸ εἶναι ἔχει καὶ μόνον τὸ καλὸν εἶναι. Ποῦ γὰρ ἂν εἴη τὸ καλὸν ἀποστερηθὲν τοῦ εἶναι; Ποῦ δ' ἂν ἡ οὐσία τοῦ καλὸν εἶναι ἐστερημένη; Ἐν τῷ γὰρ ἀπολειφθῆναι τοῦ καλοῦ ἐλλείπει καὶ τῇ οὐσίᾳ."④

"他享有纯粹的存在和纯粹的美。这是因为，缺失了存在，又何谈美呢？缺失了美，又何谈存在呢？如果在他之中缺失了美，那么也就缺失存在。"

在此十分清晰的是，美是在本体论层面被理解的，并且被理解

---

① 就此请参见布洛丁 Enneaden, V 3, 5。
② 关于布洛丁的至一及其向着自身的返回理论，请参见本书笔者之拙著《形上之路——基督宗教的哲学建构方法研究》中之相关论述。
③ 就此请参见布洛丁 Enneaden V 8, 8。
④ 就此请参见布洛丁 Enneaden V 8, 9。

为存在自身的本体论的完美,这也被布洛丁阐释为完美的至一性,而美与存在之关系也是伪狄奥尼修斯所论述的主题,我们将在较远的后文中阐释这一点。在此,与柏拉图和巴门尼德一样,布洛丁的存在概念,指的并非某种当下在场的事实,而是一种本体的确定;绝对的存在就是纯净的存在、完整而整体的存在,对于绝对存在的本体的确定就是对其全部属性的整体的确定,这一全部属性并非不同属性的综合叠加(以至于这个至一的整体其实是一个黑格尔意义上的具体的整体),而是一个整一而无可分的属性、至一无二的属性,其属性、其至一无二,因而无可或缺的全部而整体的属性就是其存在①,换言之,存在就是其全部属性,这个存在的超验性就在于,他的存在就是他的全部属性,他的存在与他的整体的属性是全等的;这样毫无杂糅性的完整、无可或缺的纯净而纯粹的存在,无法被思考成别的什么,而只能被思考成美,本身就是美,否则完整而纯净的存在则或者是一种内在矛盾,或者无从谈起;在此,存在被思考为完美,这也是本体论的上帝存在论证的结构性基础,这一点在托马斯的五种路径求证上帝存在的论证过程中可见一斑。

而从存在被思考为完美的角度来看,布洛丁的光的概念十分重要,这一概念的提出也是为了阐释其存在概念的;对于他而言,存在作为精神的自我思考、自我提示,在最原本而绝对的意义上就是光、就是理性之光(知性之光);他认为:

"Ἡ δὲ ἐν τῷ νῷ ζωὴ καὶ ἐνέργεια τὸ πρῶτον φῶς ἑαυτῷ λάμπον πρώτως καὶ πρὸς αὐτὸ λαμπηδών, λάμπον ὁμοῦ καὶ λαμπόμενον, τὸ ἀληθῶς νοητόν, καὶ νοοῦν καὶ

---

① 就此请参见布洛丁 Enneaden, III 6, 6。

νοούμενον."[①]

"在精神中的生命及其现实性,就是本源之光,它最初照亮自身,并且是投射到自身中的明亮（λαμπηδών）,照亮与被照亮同时是一个,这才是真正的理智;由其自身而言,思维与被思维是同时的。"

之所以能够这样说的原因在于,本源之光所思考的就是它自身;而存在的完美则在于,照亮与被照亮同时是一个,并且是同一个,思维与被思维同时是一个,并且是同一个,这其中不仅毫无任何杂糅性,而且还是完满的至一。而光在此并非一种譬喻,并非要表明作为至一的存在如同作为质料的光一样,并非要以作为质料的光来转述精神的品性,这并不符合布洛丁本体论形上美学之初衷,其本意庶几在于将精神的完美至一性、将作为完美的存在领入思维之中,或曰至少领入一种能够以概念被思维的可能性中,使之并不停留于感官直觉观想的浅尝辄止之中。一方面,光是精神整体不可分的完美至一性,是精神对自身一次性而一劳永逸的思考;另一方面,光同时也表述至一对于诸多的存在性建构,表述至一赋予诸多以存在,是至一在诸多中的展开,是存在的可视性、可理解性;同时,尽管光首先意味着至一在自身内对于自身的思考,但是其至一性在光的流布中并不流散,其思维的基础是柏拉图在 Politeia 508 A 以下的太阳譬喻,借助这样的譬喻,作为纯粹概念的至一、存在就具有了某种可视性、可观想性,由此,光就是传介存在、传介至一的媒介,是美的媒介;在拜占庭圣像画法语言中,光并非作绘画技法之理解,而是下车伊始即作本体形上之理解,我们在较远的下文中将会详尽

[①] 就此请参见布洛丁 Enneaden, V 3, 8。

阐释和分析这一点。

6. 本体形上论中的至一与精神之美

精神之美固然并非建立在自身之基础上，而是在自身之外建立在超存在的绝对之上、建立在至一自身之上，至一不仅是精神存在的源泉（本源），而且也是精神含有至一性，并由此而具有美的品性的初始本源。

在布洛丁看来，精神是至一的图像（εἰκὼν ἐκείνου）[①]，至一不仅在自身中涤除一切具体的整体，而且也从不将这样实际上本身是诸多的具体的整体自身独立化，以至于至一是一个极致的一，它在自身中思考自身，它使自身能够被思考，它对于自身的思考就是精神；至一作为绝对的他自身、作为绝对的自身存在（自有存在），原本自由于所有限定之彼岸、立于所有能够被思考者之彼岸，而精神（的至一性）就是可思考的、可视见的至一，在它之中原本绝对不可视的，并且甚或超出不可视者，成为可视的，在这样的意义上，精神就是至一的图像。

而至一的何种品性能够在精神中得以视见呢？并非其纯粹的至一性，作为纯粹的超验它超出所有可视见者之外，在精神的至一性中可视见的，更多地是至一（存在）创设的权能，这一创设的权能超出一切标准和尺度（ὑπερβολὴ τῆς δυνάμεως）[②]，精神约略能

[①] 就此请参见布洛丁 Enneaden V 1, 7。
[②] 就此请参见布洛丁 Enneaden VI 8, 10。

够体现这种超权能性,原因在于,精神有权能将诸多、多样性领入某种普遍一致性,精神统领万物的权能、合一的权能、统而为一的权能,恰恰是理智之美的本质,在这个意义上,精神是至一的图像。由至一自身出发而在精神中可视见、可思考者,并且指出自身者,于是也将自身指认为美,美在此是绝对自身对其至一性权能的自身指认,被提示而出的美又提示出其超验的本源,在美之中呈现出绝对至一的讯息,布洛丁总结其原因说,因为所有美之后都是至一自身,并且美从中而来,如同所有光线来自于太阳[①]。这里也透析出柏拉图的思维痕迹,在他看来,善(至一)就是美,真理和认知就源自于他,如同光和视看来自于太阳一样[②]。固然,在此又是一个譬喻,或者更准确地说,又是一个类比,因为光与太阳都不能表述绝对超验的美和至一于万一。美在此并非一种结构性的品性,而是存在品性,指向绝对超验的存在、指向超光明的光明,但我们却无法在定义上限定他。

正是由于我们无法限定这样的美,于是这样的美才可能被称为超美,或曰彼岸的至一才能够被称为超美,布洛丁说,他的美能够以另外的方式(ἄλλον τρόπον)被理解:作为美而超出美(κάλλος ὑπὲρ κάλλος);原因在于,由于至一自身是虚无(οὐδέν),那他如何能够是美呢?而因为他是有吸引力的(ἐράσμιον),那么他必定是创生美的。作为统辖一切美的权能性(δύναμις παντὸς καλοῦ),至一是美的绽放,是造作美

---

① 就此请参见布洛丁 Enneaden VI 9, 4。
② 就此请参见柏拉图 Politeia, 508E 1-509A 5. Platon, Werke in acht Bänden Griechisch und Deutsch. Griechische Text von Léon Robin und Louis Méridia, deutsche Übersetzung von F. Schleiermacher. Damstadt 1990. Band 4。

的（ἄνθος κάλλους）。因为他造作美，并借助对于美的超满盈品性（περιουσία τοῦ κάλλους）而使之更美（κάλλιον），这美与他同在，以至于他是美的本源（ἀρχὴ κάλλους）和美的界限（πέρας κάλλους）[①]；在这个意义上，彼岸的绝对就是超美（ὑπέρκαλον）[②]。

  从本源上来看，至一作为绝对的超验所赋予精神的美，并非艺术美学中外在的形式与内在的结构，并非 μορφή 与 εἶδος（并非形与像），而是无形无象的（ἄμορφον, ἀνείδεον）[③]；本源自身的光耀，如同前文已经分析的，是精神整体的完美性，或曰是精神整体的完美的至一而不可分性，在此我们庶几可以说，这光耀如同彼岸的绝对存在一样应当也是非质料的，是一种非限定性，是一切限定性的先决条件，并且赋予限定性以可能性，也就是说，使理性有可能限定存在者。在此呈现两个问题，一方面，尽管彼岸的存在所赋予精神的美终究不能被理解为形式与结构，但是形式与结构作为某种秩序和有序则有可能被理解为美，或曰美有可能，甚或能够被理解为结构和形式；另一方面，美作为被理解的结构和形式是绝对超验的存在整体的自身指认；在希腊文中，形式（εἶδος）一词的含义是可视的、可视性，作为哲学的术语，其含义是原本自身无形而不可视的至一的自身指认、自身指出，形式在这个意义上是呈现出的一种图像；于是被理解为结构和形式的美就是原本无形、无象、无限的至一权能（τὸ γὰρ ἴχνος τοῦ ἀμόρφου

[①] 就此请参见布洛丁 Enneaden VI 7, 32。
[②] 就此请参见布洛丁 Enneaden VI 7, 33。
[③] 就此请参见布洛丁 Enneaden VI 7, 32; 7, 33。

μορφή)① 的自身指认和图像体现，这样的形式其实就是无形无象的形式（ἄμορφον εἶδος）②，而无形之形意在透视超越一切可视者的不可视者，而透视的是否可视，在于（超验之）美与图像（所呈现之美）的内在关联，美是对可视性的、对图像的透视，而对可视性的透视目的在于视见到（理解）那一超验者的不可视性；于是，图像在此不仅意味着可视性、不仅意味着去理解美的可视性，而且还意味着通过这一可视性而视见（理解）在其中呈现的不可视性；由此，在布洛丁看来，这一无形无象的美其实就是"完美"（πάγκαλον）③，因为决定美的超验存在的超验品质在其中得以实现。

7. 本体形上论中的艺术美学

在本体形上美学的基础上，布洛丁也充分阐释了造型艺术的意义，这与柏拉图在本体论层面低估造型艺术的意义和价值颇有不同，应当也能理解为对于柏拉图理论的某种修正。在柏拉图看来，艺术的图像不过就是"肖像的肖像"而已，也就是说，艺术的图像仅仅是自然（之物）的肖像而已，而自然（之物）又充其量是理念的模糊的肖像，而肖像并非真正可视者，真正精神的可视者是 εἶδος，

---

① 就此请参见布洛丁 Enneaden VI 7, 33。
② 就此请参见布洛丁 Enneaden VI 7, 33. 关于无形之形，请参见 Frank Regen, Formlose Formen. Plotins Philosophie als Versuch, die Regreßprobleme des Platonischen Parmennides zu lösen. Göttingen 1988。
③ 就此请参见布洛丁 Enneaden VI 7, 33。

是理念自身,况且,在希腊文中,理念(ἰδέα)一词本身就是"观视"(甚或"灵视")的含义①;而布洛丁从其目的是达于不可视性的图像可视性理论出发,对柏拉图的学说有所校正②。

由此,从形上角度、也就是艺术与其建构对象之关系上来看,布洛丁强调,真正的艺术并非在其建构的、构型的阐释中模仿自然的对象,艺术家的创作与自然的造作具有同等的本源性、都是原始的,艺术涌出于直觉、涌出于对于对象本质的直觉的内视,这一直觉的内视,或理解,被布洛丁称为"智慧"(σοφία)③。尽管艺术家的作品是以质料完成的外在表述,但是这一智慧却直接内在于作品的本质之中,并且与形式(εἶδος)是等同的。于是,形式在艺术中并非以话语表述的,而是被观想的,艺术家的直觉的理念观想就是其作品(提供给人)的可观想性的基础。由此,图画艺术、造型艺术的美,并非在于他们能够使人观视、观想某一特定对象,而是首先在于它们能够使人观视、观想理念,这样的美是理念化的直觉,是艺术家将所有可能的美统一到 εἶδος 之中、统一到理念之中,理念在作品中是可视的,于是作品就是美的;这也是拜占庭画像讨论中赞襄圣像理论的基本论据。

---

① 就此请参见柏拉图 Politeia 596 A 以下,特别是 597 E。

② Werner Beierwaltes, Marsilio Ficinos Theorie des schönen im Kontext des Platonismus. Heidelberg 1980. S. 43 以下; Denken des Einen. Studien zur neuplatonischen Philosophie und ihrer Wirkungsgeschichte. Frankfurt am Main 1985. S. 91 以下, 449 以下; Das wahre Selbst. Studien zu Plotins Begriff des Geistes und des Einen. Frankfurt am Main 2001. S. 64 以下, 212 以下。

③ 就此请参见布洛丁 Enneaden V 8, 1; V 8, 5。就此亦请参见 Werner Beierwaltes, Das wahre Selbst. Studien zu Plotins Begriff des Geistes und des Einen. Frankfurt am Main 2001. S. 45 以下。

依旧从形上层面、也就是从超验之美与艺术之关系出发来看，布洛丁强调，美也在艺术之中、也能够呈现在艺术作品之中[①]；而比起呈现在艺术作品中的能够引起感官感觉的美而言，美以更初始、更原本的方式存有在艺术家的精神的观想之中；理念的形式（εἶδος）与结构（λόγος，或曰内涵）毕竟优于质料性作品的外在形式（外在美）。一方面，就其直觉的品性而言，艺术家创设的智慧，能够类比于创世上帝的自我观想的品性、智慧、精神，在这个意义上，艺术家在其创作中模仿这一品性、智慧和精神，或曰艺术家的创作行为类似于上帝的创世行为，由此其艺术作品在指向这一智慧时是可透视无余的[②]。而另一方面，绝对精神的理念庶几无法以语言、以话语来表述，他似乎具有一种只可意会、无可言传的品性，似乎仅仅滞留于人的纯粹知性层面、理性层面而难于被表达而出，在这个意义上，绝对精神性的理念庶几可以理解为本体论层面的上帝概念、因而具有某种神性品性，或曰颇有一种神性的画面感品性，或曰就是神性之画（ἀγάλματα）[③]，只不过这一图画既非纸墨、亦非概念所能描摹和图绘的，也就是说，在人的理性中似乎有这样一个形象、这样一个存在，只是人难于以概念、范畴等描述它。而在布洛丁看来，图画、造型艺术似乎具有一种直觉的提点纯粹理念的品性，也就是说，对于这样的作品的透彻的理解、对于它们的理性的透视，能够令人质询它们所有可能提点出来的理念；布洛丁以埃及象形文字为例，认为这一文字系统是人思考内涵的直接征象，作为思考内涵的直接征象，它表述了人对于神性认知的直

[①] 就此请参见布洛丁 Enneaden V 8, 1。
[②] 就此请参见布洛丁 Enneaden V 8, 2。
[③] 就此请参见布洛丁 Enneaden V 8, 4; V 8, 5。

觉品性[①]；造型艺术作品恰恰由于其成象性品性而能够直接传达理念，或曰能够将超越其自身的理念美当下化、能够将超验的美提点而出。

从思维方式和思维的品性上来看，布洛丁对于图像和造型艺术的正面肯认，并非没有原因，对于造型艺术的真理品性的正面肯定，奠基于他的形上层面的画像概念；在他看来，画像首先并非对于可视者的可视性的、可以视见的描摹图绘性阐释，图画的可视性是对于超验的不可视者的阐释，图画的可视性的目的在于透视超验的不可视性，图画的美也恰恰在这样的目的和功能之中；换言之，在这样的几乎工具论和目的论理解的图像概念中，或曰在图画概念的这样的功能中，才能谈论图像本身的美；也就是说，图像自身之美恰恰奠基在图像超出自身之美的基础之上，这也是图画的真理性品性、透视性品性，这里的透视性指的并非图画的焦点透视等外在的美学要求，甚或技术要求，而是它指向超验者的能力、提点超验者的超验品性的能力，在这个意义上，其透视性庶几可以说也是一种与超验者的关联，而图画与理念的关联，或曰图画之美与理念之美的关联，庶几也能够平行类比为存在者与绝对超验的存在的关系；此间世界的存在是美的，因为它是用来透视超验之美的图画、在本质上是对超验之美的透视，在此间世界之美中，人可以历验和观想理念之美、绝对超验之美。

[①] 就此请参见布洛丁 Enneaden V 8, 6. 就此亦请参见 Jan Assmann, Ägypten. Eine Sinngeschichte. München 1996. S. 479 以下。

8. 小结

布洛丁本人似乎并非基督宗教的信徒，在此，他本人的身份、信仰似乎并非最重要的，但是他的美学理论、图像理论，以及造像理论，却似乎并非从晚期罗马的艺术，而是从早期基督宗教的艺术中汲取支持的①；早期基督宗教的艺术在某种意义上是整个欧洲中世纪艺术的理论基础，并且在特殊的意义和尺度上是拜占庭艺术的理论基础。

符合这样要求和原则的艺术，在布洛丁之前的基督宗教的艺术世界中就已经存在，并且有所发展了。我们不十分清楚，他是否娴熟于那一时期基督宗教的艺术，无论如何，他对于基督宗教艺术的基础的深刻而有洞彻力的表述，并不逊于任何他那一时代的基督宗教中人，他从美学的理解出发对于这一基础作了理论的论证。布洛丁在古典的传统之上，以对他那一时代的精神氛围的细腻的感知触角，在其哲学范围内，建构了新的美学理论，这一美学理论不仅对伪狄奥尼修斯的美学、对拜占庭的艺术和美学，而且对整体的欧洲中世纪的美学都产生了重大影响。布洛丁的理论中对于美学的发展比较重要的观点有：

首先，布洛丁将美重新定义为内在形式（内在美）的最完美、最完整的表述，美也是事物的理念，或其在质料中的呈现，从而为

---

① 就此请参见 A. Grabar, Plotin et les origines de l'esthétique médiéale. In: Cabiers archéologiques. Paris 1945。

基督宗教美学奠定了本体形上美学的理论基础。

其次，他发展了一个梯次等级论的美的系统，其最低级的梯次是质料世界的美，并且是艺术的美；他的梯次等级论的思想也极大地影响了诸如伪狄奥尼修斯的本体形上的梯次等级论。

其三，他发展了美的形上理论，美无可消解的与存在相关联，并且成为存在本质的承载者；在这个意义上，美是另一个绝对谓项、超验谓项，这对基督宗教美学将上帝视为绝对之美、超验之美也具有先驱性和引领性的意义。

其四，他在美学思想的历史中第一次有意识地将艺术和美联系起来；据此，艺术的最重要的目的，在于被表述对象的内在美，或曰在于对被表述对象的"内在形式"及其理念的表达；这对拜占庭基督宗教的圣像讨论中关于作为质料的艺术作品（画像作品）能否表述某种内在的美、能否表述作为其理念（作为其原象）的上帝等学说具有深刻意义。

其五，布洛丁将美感过程设置在感知主体的心理（心灵）过程中，在这一点上，布洛丁的美学理论具有一种细腻的心理观察的特色，有一种从感知到认知的过程；他提示出，对于美的感知过程，是感知的主体的最极致的、最特别的（最具特色的）心灵活动的过程，感知的主体参与到美之中，在自身的内在中与美溶化为一，并且在其中看到了自身。

其六，布洛丁发展了一套绘画理论，这一理论在早期基督宗教和拜占庭的艺术中得以贯彻；据此，绘画艺术就其本性而言并非表述此间世界，尽管绘画艺术似乎能够做到这一点，如同音乐能够全神贯注于节奏、和弦等。除此之外，绘画（艺术）必须为自己建立一些准则，譬如绘画必须避免那些能够引起视觉上的不完美的变异，这包括将大化小、远处物体的色泽的混浊、角度的挪移、由于不同的光亮度而引起的事物（对象）外表的改变等。对象必须在全方位的较明亮的光照情形下从近处的观察来表现，对象必须在前景上来表现，并且要表现全部的细节和各自的颜色。而由于质料与黑暗等同，并且由于精神就是光照，所以绘画要突破质料的束缚而直达灵魂，所以空间的纵深和阴影要避免。事物的表层应当是明亮而放光的，这是事物内在形式（亦即其内在美）的光芒，而表述事物内在之美、表述精神之美、超验之美，这一点才恰恰是绘画的目的，甚或终极目的。

而所有这些对于当今之美学理论、艺术理论，甚或艺术实践等，依然不乏思考和借鉴的价值。

第3章 奥古斯丁美学概论

1. 引论：奥古斯丁美学与古典美学

　　奥古斯丁是基督宗教早期，或曰教父时代末期以至于中世纪发端时期最重要的、影响最大的思想家、哲学家。尽管他生活在罗马帝国已经衰落的时期，但是他依然持守罗马精神文化的传统；尽管他历经，或曰见证了蛮族入侵以及对罗马城的围困，但是他依然无法预先知晓，在这一曾经强大的帝国消逝之后，人类的精神文化、基督宗教究竟向何处去。作为罗马人（在此，并非从籍贯和出生地上，而是从文化上考量的罗马人），他并未感觉到与作为基督徒有什么不同，并未多了一个基督徒就少了一个罗马人（如同基督宗教在中国的传播一样，并未多了一个基督信徒就少了一个中国人），他甚至以基督徒的身份而更多地属于古典的文化、属于罗马的文化；当然，尽管他还依然从古典的精神中摄取丰富的思想，但是他已经由此而创设新的精神内涵了。

　　在他的著作中，我们能够体味到两个不同的时代、两种哲学和两种美学，他汲纳了古典的美学原则，将它们加以改变，而这个已经被他改变了的古典哲学的美学形象、这个基督宗教哲学的美学形象，又深刻影响了欧洲中世纪经院美学。在美学史上，奥古斯丁是一个联络点、是一个中继站，在他之中，所有古典美学的线索汇聚到一起，从他出发，中世纪美学喷薄而出。

从历史的角度来看，奥古斯丁是以对美学的关注和研究而展开了他的写作生涯的。即使在他终于成为神学家和形上哲学家之后，他也并未终止美学领域的思考和写作，在这个意义上，我们庶几能够说，奥古斯丁也是一位美学家。而值得注意的是，尽管他并未终止对于美学问题的思考和研究，但是如同希腊的哲学家中颇多人一样，他并未将美学视为一门完全独立的学科。如同极少的古典作家一样，譬如柏拉图和布洛丁，他也写作出一部专门探讨美学问题的著作，这部题为"De pulchro et apto"的美学著作，还是在他皈依基督宗教之前写作的，大约完成于380年；为此，他在名为Corona agonistica的文学竞赛中获奖，这一奖项不仅为他赢得了荣誉，而且也开启了他的写作之路[①]。十分可惜的是，奥古斯丁本人并未保存好他的这部早期著作，当他二十多年之后写作《忏悔录》时，在他的藏书中已经不见了这部著作，这部奥古斯丁青年时代的作品已经散佚了。尽管这部著作并没有传承至今，以使我们能够有机会一卷在手，但是我们依然有可能性重建它的主要论点。在奥古斯丁后来的著作中，唯一一部美学的著作，并且是美学专著，就是于386年至391年之间完成的著名的De musica（《论音乐》，确切的翻译应当是《论音乐学》），在"Confessiones"（《忏悔录》）中他提到：

"Et eram aetate annorum fortasse viginti sex aut septem, cum illa

---

[①] 奥古斯丁在《忏悔录》中提到了他早年的这部著作，就此请参见 Augustinus, Confessiones. IV, 13. Insel Verlag, Frankfurt am Main 1987。

volumina scripsi, voluens apud me corporalia figmenta obstrepentia cordis mei auribus, quas intendebam, dulcis veritas, in interiorem melodiam tuam, cogitans de pulchro et apto et stare cupiens et 'audire te et gaudio gaudere propter vocem sponsi', et non poteram, quia vocibus erroris mei rapiebar foras et pondere superbiae meae in ima decidebam. Non enim dabas 'auditui meo gaudium et laetitiam', aut 'exultabant ossa', quae 'humiliata' non errant."①

"我在大约26、7岁时就写了那部著作。我在我的思维中运动着诸多躯体性的图像，它们倾听着我心灵的淙淙作响，欢悦的真理，而当我一想到美和柔润，并且渴慕静谧时，我却在我的内在中绽开了你的旋律，'倾听你，并且在愉悦中愉悦那爱的心声'；而我也并不愿意被谬误之音所劫掠，我孤傲的重轭将我拖入最深的渊薮，因为你并未给我的'双耳欣慰和欢愉'，而'我的骨骸'也未欢欣雀跃，它们并未屈服。"

文中的引文出自《若望福音》3，29和《诗篇》50，10。

这段引文中已经出现了pulchrum和aptum这两个我们随即在第4小节要讨论的概念。而美学的对象则当然是这部专著的主题，我们将在随后的下文中对《论音乐》及其美学思想作比较详尽的探讨。当然，在他的不以美学为主要论题的著作中，也有关于美学的零散论述，比如De ordine（《论秩序》）、De vera religione（《论真宗教》），以及De libero arbitrio（《论自由意志》）等。而他个人与美和

---

① 就此请参见 Augustinus, Confessiones. IV, 15. Insel Verlag, Frankfurt am Main 1987。

艺术的关系，则大多见于《忏悔录》[①]。

尽管奥古斯丁的美学与其整体的哲学密切相关，但是似乎与其哲学有所区别的是，比他皈依基督宗教以后的著作而言，在他的早期美学著作中，他的美学较少上帝中心论的品性与色彩，这不仅集中体现在De pulchro et apto之中，同时在De musica中也能窥见端倪。

奥古斯丁享受了广博的罗马化的希腊教育，他完成了雄辩术的学业，这是当时罗马帝国中最具水准的人文教育。在这个学业中，奥古斯丁接触到了美学，这也是当时最受尊重、最被看重的学问和学业，原因在于，在这个专业中，不仅折中论的美学和西塞罗的美学惺惺相惜，并且由此而超越了斯多葛学派的诸多美学因素与学说，而且在其中，柏拉图的美学不仅并未销声匿迹，而且还依然占有一席之地。这样的专业也为奥古斯丁第一部著作（也就是美学著作）打下了坚实的基础。

在他完成第一部著作之后的几年，约略在383年、至迟不过386年，他通过"Libri Platonicorum"（庶几可译为《柏拉图主义者之书》）而直接接触到了新柏拉图主义的学说，特别是布洛丁的著作（包括《九章集》中的"论美"），而布洛丁的美学恰恰是批驳斯多葛和折中论的美学的；布洛丁的著作给他留下的深刻印象，这在《忏悔录》中能够发现明显的痕迹[②]。之所以印象如此之深刻、触动如此之大，是因为他在布洛丁这里终于读到，美学所提出的问题、

[①] 关于奥古斯丁的美学专著《论音乐》，请参见 H. Edelstein, Die Musik. Anschauung Augustins nach seiner Schrift "De musica". Inaugural Dissertation Freiburg 1928/29. L. Chapman, St. Augustine's Philosophy of Beauty. New York 1935。

[②] 就此请参见 P. Herry, Plotin et l'occident. Louvain 1934. Lexikon für Theologie und Kirche. Herder Verlag, Freiburg Basel Wien. 2006. Sonderausgabe, Band 1, 1240-1245; 特别是 1240-1241。

所提出的质询,和哲学的终极问题密切相关,这也就是我们在不远的前文中所述及和分析的本体形上美学。而布洛丁当然将这两个领域提出的终极问题联系起来考量,其考量的方式恰恰甚为符合奥古斯丁的思维方式,二者颇有些不谋而合,或者应当确切地说,奥古斯丁十分愿意接受布洛丁的思维方式。也就是说,布洛丁是沿着宗教的,甚或超验的轨迹而建构他的学说的,这不仅与基督宗教哲学的思维方式并不冲突,甚或还在很大程度上协调一致、相互补充。当奥古斯丁接受了基督宗教,并成为基督宗教的和柏拉图式的(以及新柏拉图的)哲学家之后,尽管他依然保有了他早期的美学观点,但是也在基督宗教的意义上以《圣经》的思想和布洛丁的学说丰富和充实了这些观点,以至于他的美学能够清晰呈现出两种层次,一种是较早期的俗世的、时间品性的次级结构,一种是宗教的、形上神学的超级结构。

2. 从美感美学到本体形上之认知美学

从奥古斯丁所身处其中的传统来看,如同前文所述及和分析的,古典的美学认为,美并非仅仅是人与事物的某种特定的关系,而首先是事物的客观的品性、属性。奥古斯丁首先接受这一在当时具有代表性的,并且甚为流行的观点,研讨了人和美的(客体的)关系、人对于美的客体的美的感觉,而最终他认为,外在于人的美的存在(美的客体的存在),是美感的先决条件,人仅仅感觉美、感知美,而并不创设美。在这一点上,奥古斯丁与古典的主流保持一致,但是他并未止步于此,而是更深刻的探入此一论题,并且终于在古典所习以为常的观点中发现了问题,在 De vera religione（《论真宗教》）中他对这一问题作了精确的表述：

"Utrum ideo pulchra sint, quia delectant, an ideo delectent, quia pulchra sunt."①

"是某物令人满意（愉悦、好感、美感）因而是美的，抑或是因为它是美的才令人愉悦呢？"

从古典的美学中，奥古斯丁所接受的另一个基本论点所涉及的是，美究竟是建立在什么基础之上的，或曰何时及为什么某物是美的。奥古斯丁认为，当事物的各个部分相互之间近似，或者它们的联系生出一种和谐时，事物就是美的；换言之，事物的美建立在和谐的基础之上，而和谐则出自于相应的比例，也就是譬如说各条线段、各样颜色、各种声音及各个部分之间的协调的关系。而如果人仅仅借助视觉、听觉感受美、感知美的话，那么这庶几是因为其他感官并不具有一种感知或感觉某种关系的能力。如果各个部分之间相互享有恰当的关系，那么它们之间的内在逻辑联系所给出的关于这一事物的整体，就是美的。事物的某些单一的部分也许并不能赢得人的美感，但是如果这一事物各个部分相互之间的关系是恰当而和谐的，那么由这一关系所呈现的整体的事物就是美的：

"Ita ordinantur omnes officiis et finibus suis in pulchritudinem universitatis, ut quod horremus in parte, si cum toto consideremus, plurimum placeat."②

---

① 就此请参见 Augustinus, Opera Werke. De vera religione. Verlag Ferdinand Schönigh, Paderborn 2007. XXXII, 59。

② 就此请参见 Augustinus, Opera Werke. De vera religione. Verlag Ferdinand Schönigh, Paderborn 2007. XL, 76。

"以这样的方式万物按照它们的存在和属性朝向整体的美而被建构,以至于之前单一的部分对于我们而言是灰暗无光的,但依然能令我们获有美感,如果我们将其置于整体的框架中观察的话。"

无论是一个人的美、一个雕像的美,抑或是一个建筑的美,决定其美的并非它们之中的部分,而是各个部分之间恰当的关系,这样的关系导致各个部分之间的和谐一致:

"Sed cum in omnibus artibus convenientia placeat, qua una salva et pulchra sunt omnia, ipsa vero convenientia aequalitatem unitatemque appetat vel similitudine parium partium vel gradatione disparium."①

"在所有的艺术中,一切愉悦与美都是仅仅借助和谐一致而来的,而和谐一致也呼唤出美感。而其自身则追求均衡与统一,无论是借助同样部分的帮助,抑或是通过消减内在的不同。"

而秩序则建立一种统一,在 De vera religione(《论真宗教》)关于秩序的讨论中他说:

"Nihil enim est ordinatum, quod non sit pulchrum."②

"不美的事物也无法被建构起来秩序。"

在这个意义上,我们庶几可以说,对于奥古斯丁而言,统一、秩序、和谐一致是人判断美的决定性的、标准性的尺度,所有美的形式就是和谐统一的秩序系统,这首先表明一种恰当的关系。

那么究竟什么样的关系是恰当的、合适的关系呢?在奥古斯丁看来,具有标准尺度这就是恰当的,而决定标准尺度的就是数字:

---

① 就此请参见 Augustinus, Opera Werke. De vera religione. Verlag Ferdinand Schönigh, Paderborn 2007.XXX, 55。

② 就此请参见 Augustinus, Opera Werke. De vera religione. Verlag Ferdinand Schönigh, Paderborn 2007. XLI, 77。

"Intuere caelum et terram et mare et quaecumque in eis vel desuper fulgent vel deorsum repunt vel volant vel natant. Formas habent quia numeros habent; adime illis haec nihil erunt. A quo ergo sunt nisi a quo numerus? Quandoquidem in tantum illis est esse in quantum numerosa esse. Et omnium quidem formarum corporearum artifices homines in arte habent numeros quibus coaptant opera sua, et tamdiu manus atque instrumenta in fabricando movent, donec illud quod formatur foris ad eam quae intus est lucem numerotum relatum, quantum potest, impetret absolutionem placeatque per interpretem sensum interno iudici supernos numeros intuenti. Quaere deinde artifices ipsius membra quis moveat: numeros erit, nam moventur etiam illa numerose."①

"仰观天穹、俯察大地、临视沧海，无论是在其上闪烁者，抑或是在其下爬行蠕动者、无论是在空中翱翔者，抑或是在其中泳动游水者，一切都有其形式，因为它们都含有数字。夺去其数字，则它们就不再美了。它们从何而来呢？如果不是从数字所从来之处而来的话？只有当它们享有数字般的存在时，它们才享有存在！而作为艺术家的人们，他们掌控一切质料的形式，在他们的劳作中应用数字，并由此创作他们的作品；他们在其创作中运作他们的手和工具，直到其作品的外在被构型，并且尽可能适应数字的内在之光，直至达于完美，并且借助感觉令内在的鉴赏者满意，而他则观视较高层次的数字。如果要问是谁运动了艺术家的自己的手的话，那就是数字，因为即使是它们也被数字般地运动起来。"

---

① 就此请参见 Augustinus, Opera Werke. De libero arbitrio. Verlag Ferdinand Schöningh, Paderborn 2006. Liber II, XVI, 42。

而在 De musica 中奥古斯丁也强调说：

"Magister: Si ergo quaeramus artem istam rhythmicam vel metricam, qua utuntur, qui versus faciunt, putasne habere aliquos numeros, secundum quos fabricant versus? Discipulus: Nihil aliud possum existimare. Magister: Quicumque isti sunt numeri, praeterire tibi videntur cum versibus an manere? Discipulus: Manere sane. Magister: Consentiendumn est ergo ab aliquibus manentibus numeris praetereuntes aliquos fabricari? Discipulus: Cogit me ratio consentire."①

"老师：如果我们质询人们用以创作诗歌的旋律和格律的艺术的话，你认为，在他们的艺术中能谈到某种数字吗？而这数字原则上在诗歌艺术中起作用吗？学生：我完全无法作另外的想象。老师：无论这些数字是如何受造而来的，你认为，它们和那些诗节一样是过往性的呢、还是恰恰相反？学生：当然恰恰相反。老师：一些过往性的东西借助一些永恒的数字被创造，由此是必须承认的吗？学生：理性要求我这样认为。"

在奥古斯丁看来，甚至鸟雀、蜜蜂等，也都依据数字而建造其巢穴、蜂房，人也应当像它们一样而劳作，只是人应当有意识地依据数字而建构；奥古斯丁的表述的经典内涵是：理性运用目力、亦即人运用其理性，观察天地万物，于是理性所意识到的，不是别的什么，而是只有美才愉悦他，而在美之中则是形式，在形式之中则是比例，而在比例之中就是数字；在此固然有人的感官的功能的运作，以至于人能够获有美感和愉悦，但是在奥古斯丁看来，决定性

---

① 就此请参见 Augustinus, De musica. Bücher I und VI. Vom ästhetischen Urteil zur metaphysischen Erkenntnis. Lateinisch-Deutsch. Eingeleitet, übersetzt und mit Anmerkungen versehen von Frank Hentschel. Felix Meiner Verlag Hamburg 2002. VI, 12, 35。

的因素原本就是理性，是理性令人知道他有了愉悦的感觉；而尺度标准与数字保证了事物的秩序、统一，并且由此而保证了事物的美。

　　从术语系统的建构来看，如果尺度标准和数字这两个概念是奥古斯丁表述美的一个术语系统的话，那么他也赋予了他关于美的思想以另一个术语系统，这是恰当的尺度、形式及秩序三个概念的联合而构成的系统，他认为，所有的事物，在其中含有越多的恰当的尺度、形式以及秩序，那么它们也就具有更多的善；而其中含有越少的尺度、形式以及秩序，它们也就是较少的善。理性为了在认知事物的过程中能过渡到对无数属性的探讨，必须回溯到上述这三个判准，亦即尺度、形式以及秩序，而这三个就是在上帝所创造的世界中的高层次的善，无论是精神的世界，抑或是质料的世界中的。大凡在这三者彰显之处，那里就有大善，而在其隐匿之处，善也微小，而在它们敬告阙如之处，善也缺乏。也就是说，这三者的联合作为判断事物的价值、美、善是决定性的因素；每一事物都是善的、美的，如果其中含有这三者的话；它甚至是更善、更美的，如果它含有较多的这三者的话；而这三者不在场的话，那么事物也就缺乏善和美。尽管奥古斯丁在此提及的是善，但是彰明较著的是，就此他指的也是美，理由在于它们都是形上美学中的超验限定、是等值的，只要提及一个，其他的也就包含在内了。这三个概念，modus, species et ordo，也就是恰当的尺度、形式及秩序，构成一个三一法则，而其中，species 同时具有"美"和"形式"的含义；这一三一法则一旦进入中世纪，就是中世纪美学不可或缺的组成部分。

　　从基督宗教经典出发来看，这个三一法则不仅是古典哲学、古典美学的基本思想，同时也是《圣经》所主张的思想，"智慧书"说："上帝以恰当的尺度、数字和重量将万物纳入秩序。"古典美学和《圣经》应当是奥古斯丁美学思想的两大源泉。这两大源泉都汲纳了毕达哥拉斯的古老学说：比例与和谐统辖世界。但是即使在古典时代，这一学说也发展在两个不同方向上，在毕达哥拉斯派中，这一思想具有更多的，甚或纯粹的量的属性、品性，这导致了数学美学；而在古典晚期，在斯多葛学派和西塞罗那里，和谐与比例的主题保有一种质的意义，也就是说，尽管他们认为美依赖于各个部分之间的恰当的关系，但是这一恰当的关系并非在数学的意义上被理解。

奥古斯丁则在这两种解释中摆荡不定，一方面，他在较高的程度上将其美学建立在数字的基础上，特别是他的形上音乐美学，在他看来就是数字所呈现的美，我们庶几能够说，美的基本概念在这样的理解中就是同一、均衡、数字的均衡（aequalitas numerosa），他在《论音乐》中说：

"quid est, quod in sensibili numerositate diligimus? Num aliud praeter parilitatem quamdam et aequaliter dimensa intervalla?" ①

"我们究竟在可感知的数字性中喜爱什么呢？当然并非别的什么、难道不是某种同等性和有规律的距离吗？"

一方面，就数字的均衡而言，在奥古斯丁看来，人只能喜爱美的事物，而美的事物之所以能够使我们愉悦，这要归功于在它们之中所含有的数字，如同我们已经提及的，在它们之中追求的是一种均衡（同等），而均衡就是一种美，或曰就是美，人并非仅仅在可听觉的和身体的运动的领域中相遇到这样的现象，而且甚至还在可视觉的形式中，在其中美这一名号还更多地被应用。而另一方面，

---

① 就此请参见 Augustinus, De musica. Bücher I und VI. Vom ästhetischen Urteil zur metaphysischen Erkenntnis. Lateinisch-Deutsch. Eingeleitet, übersetzt und mit Anmerkungen versehen von Frank Hentschel. Felix Meiner Verlag Hamburg 2002. VI, 10, 26。

如同前文曾经表述的，奥古斯丁也将美理解为各部分之间的量的关系。这样的双重的痕迹是有其理由、因而能够理解的，作为一个受毕达哥拉斯学派影响的美学家，他当然倾向于美的数字理解，而作为一个基督宗教哲学的学者，他又不能，并且也不愿意放弃内在的美。在这样的理解冲突中，他必须拓展美的概念内涵，他必须将他都不能放弃的这两种理解融合起来，这可从他的两个美学概念中窥见一斑，一个是旋律概念，另一个是对照概念；我们将在随后的下文中比较详尽的引述和分析这一点。

3. 美作为存在的本质属性

如果从本体形上层面出发来考量的话，那么在奥古斯丁看来，美并非量的概念，而是属性概念；在音乐美学中，旋律是古典美学中一个十分重要的概念[①]，而旋律被更多地作数学的理解；在罗马人中，旋律甚或与数字有着同一的名号（名称），也就是 numerus，但是尽管如此，旋律几乎仅仅用于音乐、音乐学中。而在奥古斯丁那里则不同，他将旋律概念解释为全部美学的基础概念，旋律是所有美的源泉、是作为整体的美学的基础。在这样的意义上，奥古斯丁拓展旋律的（数字的、美的）内涵，不仅将其理解为听觉上的，而且理解为视觉上的现象；对于他而言，不仅存在着对于人的身体（各器官）能感觉、能感知到的旋律，而且存在对于人的，甚或自

[①] 就此请参见 E. Troeltsch, Augustin, die christliche Antike und das Mittelalter, im Anschluss an die Schrift "De civitate". München Berlin Oldenburg 1915。

然的灵魂都能感知到的旋律。不仅存在人能够感觉到的、创设的旋律（亦即由人的劳作和创设的行为而来的旋律），以及过往性、消逝性的旋律，而且也存在永恒的世界旋律。在这样的意义上，旋律概念的量的（数学的）品性渐次消退，并且不再是旋律概念的本质属性，我们在关于他的形上音乐美学部分还会详尽探讨之。

从形上美学层面来看，奥古斯丁将美和数字的等同性先决条件联系起来，并认为在这样的条件下事物才是美的。而这样的强调又恰恰表明，他看到了美与非同等性（不等性）的关系、与不同性的关系，也就是说，美和对立、和对照也密切相联。对立，或对照，也是判断某物是否美的标准之一，也直接影响某物是否在美的状态中，这一点特别影响到人的美、影响到历史的美。在他看来，此间世界之美（saeculi pulchritudo）来自于一种对照，世界之美出自于相反之物的相对应的建构，也就是说，世界之美建立在对照之上，譬如时间的秩序则是由流逝与永恒这一正反命题建构的华丽诗章；于是所有存在的美在某种意义上源出于反命题，也就是说，出于反义对照。这样的观点庶几更接近赫拉克里特，而不是毕达哥拉斯；在这个意义上，他就能够成功地将美解释为各个部分的关系，而非仅仅依赖数字。

当然，在奥古斯丁的著作中，对于美的表述并非一种形式，除了从数字出发表述的美之外，也有其他角度、譬如从比例出发而对于美的表述。或许受斯多葛学派的影响，奥古斯丁也认为，美并非仅仅是各个部分之间调和的关系（congruentia partium）所表述的，而且也是颜色的舒适（coloris suavitas）所能表述的；每一个躯体性的美都建立在各个部分之间的比例上，并且同时具有舒适的表面颜色。奥古斯丁甚至以布洛丁为依据而论证自己的观点，在后者看来，美存在于光中（在明亮中），这一点恰恰不同于古典的美的理论关于美是各个部分之间的和谐的学说。奥古斯丁似乎知晓古典哲学所有关于美的定义和阐释，并且将它们应用在不同的情形中。而他对美的理解似乎也是在古典中占统治地位的美的概念：美立于关系之中、立于各个部分之间的和谐之中。

4. Pulchrum et aptum, pulchrum et suave
作为基督宗教美学的基本概念

这一拉丁语标题很难译成比较准确的中文，难点并非在于 pulchrum，其基本含义大体比较清晰，就是"美"；而较为难于译成中文的是 aptum 和 suave；aptum 同时含有"优美"、"优雅"、"恰当"、"细腻"、"舒适"之意，在一切用语、风格、情形及意图中都"细腻而恰当"之意，庶几可译为"工致"、"允洽"、"隽致"、"隽雅"；同时，为了获得这样的效果而进行的努力，亦被称为 aptum；而 suave 则同时含有"魅力"、"自信"、"优雅"，甚或"细腻"等含义。姑且含混的译为"美与恰当、美与圆润"（"美与恰当"、"美与温润"）。

奥古斯丁提出这些和美学概念相关联的概念，意图似乎并非仅仅在于拓展美的概念内涵，而庶几要表述一种在关联中的区分。一方面，内含拓展后的美学概念，或曰这些相关联的概念（术语），不仅用以表述身体（躯体）之美，而且也用以表述精神之美，甚或气质之美，古典晚期的美学似乎已经有了这样的要求，而基督宗教的形上美学庶几首次正式地提出了这样的概念和要求；另一方面，奥古斯丁提出这样的概念，或美的理解，意图也在于尽量避免将美与相关联的概念混淆起来,也就是说,他在美的事物与恰当的和舒适的事物之间作严格之区分。

希腊美学已经有一种主动的意识,在狭义上将恰当的和美(aptum, decorum)区分开来,恰当并非必然是美的,而美亦非必定恰当。而奥古斯丁则庶几是第一位将它们作为对应的两个概念而加以阐释的。在其比较早期的著作《忏悔录》中对此有清晰的表述:

"Heac tunc non noveram et amabam pulchra inferiora et ibam in profundum et dicebam amicis meis: 'Num amamus aliquid nisi pulchrum? Quid est quod nos allicit et conciliat rebus, quas amamus? Nisi enim esset in eis decus et species, nullo modo nos ad se moverent.' Et animadvertebam et videbam in ipsis corporibus aliud esse quasi totum et ideo pulchrum, aliud autem, quod ideo decret, quoniam apte accommodaretur alicui, sicut pars corporis ad universum suum aut calciamentum ad pedem et similia. Et ista consideration scaturriit in animo meo ex intimo corde meo, et scripsi libros 'De pulchro et apto', puto, duos aut tres; 'tu scis, deus': nam excidit mihi. Non enim habemus eos, sed aberraverunt a nobis nescio quomodo."[①]

"那时我还一无所知,而我也欢悦于内在的美;我陷入沉思,并且问询我的朋友们:'除了美我们还爱什么呢?而什么是美呢?究竟什么是美呢?究竟是什么吸引我们,并且令我们所钟爱的万物竞相折腰呢?不错,仅仅是因为它们娇妩媚而美姿仪,所以就能够策动我们朝向它们。'我进一步思考,并且认知到,在这些躯体之

---

① 就此请参见 Augustinus, Confessiones. IV, 13. Insel Verlag, Frankfurt am Main 1987。

物中美也是不同的，有的以其整体自身的完整性而是美的，有的则是有因为躯体恰当地适应某物而是美的，如同躯体的一个部分适应整体的躯体或者鞋适应脚一样。这一考量出自我最内在的心灵，在我的精神中激荡，我记得我写了两三本书，《论美与允洽》，'天主，你知道。'可是它们不见了，我们也已经没有了它们，它们消失了，我不知道是如何［消失的］。"

这里提到的《美与允洽》就是奥古斯丁所说的 "De pulchro et apto"，也就是前文刚刚提及的那两个著名的概念 pulchrum 和 aptum。

恰当，或曰允洽，庶几指的是对整体的适应，如同一个器官对于整体的器官机制的适应一样，这样的适应也指对其目的的适应、功能的适应，如同鞋对于脚的适应也意味着对于行走功能的适应。由此可见，在奥古斯丁的"恰当"概念中，总有一种功能性（应用性）以及目的性被包含在其中，而其中原味的、本色的美则庶几敬告阙如。尽管"恰当"概念也提示出美的类比，但是与美相比，其区别至少在于，"恰当"是一种量的范畴、表述的是程度，换言之，"恰当"表述的并非一种终极绝对属性，而是一种相对性，对于某种目的而言是恰当的，对于另一目的可能就是不恰当的了；而完全不同的是，秩序、统一、旋律等则总是美。

美在奥古斯丁看来，与舒适也相区别。在可感知的世界中，形式和颜色是美的，而声音（声调、音符）则并非一定是美的，后者不能被称为美的原因在于，声调似乎并非借助某种（恰当、和谐的）关系，而是借助某种魔术或幻术而被造成，并且令人产生欢喜和愉悦的。奥古斯丁并非以美，而是以 suave、亦即"舒适"作为谓项来修饰这样的感觉。区分美和舒适，以及将谓项美仅仅用于表述可视的此间世界的倾向，并非奥古斯丁之首创，而是他从古典美学中汲取而来的，如同前文所引述的布洛丁的学说；古典美学概念一方面有较大的涵盖空间，以至于精神的品性、精神的美亦被收拢其间，另一方面也具有犀利的限定力，能够将声调等涤除在外。

5. 美的历验作为美学心理学和基督宗教形上美学

如同布洛丁之美学具有美学心理学之品性一样，受其影响，奥古斯丁的形上美学概念还提示出另一个方面，或曰这一概念也涉及美对于人的影响，换言之，这个方面就是我们今天所说的所谓美感经验和美的心理学。带着这样的问题，奥古斯丁对于美学的研讨甚至比古典美学更深刻。尽管一方面他在对于美概念的分析中不能不依赖于古典美学、从中找到切入点以展开其思想和研究，但是另一方面，恰恰是在对于美感经验的展开性研究上，呈现出奥古斯丁形上美学的独特性和独立性。

首先是两个内心层面的发现；奥古斯丁认为：

"Possem enim dicere, quare similia sibi ex utraque parte respondere membra cuiusque corporis debeant quia summa aequalitate delector, quam non oculis, sed mente contueor. Quapropter tanto meliora esse iudico, quae oculis cerno, quanto pro sua natura viciniora sunt his, quae animo intellego. Quare autem illa ita sint, nullus potest dicere." [①]

[①] 就此请参见 Augustinus, Opera Werke. De vera religione. Verlag Ferdinand Schönigh, Paderborn 2007. XXXI, 57。

"我可以说，为什么任何一个躯体的肢体都必定在其两侧相互对应呢？这是因为我欣赏最高的同等性，我并非以身体上的眼睛，而是以精神观视之。由此我认为，我以眼睛观视之物原本就已经比较出色了的话，那么我以精神认知它们，它们就与其本质更相近。而我为什么这样做呢？没人知道。"

在 De vera religion XXXII, 60 中奥古斯丁说：

"Unde istam nosti unitatem, secundum quam iudicas corpora, quam nisi vederes, iudicare non posses, quod eam non implent; si autem his corporeis oculis eam videres, non vere dicers, quamquam eius vestigio teneantur, longe tamenab ea distare, nam istis oculis non nisi corporalia vides. Mente igitur eam videmus." ①

"你如何能够认为你已经认知了那个至一呢？而你的判断又是根据那个至一而来的呢？没有这个至一，你则无法判断，是否躯体达到了它。而如果你以躯体的眼睛看到了这个至一，那么，当你说，尽管躯体显示了同一性的痕迹，但是却与至一有参商之隔时，你则无法确定这一点；原因在于，以躯体的眼睛看到的仅仅是躯体的事物而已，由此，我们以精神观视至一性。"

而如果感官将自己视为美的最高法官的话，那么这意味着是一种冒犯与僭越：

"Quaerit ergo ratio et carnalem animae delectationem, quae iudiciales partes sibi vindicabat, interrogat, cum eam in spatiorum temporalium numeris aequalitas mulceat, utrum duae syllabae breves

---

① 就此请参见 Augustinus, Opera Werke. De vera religione. Verlag Ferdinand Schönigh, Paderborn 2007. XXXII, 60。

quascumque audierit vere sint aequales."①

"由此理性就要过问灵魂的感性愉悦,这样的愉悦尝试为自己提出判断角色的诉求,同时由于灵魂的感性愉悦是借助在旋律中的时间间隔的同一性而来的,因此理性还要追问,是否所听到的两个音符的确相同。"

由此可见,在美感经验中,奥古斯丁离析出两个层面。第一个层面是直接而涉及感官的层面,也就是说对于颜色与声调的印象和感知;而第二个间接和精神的层面是,人能够知道,所有的颜色和声调都表述某物,或阐释某物。这似乎有一种感觉与认知的二元倾向,或品性。这样的二元倾向不仅呈现在诗歌和音乐艺术中,而且还呈现在舞蹈艺术中。他在美感经验中区分出感官的和精神的因素,并且认为,就美的经验而言,这些艺术所表述的理性内涵在本质上并不比美感(美的感觉)少。对于美而言是决定性的东西,我们并非以眼睛等感觉器官,而是以理性载录了它这两个层面的因素的发现,是奥古斯丁在美学心理学中的第一个论点。

如同前文所表述的,如果如同颜色与声调等能够引起人的感官的感觉的话,那么这样表述的内涵是从事物本身出发的、是从被感觉的事物的属性、品性出发的,这构成美感经验的一个方面,也就是直接的方面;而人同时也能够知道、能够认知到声调、颜色等表达了某物,这庶几是美感经验的又一个方面,这个方面似乎是间接的方面,也就是说似乎并非是直接的感觉,而是认知层面的表述,或者说,这样的表述内涵是从感觉者、感知者出发的,表述感觉主

---

① 就此请参见 Augustinus, De musica. Bücher I und VI. Vom ästhetischen Urteil zur metaphysischen Erkenntnis. Lateinisch-Deutsch. Eingeleitet, übersetzt und mit Anmerkungen versehen von Frank Hentschel. Felix Meiner Verlag Hamburg 2002. VI, 10, 28。

体的属性、品性；在此我们庶几还能够说，两个方面庶几并非构成一种递进的梯级层次，并非构成一种上下层次之关系，这应当是一种美感经验的两个方面的考察。

再则是对感觉主体的表述；表述感觉主体在认知层面的属性，意味着某物能否在我们之中引发美的体验、引起美感经验，这不仅仅依赖于这一某物，而且还依赖于观察这一某物的我们。我们的灵魂的结构必须能够足以使我们感觉、感知这一某物之美，或者说，在美的事物和灵魂之间必须存在一种相似性、互应性、相应性，必定有某种一致性，以能在二者之间产生某种呼应，否则的话，一方面，人的灵魂庶几不能对其有所反应；另一方面，即使在此间世界中存在美的事物似乎也并无裨益，或曰仅仅存在美的事物而不存在人对它的反应，则美的事物似乎并无意义。人必定有、毕竟有一种追求美的渴望，而且这一追求美的渴望并非为了别的什么，而是为了人自身的意愿和目的，甚或是终极意愿和终极目的。人之所以区别于动物而为人，其重要原因之一在于，人不能仅仅囿于事物具体的有用性、实用性，不能仅仅思考事物的可用性、能用性，人之所以为人而与动物有区别，也恰恰在于，人必须、必定、也毕竟对于美有好感、有美感，有能力以精神的力量、以理性的视觉能力观视到美，美，特别是绝对之美，对于人的理性而言有切肤之美、有沁润之美，人的理性，甚或灵魂，对于这样的美至少应当有好感，否则即使美毫无保留的完全呈现其美，人约略亦无法感验其美。

对于美的历验、美感经验及对于美的认知，是美的同样重要的属性、品性，我们庶几可以说，没有美的历验、没有对于美的认知，亦无所谓美。譬如旋律，对于旋律美的历验，如同对于其他所有美的历验一样，首先一定是当下的，没有旋律的当下在场，就没有对于旋律的美感体验和认知。奥古斯丁在 De musica VI, 2, 2-5 中，离析出五种不同的旋律，在声调中的旋律（numeri sonantes），在感观感觉中的旋律（numeri occursores），在记忆中的旋律（numeri recordabiles），在人演奏中的旋律（numeri progressores），以及在人的判断中的旋律（numeri iudiciales），而这所有的旋律都是人与生俱来的，或曰是人天生就享有的、是人的本性中天赋的，这五个方面包含对旋律的直接感觉、回忆、对旋律施加的行为（亦即演奏行为）及分析判断。古典哲学对于旋律，要么不仅从数学、数字的角度而加以分析，而且也从这一角度将其梯次化，譬如毕达哥拉斯派所作的，要么则赋予旋律以教化和伦理价值的品性，譬如柏拉图和亚里士多德；而奥古斯丁则以对旋律的五种分类而将对音乐或旋律的视角，植入到评判体系中。在这一心理旋律理论系统中尤其值得注意的观点是，他认为，人天生就享有、从其本性上就享有、与生俱来就享有被植入于人生命之内的旋律，这一旋律恒久的落户于人的精神中，是人的精神故乡中永恒的旋律；这一旋律是人的精神中最重要的存在，没有这个旋律，人将不仅没有能力感觉、感知、汲纳任何旋律，而且人自身也没有能力创设任何旋律，就此，我们将在不远的下文"奥古斯丁形上音乐美学"部分做详尽之探讨。

  尽管奥古斯丁即使在美学的问题上也对于古典哲学有所依赖，甚或多有依据，但是他毕竟以他独特的形上美学理论超出了，或曰超越了古典哲学美学的边界，其独特之处至少在于他的形上心灵美学理论，或曰形上心理美学理论。一方面，这一理论在美感经验理论中，在并未消减其他要素与因素的情形下，凸显了精神的要素，凸现了人在美感经验中的认知行为，在并未消减作为审美客体的事物本身的美学价值、意义及功能的情形下，凸显了人的角色、人的分析判断的理性职能行为，凸显了人的主动性的行为功能；另一方面，这一理论也明确表达出，人能够轻易感受和历验美，但是难于确定和阐释作为概念的美，人能够轻易建立美学理论和系统，但是难于为其系统和理论给出即使不算充分的理由；而最终一个方面，奥古斯丁的这一理论也强调了人对于存在、对于现实性和实存性的领会、理解、阐释的多样性和不同性，也就是说，人不仅能够在美感经验中追求纯粹的美（纯净的美）、纯粹的美感（纯净的美感），以至于对丑陋产生甚至是激烈的反感，而且人也能够在美感认知中探寻深邃的美、深邃的美感；前者是以灵魂和躯体置身于美感之中、美的客体氛围之中，以安顿人的此间世界的渴望，后者是以理性和精神深入到原本就隐匿在人内心深处的彼岸世界的腹地，以整饬人的永恒的追求；基督宗教的形上美学在此彰显无遗。

6. 此间世界之美与其丑陋：形上美学与神正论

对于奥古斯丁而言，此间世界之美并非水月镜花，并非仅仅是理念而已，而且也是现实，或曰现实的世界对于他而言是一首"最优美的诗篇"。奥古斯丁无法放弃此间世界的美，他并且还以不同于古典和斯多葛学派的方式阐释其美，并由此提示出，在此间世界中判断其美的是尺度、比例和旋律，尽管这三者并非美的决定者，但是从它们出发能够判断某物，甚或此间世界是否美。由此我们在奥古斯丁的形上美学中，也能够发现一种不同于许多早期教父的、乐观主义的美学观想；固然，如同其他所有教父学者一样，他毫无疑问也将此间世界视为上帝的创造物，但是不同于他们其中很多人的是，他并未将此间世界仅仅视为生命的中转站，并且由此而不美；相反，在他看来，恰恰由于此间世界是上帝的创造物，所以他不可能是别的什么，而只能是美的。在这个意义上，奥古斯丁尝试去阐释，为什么我们通常没有意识到此间世界之美，在他看来，原因在于我们并没有以我们的精神去理解世界的整体，或曰作为整体的世界，他写道：

"Quoniam, si quis, verbi gratia, in amplissimarum pulcherrimarumque aedium uno aliquot angulo tamquam statua collocetur, pulchritudinem illius fabricae sentire non poterit, cuius et ipse pars erit. Nec universi exercitus ordinem miles in acie valet intueri. Et in quolibet poemate si quanto spatio syllabae sonant, tanto viverent atque sentirent, nullo modo illa numerositas et contexti operas pulchritude eis placeret, quam totam perspicere atque approbare non possunt, cum de ipsis singulis praetereuntibus fabricata esset atque perfecta." ①

"老师：比如，当有人如同一尊雕像立于最宏伟而最美丽的众多房舍之间的一个角落，那么他自己作为它们之中的一部分将不能感受到那一建筑之美；同样，一个士兵在战线上也无法总览军阵的整个阵形。而当诗歌中的一些音节在其所在的位置过长的鸣响，那么整体的作品的旋律和美则无法引起愉悦，因为它们既没有能力通观整体、亦没有能力肯认这一整体，因为它们之中的每一单一者都在过往性中协助运作出整体的美。"

我们庶几可以说，此间世界总体是美的，只是我们作为其间的

---

① 就此请参见 Augustinus, De musica. Bücher I und VI. Vom ästhetischen Urteil zur metaphysischen Erkenntnis. Lateinisch-Deutsch. Eingeleitet, übersetzt und mit Anmerkungen versehen von Frank Hentschel. Felix Meiner Verlag Hamburg 2002. VI, 11, 30。

一个渺小的部分,或曰作为沧海一粟,无法完全感受和认知此间世界之美,但是我们也不能完全耽溺于此间世界之美而忘记了精神之美、超验之美。

当然,尽管一方面,奥古斯丁欣赏此间世界的美,但是另一方面,他也从未否认、从不讳言,在其中亦有丑陋。对于这位基督宗教的哲学家而言,美学的问题,或曰形上美学的问题,与神正论的问题不仅密切相关,甚或还有些纠缠不清;在这样的关联上,丑陋(或恶)的问题在基督宗教哲学中,或曰在基督宗教形上美学中就有其意义了,而丑陋或恶的这样的问题及其意义,即使在古典的哲学、宗教或美学中曾经存在,但是也并未十分凸显为哲学、宗教或美学所不得不面对和讨论的问题。在奥古斯丁的意义上,丑陋,或恶的问题是这样提出的:至善、至美的上帝创造的世界中如何可能,甚或竟然有丑陋呢[①]?这个问题的提出,本身就意味着首先肯定了此间世界存在丑陋、存在恶。当然,随之而来的问题是,不仅要为这位创世的上帝辩护、为上帝所创造的世界辩护,而且还必须要为丑陋本身辩护及如何辩护。为此,奥古斯丁营造出一个颇为值得注意的概念,也就是"匮乏",换言之,丑陋(或曰恶)并非正面肯认性之物,而是一种匮乏、一种善的匮乏、美的匮乏。如果奥古斯丁将美、将此间世界之美也视为统一、秩序、和谐及形式的话,那么丑陋则相反,一方面,它并非别的什么,而是上述所有这些正面肯认性属性的匮乏;另一方面,丑陋也仅仅是部分的丑陋、一些丑陋,而并非、亦不可能是整体的丑陋;庶几能够这样说的原因在于,无论其

[①] 就此请参见 F. Billicsich, Das Problum des Übels in der Philosophie des Abendlandes. 2. Auflage, Wien 1955. Band I, S. 221-286。

在多大程度上匮乏统一、秩序、和谐及形式,但是无论如何他们并非完全缺乏这些属性,也就是说,并不存在完全而绝对的丑陋;而所存在的丑陋也是必需的,对于美而言,它们的存在,就如同阴影和光的关系一样。奥古斯丁设置的大前提是匮乏论,也就是说,恶并非具有自身的本质,不过是善的匮乏而已,于是在上述情形中,相对于较大者而言,较小者也都获有与较大者相反的名号。比如,由于在人类中美是较大的,所以猿类的美相比较之下就是丑陋;这对于那些毫无思想者而言则是件棘手的事情,他们会认为,人是善的,而猿则是恶的,他们在猿之中并未看到它自身所具有的和谐,并没有看到肢体各部分在身体两侧的均衡建构,并没有看到其几何对称,这是它们跳浪无碍的保障,还有更多的东西它们也没有看到,在此无需一一赘述。每一个存在自身都不包含基本的恶,而危险则在于,恶可能在善之中鼓噪膨胀,换言之,并不存在不含有善的事物。由此,奥古斯丁就能够在丝毫也不否认此间世界的丑陋的情形下而理所当然的与其中所存在之美弹冠相庆。他甚或还能假设,美的痕迹必定存在于每一事物中,甚或存在于我们认为是丑陋的事物中。

7. 上帝之美与此间世界之美:与古典美学的分水岭

奥古斯丁认为,高于此间世界之美的,是上帝之美;或曰上帝就是美自身。在 Confessiones(《忏悔录》)中他说:

"Pulchras formas et varias, nitidos et amoenos colores amant oculi. Non teneant haec animam meam; teneat eam dues, qui fecit haec bona quidem valde, sed ipse est bonum meum, non haec." ①

"美,富于变换的形式,以及明媚可人的颜色,眼睛喜欢所有这些。但是不能允许这些束缚了我的灵魂,灵魂应当围绕创造,并且是很好地创造了这些事物的上帝;并非这些,而是只有他自身,才是我的至善。"

引文中的"他自身"指的是上帝。此间世界以及其中的许多事物固然明媚动人,固然是颇具价值的,但是它们不应当掌控人的灵魂;而在上帝之中并不存在此间世界的过往性、消逝性的享受,恰恰在他之中,我们才能找到使我们的灵魂和精神都愉悦无穷的明媚的光、和甜美的旋律,尽管他无法以感官感觉的画像等所表述。这与后来拜占庭的圣像学理论有明显之区别,我们将在本书的第二部分详尽探讨拜占庭圣像理论中的上帝观念;在此我们庶几可以说,奥古斯丁似乎并不太相信宗教的绘画(造型艺术等),在这一点上他与古典的传统似乎格格不入,但是却与《圣经》旧约的传统如出一辙;人并非以感官(眼睛)感觉,而是以灵魂观视上帝之美、神性之美,这样的观视所需要的首先并非感觉器官,而是真理和德行(美德),纯净的灵魂才能真正观视到神性之美。

奥古斯丁将上帝概念、将上帝之美引入美学,或曰美学在他那里原本就是去言说本体形上之美、存在之美、上帝之美。换言之,此间世界之美不仅奠基在躯体的美之上,而且奠基在灵魂之美上,不仅奠基在感官感觉之美上,而且奠基在精神之美上。感官的世界借助闪烁的光和明亮的色泽而令我们愉悦,借助甜美的乐曲、芬芳

---

① 就此请参见 Augustinus, Confessiones. X, 34. Insel Verlag, Frankfurt am Main 1987。

的气息而令我们欢愉，但是这些更多地是舒适愉悦，而非美。在此间世界中，相比较而言，最美的是自然，是生命及其呈现（方式）。作为生命的呈现和表述，我们甚或能够将很多动物的鸣叫（歌唱）、运动等感知为美的，生命令我们愉悦，因为它们在自身之内含有旋律、尺度及和谐，如同自然或造物主所赋予它们的。

而精神之美则高出于物体之美；精神之美也奠基于旋律、尺度及和谐之中，精神之美更为完美；人的歌唱要高于夜莺的歌唱，原因在于，在旋律、乐曲之外，人的歌唱还涵盖有精神内涵的语汇等在内。与古典希腊不同的是，奥古斯丁的美的理念，已经不再是，或曰至少不再仅仅是纯粹物理性的美了，已经不再是一个裸体的英雄，而是基督与诸圣。他并非在此间世界感官的美之中寻求真正的美，如果这个此间世界是美的，那么并非仅仅因为它的物理的美的品性，而是因为，甚或首先因为它的精神之美，精神的美才是真正的美，因为所有关于美的判准并非和感官，而是和精神相关联。

基督宗教哲学也含有一种回溯到终极伦理价值的倾向和学说，在这个意义上，我们庶几能够说，奥古斯丁关于此间世界之美的思想，似乎和基督宗教的一些学说并不完全吻合，而如同前文也已经提示的，一些教父学者也的确有意小视，或低估此间世界之美，尽管是精神之美。

尽管对于古典美学有着逻辑上的承续及理论上的依赖，尽管也关注到此间世界的独立之美及人对这一独立之美的感验，但是将上帝神性之美的概念引入到美学中，则清晰表明，奥古斯丁的形上美学在本质上与古典美学完全不同，其本质是上帝中心论的，并且这一上帝是基督宗教的上帝，是同时在哲学和神学层面理解的上帝，这不仅是能够被理性思考和言说的上帝，而且也是能够被理性选择认信的上帝，这样的美学当然不仅符合形上美学的基本思维方式和方法，同时也符合基督宗教哲学的基本诉求，而这也正是基督宗教形上美学与古典审美美学的分水岭；在随后的关于奥古斯丁的形上音乐美学的部分中，我们还将比较详尽地探讨这一点。

尽管奥古斯丁的形上美学的上帝中心论品性彰显殆尽，但是躯体的美、质料的美并未因此而销声匿迹，并未完全损失它们的价值，理由是彰明较著的：它们毕竟是上帝的创造物、是上帝运作的产物；一方面，躯体自身之美、质料自身之美并非毫无意义的，并非也被允许判断为中性，甚或不美的，它们至多是比起绝对之美而言在美的品性上有所匮乏而已，在此，一种功能上的判断庶几并非恰当适宜的，这里的判断应当是本体论、形上论及价值论的；另一方面，如果将躯体的美、质料的美分离出来、做独立之观察和考量的话，那么它们庶几并不匮乏美，甚或亦含有闳约深美；最终一个方面，尽管躯体之美、质料之美是在时间、空间中的，也就是说是过往性的，尽管它们是相对的（相对的美），但是它们至少应当是那一永恒而绝对的至高之美的反映、映射，这从另一个方面也诠释了上帝之美。

由于躯体与质料之美并非绝对的美，所以它们不能被置于绝对的美之前以与之相比拟，不能成为灵魂或精神追求超验和绝对的障碍、不能成为人追求完美之美的羁绊，在这个意义上，一方面，躯体之美、质料之美的直接的审美价值似乎受到限定，或曰似乎受到减损；而另一方面，这样的貌似限定与贬损，恰恰表明它们在这一审美价值的贬损和限定中赢得了宗教的、基督宗教的和形上的意义；换言之，当灵魂与精神追求那一超验、绝对而完美之美时，不能不观照、不能不考量这些躯体之美、质料之美，尽管或许是要放弃它们;这也表明,躯体之美、质料之美至少是达于终极目的过程及无可放弃的手段,形上美学在躯体之美中、在质料之美中透析出它自身的终极意志。

于是,感官可感知的质料之美,庶几是所有关于绝对之美、超验之美及完美之美的思维的初始点,质料之美及对于质料之美的审美,由此就不仅具有象征的意义和价值,他们首先是绝对之美、存在之美、上帝神性之美的直接的意志,它们至少作为象征提示人努力驰近那一终极之美;在这个意义上的形上美学,当然也涵盖对于质料之美的审美在内。

奥古斯丁几乎与伪狄奥尼修斯同时(甚或还早于后者一些时间),并且在某种意义上共同创设并奠定了基督宗教哲学中形上美学的概念,阐释了上帝之美、神性之美的确切内涵。完美之美的概念在古典哲学中、在新柏拉图主义中,也就是在柏拉图和布洛丁中已经被明确表述过,超感官的美比感官感知的美更完美,感官可感知的美的价值在于,它表述超感官感知的美,诸如此类的思想在奥古斯丁之前即已存在,而奥古斯丁又赋予了这一思想以新的品性,他将这一对形上之美的质询、对超验绝对之美的质询,和基督宗教的哲学、神学联系起来,而且他所联系起来的形上美学和神学(或曰形上美学与神学的联系),以其全部思想的精髓与深邃、以其所有问题的纠结与萦绕,而成为欧洲中世纪经院哲学中本体形上美学的基础。

8. 艺术之美与本体形上之美

奥古斯丁的形上美学的思考,固然适用于形上美学,但是同时也适用于艺术。在古典美学中,或曰在古典艺术中,雕塑与绘画艺术享有某种特殊的地位,这并非因为它们被视为美的艺术,而是因为它们同时是模仿和想象的艺术;而在奥古斯丁看来,模仿与想象还不足以被称为艺术,从艺术的出发点、目的及功能等的角度而言还不能完全归属为艺术,对奥古斯丁而言,上帝是人的所有造作行为和艺术的初始原则和目的;在此,奥古斯丁将艺术概念拉近到美的概念、拉近到形上美学中的美的概念;他认为,艺术是追求美的,而模仿庶几仅仅具有一种自然主义的品性,而模仿一旦被作为目的,则模仿行为就有可能走向艺术要求的反面。奥古斯丁认为,每一事物都有其自身之美,在每一事物之中也都能够找到美的痕迹,奥古斯丁强调说:

"Quis non admonitus videat neque ullam speciem neque ullum omnino esse corpus, quod non habeat unitatis qualecumque vestigium, neque quantumvis pulcherrimum corpus, cum intervallis locorum necessario aliud alibi habeat, posse assequi eam quam sequitur unitatem?" [①]

"人所注意到的每一个事物,每一个有形象甚或有形体的事物,难道没有提示出统一性的痕迹吗?而另一方面,任何一个躯体,无论他有多美,他也无法完全达到他所追求的统一性,因为他的各部分必然分散于空间之中。"

在这一观点的基础上,我们庶几可以说,即使艺术要模仿的话、即使艺术的行为是一种模仿的行为的话,那么也并非要全部模仿,

[①] 就此请参见 Augustinus, Opera Werke. De vera religione. Verlag Ferdinand Schönigh, Paderborn 2007. XXXII, 60。

而是要在其中、要在被模仿的事物中发现那一美的痕迹，并且增强这一痕迹。奥古斯丁的观点，极致的表述了艺术作品中自然的与理念的因素之间的必然的内在联系，至今都庶几没有可能找到比它更优异的表述。

奥古斯丁从古典哲学中获取了艺术概念；他首先认为，艺术建立在认知基础上，夜莺的歌唱并非音乐，并非艺术，仅仅是本能而已，我们在随后的下文中还将对此加以分析。艺术是人的特惠权利，是人所独有的能力；而如果一个人完全出于模仿而歌唱（或者模仿别的什么），而非在其中有所认知，那么他的歌唱（等行为）也不是艺术。其次，奥古斯丁一方面如同古典哲学一样，在比较宽泛的意义上理解艺术；在这个宽泛的意义上，庶几每一个有意识的造作行为都被视为艺术（的行为），甚至并不排除手工劳作的行为，这其中呈现出希腊哲学的典型品性及其影响；而另一方面，奥古斯丁与之不同的则是，他将手工劳作从艺术行为中分离出来，原因在于，艺术是寻求美的，而非以某种使用性为目的；这多少也折射出亚里士多德哲学的痕迹，这一点在本书较远的前文中已经述及和分析了（参见第1章第4小节）。

9. 艺术美学的若干特质及其价值判断

在奥古斯丁看来，艺术固然要求一种独立自治（独立自为），但是不可避免地具有一种非真理性，或曰非真实性，尽管艺术美学似乎也能主导诗歌艺术、造型艺术等，但是由于其非真理性，并且从宗教的和基督宗教的判准出发，他对艺术的价值判断多趋于否定性的。奥古斯丁认为，艺术作为一种精神创造的行为，高于由这一行为所造作而出的质料的作品，他说：

"Itaque, ut nonnulli perversi magis amant versum quam ipsam artem, qua conficitur versus, quia plus se auribus quam intellegentiae dediderunt."[①]

"一些扭曲的人们更爱诗节而不是爱创设诗节的（诗歌的）艺术，因为他们更多地训练了他们的听觉而不是理性。"

奥古斯丁还认为，自然与艺术是相通的，自然甚或也是艺术的创设；上帝的艺术、神性的艺术，导引着艺术家的手，并且为他们创设了美。由此，奥古斯丁就面临一个问题，是否一件艺术品含有非真理性，如果是的话，那么人是否能，并且如何发现它。奥古斯丁认为，一件艺术作品在部分上可能是非真理性的，但是这样的非真理性也是必需的，甚或是必然的，原因在于，没有非真理性就没有艺术作品。谁如果否定其中的非真理性，那么他也就完全否定了艺术。一幅画上的人不可能是一个真人，否则这幅画作就不是正确的、真正和真实意义上的画了。在这个意义上我们庶几可以说，由此产生一种悖论性结果，也就是说至少一些事物在一些点上恰恰是在借助一些非真实性上而是真实的，恰恰这一（非真实性的）状况在最大情形上为启示其真实性作出了贡献，他们只是在某种特殊的意义上才是非真实性的，这一点对于拜占庭画像和圣像理论而言颇具意义。

年轻时代的奥古斯丁似乎是艺术独立自治的怀疑者，在这一点

[①] 就此请参见 Augustinus, Opera Werke. De vera religione. Verlag Ferdinand Schönigh, Paderborn 2007. XXVII, 43。

上似乎比古典哲学走得更远。作为一个唯美主义者,他将美、艺术置于所有其他东西之上。在这一点上他所提出的问题是,在美之外我们还能爱什么吗?如同前文已经引述的,他在《忏悔录》IV, 13 中说,他喜爱令人怜爱的内在的美,并且总是沉浸在其中。他认为,在美之外我们庶几不能再爱什么了。如果古典哲学对于"哲学"的一个解释是 φιλοσοφία、亦即"爱智"的话,那么我们庶几能够说,奥古斯丁的形上美学能够被阐释为 φιλοκαλία、亦即"爱美"。当然,在他皈依基督宗教之后,他的观点产生很大变化,他将这种感官对于外在世界的美的享受视为一种过犯,这从他的《论音乐学》中即可见一斑,我们在随后对于这一著作的探讨中还会提及这一点。

奥古斯丁认为,人无法以一种理论而掌控所有艺术,原因在于,每一个单一的艺术都有其不同于其他艺术的自身的属性,提出这一点对于艺术理论而言十分重要。在他看来,造型艺术与文学艺术就有显著之区别,在观察画作和阅读文字作品时,人能够感觉到它们的区别;当人观察一幅画作时,他能够即时认知他,并作出判断;而当人看到文学作品时,仅仅从字母的样式、字体的优美与否等,是无法判断其内容的美与否,人必须还要阅读并理解这篇文字作品(而非文字造型作品),才能作出判断(In Ioannis Evagelium tractatum. XXIV c. 2; PL 35, 1593)。奥古斯丁的这一思想的表述,尽管看似浅易,但是却非常准确、非常基本;这个表述见于他的释经学的著作,以至于庶几没有引起应有的反响和研究[1]。

奥古斯丁对于艺术价值的判断,与他在生活中的转变密切相关,

---

[1] 就此请参见 M. Schapiro, On the Aesthetic Attitude in Romanesque Art. In: Art and Thought. Issued in honour of A. K. Coomaraswamy. Ed. K. B. Iyer (London 1947). S. 152。

其早期的判断和古典哲学尚未脱尽干系，而其后期的判断则与他皈依基督宗教有直接而密切的联系，特别是其后期的带有基督宗教品性的判断，对于中世纪有深远之影响。

与古典相关联的是，奥古斯丁将诸多艺术样式视为不同层次的艺术，被他评价最高的是音乐艺术，在他看来，这门艺术是数字与比例的结合，建筑艺术也享有较高的地位；比较值得注意的是，绘画和雕塑艺术被他置于比较低的位置，在他看来，这两门艺术涉及对感官所感觉的现实的不完美的模仿，它们并不以数字创造作品、同时所提示出的旋律感也非常之少。在他皈依基督宗教之后，他对事物的美学判断就有了一个新的基准点；他的整体的艺术概念并未有太过明显的变化，只是对艺术的判断有了比较大的变化，他对艺术的判断更多地是负面否定性的判断；在所有对艺术的判断中，取美学而代之的，是伦理的、训教的及宗教的（亦即基督宗教的）基准点和判准。

10. 小结

基督宗教的形上美学观，几乎同时在东西部被建构而出，从时间上来看，奥古斯丁约略晚于大巴希尔一代，而早于伪狄奥尼修斯一代；基督宗教的形上美学在其开端有一种相似性，也就是它们都从同样的古典的源泉中，譬如从柏拉图、亚里士多德及布洛丁的哲学中，汲取主题、思维方式以及方法，并将其调试到基督宗教的哲学和美学中。东西部的美学都认为精神之美具有高于躯体之美的价值，并总是将其置于躯体之美之上，都认为神性之美高于人性之美。

固然东西部两者之间亦有不同，东部大巴希尔的美学发端于希腊，并由此而向外传布，西部奥古斯丁的美学则由罗马远播四方；东部总是引述布洛丁，西部时而求证于西塞罗；东部全神贯注于美的普遍问题，西部将美学拓展到作为特殊问题的艺术美；东部赞颂此间世界之美，西部则看到其中的丑陋；东部崇尚艺术，并在其中看到神性之美，西部警示艺术，以其不乏人之造作。在大巴希尔和奥古斯丁之后，东西部美学开始分道扬镳，东部，我们将要在不远的下文探讨的伪狄奥尼修斯和在较远的后文中探讨的学者特奥多鲁斯（Theodorus von Studion）在美学史上更多地属于思辨的形上美学家；西部，波埃休斯和卡西欧多（Cassiodor）则更多地是通识家，并且也的确蒐集各种定义、学说等，而托马斯更是集大成者，后文将设专章探讨之。

奥古斯丁的美学一方面是古典美学的王冠，甚或王冠上的明珠，在他的美学之中绝不缺乏任何古典美学的资料与问题、动机与目的、主题与方法、观点与研究；另一方面，奥古斯丁的美学是基督宗教形上美学的开端，在他的美学中，古典的美学以其最极致的形式投入到基督宗教形上美学之中。这两者之间不仅原本并没有什么矛盾，而且在奥古斯丁那里还有着近乎完美的结合；从人物属性的内在结构上来看，奥古斯丁所接受的是古典的教育，无论是哲学，抑或是美学等方面，他都享受了古典的教育和学术训练，从历史的时间上来看，他处于古典的晚期向着新时期的过渡阶段，从文化上来看，他站在当时精神文化的高峰，他不仅握有哲学的、逻辑的真理，而且认信基督宗教启示的、传承而来的真理；他将古典美学最极致的内涵与形式顺理成章的植入到基督宗教哲学之中，使之以基督宗教形上美学的形式又持续发展一千年左右。

就主题而言，他汲纳了古典美学将美阐释为比例、尺度、和谐的关系这一思想，汲纳了将美区分为感官感知的美和精神的美的思想，汲纳了此间世界是美的这一执见，并将这些思想和见解融汇到基督宗教形上美学之中；换言之，他从古典汲纳而来，并向基督宗教哲学注入了毕达哥拉斯数字和尺度的主题，注入了柏拉图绝对之美和美的绝对性的主题，注入了斯多葛学派此间世界之和谐与其美的主题，最终他提出了神学品性的美学主题。

依然就主题而言，固然无可否认的是，奥古斯丁汲纳了古典美学的若干主题，但是他并非顺手牵羊、拿来而已，而是营造了新颖而独特的内涵，他将艺术理论拉近到美学理论，从而深度刻写了美感经验，理性剖析了美学认知，系统研判了美学标准；他拓展了旋律概念的内涵，提出了"美的痕迹"理论，阐释了不同艺术的美学区别；除此之外，他还提出了形上美学的另一重大主题，或曰基督宗教形上美学的内在神学结构，也就是美学神正论。

从主题的品性和思维方式上看，奥古斯丁的美学至少具有双重品性；与其整体的哲学相适应，他的美学尽管还散溢着古典美学的美，但是已然透射出中世纪经院美学的理性之光；他的美学不仅是宗教性的、超验的、神学美学论的、上帝中心论的美学，而且也以极致的清晰和敏锐，注视和思索人所生活于其中的此间世界之美。奥古斯丁的美，是一个集结点，在这个美之中，汇集了神性之美、此间世界之美、人对美的美感和认知的追求，甚至美与丑的纠结，以及由此而来的人对于绝对之美的追求的不确定性。

奥古斯丁的美学，是奥古斯丁之后美学一千年的权威，在这个领域中，从教父时代前后走出来的学者，只有伪狄奥尼修斯能和奥古斯丁比肩并立。在他们身后几个世纪，只要经院哲学的"大全"

体著作，以及甚或包括托马斯在内的诸多经院哲学家们遇到美的问题、提及美的问题，他们都引述，并且也仅仅引述这两位权威，托马斯甚或为伪狄奥尼修斯谈及神性美的《论上帝的名号》写过研究专著。从这两位中，中世纪经院哲学不仅接受了普遍意义上的形上美学的概念，同时也特别从奥古斯丁那里接受了艺术美的思想。这两位的形上美学理论，不仅是中世纪美学的研究对象和美学理论的结构性框架，而且是其宗教形上的美学概念的主要基础，他们不仅为思辨科学、思辨神学提供严谨的思维方式和方法论，而且也为经验科学、经验美学提供本体形上的理论基础。

奥古斯丁的形上美学理论，是在古典精神的结构中表述的基督宗教哲学品性的美学，在其中，我们能看到古典到基督宗教的连续性和传承。当罗马城被蛮族围困，并要沦陷之时，奥古斯丁已在弥留之际；罗马的沦陷，使得美学如同其他诸多古典的学问一样，也被湮没在这一文化的废墟中，不仅古典的学问，甚或奥古斯丁新生的、成为基督宗教美学奠基石的美学理论，也很快庶几失去一切痕迹；我们之所以还能够知晓奥古斯丁，这要感激波埃休斯、卡西奥多及瑟维拉的奕西多尔，尽管他们每个人都有着诸多而深刻的思想、学说、论述，但是他们并没有主张自己的新的美学，而是在那一早已漫漶的文化废墟中，捡拾出古典的遗留，使之从湮没中被拯救出来；在这样的基础上，终于有了古典精神的复兴、有了中世纪经院哲学中本体形上美学的第一丝曙光；经院哲学在这思维地平线上的第一缕熹微中高昂地挺起了理性的胸膛。

第4章　Scientia bene modulandi
——论奥古斯丁的形上音乐美学

1. "De musica"在奥古斯丁全部著作中的独特地位与意义及其所提出的问题

尽管奥古斯丁有诸多关于语言学、修辞学、哲学、神学等写作意图和计划，甚或有关于（包括音乐、算学和几何学在内的）数学的写作计划，同时这一百科全书般的计划也加以了实施[①]，但是，如果不考量奥古斯丁的布道文稿和众多书信的话，并且如果不考量他那部虽然完成、但是已经散佚、其实也就是被他自己丢失的 De grammatica 的话，那么他一生唯一真正按计划完成的、虽然在他那一时代属于数学领域、却被他加以形上阐释的，并且由此而在今天看来属于哲学的著作，仅仅是那部著名的对话体写作风格的"De musica"，亦即《论音乐》，或者更准确地说，是《论音乐学》。

单就这种孤本性而言，或曰单就这种独一性而言，其重要之程度及其意义就已经不言而喻了。况且，在古典晚期、也就是奥古斯丁所生活的时代，知性的世界具有与其之后的时代完全不同的构造，

---

① 就此请参见 Aurelius Augustinus, De musica. Bücher I und VI. Vom ästhetischen Urteil zur metaphysischen Erkenntnis. Eingleitet, übersetzt und mit Anmerkungen versehen von Frank Hentschel. Hamburg 2002. S. VIII。

那一时代,古典的希腊哲学依然辉煌,而基督宗教也早已经开始将其独特而深刻的哲学、神学思想,吟咏给富含宗教和哲学的周边世界;这从学术的分类,或曰分科亦可窥见一斑,语法、算学、哲学、神学是主导的学科;而《论音乐》这部著作恰恰涵盖这些学科的思维方式与主要内容,这也是《论音乐》在奥古斯丁所有著作中的另一种独特性;正是由于这一点,德国著名学者、奥古斯丁研究专家之一 Frank Hentschel 正确指出,奥古斯丁的《论音乐》这部著作"是古典晚期典型的文本"[①];由此,反映古典晚期精神世界和知性世界的典型文本,毫无疑问必定具有十分重大之意义。

而还有一种独特性在于,这部著作写于 386-389 年前后[②],这期间正是奥古斯丁放弃摩尼教而皈依基督宗教的年代[③];在这期间,

---

① 就此请参见 Aurelius Augustinus, De musica. Bücher I und VI. Vom ästhetischen Urteil zur metaphysischen Erkenntnis. Eingleitet, übersetzt und mit Anmerkungen versehen von Frank Hentschel. Hamburg 2002. S. VII: "Auch in diesem Sinne ist De musica ein typischer Text der Spätantike"。

② 关于这部书完成的年代,在国际学术界是有争议的,有学者认为在 388 年底之前,也有学者认为在 389 年;无论如何,这并不影响本篇论题的写作;有关争议及其理由并非本书、本篇之主旨,就此请参见 Philip Jeserich, Musica naturalis. Tradition und Kontinuität spekulativ-metaphysischer Musiktheorie in der Poetik des französischen Spätmittelalters. Stuttgart 2008. S. 73. Adelbert Keller, Aurelius Augustinus und die Musik. Untersuchungen zu "De musica" im Kontext seines Schriftums. Würzburg 1993. S. 149-157。需要特别提及的是,Adelbert Keller 将《论音乐》置于奥古斯丁著述的整体系统之中来考察,并且全面的研究这一著作,而非仅仅研究其直接关涉哲学和美学的部分;他的这部关于《论音乐》的专著,自发表以来,被认为是这一领域中最新的标准著作,因而他的研究结论在国际学术界受到特殊的重视,并且经常被引述。

③ 固然,这一皈依指的仅仅是形式上的领洗而加入基督宗教,国际学术界的主流定论认为,奥古斯丁在其内心世界中至迟在信仰摩尼教时就已经追求基督宗教的信仰了,他在摩尼教中所努力追求和实践的并非摩尼教的教义、亦非别的什么,而是基督宗教的真理,就此请参见 Lexikon für Theologie und Kirche. Herder Verlag, Freiburg Basel Wien. 2006. Sonderausgabe, Band 1, 1240-1245。

也就是 386 年，在《论音乐》写作期间、完成之前，他先完成了他的早期作品中最重要的一部，即 De ordine，也就是被称为"第一忏悔录"的《论秩序》，他的"秩序"概念指的是存在的秩序和创世的秩序，在其中，他探讨了上帝创世的秩序，这是奥古斯丁变化着的内心世界与精神世界的同步的备忘录，也是他的思想从哲学向神学的提升[①]；同样是在这期间，他经历了他的母亲的亡故；这是他全部生命历程中最独特的阶段。他在 Confessiones（《忏悔录》）中也就音乐这一主题而回忆了这一年代[②]；在《忏悔录》中的这段回

---

① 就此请参见 Gregor Fidelis Gässler, Der Ordo-Gedanke unter besonderer Berücksichtigung von Augustinus und Thomas von Aquino. Sankt Augustin 1994. Adolf Dyroff, "Über Form und Begriffgehalt der augustinischen Schrift De ordine". In: Martin Grabmann, Joseph Mausbach (Hrsg.), Aurelius Augustinus. Die Festschrift der Görres-Gesellschaft zum 1500. Todestag des Heiligen Augustinus. Köln 1930. S. 15-62。特别是 S. 20。请参见 Philip Jeserich, Musica naturalis. Tradition und Kontinuität spekulativ-metaphysischer Musiktheorie in der Poetik des französischen Spätmittelalters. Stuttgart 2008. S. 115。当然，也有学者并不同意这一观点，例如德国著名学者、《论音乐》的研究专家之一 Carl Johann Perl 认为，尽管第六章的内容已经是神学的了，但是奥古斯丁在写作《论音乐》期间，还依然仅仅是一个哲学家，神学的内容表明他偏离了自己的写作目的而已；在此聊备一说。请参见 Carl Johann Perl, Aurelius Augustinus, Musik. (Erste Auflage, Leipzig 1937) Zweite Auflage, Paderborn 1940. S. 296。此书第一版见于 1937 年，本书笔者没有幸运得见之，在此引用的是 1940 年第二版；这样的专业著作在三年之内即出第二版，亦可见其重要之程度；此后，法文版出于巴黎 1955 年，而其德文第三版出于 1962 年，仅此列明，不再评论。而就 Perl 的这一观点而言，本书笔者愚见以为，首先，以哲学家的身份亦可写作神学作品，这两者之间应当没有冲突；并且其次，有 De ordine 完成在先，以及作者本人皈依基督宗教的事实，由此神学的内容并非突兀而来、更非偏离写作目的所导致；其三，尤其是他在 409 年重新写作和修订了第六章，这是奥古斯丁早已经于 390 年领受圣职之后的事情了；因而可以总结说，奥古斯丁并未偏离他的写作目的，而是（或许依然以哲学家的、但是）也以神学家的身份写作第六章的神学内容的；就此请参见不远的下文，以及本书第 74 页脚注 2、第 86 页脚注 1。

② 由于这段文本相对较长，内容与本文中心论题并无直接和紧要之关系，因而本篇在此不予引述，具体请参见 Augustinus, Confessiones. X 33, 49-50. 其他相关文本亦可参见 VI 14, IX。

忆文本,和《论音乐》中 I 2, 2 小节,是可以互见的文本;但是,《忏悔录》至少是十多年之后写作的回忆录,反思他之前的,特别是(对本篇的论题而言十分重要的)在米兰的生命经历和生活历验,而《论音乐》则是奥古斯丁在 386 年至 388(或 389)年写作期间当下此时的生命阅历和内心感受;如果《忏悔录》是对以往的生命内涵(精神、灵魂)的反思的话,那么《论音乐》则是对确定和特定的精神内涵的绽放过程的即时的、当下的记录,或曰是对当时激荡的灵魂体验的共时的、同步的记录①;这一点仅仅从第六章陡然而变的语言风格,以及偏离对话体形式的写作风格就能明显感觉到②,而且奥古斯丁本人还重新改写和修订了这一章,在不远的后文中还将提及这一重写和修订的意义③;正是由于波折的外在生活以及激荡的内心体验,或曰俗世的生活与宗教的信仰,都充分体现在《论音乐》之中,所以,与奥古斯丁其他著作相比较而言,这部书具有更突出的思维多样性和内涵丰富性;由此,《论音乐》这部著作,至少对

---

① 就此请参见 Adelbert Keller, Aurelius Augustinus und die Musik. Untersuchungen zu "De musica" im Kontext seines Schriftums. Würzburg 1993. S. 41-42。

② Carl Johann Perl 特别强调了这一点;他指出,第六章几乎不再是师生之间的对话,而是作者向读者的直接言说。在 Perl 看来,叙述语言的风格变化,恰恰说明奥古斯丁精神世界、内心世界的改变;而以直接向读者言说的风格写作,一方面表明,奥古斯丁本人摆脱了对话体风格中"老师"形象的束缚、也就是摆脱了旧的形象的束缚,并且产生了新的写作目的,而另一方面也表明,奥古斯丁在其意识中似乎认为,读者在阅读过程中也随着他以文字所描述的他的精神生活的改变而改变了;从整体上来看,在呼应第一章中对于音乐的定义的关系上,第六章中这样的改变,其实更加印证了奥古斯丁的音乐学说以哲学为前提的向着神学的提升,这与 Perl 自己在此前、此后所表述的观点似乎并不完全一致。就此请参见与此相关的上、下文,并参见本书第 72 页脚注 1、第 85 页脚注 1,并请参见 Carl Johann Perl, Aurelius Augustinus, Musik. (Erste Auflage, Leipzig 1937) Zweite Auflage, Paderborn 1940. S. XV, 295, 296 等页。

③ 就此请参见不远的后文以及本书第 86 页脚注 1。

于当今的以及今后的哲学、语言学、音乐学、神学以及历史学,都具有十分重大的意义。

不宁唯是,《论音乐》这部著作所提出的问题是,究竟什么是音乐?音乐美学面临的主要问题是什么?为什么是这样不是别样的问题?从奥古斯丁提出的这些设问(以及对它们的研究)就能够看出,这部思想深刻的著作不但上承希腊哲学、新柏拉图主义等对于音乐美学的讨论[①],而且开启基督宗教教父时代之形上音乐美学[②],同时还为全部中世纪留下了丰厚而精深的学说[③],中世纪经院哲学家们在研习这部著作、在含英咀华的同时[④],不但创设了自己时代

---

① 就此请参见 Enrico Fubini, Geschichte der Musikästhetik. Von der Antike bis zur Gegenwart. Aus dem Italienischen von Sabina Kienlechner. Stuttgart Weimar. 1997 (L'estetica musicale dall'antichità al settecento. In: Giulio Einaudi, editore, L'estetica musicale dal settecento a oggi. Torino 1987), S. 6-45, 特别是 S. 25-45。

② 教父时代是毕达哥拉斯形上音乐理论的复活时代,教父们以此建构基督宗教的形上音乐美学,就此请参见 Enrico Fubini, Geschichte der Musikästhetik. Von der Antike bis zur Gegenwart. Aus dem Italienischen von Sabina Kienlechner. Stuttgart Weimar. 1997. S. 46-48。

③ 奥古斯丁的《论音乐》不仅为欧洲留下丰富的音乐学思想遗产,而且也是欧洲中世纪经院哲学中形上音乐美学的标准著作,就此请参见 Enrico Fubini, Geschichte der Musikästhetik. Von der Antike bis zur Gegenwart. Aus dem Italienischen von Sabina Kienlechner. Stuttgart Weimar. 1997. S. 49, 50。

④ 欧洲中世纪的经院哲学,承续古典希腊和奥古斯丁的传统,不但罗马教廷官方的通谕,而且诸多经院学者(譬如波爱修斯、托马斯·阿奎那等),都将音乐学、音乐美学视为认知科学和美德;同时值得注意的是,恰恰在 13 世纪、亦即经院哲学的高峰,对于音乐的哲学-美学的研究、也就是对于音乐在形上美学层面的研究,开始不再是经院哲学中的音乐美学的重心,换言之,对于音乐的哲学思辨、对于神学音乐学的兴趣逐渐减弱;这一时期音乐学、音乐美学的特点,在于开始对音乐领域中具体问题的研究,譬如对多声部音乐及其所带来的问题的研究;总之,音乐美学从对形上层面的问题的追溯,转而进入对于音乐美学在美学原本意义上的研究。就此请参见 Enrico Fubini, Geschichte der Musikästhetik. Von der Antike bis zur Gegenwart. Aus dem Italienischen von Sabina Kienlechner. Stuttgart Weimar. 1997. S. 54-82. 特别是 S. 54-59, 60-61, 71, 74-75。

的形上音乐美学、独自引领了近千年音乐美学之风骚,而且还为文艺复兴之后众多音乐学潮流、音乐美学潮流各自之发展,奠定了坚实的基础、铺设了继续前行之路径[①];这也凸显出《论音乐》这部著作十分重大的意义。

由此,施加于这部著作的一个比较深刻而全面的研究,对我们整体的理解奥古斯丁,理解他的神学、哲学、美学、宗教哲学及宗教学等学说,甚至对于理解他那曾经跌宕起伏的生命历程,以及他之后包括中世纪和近现代在内的相关哲学、思想和学说,都具有十分重大的意义。

本书这一篇亦不能面面俱到,在方法上,仅仅从奥古斯丁对于音乐的定义入手而展开本书之命题,尝试勘探奥古斯丁音乐定义中哲学、神学之基本内涵,提示其本体论的基础与形上哲学的主导方向,尝试阐释奥古斯丁形上音乐美学中有关至美之思想,尝试探讨其哲学与神学的思维方式,尝试分析奥古斯丁在"返回自身"以及"光照论"的学说中存在者之美与上帝至美之间的关系,尝试展示其形上音乐美学概念中哲学与神学的圆融无碍、本体论与形上学的周流

---

① 从音乐美学史上来看,在经院哲学中的音乐美学之后,音乐美学进入了文艺复兴和新理性主义时代,音乐作品也被理解为艺术作品,并且在这个意义上诞生了听众群;这一时代的人文主义音乐家依然具有古典意识;中世纪的音乐概念被理解为"抽象理性主义",毕达哥拉斯的音乐理论再度兴起;在反宗教改革的潮流中,新教的改革依然尝试去除音乐的道德狭隘性,直到莱布尼兹,终于达成感觉与理性的和解;进入18世纪,音乐美学呈现为巴罗克的理性主义和感觉(的)美学。就此请参见 Enrico Fubini, Geschichte der Musikästhetik. Von der Antike bis zur Gegenwart. Aus dem Italienischen von Sabina Kienlechner. Stuttgart Weimar. 1997. S. 6-45,特别是 S. 87-92, 93-94, 97, 106-109, 111-113。自19世纪以来至20世纪中叶,关于音乐学、音乐美学是否是一个独立的美学等的历史性大讨论,请参见 Thorsten Valk, Literarische Musikästhetik. Eine Diskursgeschichte von 1800 bis 1950 Frankfurt am Main, 2008。其历史角度的讨论,请参见此书9-46页,参与讨论的主要人物各自重要的观点,请参见47-442页。此书引述丰富,颇可参阅。

遍至，并希冀最终对中心论题作一神学、哲学之总结。

2. "De musica"：究竟什么是音乐，或曰音乐美学之本体论的基础与形上哲学的主导方向

2.1 音乐的定义及其本体论之基础与形上哲学的主导方向

究竟什么是音乐，在古希腊，哲学家们就有丰富的研究和讨论，并且其研究和讨论以文字见诸于今[①]。在现代的音乐学和音乐理论中，对于音乐的理解和定义，也是一个无法令人视而不见、从旁走过的问题[②]。奥古斯丁的《论音乐》包含六卷，对于哲学而言，对于音乐学、音乐美学及对于本篇的论题而言，这部对话体著作的第一卷和第六卷十分重要，如同在不远的前文中所提及的，其第六卷在409年前被他本人重新写作和修订[③]，第二卷亦有可参阅之处。

[①] 无论是希腊神话、荷马史诗中，抑或是前苏格拉底，甚或是毕达哥拉斯学派、柏拉图以及亚里士多德，对此都有论述；详见 Zsigmond RitoÓk, Griechische Musikästhetik. Frankfurt am Main 2004. RitoÓk 皮集了大量古典希腊神话与诸多哲学家、哲学流派中关于音乐的著述，纂集而成此书，长达七百余页。

[②] 就此请参见 Paul J. Pfäffli, Die Liebe zur Musik verstehen? Natürliche Quellen musikalischen Wohlklangs. Frankfurt am Main, 2006. S. 21-24。

[③] Frank Hentschel 特别提及了第六卷的重新写作和修订，并且指出，这是奥古斯丁于390年领受神职之后着手进行的；Hentschel 似乎意在表明，由于奥古斯丁身份的进一步变化、精神和内心世界的进一步变化，使得第六卷有着特殊的哲学和神学的意蕴；就此请参见 Aurelius Augustinus, De musica. Bücher I und VI. Vom ästhetischen Urteil zur metaphysischen Erkenntnis. Eingleitet, übersetzt und mit Anmerkungen versehen von Frank Hentschel. Hamburg 2002. S. VIII. 而 Carl Johann Perl 也提及了这一点，并联系奥古斯丁另外两部著名的著作 De ordine（完成于386年）以及 De vera religione 而对这一特殊的哲学、神学意蕴做了探讨；就此请参见 Carl Johann Perl, Aurelius Augustinus, Musik. (Erste Auflage, Leipzig 1937) Zweite Auflage, Paderborn 1940. S. 294-296 以及前言 S. XV。亦请参见不远的上文，以及本书第72页脚注1、第74页脚注2。

这几卷主要涉及哲学和音乐美学,而其他各卷则重点在毕达哥拉斯数学哲学的意义上讨论数字,并且由此而主要关涉音乐之旋律、格律与韵律。

奥古斯丁开篇就对音乐作了定义,提出了音乐究竟是什么的问题。在师生之间一系列对话体形式的讨论之后,奥古斯丁在《论音乐》Ⅰ 1,1-6,12 中,特别是Ⅰ 1,1-2,2 中提出:"Musica est scientia bene modulandi."①("音乐是对恰当形象的认知。")其中,"bene"亦有"好的"含义,"modulandum"("形象")一词亦可译为"构造"、"构成"、"样式"、"情态"等。这一定义的核心语汇是"scientia",即"认知"。这是奥古斯丁探索音乐定义的努力,而这样的努力其实就是在努力建构音乐学这门学科,或曰是为音乐学这门学科的理论建构寻找一个可能性的出发点。

从这一音乐定义问题的历史来看,首先,拉丁文的 musica 一词,不仅在现代的西文中能够被翻译为 music(英文)、Musik(德文)等,而且在现代中文的语言应用中也完全可以翻译为"音乐";但是如同前文所多次提及的,在古典晚期的知性与精神世界中,这一语汇并非能够简单地被理解为我们今天意义上的"音乐",而是如同 Hentschel 所正确指出的,首先被理解为"音乐学",也就是说首先指"音乐理论";同时,这一"音乐理论"是为进一步深入到数学、哲学以及神学领域中作准备的学科②。其次,尽管这一定义因着它的最基本的清晰性和意指而直到今天都能够被接受,尽管我们对奥

---

① 就此请参见 Augustinus, De musica. Ⅰ 1,1-2,2。

② 就此请参见 Aurelius Augustinus, De musica. Bücher Ⅰ und Ⅵ. Vom ästhetischen Urteil zur metaphysischen Erkenntnis. Eingleitet, übersetzt und mit Anmerkungen versehen von Frank Hentschel. Hamburg 2002. S. Ⅷ。

古斯丁这位重要的基督宗教思想家怀有深切的崇敬，但是，必须承认的是，这个定义并非他本人哲学思辨的产物，而是他引用前人已有的结论；如同 Carl Johann Perl 所指出的，在奥古斯丁之前，我们至少在 Terentius Varro（公元前 116 - 前 27）的著作 Disciplinarum libri XV 中就已经相遇到这一定义了，而在奥古斯丁之后，这一定义同样也被 Cassiodorus（485-580）在他的 Institutiones musicae 一书的前言部分所引用[①]。

从奥古斯丁所引用的这一定义本身来看，如果在其中"认知"是核心语汇的话，那么我们可以说，在他看来，音乐（musica）首先是一个学科（甚或科学），而作为一个学科它首先追寻的是人的理性，是对存在现象、存在自身的认知，而不是人对声音和旋律的直觉和感觉，也不是实践操作的娴熟。当然，尽管奥古斯丁轻视听觉的享受，但是他并未完全排除，甚或并未完全否定，音乐在听者之中能够唤起一种享受；不过，他最终认为，人应当放弃这一享受以及作曲和演奏的愿望；在这个意义上，音乐必须成为一门学科，这意味着，所有不能从属于纯粹理性的品性、属性，都必须被涤除[②]。不能为了追求在聆听中的享受而去聆听音乐，聆听的愉悦绝不允许成为追求的目的、更不允许成为自身的目的，聆听的愉悦只能作为理性理解的伴随现象，并且必须控制在可容忍的范围之内。

[①] 就此请参见 Carl Johann Perl, Aurelius Augustinus, Musik. (Erste Auflage, Leipzig 1937) Zweite Auflage, Paderborn 1940. S. 285。

[②] 即使当今的音乐学，也不能不承认，音乐学作为一门学科必须具有系统的理性思维；就此请参见 Jobst P. Fricke, Systemisches Denken in der Musikwissenschaft: Grundlagen, Ergebnisse und Perspektiven. In: Musik zwischen ästhetischer Interpretation und soziologischem Verständnis. Herausgegeben von Tatjana Böhme-Mehner und Motje Wolf. Essen 2006. S. 31-47。

换言之，音乐并非别的什么，并非对优美旋律的感官感受[①]，而是首先被纳入认知范畴，被阐释为对存在现象，甚或对存在自身的认知；原本应当是实践层面的概念，却在本体形上层面被定义；随着本篇的逐步展开，我们能够知晓奥古斯丁的苦心孤诣，这里先行提示的是：奥古斯丁所关注的并非某一具体的艺术门类及其美学的理解，而是在存在层面关注一个永恒而无限的形象。由此，我们便逐渐踱入本体论、形上学之层面。

从本体论的角度来看，这里隐含着一个前提，即奥古斯丁将音乐至少视为一种存在现象，甚或存在，于是毫无疑问，他对音乐的认知范畴的定义，或曰形上哲学的定义，就是建立在本体论基础之上的；这样的定义为他的音乐学、音乐美学设定了本体论和形上哲学的方向，沿着这样的方向展开的音乐学和音乐美学，其主导意图首先并非要探讨人对于旋律、韵律以及旋律间之留白等的美感经验，或曰并非要探讨作为客体的音乐是否循美且异、主体中的美感经验是否能辗转反侧而无限接近客体所呈现的美，并非要探讨主体是否能够不择手段而无限攫取美的感受；这样的方向决定了这一学科的主导意图，是对存在的认知、是对存在基础的认知；与此同时，毋庸置疑的是，这样的方向自其出发点开始，就与神学有着不解之缘。

这样说的原因是彰明较著的，如同前文所提及的，公元386-388（或389）年前后，是奥古斯丁撰写《论音乐》的过程，这期

[①] 但是在现、当代的音乐学理解中，音乐也的确被理解为感觉，就此请参见 Klaus Mehner, Musik als Wahrnehmung—Musik als Kommunikation. In: Musik zwischen ästhetischer Interpretation und soziologischem Verständnis. Herausgegeben von Tatjana Böhme-Mehner und Motje Wolf. Essen 2006. S. 11-21。

间也正是他离弃摩尼教而皈依基督宗教的过程，特别是体现其哲学与音乐美学思想的第六章，是当他在米兰领洗入教、之后返回位于北部非洲的、他的出生地 Tagaste（亦拼作 Thagaste）之后才完成的[①]，并且于 409 年重新写作与修订，这也正是他经历了心灵的激荡与精神的困苦而终于肯认基督宗教信仰，并最终欣然接受其神学学说的过程[②]。作为教会中人，特别是后来作为大公教会的主教，基督宗教的信仰是他生命的内涵与形式；他不能不认为，上帝是原初的存在、是一切存在的基础，而此间世界的存在则是上帝的创造物；这是他判断其他所有事物的前提。如果音乐的定义是对存在的认知、对存在者的认知的话，那么这同时也就意味着，音乐首先是对作为一切存在者基础的存在的认知、也就是对上帝的认知，随之而来的当然也是对作为受造物的此间世界的认知；从奥古斯丁对音乐在本体论和形上学层面的定义的努力中即可看出，哲学与神学交汇在他的音乐美学之中。

根据 Philipp Jeserich 的研究，从奥古斯丁的音乐定义出发来看，基督宗教关于美的概念，与柏拉图和前期神学新柏拉图主义截然不同的是，尽管按照《会饮篇》美是诸多理念中最尊贵者，但是美并非诸多理念中的一个，而是唯一、至一的，是 mens divina 中的理念，

[①] 就此请参见 Philip Jeserich, Musica naturalis. Tradition und Kontinuität spekulativ-metaphysischer Musiktheorie in der Poetik des französischen Spätmittelalters. Stuttgart 2008. S. 73-74。

[②] 关于奥古斯丁在领洗皈依基督宗教时心灵与精神的发展过程，请参见 Wilhelm Thimme, Augustins geistige Entwicklung in den ersten Jahren nach seiner "Bekehrung", 386-394. Berlin 1908。

亦即神性中的理念，或曰是位格的神性自身的谓项[①]；换言之，美就是神性的精神，美就是位格的上帝自身。其他所有的美只有借助它、也就是借助至美，才是美的，如同其他所有的恒久只有借助永恒才是恒久的、所有的善只有借助至善才是善的一样。如果在柏拉图和新柏拉图主义者看来，此间世界所呈现而出的美，是通过参有到美（亦即至美）之中才是美的，是通过对美的理念的参有的当下化而实现的。那么在基督宗教的信仰者奥古斯丁看来，至美保证了受造物对他的不同的参有程度；美作为至美－存在，是所有存在者的存在结构。被视为至美的创造者上帝，不仅具有绝对的创设自由，而且也被理解为绝对的美，以及美的绝对法则；这一法则使得出自上帝绝对创设自由的受造物，也就是他从无之中创生出来的作为整体的受造的存在，在客观上也呈现为美。

在考量奥古斯丁的《论音乐》时，如果将他的音乐概念、对音乐的定义，置于这样一种形上、本体论的境界中，那么我们或许能够提出这样的设问：至美究竟通过什么（究竟如何）呈现给我们呢？究竟通过什么（究竟如何）而与作为其他存在者之谓项的美有区别呢？在较远的后文中、也就是在"返回自身"的部分中，将会探讨这样的问题。

从形上层面来看，究竟什么是这一 scientia bene modulandi 呢？或曰如何理解这一定义呢？奥古斯丁将其标识为"bene movendi"，也就是"正确的运动"，或曰"恰当的运动"；他解释说，一个恰当的运动必定具有数字（或曰数字关系），这样的运动借助数字造

[①] 就此请参见 Philip Jeserich, Musica naturalis. Tradition und Kontinuität spekulativ-metaphysischer Musiktheorie in der Poetik des französischen Spätmittelalters. Stuttgart 2008. S. 129。

就（音响的）时间的阈值和时间的（实际上应当是音符的、旋律的）留白①。而对音乐的享受、聆听的愉悦，就是这些数字之间的关系所呈现的直接结果；换言之，有一种可能性是，音乐的数字性和它的时间阈值，能够给人带来感官感觉的愉悦。音乐作为对于恰当形象的认知（亦即对于恰当构成的认知），能够被更精确的理解为，就是对于恰当运动的认知，并且是在运动由自身被渴望之处，并且借助自身而为人带来内心的涌动和愉悦之处（或者至少是感官的愉悦）；这里被强调的实际上是音乐的数字性。甚至直到今天，都有哲学家坚持认为，音乐（甚或仅仅）具有数字品性、数学品性②。在此，奥古斯丁借助数字形上学而建构起他的音乐美学理论，之所以这样说，理由是彰明较著的，因为音乐在本质上（在本性上）是奠基在数字之上的。而恰恰是因为音乐能够回溯于数字，所以音乐由此才能成为学术（或曰成为一门科学）、才能获有作为学术和科学的尊荣。声响的运动必须在旋律和间奏之中、必须回溯到数字的简质的关系之中，也就是说，要回溯到理性之中，这意味着阈值的关系，这样的阈值被理性在理性之中所发现、被理性建构在理性之中，并且被理性认为是善的。

在音乐史学家 Enrico Fubini 看来，无须远足、即使在此，我们就已经触及奥古斯丁美学的主要问题：在何种程度上美是许可的？

---

① 奥古斯丁在《论音乐》中的时间概念，并非本篇之主要论题，就此请参见 U. Störmer-Caysa, Augustins Philosophischer Begriff. Ein Vorschlag zum Verständnis der 'Distentio Animi' im Lichte von 'De musica'，Berlin 1996。这是一部虽然短小、但是十分精致而有深度的论著；本书笔者另有《永恒之路——奥古斯丁时间哲学研究》一书，收入"北京大学人文思想文库"系列，敬请参阅。

② 就此请参见 Ernst Bloch, Zur Philosophie der Musik. Ausgewählt und herausgegeben von Karola Bloch. Frankfurt am Main, 1974. S. 267-279。

是在音响的、颜色的以及形式的多样性上吗①？而如果只有至一性以及同一性的比例关系才表述真正的美的话，换言之，如果至一性表述上帝、同一性表述人与上帝合一的程度的话，并且如果至一性和同一性为我们标识出，仅仅上帝自身才是真正的美的话，那么在何种程度上允许人享受、委身于其他的美呢？或曰：在何种程度上允许人将自身奉献给其他的美呢？从《论音乐》对音乐的定义，以及前此为止对这一定义的分析来看，应当能够说，奥古斯丁在此坚定认为，最高的美，或曰至美，在某种程度上隐匿于、坐落于每一种美的形式之中，甚至也在较低层次的美之中。在这一意义上，精神与灵魂必须持续不断地追寻和观想那一至高的、永恒的美的形式，并且朝向她而攀升。在奥古斯丁看来，至美才是理性应当追寻的；并非低于理性的、享有其自身形式的美，或自身样式的美的数字，玷污了灵魂，而是如果灵魂追求这样微末的美的话，那么灵魂也就腌臜了自身；灵魂不仅钟爱同一性，而且也珍爱秩序，并且由此而珍重这一秩序，而轻忽自身的秩序。只要我们无所遗漏，那么每一种形式的美都有存在的权力。奥古斯丁认为，如果数字和我们一样承受作为给我们的惩罚的死亡的话，换言之，如果数字也是受造的、非永恒的，那么我们就不能将它们从上帝预先设定的创世之中排除出去，因为它们在它们的形式中、在它们的样式中也是美的。只是我们不能太过偏爱它们，好像我们借助对它们的享受就能获得救赎②。

---

① 就此请参见 Enrico Fubini, Geschichte der Musikästhetik. Von der Antike bis zur Gegenwart. Aus dem Italienischen von Sabina Kienlechner. Stuttgart Weimar. 1997. S. 51。

② 就此请参见 Augustinus, De musica. I。这是奥古斯丁《论音乐》第一卷中经常表述的思想。

由此应当能够说，只要理性的力量能够对美的享受作出判断，或曰能够将对于美的享受回溯到理性的判断中，并且只要这一享受是在追求永恒而至美的行进途中，那么奥古斯丁则并不排除对于美的享受，至一性是至高的美，而其他数字尽管只有微末的美，但是它们并不缺乏美，并不能逃离美。音乐中的美及其掌控者，也就是数字，既能导致颓废，亦能导致提升和纯洁，关键在于灵魂如何与之相处。

如果在《论音乐》中仅仅对音乐之美与不美、对其导致两极分裂的品性作了理论的探讨的话，那么奥古斯丁在他的另一部著作《忏悔录》(IX, 6-7)中，描述了他的经历。尽管是圣洁的音乐，但是奥古斯丁依然被其具有诱惑力的旋律所左右，依然感到似乎要沉入无可拯救的深渊；由此，奥古斯丁认为，尽管音乐具有打动感官的形式，但是它依然能够点燃信仰之火，并且能够表述理性的真理。《忏悔录》的语言风格，能够令人感到奥古斯丁内心深处复杂的纠结，一方面，人自然而直觉的对于声音之美的倾倒；另一方面，伦理严格性的诉求，要求人摒弃、至少试图摒弃诸多感官的享受，这两方面在奥古斯丁的内心盘桓纠结；他说：

"Quantum flevi in hymnis et canticis tuis suave sonantis ecclesiae tuae vocibus commotus acriter! Voces illae influebant auribus meis et eliquabatur veritas in cor meum et exaestuabat inde affectus pietatis, et currebant lacrimae, et bene mihi erat cum eis." [1]

---

[1] 就此请参见 Augustinus, Confessiones. IV, 13. Insel Verlag, Frankfurt am Main 1987. 亦请参见 Confessiones (IX, 6, 14). Übersetzt, herausgegeben und kommentiert von Kurt Flasch und Burkhard Mojsisch. Mit einer Einleitung con Kurt Flasch. Reclam Stuttgart 2009。

"你的教会的声音那甜美的奏响,在旋律与歌诗之中我是那样地被打动而涕泣!那一声音涌入我的耳廓、那一真理沁润到我心中,虔诚的感觉在心中炽热起来,涕泪奔流,我真的沉浸在它们之中了。"

在此,奥古斯丁表述自己受到优美声音的感动,已经沉浸在旋律与歌诗之中,与此同时,在他的意识中依然保有主动的思考、依然抱有对真理的凝思。内在的纠结、内心的焦灼,在奥古斯丁理性的、具有主动意识的思考中显得愈发强劲。

由此来看,音乐关涉的并非仅仅是个人良心的纠结、胶着与焦灼;从功能上来看,由于音乐以其先声夺人的气势、以其沁润人心的感染力,早已经在大公教会的礼仪和祈祷实践中被普遍引入,所以内心的悸动,甚或良心的涌动或许在宁静之中、在孤寂之中最终能够达于平息;但是有谁还能够否定,集体的吟咏颂唱、众人的引吭高歌不是一个将人领入信仰和怀想的有效的中介呢?而尽管如此,良心的抗争依然持续,存在的问题仍将无解,真理的追寻依旧执着。对于奥古斯丁而言,感官的愉悦令其陷入良心的不安,因为引起感官愉悦的歌咏可能会带来比咏唱内容更多的,或曰多余的东西;音乐对于奥古斯丁而言是一个两难的问题。

Fubini 认为,一方面,奥古斯丁作为哲学家对音乐以及音乐家似乎没有太多好感,理由在于,甚至在质询他们自己的旋律以及音符高低的来源时,他们也都不能给出答案;而另一方面,恰恰是作为训练有素的哲学家,他又无法忘怀音符的魅力、旋律的诱惑[①]。

[①] 就此请参见 Enrico Fubini, Geschichte der Musikästhetik. Von der Antike bis zur Gegenwart. Aus dem Italienischen von Sabina Kienlechner. Stuttgart Weimar. 1997. S. 53。

换言之，奥古斯丁处于一种进退维谷的境况之中，一方面，音乐赋予他感官的愉悦和内心的感动，使他考量是否要汲纳音乐这种形式而放弃数字形上论，或者另一方面，是否要彻底涤除音乐而投身到纯净而纯洁的、毫无装饰而朴素的祈祷之中；这是一个两难的问题，以至于他彷徨疑惑、左右为难。奥古斯丁的这一内心的矛盾，成为全部中世纪思想中一个恒久而固定的论题。一方面，音乐作为一种理论时而甚至优先于神秘神学、神秘论以及苦修主义；而另一方面，音乐作为感官的诱惑，甚至刺激，又有可能将人导入堕落；这是奥古斯丁的内心矛盾在中世纪哲学中的呈现。从问题的历史来看，两种完全不同的美学概念是这一矛盾观念，或这一二分法的基础：其一，音乐作为苦修主义可以回溯到毕达哥拉斯的数字美学论[①]；其二，音乐作为引发愉悦的音响、声响，其根源在于亚里士多德的模仿美学论[②]。这两种都发端于古典希腊哲学中的观点，在中世纪有时势不两立，有时又相融无间；总之，它们洞贯中世纪，并且在之后也是哲学、神学与美学、文学与宗教学、美学和音乐学[③]，甚或

---

① 就此请参见亚里士多德《形而上学》1, 5, 985b 23-986a 21.《后分析篇》II 1, 13, 78 b35-79 a6. Ptolemaios, Harmonica 1, 5。柏拉图《Philebos》17 b-e。就此亦请参见 Zsigmond RitoÓk, Griechische Musikästhetik. Frankfurt am Main 2004. S. 69，85, 185, 295。

② 就此请参见伪亚里士多德 De caelo 5, 396b 7-23。就此亦请参见 Zsigmond RitoÓk, Griechische Musikästhetik. Frankfurt am Main 2004. S. 107。

③ 关于文化哲学中的音乐美学与神学的关系，请参见 Peter Tschuggnall, Theo Art. Betrachtungen zu Literatur, Musik und Religion im Spannungsfeld von Ästhetik und Treologie. Anif/Salzburg 2004. S. 1-13。关于美学与伦理学和宗教学之关系，请参见 S. 17-36。关于音乐与文学和宗教学之关系，请参见 S. 61-78。Tschuggnall 在其著作中，以正文四分之一的篇幅，并以巴赫、莫扎特、贝多芬以及威尔弟为范例，论述了音乐学与神学、宗教学的密切关系，就此请参见此书 191-251 页。

心理学的重要论题之一[①]。

2.2 对构成音乐定义的若干因素的补充性分析

为能更好地理解奥古斯丁对音乐的定义，以及我们对这一定义的分析，其定义所包含的若干部分还需要加以些许之补充性分析和讨论，也就是 modulandi（建构）、bene modulandi（恰当的构造）以及 scientia（科学的认知、学术的认知）。

首先，modulandi 一词在此既可以理解为建构，亦可以理解为构造、结构、形象等；与之相关联的语汇，或专有名词则有 modulari 以及 modulatio，并且实际上 modulandi 是这两个语汇的转写，在这一点上 Carl Johann Perl 的研究颇值得重视；根据他的研究，modulari 标识对节奏的、和谐度的以及对于旋律的测量，并且同时还标识音乐中的形象（当然也包括诗歌艺术和舞蹈艺术中的形象）；而 modulatio，特别是 modulatio vocis（"声音的形象"），则首先标识旋律，其次也是一个集合概念；作为集合概念它标识音高、音响以及节奏和他们的测量，并且这些因素并非毫无系统，而是有逻辑的相互联系在一起[②]。更进一步来看，还有与 modulandi 以及这里分析的若干概念相关联的语汇应当引起重视，例如名词 modulator、

[①] 就美学判断的心理机制问题，请参见 Erich Raab, Psychologie Ästhetischer Urteile. Ästhetik und Experimentelle Psychologie. In: Harald Kaufmann (Hrsg.), Studien zur Wertungsforschung, Heft 4. Graz 1970. S. 7-15。关于心理系统和社会系统之间作为传介者的音乐的意义，请参见 Thomas Feist, Zur Bedeutung der musik in Kultur als Vermittler zwischen psychischen und sozialen Systemn. In: Musik zwischen ästhetischer Interpretation und soziologischem Verständnis. Herausgegeben von Tatjana Böhme-Mehner und Motje Wolf. Essen 2006. S. 213-221。

[②] 就此请参见 Carl Johann Perl, Aurelius Augustinus, Musik. (Erste Auflage, Leipzig 1937) Zweite Auflage, Paderborn 1940. S. 285。

modulus 以及形容词 modulatus（以及由此而来的副词 modulate）；在贺拉斯那里，modulator 一词指的是"定调者"、"音乐指挥者"，甚或就是"音乐人"、"音乐家"；另一个名词 modulus 的含义是"节奏"、"音调"（后者指的是我们今天说的大调或者小调）以及"方式"；而 modulatus（或者副词 modulate）则指的是"节拍的"、"韵律的"以及"旋律的"；所有这些相关语汇和概念都是从拉丁语的 modus 一词引发而来的，或曰都能够回溯到 modus 这个语汇中；而 modus 则有诸多不同之含义："绝对的量"、"标准"、"时间量"、"节拍"、"方式"、"规则"、"法则"、"类型"；而直接和音乐术语相关的含义则有："整音"、"半音"、"结束音"、"音程"、"音调"（指大、小调）等①；以上所有这些并非仅仅作为音乐技术层面的概念和语汇，而是首先作为理性的概念，或曰作为本体论和形上哲学的概念，在古典晚期深刻影响着人们的音乐观；当然，奥古斯丁作为古典晚期具有深厚学养的思想家，无疑不能例外而一定受此影响；由此，在《论音乐》中出现的这些概念和语汇，必须首先在本体论和形上哲学层面被理解。

而每一个构造、结构，或形象，都是被量（modus）所决定的。而量的满足与否，甚或超量，是由运动（motus）决定的。可见，在建构或构造之下，被理解的是一种 bene moveri，也就是恰当的运动过程。就 bene 一词或概念（亦即"恰当"）而言，Carl Johann Perl 认为，既应当作美学的、又应当做伦理价值的理解；美学的判准限定在演奏者表演的方式和形式上；而伦理价值的判准则体现在

---

① 就此请参见 Carl Johann Perl, Aurelius Augustinus, Musik. (Erste Auflage, Leipzig 1937) Zweite Auflage, Paderborn 1940. S. 285-286。

当时的伦理情结上（譬如神人关系等），也就是关注伦理的学说、关注它是否在音乐中失去意义，这其实也是奥古斯丁听到优美音乐时内心纠结的重要原因之一；对于古典时期自由的公民而言，音乐就是自由，而音乐作为自由就和伦理价值联系在一起[①]。

而如果我们提及 modus（量）、提及由 modus（量）测量的 bene moveri（恰当的运动），那么这就关涉运动的质量。在奥古斯丁看来，运动既可以为了自身的意愿且出自内在于自身的动力而产生，亦可以为了外在的意愿和目的。奥古斯丁认为：

"Ergo scientiam modulandi iam probabile est esse scientiam bene movendi; ita ut motus per se ipse appetatur, atque ob hoc per se ipse delectet."[②]

"由此，对于构造的认知就是对于恰当的运动的认知，只要运动是被自身所渴望的，并且是被自身所愉悦的。"

其次，在奥古斯丁的音乐定义中，还需要做阐释的是 bene modulandi，即"恰当的构造"，或"恰当的形象"。仅仅从技术层面和运动层面来看，如果一个运动是在所给定的量上进行，也就是说，如果一个运动在时间和时间的过渡上持守被给定的量的话，那么它就是恰当的运动；当然，如果这一运动不受外在因素的限定、不受外在意愿和目的的限定而运动时，它毫无疑问是恰当的。而如果提及"量"，甚或"被给定的量"的话，那么这就和数字，或数字类的东西（numerose）产生了联系。无论音乐是否动听，只要音乐人在声音或声调的量上（dimensiones vocum ac sonorum）并未

[①] 就此请参见 Carl Johann Perl, Aurelius Augustinus, Musik. (Erste Auflage, Leipzig 1937) Zweite Auflage, Paderborn 1940. S. 286。

[②] 就此请参见 Augustinus, De musica. I 2,3。

迷失而保持恰当，那么任何一个音乐人都在建构。但是，建构与恰当的建构是不同的，如果一个恰当的、由自身而来的运动不仅恰当的建构了外在的事物，而且在这一建构过程之中、在对外在事物的表述中，也能够将自身的品性表达而出，那么这一建构就是恰当的建构①。

其三，在这一定义中需要阐释的还有scientia，亦即科学的认知、学术的认知。奥古斯丁认为，人可以正确的歌唱，也就是说按照旋律等舒适地歌唱，但是他并非一定能够为他所采用的数字与旋律、音调与音色等给出恰当的阐释。由此可见，音乐在奥古斯丁的理解中，首先并非一个实践的学科，或曰原本就不是一个实践的学科；对于这一学科的学术性和科学性的判准，就是对于音乐的认知；由此，恰当的认知，或曰学术的认知就显得十分重要了②。

2.3 对音乐定义中的数字论的分析

根据 Fubini 的研究，在奥古斯丁音乐美学理论中，具有毕达哥拉斯品性的古典数字神秘论，相遇到新生的基督宗教的神秘论③。又根据 Philipp Jeserich 的研究，在《论音乐》以及奥古斯丁其他许多著作中，表述美的概念 forma，或曰 formosus 等，以及建构美的关系性，都被标识为数字的关系，这一点也成为中世纪音乐概念的

---

① 就此请参见 Augustinus, De musica. I 3, 4。
② 就此请参见 Augustinus, De musica. I 4, 5。
③ 就此请参见 Enrico Fubini, Geschichte der Musikästhetik. Von der Antike bis zur Gegenwart. Aus dem Italienischen von Sabina Kienlechner. Stuttgart Weimar. 1997. S. 6-45, 特别是 S. 50。

核心尺度[①]。奥古斯丁说：

"Formas habent, quia numeros habent."[②]

"他们具有美，是因为他们具有数字。"

数字被理解为存在建构的（建构存在的）概念原则[③]。在这一个意义上，必须指出的是，奥古斯丁的数字概念出自于毕达哥拉斯－新柏拉图主义传统中的本体论与数学形上论的内在统一；古典的柏拉图主义者，在数字之下理解的是同一与多样的诸多综合的可能性，以及在这一综合性中形成的秩序和结构的内在联系，并且这样的内在联系以部分建构整体[④]。亚里士多德在《形而上学》中提到，数字不仅被毕达哥拉斯视为所有存在的 ἀρχή（本源），而且也被视为 οὐσία（本质）[⑤]。

由此可以说，数字概念在奥古斯丁的《论音乐》中，并非简单的数学计算等意义上的概念，而是一个在本体论层面上复杂的、兼及数学和美学的概念；它至少有如下层面上的意义，首先在纯粹数学和算学层面上的数字的秩序，其次是诗学韵律和音乐旋律层面上

[①] 就此 Phlipp Jeserich 旁征博引，而有比较详尽的研究，请参见 Philip Jeserich, Musica naturalis. Tradition und Kontinuität spekulativ-metaphysischer Musiktheorie in der Poetik des französischen Spätmittelalters. Stuttgart 2008. S. 130-132。

[②] 就此请参见 Augustinus, De libero arbitrio. II. 16, 42。

[③] 就此亦请参见 Gyburg Radke, Die Theorie der Zahl im Platonismus. Ein systematisches Lehrbuch. Tübingen u. a. 2003. S. 328。

[④] 就此亦请参见 Gyburg Radke, Die Theorie der Zahl im Platonismus. Ein szstematisches Lehrbuch. Tübingen u. a. 2003. S. 427, 432-575 ; Jacob Klein, Die griechische Logistik und die Entstehung der Algebra. Berlin 1936. S. 18-105, 122-235; 关于数字认知论请参见 Arbogast Schmitt, "Zur Erkenntnistheorie bei Platon und Descartes". In: Antike und Abendland 35. 1989 .S. 54-82。

[⑤] 就此请参见亚里士多德《形而上学》985 b. 就此请参见 Philip Jeserich, Musica naturalis. Tradition und Kontinuität spekulativ-metaphysischer Musiktheorie in der Poetik des französischen Spätmittelalters. Stuttgart 2008. S. 133。

的意义，其三指的是此间世界中内在于不同运动领域中的和谐，以及人的行为中感官感觉的行为、精神的行为和伦理的行为之间的和谐，最终作为上帝存在本质的至一的完满、数学与几何的法则、音乐的旋律与诗歌的韵律的美（也就是艺术的美），以及人与全部世界的和谐[①]。在此基础上，奥古斯丁探讨了数字的品性，并且赋予数字以新的意义，他将数字区分为两类，一类是 rationabiles，也就是确定标准的属性（或曰决定标准的属性），一类是 irrationabiles，也就是非决定标准的属性，并且分别将它们命名为 rationabiles aequales 以及 rationabiles inaequales，也就是相应于理性的和非相应于理性的。在奥古斯丁那里，一些数字是具有神圣品性的，特别突出的是数字 3，它毫无疑问提示出基督宗教的上帝的三位一体性，或曰提示出基督宗教三位一体的上帝[②]。在这个意义上，数字 3 是一个整体、是一个完全而完美的数字，因为它具有开端、中间部分以及终结[③]。

在《论音乐》的第六卷中，奥古斯丁再次以足够之篇幅讨论了数字的品性；除此之外，这一卷也是其音乐美学学说的极致；如同前文所提及的，在这一章中所呈现的思想，也是中世纪音乐美学的基准线。

在这一卷中，奥古斯丁试图建构一个数字性音响关系的梯次等

---

① 奥古斯丁在《论音乐》的第一卷中讨论了数字意义的第一个层面，在第二至五卷中，讨论了第二个层面，在第六卷中讨论了两外两个层面。

② 关于奥古斯丁的上帝三位一体程式论及其建构方法，请参见本书笔者另一拙著《形上之路——基督宗教的哲学建构方法研究》中的相关研究。

③ 就此请参见 Augustinus, De musica. I 12, 21. 亦请参见 Philip Jeserich, Musica naturalis. Tradition und Kontinuität spekulativ-metaphysischer Musiktheorie in der Poetik des französischen Spätmittelalters. Stuttgart 2008. S. 88。

级,他的出发点,或曰他的基本建构原则,是他对人的基本认知;他认为,人的灵魂决不会低于,或曰从属于人的躯体,恰恰相反,人的躯体只有在灵魂的驱动下才会有所行为,人的灵魂在其理性而有意识地对躯体的驱动运动中证明自身(比较于躯体)的优越性,而运动在此则意味着数字,或曰意味着某种量的关系,甚或可测量的关系。灵魂的理性而有意识的运动,并非别的什么,而只能是由数字建构的有秩序的运动。而数字作为非躯体性的、非质料性的存在,则毫无疑问只能从属于,或曰立足于灵魂。

在音乐洞彻了感觉,并由此而达到内在于人的最高层次后,又被纯粹的理性判断能力重新赋予了一种外在性,所有其他梯次都从属于数字判断梯次,并且依赖于它。而数字判断梯次自身又分为两个,也就是"numeri sensuales"以及"numeri rationales";前者即"数字的感觉",它判断灵魂运动的成功与否、舒适与否,也就是人的感官的感觉如何;而后者即"数字的理性",它决定这一舒适是否许可和被允许、是否恰当。只有在后者之中,才产生理性的活动,这是独立于躯体之外的活动,并且是纯粹关涉自身的表述。灵魂在自身之中就已经含有完美的判断模式、判断结构,而这就是灵魂判断"numeri"、也就是判断数字的内在可能性,或曰是灵魂能够判断数字的基础。而数字并非是从躯体,而是从灵魂中涌出,灵魂追求、致力于至一性与同一性,而至一性与同一性恰恰是上帝;而美则诞生于对永恒不变的同一性的认知,在同一性之外更不会产生别的什么,而只能产生过往性的、消亡着的美,亦即非永恒的美。数字1是一切其他数字存在的基础和理由,而1:1的比例关系,则是永恒的、神性的(或曰神圣的)标准,这一比例关系是上帝亲自为我们设置在我们的灵魂之中的。只有对于较低层次美的倾向才能引导人寻求其他的、复杂的比例关系①。

奥古斯丁对数字的如此这般的理解是颇具重要意义的，这样的理解揭示了数字的非时间、非空间的品性，是在本体论层面对数字的考量，数字在此似乎更多地表述质量；换言之，尽管数字也是受造物、尽管数字能够在时间、空间中建构诸多形象，但是数字自身由于其非质料性品性则尽可以无需时间和空间而存在。而如果我们接受奥古斯丁的学说而认定，灵魂在本质上是一种被规范的、有秩序的、可测量的运动，那么沿着奥古斯丁的思想和思维方式则可得出这样的结论，即灵魂仅仅从内在的源泉中、也并非在原初的意义上（在这个意义上，他们仅仅是非质料的存在而已），而仅仅是在次级的方式上才是 sonantes，亦即"振响的"、"有声响的"。由此出发，奥古斯丁整体的、繁复的论证，是要证明，音乐在原本的意义上并非别的什么，而是精神的活动，或曰灵魂的活动。在这样一种前提条件下，尽管"振响"的音乐终于获有了相应的地位，但是却是在等级思维方式之中被纳入一种具有等级属性的梯次中。奥古斯丁认为，人（灵魂，或精神）享有一种声响、振响，并将其分配给躯体；人获有一种聆听，灵魂借助声响而在躯体之中感受到它；我们能够创作出迅捷或者缓慢类型的音响构造、振响构造；同时，我们还有一种回忆，借助这一回忆的能力，人能够将音乐内在化，亦即使之内在于人，并保有在记忆和回忆之中；而与所有这些不同的是，人有一种天然的、来自本能的能力，以形成汲纳和拒绝的判断，或曰建构起赞同和反对的判断。最后这一点，也就是对于数字的

---

① 就此请参见 Augustinus, De musica, I, VI。奥古斯丁在其中多次提及数字的哲学；当然，对于数字品行的研究的重点，集中在 II 到 V 卷。

判断（numeri judiciales），位于奥古斯丁所建构的等级系统之最高梯次。

2.4 对若干相关联因素的分析

在给出了音乐的定义之后，奥古斯丁又深入讨论了与音乐相关的若干因素。

首先被讨论的是 ars 与 imitatio，即艺术与模仿。奥古斯丁借老师之口对学生提问道：

"Videtur tibi ars ratio esse quaedam, et ii qui arte utuntur, ratione uti: an aliter putas?"①

"你认为艺术是某种理性吗？那些搞艺术的人使用理性吗？"

他在此提出的问题是，艺术是否是一种理性，搞艺术的人是否有理性、是否需要理性；这是亚里士多德的问题，或曰是亚里士多德式的问题。如果假设每一种模仿都是艺术的话，并且每一种艺术都是理性的话，那么一个必然的结果就是，每一种模仿都是理性。但是，动物是非理性的，在动物之中是没有理性的，因此动物是没有艺术的；动物所具有的仅仅是模仿的能力，而模仿则并非艺术②。在奥古斯丁看来，并非仅仅艺术，而是艺术和模仿，都奠基在理性基础之上；而且毫无疑问，认知也同样如此，只不过认知虽然仅仅存在于理性之中，但是并不排除也存在于模仿之中，因为人仅仅屈从于他的精神，而不会受制于他的躯体，于是模仿不可能是纯粹躯体的行为。之所以这样提出和讨论问题，其意图或目的在于，

---

① 就此请参见 Augustinus, De musica. I 4, 6。
② 就此请参见 Augustinus, De musica. I。相关论述也多处可见。

一方面，牵连出精神－躯体这一联体概念；另一方面，将认知概念引入音乐的定义之中，并且将其对于音乐概念的从属性视为恰当而正常的。

关于模仿问题的讨论，在同样的意义域中涉及的是另一个问题，亦即：如果不模仿的话，那么，在音乐上人们究竟能够深入到何等程度？为此，奥古斯丁设置了一个精确的等级梯次；在较低的层次上，音乐是自然的直觉、自然的能力，或曰本能，如同夜莺具有一种本然的能力去鸣唱；在一个较高的梯次上，是乐器的演奏，这其中，已经生成了，或曰生发了一种艺术，已经不再如同夜莺一样仅仅是自然本性了；不过，在乐器演奏梯次上的艺术，还仅仅是一种模仿，是对教授这门艺术的老师的学习和模仿；在这个意义上，奥古斯丁严格拒绝接受当时曾被表述的一种观点，亦即艺术就是模仿；之所以反对这样的观点，是因为在奥古斯丁看来，模仿并非仅仅理性的存在（也就是具有理性的人）所具有的能力，非理性的存在（也就是动物）也从本能上就具有模仿的能力，并且也的确去模仿；他认为，尽管诸多艺术首先建立在模仿的基础之上，但是并不能因此而主张，艺术本身就是模仿，不能认为，艺术由自身而言、从自身出发就是模仿。之所以持有这样的观点，他为此给出的理由是，在语汇最原本的意义上，艺术、包括音乐这样的语汇，与感官（包括感官的感觉、也就是感官的功能）、与记忆（也就是精神的一种功能）毫不相干，原因在于，甚至并不具有理性的动物也具有感觉和记忆的本能；而在最原本的意义上，艺术、音乐是学术、是科学，或曰至少是一门学科，仅此而已。演奏乐器时，指间的娴熟并非精神的，而是身体（或曰肉身）的事情，一个好的演奏家，并非一定同时就是一个好的学者，并非一定具有一个学者所应当，甚或必须具有的学识与学术的能力。在奥古斯丁看来，在演奏家和学者之间是有距离的，甚或是有鸿沟的；毫无疑问，在这一点上，奥古斯丁接受了古典希腊的音乐哲学之理论①。由这样的理论出发，奥古斯丁能够说，乐器演奏家无需具备（并且大多数情形下实际上也并不具备）音乐学的学识和学术能力；音乐的认知，就是 scientia bene modulandi，也就是对恰当的音乐构成的认知。

在讨论了艺术与模仿之后，奥古斯丁便过渡到对 animus（精神）、sensus aurium（听觉）、memoria（回忆）、sensus musicae（乐感）等因素之阐释，以进入对音乐基础的探讨。在他看来，认知仅仅属于（人的）精神，而在动物之中则敬告阙如，认知并非存在于感觉（就音乐而言指的是听觉）和记忆之中，这样说的理由是彰明较著的：即使动物也有感觉和记忆，而是认知仅仅驻足于知性（或曰理性）之中。就此奥古斯丁说：

"Nihil aliud, nisi omnes qui sensum sequuntur, et quod in eo delectat, memoriae commendant, atque secundum id corpus moventes, vim quamdam imitationis adiungunt, non eos habere scientiam, quamvis perite ac docte multa facere videantur, si rem ipsam quam profitentur aut exhibent, intellectus puritate ac veritate non teneant." ②

---

① 在希腊的古典时代，音乐更多的被理解为哲学和伦理学，或曰更多的在哲学和伦理学层面上被诠释，甚至被和数学建立直接的联系；亚里士多德（《形而上学》1, 5, 985 b23-986 a21）、柏拉图（Staat4, 424 b-e）、Philodemos（De musica, I 13）等对此都有过陈述，这些对受过古典训练的奥古斯丁都有直接的影响，在这样的训练中，音乐是最重要的素养之一。就此亦请参见 Zsigmond RitoÓk, Griechische Musikästhetik. Frankfurt am Main 2004. S. 55-71, 113-114。

② 就此请参见 Augustinus, De musica. I 4, 8。根据《论音乐》前文所描述的，"推动躯体"指的是演奏乐器等；方括弧中的语汇是原文没有，而根据上下文在中文译文中所应当补充的语汇。

"所有追随感觉的人——在其中［固然］有所愉悦，并委身于记忆的人，尽管他们凭借这些而推动躯体，但他们依然仅仅表述某种模仿的能力，所有这些人都不享有认知。如果他们不以理性的纯洁与真理理解他们自己经常解释或指出的事物的话，那么他们还能在许多事物中如此这般地历验，并且训练有素地登场。"

在奥古斯丁看来，尽管有些人看起来训练有素，甚或也能经常滔滔不绝地言说不少事物，但是由于他们仅仅停留在感官（的愉悦）和记忆之中，并且凭借这两者而推动躯体（譬如演奏乐器），所以他们至多也仅仅表现了模仿的能力，甚或仅仅具有模仿的能力而已；如果他们不以理性理解他们自己所经常津津乐道的事物的话，那么他们也不过仅仅是历验事物而已，而并没有认知事物。

其次被讨论的，是音乐的算学基础。经过对上述诸多因素的讨论，奥古斯丁于是进入对于音乐基础的研讨，这一基础在他看来就是算学。音乐的基本法则是时间学说，这一法则建立在 diuturnus（长）、non diuturnus（非长、短）这一对立的两者的运动之中；这一以形容词表述的一对对立概念，和另一对也是以形容词表述的对立概念、亦即 velociter（快）、tarde（慢），并非同义语，是不能混淆的。尽管这两对概念都涉及音乐、音乐学，甚或音乐美学，但是他们关涉的是音乐中不同的因素，前者关涉的是时间（音值？），而后者则关涉音乐（旋律）的速度[①]。而长、短则表述两种运动在时间上的持续，这直接关涉两种运动的比例关系。这样还无可确定的时间量，能够被设置到一种关系之中，而这样的关系能够以确定的

---

① 在此，对话的师生也发现一个有趣的现象，即在拉丁语中，名词 diu "长"一词没有相应的反义词，而 "短" 这一概念只能用 "长" 的否定形式 non diu 来表述；作为形容词也是这样，即 diuturnus "长"，non diuturnus "短"。

数字关系来表述，比如相同数字的比例关系1∶1、2∶2等，或者不同数字的比例关系1∶2、2∶3等；由此，奥古斯丁考量音乐的主旨，以及将要进行的考量过程就从中体现而出了：音乐本质上是数学的科学。也正是在这个意义上，他以全书的绝大部分（第二至第五章）探讨数字理论。

在奥古斯丁看来，一个普遍适用的公理是，标准（量）与限定要优于无标准（量）和无限定[①]。这一公理，或基本原则应用于运动关系上则意味着，具有以自然数表述的量的关系的运动，要优越于无法以自然数表述量的关系的运动，前者称为理性的运动，后者则被称为非理性的运动。如果能够以数字测量的话，那么两个运动的关系就是理性的，否则是非理性的；而这样的关系越简练，那么它也就越具有价值。

在此必须提示的是，奥古斯丁毕竟不是数学家，他论述形上音乐美学的意图也不在于剖析其中的数学结构与模式；他讨论运动及其测量，实乃醉翁之意也。

就此，一个直接的问题是，我们诸多感官的感觉在何种程度上，或曰有多大的能力，去判断运动之间的关系。做出这样的判断需要一个前提，即这样的运动必须能够限定在感官所能攫获的时间关系上；超出人的感官的感觉，则运动就无法测量。而恰当的建构恰恰以这样可感知、可测量的运动为前提，而这样的运动恰恰又以优美和愉悦为目的。奥古斯丁总结说：

"Quamobrem cum procedens quodammodo de secretissimis penetralibus musica, in nostris etiam sensibus, vel his rebus quae a

---

[①] 就此请参见 Augustinus, De musica. I 9, 15-16。

nobis sentiuntur, vestigia quaedam posuerit; nonne oportet eadem vestigia prius persequi, ut commodious ad ipsa si potuerimus, quae dixi penetralia, sine ullo errore ducamur?" ①

"因为音乐是一个过程,这一过程在最隐秘的内在性中奏响,所以音乐在我们的感觉中,或者在我们能感觉的事物中,总能留下痕迹。自始至终都追随这些痕迹,以为了毫无谬误而比较容易地被引导到我所说的内在性中,难道不是必需的吗?"

彰明较著的是,这已经为他的"返回内心"说埋下了伏笔,此——乃醉翁之意也!

3. Scientia bene modulandi:
奥古斯丁形上音乐美学中哲学与神学之思维方式

奥古斯丁在《论音乐》的第六卷中,研讨了形上音乐美学中哲学与神学的因素。在他看来,如果音乐是由数字建构的话,那么上帝则是永恒的数字的根源和诞生地;换言之,上帝是一切音乐的始作俑者。持有这样的观点并不奇怪,原因如同前文已经一再提及的,奥古斯丁在撰写《论音乐》过程中放弃了摩尼教而皈依了基督宗教,特别是在领洗入教之后才撰写第六卷,并且于409年重新写作和修订,所以在此书的最后一部分言说上帝,应当是其个人生活和思想的一个自然的逻辑发展过程所呈现的直接结果。

---

① 就此请参见 Augustinus, De musica. I 13, 28。

3.1 存在与发生

奥古斯丁首先确认了前五卷的重要性，同时指出，大凡肯认基督宗教真理的神圣性的人，将自身奉献给时间科学和算学科学（亦即哲学），并不能满足他追求真理的兴趣和渴望，当他在学术中更深入求索时，他会发现，学术的网罗是如何消解的、幸福的确切性究竟在何处[①]。奥古斯丁在此所说的真理，并非仅仅是宗教的真理，并非仅仅是基督宗教的信仰的真理，它有更宽阔的意义域，其含义首先包括理性思辨的开放性，同时还涵盖伦理层面的基本法则及普遍的道德规范。真理即存在，真理的运作、发生就是人的福祉。

当然，既然是研究音乐、研究作为存在的音乐，既然认为音乐是由数字构成的，那么奥古斯丁依然还是从数字的研究入手；在他看来，数字有多重的呈现形式。譬如一支乐曲，或者一支歌曲，能够有不同的呈现形式被感知到，首先是以奏响（in sono）的形式，其次是在听者的感官感觉之中（in sensu audientis），也就是在耳中振响，然后是在演奏者，或演唱者的行为中（in actu pronuntiantis），最终是呈现在记忆中（in memoria）[②]。尽管这样的区分不免有繁文缛节，或叠床架屋之嫌，但是奥古斯丁依然不厌其烦、紧接着又指出，他们相互之间是有联系的，在奏响中的数字和在听觉中的数字是相互依存的。当然，在此需要补充说明的是，音乐的存在与发生对于人而言并非一定是同步的，可能是共时的、也可能是异时的；换言之，奏响并非一定能够被人的听觉在奏响的那一时刻捕捉到。而听觉之所以能够捕捉到声响，是因为听觉（或曰人）享有 ipsius

---

[①] 就此请参见 Augustinus, De musica. V I 1, 1。
[②] 就此请参见 Augustinus, De musica. VI 2, 2。

sensus numerus，也就是享有其对数字的感觉，这一表述指的并非是人对于数字本身、对于数学或算学的直观的感觉与理性的能力，而是人的内在的听觉能力，这样理解的理由在于，前文已经提及，奥古斯丁在《论音乐》的开篇就指出，音乐是由数字建构的。同时，人的听觉能力是不依赖于声响而独立存在的，这是人的一种自然的判断力（naturalis vis iudiciaria），这一判断力不依赖于声响以及声响在时间上的持续，并且自身就能愉悦，或者厌恶一种声音。

3.2 精神行为中的存在与发生以及它们的神学蕴涵

而从数字入手，目的在于要指出，人具有一种属于精神行为的判断力；奥古斯丁认为，人也有能力寂静的在其内在之中借助思维去想象声调和旋律，为此他需要同样的时间，如同他将这些声调和旋律生发出来一样。由于并没有造出声响，并没有对耳朵（听觉）产生影响，所以在此涉及的是一种精神的行为，这样的行为能够无需具体而被实施的声响以及听觉功能的实际投入而存在。于是奥古斯丁借学生之口总结说：

"Siquidem aliud est sonare, quod corpora tribuitur, aliud audire, quod in corpore anima de sonis patitur, aliud operari numeros vel productius vel correptius, aliud ista meminisse, aliud de his omnibus vel annuendo vel abhorrendo quasi quodam naturali iure ferre sententiam."[1]

"有属于躯体的声调，有灵魂在躯体之中借助对声调的感受而来的聆听，有或快或慢的声音的产生，也有对这些的记忆。而与所有这些都不同的是，无论是借助欣赏，抑或是通过厌恶，如同假借

---

[1] 就此请参见 Augustinus, De musica. VI 4, 5。

一种自然权力一样,一种判断能够形成。"

从形上本体论层面来看,由这一文本出发而首先需要提示的是,如果奥古斯丁对于音乐表述了若干不同之情形的话,那么这意味着在此呈现出音乐的不同形式,或曰,呈现出数字构成的不同运动形式,而由于人具有(前文所提及的)如此这般的精神的能力,所以人能够对于数字运动的多种呈现形式加以判断。而如果数字运动的呈现形式(依然如同前文所提及的)是在一种梯次等级的系统之中的话,那么对于这些形式的判断,尽管可能依然在这一系统之中,但无论如何就都超出这些形式而凌驾于他们之上,或曰在等级系统中处于较高的梯次,因为只有超出者才能判断其他低于它、位于它之下者。而这一等级系统的构成具有自上而下五种梯次:判断(numeri iudiciales,或曰对数字的判断),生发过程(numeri progressores,或曰数字的生发过程),感觉(numeri occursores,或曰对数字的感觉),记忆的(numeri recordabiles,或曰对数字的记忆),振响的(numeri sonantes,或曰数字的振响)①。在此,虽然提及的是数字,但是由于奥古斯丁认为,音乐是由数字建构的,所以这一整体的梯次等级系统表述的就是对音乐的认知。

从内在逻辑层面来看,由这一文本出发而其次还需要提示的是,如果奥古斯丁认为灵魂要借助躯体来感受音响和声调的话,那么这意味着,在梯次等级中原本高于,并且主导躯体的灵魂,反而受制于应当低于,并且原本就低于它的躯体,或曰躯体居然在灵魂中有所运作,甚或主导和支配灵魂,这难道不是一种怪异的表述吗?或者说,这难道不是一种矛盾吗?难道奥古斯丁在这一点上真的有所

---

① 就此请参见 Augustinus, De musica. VI 6, 16。

疏漏吗？真的会犯这样低级而浮浅的错误吗？非也！奥古斯丁何许人也！堪称伟大的基督宗教思想家！他之所以作出这样的表述，原因在于，这一原本在本质上，或曰在意图上是音乐哲学，或音乐美学的表述，与作为这一表述的背景的奥古斯丁的神学思想，有着直接而内在的逻辑联系。

从基督宗教神学上来看，由于人的第一次的堕落、第一次的过犯（peccatum primum），也就是说，人以上帝作为恩宠赋予他的自由意志反对上帝，人自身以上帝作为恩宠赋予他的自由意志而主动拒绝了上帝、远离了上帝，远离了上帝的恩宠，丧失了原本身处于上帝恩宠之中时所享有的永恒的生命，这就是第一次的过犯；这一过犯的直接结果就是死亡；这也意味着灵魂受肉身和肉身的欲望的控制，肉身成为灵魂的桎梏。也正是在这个意义上，奥古斯丁随后在这一段落中言说了上帝之独生子的降生成人、他的受难以及死亡，而所有这些都是为了与人性的修和、为了人的恩宠和拯救。如果我们将奥古斯丁这两种表述联系起来考量，那么这一对音乐形式的表述就与其整体的形上音乐美学思想，甚或与其整体的神学思想就不成其为矛盾了；不仅如此，而且由于来自上帝首创的修和与恩宠，所以人也就有了返回上帝、返回自身的内心的可能性。在这个意义上，奥古斯丁总结说：

"Ergo animam in carne mortali operantem, passionem corporum sentire non mirum est. Nec quia ipsa est corpore melior, melius putandum est omne quod in ea fit, quam omne quod fit in corpore." ①

"于是毫不奇怪的是，在可死的肉身中运作的灵魂感受躯体的

---

① 就此请参见 Augustinus, De musica. VI 4, 7。

痛苦。也无需认为，仅仅是因为她好于躯体，所以在她之中所发生的一切，就一定好于在躯体之中所发生的一切。"

可见，在原本优于躯体的灵魂中所发生的谬误，无论如何不会好于在肉身之中发生的真理；但是，灵魂从上帝至高的智慧中所获取的数字建构（也就是声响与音调），毫无疑问要优于通过躯体所获得者，而灵魂也因此才优于躯体①；更何况上帝已经为灵魂开启了返乡之路呢？

从神学蕴涵上来看，由上述两点提示能够给我们的提示是，躯体与灵魂是有关系的，具体到奥古斯丁关于音乐学、音乐美学的问题上，可以说，躯体对音乐的感觉和灵魂对音乐的领受是相关联的。感官（及其所获有的感觉）固然总是属于躯体的，并且是躯体的工具，但是感官在灵魂主导下才是躯体感觉的传输器官。如果有相应的现象达于躯体，那么灵魂就将感官的职能领入运动，当感官作为工具动作起来时，人也就能听到、看到、嗅到、闻到并且触到。在此需要提示的是，这一过程并不涉及通常意义上的人的美感经验，而是在哲学、神学层面对于上帝的接受与否，以及对于至美的接受与否。

3.3 究竟发生了什么？

由这样过渡性的讨论，奥古斯丁进而提出了另一个问题，声音在耳朵中究竟产生什么影响、究竟发生了什么？这一问题关涉的思维方式是原因与结果的关系。实际上，在这一问题之后还隐含着另一个问题，在不远的下文将会提及之。而奥古斯丁对于这一问题的回答是很清楚的：毫无影响！

---

① 就此请参见 Augustinus, De musica. VI 4, 7。

理由是这样的，听觉器官是一个有灵魂的器官，这意味着，灵魂将听觉保持在有活力的运动之中，灵魂对事物有所判断。在听的过程之中，一种类似空气的质料借助被振动的空气而运动，由此灵魂激发起她的自然的运动，也就是说，灵魂面对这一听觉有所动作，并由此而改变其在声音产生之前的状态，将其功能领入到运动状态中，于是在这样的情形下，我们不能说，灵魂被动接受，甚或忍受（pati）声音，而是灵魂主动运作去接纳声音。灵魂在这个意义上超出躯体，并且并非忍受躯体，而是主导躯体，并且作出判断。而如果这是一个内在的声音，而灵魂并未主导躯体以主动投怀送抱，那么灵魂至少堕入了不作为的境况中；也就是说，如果灵魂背弃上帝，并且在欲望（concupiscentia）的支配下转而投向作为她的仆人的躯体，那么她自身就沉沦了[①]。而如果灵魂能够主动迎纳上帝、迎纳上帝的恩宠，那么她就有所提升；换言之，如果灵魂完全倾注于上帝，那么她就能够认知到他的永恒性，不仅灵魂自身变得高大起来、须仰视才见，而且同时也为自身和躯体赢得了轻松愉悦的生命，这对躯体而言就是健康（sanitas）。而对灵魂而言更美好的是，躯体的复活和救赎被相信和认知到；而达于完美则更意味着，以灵魂为主导的躯体在为他所预定的时刻被重新建构（restitutum）于曾经的稳固之中（pristina stabilitas）；这也意味着，人重新进入曾经的无过犯状态中，而达于与上帝合一的救赎状态。

当因果关系的问题得到阐释之后，前文所提及的与此相关联的另一个隐含的问题便脱颖而出，这一问题是，对于事物的判断究竟具有何种性质？这一判断是有限而可消亡的、还是无限而持续

---

① 就此请参见 Augustinus, De musica. VI 11, 3。

的呢[①]？

在此虽然质询的是人的判断，但是这一质询关涉的思维方式是有限与无限、永恒与过往的关系。

隐含在这一质询中的大前提实际上是神学的，也就是说，作为受造物，人是有限的、是消亡着的；而他的创造者上帝则是永恒而无限的。个中原因，由于奥古斯丁的身份，自不待言。

而从哲学层面来看，奥古斯丁认为，声音的品性是时间性的，它有到来与消失，对声音的感觉的记忆随着时间的推移也是能够逐渐淡化，甚或遗忘的，这表明记忆也是时间性的；赅而言之，它们并非是永恒的，而是有限而可消亡的。但是，判断留给人的第一印象则似乎是并不依赖于时间，并非如同声音一样有其产生和消失，而似乎是一旦形成就固化了。"一旦形成"这一表述，指的是判断在某一时刻、在一个时间点就能够形成，人不可能将判断过程无限延伸，甚至超出时间范畴以外；果真如此，则无法形成判断。在这个意义上，判断也是被确切的时间界限所限定，而并非永恒的。这样说的理由不仅在于人在时间的意义上无法无限延长做出判断的过程，而且还在于，人的感官对于时间与空间的量的感受，和作为受造物的宇宙（世界）的本身的量（的大小），是不成比例的；作为受造物的宇宙虽然被赋予了人，但是从量的关系上来看，人对时空的量的直接感受，无法大过宇宙本身的量，如果宇宙本身能够被测量的话；在这个意义上，人感受的量毕竟要从属于宇宙本身的量；何况人本身就是有限的呢？于是，有限的人在有限量中对所感受的有限的量所做出的判断，应当是有限的。

---

① 就此请参见 Augustinus, De musica. VI 7, 17。

这一结论的一个直接的逻辑结果就是，所有位于判断之下、被判断所检测的数字建构的性质，应当都是有限的，原因在于，人本身就是有限的。作为有限的受造物，人似乎应当跃入他的创造者主动为他开启的无过犯状态、迎纳赋予他的恩宠而进入与无限的合一。

4. 有限的理性与无限的至美

仅仅探讨有限，并非一个哲学家在面对作为存在的数字时所讨论的唯一的、完整的论题，这也并非奥古斯丁研究数字、研究音乐的初衷。况且，一方面，作为哲学家，既然涉及有限与无限的关系，那么奥古斯丁也不会仅仅止步于对于有限的研讨；另一方面，作为神学家，奥古斯丁也必然进入对于无限的探讨，必然进入对于上帝的，以及上帝与人的关系的探讨。在此所关涉的思维方式，是从有限进入无限。

4.1 理性的判断与音乐的认知

如果音乐是由数字建构而成的话，那么奥古斯丁就音乐问题而探讨有限、无限概念时，自然也是从数字入手的。

奥古斯丁认为，在灵魂中存在着超出有限判断的数字，也就是说，有出自上帝的具有无限品性的数字。前文提及的判断，或曰有限判断，是对在时间中发生的事件的判断。但是这样的判断并非能够施加于所有在时间中发生的事件，而是仅仅能够施加于那些被记忆所掌控的事件。在这个意义上，除了对数字的判断之外，或曰除了能够被判断所施加的数字之外，一定存在超出它们的、更高的、不受时间限定的数字。奥古斯丁给出的例证是,当人们唱到"Deus creator omnium"("上帝是万物的创造者")时[①],人听到这样的诗句时,人是以所感觉到的(occursores)去听这样的诗句,而以记忆与回忆(recordabiles)重新认知到它,以创设过程(progressores)将它唱出,通过判断(iudiciales)而感受到愉悦,并且以另外的数字(numeri)愉悦它、评价它(aestimare)。这样的评判与感觉上的享受(delectari sensu,或曰借助感官而来的享受)没有关系,而是一种理性的价值判断(aestimare ratione,或曰借助理性而来的价值判断);由此,一种新的数字类型必须被引入和理解,并且这一新的数字类型被命名为iudiciales,即判断,之所以这样命名这一类型,是因为这一类型最殊胜、最尊贵、最圣善;而之前被称为判断者,则被改称为iudiciales sensuales,也就是感官上的判断、相应于感官的判断、由感官做出的判断;之前被称为振响者(sonantes),由于需要一个载体,所以被改称为sonantes corporales,亦即躯体的、有载体的振响。由此,我们就有了这样自上而下的梯次等级系统:(理性的)判断(numeri iudiciales),感官上的判断(numeri sensuales),生发过程(numeri progressores,或曰数字的生发过程),感觉(numeri occursores,或曰对数字的感觉),数字的记忆(numeri recordabiles,或曰对数字的记忆),有载体的振响(numeri sonantes)。

---

① 就此请参见 Augustinus, De musica. VI 2, 2 以及 VI 9, 23。据学者们的研究,这应当是为奥古斯丁施洗的米兰主教 Ambrosius(安波修斯)创作的歌曲中的一句,并且极可能是在晚祷时颂唱的;就此请参见 Adelbert Keller, Aurelius Augustinus und die Musik. Untersuchungen zu "De musica" im Kontext seines Schriftums. Würzburg 1993. S. 129;M. Beyenka, St. Augustine and the hymns of St. Ambrose. In: The American Benedictine Review 34. 1972. S. 121-132。特别是 S. 130。Philip Jeserich, Musica naturalis. Tradition und Kontinuität spekulativ-metaphysischer Musiktheorie in der Poetik des französischen Spätmittelalters. Stuttgart 2008. S. 101。

确定理性判断及其地位的目的，在于揭示只有理性才开掘出音乐认知；换言之，只有理性的力量和运作功能（vis potentiaque rationis）才能勘探出对音乐的认知；这也符合奥古斯丁在《论音乐》的第一卷中对音乐的定义。不是别的什么，而是理性，才认知时值的长与短、才理解时速的快与慢，才理解旋律中的时间流转及各音节（诗节）的结构；理性才认知一个自由的运动、一个自由的数字运动（在此即音乐）对于美的追求，而美在此则意味着恰当建构（恰当形象）的本质；最终，也是理性才能梳理、分离和认知躯体中的以及灵魂中的数字（numeri animales）；总之，理性揭示以感官所历验的、所能够历验的美。

4.2 理性与形上音乐之美

那么，当奥古斯丁根据其对音乐的定义而谈及长短、快慢、流转等表述，甚或概念时，他究竟要阐释什么呢？毫无疑问，这些表述关涉的是运动的变化、是（运动的）一种非等同性。在变化之间、非等同性之间固然存在梯次等级的高低不同，但是所有这些都不能高出永恒不变的至一性；而只有上帝才是尽管在时间之中而唯一无需时间，并且由此也毫无变端的永恒，没有什么能够超出他，他是最高的、最美的，或曰他就是美。因此，人应当将自身纳入上帝的秩序之中，以不至于近墨者黑，并被较低者伤及应有的、应达到的品位（以及品味），而是能够享受较高的愉悦。永恒的上帝在他的创世工程中，创设了、规范了、量度了时间，因而时间作为受造物能够模仿上帝永恒性（aeternitatem imitantia）[①]。而与之相较，人在

[①] 就此请参见 Augustinus, De musica. VI 11, 29。

宇宙秩序中则并未真正看到创世的和谐与美，这是因为人的狭窄目光（即理性理解力的有限性）无法总览整体的美。如同前文所陈述的，人出自其自身的意愿而造作出了最初的过犯，并且由此而由其自身放弃了上帝在整体的创世秩序中赋予人的位置，并且将自己置于秩序结构之下，而这一秩序结构由此也成为了人的法则。于是并不享有完全自由的人，无法独自出于自身的能力而观赏到至美、永恒之美，于是宇宙秩序的中心、永恒的美，反而成为人原本能够顾盼无余的视域中无可流盼的死角。

由此，理性的数字（numeri rationis，理性掌控的数字），才是最能够承载出美（pulchritudo）的[①]；如果理性的数字敬告阙如，那么所有其他的数字就无法在忠实于现实的情形下将其作为被记忆者而存留于记忆之中。也就是说，如果忽视理性的数字，那么，在关涉作为至美的上帝的情形下，也无法如实地将上帝、将至美摄于记忆之中。于是重要的是，人应当倾注于理性，而不是感官的感觉，在这样的情形下，人才能将其生命的形式、内涵和目的校准在朝向上帝的方向，并由此保障躯体的健康，或曰保障身心的健康，并追求那一永恒的至美。

4.3 向何处追求至美

首先需要说明的是，这里的"何处"指的并非是时间和空间，原因在于，时间有流逝性（甚或流失性），而空间则有伸缩性。如果假设那一至一、至美是不可认知的话，并且假设他没有确切而稳

[①] 关于 pulchritudo 请参见 Johann Kreuzer, Pulchritudo. Vom Erkennen Gottes bei Augustinus, München 1995。

定的可认知的内涵的话,那么人的精神就无法在感官感觉的数字中追求他。在作为对话的一方的学生看来(当然,这也是奥古斯丁的观点),这一认知的内涵甚或要在灵魂以上去追寻,也就是说,要高于灵魂:

"Ibi puto, quod est corporibus excellentius, sed utrum in ipsa anima an etiam supra animam, nescio."[①]

"我推测,要在超越躯体之处[去追寻],在灵魂自身之中,甚或超越她之处,也未可知。"

在此,我们能够看到奥古斯丁受到新柏拉图主义者布洛丁的影响[②]。而这一至一、至美不是别的什么,而是存在、是数字的存在,或曰是能够由数字所象征、所征信的存在,例如三位一体之三与一。尽管这样的数字造就出具有过往性、消亡性的作品,但是它们本身并非随着非永恒的作品的流逝而渐次消失,甚或消失殆尽,而是存留于精神之中。而且每一个人都在其记忆中享有永恒的数字,这使人有可能、有能力理解理性的真理;由此也有可能,通过巧妙的提出问题,在被提问者之中引发一个精神的运动,使他能够回想起已经被他遗忘者。这当然也意味着,灵魂已经被给出了关于上帝永恒性、不变性的知识,而上帝自身就是永恒与亘古不变;就这一点而言,必须提示的是,这里所提及的上帝更多地是具有哲学意味的上帝。从另一个方面来看,正是由于灵魂被给出了关于上帝的认知,

---

① 就此请参见 Augustinus, De musica. VI 12, 34-36。中译方括弧中为原文没有,而根据上下文必须补充的。

② 就此请参见 Chr. Horn, Plotin über Sein, Zahl und Einheit. Eine Studie zu den systematischen Grundlagen der Enneaden, Stuttgart/Leipzig 1995; F. Heinemann, Plotin. Forschungen über die plotinische Frage, Plotins Entwicklung und sein System, Leipzig 1921 (Neudruck Aalen 1973), 148ff。

所以人才能够从自身的内在中朝向上帝运动、去认知那一永恒的真理；当然，前提是，人在内在中没有遗忘这一永恒真理，或被重新唤醒对他的记忆，以使之不断回忆上帝、至美。

在此能够提出一个在前面的讨论中尚属隐匿的问题，赅而言之：如果灵魂被给出了上帝、如果精神已经知道上帝、如果即使如此它还要被重新唤醒对上帝、对真理、对永恒性的认知的话，那么我们面临的问题是，为什么精神能够离弃那一永恒的真理[①]？

在奥古斯丁看来，首先，离弃总是意味着从高向低的转向，而比那一永恒真理更高者是无可想象的；所以，一方面，精神的转向当然是对永恒真理的离弃而转向较低者；而另一方面，有意识地追求较高者、追求较高的目标，是一种智慧。

其次，低于精神的是灵魂，灵魂屈从于不断的变化、持续的变端，原因在于，灵魂在其运作之中总是会投向不同的、变化多端的感官刺激；而精神恰恰将他自身的注意力关注在灵魂的运作上；灵魂对于躯体感觉的反应，形成一种张力，这一张力不仅对灵魂产生相应的效应，而且对精神的基本旨趣、基本投注方向也产生影响。

其三，灵魂所享有的，都是从上帝那里获得的；如果灵魂停留在上帝创设的秩序之中，那么她就依靠上帝的当下在场而活在精神和意识之中。如果她趾高气扬、脱离她的内在（秩序）的话，这就意味着她远离了上帝。

其四，如果灵魂陷入于这样的境地，并且由此而离弃了对于真理的观想，那么她对与她相关联的精神就不能没有牵涉；而受到远离上帝的灵魂的影响时，精神也有可能性投注到灵魂上而远离上帝。

[①] 就此请参见 Augustinus, De musica. VI 13, 37-42。

由此而来的一个问题是,灵魂如何才能被纯净、被免除负担?

神学上的回答是简单明了的:遵守《圣经》所记载的上帝爱的诫命[①]。奥古斯丁说:

"Ad hunc igitur finem si omnes illos humanae actionis motus, numerosque referamus, sine dubitatione mundabimur."[②]

"如果我们由此将所有人的行为的运动和所有数字引向这一目的的话,我们将毫无疑问被纯洁。"

这并非意味着在这一样式中生活的人并不理会感官所感觉的数字,他们与其他人的区别在于,他们在恰当的秩序中感受那些数字。上帝的诫命不但是人应当遵守的盟约的律法,而且同时也是人的目的,在此手段(方法)就是目的;这样说的理由是,诫命并非是对人的限定,以至于人仅仅享有有限的自由,恰恰相反,诫命是上帝的恩宠,目的在于使人能够留在同样是上帝恩宠的盟约,特别是新的盟约之中,并且这样的盟约是由上帝首创而来的、毫无先决条件而赋予人的。

而哲学的回答是,数字的原则赋予事物以秩序,灵魂庶几借助这样的秩序而被呼召到上帝的爱之中。感官可感觉的事物总是变化的,因此,仅仅将愉悦建立在肉身的享乐上、建立在对荣誉的追求上,或者仅仅建立在对事物的好奇般的研究上是远远不够的,这些只能从外在触动人;奥古斯丁认为,人在其最内在之中享有上帝,人所爱恋的就在最内在之中,在那里一切都是最确定而不变的[③]。秩序

[①] 就此请参见《申命纪》6, 5;《利未纪》19, 18;《玛窦福音》22, 37-39;《玛尔谷福音》12, 30-31;《路加福音》10, 27-29。

[②] 就此请参见 Augustinus, De musica. VI 14, 43。

[③] 就此请参见 Augustinus, De musica. VI 14, 48。

并非别的什么，而是存在的关系，在秩序系统的关系之中找到人自身恰当的位置，是人从自身的能力出发而应当能够达到的。这又为下一步关于"返回自身"的论述埋下伏笔。

而如同前文所述及的，如果人的灵魂是有过犯的，那么从神、哲学出发我们所面临的问题是，有了过犯的灵魂还能有所造作吗？奥古斯丁认为，灵魂并非自甘堕落而无可救药（何况上帝已经降生成人、在人性中已经有了神性、有了救赎呢？），即使有了过犯的、被内在或外在的驱迫纠缠不已的灵魂，也能够被数字所引导，并且自身也能完成数字的建构。因为美只能借助数字才能是美的，所以即使在最低梯次上者，只要他享有数字，他也并不缺乏美，只不过具有较少的美而已。如果连艺术家也能借助理性的数字（numeri rationabiles）创设可感觉的数字（numeri sensuales）的话、也就是创设美的话，亦即能够创设较少的美的话，那么全能的上帝当然能够从无中创设出有、创设出全部世界。能够建构美的数字也从他那里生发而出，他是包罗万象的法则，他是美之自身、美的源泉。

5. In te ipsum redi:
"返回自身"，形上音乐美学之神学认知

音乐的构造、音乐的形象在旋律与节奏的形式上，之所以能够使人有愉悦感，是因为它是"美的"。那么在奥古斯丁看来，究竟什么是"美的"，或曰究竟什么是"美"呢？他如何理解"对于美的愉悦"呢？感官就此究竟有什么作用，而理性又能获取什么呢？

5.1 美:本体论的结构分析

首先需要确定的是,美在奥古斯丁的《论音乐》中并非主体的品味方向,并非个体(爱好)的倾注方向,而是独立于人的任意性行为之外而存在者。由这样理解的美出发,庶几可以说,美是事物客体性的属性,立于人的观想之外。而另一方面这又意味着,有感知的人在事物中所感受到的愉悦和满足(满意),是在人自身之外以美的存在为前提的。在这一内在关联上,奥古斯丁提出的问题是:

"Et prius quaeram, utrum ideo pulchra sint, quia delectant, an ideo delectent, quia pulchra sunt.[…]ideo delectare, quia pulchra sunt." ①

"首先我要问,是否因为人在相关事物中有喜悦,这些事物才是美的?或者因为他们是美的,人才有愉悦?[……]因为他们是美的,所以人才有喜悦。"

由此可以说,美是一种客体的(客观的)实证关系(事实关系),无论这一关系的客体性如何,它都一定对感受它、感知它的每一个观想者产生主体间同样的影响,具体到音乐,一定对每一位听者产生相同的影响。这是否符合现代美学对主体、主体间性(互主体性)的判断,是否符合现代美学对美感经验的判断,这一点超出本篇的研讨范围,这也并非本篇写作的主旨,因而搁置不论。

而对奥古斯丁而言,究竟什么事物是美的呢?事物的美建立在什么基础之上呢?他在《论音乐》中给出了一个简捷而颇具表述力

---

① 就此请参见 Augustinus, De vera religion. XXXII, 59 (CCL32, 226). Tournhout 1962。

的回答:

"Pulchra numero placent."①

"美借助数字使人感到愉悦。"

同时,奥古斯丁也阐释说:

"Nihil autem est horum sensibilium, quod nobis non aequalitate aut similitudine placeat. Ubi autem aequalitas aut similitudo, ibi numerositas."②

"在感官感觉的领域中,由于同等性或者相似性的理由,没有什么不能使我们愉悦。而同等性或者相似性之所在,亦正是数字性所在之处。"

奥古斯丁在他另一部著作 De ordine(《论秩序》)中,有略微详尽的回答:"…nihil aliud quam pulchritudinem sibi placere et in pulchritudine figuras, in figuris dimensiones, in dimensionibus numeros."③

"……没有别的什么,只有美才使理性愉悦,在美之中是诸多形式、在诸多形式之中是诸多量度,而在诸多量度之中是数字[才使理性愉悦]。"

这两种分别见于两部著作中的回答,其核心内涵是一致的,这一核心内涵表述的是:数字是美的基础,数字是事物美的基础。而区别也恰恰在这其中,运作出美的数字,激发感官的美的形象(美的构造),在这两者之间存在着作为沟通渠道的梯次。原因在于,事物之中的数字并非被直接感受(感知)到,并且被视为(被认知为)是美的,而是在观想者中引发愉悦和享受的是美,是存在的事

---

① 就此请参见 Augustinus, De musica. VI 13, 38。
② 就此请参见 Augustinus, De musica. VI 13, 38。
③ 就此请参见 Augustinus, De Ordine. II. 15, 42。

物的有恰当比例的形象①，因为只有形象才直接相遇到感知的主体，而数字的实在的存在对于感官而言是隐秘的。

而形象（建构、构造）和形式，通过各部分与统一的整体在测量上的和谐一致而使人感到美。而各部分之间的内在关联、也就是他们之间的比例关系，也十分重要。总之，本质上数字才是在美的呈现中令人愉悦者，原因在于，数字是形式与形象的法则②，无论何种形式、何种形象，都必定有一定之比例关系，而这一比例关系是由数字表述的。所以，追求美，是每一个恰当建构的、恰当构形的运动的本质③。在此，奥古斯丁所使用的诸如形象（figura）、量度（dimensio）、等同性（aequalitas）、相似性（similitudo）以及数字（numerus）等概念，为更好地理解美与数字的关系，奠定了良好的基础。

由此庶几可以说，事物的美，或曰现象的美，建立在事物的各个构成部分之间的数字关系上（或曰比例关系上）④。事物外在形象呈现的舒适的、恰当的比例关系，建立在与事物内在一致性的关系上；应用在以听觉感知的音乐上，可以说，人感知到的声音的（旋律与节奏的）和谐，建立在与其内在一致性的相互关系上。事物整

---

① 就此请参见 A. Schmitt, Zahl und Schönheit in Augustins De musica VI. In: Würzburger Jahbücher für die Altertumswissenschaft. N. F. 16. 1990. S. 221-237, 特别是 S. 236。Adelbert Keller, Aurelius Augustinus und die Musik. Untersuchungen zu "De musica" im Kontext seines Schriftums. Würzburg 1993. S. 275。

② 就此请参见 W. Beierwaltes, Aequalitas numerosa. Zu Augustins Begriff des Schönen. In: Wissenschaft und Weisheit. Zeitschrift für augustinisch-franziskanische Theologie und Philosophie in der Gegenwart 38. Freiburg in Breisgau 1975. S. 140-157, 特别是 S. 148。Adelbert Keller, Aurelius Augustinus und die Musik. Untersuchungen zu "De musica" im Kontext seines Schriftums. Würzburg 1993. S. 275。

③ 就此请参见 Augustinus, De musica. I 2, 3。

④ 就此请参见 Augustinus, De musica. VI 13, 38。

体的一致性，是由事物各部分的多样性构成的；而（各部分的）多样性又并非相互之间毫无系统、毫无内在联系的混乱关系，而是有结构的、被设置了结构关系的、被建构的多样性；人的精神能够认知多样性之间的内在联系；当然，也能迷失在多样性之中；这取决于人如何观视和把握事物。

如同前文所提及的，作为大公教会的主教，奥古斯丁必然以上帝创造世界为思考和判断事物的前提，这就意味着，他认同大公教会所主张的创世论，亦即上帝为存在者创设了存在的结构和秩序。如果受造的存在已经被设置了存在的结构和秩序的话，那么在讨论作为存在的音乐时，我们就来到了本体论的层面。

如果如前文所述及的，由永恒的数字而来的受造的数字，不仅赋予音乐的形象（构造）可感知的美，而且还建立了这一形象的内在性与绝对至一的关系；而如果依然如前文所述及的，那一绝对的至一是至美，并且是美的源泉的话，而且由于音乐的形象（亦即数字在其中的内在的建构）与这一至美在存在层面就建立了关系，那么音乐的形象也就有了美的品性，并且音乐之美同时也就是本体的美，而对于音乐之美的认知，也就是本体论之美的认知；由此，对音乐的认知、音乐学也成为一门科学。美的本体论基础在至一之中、在存在自身之中，而存在与至一之美，也是可感知之美的量度标准。于是，在时空中呈现的美，是借助参有到超时空的美之中、亦即上帝的永恒的美之中，才是美的；在时空中呈现的美，提示出上帝永恒的美；美的数字描述性为这一提示的拓展，提供本体论的基础。

如果所有存在者都参有到作为存在者基础的、并且作为至美的存在自身之中，如果所有的多样性都以其与绝对至一性的类似性和相对的等同性而参有到绝对的至一性之中，那么所有存在者借着作为至美的存在自身就是美的存在者；或者换言之，因为存在和绝对的至一将自身具体化在存在者和多样性之中，所以所有存在者也就是美的了。

在这个意义上，奥古斯丁所说的美，更多地是存在的普遍结构，借着这样的结构，或曰，由永恒的数字（亦即一、至一）而来的受造的数字，将存在者与这一结构建立了联系，所以，每一单一的存在者才能犹如原本的存在自身一样，才能犹如至美一样也享有存在意义上的美、也具有本体的美。在此之所以说"犹如"，是因为尽管存在者是美的，但是存在者的美无法等同于存在自身的美，换言之，受造的美无法比拟创造者自身之至美于万一。对于奥古斯丁而言，美、至美，在受造物中直达可朽坏的肉身，也就是说，人的可消亡、可消失的躯体也是美的。这一表述的含义在于：美、至美，洞彻全部宇宙，原因在于，出自作为至美的创造者自身的受造的宇宙，无论其作为受造者之美尽可以是多么的微末绵邈，但是它绝不、也并不缺乏美①。

5.2 "返回自身"：返回精神的思考和对自身的反思之中

在较远的前文中，亦即在分析奥古斯丁的音乐定义时我们曾提出设问，至美究竟通过什么（究竟如何）呈现给我们呢？究竟通过什么（究竟如何）而与作为其他存在者之谓项的美有区别呢？

无论是从逻辑上、还是从思辨神学和本体论哲学上来看，至一或至美，不会在绝对存在意义上出现在具体而个体的躯体及其感知的领域中；人们甚至无法从中发现其痕迹，否则的话则意味着，至

---

① 就此请参见 Augustinus, De musica. VI 13, 38, VI 17, 56。

一或至美曾经在其中在场；而人们从中所发现的，是对至一、至美的提示或启示。为了能够认知和表述在其中实现的对于至一和至美的提示，以及甚至躯体和感知领域中微末的美，则需要感知的主体对于真实的至一和至美的理解。

如同前文已经述及的，奥古斯丁认为，理性的角色是去判断感官感知的美，与之相关联的是，理性也能理解至一和至美。他认为：

"Unde istam nosti unitatem, secundum quam iudicas corpora, quam nisi videres, iudicare non posses, quod eam non impleant."①

"你怎样才认知那一你根据他而对躯体作出判断的至一呢？当你并未观视他时，你不能判断，躯体没有充满他。"

当然，这里的"观视"、"视看"（videre）指的并非是视觉器官的观视，而是理性的理解。奥古斯丁认为：

"Mente igitur eam videmus."②

"只有借助精神我们才观视到他。"

只有精神、理性，才能通达于至一和至美。而对于真实的至一和至美，或曰对于内在的至美的认知，是恰当的对于美作出判断的先验标准。

对于至一、至美的认知，是借助精神－灵魂的抽象能力而达成的；这样的能力是人的理性的基础。如果不考量灵魂在神性的恩宠中与上帝的联系，那么抽象能力的出发点（或曰始作俑者）立于所有存在者（亦即人）内在的朝向至一、至美的旨趣中。这一内

---

① 就此请参见 Augustinus, De vera religion. XXXII, 60 (CCL32, 227). Tournhout 1962。

② 就此请参见 Augustinus, De vera religion. XXXII, 59 (CCL32, 226). Tournhout 1962。

在的旨趣，寻求存在者存在的结构及其抽象能力的、超验能力的泊锚地和出发点，而这泊锚地和出发点不在别处，而是在人的内在之中。由此，在奥古斯丁的形上音乐美学中，美首先并非（至少并非仅仅）是对于某一运动结构（譬如某一旋律、节奏）的，或曰对某一数字结构的运动的愉悦的感受，相反，美是对这一结构的运动的抽象认知，受造物的美，是灵魂对他们的欣赏而愉悦的认知。

如同前文所述及的，从奥古斯丁的音乐定义出发，音乐是对恰当形象的认知；而又根据 Philipp Jeserich 的研究，之所以美的一个普遍的理由是形象，是因为美在空间形上学的意义上就是内在与外在的形象，拉丁术语是 species 以及 forma，奥古斯丁在《论音乐》中所用的术语是 modus 以及 ordo，后者特别见于第六章。上帝的创世，或曰他的创世行为，将受造物设置为在目的上与其创造者相同，而在其他方面（非目的方面）则有区别[1]；换言之，上帝自身是至美、至真、至善，在这个意义上，上帝是自身的目的，而对于作为整体的受造的存在而言，由于他出于作为至美、至真、至善的上帝的绝对的自由意志，所以他的目的也是至美、至真、至善，或曰他的目的就是上帝，但是除此之外，他在其他方面，或曰在其他意义上则与上帝有区别。上帝是一种无需时空、无形而内在的形象，他是受造的存在作为外在的形象之所以存在的本体论的理由；每一个受造的存在，都被引入到创世的秩序（ordo）之中，这也意味着，他们被引入到与本源和目的的关系之中。而本源与目的就是上帝、就合

---

[1] 就此请参见 Philip Jeserich, Musica naturalis. Tradition und Kontinuität spekulativ-metaphysischer Musiktheorie in der Poetik des französischen Spätmittelalters. Stuttgart 2008. S. 130。

一在上帝之中，而如果上帝就是至美的话，作为内在形象的上帝当然也是至美，于是美、至美，就是形象、就是内在的形象；而因为受造的存在与上帝具有同一目的性，所以受造物作为外在的形象也是美的。

再回到奥古斯丁，他说：

"Noli foras ire, in te ipsum redi. In interiore homine habitat veritas. Et si tuam naturam mutabilem inveneris, transcende et te ipsum."①

"不要向外求索，返回你自身吧！在人的内在中居住着真理。如果你发现你的变化着的本性，那就超越你自身吧！"

在此，综合以上的研究，并且按照所引述的文本的内在逻辑，我们首先能够提示的是，如同前文已经述及的，灵魂由于关注感官感觉的愉悦，所以他处于这样或那样的变化之中；如果人发现了这样的变化，那么他应当超越自身的变化、超越外在而返回到自身的内在之中，因为至一、至美，以及真理在那里泊锚。

其次，我们庶几还能够提示的是，"返回自身"至少可以开掘出两方面的含义，一方面，它意味着思考着的灵魂对于自身的（返回自身的）观视和默想，以使之尽量免于陷入外在感观感觉的欲望所引发的愉悦的诱惑；另一方面，他也意味着对于不仅超越思维，而且超越灵魂的绝对源泉的追寻和反思，而这一绝对源泉就是存在、至一、至美，以及神性至真的合一。由此可见，奥古斯丁对音乐的论述、关于"音乐是恰当的认知"的表述，意味着：人追求美的旨趣、对于美的认知，立于精神－灵魂"返回自身"的行为中；返回

---

① 就此请参见 Augustinus, De vera religion. XXXIX, 72 (CCL32, 234). Tournhout 1962。

自身才能寻求到美，才能不仅发现内在于自身中的、泊锚于最内在的自身中的至真和至美，而且也才能发现存在之至美、存在者之美，以及这两种美之间的联系。

其三，或许还能够提示的是，"返回自身"意味着精神－灵魂向着美、向着至美的提升。之所以庶几能够这样说，是因为：如果至美、至真在人最内在之处栖息，那么，当沉沦于（奠基在肉身基础之上的）感官所感觉的愉悦的灵魂，不再甘于如此这般的颓势，而是从（如同前文所引述的、奥古斯丁所说的）等级系统中的较低梯次的甘饴中挣脱出来，并且通过对自身的观视与默想、凝神与反思而回归于自身的内在之中，并相遇到本来就在那里驻跸的至一、至真、至美，这难道不是灵魂的一种纯净和朝向至美的提升吗？在这样的意义上，默想与反思就是对于美的认知行为。追寻至美，才能发现至美，发现至美，才能认知至美之美，由此才能发现受造物之美，才能认知受造物之美及其与至美之美无可分割的逻辑联系。那一在奥古斯丁音乐定义中的"恰当的形象"，难道不是在恰当的音乐中形象了自身的至美吗？

其四，在全部上述三点的意义上，并且联系前文所作的诸多相关阐释，可以总结说，奥古斯丁的"音乐是对恰当形象的认知"这一表述，在本体和形上美学的意义上首先意味着对于存在之至美的认知，同时也意味着对于受造之美的认知，以及他们之间关系的认知；而认知运行的方向轨迹就是返回自身。应当在这个意义上，奥古斯丁在 Confessiones 中说：

"Tu autem eras interior intimo meo." [①]

[①] 就此请参见 Augustinus, Confessiones. III. 7, 11。

"而你原本就在我的内在中的最内在。"

从拉丁语的语法上来看,此句亦可翻译为:"对于我的内在而言你原本就更内在。"在此必须提示的是,这里的"是"动词 esse 是以一般过去时的形式出现的,而如果一般过去时这一语法现象在释经学中表示永恒的话,那么这句话更应当,甚或必须译为:"而你原本就永恒的在我的最内在之处。"或译:"对于我的内在而言你原本就永恒的更内在。"也许正是在这个意义上,奥古斯丁说:

"Crede, ut intelligas!"[①]

"信仰吧,以为了理解!"

这一点成为中世纪经院哲学家坎特伯雷的安泽尔莫思维的先驱。

5.3 形上音乐美学中的"返回自身"与奥古斯丁 illuminatio(光照论)的内在联系

在奥古斯丁看来,神性的真理,或曰上帝的真理之所以能够进入人的内在和人的认知,其根本原因是这一真理的光照于人的、令人明悟般的自我启示、自我揭示。奥古斯丁的意图在于,在(游弋未决、飘忽不定的)感官的感觉之外寻求一个稳定而确切的判准、基准,并且由此而考察,人的精神是否能够借着这样的判准而对在感觉,特别是灵魂和精神中当下化的事物作出恰当的理性判断。奥古斯丁的思考路径是他的光照论学说。

简言之,光照论指的是由上帝所奠定的(给出的)、借助理性之光,或曰精神之光(lunmen intellegibile 或曰 lumen spirituale)而来的人的精神理性(mens、animus)的持续不断的明悟,在这样的

[①] 就此请参见 Augustinus, De trinitate I. 1,1; Sermo 43, 7 以及 Epistola 120, 3。

理性之光中，永恒的法则（"rationes aeternae"）被照射进每一个人的初始的回忆中（memoria principalis），并且使得无法被谬误化的认知在其中成为可能①。

由于照射人的精神的并非某种质料性的波动（如同现代物理学所理解的），或者别的什么，而是"lumen spirituale"，亦即精神之光、神性之光，所以人不能以外在的感官感觉他，而只能以内在的慧眼，也就是说，以精神的理解力观视他②；而照射之光，不是别的，而是指出存在的真理；这表明，在真理之光中，不仅外在于真理者被揭示，而且真理也启示了自身。在此，真理如同一个内在的旋律，人以其内心的听觉捕捉他③。光借助其在回忆中的照射的当下性而使人的精神不断明悟，使人的理性（ratio）不断明澈通透；这一内在之光使人有能力达于真理的理解，并且作出恰当的判断。神性之光的运作，并非照耀思想的内涵或者概念以使人通晓之，而是照耀人的判断能力、提升人的判断能力。在使人明悟的光照中，理性（理智）观视他所判断和回忆的真理（或曰他所观视的是否是真理），而非真理的内涵。

由此，光照论就与《论音乐》中的理性判断建立了联系，并且后者的意义也凸现而出。在初始的回忆中所隐匿的，也就是神性的真理，能够通过有意识的精神的活动、精神的运动而将其呼唤出来、呼唤到主动的意识之中，而对于这一被呼唤而出者的确切的判准，

---

① 关于奥古斯丁的观照论，请参见 Lexikon für Theologie und Kirche. Herder Verlag, Freiburg Basel Wien 2006. Band 1, 1240-1245, 特别是 1244; 以及 Band 5, 423-425。

② 这段文本见于 De Trinitate XV 27, 50；唯其过长，恕不引述，此请参见前文曾引述过的 Johann Kreutzer 的另一专著 Aurelius Augustinus De Trinitate (Bücher VIII-XI, XIV-XV, Anhang: V). Felix Meiner Verlag Hamburg 2001。

③ 就此请参见 Augustinus, Confessiones. IV 15, 27。

就是《论音乐》中所说的数字判断，或曰理性判断。在这个意义上，光照就意味着绝对真理对于自身的启示在人之中的当下此在，是人的回忆中的基本构成部分，是对神性真理在观想时刻的回忆性的明悟、是在回忆时刻的刹那间的明悟，这一明悟被精神的不断运作有意识地不断当时化、当下化。而精神运作的形式，就是前文已经提及的 numeri iudiciales，亦即理性判断。

5.4 理性判断在自由意志与上帝恩宠的张力之间的当下化

由上面的表述庶几可以说，在人的回忆之中有上帝的真理，甚或上帝神性自身，这是人的自然本性；换言之，人的精神与置身于人的回忆中的上帝的联系，几乎是人的自然本性[①]。而人究竟在何种程度上能够追随这一真理、能够达于真理的认知呢？

在考量理性数字，或曰理性判断时，这一设问意味着，每一个有理性的人都至少享有可能性，对此作出理性的判断。人的思维有意愿思忖这一在人的自然本性中先在的、作为回忆对象的回忆的内涵，同时这一理性愿意，并且有意识地提示自身时刻回想对于回忆所承担的责任。这体现在理性的认知和伦理行为的不可分性。人返回自身之中，并且从自身的内在出发而超越自身、提升自身，以捕捉到那一明悟的刹那间和使之明悟的那一形象，他的精神之光的本源恰恰也就是使之明悟者。在此，仅仅从人的角度出发来看，"有意愿"指的是，回忆行为的决定性因素是人的意愿，或意志。神性的真理作为光照和明悟的内涵，对于那些愿意回忆和认知他的人而

---

① 就此请参见 Johann Kreutzer, Aurelius Augustinus De Trinitate (Bücher VIII-XI, XIV-XV, Anhang: V). Felix Meiner Verlag Hamburg 2001. XV 22, 42。

言才是当下此在的。愿意倾注于他的人，也能够在他的光照中而愉悦他、享受他。而从创世者与受造者的关系来看，人之所以能够，或曰愿意投注于真理之光，决定性的因素在于，上帝（或者基督）赋予了人这样的能力①。人由于其最初的过犯（peccatum primum）而原本不应得到、反而却得到的恩宠，体现在作为圣言的耶稣基督之中，借着这样的恩宠，人才能参有到光照和明悟之中；在这个意义上，光照说也意味着参有到圣言之中；由此，人才能将其理性的视域、理性的视觉能力，延展到、投注到神性的真理之光，并享有可能性而真正观视到他。

在考量理性判断时，之所以真理、至美在人的精神之中成为当下此在者而能够被人认知，这一方面是因为人的意愿运作出的精神的判断，另一方面则是上帝恩宠的结果。于是，一方面需要上帝的助佑，另一方面也需要认知主体的有意识的努力，才能达于对至美（美）、至一的认知、才能达于对艺术的理性理解、对音乐的真实判断、对于音乐形上美的素朴认知。

6. 小结：形上层面的音乐之美

前此为止，我们从奥古斯丁关于音乐的定义出发，逐次抻开了这一定义的内涵，依次剥离了这一定义的神学、哲学之表述，渐次分析了这一定义的深层意义，旅次勾勒了这一定义与相关学说之关系。而在本篇结篇时，再佐以总结性分析，似乎应当被认为是恰当的。

---

① 就此请参见 Augustinus, De civitate Dei. XI 2。

6.1 从奥古斯丁音乐定义出发，观照现代音乐理解的美学分析

概而言之，从本篇整体的分析来看，首先必须提示的是，客体的所有潜在的以及当下的美，是被上帝所创设的，是被上帝所设置的、所安置的，这是奥古斯丁《论音乐》中音乐概念的一个潜在的出发点。由此，我们就能够更好地理解，并且应当能够总结说，奥古斯丁对于音乐的诉求，不在于感官的享受，而在于受造的存在对于上帝、对于作为一切存在者基础的存在自身的认知；由此，他所深切关注的在于，音乐是认知、是一门学科，甚或一门科学。仅仅停留于感官的聆听和对于感觉（舒适与否）的判断，这并非建立在理性理解的基础之上，而是建立在记忆、模仿和熟练操作的基础之上的，这并非是音乐作为一个学术性学科的出发点与目的，这是不具备音乐认知能力的人也能做得到的。奥古斯丁认为：

"Omnes qui sensum sequuntur et, quod in eo delectate, memoriae commendant atque secundum id corpus muventes vim quamdam imitationis adiungunt, non eos habere scientiam." [1]

"所有追随感官的人，他们在其中所愉悦的，也都交付给了记忆，即使他们按照记忆驱动身体，那么他们表达的也不过是某种模仿的能力而已，他们并没有认知。"

由此可知，音乐的实践目的，或确切地说音乐演奏家的实践目的在于给听者以感官感觉的享受，这样的目的和行为与对音乐的理性的认知并无必需和必然的联系。奥古斯丁对音乐的诉求，是对所谓"恰当形象"的认知，这样的诉求更多地是约束音乐（演奏、聆

---

[1] 就此请参见 Augustinus, De musica. I 4, 8。

听及其感官的愉悦）的实践，是放任理性的自由，是收紧感官的感觉、施展精神的能力。也正是在这个意义上，奥古斯丁认为，艺术并非建立在模仿的，而是建立在理性的基础之上；艺术创作中的模仿固然颇有可能性，但这仅仅是一个方面而已；艺术的基础是理性，即使要被模仿的形象、要被记忆的形象，也都必须在精神理性的氛围中、在关涉真理内涵的考量下而被质询和检测。艺术在这个意义上涉及的是在理性认知的光照中明亮起来的形象，在这样的光照中明亮着的是"regulae artis"（或"regulae quaedam artis"）[①]，亦即"艺术的诸多法则"（或"某些特定艺术的诸多法则"）。尽管艺术有表达现实的诉求，但这并非意味着尽量忠实于所模仿的原象，而是具体表述作为整体的事实、作为整体的此在；艺术的诉求在于，以精神的视觉审视所有存在者之所以存在的最内在的理由、审视受造之美之所以美、此在之美之所以美的深刻的原因、法则和秩序，也就是最终返回自身、审视那一隐匿在心灵深处的大美、至美，并将他从心灵最深的深渊中摆渡出来。

与教父时代、欧洲中世纪经院哲学时期相比较，近、现代以来，特别是19世纪以来，对于音乐美学的理解，在形上层面有了极大的变化。音乐美学不再仅仅是对于上帝的认知，不再仅仅是从人的内心最深之处追溯至美、大美。音乐在美学原本层面上的意义凸现出来；Eduard Hanslick 那一尽管发表于19世纪中叶、但是至今都是标准著作的"Vom Musikalisch-Schönen. Ein Beitrag zur Revision der Ästhetik der Tonkunst"（或可译为《论音乐之美——音乐美学的修正研究》），以简短而精致的篇幅对音乐美学作了他那一时代至为

[①] 就此请参见 Augustinus, De musica. VI 13, 39。

独到的阐发。在他看来，音乐，或曰音乐之美，在其中被理解的是独立的、无需任何从外在而来被赋予的内容，或曰内涵，完全奠定在声音及其被创设的（以及所谓艺术的）联系之中。在充满激发力的音响中（声音之间、音色之间等）各种颇具意义的关系，他们相互间的和谐一致的，甚或矛盾殊异的振响（奏响），他们的渐行渐远、由远及近（由强及弱、由弱及强），他们的蜿蜒逶迤、抑扬顿挫，他们的绕梁三日、袅袅不绝——绝之谓者，其不绝也、其留白也——所有这些以多种自由的形式莅临于我们精神观想、精神观视（理性观视）中者，或可称之为美，或可称为音乐之美[①]。

从这样的音乐美学的理解出发，他进一步认为，音乐的基本因素是由音符（或曰数字？）构成的能入于耳、沁于心的声响；其存在本质是旋律。而旋律之大者，则是诸多几何对称建构的和谐一致；旋律之小者，是各个构成部分（小节）在时间量上相互的、有规则的运动。音乐人（作曲家等）所赖以创设音乐作品的质料，是全部的声音、音调，以及在其中创设不同旋律、和弦与节奏的可能性，并且这样的质料是无可穷尽的。而无可穷尽、也无法穷尽的，首先是旋律，旋律是音乐美的基本建构，而和弦则以众多的变化、反复与强弱等，不断为其提供新的基础。这两者合起来运作出节奏、音乐生命的脉动，晕染多重音色的感染力[②]。

---

① 就此请参见 Eduard Hanslick, Vom Musikalisch-Schönen. Ein Beitrag zur Revision der Ästhetik der Tonkunst. 1. Auflage, Leipzig 1854. Unveränderter reprografischer Nachdruck, Darmstadt 1991. S. 31-32。

② 就此请参见 Eduard Hanslick, Vom Musikalisch-Schönen. Ein Beitrag zur Revision der Ästhetik der Tonkunst. 1. Auflage, Leipzig 1854. Unveränderter reprografischer Nachdruck, Darmstadt 1991. S. 33-52。相关研究以及对于 Hanslick 的评价，亦请参见 Hans Heinrich Eggebrecht, Die Musik und das Schöne. Müchen Zürich, 1997. S. 45-57, 58-68, S. 60。

而尽管如此，依然难以否认的是，以如此众多之声音质料所能表述的，极可能是对音乐所要表现的思想的认知[①]；而一个被完整表现的音乐思想，就已经是作为存在者的独立的美了。如果这一思想在较高的程度上具有能够反映，或者接近那一宏大的宇宙法则的意义的话，那么他就是自身的目的，并且不会在与表现手段和质料相龃龉的情形下表述感情（感觉）和思想；而那一宏大的宇宙基本法则，是我们在每一种艺术门类中都能发现的，或曰，它甚至先在于他们之中。

至此，我们终于又发现了，或曰又返回了奥古斯丁。

6.2 本体形上层面之方法论分析

赅而言之，奥古斯丁表述宏大的宇宙法则的主导语汇，是carmen universitatis[②]，也就是"宇宙之歌"，这也应当是美的法则、

[①] 关于音乐对于思想的表述，请参见 Fritz Reckow, Anschauungs- und Denkformen in kunstwissenschaftlicher und speziell musikologischer Sicht. In: Anschauungs- und Denkformen in der Musik. Herausgegeben von Max Haas, Wolfgang Marx, Fritz Reckow. Bern 2002. S. 9-18。Max Haas, Anschauliches Denken——Gedachte Anschaulichkeit. Einige Überlegungen zur 'Musik' im Mittelalter. In: Anschauungs- und Denkformen in der Musik. Herausgegeben von Max Haas, Wolfgang Marx, Fritz Reckow. Bern 2002. S. 19-24。

[②] 就此请参见 Augustinus, De musica. VI, 11, 29。奥古斯丁说："Ita caelestibus terrena subiecta orbes temporum suorum numerosa successione quasi carmini universitatis associant."（"带有时间品性的此间世界的事物，通过先后承续的数字，将自己和诸天联络起来，如同联络起宇宙之歌。"）在此，"此间世界的事物"必定是有时间和空间品性的，而"先后承续的数字"应当指有秩序的系统，也就是和谐的关系；奥古斯丁认为，由数字表述的、具有时空品性的此间世界的事物，和宇宙的总体的法则处于一定的关系之中。

美的自然法则[①]；而这一点固然也有古典希腊的传统[②]。

当然不仅如此，根据 Philipp Jeserich 的研究，可以概括地说，奥古斯丁在其著作中用以表述美的语汇，或概念是众多的，例如 similitudo, convenientia, congruentia, correspondentia, harmonia 以及带有一定限定性的 aequalitas。其中每一个概念都是从关系性的概念域，或语汇域诞生而出的，都标识至少两种因素（也就是他们的关系），并且出自对存在多样性的理解；存在的多样性是被其非相似性所标识的，但是他们却倾向于同一个本源，用奥古斯丁的话说就是：

"Omnia in unum tendunt." [③]

"万物倾向于至一。"

而这一朝向至一的倾向，其实也是相对于离散的多样而言的，特别是相对于本体论意义上的"tendere ad nihilum"（"朝向虚无的倾向"），以及价值论上的"tendere ad intertiam"（"朝向准则"）而有其优势的。对于 similitudo, convenientia, congruentia, correspondentia, harmonia 以及 aequalitas 等的判断，首先涉及的是

[①] 关于与音乐相关联的美的自然法则，请参见 John D. Barrow, Der kosmische Schnitt. Die Naturgesetze des Ästhetischen. Originaltitel: The Artful Universe. New York 1995. Aus dem Englischen übersetzt von Anita Ehlers. Heidelberg Berlin, 1997. S. 235-304。

[②] 古典希腊的音乐哲学中，"宇宙的和谐"是一个基本法则，这一法则为世界带来稳固的秩序，就此请参见亚里士多德，De caelo 2, 9 290 b 12-29, Stobaeus (Stobaios), Eclogae 1, 21, 7b 以及西塞罗 De re publica 6, 18-19; 这一传统在奥古斯丁时代及其之后也被接纳，例如 Boethius（波埃休斯）认为，自然的秩序，诸如四季之流转，是对于 musica mundana 的模仿，也就是对"宇宙音乐"的模仿，就此请参见 Boethius, De institutione arithmetica libri II. De institutione musica. I, 20。在此所引述的文本，均请参见 Zsigmond RitoÓk, Griechische Musikästhetik. Frankfurt am Main 2004. S. 95-101。

[③] 就此请参见 Augustinus, Confessiones, VII 10, 16。

美一般去存在的存在者的客体质量，亦即涉及的首先是以这些概念所形成的关系建构起来的客体，换言之，涉及的是多样的统一、是整体①。

在这个意义上，奥古斯丁同时也追问道：

"Dic, oro te, num possumus amare nisi pulchra?"②

"请你告诉我，除了美，我们是否能够喜爱别的什么呢？"

显然，这是一个反问，答案自在问题之中了；而从另一个方向提出同样的设问，难道人从内心就倾注于丑吗？此外，如同前文所引述的，他认为，美的事物是通过数字令人愉悦的（"Pulchra numero placent."）。尽管数字在时间、空间中带来令人愉悦的美，但是数字本身则并非必然具备时空品性；在这个意义上，能够引起感官运动的美，也能够内在于人的精神中，或简言之，能够内在于人之中；由此，那一无需时空又能够在时空之中的至美、大美，也必定能够内在于人。或曰，当人思维至美、大美时，这一作为一切存在者基础的存在、这一本体的美不仅内在于人，而且还与人建立了关系，于是，这一本体的美也就成为形上的美，本体的美与形上的美是全等的；我们所认知的美，也就同时既是本体论的美、也是形上层面的美，在形上层面对美的认知，同时也就是本体论的美的认知。

就音乐而言，美自身在原本的概念意义上，无疑指的也是在存在者中的最高的理念，或者应当更确切地说，指的是诸多存在者在

---

① 就此请参见 Philip Jeserich, Musica naturalis. Tradition und Kontinuität spekulativ-metaphysischer Musiktheorie in der Poetik des französischen Spätmittelalters. Stuttgart 2008. S. 130-131。

② 就此请参见 Augustinus, De musica. VI, 13, 38。

不同程度上,或多或少地参有到其中的至高的理念;这是一种关系上的秩序,就是本体论上所说的 forma,或 formosus,也就是与在具体客体中质料性的呈现相区别的美,美在概念上作为一种质量范畴包含形式于自身之中、就是形式自身。当然,就音乐本身而言,由数字建构的构件的运动形式、在这个意义上亦即音乐(或音乐美)的形式,就已经能够无需内容而带来确切的效果(譬如愉悦的、忧伤的效果等)。音乐(尽管有休止、但是依然)以持续而不间断的、源源不绝的(音符、旋律、节奏、音色等的)变化交替,带来美的形式;当然,涌入耳内的声响,是创设的精神的直接流溢。由此,内在的、理性的关系性,就是外在的感官感觉的美的必然的条件[①]。在这样的形上美学意义上,根据奥古斯丁的音乐定义及其解释来看,如果奏响着的运动是由数字建构的秩序的运动的话,那么这样的运动,或曰这样形式的运动,其实就是音乐对象的唯一内容和唯一形式,原因在于,这样的运动本身,就是这样的运动的形式,反之亦然;这听起来似乎并不符合形式与内容的关系;但是如果仅仅从外在来看的话,有谁能够区分数字的运动及其形式呢?又有谁能够从一段数字的运动中提取出富含(无论何种)思想的内容呢?在此,奥古斯丁的数字几乎已经失去了数字本身的性质,几乎仅仅是一种形上的形式,几乎成为一种理念,或者表述一种理念;或曰:几乎成为人观想上帝的途径。

依然从其定义出发而在形上层面来看,假设我们并不追随奥古

[①] 就此请参见 Augustinus, Epistulae 3. 4; De ordine II. 11, 33; De quantitate animae VIII. 13; De civitate Dei XXII. 19 ; Philip Jeserich, Musica naturalis. Tradition und Kontinuität spekulativ-metaphysischer Musiktheorie in der Poetik des französischen Spätmittelalters. Stuttgart 2008. S. 131。

斯丁，并不去认知奏响运动中的（至）美（或曰音乐的完满），那么这其中表层的原因或许在于为了凸显感官的愉悦，为了凸显情感（甚或伦理）的价值，并由此而对感官感觉施以过高的评价[①]，而这其中隐含的原因似乎在于强调，每一种艺术创设都是从感觉出发的，并且在其中编织自己。而在奥古斯丁看来，情感层面上的音乐美学的愉悦论，似乎过度注重聆听的感官，并且完全直接导向感觉；而如果我们追随奥古斯丁的形上音乐美学，那么我们会认为，音乐并非为了耳（或曰为了感觉），而是为了心而创设的；耳、聆听，不过仅仅是红尘俗物而已。由此而应当强调的是，感官有意识的愉悦振响的形象、也就是建构自身的声响、声调、音调，并且毫不加以精神的控制、完全自由而直接的沉浸在对他们的享受之中，并非音乐的目的；音乐的目的在奥古斯丁看来，应当是唤醒内心对神性奥迹的记忆，并以对这一奥迹的不断回忆而完善与增强内心与至美的关系，这才是其形上音乐美学之目的。

还是从其定义的内涵而在本体层面来看，既然我们追随奥古斯丁而深入到音乐的奥迹之中，那么十分艰难的是，描述音乐的美、描述音乐中独立的美。由于音乐在自然之中似乎并未有一种先在的范本、样式，也并未有一种可（概念化）理解的内涵，所以对于他的描述要么以枯燥的技术性语汇（这似乎应当是音乐学的任务，并且这并非本书笔者之所擅长）、要么以诗意的意象（这似乎应当是现代音乐美学的任务，并且是本书笔者在本文之外所意愿达到者）。

[①] 关于音乐中的价值判断，请参见 Henning Siedentopf, Das Werturteil in der Musik. Tübingen 1991。这一极为简短、但却颇有见地的著作，从音乐中的理性与非理性方面，从音乐的形式、风格与价值方面，最终从音乐的直觉判断和理性判断等方面，对于音乐的价值判断作了全面论述和分析，极具学术价值。

由此，音乐的本源、音乐的领域，似乎并非从此间世界奔涌而出、似乎并非立于此间世界。同时，音乐的美应当并非一种声音的美，似乎也不能理解为一种比例维度上的美，也不是声音、声调在耳中的摩挲抓挠，当然更不是精神生命的匮乏；那是一种自在、自为的美，由自身而存在的美、由自身而运作的美。

最终从其定义的本体形上的内涵来看，如果我们（无论是以感觉，抑或是以理性）追随奥古斯丁而突入到音乐的美之中，我们不仅并未、并非排除精神的内涵，而且相反，精神的内涵恰恰是对美的限定；我们不能承认没有精神的美。当我们将音乐中的美加以形式上的考量时，这也就表明，精神的内涵与这一声调、声音的形式有密切的联系。"形式"概念在音乐中有着特殊的实现。由声调、声音构成的形式，并非空洞虚无的，并非与实在相分判、相区别的真空，而是从内在生发、建构而来的精神。坦诚而言之，我们实际上无法以语汇和概念掌控音乐；换言之，在形上层面，如果我们认同奥古斯丁，并且从他的音乐理解出发，则我们无法将音乐以及音乐之美，归纳在概念之下，我们无法言说这一形上之美。尽管音乐本身就是一种我们似乎能够讲述和理解的语言，但是我们却无法转译他。我们或许可以说，声音、声调的作品具有思想，或曰作为形式的音乐中具有思想，但是这也许更多地是我们各自的诠释而已。原因是彰明较著的，音乐的形上之美，就是那一创设此间世界的至美、大美，他超出一切能够限定其属性的范畴和概念，他是一切存在者之所以存在的基础，他就是存在本身，他的存在就是他的本质，他的本质就是至美、大美；存在即至美。

在《论音乐》这部著作之后，奥古斯丁再也没有就美这一概念做过系统的阐释，而从他之后的重要著作中所辑录出的关于美的论述和理论，似乎和他早期在新柏拉图主义影响之下的美的概念，又有所距离；他强调的不仅仅是柏拉图，并且不仅仅是在针对其诠释者布洛丁的意义上而强调柏拉图，而且更多地是凸显美，并且将美理解为一种运作力、创造力，也就是创世者上帝的创世与运作的全能和权能，并且是在反对强调美的客体的客观质量的同时，系统地凸显基督宗教的神学和哲学学说，特别是凸显关于存在、至真、至善、至美的学说，以及所谓最初的过犯（原罪）的教义思想[①]。而这一存在、至真、至善、至美，恰恰就是奥古斯丁音乐定义中之隐匿者，并且当然也是他要阐发而出者；从哲学与神学、本体与形上这两方面的关系来看，音乐定义中所有外在的因素，相互之间都处于密切的关系中，这一关系建立在神圣的自然法则的基础之上，这一隐匿而不可视的自然法则统辖旋律、节律以及和弦等，并且这些自然法则也内在于人，人在音乐中要追随这些以真、善、美为基础的自然法则；这样的追随是一种内在的理性的运动，是内在理性使人追求美的运动。每一单一的音乐因素（音符、音调、音色、旋律、节奏、休止等），都有其各自独特的形式、独特的法则，都有其一定的运作方式和效应；对于音乐的感觉，以及由此而来对他的品性的描述，甚或研究，涉及的仅仅是外在的现象、仅仅是音乐的质料。而并非在感觉中的，甚或并非在美感中的美，而是在认知中的美，才是直接的、庶几无需解释的，甚或也不容忍任何解释；这之中的美对奥古斯丁而言，庶几就是至高之美（的）、内在至美（的呈现），他是那一最终无可研究、无可言判的本体论的基础，是一切此在之

[①] 就此请参见 Philip Jeserich, Musica naturalis. Tradition und Kontinuität spekulativ-metaphysischer Musiktheorie in der Poetik des französischen Spätmittelalters. Stuttgart 2008. S. 137。

美、存在者之美的原因，对这一原因，人没有任何恰当的语言加以解释①，人所能做的，仅仅是指出其存在而已。认知音乐之美，并非意味着认知美的音乐，而是意味着返回内心、追寻那一美的基础和原因，并将他从内心深处烘托出来。

---

① 关于音乐和语言之关系，请参见 Ursula Brandstätter, Grundfragen der Ästhetik. Bild-Musik-Sprache-Körper. Köln Weimar Wien 2008. S. 161-168, 175-178。

第 5 章　美作为上帝的绝对谓项
——论伪狄奥尼修斯的本体形上美学

1. 对美的重新阐释——主题、概念及其方法

伪狄奥尼修斯的著作,首先呈现出一种基督宗教的哲学思维和晚期希腊哲学、新柏拉图主义的独特的联系,同时也颇富超验思维之特质,以至于它极为适合基督宗教的形上哲学、本体形上美学;其思想之特质,一言以蔽之,乃新柏拉图主义的哲学背景与基督宗教的上帝言说的圆融无碍。

作为基督宗教的学者,伪狄奥尼修斯与新柏拉图主义有着不解之缘。伪狄奥尼修斯的全部学术的理论特质,能够被概括为哲学神学,也就是说,他尝试将启示的真理和思维的真理在逻辑层面结合起来[①];其美学学说也是建立在这一基础之上的;这意味着,其美学建立在两个基本概念的基础之上,一个是神学层面的上帝概念,也就是《圣经》中的启示的上帝,另一个是形上哲学层面的绝对概念,也就是这一层面的上帝概念,在此甚或有理由说,伪狄奥尼修

---

① 就此请参见本书笔者之拙文 "基督宗教哲学的独立:终结还是开端?——试析(托名)狄奥尼修斯的哲学神学本体论",《云南大学学报》哲学社会科学版,2010 年 3(22-37 页),4(47-60 页)期之相关论述,并请参见拙著《形上之路——基督宗教的哲学建构方法研究》中的相关研究。

斯极有可能从希腊哲学中汲取了这一上帝概念。在他的哲学神学中、在他的形上哲学中，这两个概念融而为一、成为一个概念，而他的美概念就泊锚于这一上帝概念中，他将美理解为上帝的谓项、绝对的谓项，甚或就是上帝自身。

伪狄奥尼修斯对于美的内涵的如此这般的形上理解，不仅不同于早期教父们的理解，甚至也不同于《圣经》"创世纪"的理解。在早期教父们以及"创世纪"的理解中，美至多是此间世界的品性，是受造的世界的品性，如果此间世界最终能够被判断为美的话[①]；在此，美约略仅仅能够作为形容词来理解，也就是说，我们仅仅能够表述说，包括人在内的此间世界（受造的世界）是美的，它享有某种程度的美，而并非美自身，并非绝对的美；而受斯多葛学派影响的教会学者们，甚至亦并不认为此间世界是美的[②]。而伪狄奥尼修斯则将美作为上帝表述的谓项，甚或作为上帝表述的专属谓项，也就是说，美这一谓项是上帝专有的、专享的、专项的谓项，上帝以外所有存在者都不能、亦不允许享有这一作为绝对的美、作为超验限定的美[③]。在他看来，如果我们说上帝是美的，那么这并非在说上帝具有某种程度的美、是比较美的，甚或是最美的，诸如此类的表述都是不恰当的，而实质上就是在说，上帝就是美自身，上帝

[①] 《圣经》"创世纪"有"上帝认为好"以及"上帝认为很好"之说，而七十贤士本《圣经》则将相关之处译为"上帝认为美"以及"上帝认为很美"，也就是希腊语的"καλόν"，这庶几应当是此间世界能够被判断为美的神哲学基础。就此请参见《创世纪》1-3章之相关小节。

[②] 就此请参见本书笔者之拙文"存在之美与此间世界之美——试析托马斯关于美的论述"，《云南大学学报》哲学社会科学版，2009年2期（84-93页）之相关论述，并请参见本书第6章关于托马斯美学的研究。

[③] 这一点主要见于他的 De Divinis nominibus IV. 我们将在不远的后文详细探讨之。

是绝对的美；如果此间世界、受造的世界也能够被称为是美的话，如果他们要与这一绝对的美相比较的话，那么尽管如此他们的美无论如何也是无法与上帝的美相比拟的。在这个意义上，如果上帝是美的，那么他就不仅是超验的美，而且也是现实的美；并且恰恰因为他是超验的美，所以他也能够，并且必定是现实的美，能够这样说的原因在于，超验和先验的美能够洞彻一切限定、能够决定所有的当下此在，并且是所有当下此在的终极目的。由此，我们庶几能够说，一方面，如果伪狄奥尼修斯将美仅仅归属于上帝的话，那么一个无可避免的逻辑结果，就是必定要将美、要将这个意义上的美从此间世界中遴夺而出，也就是说，此间世界不可能在这个意义上是美的；而另一方面，如果我们在此间世界中还能够感受到美，或者我们庶几还能感受到此间世界是美的，甚或如果我们庶几还能够在某种程度上将此间世界感受为美、感知为美的话，那么这并非此间世界所自有的美、所私有的美、由自身而来的美，而是那一独一的神性之美的反映，是由于参有到那一独一的神性之美中才具有的美的品性①。

伪狄奥尼修斯对美的概念的这一阐释，即独一的神性美（亦即上帝作为美、作为美自身的上帝）及其在此间世界事物中的反映、反射，是基督宗教哲学在本体形上层面对美这一概念的全新的阐释，这不仅是划时代的阐释，也就是说，在联系奥古斯丁时，我们庶几能够说，基督宗教哲学从此有了全新的美的概念，以及对这一概念

---

① 关于万物对于神性的"参有"这一思维方式，请参见本书笔者之拙文"论（托名）狄奥尼修斯《神秘神学》的神秘神学"的相关论述，《云南大学学报》哲学社会科学版，2011年6期（11-28页）之相关论述，亦请参见本书笔者另一拙著《形上之路——基督宗教的哲学建构方法研究》中之专章研究。

的全新的阐释，从此在美的层面有了对于此间世界的全新的阐释，而且这一新的形上美学理论还直接影响了东、西部教会的美学思想，譬如直接影响了经院哲学的代表人物大阿尔伯特、托马斯以及爱留根纳[①]。

从学理的承续上，或学术传统上来看，伪狄奥尼修斯对于美的内涵的新阐释，庶几并非是从《圣经》出发的——甚至他的哲学（哲学固然如此）、哲学神学、神学以及神秘神学还具有一种基督阙如性[②]，而几乎是从希腊哲学出发，并从中获有灵感和理论的支持。固然，这样的灵感和理性的支持，似乎并非来自于希腊哲学中实证的和唯物的判断，而是更多地来自于具有较强思辨品性的柏拉图和布洛丁。伪狄奥尼修斯将其美的概念的解释和柏拉图以及布洛丁著作中最具超验品性的文本段落联系起来，也就是和《会饮篇》的 210-211 以及《九章集》的 I, 6 和 V, 8 建立联系。建立这样的联系，并非为了从中借鉴对于美感经验的理解和对于美感经验的分析，以及这一分析的意义，而是从中获取关于美的形上主题、接纳超验美的旨趣以及思辨的方法，同时感受一元论的倾向和流溢说的理论，总之，汲取本体和形上哲学的方法论。一方面，比起经验

[①] 关于伪狄奥尼修斯之美学思想对于后世的影响，特别是对于中世纪包括托马斯在内的经院哲学家的重要影响，请参见 Władysław Tatarkiewicz, Historia Estetyki. II. Estetyka Sredniowieczna. 1. Auflage Ossolineum (Warschau1962), 2. Auflge Pa ń stwowe Wydawnietw Naukowe (PWN, Polnischer Wissenschafts-Verlag), Waschau 1970. Deutsche Übersetzung von Alfred Loepfe, Geschichte der Ästhetik. Zweiter Band, Die Ästhetik des Mittelalters Schwae & Co AG Verlag, Basel/Stuttgart 1980. S. 40, 270-272, 278. Rosario Assunto, Die Theorie des Schönen im Mittelalter. Aus dem Italienischen und Lateinischen von Christa Baumgarth. Du Mont Buchverlag Köln 1982. S. 86-92。

[②] 就此请参见本书笔者之拙文"论（托名）狄奥尼修斯《神秘神学》的神秘神学"的相关论述，《云南大学学报》哲学社会科学版，2011 年 6 期（11-28 页）之相关论述等。

的美而言，精神的和理念的美具有无与比拟的卓越性、超绝性，这个意义上的美才是人追求的对象和追求的目的，这是源自于柏拉图的观点[①]；而另一方面，美是"绝对"的属性、是"绝对"的品性，或曰就是"绝对"，况且，美与善相关联，甚或是合一的，人所经验、所历验的美是来自于作为"绝对"的美，这则是出自于布洛丁的观点[②]。

伪狄奥尼修斯就是以柏拉图和布洛丁关于美的观点为其两大理论支柱，建构自己的美学学说和理论的，这一方面表明了他对问题的历史的深切关注、对于学理的清仓梳理，而另一方面也表明，他在古典哲学的基础上所建立的研究，也大大超出了他的研究所赖以建立的基础，这也就是说，在对美的研究上，无论在主题、概念的建立及解释、方法的选择和实施，甚或方法的创新上，伪狄奥尼修斯都远远超过了柏拉图和布洛丁。究其与布洛丁的关系而言，尽管布洛丁将美与善联系起来思考，但是他同时也将这两者加以区分；联系首先意味着分别，在分别、区分的意义上才有加以联系的可能性，甚或必要性，才有可能给出其联系的逻辑和理由，而伪狄奥尼修斯则不同，尽管他从布洛丁那里汲纳了美善相联的主题，但是他并未将这两者视为原本就是有分别的，而是将他们理解为原本就是合一的概念，他将两者等同起来，甚或全等起来，并且将万物与这

[①] 就此请参见 Günther Pöltner, Philosophische Ästhetik. Grundkurs Philosophie 16. Verlag W. Kohlhammer. Stuttgart. 2008. S. 22-26. Godo Lieberg, Ästhetische Theorien der Antike, des Mittelalters und der Neuzeit. Darstellungen und Interpretationen. Universitätsverlag Dr. Norbert Brockmeyer. Bochum 2011. S. 4-7。

[②] 就此请参见 Günther Pöltner, Philosophische Ästhetik. Grundkurs Philosophie 16. Verlag W. Kohlhammer. Stuttgart. 2008. S. 41-49. Godo Lieberg, Ästhetische Theorien der Antike, des Mittelalters und der Neuzeit. Darstellungen und Interpretationen. Universitätsverlag Dr. Norbert Brockmeyer. Bochum 2011. S. 11-14。

个至一建立联系。

2. 本体形上美学中美的概念：上帝作为超验之美

在伪狄奥尼修斯的本体形上美学中，美这一概念被理解为超存在的美，本源之美，原初之美。至高之善，或曰至善，以及万物的本源，被伪狄奥尼修斯称为美的，或者美。这个美并非寻常之美，并非是否美，以及如果美的话，那么在多大程度上美；这个美，就是美，是至高之美，将万物之美囊括于自身之中，这是涵盖万有之美，并且超越一切美。这个美是持续的美，既没有兴起、也没有过往，既没有增加、也没有减少，既不时而美，亦不时而不美（或曰时而丑），在这个意义上，是永恒的美。实际上，以伪狄奥尼修斯的风格和观点看来，柏拉图已经引入了美的这一理解，只不过没有将其内涵充分表述而出罢了。这个美并非寻常可感知、可思维的美，他不依赖于任何观想的时间、地点、类型，以及方式。他永远是他自身，他永恒的是他自身、永恒的在自身之中，并且为自身；当然，他也并非仅仅在自身之中，而仅仅为自身，他是一切美的初始原则、源泉，他是爱的对象，一切内在追求的对象，当然也是他们的范式和判准、界定与目的。当然，在伪狄奥尼修斯看来，美与善是等同的、同一的，在这个意义上，庶几可以表述说，美应当是"美和善"，或曰"善和美"，换言之，提及善时，同时就是提及美，反之亦然。于是，这一美－善就是此间世界一切美－善与完美的初始原因与基础，一切存在与成为的初始原因与基础，一切和谐与秩序的初始原因与基础，一切语言与概念的初始原因与基础，一切思维与认知的初始原因与基础；作为初始原因和基础的同时，美－善也是他们的内在旨趣、终极目的；由此，一切存在出于美－善，在美－善之中，并且最终返回到、回归于美－善之中。总之，美是原始的存在、原初的存在，作为原初的存在的美，不仅是一切此间世界之美的形上基础与出发点，而且由于它还创设万物、呼召万物，并且赋予万物以美，所以它也是万物之目的。

伪狄奥尼修斯认为：

"Τὸ δὲ ὑπερούσιον καλὸν κάλλος μὲν λέγεται διὰ τὴν ἀπ' αὐτοῦ πᾶσι τοῖς οὖσι μεταδιδομένην οἰκείως ἑκάστῳ καλλονὴν καὶ ὡς τῆς πάντων εὐαρμοστίας καὶ ἀγλαΐας αἴτιον δίκην φωτὸς ἐναστράπτον ἅπασι τὰς καλλοποιοὺς τῆς πηγαίας ἀκτῖνος αὐτοῦ μεταδόσεις καὶ ὡς πάντα πρὸς ἑαυτὸ καλοῦν, ὅθεν καὶ κάλλος λέγεται, καὶ ὡς ὅλα ἐν ὅλοις εἰς ταὐτὸ συνάγον." [①]

"就此，之所以超存在的美被称为美，是因为他为所有存在赋予了适合他们的方式的美，并且还因为他是万物和谐至一和荣耀的优渥有佳的原因，如同光一样，美是光源的放射，美将自身传输、赋予而出，映射到万物之中，他之所以被称为美，是因为这一上佳之原因呼召万物，总括万有于玄枢之中。"

对于这一文本，我们庶几能做如下几个方面的观察：

第一个方面，从思维方式上来看，我们在此能够确定的是，伪

[①] 就此请参见 De Divinis nominibus. 701C. In: Patristische Texte und Studien, Band 33. Corpus Dionysiacum I. Herausgegeben von Beate Regina Suchla. Walter de Gruyter Berlin New York 1990。

狄奥尼修斯将其所思考的上帝设想为不仅是超存在，而且是美。首先，就前一方面而言，其观点与奥古斯丁的三位一体上帝论有异曲同工之妙，就后一方面而言，两者亦殊途同归。在这个意义上，也许这位上帝真的是陌生的、是未知的，或曰是尚未认知的，甚或无可认知而隐匿的，因为他是超存在、超出一切定义存在所需要的概念和范畴；换言之，作为超验的超存在，立于人的思维的努力所能抵达的神秘黑暗的彼岸，人即使企图以思维、思考来抵近他，也是徒劳的，通达这一超存在的渠道是隐匿的、被封锁。但是尽管如此，伪狄奥尼修斯依然首先肯定了他的存在，他认为，上帝是超存在，上帝甚至并非诸多存在中的任何一个、任意一个存在，他超出一切存在；其次，这一存在也被称为美，他被称为美的原因在于他赋予所有存在以适合他们自身的美，这一方面表明，美是上帝的一个名号，人能够以这个名号称呼上帝、言说上帝、阐释上帝、思考上帝，这是形上层面对上帝的表述，这不同于在神学层面上对于上帝的倾诉、向上帝的倾诉；而另一方面同时也表明，上帝无论是作为超存在，抑或是作为美，并非隔绝于万物、超脱于其他存在，而是与作为整体的万物（作为整体的存在）有直接的关系，上帝赋予万物以美，并由此而与万物建立关系，所有存在所获有的美，就是其本质，并且这一美也恰恰适合每一存在的存在方式；其三，这一超存在、超美是主动与存在整体建立关系的，他并非被要求，而是主动赋予所有存在以美；其四，超存在的美赋予万物以美的方式是映射，也就是说，像光一样将自身的美给出、输出、照射到万物之中，这一形象的譬喻在于表述超存在的美和存在整体的关系的样式，这一样式是光照与光照的汲纳的方式①；其五，超存在的美不仅作为所有存在的上佳而优渥的原因，而且也是他们的终极目的，他呼召整体的存在，将他们总揽于神性的氛围中，令自己作为他们追求的目的、作为他们能够返回、能够回溯的精神故乡，赋予他们动态的、有活力的美，以使他们有能力和意愿追求这一作为终极目的的大美。

从言说的逻辑上来考量，应当不难看出，甚或必须承认，伪狄奥尼修斯的上帝论中似乎有一种悖论，一方面，这一上帝是超存在的、隐匿的、立于神性黑暗的彼岸，亦即是超出人的思维之外的，人无法以概念掌控他，但是另一方面，上帝又是展现自身的、将自身呈现出来，将自己作为真、善、美等赠予而出，以至于人能够认知他。但是，如果我们从伪狄奥尼修斯的哲学神学出发来考量他在美学层面对于上帝的言说，那么我们庶几可以说，这是一个伪悖论，或曰并非一个悖论，原因在于，他尝试将存在层面的上帝和启示的上帝结合起来思考，换言之，尽管这一上帝立于所有存在之上、立于所有定义概念所需要的范畴之外，但是他却主动将自身展示给人、将自己启示给人；这是伪狄奥尼修斯特立独行的上帝观、卓尔不群的上帝思维方式，他试图将新柏拉图主义的哲学（思维方式）和《圣经》中关于上帝的表述结合起来，甚或将它们和谐起来；并非仅仅哲学的、本体形上层面的，亦非仅仅神学的、道成肉身层面的，而是哲学兼及神学的、哲学神学的，是这一思维方式的特点，这与其他许多教父或仅从一方面，特别是神学层面关于上帝的言说或许并

---

① 关于伪狄奥尼修斯的光照论，请参见本书笔者之拙文"基督宗教哲学的独立：终结还是开端？——试析（托名）狄奥尼修斯的哲学神学本体论"，《云南大学学报》哲学社会科学版，2010年3（22-37页），4（47-60页）期之相关论述以及本书作者《形上之路》中的专章研究。

非全然不同，但亦有其突出之特质，因而形成其一家之言。

从神学认识论层面上来看，从这一所谓的"悖论"出发，我们能够说，上帝将其神性展示给人，并由此为人奠定了认识上帝的最原本的基础和通达上帝的基本渠道，上帝不仅自身就是美，不仅是绝对的完美，而且他还将这一完美的神性之美映射、照耀给其他一切存在，这也就是说，上帝还为美、为一切可经验的美奠定了超验的基础，人有可能从可历验的有限之美达于超验的无限之美。于是，在这个意义上，伪狄奥尼修斯的美学不仅是关于上帝的哲学神学、形上美学，而且也能够是研究艺术（作品）之美、客体之美、经验之美的普通美学、通论美学、美感美学；当然，我们的兴趣和重点在于其本体形上美学的思想。

第二个方面，从本体论层面来看，如果伪狄奥尼修斯在其表述中谈及"万物"（存在）的话，那么我们依然能够确定的是，在考量神性之美时、在考量神性之美与此间世界的关系时，伪狄奥尼修斯关注的并非（或曰并非仅仅）单一的事物、单一的艺术作品，而是将此间世界视为整体，并且将神性之美与这一整体建立了关系。这两者之间的关系有其特定的内涵，由于作为万物本源的神性之美是万物存在的原因，所以万物、宇宙、此间世界也是美的。神性之美赋予此间世界以存在、赋予此间世界以美、赋予此间世界以适合其自身的美，并且令此间世界以恰当的形式展现其美。这两者之间的关系的内涵一方面表明，伪狄奥尼修斯并未脱离基督宗教神学，特别是《圣经》神学的上帝创世说，简言之，上帝创造世界的含义在于，赋予此间世界以存在、赋予此间世界以秩序、赋予此间世界以生命、赋予此间世界以美；另一方面，这一关系的内涵也表明，伪狄奥尼修斯同时也在本体论和形上层面言说受造的此间世界，他将此间世界视为存在者,并且将其设置在作为本源和基础的超存在的氛围中、设置在与超存在的关系中,上帝并非(仅仅)与单一的事物有关系,而是首先与整体的事物、与整体的此间世界有关系,这一点对于基督宗教神学和哲学都具有重大意义,托马斯·阿奎那也正是在这个意义上在本体论层面以五种路径论证上帝的存在[①]。无论伪狄奥尼修斯如何解释这一关系,这样的设置本身就是一种哲学的思考,符合他的整体的哲学神学的思维方式。我们或许可以说,如同他在言说启示的问题时一样,在探讨美的问题时,伪狄奥尼修斯也有一种将哲学与神学联系起来的企图,这一企图的目的一方面在于,在本体和形上哲学的层面解说神学,为神学提供基本的思维框架和理论结构;而另一方面更为重要的是,其目的也在于将古典的哲学领入基督宗教、领入基督宗教神学,使之在其中能够持续地发展。特别是当雅典学园于公元 529 年被关闭、古典哲学在俗世的氛围中被禁止之后,决定其命运的就是基督宗教神学,后者不仅为前者提供了赖以生存的空间,而且还为其提供了持续发展的可能性,我们直到今天还能知道古典哲学,在其他因素之外,不能不说,基督宗教及其神学阙功甚伟。

伪狄奥尼修斯的这一观点及其实施,与若干早期的教父多有不同,在诸多教父们的理解中,哲学是异教的、是异教的思想工具,基督宗教有了上帝的启示和恩宠、有了超自然的真理,就足以君临天下了;德尔图良著名的提问"雅典与耶路撒冷有什么关系?哲学与教会又有什么关系?"[②],本身是一个反问,目的恰恰在于强调雅

[①] 就此请参见本书笔者对托马斯五路论证的最新研究,《外国哲学》第二十五辑,商务印书馆,2013 年。

[②] 就此请参见 De praescriptionibus adversus haereticos 7, 9。

典与耶路撒冷并无关系，哲学与神学、哲学与教会并无关系，尽管德尔图良本人颇富哲学的素养，并以其深厚的哲学素养尝试建构了他的上帝三位一体论学说。在这个意义上，我们庶几能够说，将本体论与形上学和基督宗教神学建立联系，固然并非伪狄奥尼修斯一人之所为，但是无论是主观意愿，抑或是客观使然，如同他的哲学神学一样，伪狄奥尼修斯在形上美学的问题中具有主动意识的将哲学与神学联系起来，一方面和诸多其他教父们共同拯救了古典哲学，另一方面也造就了他独具特色的基督宗教神学、基督宗教美学。

第三个方面，从形上层面来看，如果伪狄奥尼修斯强调美是上帝的一个名号的话，并且上帝创设了整体的事物的话，那么这首先表明，对于此间世界之美而言、对于每一具象之美而言，美是预先给定了的，美作为理念是一种前存在、超存在、是一种超验之美，此间世界，以及其中的每一单一事物，都必须、必定汲纳这一理念、这一超验之美以成为美的、才成为美的；其次表明，每一单一事物尽管仅仅具有单一性，但是它们也都是上帝的目的、都是神性之美的目的；根据每一单一事物各自的情形而赋予他们美，不仅表述了此间世界之美与超存在之美、超验之美的依赖关系，同时也表述了他们之间的更深层的关系，这一更深层关系的内涵是，每一单一事物之美不但有模仿超验之美的能力，而且也有将超验之美作为终极之美、终极目的而追求的意志和动力，如果亚里士多德能够说，万物都是朝向善的，那么我们在此庶几可以借伪狄奥尼修斯之口说，万物都是朝向美的；其三表明，如果每一单一事物的美也能成为此一事物的一个名号的话，换言之，如果我们不仅能以美称呼上帝，而且也能以美称呼每一单一事物的话，那么这一单一事物的美的基础在于神性之美，每一具体事物的、每一对象的美都在神性之美中享有其坚实的基础，这一超验的美是每一可历验之美的基础。联系起他的等级论，我们庶几可以说，每一单一的存在，构成了多样而繁复的存在，上帝作为超存在的美，令每一存在以适合他们各自存在的方式在等级的秩序中各自参有到适合他们的美之中。在每一可历验之美中，都能够历验到超验之美，在整体的可历验的此间世界之美中，都能够历验到超验之美；此间世界之美并非仅仅呈现为宇宙整体的和谐与秩序，而且还必然、必定呈现为每一单一事物之间的和谐与秩序，还必须呈现为每一单一事物与整体的和谐与秩序；也恰恰因为上帝创造了整体的此间世界和整体的结构秩序，并且因为它在整体上是美的，所以构成这一整体的每一单一事物在这一整体的结构中都能找到其相应的位置，并且不仅是美的，而且也只能是美的，同时在它之中也能历验到作为源泉的超验之美，否则整体的美就无法解释。

在此我们似乎能够读出伪狄奥尼修斯美的概念的双重结构及其关系，其一涉及上帝神性之美，这是超验的美、预先给定的美，人无法以概念和范畴限定它；其二涉及此间世界之美，这是可视见、可历验之美，二者的关系在于，神性之美、超验之美赋予可视见之美、可历验之美以美的属性、模仿超验之美的能力，以及追求作为终极目的的超验之美的意志和动力。

3. 本体形上美学中美的概念：
上帝作为否定概念、作为绝对之美

在伪狄奥尼修斯的哲学神学中，上帝本身首先就是否定概念，是无可言说、无法言说的概念，或曰时人无可以理性企及的概念；伪狄奥尼修斯认为：

"Κατὰ τοῦτον ἡμεῖς γενέσθαι τὸν ὑπέρφωτον εὐχόμεθα γνόφον καὶ δι' ἀβλεψίας καὶ ἀγνωσίας ἰδεῖν καὶ γνῶναι τὸν ὑπερ θέαν καὶ γνῶσιν αὐτῷ τῷ μὴ ἰδεῖν μηδὲ γνῶναι τοῦτο γὰρ ἐστι τὸ ὄντως ἰδεῖν καὶ γνῶναι καὶ τὸν ὑπερούσιον ὑπερουσίως ὑμνῆσαι διὰ τῆς πάντων τῶν ὄντων ἀφαιρέσεως, ὥσπερ οἱ αὐτοφυὲς ἄγαλμα ποιοῦντες ἐξαιροῦντες πάντα τὰ ἐπιπροσθοῦντα τῇ καθαρᾷ τοῦ κρυφίου θέᾳ κωλύματα καὶ αὐτὸ ἐφ' ἑαυτοῦ τῇ ἀφαιρέσει μόνῃ τὸ ἀποκεκρυμμενον ἀναφαίνοντες κάλλος."①

"我们逡巡在超明亮的黑暗中，意图在不看与不认知中看到并且（并且恰恰）借助不看和不认知而认知到那位超出我们的视看和认知者，因为这意味着在真理中视看与认知，我所祈求的就是这一点。我们以超存在的方式赞美超存在，我们将他从所有存在之中凸显而出。由此，我们等同于那些从一块生长而出的石块中雕琢出一个造像的雕塑家，他们凿去一切妨碍那纯净视线的多余者，那纯净的视线瞩目于那一隐匿的形象，他们借助这种雕琢而去以将隐匿在其中的美烘托而出。"

从方法上来看，我们庶几可以说，这是以逻辑的方法确定作为概念的美、确定作为概念的上帝，并且确定这两者之间的关系。这一超存在的美、隐匿的美、立于我们理性彼岸的美，能够被表述为

---

① 就此请参见 De Mystica Theologia. 1025A（1-7）。这段文本的第一句在拙文"论（托名）狄奥尼修斯《神秘神学》的神秘神学"一文中曾经翻译过（见于《云南大学学报》哲学社会科学版 2011 年 6 期 22 页），不同之处，以本书的改进译文为准。

绝对的美。在本体论层面谈论美、形上层面谈论美，将形而上学作为美学、将美学视为形而上学，作为基督宗教的柏拉图主义者，伪狄奥尼修斯的意图在于表述基督宗教哲学所理解的作为绝对超验的上帝和美；而既然是在基督"宗教"哲学的域界中表述上帝和作为绝对的美，那么即使他从希腊哲学中借出了这一联体概念、双重概念，但是这必然也与他自己的哲学神学方法论有着内在的逻辑关系。他所思维的、他思维着的，是上帝，而见诸于笔墨的，则是超验的美，洞彻一切存在的美（ὑπερούσιον κάλλος）。换言之，尽管他从柏拉图、布洛丁之流借取了概念和术语，但是他却超出了他们，并且给出了诸如 πάγκαλον（"至美"）、ὑπερκάλον（"超美"）等新概念[①]。他将原本是艺术的美的美学概念，从美感经验的域界中带领出来，并且将其领入形而上学的氛围中，在超验的意义上赋予其新的内涵，并且将这一内涵的可能性容量拓展到极致；或者更准确地说，这才是美这一概念的原本的内涵。实际上，从形式逻辑的角度来看，内涵越大，外延越小，而美的内涵大到极致、大到无可再大，以至于无法以任何范畴限定它、定义它，由此而成为无可定义者，在这个意义上，这个美就是绝对的美，就是无法言说其内涵的"绝对"自身，一言以蔽之，就是上帝。

由此也呈现出基督宗教哲学思维方式的两种变端；或曰并非别的什么人，而恰恰是伪狄奥尼修斯将这样的可以想见的绝对的美的概念引入了基督宗教美学，这导致了基督宗教哲学的两种改观。一方面，从思维的背景和过程上来看，他似乎从作为美感经验的美、

[①] 就此请参见伪狄奥尼修斯 De Divinis nominibus. In: Patristische Texte und Studien, Band 33. Corpus Dionysiacum I. Herausgegeben von Beate Regina Suchla. Walter de Gruyter Berlin New York 1990。

从以艺术为对象的美，从可感知的品性、属性，推导出作为"绝对"的概念、无可定义的概念，并将这一美学概念领入基督宗教，使得基督宗教哲学也具有了美学品性，或曰：尽管他没有离弃艺术美的概念，但是他甚至一开始就将美这一概念视为本体论的超验限定谓项，使得基督宗教哲学本身就成为了形上美学、就是形上美学；而另一方面，恰恰由于这一美的概念是无法定义的、无可定义的，所以这样的概念并非人以其理性所能够掌控和理解的，而人又知道这一概念、谈论和研讨这一概念，于是在这个意义上，这个概念是人所接受的，甚或必定接受的，于是这一作为"绝对"而"理解"的（亦即必须接受的）美，就成为了"完美"和"全能"，万物以他为源泉从他而出，又以他为目的向着他而回溯，他涵盖万物，而万物参有他、与他有千丝万缕之联系，而所有的关联也都指向他，也就是说，无论是本体的、形上的，抑或是因果的、或然必然的，甚或是目的的。在这个意义上，美是宇宙的初始原则和目的，是宇宙的原象与标准；这使得基督宗教本体论的谓项获得了丰富。

由此我们庶几能够说，在基督宗教哲学中，甚或在俗世哲学中，美从未如此这般地被考量、被估量，美也从未被考量、被估量到如此这般的高度；但是尽管如此，美并未丧失它原有的特殊属性，其原有的艺术美的美学意义亦并未流失。

当然，尽管伪狄奥尼修斯对于寻常意义上的美、对于感官可感知的美并未拒绝，甚或还是接受的，他也在这样的出发点上试图在其著作中将其绝对的美的概念作感官感知的解释，甚或将其感官感知化，这一方面为其神秘神学思想的阐释作了准备，但是另一方面在某种意义上依然庶几可以说，如果美是完美、是全权（全能），并且如果美是我们必定接受而来的概念，那么它庶几就至少首先不再是感官感知的对象、经验的对象；他于是就是思辨的源泉，尽管他颇富神秘性，并且当然同时也为伪狄奥尼修斯的神秘神学埋下了伏笔，但是哲学、哲学神学必须接纳这一概念而使自己成为一门完整的学科。

从上面引述的这一文本出发，我们庶几能够说，除前文所论及的外，我们又有一种美的双重结构，这里的美既可视为形上之美、亦可视为艺术之美，这样说的原因在于，这一文本至少有两种不同的读法，一种是作为否定神学的文本，一种是作为艺术美学的文本；在这个意义上，美似乎是多重结构的，或曰，在不同的意义上，美具有不同的双重结构。

就其文本中雕塑艺术的例证而言，造型艺术在古典时期对于众神的崇拜中享有优先的地位，譬如雅典的帕特农神庙及其雕刻造像艺术，这在古典的希腊庶几形成，或曰至少有助于形成一种充满艺术气质的众神崇拜和多神论宗教；尽管异教及其艺术在伪狄奥尼修斯的时代已经处于颓势，但是并未消失殆尽（也不可能消失殆尽），一神论的基督宗教自其早期的努力开始，直到教父阶段后期，就已经逐渐克服了古典的（众神崇拜的、多神崇拜的）艺术宗教，而对于古典艺术宗教的回忆作为基本的素养却依然存留在包括伪狄奥尼修斯在内的诸多教父之中，于是以构筑形象的造像艺术、雕塑艺术为例证来阐释其上帝思想就并非偶然的了。

然而恰恰是这一有形的、具象的雕塑艺术的例证，透露出伪狄奥尼修斯的真实意图：凸显上帝的超验性、凸显超验的神性之美，这也是其后拜占庭时代圣像争执过程中赞襄圣像理论的本体形上之基础。初看起来，这似乎是矛盾的，但是更深一层的观察能够提示我们，这不仅并不矛盾，而且恰恰还符合伪狄奥尼修斯也体现在《神秘神学》中的否定神学的思维方式。简言之，在本体论和形上学层面来看，由于上帝概念本身就是否定概念，由于上帝是超验的、由于上帝的神性之美的超验性，所以我们无法以概念和范畴定义之，换言之，我们无法以语言正面肯认性的表述，上帝是谁、是什么，神性之美是什么；在语言中，我们或者以象征神学肯认而譬喻般地去言说，或者以否定神学类比般地去表述，上帝究竟是什么（是谁），或者不是什么（不是谁），以及神性之美究竟是什么（或者不是什么）。

伪狄奥尼修斯在其著作中（当然也包括，并且特别是这里引述的《神秘神学》）发展出一种否定神学的上帝表述。在本体和形上层面，与肯认般的象征神学不同的是，关于上帝的（无论是肯认的，抑或是否定性，而且即使是肯认的）言说，都只能表明，上帝作为一个隐匿的形象、作为一个隐匿者，立于所有思考的彼岸，人的所有（无论是肯认的，抑或是否认的）思维所能达到的尽管是完满的质量，亦都不足以清晰表述上帝的本质，即使是耽于，并达于完满质量的思维最终也能历验到，上帝、神性之美立于正面肯认、正面限定之彼岸；而否定神学则拒绝所有上帝的谓项（亦即前文所引述的伪狄奥尼修斯文本中所说的"雕凿而去"），尝试另外一种通达上帝的渠道，或曰尝试历验另外一种通达上帝的可能性，也就是说历验上帝究竟不是什么，而非它究竟是什么。就此，否定神学解构肯定神学的、象征神学的形象表述（征象表述）；伪狄奥尼修斯以造型艺术描述这一极致的结构过程。他比较思维的否定性行为（否定性思维行为）和艺术创作中（在此，即雕塑艺术中）的将所有多余之物雕凿而去的行为。我们庶几能够说，这样的比较在哲学上、逻辑上并非突兀而来者,而是一种已然成型的定式,尽管这一定式首先表明,伪狄奥尼修斯应当十分娴熟于艺术创作的领域、美感经验的领域,并且应当也有意愿表述他的艺术美的历验,但是其意图却恰恰并非首先在于表述一种具体的艺术的经验、艺术美的经验,而是留在形上美学的层面而以形象的语言表明,既然甚至包括语言在内的诸多因素都是多余的,那么就必须要涤除一切不必要的、多余的、妨碍纯净目光的东西,要在本体和形上层面否定一切象征的和正面的接近上帝的尝试,要排除一切多余的东西,要涤除一切能用语言所表达的他所是的,以及一切能用语言所表达的他所不是的,最终方能达于那一似乎可望而不可即的神性之美,除此之外,似乎别无其他途径。

这一披沙拣金以达于神性之美的类比方式,不仅体现了伪狄奥尼修斯本体论美学和艺术美学的思维内涵,而且似乎也透露出他关于超验之美的思维方式;换言之,他在这里用来和艺术美学相比较、相类比的哲学定式,也展示了他关于神性超验之美的思维过程,这一过程看似是唯一的直线的、直入主题的、直取对象的思考,其实它隐含着至少三种不同的思维方式,或曰伪狄奥尼修斯建构了三种不同的思维方式,以达于神性的超验之美,这是直接的、反思的,以及圆融合一的思维运动,或者在他看来是灵魂的三种运动,这当然尚未完全脱出新柏拉图主义的窠臼。如果如同前文所表述的万物是美的话,那么人的思维也必定是美的,被超验之美赋予了美的存在和追求终极超验之美的意志与动力,并且人的思维在其对于超验之美的思考中,的确将其追求超验之美的意志与动力付诸实施,而这一过程是梯次等级的渐次接近上帝、接近神性之美的过程;这三种思维方式也是相互关联的,每一种思维的结构,不仅包含其自身的关于神性之美的思考及其思考的质量，而且在其自身的认知能力中也反映出那一神性之美庶几是无可企及的、隐匿的。

就这三种思维方式而言，直接思维的认知运动，是直线的比较型的概念建构过程，从比较出发而建构认知的内涵，思维或灵魂以单一存在为考量的目的，并非无条件地同时以反思自身为目的和判准；以这一方式所获取的认知，经过思维内在的加工演绎，就能够将思维的能力提升到较高的认知过程中，这是一个反思的思维过程；而思维的运动在最高的认知层面就达到了并非认知，而是神秘冥想的层次，思维在自身之中作圆周运动。第一种思维结构不仅意味着受造之美向着本源之美的直接的返回，而且也暗示着在受造之美中含有本源之美的隐匿的内涵，受造之美是本源之美的象征；在第二种结构中，思维对于所认知的内涵和思维自身都有反思，并且认知到自身并不具备能力以直取（即理解）作为认知对象的神性之美，这一结构不仅暗示了思维的某种无能，而且同时也暗示了另一种达于神性之美的可能性；第三种结构是非认知的，或曰超认知的结构，是思维与思维对象距离为零的结构，这时，思维作为受造的美完全返回了本源之美、返回了作为至一的神性之美，在这样的结构中，一切多余者都被雕凿殆尽、尽皆消失殆尽，思维之美与本源之美达于合一，纯净的目光（并非一定是理性理解之能力）终于和它所瞩目的终极之美在旷莽幽深和闳约深美之中融而为一；由此，我们庶几也可以说，这三种思维运动是相互关联的。

如同前文所提示的，这里所引述的文本能够做双重之理解，也就是说我们在此有美的双重结构，亦即形上之美和艺术之美。艺术之美自然也落于这一哲学定式之中，原因是彰明较著的，在伪狄奥尼修斯看来，上帝神性之美不仅在受造的宇宙万物中呈现自身，而且也在艺术造作的构形中得到体现。艺术形象（艺术象征）的构思和创作、解说和阐释，有助于思维（或灵魂）完成（或曰达成、达到）与本源之美（或曰至一）的合一；通过对美的形象的解码，或曰在美的形象的运作下，思维作为受造之美能够洞彻所有达于对神性之美的认知的结构，并且至少在初级的结构中能够径取，或曰驰近作为本源的神性之美；艺术的作品作为感官可感知的形象，不仅能够以其独特的方式（不同于纯粹思维的方式）展示其美的表象之后的精神内涵，而且也能够以其形象之美所具有的吸引力（美的品性所具有的魅力、吸引力），令人超验的思考隐匿的美；伪狄奥尼修斯的美的论述，或曰其关于艺术之美、形象之美的论述并非单一维度，而是多维度的思维，他的神性之美的概念，即表述了一个隐匿的作为美的上帝，也表述了一个甚至能够在单一的艺术作品中得到体现的上帝（这也是后世赞襄圣像理论的又一本体形上之基础）；这一似乎是悖论的概念与其哲学神学的思想背景和思维方式密切相关。

4. 本体形上美学中美的流溢概念：
象征神学、肯定神学、否定神学、神秘神学的思维方式

超存在之美、绝对之美，并非蜗居在自身的窠臼中，并非一个自在之物，而是将自身放逸而出，赋予思考者以思考他的能力；这庶几可称为绝对之美的流溢、绝对之美的涌出、绝对之美的自身展示和自身指出。除了美的概念之外，伪狄奥尼修斯庶几还从布洛丁那里借用了流溢概念，并且也将这一概念化用到了基督宗教哲学

中[①]。伪狄奥尼修斯所借鉴的思想是,绝对的美流溢而出、溢涌而出、放逸而出,或者说放射而出,而无论如何,流溢而出的结果就是此间世界之美。如前文所论述的,一些早期的教父学者们,将上帝与此间世界的关系作了二元论的理解,在他们看来,上帝是美、是完美,而此间世界相对于上帝而言则是微不足道的、匮乏美的;上帝独自享有完美,或曰完美是上帝所独享的属性,而此间世界则相反,仅仅是不完美的,甚或是不美的,他们只有参有到上帝之中才能够是美的,而上帝当然也与此间世界有关系,美也滞留于其中。对于伪狄奥尼修斯而言,此间世界固然并不具有自身的美、自有的美,甚或并不具有不完美;在此我们庶几可以说,不完美约略指美的程度,或曰一定程度的美,此间世界甚或并不具有一定程度的自身独享之美、自身独有之美。也正是在这个意义上,此间世界就是,并且才是绝对之美的接受者(亦即神性之美的接受者,或曰上帝之美的接受者);而如果人在此间世界所发现的所有的美都是上帝神性之美的辉映的话,或曰与神性之美花萼相辉的话,那么至少在逻辑上就能够认为,仅仅存在上帝神性之美;在此我们庶几能够说,伪狄奥尼修斯的形上美学,与教父们关于美的学说构成一种对立性,其中透析出明显的美的一元论的理解。

由此能够得出顺理成章的结论是,一方面,尽管上帝是超验的,但是他将自身的绝对之美启示给此间世界,令此间世界参有到

[①] 关于布洛丁的流溢说及其在本体形上美学中的阐释,请参见 Günther Pöltner, Philosophische Ästhetik. Grundkurs Philosophie 16. Verlag W. Kohlhammer. Stuttgart. 2008. S. 42. Godo Lieberg, Ästhetische Theorien der Antike, des Mittelalters und der Neuzeit. Darstellungen und Interpretationen. Universitätsverlag Dr. Norbert Brockmeyer. Bochum 2011. S. 11。

他的神性美之中，并进而也是美的；另一方面，尽管此间世界不完美、不具有自身独有的完美、自身独有的美，但是此间世界之美却接受了上帝启示给他的美，并享有上帝神性之美于自身之中；这样的结论符合他的哲学神学的整体的思维方式和研究问题的本体形上方法。

固然，对于单一作品的分析，或曰前文所引述的这一雕塑创作的单一例证，似乎并不能充分提示出更为具体的艺术经验、美感经验，但是至少表明，伪狄奥尼修斯不仅愿意以双重结构谈论美，特别是谈论超验的美、本体形上之美，而且对于艺术、对于艺术的美以及美感历验存有相当的兴趣。在这个意义上，伪狄奥尼修斯说：

"Καὶ καθάπερ ἐπὶ τῶν αἰσθητῶν εἰκόνων εἰ πρὸς τὸ ἀρχέτυπον εἶδος ὁ γραφεὺς ἀκλινῶς εἰσορᾷ πρὸς μηδὲν ἄλλο τῶν ὁρατῶν ἀνθελκόμενος ἢ κατά τι μεριζόμενος αὐτὸν ἐκεῖνον ὅστις ἐστὶ τὸν γραφόμενον εἰ θέμις εἰπεῖν διπλασιάσει καὶ δείξει τὸν ἑκάτερον ἐν ἑκατέρῳ παρὰ τὸ τῆς οὐσίας διάφορον, οὕτω τοῖς φιλοκάλοις ἐν νῷ γραφεῦσιν ἡ πρὸς τὸ εὐῶδες καὶ κρύφιον κάλλος ἀτενὴς καὶ ἀπαρέγκλιτος θεωρία τὸ ἀπλανὲς δωρήσεται καὶ θεοειδέστατον ἴνδαλμα." ①

"画家创作其可感知的画作时参照非亲缘性的原象，并且既不分心于其他可视的东西，亦不以任何方式分散他的注意力以保证他

---

① 就此请参见 G. Heil, A. M. Ritter, edd. Corpus Dionysiacum II: Pseudo-Dionysius Areopagita, De Coelesti Hierarchia, De Ecclesiastica Hierarchia, De Mystica Theologia, Epistulae. PTS 36. Stuttgart 1991. De Hierachia Ecclesiastica（《论教会的等级》）5-11。

的模特不被双重化,以至于一个在另一个中被看到,当然要排除它们的存在方式的不同;同样,那一无可比拟的、对于它的观视无法被转移的、馨香而隐匿的美,赋予喜爱美的思想的画家们以精神的图像,这精神图像也完全按照上帝的形象而毫无偏离。"

我们庶几能够从如下几点作些许之探讨:

首先,古典哲学的思维方式;从亚里士多德的范畴出发,我们庶几能够说,伪狄奥尼修斯关于美的形上表述,意在指出质料与精神的关系,意在指出,质料能够汲纳完美的精神之美所放射而出的光照,能够成为精神之美的回声、绝对之美的回响;如同前文所述及和分析的,奥古斯丁亦有类似的表述,在他看来,此间世界中留有完美之美的、神性之美的,以及绝对之美的痕迹。而从(柏拉图和)布洛丁出发,我们则庶几能够说,伪狄奥尼修斯关于美的形上表述,意在指出诸多与至一的关系,意在指出,诸多能够是作为原象的至一的肖像,能够是作为本源的至一的分流,能够是不可视的至一的可视的映像,诸多能够从至一而来,而又以其为目的而返回至一;这是流溢说在本体形上美学中的具体阐释。而从伪狄奥尼修斯哲学神学之思维本身出发,我们庶几还能够说,伪狄奥尼修斯关于美的形上表述,意在指出,尽管神性完美之美是超验的、无限的,但是恰恰就是因为这一点,这个美是无可限定的、是能够进入有限的,亦即是能够进入人的思维的,否则有限就成为了无限的界限;也正是因为神性之美以其首创之精神而首先从无限进入了有限,所以人作为有限、作为可视及的美才能参有到这一无限的、无可视及的美之中;换言之,如果哲学,甚或第一哲学是心灵的童话,那么完美之美、精神之美、绝对之美,对于人而言就是能够企及的,是能够思考的,是或可期盼的,是人能够与之在心灵的内在对话中相互倾诉的，甚或是能够将其从心灵和精神的最内在的深渊中、最幽深的渊薮中摆渡而出的。

其次，本体形上的结构关系；我们在此又相遇到一个更为直接表述的美的双重结构；一方面，作为艺术创作者的画家要全神贯注于他要描摹的原象，以保证这一原象不被一分为二，以使他照此描摹的画作免于不伦不类；而另一方面，思想的画家，亦即思考者，也就是在其思维之中描摹上帝、描摹神性之美的思想家们，他们愉悦于美、愉悦于作为原象的超验之美，这一超验的神性之美无法以任何颜色等描摹皴染，对于这一神性之美的思考，其实也初始于这一神性之美自身，正是这一超验之美赋予了思想的画家们一个精神的原象，这一原象与作为美的上帝、与承载着美这一名号的上帝毫无二致、如出一辙，或曰就是上帝自身，换言之，上帝作为超验的美将自身赋予了思想的画家们（亦即思考者们），以作为他们思考的精神原象；在此，我们庶几可以说，在伪狄奥尼修斯看来，关于上帝的思考的首创者依然是上帝、是神性的超验之美，没有这一首创性的自身的赋予和给出、没有这一馨香而隐匿的超验之美将自身作为原象的赋予而出，思想的画家们似乎并不天然就具有关于他的思考的原象，而所赋予而出的与赋予者自身并无二致，他所给出的就是他自身，这就保证了思想的画家们并非具有两种不同的，而是一个思考的原型，这一观点一方面透露出新柏拉图主义关于至一的思想、关于至一的流溢的思想，另一方面也再次体现了伪狄奥尼修斯的哲学神学本体论的思维方式。

其三，新柏拉图主义的思维品性；美与图像（或曰画像、图画）这两个概念，在新柏拉图主义的思维中相互间密切关联。美在希腊的思维中总是意味着"显示自身"、"自身呈现"，以及"显现"、"呈现",这其中已经有了画面感,甚或已经有了图画的含义,或曰至少已经与图画有了关联;这样说的原因在于,图画指的是一种可见性,或曰是一个对象整体的共时的可见性,对于这样一个整体仅仅需要一瞥便足以视见之了;在这个意义上,没有图画的自身呈现、没有图画的当下在场,对于它的视见是无从谈起的。图画是一种在视见之中自身呈现和被展现的合一,这不仅是图画而且也是美的感知模式,换言之,美在有形的图画中(造型中)呈现自身,并且被展现而出,这是体现在人的感觉和认知之中的。在(新)柏拉图主义的语境中,美与图画(造型)在超验的意义上有着更为密切的关联。从图画出发而言,柏拉图在《智者篇》中,确认了图画可视性中之不可视者,是自身原本隐匿者的呈现,隐匿者体现在、展示在其呈现(表象)之中,隐匿者在这样的呈现中既未散佚殆尽、亦未一览无余,而是同时超越了他的表象的呈现,图画(εἰκών)在此并非肖像(εἴδωλον,模拟之画),并非一个能够指向原作的模仿之作,而是指向一个没有图像,或曰不借助图像则是不可视者的可视性,图像提示出超出自身的某物,它超越于图像的可视性。这在本体论和形上学层面可表示为"不在场者的在场性"[1];这首先确认了不在场者的存在,同时确认了它与在场者的关系,而这一关系能够提示出不在场者的属性,或曰,其属性能够从在场者中被读出。就美而言,柏拉图将其思考为"自身提示"、"自身呈现"、"呈现自身",这是原本真实的存在和理性的呈现,它原本超越于一切事物及其所呈现

---

[1] 就此请参见 Platon, Werke in acht Bänden Griechisch und Deutsch. Griechische Texte von Léon Robin und Louis Méridia, deutsche Übersetzuung von F. Schleiermacher. Damstadt 1990. Band 6, Sophistes 240 B 以下。

的现象，但是却在它们之中宣示自身①；这也是赞襄圣像理论的古典哲学的基础，或曰本体形上论的基础。美开放自身，或曰美将事物及其现象开启为可视的，其可视性则指向那一不可视的超验者，那一不可视的超验者作为真实而原本的存在，超越一切事物，同时又在其中显现自身，或曰令事物映射出自身②。美在此有着更深刻、更广博的内涵，它不仅仅是，甚或完全不是对于某物（观视对象）的美感愉悦，美，甚或图像，提示着超验者、引导人思考一个隐匿者，甚或：美本身就是存在自身、就是存在的一个超验限定。

在前此为止的分析的基础上我们庶几可以说，美与图像在柏拉图主义中首先并非某种感官感觉的愉悦，并非审美感觉的研判，以至于这样的研判能够成为一种艺术美学，这当然也是一个专门的学术领域，但是在柏拉图以及新柏拉图主义那里，美的概念首先是一种本体论和形上学的意义，或曰美本身作为一种学问首先是本体论和形上学。同时，如果美在柏拉图主义那里被理解为超验、存在的话，那么这也意味着它在新柏拉图主义那里能够被表述为至一，美的呈现也就是至一的呈现，是绝对无限者的呈现，它超越一切存在与思维，是存在的本源、初始原则和普遍基础，作为这样的原则和基础，它呈现给所有有限的存在者，并在它们之中，恰恰作为这样的原则和基础，它一方面无需任何存在者而存在，另一方面又并非立于存

---

① 就此请参见 Platon, Werke in acht Bänden Griechisch und Deutsch. Griechische Texte von Léon Robin und Louis Méridia, deutsche Übersetzuung von F. Schleiermacher. Damstadt 1990. Band 3, Symposium 210A-212A，Band 5, Phaidros 247A 以下。

② 就此请参见 Platon, Werke in acht Bänden Griechisch und Deutsch. Griechische Texte von Léon Robin und Louis Méridia, deutsche Übersetzuung von F. Schleiermacher. Damstadt 1990. Band 5, Phaidros 250B 以下。亦请参见 Gehard Krüger, Einsicht und Leidenschaft. Das Wesen des Platonischen Denkens. 4. Auflag. Frankfurt am Main 1973. S. 177-283。

在者之彼岸，而是此岸赖以成为此岸的初始原因，美作为至一的另一个名号、另一个谓项，是绝对不可视者自身的可视性，是超可视者（超不可视者）自身的可视性，或曰就是纯粹绝对超验者自身。

在东方教父中，伪狄奥尼修斯是新柏拉图主义思维的代表者，他在《论上帝的名号》中并非以 αἰσθέτικ，而是以 καλόν、κάλλος 表述美，也就是说，他并非以表述感官感觉的概念，而是径直以本体形上的超验概念表述上帝；而至于 καλόν、κάλλος（表述美的）概念，不仅是本体论层面上的绝对概念，同时也是形上学层面的超验概念；如果布洛丁的美学更具形上美学的品性的话，那么伪狄奥尼修斯的美学似乎更具本体论的品性。固然，如果上帝是绝对的超验、绝对的无限概念的话，那么他毫无疑问也超出一切名号、超出一切对他的命名，但是在类比的意义上、在有限对于作为无限的他（亦即上帝）的参有的意义上，人庶几能够在形上层面命名它，以称呼他：

"Καλὸν δὲ ὡς πάγκαλον ἅμα καὶ ἀεὶ ὂν κατὰ τὰ αὐτὰ καὶ ὡσαύτως καλὸν καὶ οὔτε γιγνόμενον οὔτε ἀπολλύμενον οὔτε αὐξανόμενον φθίνον, οὐδὲ τῇ μὲν καλόν, τῇ δὲ αἰσχρὸν οὐδὲ τοτὲ μέν, τοτὲ δὲ οὔ, οὐδὲ πρὸς μὲν τὸ καλόν……ἀλλ' ὡς αὐτὸ καθ' ἑαυτὸ μεθ' ἑαυτοῦ μονοειδὲς ἀεὶ ὂν καλὸν καὶ ὡς παντὸς καλοῦ τὴν πηγαίαν καλλονὴν ὑπεροχικῶς ἐν ἑαυτῷ προέχον. Τῇ γὰρ ἁπλῇ καὶ ὑπερφυεῖ τῶν ὅλων καλῶν φύσει πᾶσα καλλονὴ καὶ πᾶν καλὸν ἑνοειδῶς κατ' αἰτίαν προϋφέστηκεν……καὶ διὰ τὸ καλὸν αἱ πάντων ἐφαρμογαὶ καὶ φιλίαι καὶ κοινωνίαι, καὶ τῷ καλῷ τὰ πάντα ἥνωται……Ἐκ τούτου πᾶσαι τῶν ὄντων αἱ οὐσιώδεις ὑπάρξεις, αἱ διακρίσεις, αἱ ταὐτότητες, αἱ ἑτερότητες, αἱ ὁμοιότητες, αἱ ἀνομοιότητες, αἱ κοινωνίαι τῶν ἐναντίων, αἱ ἀσυμμιξίαι τῶν ἡνωμενων, αἱ πρόνοιαι τῶν ὑπερτέρων, αἱ ἀλληλουχίαι τῶν ὁμοστοίχων, αἱ ἐπιστροφαὶ τῶν καταδεεστέρων, αἱ πάντων ἑαυτῶν φρουρητικαὶ καὶ ἀμετακίνητοι μοναὶ καὶ ἱδρύσεις, καὶ αὖθις αἱ πάντων ἐν πᾶσιν οἰκείως ἑκάστῳ κοινωνίαι καὶ ἐφαρμογαὶ καὶ ἀσύγχυτοι φιλίαι καὶ ἁρμονίαι τοῦ παντός, αἱ ἐν τῷ παντὶ συγκράσεις, αἱ ἀδιάλυτοι συνοχαὶ τῶν ὄντων."[①]

"他之所以被称为美，是因为他就是美，并且是超美（ὑπέρκαλον），因为他永恒的在同样的关系上，并且以同样的方式是美的，因为他没有生成与消逝（或译：成住转坏）、没有盈缩之期，因为他并非在一种考量上是美的，而在另一种考量上是不美的，因为他并非时而美、时而不美［……］，他径直被称为美，是因为他由自身、为自身而是永恒而纯粹的美（或译：永恒而孤寂的美），这一美作为众美之源泉以矜贵的方式含蕴在自身之中。这是因为，在这一美的简质的、超存在的存在中，每一种美的属性、每一种美，都在至一的方式中享有其原始的先在性［……］；借助这一美，万有才享有和谐、友情，以及盟好；借助这一美，万物才合而为一［……］。由他才生出万物的实质的存在、合一与分离、共同性与区别性、相似性与非相似性、相反之物的共同性以及合一之物的无

---

① 就此请参见 De Divinis nominibus. 701D-704C. In: Patristische Texte und Studien, Band 33. Corpus Dionysiacum I. Herausgegeben von Beate Regina Suchla. Walter de Gruyter Berlin New York 1990。

可混同性、较高者的关怀、同等者相互的内在联系、较低地位者的返回，以及万物以护佑自身为目的的无可改变而涵养自身的存在及其确认。"

尽管这一文本在遣词造句上不乏巴罗克式写作风格的辞藻堆砌，甚或有些雕饰造作，尽管它在希腊文的行文中繁花似锦，但是它也颇具柏拉图《会饮篇》（210 E 以下）的品性，是其以素朴风格描述美的风流遗响。伪狄奥尼修斯在此确定了美的存在，如同前文已经分析的，在他看来，只有超存在者的美才被称为美，因为每一个存在都按照其特有属性而被他赋予了美，因为他是和谐秩序的和万物的光耀的原因，因为他呼召万物至于其自身（所以他也被称为呼召者），因为他将万物总括于同一个至一之中；美同时也是所有存在者所共享的属性，它并非某种（某些），或特定事物区别于其他事物而所具有的特殊品性、特殊限定，而是以其特有的方式确定所有事物（所有存在者）整体的品性、确定每一单一事物（每一存在者）各自的品性；然则，美富有建构性地确定存在者的存在，它并非事物其他限定之外的一个限定，并非存在者所有限定中的一个限定而已，他也并非存在者可有可无的一个限定，而是确定存在者的存在、存在者的属性的终极限定，它最终，并彻底决定着存在者，他不但建构存在者，而且守护其存在和品性，他既创建他们，以使之和自己保持联系，同时又保持与他们的区别，以使之真正而总是成为他者，他不仅在建构的意义上与存在者的存在整体保有多样的联系，他也在目的论的意义上令他们返回作为绝对本源的美自身，美由此也确定了自身的存在和属性、也确定了自身的意义；由此，美最初、最终、最极致的指的就是至一，是建构存在者的至一、作为存在者基础的至一，就是超乎一切存在者的绝对至一的自身宣示，至一在美之中展示自己所享有的建构的权能,甚或全能,美作为至一并不毁弃诸多,而是在合一之中保持和看护他们的区别、在自身中含咀他们的区别,尽管建构的美在其超验性中似乎立于所有存在之彼岸,但是唯其是建构的、超验的,他才能作为纯净的至一而以绝对的无限性而立于存在者之此岸;美于是就是绝对超验的自身提示,是绝对至一的自身呈现。

伪狄奥尼修斯所说的至一,具有柏拉图、新柏拉图主义哲学的痕迹,在柏拉图看来,虚无(οὐδέν)就是οὐδὲ ἕν,也就是从未有过至一、从未有过存在、从未存在过[①],布洛丁也认为:

"Πάντα τὰ ὄντα τῷ ἑνί ἐστιν ὄντα." [②]

"所有存在者都是借助至一而存在的。"

没有至一,存在者、诸多就无法被界定,甚或成为虚无;这一柏拉图的和新柏拉图主义哲学中的、作为美并且建构存在者的至一概念,在伪狄奥尼修斯的表述中,亦可被视为上帝、视为神性之美,这与他的哲学神学的思维方式直接相关;之所以能够这样说,理由庶几是这样的:至一在极致的一致性中彻底实现其本质,而完全实现其存在本质的至一就是至善,而自身完足的至善就是至真,至善而又至真的至一就是至美,这一极致的真、善、美、一,在伪狄奥尼修斯的哲学神学中就是上帝。上帝作为美,其美与存在者之美并非能够同日而语,作为至一它享有纯净的一致性,至一之美于是也

[①] 就此请参见 Platon, Werke in acht Bänden Griechisch und Deutsch. Griechische Texte von Léon Robin und Louis Méridia, deutsche Übersetzuung von F. Schleiermacher. Damstadt 1990. Band 4, Politeia 478B, Band 5, Parmenides 166。

[②] 就此请参见 Enneaden VI 9, 1, 1. Paul Henry et Hans-Rudolf Schwyzer (Ed.), Plotini Opera. Tomus III, Enneas VI. Paris Bruxelles Leiden 1973。

就是至美，上帝神性之美于是也就是美的源泉、超美。

尽管伪狄奥尼修斯从画家的、可感知的画面入手，但是他的主旨似乎并非要谈论作为艺术创作者的画家，并非要谈论一个具体的图画、图像，他的表述更多地是从历史结构中可感知的现实出发、从当下此在出发而指向一个超验的理念；这一方面表明，他对具体的画像、在此很可能是基督宗教的圣像娴熟于心，以至于在他的形上的表述中留有具体的、质料的痕迹，这当然不仅符合他的哲学神学的思维方式，而且也符合形上思维本身的特点，亦即从具体的事实而渐次跻入抽象的领域；而另一方面也表明，多少带有神秘色彩的、作为精神图像的原象的超验的神性美，才是他的表述所要谈论的终极对象；在此，εἰκών、亦即画像（图画）是其表述中的关键术语，这一术语不仅承担着质料性表述的角色，也就是指向具体的画像，甚或圣像，而且也具有表述超验品性的功能，也就是指向作为原象的超验之美，或曰：伪狄奥尼修斯以不同方式、在不同的意义层面使用这一术语；这也是后世赞襄圣像理论的本体形上之基础。

从形上美学层面来看，尽管画像、图像、图画这一语汇毫无疑问能够表述具体的画作，但是作为术语它的功能首先在于由质料的可感知的画面提示出超感官、超感觉的理念，在此即超验的神性之美；具体而质料的画面，或曰感官可感知的画面，肖像出这一作为理念的神性之美，这也就是说，超验的美，惟其是超验的，所以他才能洞彻一切经验的领域、洞彻感官所能获取的一切感觉，这当然也包含美感的历验；换言之，尽管超验的美、超感官的神性的美自身是超验的，但是恰恰是其超验性决定了它能够不受任何超验，特别是不受经验的限定，而能够在任何经验的领域被感知、被认知，否则任意一个经验就成为了超验的界限,这在逻辑上无法解释;同时,正是由于神性之美是超验的,并且能够洞彻一切经验的领域,所以神性之美能够借助感官可感知的形象、象征、图画(画像、造像)而呈现出某种"可掌控性",这也是赞襄圣像理论的本体形上之基础,而这一"可掌控性"指的是具体操作上的可描摹性;固然,这一可掌控性指的并非我们的理性能够限定这一超验的神性之美,而是这一超验的神性之美自身为我们的理性提供一种可探知性,尽管或许是借助图像的可探知性。于是,图像作为术语的含义,或功能,首先在于其肖像的功能,它提示出超感官的精神原象,超感官的精神图像的内涵在这一图像中成为可感觉和可感知的。作为术语,图像一词并非仅仅指二维的画像,它应当还包括三维的造像,甚至包括图像般的(形象的)语言表述,同时,宗教的某些行为,诸如一些礼仪,也是一种象征性的(图画般的)语言,表述相应的认知内涵;语言表述的形象(图像)是一种隐匿的表述上帝神性之美的维度,在这个意义上,思维是形象的表述上帝的最高形式。

从画像概念本身来看,在此我们庶几可以说,伪狄奥尼修斯的表述美的画像(图像)概念是一个多维度的普遍概念,它不仅是质料性的二维画像概念,同时也是一种宗教的和语言的精神概念,由此它也就具有多重的含义;感官可感觉、可感知的图像固然是人的理性理解力所能捕捉的理念的呈现,而在可感知者和精神的图像(纯粹理念)之间必定是有区别的;原象与肖像的关系结构,作为一种哲学的定式,展示了图像作为术语的本体论的内涵,也就是说任何一个图像都是原象的肖像,而恰恰是肖像对于原象的肖似性,不仅一方面提示出了两者之间本体的区别,而且另一方面也将这两者的基本联系彰显而出,这就是图像的图像性、图像的形上品性；即使假设原象不在场，那么由于肖像对于原象所具有的无可消解的依赖性（亦即肖似性、图像性），肖像也依然能够提示出原象的品性；于是伪狄奥尼修斯以"图像"这一术语作为哲学的定式，其中心的意旨在于，尝试提示出作为神性之美、作为纯粹理念的上帝的真实属性，以象征的方式提示出上帝的隐匿性，或曰提示出隐匿的上帝，也就是说，神性之美越是隐匿的，也就越需要图像般的象征将其譬喻而出、比拟而出；在伪狄奥尼修斯的哲学神学和形上美学中，上帝的无可言说性、神性之美的无可言说性，首先并未消减，甚或消失在理性的无能和沉默中，并未沉沦在人的缄默无言之中，而是在 εἰκών（图像）的多维度的表述中得到展现；伪狄奥尼修斯并未否定肯认性的象征神学的意义和表意功能，与否定神学一样，象征神学和肯定神学同样具有相当程度的表述上帝的能力和功能。

从思维方式上来看，联系上一小节的文本和分析，我们庶几可以说，"图像"作为术语，一方面不仅联系起感觉与精神、不仅区分了感觉与精神，而且这一精神是在感知中呈现自身的精神，提示了作为它的原象的超验的神性之美，并同时保持了这两者的区别；而且另一方面还同时开启了肯定神学、否定神学，甚或神秘神学之路，也就是说，开启了不同的表述上帝、表述神性之美的可能性；隐匿的上帝、隐匿的神性之美，令自身成为精神的原象，以至于精神能够有本体的资格去展示神性之美，甚或只是神性之美的痕迹；同时，我们庶几可以说，肯定神学与否定神学并不矛盾，他们是神秘合一之路以外两种不同的驰近上帝的思维道路，肯定神学与否定神学在形上层面关于上帝的表述、关于神性之美的表述是相辅相成的，肯定神学的象征性表述越充分，否定神学的必要性也就越益凸现而出,原因在于,在肯定神学对于上帝的不断充盈的表述中,那一隐匿者的超验性、非谓项性也就越益需要得到掩护和彰显。总之,"图像"一语在伪狄奥尼修斯那里,一方面不仅有一个哲学化的术语过程,而且还经历了一个美学化、工具化的语言内涵的更新过程,这意味着,"图像"一语同时承载着和表述着肯定神学、象征神学、否定神学,以及神秘神学,不仅是伪狄奥尼修斯建构其哲学神学和形上美学(神学美学)中的一个重要概念,而且也是其艺术美学的最关键术语之一。

从伪狄奥尼修斯的形上美学理论出发,还能够推导出关于艺术(或曰艺术美)的学说,特别是在他看来,艺术的行进过程,或曰实施过程,必须是以表述绝对之美、完美之美为目的的,艺术之路也许无法,甚或原本也无法达于这个绝对之美,但必须是持续而不断地驰近他的。在这个意义上,就产生了对于艺术家的要求,一方面,艺术家必须全神贯注于这个绝对之美,以能够将自己完全沉浸在这个原初之美中,由此,他的创作就是一种模仿,一种对于完美之美、无可视及之美的模仿;而另一方面,为了达到给出这一无可视及之美的目的,艺术家可以使用可视世界中的各种形式,之所以能够这样做的理由在于,包括此间世界在内的所有可视之物,都是绝对之美的、无可视及之美的肖像,人的创设性劳作,是借助可视及之美而对于无可视及之美的模仿;最终,为了使这一劳作具有正当性,艺术家必须离弃使他偏离绝对之美的可视世界中的任何事物,创造意味着涤除所有多余者,这也就是前文所引述的伪狄奥尼修斯的文本中所说的"雕凿而去"。

依旧从思维方式上来看,和谐(和声)与光照(明亮)。流溢说,无论是布洛丁的,抑或是伪狄奥尼修斯的,都是建立在对于光的思维模型上。也就是说，这两人的流溢说必须首先假定，存在具有一种类似光的属性、品性，随之而来所能确定的结果是，存在能像光一样放射、照射。在这两位看来，绝对的存在，以及所有从中放逸而出的美（或曰所有美的从其中的流溢而出），都是按照光的投射模式、透射模式而实施的。固然，在此必须提示的是，就这一阐释而言，一个不言而喻的前提是，光首先必须作为一个概念，而非作为一种质料来理解，这样说的理由是彰明较著的，因为作为"绝对"概念的上帝，无论是在希腊哲学中（或者在希腊哲学传统中的布洛丁的哲学中），抑或是在基督宗教哲学中（譬如在伪狄奥尼修斯的哲学神学中），都不能被理解为质料、不能被以质料来比拟，而只能以另外的形上概念来作参照；也正是在这样的前提下，从中而来的一个自然的逻辑结果是，光作为一个形上概念不仅被引入了形上美学，而且甚至还被设置为形上美学的基本概念，并且由此出发而言说其他概念，甚或言说上帝概念，这是对形而上学阐释力的极大丰富与增强，托马斯也是在这样的思维方式中（而非将其作为物理意义上的质料）来研究光这一概念的①。

伪狄奥尼修斯通常将美阐释为光，或光照、光明（也就是托马斯所使用的概念 lumen, claritas 等），他也将这一新的形上概念与和谐概念联系起来，而和谐（consonantia）是传统的美的概念，这两个概念的结合构成了阐释美的新程式。美在这个程式化的意义上就是 consonantia et claritas, ευαρμοστία καί αγλαία，亦即和谐与光明，或曰比例与光明。尽管伪狄奥尼修斯并未深究这

---

① 就此请参见本书笔者之拙文"存在之美与此间世界之美——试析托马斯关于美的论述"，《云南大学学报》（哲学社会科学版），2009 年 2 期（84-93 页）以及本书上篇第 6 章之相关论述。

一新程式,并未深度开掘这一新的联体程式的阐释力,但是在美学史上,其他程式,无论是在自身的阐释力上,抑或是在对其他程式和学说的持续影响力上,庶几无出其右者。这一程式在成熟的中世纪、在经院哲学的高峰,成为形上美学的重要论点,如同前文所多次述及的,并且后文还将阐释和分析的,托马斯就如此这般研究美这一概念。

赅而言之,对于伪狄奥尼修斯而言,美,或曰绝对之美、神性之美,并非仅仅是存在的本原,而且也是目的;人不仅应当观想它、思考它、阐释它,还应当以之为目的而追求它,这庶几应当是伪狄奥尼修斯的形上美学纲领。如同前文所述及和分析的,在他看来,约略有三种运动(或道路)能够通向这一目的,也就是回旋的、直线的,以及螺旋的,在这三种运动之下,他所理解的约略应当是经验感知的、逻辑推导的,以及沉思冥想的道路。在这样的纲领下,人就有至少三种途径追求美、追求作为绝对、至善以及至真的美;这样的追求并非是一种对于美的感官享受的追求,并非是对于美感的追求,并非将追求对象美学化,或曰追求一种外在的美,并将其摄入身心之内而使之内在化,而是对于原本就是内在于此间世界,并且内在于人的终极目的的追求。

5. 本体形上美学中神学论的主题:
与古典美感美学的分水岭

固然,有神论并非一定是基督宗教的,但是在此必须指出的是,作为基督宗教的学者,伪狄奥尼修斯毕竟不会放弃神学论的主题,也就是说，他的本体形上美学是一种有神论的美学、基督宗教有神论的美学，或曰就是基督宗教的神学论的美学。尽管他也在本体论哲学层面言说上帝、言说作为绝对的美，但是如果伪狄奥尼修斯的美学概念是绝对的美、是存在的超验限定、是存在的一个谓项的话，那么他的美学从本体和形上的角度来看其实只有一个基本主题，也就是哲学有神论的、哲学神学论的、神学论的主题；其来源在于古典晚期美学中的泛神论的概念，甚或泛美论的概念[①]；伪狄奥尼修斯汲取了这一泛神论的美学观点，并且将其领入基督宗教哲学的形上美学中。固然，即使基督宗教是有神论的宗教，但是它并非泛神论的，而是一神论的宗教，甚或是排他的一神论的宗教，基督宗教的上帝是三位一体的上帝、是在耶稣基督中启示了自身的上帝，在这样的认信前提和形上的前提面前，古典美学的概念，即便是形上美学概念、有神论的美学概念，也无法不经改造和调试而直接植入于基督宗教哲学和神学；伪狄奥尼修斯汲取古典晚期泛神论的美学概念，并为他建构了神学论的形上基础，换言之，他一方面赋予这一泛神论美学以极致的形式，或曰相对于古典的泛神论美学概念而言赋予它以排他的形式、使之脱离泛神论的窠臼或氛围，而呈现出排他的一神论的品貌，另一方面，在这一极致的形式下，伪狄奥尼修斯又赋予这一概念全新的内涵，美、绝对之美、从绝对而来的美，已经不再是能否引起人美感经验的客体，而是被含咀在绝对之中，而又以绝对为终极目的而被追求之主体。这样的改造、调试与化用后的形上美学概念，首先体现出伪狄奥尼修斯哲学神学的整体

[①] Viktor Byčkov, 2000 Jahre Philosphie der Kunst im christlichen Osten. Alte Kirche, Byzanz, Rußland. Augustinus-Verlag Würzburg 2001. S. 63。

思维与建构，再则，它不仅符合基督宗教哲学整体的本体形上要求，同时也符合基督宗教所要求的认信内涵，以至于他能够被以神学的专业语言改写成：美起源于上帝，在上帝之中，并且朝向上帝追求之。

固然，如同前文所述及的，古典哲学中亦有对于美的形上理解，但是形上美学中绝对之美的意义内涵在伪狄奥尼修斯的，或曰在基督宗教美学中的确定，是古典哲学中（感觉论）的美学和基督宗教哲学中形上美学的分水岭；如果古典的美学至少从词源出发而关注美的客体、艺术的美，以及美感经验的话，那么基督宗教美学首先关注"美"、"美学"概念的理性内涵，也就是关注其本体形上的内涵；绝对之美的意义内涵的确定，不仅标志着基督宗教哲学、美学之独立与成熟，而且其神学论的主题对于后世美学亦有深刻而长远的影响。以伪狄奥尼修斯为发端，绝对的美作为概念从此进入基督宗教形上美学中，这不仅直接导致感官感觉的美、感知的美的贬值、价值跌落、价值跌停，而且这也构成此后很长一段时间（譬如中世纪）几乎所有美学讨论的本体论基础和形上出发点；在此之后的美学不再能置这一形上美学的意义内涵于不顾，而径自讨论较低梯次的美及其内涵。从绝对的美而来的此间世界之美、感官可感知的美，尽管相对于绝对的美而言并非完美，但是也仅仅是相对于绝对的美而非完美，它们并非不美，而也是美的，其美的原因在于，它们是源自于那一绝对之美、神性之美的，美的这一理解并未被排除，而是也保有在基督宗教美学中，在这个意义上，此间世界之美、感官感知的美具有一种象征的意义，它们能够是绝对之美的肖像、它们能够在某种程度上呈现绝对之美，甚或代表绝对之美。而为了表述这一超验、无限、先验之美，为了表述这一无可限定、无可视见之美，光（明亮）概念被引入基督宗教美学，如同前文所分析过的，在此，光并非作质料上的理解，并非仅仅是物理意义上的光及其明亮之品性，而是一种象喻、类比，用以表述绝对之美、用以表述上帝；这似乎是不得已而为之，原因在于，如果上帝是超验的、无可限定的、超出一切范畴的，那么人就无法以任何概念来表述它，只能接受它，而人又有表述它的意图，于是只能以象喻、类比的方法实施这样的意图；而类比等方式恰恰表述被类比者与用以类比者之间的不相似，在谈及上帝概念时，这一点尤为突出[①]，超验绝对的美在这个意义上也与此间世界之美有着直接的联系。以伪狄奥尼修斯为发端，在基督宗教美学中，美的概念重新拾起古典美学中对于美的经典理解，重新激活了它曾经具有而逐渐损失掉的本体形上的普遍内涵，也就是说这一概念在古典哲学的发展中，曾经从本体形上的普遍理解沦落为一个狭义上的美感经验上的概念、艺术美的概念；基督宗教美学对他的重新定义，阻止了它在这一方向上的下滑，挽救了它的庶几是最重要的内涵，并使它回归到原本的美学意义上，换言之，美的概念渐次脱逸其美感经验等的狭隘有限之理解而再度成为一个普遍的形上概念。以伪狄奥尼修斯为发端，基督宗教美学将自身推进到至少两种相关联而又不相同的领域，一个固然是哲学思辨领域，这一领域与思辨的理性神学有着重合，另一个则是神秘神学领域，这一领域与理性的思辨神学有着共同的本原。

[①] 就此请参见 Wohlfart Pannenberg, Analogie und Offenbarung. Eine kritische Untersuchung zur Geschichte des Analogiebegriffs in der Lehre von der Gotteserkenntnis. Göttingen 2007。

6. 小结

首先，从文本上来看，固然，伪狄奥尼修斯并未有一部专门的形上美学著作，但是在其整体的哲学神学理论体系中，他善于以某些艺术哲学的思想，甚或更多地是形上美学的思想，阐释其形上和超验，而同时又是神秘和经验的（启示的）上帝观念。就此，其最重要的著作《论上帝的名号》，不仅是其哲学神学、神秘神学的专著，它同时也是其形上美学思想最重要的论著。

其次，从文本的属性上来看，固然，伪狄奥尼修斯的著作首先是神学著作，它并非专门的美学研究；但是尽管如此，美学的观点，或美学的言说在这样专门的神学著作中一直都是当下和此在的。伪狄奥尼修斯在其中将美理解为上帝的谓项，也正是在这样的氛围和背景中，伪狄奥尼修斯展开了他对美的言说，这也恰恰符合本体论的谓项限定论。集中体现他的美学思想的，是其《论上帝的名号》(特别是第四章第七节）；当然，零散的、非系统性的论述也分别见于他的其他著作中，譬如《论教会的等级》、《论天使的等级》以及《神秘神学》。

其三，从概念本身来看，就美这一概念而言，在《论上帝的名号》这部著作中，伪狄奥尼修斯以新柏拉图主义的方法，在本体形上层面阐释了美，在他看来，美就是上帝、美的本质就是上帝，美是上帝的一个名号。对于美的概念的系统阐释，并非仅仅是伪狄奥尼修斯神学思索的，而且也是哲学思索的结果。在形上层面被思索的美，于是也成为其本体形上美学理论，以至于艺术理论的抽象背景。而其对于美的论述也散见于其他著作中；在《论天阶等级》(De coelesti hierachia)中，特别是其导入语中，他一方面探讨了精神存在的形象化（造象化）问题，另一方面他也特别质询了与此相关联的另一个问题，即精神的存在(精神的本质)能否借助语汇而形象化、能否借助语言被表述。象征的形式对于精神内涵的理解，具有辩证的意义；换言之，文本，以及对于文本的阐释，也能够为超验内涵的形象化（造象化）、譬如在绘画这样的媒介（载体）之中，提供极可借鉴的考量；一方面，这一思想在其后圣像争执的讨论中，特别是对于以形象阐释上帝的可能性与界限的检视中，不仅成为重要的理论基础，而且也再度赢得极高的当下性，而另一方面，并且同时也恰恰因为前一方面，这一思想之重要性也成为，并且必定成为我们在研究伪狄奥尼修斯的思想时特别应当注意之处。在《论教会的等级》(De ecclesiastica hierachia)中，伪狄奥尼修斯比较具体而有目的地讨论了礼仪的一些美学形态，形成了具体的美学学说，他甚至构思了礼仪的一个理想的形式，这一形式包罗所有艺术的元素，并且以达到和上帝的合一为目的。尽管美和艺术在此并非其言说的重心，但是其具体而带有特殊性的研究，能够使我们在一定程度上认知其艺术理论和美学理论中的若干思想。伪狄奥尼修斯的这些论述之所以能够被视为通达其本体形上美学和艺术理论的渠道，是因为他将美主要置于形上层面加以研究，这是一个统领存在、统领存在者关系的层面，正是在这样的层面上，他的论述，无论是集中在某一部著作中的，抑或是散见于各处的，才能够、也必须被联系起来而系统的考量。

其四，从问题本身的历史传承及其在历史结构中的影响来看，伪狄奥尼修斯的美学论述，在许多点上和大巴希尔，以及四世纪前后其他教父们的观点都有相似之处[①]；如果说伪狄奥尼修斯的哲学神学思想完成了基督宗教哲学形上之路，并达成了它的独立的话，那么在这个意义上庶儿也能够说，他的美学思想不仅比起基督宗教其他许多思想家来更加思辨和抽象，而且也构成了教父美学的高潮和终端。他的著作将之前教父们各自分别表述、因而散见于其各自的著作中的各种观点和学说，相对比较集中起来、总括在一个系统中加以表达，并最终思辨性地从普遍先验的前提中导引而出。如果我们能够说，他的著作构成了基督宗教美学理论的一种推进，那么理由庶儿并非在于这些著作丰富了人们的美感经验、美学经验，而是在于他将基督宗教关于美的学说系统化、理论化了；伪狄奥尼修斯的美学并不梳理美感经验。在他之前和之后，都没有比他的美学学说更超验、更先验的；其超验、先验的美学学说，庶儿从现实的世界和习以为常的美感体验中脱颖而出。

而与伪狄奥尼修斯的本体形上美学理论相关联的，不仅是以托马斯等为代表的中世纪经院哲学、经院哲学的美学，基督宗教拜占庭的艺术，或曰圣像艺术，也与之有内在的逻辑联系，我们在较远的下文中、在探讨拜占庭画像和圣像艺术史，还会详尽并多次阐释和分析这一点。如果我们想理解拜占庭的艺术的话，那么我们首先不能将我们考量的对象仅仅设置为传承至今的拜占庭的艺术作品，我们不能将我们的研究对象仅仅限定在对于这些艺术品的考量中所获得的经验性的发现；对于拜占庭东罗马帝国的艺术的一种历史性的理解，首先要求对于他的精神源泉的理解和阐释。这一精神源泉

[①] 关于伪狄奥尼修斯之前后时代诸多教父对于美的理解，请参见 Viktor Byčkov, 2000 Jahre Philosphie der Kunst im christlichen Osten. Alte Kirche, Byzanz, Rußland. Augustinus-Verlag Würzburg 2001. S. 64-76。

应当包含众多不同而相互关联的因素，而其中一个重要的方面，就是新柏拉图主义的美学理论，以及伪狄奥尼修斯的本体形上美学。因为以希腊语创作的拜占庭的重要的美学理论家们被笼罩在新柏拉图主义者及其理论的影响之下、被笼罩在伪狄奥尼修斯的影响之下，所以不理解新柏拉图主义的哲学背景以及伪狄奥尼修斯的哲学神学本体论、本体形上美学的话，拜占庭的艺术创作，特别是其圣像理论，就无法真正而恰当的被理解。

也就是说，受新柏拉图主义影响的拜占庭艺术理论和美学理论的学者，当然首先也包括这位著名的匿名学者伪狄奥尼修斯，他的著作对于拜占庭艺术的理论与实践都有着长久而重大的影响。在美学和艺术理论方面，伪狄奥尼修斯的著作也呈现出不同的结构。在系统建构的哲学神学理论中，颇有一些论述不仅提示出他的艺术理论和美学理论，而且也令我们能够从中理解其理论的重大意义。

伪狄奥尼修斯的影响固然不仅仅在中世纪、不仅仅在东部拜占庭基督宗教中（譬如圣像理论的讨论中）、不仅仅在西部的经院哲学中（譬如关于上帝概念的讨论中）、不仅仅在东、西部的神秘神学和神秘主义中，其思想至今都熠熠而璀璨。尽管伪狄奥尼修斯有着繁花似锦般绚烂的语言以及巴罗克风格的表述方式，但是他的思想并非混沌不清，并非虚假的深刻，也并非仅仅停留在富丽雕饰的字面的意义上而未加以深思熟虑；他并非将柏拉图主义、新柏拉图主义生搬硬套在基督宗教哲学中，以标新立异，或曰以显得自己学而有术、卓尔不群，非也！他愿意将自己隐匿在匿名之中，这首先就表明了他的谦逊虚己的优秀人格品性；而将新柏拉图主义等作为思维的工具，则是时代和基督宗教哲学自身的要求使然。他的思想、他的关于美的形上论述，在基督宗教的世界，特别是在美学领域，颇富影响；不仅5、6世纪时譬如信者马克西姆坚持同样的观点，甚至当基督宗教哲学、基督宗教美学提出了新的阐释程式之后，伪狄奥尼修斯的程式依然具有无可小觑的解释力，经院哲学的高峰时期，托马斯为《论上帝的名号》作了专门的研究，并对绝对的美这一形上阐释评价甚高。固然，伪狄奥尼修斯的著作首先是神学的著作，但是如果我们关注历史的话、关注问题的（在此，美学问题的）历史、基督宗教哲学的形上发展史的话，那么我们不得不承认，即使不考量伪狄奥尼修斯的哲学神学思维以及本体形上之方法，其著作固然也是哲学著作、美学著作，他的思想在其身后的一千多年中，仅仅在美学领域就留下了深刻的痕迹，我们在本书随后的部分中还会经常相遇到他的思想、还会研讨他的若干思想；在此我们庶几能够说，如果美学有了新的意义内涵，换言之，如果包括基督宗教美学在内的所有美学，暂时搁置其美感经验的研究，而由此将自己献身于对于原初之美，或绝对之美的形上思辨，那么其基础、其起始点就在于那位生活在5世纪末的匿名的狄奥尼修斯，固然，也包括奥古斯丁。

第6章　存在之美与此间世界之美
——论托马斯·阿奎那的本体形上美学

1. 引入：托马斯面临的问题
——存在之美与此间世界之美作为中世纪基督宗教美学的纲领

美是事物存在的方式；在近代以来，美作为概念才在美学、艺术哲学的走势中用来提示事物自身的呈现带给人的感官上的刺激。而在希腊哲学中，柏拉图将美视为以理性理解的理念；只有参有这一理念，从可感受到的客体到美的行为，作为有限存在才能被称为是美的。在这样的本体论的理解上，美和真（真理）、善才构成无可分离的三即一、一即三的关系①。这样理解的美对于中世纪基督宗教哲学、托马斯·阿奎那，特别是方济各学派也有深度之影响②。

而为什么托马斯要对美加以研究和论述呢？在中世纪经院哲学的处境之中，托马斯就此面临什么问题呢？要回答这一问题，几乎不能不从基督宗教的诞生开始谈起，或曰从基督宗教哲学的诞生开始谈起。当然，我们在此并不讨论教会历史、教义史，而仅仅讨论

---

① 就此请参见 G. Seubold, Schönheit. In: Lexikon für Theologie und Kirche. Herder, Freiburg Basel Wien 2006. Band 9, 212。

② 就此请参见 G. Seubold, Schönheit. In: Lexikon für Theologie und Kirche. Herder, Freiburg Basel Wien 2006. Band 9, 212。

于本文主题相关的问题,也就是:究竟什么是美?存在之美与此间世界之美又是何种关系?

基督宗教诞生、兴起,并且首先发展在罗马帝国之中,它不仅受希腊和希伯来文明,而且也深受罗马精神的影响,以至于我们能够有充分之理由说,基督宗教享有希腊哲学、希伯来宗教以及罗马官僚文化三重来源。在罗马文化的意识中,美并不意味着什么,以至于美对于罗马人,特别是在作哲学的讨论时对于斯多葛学派来说,并非是一个甚有价值的论题[①]。尽管早期希腊和拉丁的护教教父们和作为异教哲学的斯多葛学派在哲学理念上多有不同,但是可以说,在这一问题上却比肩并立。在这些教父们看来,大凡给人感觉是美的事物,并不真正向人保证,或确定(确认)什么,因为它仅仅是在表象层面上呈现出来是美的而已,因此这样的事物都需要被解构性地揭露,以彰显其真实之本质。尽管罗马异教文化的内在性,不同于基督宗教的核心信仰,但是不约而同的是,两者都认为,感官所感觉的美,特别是此间世界之美,是能够被否定的,或曰是根本不存在的。斯多葛学派从内在超越的角度否定美;而从超越的超验来否定美,就是基督宗教护教教父们的主题动机了。

根据波佩特(W. Perpeet)和施耐德(C. Schneider)的研究[②],塞内卡(前4-65)在他的《伦理通信》中对美和审美做了毁灭性评价[③]。他警告人们,在所谓的美面前,不要陷于任何形式的萌动和激动的状态。美在他看来毫无存在之立足地;大凡称颂美者,

---

[①] 就此请参见 W. Perpeet, Ästhetik im Mittelalter. Freiburg München, 1977. S. 9-10。

[②] 就此请参见 Perpeet, S. 11, 36; 并且参见 C. Schneider, Geistersgeschichte des antiken Christentums. München 1954. Band I, S. 521。

[③] 就此请参见 Seneca, ep. 28, 41, 68, 110, 115, 116, 移引自 W. Perpeet, 9-10。

就已经失去了立身之能力。由此,将某物审视为美、判断为美是最无理性的。塞内卡认为,只有动物才审美、才判断美;美仅仅是表象、是欺骗。如果美并非事物之本质,并非真实的话,那么人为什么要喜悦于表象和欺骗呢?美导致荒淫滥情,大凡美者,则必定不是善。因为"善"是一种持续不断的过程,是在自身内在性的深井中"成为善",从这样的深井中总会不断涌流出清新的水,人只需要开掘这深井就足够了。如果斯多葛学派认为美存在的话,那么它也仅仅是上帝的专飨,这是本体形上意义中的美。这是因为,上帝的神性就是伦理存在的神性。为了检验人的德行,美作为代表意志的英雄才是有必要的。意志作为美德,在这里获有了英雄的形象、获有了宗教的人格品性。全面而全能的自我掌控力,如同神性一样被尊崇。这就是内在超越和内在超越的虔敬性。在这一意义上,人是借助自身而和自身产生关系的,奥古斯丁称这一内在超越是"根据人而来的超越"[①]。而这也就是异教斯多葛学派之所以抑制,甚至拒绝此间世界之美和审美的原初的主导动机。

基督宗教的早期护教教父们在建构他们的哲学时,将美限定在上帝之内。他们基本上否定此间世界之美,以及俗世之美。在援引柏拉图对话以作学理上的准备和支持的同时[②],关于美,亚历山大的克莱芒和德尔图良都有如同斯多葛学派的表述;这些表述甚至

[①] 就此请参见 Augustinus, De civitate Dei. XIV, 4. Ch. Horn (Hrsg.), Berlin 1997。

[②] 就此请参见 Platon, Protagoras, 309B. In: Platon—Werke in acht Bänden, Griechisch und Deutsch. Sonderausgabe, Wissenschafliche Buchgesellschaft, Darmstadt 1990. Deutsche Übersetzung von F. Schleiermacher Band I; Theaitetos, 143E, Band VI。

在词句上都颇为一致，因此在这里无需一一重复赘述①。概而言之，人没有占有美的权力，这权力只属于造物主，这虽然还回响着斯多葛学派的余音，但已经是基督宗教护教学者的呼喊了，并且是在本体形上层面发出的声音。德尔图良以美的私有者的名义、以万有的私有者的名义，也就是以上帝之名贬抑了此间世界之美。奥利金警示人们说，不应当将美理解为女性的美、年青的美和男人的美②。纳西昂的格里高利认为，如果美仅仅适用于上帝的话，那么美也是单独属于上帝之子的。克里索斯托姆斯亦作如是观③。当然，应当提示的是，柏拉图在《蒂迈欧篇》中所说的上帝和克莱芒在《训导篇》（Pädagogus）中所说的上帝，尽管都是美的，但却是有区别的；如果前者是哲学存在层面的上帝，那么后者则是神学道成肉身层面的上帝；希腊美感的存在，尽管也许就是罗马伦理的内在超验，但是绝不等同于基督宗教所信仰的上帝，也绝不等同于基督宗教哲学所阐释的上帝。

由上可见，基督宗教的早期护教教父们拒绝感官感知之美和审美的动机，与异教斯多葛学派的拒绝动机恰恰是相对的。如果美在斯多葛学派那里仅仅是表象、假象、根本不存在，或者至少不应当存在的话，那么在早期护教教父那里美虽然也存在，并且美是完满的，但是这美并非对人而言的，并非对此间世界而言的。美是超验的世界创造者和持有者所独享的，人作为受造物对于美没有权力，

---

① 就此请参见 O. Stählin (Hrsg.), Clemens Alexandrinus, I, Protreticus und Pädagogus. München 1905. S. 248. H. Kellner und G. Esser, Tertulian, Private und katechetische Schriften (Bibliothek der Kirchenväter), München 1912，特别是"Über den weiblichen Putz"。

② 就此请参见 Perpeet, S. 20. J. Jungmann, Ästhetik. 2. Aufl., Freiburg in Breisgau 1884. S. 42。

③ 就此请参见 Perpeet, S. 20. J. Jungmann, S. 636。

甚或不必感知之,这一点从较远的前文中对于奥古斯丁本体形上美学和本体形上音乐美学的研讨中也能清晰看出。从护教教父对于美的抽离,发展出了早期基督宗教哲学和中世纪基督宗教哲学的美的问题。

表面看来,将美限定在造物者之中,似乎是顺理成章的。但是这却引出了极其繁难棘手的问题,并且至少有两个可资我们在此深入探讨的问题:

第一个问题来自于对超自然的上帝的美的思考,也就是说,如果人们认为绝对的美是在上帝之中的,那么上帝和这一绝对的美就被区分开来而加以考量了。这是基督宗教哲学所不能接受的。因为基督宗教哲学所理解的上帝就是绝对的美,而不是美在上帝之中。换言之,必须被考量和确认的是,绝对的美并非在上帝之中,而是上帝就是绝对的美。这一在哲学层面的思考导致了一个直接的神学结果,也就是这一上帝并非"具有生命",而是他就"是"生命。他引起存在、引起生命。作为永恒的生命,上帝是完美的(《玛窦福音》5,48)。在哲学上如何能够将作为整体的完美、生命以及永恒在概念上和超验的造物者结合起来呢?超验的超越意味着,一切存在者的创造者和持有者自身立于每一存在者之外,并且必须被思考为外在于存在者的某一者。没有人曾经见过上帝(《约》1,4,12),在神学上对于上帝的唯一可靠的诠释就是逻各斯基督;而在哲学上这句话的全部郁闷立于这样的考量之中,即上帝无法以人的方式被理解。

另一个难题出自这样的考量,即如果世界是上帝的受造物,那么作为受造物应当映射出上帝的美;而按照斯多葛学派和早期护教教父的理解,上帝是绝对而独一的美,而这世界却并非是美的。由此就产生了一个由这一内在矛盾而来的质询：如何在概念上建立起超验上帝的独一的美和受造物的可能的美之间的关系？亦即如何建构存在之美与此间世界之美的关系？

这样的郁闷和质询不仅困扰着教父时代的哲学家和教会学者们，不仅同时构成了全部基督宗教哲学思考的主题，而且也成为中世纪经院哲学、经院美学的纲领性问题。换言之，如果希腊哲学意义上的美学是质询美的存在，是质询美感、美感的存在以及希腊美学的希腊性，那么基督宗教哲学意义上的美学提出这一问题的同时，也就不仅是在本体形上层面质询美的存在、神性之美以及基督宗教美学的基督宗教性[①]，而且同时也是在建构自己的美学纲领。

概而言之，纲领决定思维方式与方法、决定思维的出发点、思维的过程与目的；由此，如同本书前文所阐释和论述的，如果奥古斯丁以及伪狄奥尼修斯等教会哲学家和神学家就上帝之美、存在之美等问题已经论之于前了，如果奥古斯丁是中世纪基督宗教美学一千年的理论基础的话，如同我们在前文中已阐释和分析的，那么我们不仅可以说，中世纪基督宗教本体形上美学是沿着奥古斯丁的思想而展开其逻辑和思绪的，而且依然能够说，中世纪基督宗教哲学、基督宗教美学以及托马斯个人所面临的纲领性、也就是具有方法论意义的问题是：如果美奠定在超越的超验之中，那么如何理解这一美呢？如何在哲学上论证出上帝是美的？作为存在之美的上

[①] 关于神学的美和哲学的美的区别，请参见 G. Seubold, Schönheit. In: Lexikon für Theologie und Kirche. Herder, Freiburg Basel Wien 2006. Band 9, 212 以及 A. Gethmann-Siefert, G. Bachl, J-P. Wils 和 R. Bohren, Ästhetik. In: Lexikon für Theologie und Kirche. Herder, Freiburg Basel Wien 2006. Band 1,1103-1108。

帝之美和作为受造物之美的此间世界之美之间又有什么关系呢？本书的这一部分将沿着这样的质询而展开。

2. 美的三原则（tria requisita）、美的至一及其思维方式

在托马斯看来，美不外乎三种客观本质因素：整体性（integra）、比例或恰当的比例（debita proportio）以及光或明亮（claritas），这是他的美学三原则说；当然，他也关注到形式（formositas）等概念的意义；在托马斯以三要素为核心的美学学说中，完美作为第一个要素或法则源自于亚里士多德的 μέγεθος 概念[1]，恰当的比例源自于伪狄奥尼修斯，甚或直接源自于柏拉图[2]，固然也能够被视为亚里士多德的 μέσον[3] 和 συμμετρία 概念[4]，光和明亮法则源自于伪狄奥尼修斯，甚或还直接源自于布洛丁的 φῶς 和 ἀγλαία 概念[5]，甚或柏拉图[6]。

如果托马斯意图论证上帝之美、此间世界之美及其这两者之间

---

[1] 就此请参见亚里士多德，Poet. VII, 4, 1450 b 38f; VIII, 4, 1451, a 30; Top. III, 1, 116 b 13。

[2] 就此请参见柏拉图，Phaedon, 86, a-c; Phileb. 64 d-65 c; 66 a-b; 51 b; Tim. 31 b-c; 87 c-d。

[3] 就此请参见亚里士多德，Pol. VIII, 7, 10, 1342 b 14f; Eud. Eth. II, 5, 1, 1222 a 7-11; II, 5, 11, 1222 b 13f; VII, 9, 5, 1241 b 33-41; Met. XIV, 6, 10, 1093 b 12-14。

[4] 就此请参见亚里士多德，Met. XIII, 3, 10, 1078 a 36-b 1; Pol VIII, 5, 10, 1340 b 17ff。

[5] 就此请参见普罗提诺，Enneaden, I, 6, 3; V, 8, 4; VI, 7, 215; VI, 9, 4; I, 6, 9; III, 5, 9; V, 3, 15; V, 8, 4。

[6] 就此请参见柏拉图，Phardrus, 250 b-d; Phileb. 29 c; Symp. 210 c-211 b; Republ. VI, 508, a-d。

的关系的话（如同前文所提及的），如果他提出美的客观本质以及美的客观三原则的话，那么我们能够说，在他看来，关于美，确切而毫无疑问的是，首先，存在着美的事物，其次，美的事物或者在类别上，或者在数字上是有区别的。这第二个论点表明，一方面，美并非仅仅属于事物的一种类别（种属），而更多地是有可能属于多种类别，这也表明，有多种不同的标准判断美；另一方面，尽管在某一类别之中，并且还属于某些类别之内，但是美并非处于所有个体之中，因而并非能够在每一个体之中被发现。

于是彰明较著的是，只有当人认知某一具体而个体的事物，或者这一事物对于人而言是已知而熟知的时候，那么无论这一事物究竟属于何种类别之存在，它对于人而言才可能是美的。这一事实的确认是如此这般地具有奠基性，以至于无论是哲学的，抑或是自然科学的关于美的讨论，都必须、都必然立足于此。于是毫无疑问的是，托马斯在展开其美的学说时，也必定由此出发，他说：

"Pulchra enim dicuntur quae visa placent." [1]

"美被表述为使视觉愉悦者。"

"Pulchrum autem dicatur id cuius ipsa apprehensio placet." [2]

"美也被表述为这一点，即对于它的理解令人愉悦。"

在前一个表述中，"美"一词是以复数出现的，这两句引文约略、但是清晰提示出托马斯对于美的思考和论证的过程，首先，毫无疑问存在诸多美的事物，因为人直接历验一些美的事物；其次，同样

---

[1] 就此请参见 ST I 5, 4 ad 1。本书所参考的托马斯诸多文本的引文也请参见 L. Schütz, Thomas-Lexikon. Zweite, sehr vergrößerte Auflage, Frederick Ungar Publishing co. (New York), 1957。

[2] 就此请参见 ST I-II 27, 1 ad 3. 以及 ST II-II 145, 2, 1a。

真实而确定的是，人称那些被视看到、被认知到而令人愉悦的事物是美的，此外，对于美的认知与理解也唤起人美的享受。

由此，托马斯就已经界定（甚或定义）了美；一方面，他的这一美的界定是就美的事物本身而言的定义，也就是说，是关于感官感觉的美的界定，是关于有没有美的感觉和是否美是美的感觉的定义，而非关于美的存在（美究竟是什么）、美自身的定义；而另一方面，这一定义并非美的原本意义上的关于本质的定义（definitio essentialis），而是一种唯名论的定义，这一定义并未表述美（或美的存在）究竟是什么、令人愉悦者究竟是什么，而是仅仅表述了美对于人究竟做了什么、究竟意味着什么。而因为运作总会追随存在而来（operatio sequitur esse），也就是说，每一事物按照其自然本性总会运作、总会产生影响，否则它只能在潜能中，而非在存在中，而非在行为和活动中，所以托马斯关于美的这一定义，就并非能够被视为本体存在意义上的美的定义，而是应当被视为由事物本性而来，并且直接关涉人的感觉能力以及人的自然理性的认知能力的定义（definitio per proprietatem）。

而我们在此还需要探查并质询，如果事物是已被认知的，那么究竟什么在美的事物中令人愉悦？这一问题是在质询美的存在与本质，之所以能够这样说，其原因在于，如果事物的属性由于被认知而令人愉悦，那么其属性必然立于其存在与本质之中，必然植根其存在与本质之中，并且如前文所分析的，由于存在必定运作、由于运作必定追随存在，所以这一属性也必定从它所从属的这一存在和本质中显露出来、呈现出来；这一问题也是在质询美的客观本质，之所以还能够这样说，其原因在于，借助美的事物的被认知而能令人愉悦的东西，显然并非依赖于这一被认知，或者愉悦，显然也并非借助被认知而被领入当下此在,而是并不依赖于它的被认知而存在,并且当一个认知主体认知它,而且认识它的时候,以及当它在这一认知主体中引起愉悦和美的历验的时候,这一令人愉悦的东西方才存在①。

我们在此要确定的是,托马斯关于这一美的客观本质究竟表述了什么,他是如何在本质上为此下定义的,又是如何描述的。为了达到这一目的,我们必须厘清托马斯著作中相关的文本。本书主要依据《神学大全》、《反异教大全》以及研究伪狄奥尼修斯的《论上帝的名号》一书中最相关、最重要的文本②。这些文本力图表述美的存在、美自身。

根据这些文本我们庶几能够提出的质询首先是,究竟什么是托马斯学说中,特别是美学学说中美的存在及其客观本质?对于这一问题的回答不仅并不能终结我们的探讨,而且还赋予我们更充足的理由,以更进一步分析之,由此或许能够提出具有更多思维可能性的质询和思考。

在《神学大全》中,托马斯从三个方面考量对于美的限定:

"Ad pulchritudinem tria requiruntur. Primo quidem, integritas sive perfectio: quae enim diminuta sunt, hoc ipso turpia sunt. Et debita proportio sive consonantia. Et iterum claritas: unde quae habent colorem

---

① 就此请参见托马斯, De divinum nominibus. 4, 10, 439。
② 譬如 De divinibus nominibus 4, 5, 339; 4, 5, 349; 4, 6, 360; 4, 6, 361; 4, 6, 365; 4, 21, 554. ST I 5, 4 ad 1 39, 8c; II-II 132, 1c (II-II 103, 1 ad 2); 141, 2 ad 3; 145, 2, 2a et c; 180, 2, ad 3. 固然,还有其他文本。

nitidum, pulchra esse dicuntur."①

"至于美则质询三点。首先是完足或者完美：而可分离之物因着其分离性而是丑的。其次是应有之比例或者和谐。再次是清晰性：由此而具有色泽者被表述为美。"

由此可见，并且在援引托马斯其他论著时，可以说，他将美概括为 integritas sive perfectio（完足或完整）②、debita proportion sive consonantia（恰当的比例、恰当的关系或者和谐）③，以及 claritas（光、明亮、清晰）④。所有这些都是相关联的、合一的⑤。它们这种合一的至一性的呈现和当下性，构成了美的光耀、明亮性、辉煌和清晰性，也就是 claritas splendor⑥。Splendor 和 claritas（光耀和清晰性）并非意味着上面所提及的美的限定的附加标志，而是强调所提及的各种限定原则的当下性，这些限定原则提供美的至一性；在此隐含着一种秩序思维，因为向着某种本原，或原则而建构的就是秩序；秩序

---

① 就此请参见 Summa theologiae, I. 39. 8c; römische Gesamtausgabe 1882-1894. 此句引文中的前半句亦可译为："美要求这三者，而首先是整体，或者完美；也就是说这些是被区分的，借助这样的区分本身，诸多丑才存在。" 又：本书所参考的托马斯诸多文本的引文也请参见 L. Schütz, Thomas-Lexikon. Zweite, sehr vergrößerte Auflage, Frederick Ungar Publishing co. (New York), 1957。

② 或者也称为 consonantia，就此还请参见 De div. Nom. 4, 5, 339; 340; 349; 4, 6, 361; 365; venedige Gesamtausgabe 1775-1787; I Sent. 31,2,1, venedige Gesamtausgabe 1775-1787。

③ 此外还请参见 I, 5, 4 ad 1; SCG III,139 n.3142, Mignesche Ausgabe 1858; I Sent. 3 expos. Primae partis textus; ST II-II,141,2 ad 3; II-II,145,2; II-II, 180, 2 ad 3; I Sent. 31,2,1; De div. Nom. 4, 5, 339; I Cor. XI lect. II n. 592。

④ 此外还请参见（I Sent. 31,2,1; De div. Nom. 4, 5, 339; 4, 21, 554; ST II-II,145,2; II-II, 180, 2 ad 3。

⑤ 此外，关于美托马斯还提及 ordo 即秩序（De div. Nom. 4, 21, 554; ST II-II, 142, 2）、commensuratio（De div Nom. 4, 21, 554.）、dispositio 即建立秩序（ST I-II, 54，1）、harmonia 即和谐（De div. Nom. 4, 8, 85; SCG II, 64 n.1424）。

⑥ 就此请参见 I Sent. 3 expos. Primae parties textus; I Sent. 31,2,1。

在托马斯看来也是美①。同时，光耀和清晰性还指出作为基础的运动的重要性，这一运动将运动者和被运动者运动进统一性，或至一性。这两个限定指出了存在者的原本就有的当下性：在这样的当下性中，存在者向着它的本原而呈现。清晰性和光耀表述本原在其涌现而出中的当下性。换言之，所有这些方面并非各自表述美的各个单一的现象，它们并非被分离地用来形容美，而是表述一个整体（的各个方面）；在这些限定之中的每一个限定，都总是表述作为整体现象的美、都总是表述存在的整体之美。

首先，从思维方式上来看，应当引起我们重视的是，托马斯并未在形式上给出美的本质的定义，而仅仅是给出某些（确定的）美的本质所要求的，或曰历数出若干美的本质诉求，如果某物被视为美的，那么它必须满足这些诉求；或曰满足这些诉求的事物才是美的。此外我们还能提出的质询是，为什么托马斯这样思考问题？这固然关涉他的思维方式，而且只有在美的存在的超验限定被证明之后，我们才有可能找到答案；也就是说，在托马斯看来，美的存在、美自身，其实是存在的超验属性，因而这一属性涵盖所有存在者，甚或 ens 自身；而由于没有更高的范畴（或属，genus）立于存在之上，并且由于所有范畴以及每一种属之差都涵盖在存在（ens）之中，所以在形式上存在无法被定义，因而包含美在内的任何一个超验限定都无法在形式上被定义；于是前文所提及的所谓定义以及关于美的文本，并非形式逻辑中概念的定义，而更多地是美的本质的描述而已，甚或仅仅是美的存在本质所要求的前提条件的描述而已；

---

① 就此请参见 ST I, 42,3 : "ordo simper dicitur per comparationem ad aliquod principium."（"秩序被简略表述为朝向一个始元的建构。"）以及 De div. Nom. 4, 5, 339; 340; 349; 4, 6, 361; 365。

恰恰因为存在之美在形式上无法被定义，所以托马斯美学学说中的定义阙如性就不仅不能被视为其美学理论（甚或全部哲学理论）的缺憾或缺陷，而且其定义阙如性反而恰恰呈现出自然理性的有限和界限。

其次，从托马斯的思维出发点来看，应当引起我们重视的是，不仅存在没有被定义，不仅美、美自身没有被定义，而且相关文本中，美的三个本质因素（美的三要素，或三原则）中的任何一个也都没有被严格定义；这意味着，我们需要三个定义，或者至少三个描述，以为了能够有理解托马斯美的学说的可能性。

最后，从托马斯关于美的相关文本来看，应当引起我们重视的是，这些文本在谈及三种美的要素时不仅并不完整，也就是几乎任何一个文本都没有同时完整地谈及三个要素，而且也并未谈及这三个要素共同的和分别的逻辑出发点、它们之间的内在联系、逻辑顺序等；因而在探讨这三要素时，我们无法给出在探讨中其所出现的先后顺序的理由。

在美的三原则之外，固然还有美的至一原则；就美的至一原则而言，凡是在至一（统一）作为统一而呈现之处，美也就呈现，托马斯说：

"Universaliter omnes creaturae, quantamcumque unionem habent, habent ex virtute pulchri."[①]

"普遍而言，所有受造物，当它们获有至一时，它们是从美的品性中获有的。"

同一的本质在托马斯那里就是在自身中的不可分性（indivisio

---

① 就此请参见 De div. Nom. 4, 5, 349。

in seipso）；如果"不可分性"是负面否定性表述的话，而美就是这一不可分性的正面肯定性表述。

在思维方式的意义上，从以上所有的表述可见，如果存在作为灵魂和存在者的一致而呈现时，并且这种一致作为美赢得其最初的形象时，那么存在最初的意义就建立在这样的美之中，对于存在意义的诠释就意味着：令自身进入美的经验之中，并且是思考着的。

在此，"思考着"是一种运动，是一种动态。当然，这种运动，也就是"思考着进入美的经验"有两层含义：首先是和美的经验，然后是和这种经验的经验。前者可以称之为本体的经验，后者可以称之为本体论的经验。前者来自于人的感官感觉的本能，后者来自于人的思维的本能。这两层经验并非分隔离析的进行，并非有参商之隔，而是在本质上是合一的。只要我们将某物作为美的而经历、也就是必定已经经历、已经遭遇这一美自身，那么在美的本体经验之中就已经包含了本体论的美的经验，这一本体论的美的经验实际上使美的本体经验成为可能；因为对于美的经验的经验，不仅是单纯的对美的经验的覆盖性历验，也就是完美的，或者完整的历验对于美的经验，而且同时也就是对于美的经验的思考、对于已经遭遇到的美的回味；由这样的回味、由这样的对于感官感觉的品味和品评，而使人知道，有一种美被历验过、在被历验着，甚至将要被历验。在此，有一种思想的活动，而不仅仅是感官的感受。人必定有对于感官感觉的思考，如果有了对于美的经验的经验、也就是有了思想的活动，那么本体论的经验才使得本体的经验成为可能。所以，当我们提及本体论的经验时，也就包含了本体的经验。

3. 美作为 integritas（完足）或者 perfectio（完整）

从语汇本身来看，integritas 亦可理解为完备性，perfectio 亦可理解为完整性；在语汇原初的意义上，perfectum 表述完整、并且全部构成者；这一语汇同时也表述达于完成者，并且由此而开始是其自身者。如果是达于完成者，那么就有一个从未完成到完成的过程发生；如果某物开始是其自身者，那么也就是说它曾经不是，而现在才开始是。换言之，完美者建立在所有可能性的无可消减、无可回溯的全部实施上，这些可能性使得存在者从自然本性上，或曰天生就展现自身；并且完美者意味着一种现实性，这是在实现自身意义上的现实性。就此，托马斯说：

"Sed quia omne quod fit, de potential in actum deductum est et de non esse in esse quando factum est, tunc recte perfectum esse dicitur, quasi totaliter factum, quando potentia totaliter est ad actum reducta, ut nihil de non esse retineat, sed habeat esse completum."[①]

"而因为每一受造物，只要它一经受造，就被从潜能引入活动、被从非存在引入存在；于是根据'完整而受造'来看可以正确地说，它被完美地造成，只要潜能被完全引入活动，以至于它不含有不存在，而仅仅含有实现了的存在。"

在这个意义上，如果某物是完整而完全的，那么此物就是完美的，它由自身就能够存在。Perfectio 在完美存在（esse completum）

---

① 就此请参见 SCG I, 28。

的意义上就是存在者的真实存在,它统辖本质可能性和现实性之间的一致、至一。于是完美者就是真切的存在者。

而因为完美在语汇原初的意义上表述某种从潜能达于现实(活动)的过程,所以托马斯说:

"quod enim factum non est, nec perfectum posse dici videtur." ①

"非受造之物不能被表述为完美的。"

托马斯认为,在这一语汇原初的意义上,甚至不能说上帝是美的,或者完美的。这是因为,完美在语汇原初的意义上表述某物(也就是受造物)被从潜能引入到现实(或曰行为、活动)的过程。而上帝从不在这样一个被引导的过程之中。上帝并非受造物,也不从潜能过渡到现实(或曰行为),他原本就是非受造物而总是在现实(行为)之中。托马斯认为,Perfectum 这一语汇在表义上应当而且也确实有一个拓展,这个拓展的意义也就是"毫无造作而总是在完美的现实之中"。在已经拓展了的意义上,它才表述上帝的完美。托马斯说:

"Per quondam igitur nominis extensionem 'perfectum' dicitur non solum quod fiendo pervenit ad actum completum, sed id etiam quod est in actu complete absque omni factione. Et sic Deum perfectum esse dicimus." ②

"借着语义的拓展,'完美'不仅仅表述因受造而达于现实之物,而且还表述毫无任何受造而完全在现实之中者。于是我们说上帝是完美的。"

---

① 就此请参见 SCG I, 28。
② 就此请参见 SCG I, 28。

由此可见，在托马斯看来，从拓展的意义上而不是从这一语汇原初的意义上才可以说，上帝是完美的。完美（完美者）意味着不仅不遗弃其最原始而本性的可能性，而且还将其完全绽放出来，并且将受造物引入存在、也就是引入美，这也就是称述上帝是完美的意义所在。于是在这个意义上，美就是存在，就是上帝；在同样的意义上，我们可以说"Deus est"全等于"Pulchritudo est"；换言之："上帝存在"全等于"美存在"。

于是恰恰当下此时在某物之中悬而未决的可能性得以实现时，此物就是完美的。在可能性的感受条件下，存在者的完美才会被经验到。于是美仅仅能够通达人，对于美而言，伦理的行为是必须的，人与美的关系应当是一种正确的行为，美本身也是一种美德的行为。而理性的任务就是将诸多（多样）建构进统一（至一）的秩序之中，托马斯说：

"Pulchrum in rebus humanis attenditur prout aliquid est ordinatum secundum rationem." [1]

"在人的诸多事物之中的美是被引领而出的，如同某物是根据理性而被领入秩序的。"

Perfectio 就是适应（符合），或曰相应于标准的现实性，就是真切的现实性。完美在真实的"能够存在"的内在尺度上衡测自身，在统一性中衡测自身，这一统一性建构存在者的存在基础。存在者的美建立在其现实性的真切性上。存在者的存在是通过存在（esse），或曰美（pulchritudo），甚或上帝（Deus）的运作（operatio）而和存在区别开来而被标示的。存在，或曰存在的运作对于存在者而言

---

[1] 就此请参见 ST. II-II, 142, 2。

是一个某物、他者（aliud），也就是说，存在者并非自身就是完满的、完美的，这种完美是被给出的、被引领而出的。在美之中，运作（operatio）和存在（esse）的统一（至一）是当下此在的：美在这个意义上就是存在、上帝，或曰运作；并且，如果存在者自身的完美是被美（也就是存在，或曰上帝）给出的、被引领而出的，那么这一存在者才是美的。由此，本质上属于美的还有被赠予性、被赋予性。当存在者缺乏这种赠予性时，当其本质的可能性的现实性因此而敬告阙如之时，这一存在者就是不美的了。

单纯从量上来看，托马斯经常强调，整体性是美的客观本质的基本诉求，他将这一本质诉求置于美的三要素之首位。托马斯就整体性所使用的术语主要是 integritas（整体性、完备性），此外还有 perfectio（完美、完备），托马斯探讨和分析了这两个术语与美的关系。

从概念本身来看，托马斯首先引述亚里士多德关于美的论述，在这位古典的希腊哲学家看来，大小（magnitudo，大，伟大）对于美而言也是必需的[①]；托马斯在其对三位一体论的阐释和分析中，将这一术语诠释为 perfectio，他说：

"In quantum vero est filius verus, habet perfectam naturam patris: et ita etiam habet magnitudinem quae consistit in perfectione divinae naturae."[②]

"而在量上子亦是真实的，他享有父的本质的完美：并且也由此而享有父的伟大，这伟大建构了他神性的完美。"

这庶几成为他美学的一条信理。

[①] 就此请参见 In I. Sent. 31, 2, 1 sol。
[②] 就此请参见 In I. Sent. 31, 2, 1 sol。亦请参见 In I. Sent. 19, 1, 2。

从文本出发来看，在所关涉的术语的使用时，一个现象不能不引起注意，托马斯仅仅提及整体性在美的若干原则中的角色，而并没有强调性地使用 integritas 和 perfectio，而是交叉使用 magnitudo、integritas 和 perfectio 这三个术语。

Magnitudo 是亚里士多德的术语，托马斯或者在亚里士多德的意义上使用之，在这个意义上，事物具有相应的 magnitudo 就是美的①；或者在其转义上使用之，在这个意义上 magnitudo 意味着完美和整体性（完备性）②。当然，从文本和术语方面来看，除了 perfectio 和 integritas 之外，perfectus 和 integer 也具有相同的含义，并且由此也经常被使用，固然也有例外③。这些术语的共同的含义能够被理解为，甚或定义为 complementum naturae（自然本性的完满、本质的完满），在这样的意义上，当事物（或某物）根据其本性而享有一切时，或曰：当它享有其本性所要求的一切时，它才有可能是美的（也就是说，还要满足其他条件）④。

托马斯对于整体性的美学角色作了不同的描述，从否定的表述来看，某物中没有任何一部分是丑陋的时候⑤，它才是美的；从肯定的表述来看，某物在其所有部分都是美的，并且完全符合比例⑥

---

① 就此请参见 In. IV. Eth. L. 8 n. 738。
② 就此请参见 In I. Sent. 31, 2, 1 sol。
③ 就此请参见 ST III 54, 4 ad 2: "corpus (i. e. martyrum resurgentium) non sit minus integrum, sed magis perfectum." 由于 integer 和 perfectus 有不同之含义，所以此句可有不同之中译，或译为："躯体（也就是复活的身躯），并非减小的整体，而是更加完美。"或译为："躯体（也就是复活的身躯），并非减小的整体，而是更大的身体。"例外情形在于如何理解这两个术语。
④ 就此请参见 In X. Eth. L. 3 n. 1984; De pot. 4. 1. c。
⑤ 就此请参见 De virt. In comm.. a. 9 ad 16。
⑥ 就此请参见 De div. nom. 4, 22, 572。

而有秩序[①]的条件下，它才是美的[②]。

托马斯不仅以 decor vel perfectio[③]（装点或完美）、pulchritudo et perfectio[④]（美和完美）、perfectio et decor[⑤]（完美和装点）、decorare et perficere[⑥]（装饰以及使完美）等双重术语表述美与整体性的内在联系，而且还认为，整体性与完美恰恰就是美自身，并且既是内在的、亦是外在的美，既是本质的、亦是偶然的美，他也以这一观点表述美与整体性的内在关系[⑦]，由此，事物依照其整体性的程度而是美的，或较少的美[⑧]。

如果狭义（simpliciter）的理解美，那么只有在一种情形中（uno modo）才有美，也就是在圆满的完美性中[⑨]，而这仅仅是被一个完美的原因所带来的[⑩]。

而如果汲取其他，甚或并非表述美学问题的整体性文本的话，那么这一狭义理解的美，或曰整体性以及借此所表述的美，也能够在拓展的意义上被理解，由此我们也可以认识到托马斯的形上整体性学说，这关涉术语 perfectio 及其同义语 integritas（整体）、bonitas（善）、totum（全体、全部）及其新分出来的（甚或若干不同的）含义；托马斯的这一定义是其形上整体论美学学说的出发点：

---

① 就此请参见 In I. Tim. 2, 9, L, 2; De regno, I. 3。
② 就此请参见 De malo 2, 4 ad 2; ST I-II 52, 2c。
③ 就此请参见 ST I-II 4, 6 ad 1。.
④ 就此请参见 ST I-II 112, 4c。
⑤ 就此请参见 ST I-II 19, 9, 2a ad 2。
⑥ 就此请参见 In Rom. 13, 12, L. 3。
⑦ 就此请参见 In X. Eth. L. 6. N. 2031; ST I-II 4, 5c。
⑧ 就此请参见 In X Eth. L. 3 n. 1984; De malo 2, 9c fin.; ST I, 69, 1c。
⑨ 就此请参见 De div. nom. 4, 22, 572; In II. Eth. L. 7 n. 320。
⑩ 就此请参见 De regno, I. 3。

"Perfectum dicitur cui nihil deest secundum modum suae perfectionis." ①

"完美按照它的完美的情形而被表述为它的匮乏的不在场。"

此句亦可译为：

"完美按照它的完美的情形而被表述为对于它而言匮乏不在场。"

更简捷的表述：

"Perfectum est cui nihil deest." ②

"完美就是其匮乏的不在场。"

中文译文中的"匮乏"，即拉丁文中的 nihil，亦可译为"虚无"，而"不在场"，即拉丁文中的 deest，亦可译为"阙如"。这一定义也见于其他文本③。

按照托马斯的理解，完美就是不匮乏任何它所必须享有而使之完美的东西。托马斯还将完美与善等而观之：

"perfectio uniuscuique est bonitas eius." ④

"任何一物的完美就是它的善。"

这一等而观之意味着托马斯已经开始建构美与其他超验限定（譬如真、正义等）的关系的基础。

在此，我们经验到托马斯关于美的若干同义词，譬如 perfectio 和 perfectum，在诸如此类的同义术语中，integritas 和 integrum 是

---

① 就此请参见 ST I, 4, 1c。
② 就此请参见 ST I, 91, 3, 2a。
③ 就此请参见 De spirit. Creat. q, un, a, 8c. In II De caelo et m., I, 5 n. 347. De div. nom. 2, 1, 114。
④ 就此请参见 SCG I, 38; ST I 5, 1; ST I, 4 praemb。

最重要的，他认为：

"dicit, quid haec tria, omne et totum et perfectum, non different ab invicem secundum speciem, id est secundum formalem rationem, quia omnia important integritatem quandam."①

"他说，全部、整全以及整体这三个在种属上相互之间并没有区别，这是根据形式理性而来的，因为全部承载着某个整体。"

译文中的"他说"指的是"亚里士多德说"；如果我们细细追究之，则亦能发现，perfectum 和 integrum 在概念上还是有所区别的，其区别在于，完美所肯定表述的，是被整体所否定表述的②，这样说的原因庶几在于，整体是无所阙如、无所或阙的表述，是一种绝对排他的表述；在这个意义上，完美就是享有一切所必须享有的，而整体性则意味着，无所或缺所必须享有的。而如同前文所引述和分析的，美的本质在托马斯看来要求整体或者完美；也就是说提出这样的标准、借助这样的区分本身，才能辨识什么是美以及什么是丑，甚或：诸多丑才存在；美与丑是在区分的意义上才存在的。

那么，按照这一标准，不仅关于 perfectio 的不同表述和划分就都具有美学的意义了，而且丑也就具有本体论，甚或美学论的意义了，并且因此而能够被识别。

Perfectio 在神学和哲学领域中有不同的划分，譬如 perfectio naturae（本性的完美）、perfectio scientiae（认知的完美）、perfectio gratiae（感恩的完美）以及 perfectio gloriae（荣耀的完美）③，或者 perfectio naturae（本性的完美）、perfectio gratiae（感恩的完美）以

---

① 就此请参见 In I De caelo L. 2 n. 15。
② 就此请参见 De div. nom. 2, 1, 115。
③ 就此请参见 Is. 18 fin。

及 perfectio gloriae（荣耀的完美）[1]，或者 perfectio naturae（本性的完美）以及 perfectio gratiae（感恩的完美）[2]，或者 perfectio naturae conditae（基础本质的完美）、perfectio naturae glorificatae（荣耀本性的完美）[3]；而另一种划分则并不涉及单一的本性（本质），而是关涉整体的受造的世界，或曰关涉受造世界的整体性，也就是 perfectio secundum statum huius mutationis（依其变化状态而来的完美）以及 perfectio secundum futurae novitatis（依其新未来而来的完美）[4]；大多数划分是哲学和神学的。

哲学上所能够认知的完美，或者是形上譬喻的，或者是事物原本意义上的。哲学上的划分能够表明，完美一方面涉及单一的事物，一方面也涉及宇宙整体（或受造的世界），这也符合托马斯所主张的单一事物的美和世界的美的思想。

于是从划分标准上来看，也就是从对于问题的判断标准和思维方式上来看，就单一存在（单一事物）而言，也有简质的美和依其而来的美之划分；托马斯的这一划分有三重含义，它在极致的意义上提示出，上帝的完美是绝对而无限的、且非限定的完美，是简质的完美以及一切美的原因；这一划分在广义上同时意味着受造的、单一有限之物（譬如宇宙整体）也是完美的，而受造的美，甚或受造的完美则是在 relativa perfectio 的意义上的完美，也就是说，是相对的、受限定的和有限的完美[5]；这一划分在狭义上意味着受造

---

[1] 就此请参见 In III. Sent. I, 1, 4 ad 1, n. 74。
[2] 就此请参见 Im IV. Sent. 39, 1, 2, sol。
[3] 就此请参见 In IV. Sent. 48, 2, 5, ad 3。
[4] 就此请参见 In IV. Sent. 48, 2, 5 ad 3。
[5] 就此请参见 ST II-II161, 1, ad 4。

而单一的事物也能够在存在和运作的意义上是完美的（固然是有限和受限定的完美），于是托马斯意义上的这一完美表述简质的美、运作的美以及事物自身存的美。

依旧在划分标准、判断标准和思维方式的意义上，就上述狭义上的划分而言，一方面，由于存在（esse）相对于运作（operatio）而言享有某种本然的、本质的优先性（prioritas natruae），所以由此而来的美、美所由来之美也能够被视为第一完美、首位完美（perfectio prima），也就是说，存在即美、存在即完美，而单一事物的简质之美（运作之美）则被视为次位之完美、有根据之完美、有所从来之完美（perfectio secunda）；而另一方面，由于某一单一物的终极目的（譬如宇宙整体的品性和人的福祉），在时间上能够最终，并且仅仅朝向所有其他之物（也就是不一定在时间和质量上总是朝向作为本源之美的上帝），所以这一运作而有限之美也能够被视为末端之美、后位之美、最后之美（perfectio ultima）[①]。

同样在划分标准、判断标准和思维方式的意义上，仅就狭义划分中的单一事物而言，如果比较上述这两种完美的品性的话，那么我们能够看到，首先，首位完美（第一完美）是次位完美（第二完美）的原因；再则，次位之美（第二完美、运作之美）的主体是具有先在品性而纯粹运作着的（纯粹活动着的）存在（甚或是完美存在），也就是说，没有首位完美的运作就没有次位完美；而在有形之物的情形和意义中，首位完美（第一完美）的主体则是具有如此（完美）之潜能的事物，则是第一质料（materia prima）；其三，第一完美的主体表述第一完美的有限性，第二完美的主体表述这一完

---

① 就此请参见 ST II-II 184, 1 c 以及 ST I-II 3, 2 c。

美性本身，或曰：表述这一有限完美性的呈现，而其有限性就是其运作；其四，托马斯将第一完美时而标示为 forma substantialis（实体的形式、存在的形式），甚或径直标示为 substantia（实体、存在），时而标示为 habitus，也就是偶然的属性、外在的呈现（外在的表现、现象）[①]，也就是说，由于不仅必然的存在形式，而且偶然的存在形式也能表述各种单一的事物，所以第一完美也能够在存在本质的意义上被视为属性完美，在外在的呈现上则能够被视为偶性完美。

总而言之，托马斯在单一事物（或单一受造物）中关于美的划分涵盖了本质之美、偶性之美以及目的之美，涵盖了质料之物从质料到形式的以及属性上的完美；而具体到运作之美（perfectio operationis），则我们可以说，可有三重细致之划分，也就是在客体中之美（perfectio in obiecto）、在现象中之美（perfectio in habitu）以及在愉悦中之美（perfectio in delectatione），而有限的完美（perfectio finis）则既标示完美本身，又标示相对的完美。

而从宇宙论的角度来看，则宇宙整体的完美则来自于其多重本性（多重属性）的完美和诸多个体的多重性在一种本性中的完美，这两种完美体现了必然的和偶然的完美、存在和实体的完美；这其中第一种完美包括精神和灵魂的存在、天体和人间的现象，它们不仅是上帝创世艺术的伟大和圣善，而且自身也享有时间的持续，甚或永恒，它们既是形式的，甚或亦是质料的美；而相较于有形之物，精神的存在由于其理性和意志之品性而至少在潜能的意义上享有无限的完美，而尽管有形之物在其量上有非完美性，而在特殊的意义上也能够被视为完美的；有形之物的完美一方面是世界的各个部分

[①] 就此请参见 ST III 29, 2 c; ST I 73, 1 c; SCG IV 88; De malo I, 4 c。

的（各自的）完美，另一方面则是各个部分所构成的诸多部分的完美，甚或整体的完美。

　　从哲学美学，或本体论美学的可能性上来看，一方面，尽管单一事物中美的多重而细腻的划分，表明托马斯在受造的现实世界中发现和提取了美的类型的丰富性，尽管对于美的类型的提取也就是对美本身的阐释和分析、对美的丰富性的阐释和分析，尽管现实之美、实在之美的基础和原则就立于诸如此类的发现和提取中、阐释和分析中，但是托马斯并不满足于，并未沾沾自喜于对于单一事物的完美的提取和描述、阐释和分析，他由此更进一步历数和阐释宇宙各个部分以及宇宙整体的完美；另一方面，即使在完美存在之处，特别是在此间世界（受造世界）中的完美存在之处，美也需要满足一定的条件和要求，也就是说，完美能够在诸多单一事物上、在诸多事物群上、在不同的意义上被理解；而由于托马斯对于美的这一阐释和分析，不仅是建构在对于美的感官历验的基础之上（甚或是建构在对于丑的历验的基础之上），也就是说，每一种对于美的历验都直接使感官（譬如视觉、听觉等）愉悦，而且也是建构在对于所历验者的归纳的、自结果追溯其原因的基础之上，所以托马斯在诸多层面上对于美的细腻划分、阐释和分析本身就具有方法论意义，这意义在于提示我们从何处入手以及如何分析他的美学学说。

4. 美作为内在的比例关系或者和谐
（debita proportio sive consonantia）

　　在完美（或完整性）之后，托马斯所提出的美的客观本质是比例或者和谐,也就是说,美的第二个本质要求是恰当的比例或者和谐。

我们在此面临的问题是,究竟什么是托马斯所说的比例或和谐,这意味着要完整检视他的比例说或和谐说;而由于托马斯在美的这一层面上也使用了不同的术语(consonantia、commensuratio、harmonia等),所以我们的检视也要补充这些相关的概念。

我们在此首先要质询的是:如何理解proportio?托马斯给出的定义是:

"Proportio nihil aliud est quam habitudo duorum ad invicem convenientium in aliquo, secundum quod conveniunt aut differunt." ①

"比例并非别的什么,而是相互各在另一方之中的两种和睦(convenientia)[所形成]的实态(habitudo,结构、构造、构型),由此它们相融合(融洽相合),或者相区别。"

在此,托马斯意义上的比例,表述任意两个事物的某种关系的建构,这一建构就是这一关系的样态、实际状态、实态,这一定义表明美的本质所要求的本体形上的框架和结构;在托马斯的意义上,两个事物的比例关系是从任意一个事物出发来考量的,而从其中任意一个事物出发来考量都是敦睦而和谐的关系,才是真正和谐的比例;同时,有狭义和广义的比例,也就是有原本的(本然的)或首位的比例以及非原本的或次位而被引领出来的比例。狭义上的比例指的是两个事物量(quantitas)的关系,而各部分之间的比

---

① 就此请参见 In boet. De trin. Prooem. Q. 1 a, 2 ad 3。译文中的方括弧是原文没有,而根据其语法和逻辑的意义所加入的,以为了更准确地翻译和理解原文。此外,这段文本亦可简约译为:"比例不是别的什么,而是两种事物相互间的适应,据此它们趋同或者有所区别。"

例（proportio partium）以及诸多成分（或部分）的比例（proportio membrorum）也是在量的意义上而说的，广义上的比例指的是它们非量的关系，这是托马斯所一再强调的[①]。

狭义上的比例更多地是适用于有形物体的领域，而比例在这一意义上的适用又是双重的，它一方面适用于两个有形物在量上的关系，另一方面适用于两个关系的比例，前者具有算学的品性，后者则具有几何学的品性[②]；具有几何品性的比例关系又可细分为非关联的（disiuncta）和相关联的（continua）比例，而后者又可分为持续的（permutata）和非持续（impermutabilis）比例关系[③]；具有算学品性的比例又可根据其属性（genus）和类别（ars）而细分为多重意义上的比例关系，譬如双重比例（dupla-duplex）和三分比例（tripla），以及一比一点五（sesquialtera）和一比一点三（sesquitertia）[④]。

广义上的比例关系对于美的本质而言是更重要而更具意义的，这一并非量的比例关系一方面指事物在质的意义上的关系（譬如它们品性的相互适应和协调），另一方面指的是它们在某种秩序上的相互关系（譬如上帝与受造物、原因与结果、潜能与行为、质料与形式以及认知者与认知对象）[⑤]。

对于托马斯而言，并非仅仅在量的意义上，而更多地是质的意义上的比例关系的相适应、相协调，才是和谐[⑥]；而就秩序而言，

[①] 就此请参见 ST I 12, 1 ad 4。

[②] 就此请参见 ST II-II 61, 2c; 58, 10c。

[③] 就此请参见 In V Eth. L. 5 n. 940-941。

[④] 就此请参见 ST I 31, 1 ad 3; SCG I 20。

[⑤] 就此请参见 In boet. De trin. Prooem. Q. 1 a, 2 ad 3; ST I, 12, 1 ad 4。

[⑥] 就此请参见 De div. nom. 4, 8, 385。

在所有存在者和存在的关系中，恰当的比例关系都是美的本质因素。此外，潜能－活动的关系庶几适用于所有质料的存在，譬如适用于所有受造物的存在－本质的关系以及存在－偶性的关系，而原因－结果的关系不仅适用于造物者与受造物的关系，而且也适用于受造物之间的原因－结果和秩序的关系；总而言之，托马斯在此就美而言所提出的比例关系，不仅涉及事物的和形上的领域，而且涉及存在与认知的领域。

托马斯并不满足于这一基础性的量的、质的以及非量、非质的比例关系的提出，这一简质而又形上的比例关系仅仅是他分析美和美的比例的出发点而已，在潜能－行为（活动）这一范式而基础的比例关系之外①，当然还有完美（perfectio）与美或可完美（perfectibile）之间的比例关系②、质料（materia）与形式（forma）之间的比例关系③、主动或主动的行为（agens）与被动或被动的行为（patiens）之间的关系④、作为行为（agens）的原因（causa）与结果（effectus）之间⑤、行为（agens）与工具（instrumentum）之间⑥、行为（agens）与目的（finis）之间⑦、中介（medium）与目的（finis）之间⑧、工具（instrumentum）与结果（effetus）之间⑨、

---

① 就此请参见 SCG II 53。
② 就此请参见 SCG II 79。
③ 就此请参见 SCG II 97; ST I-II 85, 6 sed c. 3a。
④ 就此请参见 SCG II 47; 92。
⑤ 就此请参见 SCG III 99。
⑥ 就此请参见 SCG IV 56; 74。
⑦ 就此请参见 In Eth. L. 9 n. 108。
⑧ 就此请参见 SCG III 58; 149。
⑨ 就此请参见 In sent. 19, 1, 2 sol. I. ad 1, n. 48。

在近期目的（finis proximus）与终极目的（ultimus）之间①、在运动者（movens）与运动或可运动者（motum aut mobile）之间②、在潜能（potentia）与运作（operatio）之间③、在美德（virtus）与客体（obiectum）之间④、在事物的存在（esse rei）与事物的运作（opertio rei）之间⑤、在行为（actus）与质料（materia）之间⑥、在质料（materia）与目的（finis）之间⑦、在建构或建构的行为（figuratum）与形象（figura）之间⑧、在理智（intellectus）与客体（obiectum）之间⑨、在感觉（sensus）或感官（organum）与客体（obiectum）之间⑩、在思维（cognitio）与思维对象（cognoscibile）之间⑪、在意志的过程（processus voluntatis）与理性的过程（processus rationis）之间⑫、在惩罚（poena）与过犯（culpa）之间⑬、在奖罚或奖励（merces, praemium）与应得（meritum）之间⑭，如此这般，不一而足。

行文至此，不能不说的是，尽管托马斯对于比例的类型作了精细的区分，但是他并未给出关于比例的精确定义，甚或至少是形式上的定义，本节开篇所给出的定义，是从关系角度而言的，并非比

---

① 就此请参见 De virt. in comm. Art. 10 ad 9。
② 就此请参见 Sent. 44, 2, 3 sol, III ad 2。
③ 就此请参见 De pot. 1, 2, 5a。
④ 就此请参见 SCG I 74; II 83。
⑤ 就此请参见 De spir. Creat. art. 2c。
⑥ 就此请参见 In II De an. L. 4 n. 77。
⑦ 就此请参见 In Bost. De trin. L. 2 q. 1a . 1c。
⑧ 就此请参见 De pot. 6, 7 ad 6。
⑨ 就此请参见 SCG II 98; III 54。
⑩ 就此请参见 In II De an. L. 24 n. 555; 就此请参见 In III De an. L. 2 n. 597。
⑪ 就此请参见 In Bost. De trin. L. 1 q. 1a 3. 1a。
⑫ 就此请参见 In III. sent. 17, 2 sol. I. n. 44。
⑬ 就此请参见 SCG III 145; IV 90。
⑭ 就此请参见 SCG III 145。

例的本质定义；或许恰恰由于难于，甚或无法给出定义，所以托马斯才（甚或是不得已而）给出如此精当之区分，而恰恰从这些众多而精当且相互关联之区分，我们则不难在整体和深度上理解他的比例学说；托马斯关于美的比例类型的诸多而精细之区分，涵盖从形上学到宇宙论、从思维论到认知论、从心理学到伦理学的诸多领域，在托马斯的哲学中，比例学说既涵盖整体，又关涉各种细节，既是宏观的，又是微观的，其细腻之区分不仅提示出其区分的标准，而且与区分的标准同样并且共同具有方法论的重大意义，由此，如同在本书不远的前文中关于完美的标准所分析的，本体形上美学至少就有了提出和判断问题的诸多标准与方法，就有了诸多研究路径的切入点和研究框架。

总而言之，proportio 在普遍意义上指的是一种相互关联的两个（或者两个以上的）事物，它们或者相互和谐一致，或者相互间有所区别。这是对 proportio 作为区别或者统一的关系在普遍意义上的定义。此外，在《神学大全》中，托马斯对此也有类似表述：

"Quelibet habitude unius ad alterum proportio dicitur." ①

"任何一个事物借助适应朝向另一事物就被表述为比例。"

在此，habitudo 亦可译为"态势"、"样式"以及"结构"等；上述这一定义被托马斯以一个附加成分，即 debita proportio，更进一步加以限定。

美作为 debita proportion 是一种内在的相适应，是和内在的、作为基础的标准的和谐一致。美是契合于某一整体本质的部分，是在考量整体时各个部分之间的关系。因此托马斯说：

---

① 就此请参见 ST I, 12, 1ad4。

"Dispositio naturae conveniens est pulchritudo."①

"事物的和谐秩序就是美。"

"Est...pulchritudo commensuratio membrorum."②

"美就是各个部分的相互适应。"

托马斯用人的躯体来解释 debita propotio 的含义，并且借助和奥古斯丁相关的三位一体论，他说：

"Dicimus homines pulchros qui habent membra proportionate et splendentem colorem."③

"我们说有合乎比例的各肢体部分和光亮色泽的人是美的。"

如果人的躯体的各部分（四肢等）相互之间在本质的关系上和谐一致，如果在各部分的多样性中呈现出躯体的统一性，并且躯体的统一性是在这一多样性中展开的，那么人的躯体就是美的。Debita propotio 在此指的是整体在其各个部分之中分解性的表达。无论是整体自身，还是分解，都必须是美的，不能相互超出。当部分（肢体）的区别性作为统一性的补充呈现而出时，这就构成 debita propotio，并且由此而是美的。部分必须相互支持、相互支撑，整体才能被建构，而且各个部分也是向着整体而被建构的④。当某物的各个部分并非为自身，而是相应于其他部分，以至于是相应于整体而呈现时，当某物和谐地融入于整体时，此物才是（并且就是）美的。一个艺术作品，例如一幅绘画的美并非在于肖似性，而是在于绘画本性的完美性上，或曰绘画表现力的完美性上，由此托马

---

① 就此请参见 ST I-II, 54, 1。
② 就此请参见 De div. Nom. 4, 22, 589。
③ 就此请参见 In I Sent. 31, 2, 1。
④ 就此也请参见 De div. Nom. 4, 6, 364。

斯说：

"Unde videmus quod aliqua imago dicitur esse pulchra, si perfecte epraesentat rem, quamvis tulpem." [①]

"由此，我们看到，当一幅绘画完美地表达某物时，尽管此物是杂乱无章的，那么这幅绘画就被表述为美的。"

可见，美立于一件艺术作品（例如一幅绘画）的表达力的完美性之中；而这也正是东正教圣像美学的理论依据之一，也就是说，圣像本身并非要为人带来感官感觉之美，并非要令人感叹圣像的作为艺术作品之美，圣像甚或并非被视为艺术作品，而是要表述上帝、表述基督、表述圣母和圣人等，就此可参见本书下篇关于圣像的历史表述、概念阐释和学理分析。

在不远的上文中曾经提及，托马斯在其美学理论，特别是关于美的定义中以不同的术语表述比例，譬如 consonantia（proportio sive consonantia）和 commensuratio 等[②]，就美的学说和比例说而言，尽管对于诸如此类之术语的阐释或许不能带来更多之新内容，但是对于它们的检视有可能有助于我们确认前此为止所阐释和分析的。

就 consonantia 而言，托马斯认为，这一术语具有双重含义，一方面，在其原本的意义上，也就是在其辞源学和语义学的意义上，它表述可以听觉的音乐的共鸣与和谐，也就是音声在质量上的共鸣以及由此而来的协调与和谐，在此，托马斯勘探出 consonantia 和 propotio 在艺术理论甚或物理学领域中的内在联系，正是出于这一理由，他才认为，艺术以及科学一定要研究和理解音乐中的和声理

[①] 就此请参见 ST I, 39, 8。

[②] 就此请参见 ST I 39, 8c。

论、和谐理论，这与不远的前文中所阐释和研讨的奥古斯丁的音乐美学理论有异曲同工之妙；另一方面，在更为广义、更为普遍和引申的意义上，consonantia 不仅还意味着任何一种、任意一种和谐的类型，也就是意味着诸如事物之间的恰如其分、事物与其原则之间的恰如其分①、事物的程式与现实结果之间的恰如其分，而且也意味着某种协同的本然性（connaturalitas）②，也就是意味着自然的恰如其分（naturalis aptitudo），甚或自然的爱（amor naturalis）③，以及事物与意志的共通感（consensus）④，诸如此类的和谐甚或能够建立在理性所理解的诸多事物（entia rationis）与理性的理解（intellectus）之间⑤，这为理解的主体对于美的理解奠定了基础。从内在的逻辑来看，事物与其原则之间的和谐（consonantia）要么是内在的、要么是必然的，也就是说这一和谐是事物的本质⑥；从外在呈现来看，如果事物的和谐具有偶然性的话，那么这一类的和谐要么是事物所构成的秩序的和谐，要么是其集合的和谐⑦。

就 commensuratio 概念而言，托马斯也用 consonantia 等术语来阐释这一术语，其阐释的方式在于不断而经常地使用相关术语而令 commsensuratio 在其中出现，以达到阐释它的目的，譬如他说，恰当的比例（debita proportio）就是恰当的 commensuratio

---

① 就此请参见 De div. nom. 11, 2, 908; ST I 39, 2 ad 1。
② 就此请参见 De div. nom. 11, 2, 908。
③ 就此请参见 ST I-II 29, 1c。
④ 就此请参见 De div. nom. 11, 2, 908。
⑤ 就此请参见 ST I-II 29, 1c。
⑥ 就此请参见 ST I 39, 2, 1a。
⑦ 就此请参见 In I Phys. L. 10 n. 167。

（debita commensuratio）①，各部分的和谐（commensratio mebrorum）就是各部分的比例（proportio membrorum）②，或者：比例的和谐（commensuratio proportionata）③，或者：灵魂朝向躯体的和谐（commensuratio animarum ad corpora）④。

除了上述术语之外，托马斯还将常变换的使用其他术语表述美，譬如和谐（harmonia）、汇聚、融汇（convenientia）以及构型美（conformitas），前两者在其著作中更为经常出现，相较于consonantia和commensuratio而言甚或更经常出现，如同遇到上述术语一样，我们在此所面临的问题是，它们究竟具有什么美学意义呢？

就harmonia概念的意义而言，在托马斯的术语系统中，它与consonantia庶几是同义语，他说：

"Nihil enim est aliud harmonia, quam concors consonantia."⑤

"和谐并非别的什么，而是心灵的共鸣。"

于是，近乎于consonantia（共鸣），harmonia（和谐）在原本的意义上就是感官可感觉的、可听觉的声音的混鸣与合奏，固然是相互协调的合鸣、和鸣，是心灵对于诸声部相互协调共鸣的共同感、共通感，而和谐在此也意味着同类事物（譬如诸多乐器的奏响所构成的声音）之间在质上的比例关系⑥，奠定在这种同类事物基础之上的和谐才是音乐；也就是说，当灵魂倾向于（朝向于）躯体、倾

---

① 就此请参见 In III. sent. 33, 2,3c; ST I-II 73, 2c; ST II-II 6, 2 ad 2; De div. nom. 4, 21, 554。
② 就此请参见 De div. nom. 4, 2, 559。
③ 就此请参见 ST II-II 61, 4c。
④ 就此请参见 SCG II 81。
⑤ 就此请参见 De div. nom. 11, 2, 908。
⑥ 就此请参见 De div. nom. 4, 6, 364。

向于躯体的感官时,灵魂就能够愉悦到感官所汲纳而来的外在的音像,在此也呈现出新柏拉图主义的灵魂与躯体的关系学说;而尽管这一同一属性的质量以及质量的同一属性所达成的和谐,是由音声的样式(音乐)所抽象而出的,但是这一和谐的意义不仅仅限于可听觉的音声的合鸣(和鸣)、不仅仅限于音乐,而且还在于,它能够转用于、兼用于其他质量意义上,譬如可视觉的、可触觉的、可品味的、可嗅觉的,甚或可意会的美的质量[1]。

托马斯将和谐(harmonia)理解为普遍的形上概念,并且意图在于以这样一个更为极致的意义转用,来表述事物原则之间、范畴之间的和谐关系,譬如形式与质料等,用以表述它们相互之间的形上关系和形上建构,在他看来,和谐(harmonia)并非别的什么,而是,甚或就是质料与形式的关系,他说:

"Proprotiones autem in sonis vocantur harmoniae et, per quandam similitudinem, proportiones convenientes quarumcumque rerum harmoniae dicuntur."[2]

"在诸多声音中的各种比例被称为和谐,由此而相似的是,诸多和谐事物的共鸣被表述为比例。"

在此,"共鸣"也可译为"汇聚"、"融汇",甚或"融聚"等;此外,在分析与秩序因素有内在关联的美的自然品性时,托马斯也分析了究竟什么是和谐:

"hamonia dicitur dupliciter, uno modo, ipsa compositio; alio modo, ratio compositionis."[3]

---

[1] 就此请参见 SCG II 64。
[2] 就此请参见 De div. nom. 4, 8, 385; 亦参见 5, 1, 650; 7, 4, 733。
[3] 就此请参见 SCG II 64。

"和谐被双重地表述,借助其中一个,它被表述为集合,借助另一个,则被表述为集合的理性。"

由此可见,一方面,和谐(harmonia)不仅与共鸣(consonantia),而且与比例(proportio)在意义上相通,甚或相同;另一方面,compositio 在本义上是"将……放在一起"、"将……置于一处",而这一"放在一起"和"置于一处"并非毫无考量、毫无规则的"放在一起"和"置于一处",而是有标准、有法则、有理则的,而如此这般"放在一起"和"置于一处"的事物,必定是遵循一定秩序的,必定是建构一定秩序而且相互协调、相互适应、相互融洽而处于这一所建构的秩序之中的,同时由于在托马斯看来秩序本身就是美,所以无论是从这一语汇的原本的意义来看,抑或是从托马斯的美学学说来看,compositio 这一语汇不仅本身就是理性的直接呈现,而且毫无疑问同时也就是 harmonia 本身,也就是美这一概念本身,托马斯美学的本体形上品性,在此亦可窥见一斑。

就 conformitas 概念的内涵而言,其意义可译为"和睦"、"敦睦"以及"舒适"等;这一术语在托马斯的美学学说中有两个层面的含义,它首先表述两个(或两个以上)事物或者两种(或两种以上)原则的和睦协调的关系[①],如同 propotio 和 harmonia 一样,这一和睦性不仅表述潜能与行为的形上关联,而且一方面也在量的和谐意义上表述受造的有形之物之间的比例和谐关系,另一方面也表述参有到创世者(造物者)之中的受造物(譬如人)与造物者的关系;其次,coformitas 另一个重要含义是善(bonitas)[②],善作为托马斯

---

① 就此请参见 ST I-II 64, 1 ad 1。
② 就此请参见 ST I-II 9, 2c. In III. Sent. 23, 1, 1, sol.。

最重要的形上概念之一，首先表述与神性的法则和自然的法则相协调的舒适性、与神性法则和自然法则的和睦性，表述在形式与内容上与神性智慧（上帝智慧）和受造的智慧的和睦性，这一舒适性与和睦性适用于每一受造物，以至于它们具有自身的自由而自有的品性，以至于它们的潜能具有向着行为的和谐，甚或具有与行为的共鸣（convenientia，融汇、圆融无碍），以至于在它们的行为能力中透射出美的品性、美的集合、美的建构、美的准则。

就 convenientia 概念的意义而言，在托马斯看来，它与 propotio 的兼容性，在于它也如同 propotio 一样表述关系[①]，不仅是表述比例的和睦关系（convenietia propotionis），而且是根据潜能向着行为的比例而来的和谐（convenientia secundum proportionem potentiae ad actum），托马斯说：

"natura…potest reparari ad id quod est sibi conveniens est proportionatum."[②]

"本性能够被再度表述为向着自身中的和睦与比例。"

"unicuique rei est conveniens id quod est ei naturale."[③]

"某一事物的和睦就是它自身的本性。"

也就是说 convenientia 与 propotio，甚或 naturale 庶几是同义词、同义概念，托马斯在整体的意义上、在本体形上的意义上提示出了它们的内在联系。

而在变幻多端、纷繁杂沓而多样的现实世界中，事物存在的各种关系交织纷扰，托马斯又是如何发现其内在联系而从中不仅提炼

---

① 就此请参见 ST I-II 9, 2c。
② 就此请参见 ST I-II 109, 7 ad 3。
③ 就此请参见 ST I-II 85, 6, sed c. 2a。

出囊括万端而又如此准确清晰、如此细致入微的比例学说,而且又是如何为其学说辩护的呢?面对这一问题,托马斯的回答十分简练素朴:

"Sic enim hominem pulchrum dicimus propter decentem proportionem in quantitate et situ." ①

"由于其在量上和状态上的典雅的比例,我们才说人是美的。"

人是美的,是由于他具有合比例的身躯和肢体,是由于他在状态上的合乎比例,这是美的整体和完美原则在比例关系中的呈现;而对于人的感觉和认知能力而言,较远的前文中所引述的文本是同样适用的:

"Pulchra enim dicuntur quae visa placent." ②

"美被表述为使视觉愉悦者。"

其中,如同较远的前文中已经提示的,美这一语汇是用复数表述的,这表明诸多类型的美都能够引发视觉的舒适和愉悦;也就是说,如果被我们所感觉、所认知的事物的确是美的,那么它也的确应当是合比例的,甚或:只要比例是恰当的,那么无论它如何出现(以何种状态出现)、在何处以及何时出现,这一恰当的比例、这一美的本质原则本身都能令我们愉悦,只要我们认知了它。托马斯哲学、托马斯美学的总体方法之精髓,不仅在于其作为基础的经验法则,而且更在于其出于概念而梳理概念、出于思想而梳理思想的理性法则。

从本体形上层面出发,我们能够提出的质询是,诸多比例与和

---

① 就此请参见 De div. nom. 4, 5, 339。
② 就此请参见 ST I 5, 4 ad 1。

谐的标准从何而来呢？或曰：究竟什么是这一奥秘深幽、内在于万有之中而又从万有之中透射而出的比例与和谐呢？

在托马斯看来，比例，或曰恰当的比例，不仅存在于上帝自身之中，而且也存在于受造物之中。托马斯说：

"Omnia existentia sunt ex pulchro et bono et omnia non-existentia supersubstantialiter, quia scilicet negationes omnium rerum conveniunt deo per suum excessum."

"所有的存在以及超现实的非存在都源出于美与善，因为这也是在说，万物的一切否定也都借着与上帝的分离而纷至沓来。"①

这也就是说，不仅万物的存在来自于上帝的真善美，而且当万物远离这一真善美的上帝时，它们也就成为非存在了，对于它们的存在的否定是它们自身否定了与上帝的关系。此外，除了比例（proportio）之外，托马斯照例使用不同的术语来表述这一比例关系，譬如前文所分析的和谐、合鸣、共鸣（consonantia）、戮力同心（commensuratio）、和谐（harmonia）以及融汇（convenientia，和睦、兼容），在托马斯的意义上，这些不仅都是表述 proportio 的同义词，而且也表述上帝与其受造物之间的和谐比例关系。

就上帝而言，恰当的比例有两个方面，一方面，如果仅从上帝自身出发而考量上帝自身的话，那么我们能够说，在上帝之中有一种内在的比例关系，亦即不仅有诸多谓项表述上帝，而且由于所有神性的谓项在上帝之中是绝对至一的，因而在他之中就存在谓项之间的比例关系（propotio）、也就存在这些谓项之间的和谐，也就是存在神性的和谐（harmonia divina），或曰完美的和谐（完美的共鸣，

---

① 就此请参见 De div. nom. 4, 8, 392。

perfecta consonantia）[1]，因而上帝是真善美的；在此，不仅所有这些谓项都是由自身而来、生发于自身并且向着自身而存的，它们不仅在质和量上并无些许之区别，而且还是至一的，也就是说，并非存在与生命有所分离，并非生命是一个，而存在又是另一个，而是存在与生命是同一个，所有的神性谓项与上帝的存在和本质是等同的、全等的。另一方面，如果从上帝出发而考量上帝与受造世界之间的关系的话，那么还存在另一种双重比例关系，亦即一方面，所有创世的理念、所有受造物的理念都存在于上帝之中，并且在他之中都是至一而和谐的，所有在上帝之中至一的和谐理念同时又都是向着受造的世界的；而另一方面，受造世界的理念和比例都源出于上帝神性的智慧，并且在其原初本质上又都是和谐的[2]，因而不仅上帝是美的，而且由此而来的受造的世界也是美的。

就受造的世界而言，也存在一种双重的比例关系，一方面是世界与其创造者之间的关系，另一方面是受造者之间的关系[3]；固然，在每一个受造物之内也依然存在着内在的比例关系[4]，甚或在上帝与所有非存在之间亦有某种关系。

受造的世界与创世者上帝的比例关系在于三个方面，一方面，上帝是所有受造物的初始原因或动力因（causa effeciens, causa activa），所有受造物按照它们在上帝神性智慧之中所存在的理性而各自受造以诞生；另一方面，所有受造物共同享有作为范式因（causa examplaris）的上帝；最终一个方面，所有受造物都一致努力追寻

---

[1] 就此请参见 De div.nom. 1, 2, 59。
[2] 就此请参见 De div. nom. 1, 2, 59。
[3] 就此请参见 De div. nom. 1, 2, 59。
[4] 就此请参见 De div. nom. 4, 3, 340。

作为终极目的因（finis ultimus）的上帝。受造的世界与上帝的这三重因果律意义上的比例关系一再表明，每一受造的和谐都在上帝神性之美中享有其源泉①。

受造物自身中的比例涉及其自身的存在与本质，涉及存在的行为（活动）的比例在于，每一受造物不仅存在，而且在其存在中享有其存在的持续②，也就是说，享有其本质的某种稳定性。

在关涉受造物的存在本质时，其比例意味着，受造物具有质料的和形式的存在③，这样的区分意图一方面在于提示出，完美所具有的渐次提升的梯次和等级是建立在不同基础之上的；另一方面在于提示出，所有受造物所建构的普世秩序是从最低、最少的雍容品性向最崇高、最完美的品性等级，并最终达于相仿于上帝的完美神性品性而渐次提升的。

受造物的比例一方面建构质料和形式的多元性和等级梯次，另一方面却也同时享有随之而来的比例关系，也就是说，在关涉存在（substantia）时享有统一性和区别性，在关涉质（qualitas）时享有相似性与非相似性，在关涉量（quantitas）时享有等同性与非等同性；在此，恰恰是存在本质的不同、恰恰是质与量的不同才生发出和谐；反之，如果万物仅仅具有同样的质和量的话，那么它们要么是全等的、要么就仅仅存在一个事物，于是他们要么就是单一性关系、要么就没有关系，也就无以谈完美与和谐；或曰：如果万物在存在与本质上、在质与量上毫无区别的话，那么就无所谓完美与和谐，也就是说，在单声部、单色调的意义上无所谓和谐，和而且谐需要多

---

① 就此请参见 De div. nom. 4, 8, 384; 7, 4, 733; 4, 5, 349。
② 就此请参见 De div. nom. 4, 6, 363; 4, 6, 364。
③ 就此请参见 ST I 47, 2c。

声部和多色泽,和谐必定是、必须是、必然是建立在区别性基础之上的和谐。

受造物除了在发生论意义上的区别之外,在其关系、行为(活动)、原因与结果以及状态的意义上亦有区别[①];其中,从行为出发来看,行为的意义在于阐释了三种比例关系:首先,受造世界的每一部分都在适应于其他部分的意义上而服务于其他部分;其次,较高的部分关照较低的部分,并将美和完美分有给它们,以使之达于完整和完美;其三,较低的部分为了自身的完满和整体的完满(甚或为了自身的完美和整体的完美)而倾慕和追求较高的部分[②]。

在关涉比例关系时对于行为(活动)的分析,首先表明受造物在范畴上的区分是具有意义的,其次表明,区别恰恰是受造物的比例关系(和谐关系)的源泉,没有区别(区分)就没有比例关系,就没有美。

托马斯关于美的比例关系的区分,也能够被视为宇宙所有部分的汇聚关系,这一融通的汇聚关系是凭借共同的存在基础、凭借存在秩序的统一、凭借相互的助佑以及凭借各自应得的协调而来的。从不同的判准出发,则有不同的比例关系的理解和区分,在上述比例关系之外,还能够有其他普遍适用的比例关系,譬如整体之善与部分之善的对应性比例关系(亦即整体之善大于、超出部分之善),必然与偶然的对比关系,运动与静止的比例关系,善与恶的对比关

---

① 就此请参见 De div. nom. 4, 8, 387-388。
② 在此,由于托马斯是在研究伪狄奥尼修斯的《论上帝的名号》一书中作如此这般之分析的,所以十分清晰的是,托马斯受到伪狄奥尼修斯等级论的影响;关于后者的等级论思想,请参见徐龙飞,《形上之路—基督宗教的哲学建构方法研究》(北京大学出版社,2013年2月)中关于伪狄奥尼修斯的相关研究(特别是427-433页)。

系，光源（光亮）与暗影的比例关系，音声与留白的关系等，从这样一些比例关系中产生美。从这样的一一历数中显而易见的是，在这些普遍适用的受造物的比例关系中，有些是相应于单一事物的品性（本质）的，有些是相应于事物的偶性（非本质）的；而事物最深层而最基础的比例关系，则奠基于一种类比关系，这一类比涵盖上帝与人的关系，托马斯说：

"Deus...omnibus entibus creatis dat pulchritudinem secundum proprietatem uniuscuiusque."①

"上帝按照自己所享有的美而赋予所有受造的存在以美。"

在受造物的普遍适用的比例之外，托马斯还区分诸多在受造的世界中、在不同的受造的种类中部分适用的比例，譬如在天使之中以及在有形之物中。而有形之物作为整体与其他与之相关联的事物的比例关系，有形之物与自身的比例关系，有形之物作为整体与自身各个部分之间的比例关系（以及各个单一部分与整体的比例关系），有形之物中各个部分之间的相互比例关系，诸如此类，不一而足②；又譬如，从人作为有形之物而言，人的躯体自身所具有的简质的比例关系，这一简质的比例关系与人的本性的相适应的关系，人的肢体与其肤色的相适应的关系，诸如此类，姑不一一而足③；而在人的精神世界中，灵魂对于上帝的模仿和相近的关系也造就一种美（亦即人在多大程度上类似于作为真善美的上帝）；或者艺术作品中，材料之间的比例关系以及这种关系和作品本身的比例关系，艺术作品与其意图达到的目的之间的比例关系，这些比例关系也能

---

① 就此请参见 De div. nom. 4, 5, 339。
② 就此请参见 De div. nom. 4, 9, 401; 4, 9, 406。
③ 就此请参见 SCG II 64。

创设美（或较少的美），诸如此类，亦不一一而足①。

当然，在现实的自然比例关系之外，也就是在上述本体论美学的比例区分之外，托马斯还表述了超自然而在神学上能够认知的比例关系，譬如圣子与圣父的关系，譬如可思考的两个最大反差的合一，亦即上帝与人在基督中周流遍至、圆融无碍的合一，在这种圆融无碍的合一中，无限的美放逸而出。

5. 美作为 claritas

托马斯认为，在（整体性的）完美和恰当的比例之外，美还应有另一个谓项，这也就是他所说的 claritas，亦即明亮、光亮，有时他也用 lux、lumen 以及 splendor 等。

从思维内在的品性和重要性来看，明亮（光亮、光照）概念具有明显的柏拉图主义和新柏拉图主义思想的痕迹，甚或本身就具有典型的柏拉图主义和新柏拉图主义的思维特质，也就是说，比起亚里士多德的现实主义的存在论而言，托马斯的光亮说更具某种思辨品性，而这一思辨品性在托马斯整体的亚里士多德式的现实存在论的哲学体系中并未显出丝毫的突兀，这或许是因为托马斯哲学原本就具有极强的思辨品性；而托马斯分析美的旨趣似乎也在于，在其整体的思维体系中、在其本体形上的美学学说中发展出包含明亮学说在内的思辨性美学理论建构。从其思维外在的品性和重要性来看，也就是从明亮学说（或明亮原则）最终成熟的形式来看，这一原则

---

① 就此请参见 ST I 91, 3c。

不仅涉及认知客体的美的客观本质（也就是事物是否是美的），而且也涉及美本身所自有的本质（也就是美究竟是什么），于是明亮准则不仅自身是美的一条原则，而且对于前文已经探讨的另外两个准则也颇具阐释力。

固然，claritas 究竟是什么，托马斯并未以专章来讨论；但是他明确地表述说，对于美而言，claritas（同时也包括 splendor, color, 也就是光耀和色泽）是必需的、是必不可少的。如果某物的当下此在和它的本质是相适应的，那么此物就是美的。托马斯说：

"Pulchritudo consistit in duobus, scilicet in splendore et partium proportione." ①

"美建构在两者之中，也就是说在光耀性和有比例的各部分之中。"

此外他还表述说：

"Umumquodque dicitur pulchrum, secundum quod habet claritatem sui generis vel spiritualem vel corporalem et secundum quod est in debita proportione constitutum." ②

"某物被表述为美的，其一因为它具有其品类的色泽光耀以及精神和躯体，并且因为这种建构是在比例之中的。"

就此他还说道：

"Pulchritudo corporis in hoc consistit quod homo habeat membra corporis bene proportionata, cum quadam debiti coloris claritate." ③

"躯体之美是在这之中建立的，即人有合乎恰当比例的躯体的

---

① 就此请参见 In I Sent. 3,exp. Primae parties textus。
② 就此请参见 De div. Nom. 4, 5, 339。
③ 就此请参见 ST II-II, 145, 2。

各部分。"

类似的论述还有:

"In corpore pulchritudo dicitur ex debita proportione membrorum in convenienti claritate vel colore."①

"躯体之中的美被表述为来自各部分的和谐比例,这一和谐比例立于和谐的光耀和色泽之中。"

总括上述引文,我们可以说,如果 claritas 是美(pulchritudo)的本质因素的话,那么它一方面表述完美的显而易见性,另一方面表述 proportio debita。在此,claritas(包括 splendor)并非简单地表述某种明亮的程度,而是在质量的意义上表述明亮(或曰明亮性),这种明亮是某物从自身而呈现的,是某物自身提供的,是此物作为被观视者的完足性。Color nitidus 是富足的、厌满的、饱饫的颜色。这当然并不意味着,美仅仅立足于强烈而有力的颜色之中,也并不意味着,被清淡的颜色所描绘的事物就不美。当颜色并非仅仅表现自身,而是在光之中与被表现物合一、且随之而被看到时,也就是说,被表现物在颜色中得以展现、得以描绘和表述时,颜色才是美的。在明亮和清晰的颜色中,光作为颜色的本源而同时被视觉感官感受到,在颜色中,光作为颜色的本质呈现而出。当颜色的光本性被感受到时,那么以这一颜色所表现的物才是美的。光本身从来都不是直接被看到的东西,而是在所有被看到之物中作为使得它们被看到的东西而被(随之、同时)看到。Claritas 于是指的是本源的可视性、本源的当下性、本源的当下临在性。

人能够看到颜色,而并非直接看到光。光使颜色成为可能,光

---

① 就此请参见 In I Cor. XI, lect. II n. 592。

使视觉对于颜色的感受成为可能;光是所有这两者的本源。或者说,人在看到颜色的同时也感受到使颜色成为可能的光的当下临在。于是作为原本不可视的本原,光的可感受性、光的当下临在对于人而言就是一种赠予。我们在本书下篇研讨圣像形上美学时还会更进一步阐释和分析光的本体形上学和阐释学的意义。

于是美在其本质的完美而彻底的实现之中,也赠予我们使之成为美的本原的当下临在;美之为美的本原,也就在美之中展现自身、在美之中绽放自身。美的本原不仅使美呈现给我们,这本原也在使美成其为美的同时、使我们感受到美的同时,随之也将自身赠予了我们,使我们感知道它。于是美也就意味着将自身给出、将自身赠予而出,特别是当这种给出和赠予是本原自身的时候。换言之,当本原将自身给出之时,我们就感知到美、我们就认知到美、我们就思考了美;于是托马斯说:

"Qui enim propriam pulchritudinem habet, vult eam multiplicare, sicut possibile est, scilicet per communicationem suae similitudinis." ①

"某物享有自性之美,他愿意将之推延而出,如同有可能的是,借助其自身本性的交流。"

相爱的人是美的,因为他们将自己赠予对方,并且感激对方的赠予,同时他们将美归因于对方的赠予。于是,因为美是一种赠予,所以它并不能,或曰无须被追求而得到;也就是说,追求之前就已经被赠予而得到了,并且是因着我们的肯认而得到。我们能够做的,是不断发现这一美,并且认可它、认知它、思考它。

托马斯认为,美之所以闪光、之所以闪耀、之所以照耀,是因

---

① 就此请参见 De div. Nom. 4, 5, 352。

为光明、明亮、光亮原本就属于美的本质，他说：

"Ad rationem autem pulchritudinis duo concurrunt, secundum Dionysium…dicit enim, quod deus est causa omnis pulchritudinis, inquantum est causa consonantiae et claritatis…His duobus addit tertium philosophus." ①

"而根据［伪］狄奥尼修斯，有两种东西汇聚到美的本性之中……他说，上帝是一切美的原因，他同样也是和谐与明亮的原因……哲学家为这两点补充了第三点。"

在这一引文中，由于ratio除了"事物的本质"之外尚有诸如"逻辑"、"语词"、"理性"以及"内在联系"等不同之含义，所以"美的本性"一语亦可译为"美的理性"、"美的内在联系"和"美的内在逻辑"等。

此外："Ad rationem pulchri, sive decori, concurrit et claritas et debita proportio." ②

"不仅明亮，而且恰当的比例，都朝向美或雅致的本性而汇聚。"

从思维方式和学术方法上来看，就上述引文而言，我们庶几能够有三个方面的界说，一方面，托马斯首先从自然理性出发，建构其本体形上美学学说，也就是说，他不仅将明亮理解为美的本质原则或元素，而且同时还将它阐释为美的外在程式；而美与真和善是等值的，于是阐释，甚或强调美，并不削弱真与善的价值，并未使美的其他原则或元素的价值（譬如前文所分析的完美与比例等）有些许之消减；另一方面，托马斯将上帝阐释为美的终极原因，则能

---

① 就此请参见 In I. Sent. 31, 2, 1, sol. 亦请参见 De div. nom.4, 5, 339。
② 就此请参见 ST II-II 145, 2c。

建构原因与目的之间的关联，也就是说能够建构内在之美与外在之美的关联，能够阐释上帝与人之间的关联，能够阐释神性之美与灵魂之美的关联；最终一个方面，托马斯引述伪狄奥尼修斯的权威观点，这首先表明他作为学者的谦逊恭谨，无论他是否认可和嘉许其观点（比起无知和漠视来，有论证理由的反对和学术的批评也是一种尊重），这都表明他尊重前人和他人的学术研究，这同时也表明他重视问题的由来与历史，这一点具有方法论的意义，因为问题不仅有其自身的展开，而且问题的历史也就是问题本身，梳理问题的历史也就不外乎是梳理问题本身，否则，即使对于当下正在提出并加以阐释和分析的同一问题也无从做出恰当的观察、判断、分析和评价。

　　从自然理性的理解力和认知能力来看，就上述引文而言，我们可以说，在托马斯看来，上帝就是美自身、就是一切美的终极原因，而美除了这一最基本、最本质的内涵和原因之外，其另外两个内在属性就是和谐（或曰恰当的比例）与明亮，而明亮不仅是感官感觉所能够历验的外在的现象，而且也能够是自然理性在思维中所能够建构的概念，甚或是超验的概念，由此，明亮则不仅与感官能够感知和经验的光和色有直接之关联，而且也与无需经验的概念的阐释、概念的分析无法脱离干系，于是我们可以说，美的明亮和闪耀，固然首先体现在上帝神性之中，但是也能够在光与色的悦人耳目之中呈现出来，这并非意味着，仅仅有形之物的美才投射出明亮，而是同时也提示出精神的亮烁和灵魂的明媚，由此庶几能有三方面之界说：

　　一方面，圣善的精神和敦厚的灵魂不仅是内在的美，不仅是美的理性的直接承载者，不仅能够透射出美的敦睦，不仅能够回应神圣之美，而且在有形之物、也就是在人之中能散逸出外在的静谧安详和温润祥美的感召力；另一方面，相较于有形躯体所能放逸而出的明亮，敦睦的灵魂所透析而出的和美温润则更具美的本质品性，而洞彻到躯体之中的灵魂之美，奠定在对于上帝神性之美的参有之中，奠定在将自身融汇于神性之美的德能和运作之中，奠定在对于终极福祉所透射出的荣耀的追求之中，由是，不仅灵魂，而且躯体也就享有了明亮之美、恰当比例之美以及完美之美，而且也安然处之于恰当的秩序之中以及美的充溢之中，由此，灵魂的美学品性不唯具有关系与秩序之美，而且灵魂之美更呈现出伦理之美的品性；而最终一个方面，灵魂之美之所以能够融入神性之美，是因为明亮的最初源泉就是上帝神圣德能之真光，是因为这一真光不仅超出万物，而且临在万物，并且在万物之中，是因为上帝恩宠之光首先照亮人的灵魂，将其神性之美普照进灵魂的最内在、最幽深之处，激发和开动起灵魂原本就具有的神性品性，使之能呼应、能反射神性恩宠之光的悄然笼罩，这一真光即使以其毫芒之明亮亦可临在万物，而万物也在这一作为光源的圣善之光中反射其明亮于万一，于是神性之美既是万物之美的初始原因，又是它们的终极目的。

  从自身而言、在其自身中，明亮说类乎于完美说和恰当比例说，都有一种内涵上的匮乏性，相较于比例关系和完美而言，光的学说或曰明亮学说甚或在其类型的区分和描绘上都有一种简短性和贫瘠性，以至于难以从中抽象出关于光或明亮的概念，并由此而建构相关联的美的形上法则，恰恰这样的情形令我们强烈感觉到，在分别界说这些元素与美的关系时，不仅都有一种各自内涵上的难以言说性，而且它们与美也都各自有一种无可展开、难以展开的关联性，由此对它们内涵的以及各自与美的相应的关联的界说均比较难于入手和展开，以至于我们在托马斯的形上美学的明亮学说（或曰光的学说）的核心中庶几仅仅看到关涉美的形上品性的哲学象喻而已；但是尽管如此，托马斯在明亮与美的关系中，也就是在美的本体形上论的意义上看到自己的研究使命，他苦心孤诣，甚或未免力不从心而惨淡建构和经营着他的美学范式，而无论如何，就美的本体形上的阐释和分析而言，托马斯对于美的形上界说在整体的范围、广度、质量和深刻性上不仅在全部美学史中无能出其右者，而且即使在考量到今后的美学研究时，也定然毫无疑问乃上乘而绝佳之作。

托马斯的苦心孤诣表现在他的形上思维的努力中，也就是说，为了更充分地阐释和分析光、明亮概念，如同对待完美（perfectio）和比例（proportio）两个概念一样，他在 claritas 之外还使用若干同义词，诸如 splendo、lux、lumen 以及 fulgor 等语汇，以此构件搭建其光和美的形上结构。

首先必须指出的是，托马斯所使用的术语几乎都具有物理的和形上的双重含义[①]，也就是具有质料性和精神性的双重含义。

就这些语汇所具有的相关联的物理意义而言，托马斯认为，一些有形物体（譬如太阳）在其自身之中就享有光（lux）和明亮（claritas），这是它们的性质（或曰至少是品性之一），他说：

"aer participat lumen solis。"[②]

"空气参有太阳之光。"

或者：

[①] 就此请参见 SCG, II, 77; II, 78; III, 47; III, 53; III, 55; III, 151; IV, 12; IV 18; IV, 86。

[②] 就此请参见 In Boet. De hebd. L. 2 exp。

"Lucis autem manifestatio splendor ipsius est, ab ea procedens." ①
"而光的多样性就是它自身的明亮,照耀从它而来。"

从这样的文本来看,作为存在本质的光(光源,原本之光,即 lux)和明亮(claritas)放射而出,投射在空气之中,或曰被空气所参有;而被空气所参有的光(lux,原本之光,光源)则被托马斯称为 lumen 或者 splendor(明亮,放射),而放射(固然是光的放射,无论是光源的放射,抑或是由于参有光源而形成的明亮和照耀)则是感官的感觉(在此亦即视觉)所能看视的不可或缺的前提②;而由于光源(lux)表述一种现实的、实存的质量和属性,所以光源本身就是活动或行为(actus)、就有活动或行为、就是出自活动的活动或出自行为的行为(ex actu actus),而照耀(放射、明亮)也从中脱颖而出(splendor ex luce)③。

相对于物理的明亮和物理的光而言,也存在着明亮与光的本质不同的、非物理本性的类型,而两者之间存在着共同的基础,托马斯将这一基础视为展现的力量、展现的能动力,这一能动力以比例类比的形式创设这两者之间的相似性,或曰使这两者在关系上、在形式上能够有一种比例类比的相似性;这种比例类比的相似性是一种引导性形式(导入性、导论性形式或绪论性形式),能够被视为理解整体的光的学说的绪论,在此,我们终于有了入手的途径,以理解托马斯全部形上论和认知论的明亮学说的美学关联和各个方面。

托马斯在光的物理性质的自然现象中很确定而轻易就能找到例证以类比精神领域中的情形,譬如太阳及其光耀是物理现象、是世

---

① 就此请参见 SCG, IV, 12。
② 就此请参见 SCG, III, 53。
③ 就此请参见 SCG, IV, 14。

界与人的光源,一方面,太阳以其光相应于上帝,上帝也被称为首善之光(prima lux)和光的基础(fons luminis),并且上帝的存在以其自身原有之绝对明亮与其理性完全等同①;另一方面,与阳光的可视之光相适应的(相对应的)是理性之光,而这理性之光也是被首善之光所照射,如同上帝的自身呈现和圣言能够以太阳的放射来类比一样,圣父也被圣子所表现②。此外,如同物理的光和物理的光的照射一样,精神之光和精神之光的照射也各自具有质量,并分别在自然的和超自然的秩序中辉映,在自然的秩序中则是行为的理性(intellectus agens),在超自然的秩序中则是荣耀之光(lux gloriae)的参有、分有,这样的分有使得受造的理性(亦即人以及天使)有了实际的能力,能够直接理解神性的存在及本质,能够在精神的清晰明亮性上相似于上帝③。

就托马斯的光和明亮的类比论而言,一方面,在其类比过程中,庶几有一种从物理的光和明亮到形上的认知的过渡,也就是说,托马斯并非在明亮(claritas)和光(lux、lumen)的原本的物理意义上阐释它们在物理世界、在自然科学中的质料性意义,其意图并非要说明物理的光和明亮的意义所在,而是要在形上类比和象喻的意义上阐释人的思维和认知,阐释人的感知理性和思维理性,并由此阐释多样化呈现的光与明亮的美学学说以及多样化呈现的人类理性,换言之,美在托马斯的考量中并非仅仅限于感官感知的领域,甚或原本并非感官感知的对象,而是认知和思维的对象,他的意图在于揭示隐匿于人精神中的思维的力量,在于揭示这一力量对于美

---

① 就此请参见 SCG, III, 55。
② 就此请参见 SCG, IV, 8; 12。
③ 就此请参见 SCG, III, 53; IV, 86。

的思考所能够达成的深度，在于揭示能够产生，甚或生产美的人的思维的精神品性，或曰美直接与人的思维理性相关联，托马斯美学的本体形上特质在此亦可见一斑；另一方面，托马斯的美学旨趣庶几在于要建构认知论与形上美学的联系，在对作为美的三法则（tria requisita）之一的光和明亮的类比论的阐释、分析中，由于其光和明亮说具有普遍的本体形上以及认知论的特质，所以托马斯关于光和明亮的类比论的思维方式、思维过程以及由此而对美的独特理解，不仅也都适用于美之为美所必须具备的另外两个元素，亦即完美与恰当的比例，而且在其整体的神哲学体系中也都是其纯思精虑之纲要、真知灼论之枢键。

如同前文所分析的，在托马斯看来，美的客观本质包含三个基本要素，他并且讨论了它们究竟是什么；在关涉光与明亮时，他认为，这一法则并非仅仅滞留于物理世界中，并非仅仅是宇宙中之自然法则，它同时也呈现和阐释了理性的品性，是一种多样呈现的能动力，不仅本体形上层面的美本身令人愉悦，而且对于美的思考和理解也令人愉悦，换言之，我们或许无法在本体形上层面定义、理解和诠释美自身的绝对意义，而更多地只是在我们的主观层面中、在我们的思维中建构，甚或仅仅提示其相对的品性，在这个意义上，美自身才是主体，美令我们思考，美是我们思考的始作俑者，美自身呈现而出，美从上帝神性之光中喷薄而出，从上帝的神性智慧中奔涌而出，美并非感官感觉之美，而是思维之美，是美为思维所带来的美，是对美的思维而引起的思维之美，美自身享有主体自身呈现的动能和品性。

在光和明亮的类比论的意义上，尽管托马斯的美学学说使用了完美、比例以及光（明亮）等术语，尽管这些术语仅仅表述美的客观形式，甚或是美的绝对客观的形式，但是它们不仅清晰提示出实体存在的形式，也就是说，不仅提示出造物主赋予实体存在之所以能够存在的形式（固然也赋予其内涵与属性），不仅提示出此间世界之美，而且更进一步提示出：美是事物存在的形式，美是上帝存在的形式（之一），上帝的存在形式就是其存在本身、就是其属性本身，美作为上帝的存在形式与其存在和本质是全等的。

在本体论和逻辑论的以及认知论和形上论的意义之外，托马斯美学类比论也具有神学本体论的品性；如前文所阐释和分析的，托马斯在物理的和形上精神的意义中言说明亮与光，在这样的内在联系中，光（光源，在托马斯那里时而 lux，时而 lumen，然而主要是前者）乃光的直接呈现、直接照射，放射（splendor 或 lumen）在物理的意义上表述反射而出的光；从类比的意义上、亦即从形上的意义上来看，托马斯将上帝表述为光（lumen），将上帝之子表述为光的闪耀，将圣神表述为圣父与圣子之光的放射（splendor），而所有受造物都被作为光（lumen）的上帝圣言所普照，万物都从圣言中分有它们呈现的法则和形式，受造物呈现自身的能力与形式直接来自于上帝神性之光，它们由此而被理性化，并获有其存在的理性，以至于所有人借助其由自然理性所获得的自然的以及超自然的认知而参有到上帝神性之光中；在此，光之所以对于认知的主体而言阐释理性和理性呈现的力量，是因为它首先阐释受造物的受造的标示，也就是其存在的形式，这一形式是神性之光的产物，同时，光对于受造物而言还是其理性的法则或精神的明晰性的标示与象征。

在对伪狄奥尼修斯《论上帝的名号》（De divinis nominibus）的研究中，托马斯也表现出他的美学视角和对美学的倾注，他说：

"Sic enim hominem pulchrum dicimus...propterer hoc quod habet clarum et nitidum colorem." ①

"我们说人是美的……是因为他有明亮和澄皙的颜色。"

"Unde proportionaliter est in ceteris accipiendum, quod unumquodque dicitur pulchrum, secundum quod habet claritatem sui generis vel spritualem vel corporalem" ②

"从比例出发而能够接受的是，任何一物被表述为美，是根据它在其属中或者享有精神的，或者享有躯体的明亮。"

从上面这两段引文能够看出，托马斯意图在两个重要方向上再度展开他的美学学说，一方面，他引入比例这一术语，意图在于提示出美的类比品性；另一方面，他强调每一事物都在其属中享有其明亮，意图不仅在于提示出明亮的两个主要类别，也就是精神的和躯体（亦即有形物体）的明亮，而且其旨趣还在于提示出事物存在的形式，不仅这一形式，甚或每一事物，都是永恒之光、亦即上帝理性所构思而出并且付诸实施的，每一事物不仅从上帝中获取其存在和存在的形式，而且借助其所获取的形式首先展现自身，再则借助形式而呈现其所获取的理性。托马斯以上述两个简捷的表述同时指出了美与其最本质的前提之一（亦即光和明亮）之间的最基本、最深刻、从而又是最普遍的形上联系。

那么，上帝究竟以何种形式是明亮（完美以及恰当比例）的原因呢（quomodo autem Deus sit causa claritas）？面临这一问题，托马斯说：

"Deus immittit omnibus creaturis, cum quodam fulgore,

---

① 就此请参见 De div. nom. 4, 5, 339。亦请参见 ST I 39, 8c; I-II 49, 2 ad 1; II-II 145, 2c; III87, 2 ad 3。

② 就此请参见 De div. nom. 4, 5, 339。

traditionem sui radii luminosi, qui est fons omnis luminis: quae quidem traditiones fulgidae divini radii, secundum participationem similitudinis sunt intelligendae, et istae traditiones sunt pulchrificae, id est facientes pulchritudinem in rebus."①

"上帝将他自身的本源之光赋予所有受造物而使之具有明亮,他是万光之源,是神性极致之光所要传承者,根据对这一相似性的参有才有了理性的存在,并且这些传承就是美,这是在事物中的受造之美。"

在此,托马斯又提出若干表述:radii luminosi(光之本源)、fons omnis luminis(万光之源)以及 secundum participationem,(参有之本、分有之本)这其中至少含有明亮学说的两个成分,首先是我们已知的,即上帝是万光之光、万光之源,再则是上帝神性之光借助前面已经提及的形式不仅赋予受造物以明亮,而且由此还以分有的方式(也就是令受造物参有到神性美自身之中的方式)赋予它们以美,以至于受造物是依据上帝神性之美而受造并由此而与上帝相仿;托马斯说:

"Claritas enim est de consideratione pulchritudinis, ut dictum est; omnis autem forma, per quam res habet esse, est participatio quaedam divinae claritatis; et hoc est quod subdit, quod singula sunt pulchra secundum propriam rationem, id est secundum propriam formam; unde patet quod ex divina pulchritudine esse omnium derivatur."②

"明亮是关于美的思考,如同所说过的一样;每一种形式,事

---

① 就此请参见 De div. nom. 4, 5, 340。
② 就此请参见 De div. nom. 4, 5, 349。亦请参见 De div. nom. 4, 5, 360; 4, 6, 367。

物借助之才享有存在，都是对于神性之光的参有；这就是那一所传承者，是每一单一的美根据其自身特有的理性所要传承者，这也是其自身特有的形式所要求的；由此形式就展开了万物来自于神性之美的存在。"

明亮使每一受造物呈现出美，这一建构美的明亮、这一构型美的明亮，奠基于原本的存在，这一原本的存在将自身传介出来、将自身的本源之光传布出来、将存在的形式传布出来，赋予每一受造物以形式（固然也包括完美与和谐），而这一形式又传布作为本源之光的存在的行为（活动），也就是说，事物的美起源于其形式，而这一形式自身则原本处于并且出于作为神性之美的本源之光中，处于而且出于神性之美的明亮之中，处于而且出于神性之美中；而这一原本的存在、这一作为本源之光的神性之美将这一形式构思而出、创设而出，作为本源之美与本源之光的神性之美是这一形式的始作俑者，是能够使事物呈现美的那一形式的初创者。在这一分析中，我们不难理解，美的事物，或更确切地说，事物的美是明亮所呈现的一种客体而绝对的本性，这一客体而绝对的本性是每一受造物的标示，也就是说，每一受造物在形式上都将其受造的品性承载于自身之中，都将这一美作为受造的品性承载于自身之中，并且按照其品性向外呈现，同时在关联主体的意义上，向认知的主体、向观想而认知的精神的主体呈现自身，并且将自身呈现为有呈现能力和明亮性的受造物。

如果形式是明亮法则，亦即如果形式是美的决定性条件的话，那么一个直接的结果就是，如同真、善等一样，美是一种先验而超验的品性，是一种超验限定，根据事物特有的形式而言、从其本有的形式出发来看，事物都有其美与善①；而如果明亮属于美的本质的话，并且也和它的精神的本源相契合的话，那么这一明亮也建构受造物的理性品性，由此美自身也属于形式因的领域，并且在形式上对于认知而言具有本质的、本体论的和先验与超验的关系②；如果诸如明亮，或曰形式的明亮、形式的照射（splendor formae）及其源泉（亦即神性之光，lux divina）同样是理性和精神的明亮（claritas intelligibilis et spiritualis）的话，那么由此而被建构的美不仅首先能够在精神层面，而且能够在超感官感觉的美的认知和关涉理性与意志的双重意义中被认知，光或明亮学说的认知形上学品性在此获有一种思维质量上的提升。

在完美与恰当的比例之外，光或明亮构成美的第三个要素，或曰是事物之所以美、是美之为美的第三个决定性条件，光以及明亮既表述物理质料的光与色，又在形式上表述精神理性的通透明晰之美。而在托马斯看来，由于事物的明亮源出于它的形式，而形式又源自于创世上帝的作为本源的神性之光，于是精神理性的通透明晰之美就呈现了神性之光、神性之美；当这一光（或明亮）与完美以及恰当的比例在一个事物中存在时，这一事物就必然是美的。美在这个意义上同时具有超验和经验的品性，也就是说，美并非必须、必然经过经验才能获知，而是不仅能够被感知，而且也能够被思考、能够在思维中被建构，并且美的本质能够在思维中被思考所展开，同时这一思考和展开也能够被领入语言中而被表述出来，由此，美的绝对客观本质下车伊始就具有被感知和被认知的上佳属性。

---

① 就此请参见 De div. nom. 4, 5, 355; 4, 18, 525; 4, 21, 554。
② 就此请参见 De div. nom. 4, 5, 356. ST I 5, 4ad 1; ST I-II 27, 1 ad 3。

明亮的本质以及与此相关联的万物之美的客体而绝对的本性，是托马斯关注的和思考的对象，而借助他的形上系统可以想见的是，由此出发我们也能提取出他的整体的美学学说，也就是说，完美以及恰当的比例也能够被涵盖于他的综合的美学论说中。

6. 小结：美作为上帝在此间世界的绽放

前此为止，我们研讨了托马斯本体形上美学学说，在分别阐释和分析他的美学三原则的基础上，更进一步探寻和分析了中世纪美学，特别是中世纪经院美学，或曰基督宗教美学的纲领，亦即存在之美与此间世界之美及其关系。

就完美或完足而言之，尽管托马斯在阐释和分析完美作为他的本体形上美学的第一个原则时也表述了令人愉悦的美，但是他的美的划分标准或判断标准却提示出他的美学学说的思维方式，他思维的出发点是提出判断标准，这决定了他的美学学说的本体形上品性，也就是说，他的意图并非仅仅，甚或并非在于探讨人的感官感觉所历验的美，并非在于探讨令人愉悦的美，而是在于探讨人所能够思维的美究竟是什么；托马斯借助这一方式建构本体论意义上的美学，他的美学三原则是综合的分析与分析的综合，他追述前哲之论而关照当下之思，将问题与问题的历史同时考量；他回溯美之内涵而探讨其呈现形式，将问题与假设同时提出；他反思经典而决疑谬说，将理解与诠释融于一体；这是托马斯的美学学说迥异于，并且远超于前人之处。

就比例或恰当的比例而言之，托马斯美学中的比例理论提出了美的一种标准,一方面,比例(或者和谐、和鸣、和睦、共鸣、敦睦)是美和美的存在的本质要求和条件,另一方面,无论以何种方式,比例都存在于事物及其准则之中;这两方面所表述的本体形上之美的法则,与完美所要求的法则是相通的,甚或是全等的。于是,如果在整体的现实领域中完美是美所要求的第一个法则的话,那么我们可以说,美所要求的比例关系则是其中的第二个本质因素;这第二个因素不仅意味着美的标准,而且托马斯提出判断标准的意义还在于,这一标准和其他两个美学原则共同开启了一个美学思维的新时代,开启了一个美学研究的新时代。

就涵盖光与明亮的美学三原则的类比论而言之,如果托马斯为我们提示出美是存在的形式的话,并且如果存在与形式都并非偶性而是范畴的话,那么我们似乎能够说,不仅作为存在的美,而且作为形式的美,都并非偶性,或曰:存在之美与此间世界之美都并非偶性,而是必然的;而如果事物的形式就是它的美的话,并且如果形式所创设的(所决定的)事物之美就是美存在的方式的话,甚或如果美的源泉就是存在的形式的话,那么我们在思考事物的存在时,对于美的思考就不仅应当具有一种必然性,而且同时也是对于美的源泉的思考,托马斯所言说和分析的美所具有的本体形上品性与其认知论的品性以及这两者紧密的内在逻辑关联,于此亦可见一斑。

在逐一阐释和分析托马斯的美的客观三原则的美学学说时,尽管我们也分别阐释和分析了作为存在之美的上帝与此间世界之美的关系,但是我们依然能够从托马斯的存在论出发,一方面与本篇开篇相呼应,另一方面也收束我们在这一部分的研究;托马斯说:

"Esse autem est illud quod est magis intimum cuilibet, et quod profundius omnibus inest: cum sit formale respectu omnium quae in re sunt."①

"而存在则大于每一事物之内在部分,它是万物内在之基础:因为这基础在形式上是事物之本原,万物借着它而存在。"

所有存在物之存在、所有存在物能成为其所是者,都能,或曰都要归结到存在本身(esse ipsum,或曰这一存在),或曰都出自存在本身;但是尽管如此,如同前文所表述的,托马斯认为,存在作为存在者之存在,也不能没有存在者而存在。存在本身作为存在,无法更多地被表述,这首先是因为他超出一切用来表述概念的范畴,人们无法用任何范畴表述他的内涵,换言之,他的内涵是最贫瘠的、是无法言说的、是空;其次是因为他令一切存在者都各自能成为他们自身,在这个意义上,他就不是存在者自身。但是恰恰这一贫瘠性就是他的富饶,是他令一切存在者都各自能成为他们自身的原因所在:这样的空是一种积极主动的开放性、透析性,是一种正面肯定性的绽放,他因此也才能无所不在,在时空中、时空之外以及质量上无所不在,也就是说是永恒的。

由此可见,存在统辖整体,虽然所有存在者借着他而各自成其为自身,或曰他虽然是所有所是者的内在,但是所有(每一)所是者恰恰因此而需要本质。因为,如果每一存在者都仅仅具有存在的话,那么每一存在者也就都成为(也就都是)存在自身(esse ipsum)了;于是我们要么有无数仅仅具有同一个存在自身的存在者,而他们又并非相同,这当然是不可能的;要么就有无数全等的、仅仅是存在自身的存在者,而这也就是存在自身,或曰是至一的存在自身。在这个意义上,存在者无不具有本质。而每一具有存在之

---

① 就此请参见 ST I, 8, 1。

本质的存在者也就获有存在的最初影响，存在绽放在其中，于是他们就是美的，或曰我们对他们的感觉就是美的。在这个意义上，托马斯说：

"omnia enim facta sunt ut divinam pulchritudinem qualitercumque imitentur." ①

"所有受造之物都以某种方式表述上帝之美。"

在此，Imitentur 也可以译为展示、表现、模仿。于是，对于美的本体论的经验显示出，大凡所是者（存在者），都是简质的借着存在而是其所是者，他们呈现了存在之美、也就是上帝之美。托马斯说：

"In finem autem ultimum quem Deus intendit, scilicet bonitatem divinam, ordinantur res non solum per hoc quod operantur, sed etiam per hoc quod sund: quia inquantum sunt, divinae bonitatis similitudinem gerunt, quod est finis rerum." ②

"上帝引导事物向着终极目的，也就是向着上帝之善。事物不仅借着被运作，而且也借着它们存在而被纳入秩序：因为只要它们存在，它们就承载上帝之善的肖似性，即事物的目的。"

在此，对于我们而言凸显出重要性的是"只要事物存在，它们就承载上帝之善的肖似性。"这里的善与真和美是等值而同义的。换言之，上帝自己令他的善到达存在者，也就是他自己令他的自身表述（自身传介）到达存在者，他以这样的方式缔造了存在者与自己的同在，也就是说，他借着这一方式为作为接受者的存在者开启

---

① 就此请参见 De div. Nom. 4, 5, 353。
② 就此请参见 SCG III, 65。

了接受的空间，也就是开启了接受真、善、美的空间、接受存在的空间。在传介之中，上帝将自己表达而出，这一表述是绝对的，这是因为上帝的自我表述就是上帝自身；这一自身表述，无限性的与上帝全等。作为纯粹的自我表述和传介，他完全向着接受者而开放自身，他从不在潜能之中，而总是初始的、终极的行为，并且总是处于能够被存在者所接受的状态之中。同时，根据其初始性和原初性，这一自我传介不再被汲纳到任何传介之中，换言之，他是初始的、终极的、逻辑的、掌控的、永恒的出发点，这一自身存在是最大的、比他更大者无从思考的传输者，他开放给存在者，并且只被存在者所接纳。因为上帝在存在者之中表述了自身，所以自身传介和作为参有者的上帝毫无区分。也可以说，只要上帝在自身传介之中表述了自身，那么作为自身传介，他和作为参有者的上帝毫无区分。而在此需要特别提及的是，这一自身传介作为初始和终极的传介，必然包含非交流性因素在内，也就是说，传介的方向是不可逆的、不可返回的；这种非交流性，或曰不可逆性是传介者自身的品性。而因为上帝的自身表述、自身传介包含非交流性在内，所以存在自身就是无可分的至一。上帝表述自身，并且让这一自身表述达于存在者，但是恰恰在这种无可交流性的、不可逆性的至一之中，上帝的存在区别于诸多存在者的存在。上帝令每一存在者都在其自身独立性之中，赋予每一存在者特有的内在之自身，并且掌控他们，而上帝自身之本质却不被触及。于是上帝的存在以及他的自身表述就不是实体的，而是整体的存在。上帝缔造存在者与自己的同在，并且是借着确定他的到达方式，也就是确定他自身到达存在者的方式；换言之，也就是他为这一自我表述准备了接受的可能性、开启了接受的空间。上帝确认了对他的自身表述的接受方式，由此区分了他的存在整体性与存在者，将诸多存在者建构起来，并将它们纳入到向着自己的秩序之中。只要上帝将万物朝向他自身、如同朝向终极，那么在这个意义上，上帝就是事物中完美、和谐与明亮的原因。在这个意义上，托马斯说：

"causa consonantiae in rebus…inquantum convertit omnia ad seipsum sicut ad finem." ①

"事物中和谐的原因在于其以某种方式朝向存在自身，如同朝向终极目的。"

在对自我传介、自我表述的确认中，上帝传输（传述）了自身的智慧、自身的美。因为上帝赋予每一存在者当下此在以及美的品性，而在和上帝的至一性相区别之中依然是当下此在者，不仅表述由上帝所赋予的自身的美，而且还呈现上帝的智慧和真实而真正的美。于是上帝就建立起与存在者的关系。

理性对于存在之美，以及诸多存在者之美的本体论的经验，首先就是返回自身，理性在自身之中思维美。返回自身意味着返回上帝所赋予的存在之中，意味着在其中思维美的品性。如果我们将自己看作被给出的存在者、被赋予存在的存在者，那么我们必定将上帝肯认为所有存在者的意义之初始，或曰初始意义。于是在本体论的美的意义上：上帝存在（Deus est）。

当然，必须说明的是，"上帝存在"在此表述的并非存有，或存在意义上的某种"现成存在"，或曰一个名号是"上帝"的"现成存在"、名存实有。因为上帝作为所有获得存在的存在者的初始（原初），是在所有种属、范畴之外的，并且是所有种属的初始本原，

---

① 就此请参见 De div. Nom. 4, 5, 340。

所以他的存在并非被存在者表述的,而是被接受的。这里的存在（est）并非《论存在与本质》（De ente et essentia）第一章之中所说的存在,而是 veritas propositionis,也就是事实的真理,在此也就是美。这样理解的存在（est）首先不是对上帝存在的肯认,而是表明对一个判断的肯定：如果判断者思维美的话,那么他在这一判断之中首先肯定了自身（的存在）、肯定了对美的思维的完成,由这一点而来的是,他同时肯定了这一对自身的肯定和对美的思维的完成的肯定是要归溯于美这一事实的。有别于《论存在与本质》的是,在此,"上帝存在"（Deus est）这一表述首先丝毫也未涉及上帝,这一表述的旨趣在于,所有存在者都被赋予理性思维之禀赋和归向自身的能力。存在者能够表述这一判断,能够表述本体的美和本体论的美；于是这一表述也能够被替换为"美存在"（pulchritudo est 或者 pulchrum est）。也只是在这个意义上,这一表述才宣示出存在的运作力和影响力。当人将其美的历验,以及对这一历验的考量表述而出时,也就是当美的经验被带入语言的形式时,本体的美和本体论的美才得以完成。"美存在"这一表述中的"美"是真与善的至一,是真与善最原本的至一。

前此为止,我们探讨了托马斯研究美的动机、原因与目的,阐释和分析了他的美学学说中的美的客观三原则的内涵及意义,论证了他具有方法论意义的美学纲领,亦即作为存在之美的上帝与此间世界之美的关系原则。其初始动机是要解决基督宗教哲学在构建自身之初、也就是在教父时代所含有的一个内在矛盾,这个内在矛盾产生于一方面认为上帝是真、善、美的,而同时另一方面则又认为受造物是不美的；这一内在矛盾的产生受斯多葛学派思想的影响。托马斯为了消除这一矛盾,并未沿袭诸如奥古斯丁等教父所勘踏的神学阡陌,而是选取了他们所探寻的本体形上之路径;在讨论过程之中,托马斯以美学三原则而展开其学说,庶几不介入神学论题、不借用神学方法,而仅仅是就近取譬,从中汲取例证和譬喻,在哲学的语境之中、以哲学的法度和思维、通过诸如完足、比例关系和清晰性等概念,研讨"上帝即是美"这一主题。托马斯首先在本体论的层面上确定上帝就是美,这一美和真(真理)、善是三即一、一即三的关系;在此留有柏拉图本体论意义上理解的美的痕迹。同时托马斯又在形上层面上锁定上帝之美与存在之美之间的关系;在他看来,这一关系是通过上帝将自身无可消减之美传输给存在者的方式达成的;美是存在者的存在方式;存在者是美的,是因为它表现上帝之美。美的事物是通过完足、内在应当的比例关系和清晰性来表述自己的。于是,托马斯以这样的出发点和一以贯之的逻辑便解决了早期基督宗教哲学的一个内在的矛盾,使得人们在基督宗教哲学的语境之中、在存在和形上层面也有了谈论可思维之美、思维本身之美、经验事实的美和此间世界之美的正当性,并且消解了斯多葛学派哲学的影响,由此而确保了基督宗教美学的基督宗教品性。

从前此为止的分析我们庶几也可以说,托马斯的学术思维和研究方法不仅有其严谨缜密之特性,而且如同奥古斯丁一样,亦有其内恭谨而外谦逊的高贵品质,尽管他远超于基督宗教的以及俗世的绝大多数前代和同时代的学者,但是他依然从古典哲学出发,并准确引述早于他数百年的奥古斯丁和伪狄奥尼修斯的学说,并以此为出发点而驰骋其冷峻之思,他的美学学说有其独特的深度和广度,其系统思维的丰富性和整全性不仅完美体现在其本体形上的思维结构中,而且也充分体现在其神学本位的考量和建构中,在整体的思维质量和系统性上不仅都超越前人,而且至今无能出其右者。

✱ 下 篇 ✱

拜占庭东方教会圣像理论研究
——上帝能够在质料中被表述吗?

第1章 引论：问题的提出

从基督宗教哲学、本体形上美学和神学的角度来看，上帝能否在质料中被表述、人的虔敬能否通过质料的画像而达于作为原象的上帝（或基督、圣母、圣人等），这不仅是拜占庭圣像讨论中最核心的问题，而且也是基督宗教的学者们，特别是受希腊哲学影响的东部基督宗教的学者们历经数百年所努力言判的问题；从艺术史和艺术哲学的角度来看，至少迄今为止，还没有任何一个问题能被不同身份（基督宗教的、非基督宗教）的学者们以如此巨大之热忱和精力讨论如此之久。

1. 上帝能够在质料中被表述吗？

尽管画像、圣像及其理论也是艺术史和艺术哲学必定要探讨的主题，并且此类之研究亦颇多上乘之作[①]，但是我们在此探讨画

[①] 关于画像和圣像理论的艺术史和艺术哲学之意义，请参见 A. Grabar, Martyrium. Recherches sur le culte des reliques et l'art Chrétien Antique. Band II. Paris 1946. S. 343 以下；同一作者，L'iconoclasme Byzantin. Dossier Archéologique. Paris 1957; E. Kitzinger, The cult of images in the age before Iconoclasm. In: Dumbarton Oaks Papers. 1954. Band VIII, S. 85 以下；K. Weitzmann, The Monastery of saint Catherin at Mount Sinai. The Icon. Vol. I: From the Sixth to the Tenth Century. Princeton 1976. P. 11-15, 32, 36。在此枚不多举、仅及一、二以说明问题而已。

像和圣像理论的旨趣并非要追踪其在艺术史和艺术哲学中的重大意义,如同拜占庭艺术史专家查希达吉斯(M. Chatzidakis)所正确指出的,包括画像和圣像在内的拜占庭的绘画艺术也是全部美学秩序和美学史中不可或缺的部分[①],这已然表明其重要性了;尽管拜占庭的画像和圣像在内涵和画法技巧上也有非常缓慢的发展,但是从整体上来看,却呈现出一种庄严的静态,如同整个东方教会的礼仪一样,甚至直到今天其文本还依然是大巴希尔和金口若望当年(也就是公元4、5世纪期间)所写就的[②],这表明了画像和圣像内涵和画法技巧的稳定性;其画法之稳定,终于形成后来的律法意义上的绘画教科书,这见于福尔纳的狄奥尼修斯(Dionysius von Phurnā)所纂集的名为"'Ερμηνεία"一书中[③],换言之,每一主题都有其固定而必须遵守的画法,如同人必须遵守法律一样;而我们在此所深切关注的是它们的哲学、形上哲学和神学思维的意义内涵。

根据著名德国学者Udo Reinhold Jeck以及C. Schönborn的研究,古典晚期,特别是希腊教父们的图像(画像、圣像)概念,并非单独出自某种艺术事件,并非独自出于艺术实践的某种结果,简言之,并非艺术创新的直接成果;这一概念也来自,甚或更多地来自许多图像理论家对于图像存在及其存在方式的广博而深入的理论研

---

① 就此请参见 K. Weitzmann, M. Chatzidakis, S. Radojčič, Die Ikonen. Simai, Griechenland und Jugoslawien. Rheingauer Verlagsgesellschaft für die Deutsche Ausgabe. Eltville am Rhein 1978. S. 7。

② 就此请参见 K. Weitzmann, M. Chatzidakis, S. Radojčič, Die Ikonen. Simai, Griechenland und Jugoslawien. Rheingauer Verlagsgesellschaft für die Deutsche Ausgabe. Eltville am Rhein 1978. S. 8。

③ 就此请参见 Theologische Realenzklopädie. Walter de Gruyter Berlin New York 1993. Studienausgabe Teil I, Band 16, S. 59。

究①。就此，Jeck 准确地概括了画像（图像）理论的本质问题，他认为，画像理论家们，特别是拜占庭的思想家们②，所面临的最核心的问题能够被概括为：图像（画像、圣像）作为质料能否，以及能够在多大程度上表现神圣的内涵；也就是说，他们要质询神圣内涵的可描述性、可肖像性的可能性及其界限。如果将这一最核心的问题在本体形上层面加以展开的话，那么它庶几是这样的：如何能够在质料的客体中表述上帝、表述神性？在对质料的感受性（感官的感觉）和超自然的、神性而隐匿的初始原因之间存在一种中介吗？画像，或曰圣像的线条性的和色彩斑斓的质料能够掌控立于所有形象彼岸而庶几只能被思考的超验吗？表述上帝神性的画像（imago Dei）与上帝神性自身之间究竟又是怎样一种关系呢？如果认为质料性的画像能够表述上帝的话，那么这一诉求难道不会太过分吗？做如此这般质询的原因在于，这一诉求是从宗教崇拜对象出发的，并且这一崇拜对象恰恰又是质料性的图像，或曰画像（imago materialis）；而艺术表现的可能性在此又究竟能走多远呢？

回答诸如此类的问题，不仅首先需要厘清基督宗教三位一体论的上帝概念、上帝观念（或曰基督宗教三位一体上帝论的程式）③，而且还需要研究画像（图像、圣像）的存在方式；这是关乎存在与

---

① 就此请参见 Udo Reinhold Jeck, Gott in der Materie darstellen? Zum Grundverständnis des Kultbildes in Libri Carolini. In: Hermeneia 2. 1993. S. 95; C. Schönborn, Die Christus-Ikone. Schaffhausen 1984。

② 就此也请参见伪狄奥尼修斯的有关著作，特别是他的《神秘神学》、《论天使的等级》、《论教会的等级》、《论上帝的名号》以及《书信》等，特别是 B. R. Suchla 的研究，以及 G. Heil, S.M. Ritter 的研究（Patristische Texte und Studien 36. Berlin New York 1991. S. 141 以下）；亦请参见本书著者关于伪狄奥尼修斯的若干研究。

③ 就此请参见本书作者关于基督宗教哲学的研究专著《形上之路——论基督宗教的哲学建构方法》。

存在者的本体论问题。而由于本体论问题关涉存在、存在者的基本结构，于是对于画像的概念上的限定就属于本体论、属于本体论研究的任务。而如果崇拜画像提示了神圣的内涵，那么画像作为超验意义的象征又在其属性中享有什么样的状态呢？这样的问题来自于作为崇拜客体的画像与其神性本源的关系，而关涉崇拜客体的本体论则要探讨这样的问题。

相应于这些问题，以及这些问题的意义，在古典晚期罗马帝国东部的拜占庭，产生了众多不同而有质量的研究，以及解决问题的尝试，而所有这些研究的核心则是一种本体论哲学的思考。从思维方式上来看，东部关于圣像的讨论，首先是受新柏拉图主义影响的希腊教父和画像理论家们，尝试借助参有概念在精神与质料的区分之间建立沟通[①]。

一方面，在东部讨论的主题更多地涉及基督画像的理论问题，对于宗教实践、画像敬拜实践影响微乎甚微。至于上帝之母圣母玛利亚的画像、圣人们的画像，东部认为，即使其原象也并不享有 λατρευία（崇敬），对于圣人及其画像的敬拜的区分并不十分严格，对于这一问题的反思和论证更多地是引述护教教父们的观点；而且由于强调只有一个尊崇，所以在基督画像和圣人画像之间、在画像和被画像所阐释者之间所作的区分也被相对化了，尊崇总是属于被阐释者；尽管在对于上帝的朝拜和对于圣人们的敬拜之间作了明确的区分，并且这样的区分也十分重要，但是这样的区分实际上并不涉及画像学说本身。涉及画像学说本身的，也仅仅具有护教的意义；

[①] 就此请参见 F. Normann, Teilhabe——ein Schlüsselwort der Vätertheologie. Münster 1978。

除了对于画像崇拜的持续发展作了东部教会官方的辩护之外，对于民众的信仰实践并无太大影响。

而另一方面，当东部的神学家们在画像争执的第二阶段尚未完全展开他们的思想和研究时，西部的弗兰肯帝国就已经对787年的第二次尼开亚大公会的学说做出了反应。弗兰肯的神学家们从自身的宗教实践出发认为，画像并非是用来敬拜的，而是用来装饰的，或者充其量是用来将人领入思考的。与东部学者们概念的含混不清相对照的是，西部的神学家们尝试厘清尊崇的不同类型（样式）；朝拜固然仅仅属于上帝，而崇敬（敬拜）也可以是对于人而言的，但是对于画像的敬拜则完全不被许可①。在这一问题上西部提出的质询是，画像何来其神圣性呢？画像与原象完全出于不同的质料，画像与原象仅仅是在名号上有联络而已②。西部的观点更多地是为自身的神学立场找到依据，对于东部也并无太大影响。从思维方式上来看，拉丁西部的教父们、学者们在这样的讨论过程中，逐渐更多地将奥古斯丁推崇为权威；东西部在本体形上层面对于圣像理解的不同，源自于对于古典哲学的汲纳和理解的不同。拉丁西部对于圣像的理解建立在严格的本体论的基础之上，也就是说，并非精神与质料的混合，而是他们的细致而精确的区分，是本体论的必然；在方法上，他们并非从形上的思辨出发，其方法奠基在古典的辩证法和雄辩术的基础上，他们尝试以这样的原则透视和分析崇拜图像的复杂的结构，其思维努力的直接而重要的结果见于 Libri

---

① 就此请参见 Libri Carolini II 27。
② 就此请参见 Libri Carolini I 2。

Carolini 之中^①，这就是在不远的后文中将要提及的《卡尔大帝论圣像书》。

从 Jeck 对于圣像的理解出发而言，我们庶几可以说，质询圣像的存在方式，在古典晚期并非一个审美美学的问题，对于圣像的存在方式的质询，首先是对圣像的本质的质询，是在本体形上层面对于圣像的存在及其本质的钻探，同时也是一种对于国家政治、教会政治的集中发问；早期的关于圣像的讨论与交锋，甚至动摇了早期拜占庭帝国的基础，这集中体现了圣像讨论的政治维度。

古典晚期关于画像正当性的讨论，一方面不仅在罗马拜占庭世界衍生出了某种社会的分歧[②]，并且由此而影响到了罗马帝国的其他部分，而且关于圣像的争论也加剧了拉丁西部与希腊东部文化的不同；另一方面，这样的圣像讨论，甚或圣像争执（Iconoclassm, Ikonoklassmus）不仅是衍生在教会学者、修士之间的歧异和争论，而且至迟到 8 世纪帝国的皇帝作为最高的政治角色也主动投入到争论之中。

拜占庭的圣像争执者（圣像反对者），在早期还能够维护，甚或坚持和贯彻他们反对圣像的观点[③]，君士坦丁五世作为一个思想

---

① 就此请参见 H. Bastgen (Hrsg.), Monumenta Germaniae Historica. Legum Sectio III, Concilia Tom. II Supplementum. Hannoverae/Lipsiae 1924 (unveränderter Nachdrucik 1979); Patrologia Latina (PL), J. P. Migne, Tom. 98, 999-1248. Udo Reinhold Jeck, Gott in der Materie darstellen? Zum Grundverständnis des Kultbildes in Libri Carolini. In: Hermeneia 2. 1993. S. 95-108。

② 就此请参见 H. G. Thümmel, Die Frühgeschichte der ostkirhlichen Bilderlehre. Text und Untersuchungen zur Zeit vor dem Bilderstreit (Texte und Untersuchungen zur Geschichte der altchristlichen Literatur 139). Berlin 1992。

③ 就此请参见 H. G. Thümmel, Bilderlehre und Bilderstreit. Arbeiten zur Auseinandersetzung über die Ikone und ihre Begrundung vornehmlich im 8. und 9. jahrhundert (Das östliche Christentum. NF 40). Würzburg 1991。

家和圣像理论家①，不仅以其政治的角色召集主教会议、讨论圣像问题②，而且他也以学者的角色亲自投入到学术的讨论过程之中；拜占庭的圣像争执不仅有其哲学的、教义的、政治的原因，而且亦有其普世的、社会的原因。对于圣像的赞同和反对，不仅构成了圣像冲突的双重理论结构，而且也使得包括皇帝在内的政治家们不得不更深刻思考崇拜画像的本质；当圣像不仅在本体形上层面，而且也在政治层面被肯定时，否定基督宗教的崇拜画像，并且否定超验内涵被肖像性的可能性，就不仅成为了一种执见，而且他还必须论证其观点，仅仅政治的介入尚不足以影响纯粹学术的讨论。

公元726年始，反对圣像的皇帝君士坦丁五世颁布了圣像禁止令，他并召集圣像反对者在754年于希莱雅（Hiereia）召开主教会议，其间统一和确定了他们的观点，这次主教会议也被称为"画像问题的主教会议"③，而787年在雷奥六世在位期间，又在第二次尼开亚大公会议上修改了观点，并且将新观点合法化，这在拜占庭的政治

---

① 就此请参见 A. Lombard, Constantin V., empereur des Romaines (740-775). Paris 1902；Karl Bihlmeyer, Kirchengeschichte. Verlag Ferdinand Schönigh, Paderborn 1960. Band II, S. 91-97, 特别是 S. 93-94。

② 这次会议在希莱雅（Hiereia）的皇宫举行，由此亦可见其政治意义；就此请参见 H. Jedin, Handbuch der Kirchengeschichte. Herder Verlag, Freiburg Basel Wien 1999. Band III/1, S. 31-38；Karl Bihlmeyer, Kirchengeschichte. Verlag Ferdinand Schönigh, Paderborn 1960. Band II, S. 91-97, 特别是 S. 93-94。

③ 关于希莱雅主教会议的历史背景、神学背景以及对于画像问题的讨论和决议，请参见 Torsten Krannich, Christoph Schubert und Claudia Sode, Die ikonoklastische Synode von Hiereia 754. Einleitung, Text, Übersetzung und Kommentar ihres Horos. Nebst einem Beitrag zur Epistula ad Constantiam des Eusebius von Cäsarea. Verlag Mohr Siebeck, Tübingen 2002。

中意味着禁令的解除①；对于圣像理解的摇摆不定在政治领域中留下了持续的影响。

2. 西部的观点：《卡尔大帝论圣像书》

东部关于圣像理解的修正、也就是说对于圣像的崇拜，在拉丁西部引起了批评的反响。加洛林王朝的柔和的圣像政治与东部的实践近乎截然相反。为了在强大的拜占廷皇帝的主导性的统治面前能够坚持自身的政治独立性，西部的学者们批评圣像崇拜②。崇拜画像对于他们而言不仅近乎于迷信，而且也是东罗马帝国皇帝的薄弱之处。当彼之时，尚未加冕而成为皇帝的弗兰肯国王卡尔（Karl），在拜占庭的权力角逐中站在温和的圣像崇拜的批评者一方，他委托治下的学者撰写一部内容丰富的著作，陈述关于圣像的思考和理论，这部在不远的前文中曾提及的、著名的论战性的著作，被称为"Libri Carolini sive Caroli Magni capitulare de imaginibus"（简称 Libri Carolini，缩写 LC），或可译为《卡尔大帝论圣像书》（或可简称为《论圣像书》）。

从时间上来看，这部《论圣像书》诞生于公元 790 年前后，从

---

① 就此请参见 G. Dumeige, Nicäa II (Geschichte der Ökumenischen Konzilien IV). Mainz 1985. H. Denzinger, P. Hünermann, Enchiridion symbolorum definitionum et declarationum de rebus fidei et morum. 40. Auflage, Herder Verlag, Freiburg Basel Wien 2005. 600-603. 就此请参见 H. Jedin, Handbuch der Kirchengeschichte. Herder Verlag, Freiburg Basel Wien 1999. Band III/1, S. 40-41；Karl Bihlmeyer, Kirchengeschichte. Verlag Ferdinand Schönigh, Paderborn 1960. Band II, S. 91-97, 特别是 S. 94-95。

② 就此请参见 W. Braunfels, Die Welt der Karolinger und ihre Kunst. München 1968。

历史的过程中来看，诞生于拜占庭内部政治权力的角逐中，并且这一角逐甚至影响到了西部的罗马。尽管拉丁西部对于拜占庭的内部的圣像讨论所知不多，但是这部在这种具体的历史境况中诞生的著作，却依然不仅成为两个历史时期的转折点，也就是说，它结束了一个时期，而且它也同时引起了一轮新的论战，原因在于，它尖锐批评了787年第二次尼开亚大公会议对于圣像崇拜的温和甚或友好的态度。

《论圣像书》一方面批评了拜占庭内部对于圣像的过度崇拜，而另一方面也赞同有限的圣像使用实践，也就是说要限定其范围和目的。对于拜占庭的皇帝而言，尽管这一批评不乏某种政治的介入，但是它也需要一种理论的基础为其批评的学术性和正当性作保障。其反对圣像崇拜的最核心的论点在于，画像本身是无灵魂的、是质料的；西部的学者认为，这种无灵魂性和质料性决定了画像没有能力表述和传介绝对的超验[①]。在全部欧洲历史中，艺术，以及艺术作品的宗教崇拜品性很少有在8世纪中这样高扬的地位，以至于几代人为了它的确切的定义而冥思苦想而争论不休，并且各种不同的观点最终也未能达成一致，或许也无需达成一致。而针对东部的圣像崇拜，西部所提出的核心问题是，究竟什么才是画像（圣像）？在考量上帝的形象（imago Dei）[②] 时图像的阐释享有何种可能性和界限？

---

① 关于"Libri Carolini"（《卡尔大帝论圣像书》），请参见 Lexikon für Theologie und Kirche. Herder Verlag. Sonderausgabe Freibur Basel Wien 2006. Band 6, 898-899。

② 关于 imago Dei 在《圣经》"旧约"、"新约"中的意义、其系统神学的、信理神学的以及神学伦理学的意义，请参见 Lexikon für Theologie und Kirche. Herder Verlag. Sonderausgabe Freibur Basel Wien 2006. Band 4, 871-878。

关于图像概念（εἰκον，imago）的内涵，所应当强调的是，图像首先关涉到被描摹者；每一个图像都有一个原象，或曰原形（ἀρχτυπους），原象的结构限定和引导肖像的呈现和品性。当肖像被描摹而就后，它就表述原象之像，并且使之当下在场；在当下在场的情态中所呈现的，并不能被直接的触摸所扰及，或曰能够免于直接的触扰；即使当原象无可企及时，画像也依然存留；换言之，如果画像是为了原象而被创作的，那么它依然能够完成它原本的功能，即使原象不在场。画像不仅能够在原象不在场时依然存在，而且还能够阐释原象；在这个意义上，画像享有一种诠释的功能，享有一种对于意义的阐释功能。

这样的画像概念的基本结构，能够引起诸多不同的问题和质询。Jeck 的精当概括在此非常值得引用：肖像的结构是否被限定在感官感知的画像之中（或曰：感官感知的画像是否限定肖像的结构）？理性的内涵是否是可肖像化的（或曰：理性的内涵能否被肖像化）？图像（形象）的描述（描摹）是否能够同时涵盖感觉和理性？被描摹者（被肖像者，亦即被描摹而出者、画像）是否弱于原象？肖像是否仅仅表述原象的若干品性，而非全部品性？在原象和肖像各自的构成之间是否有某种一致性？或者仅仅存在一种衰变？画像在价值上是否低于原象？在画像概念中是否存在一种等级制？而如果被图画者作为本源的初始类型的话，那么由他而来能否构成一个递减的肖像层级的系列？这一递减系列中的各层级相互之间又是何种关系呢？如果一个曾经活着的圣人作为他的圣像的原象的话，并且这个圣像的肖像在礼仪过程中尽管其纯粹艺术作品的在场性而依然是无活力的、无生命的，那么它是否是价值阙如的呢？鲜活的原象和死寂的肖像之间的本体论的区别能够被涤除吗①？

《论圣像书》就探讨上述诸多问题，并由此而建构一种图像本体论；从上述问题我们能够看出，西部的图像本体论中隐匿着至少是潜在的区分、也就是躯体的存在和非躯体的存在的区分，鲜活的与死寂的（躯体的）区分，以及理性的和非理性的区分。从方法上来看，其理论基础一方面是波埃修斯翻译成拉丁语的亚里士多德的著作 De interpretatione（《诠释篇》），以及新柏拉图主义哲学，另一方面则是基督宗教早期教父学者们关于上帝内在三位一体的讨论，特别是奥古斯丁 De trinitate（《论三位一体》）中的思考，更成为西部尝试解决上述问题的圭臬②。

对于画像（图像）的概念限定始于对于它的来源的探寻。画像是一种艺术作品，是人造作而出的、因而具有某种由人而来的建构性，于是画像的存在依赖于人的手工劳作。在造型艺术中，人的操作将人所感知的事物塑形而出。在《论圣像书》的理解中，一幅画像奠基于质料的组合之上，这一点与拜占庭的圣像崇拜相矛盾。低估艺术作品，首先助长了对于那些被认为是并非人造作的，而是有着神性起源的图像（造型）的崇拜。如果一件作品享有超出人自身的来源的话，那么它就享有较高的价值，而人所造作的，则只有较低的层次和价值。而只有当一件画像并非艺术家的作品时，它才是

---

① 就此请参见 Udo Reinhold Jeck, Gott in der Materie darstellen? Zum Grundverständnis des Kultbildes in Libri Carolini. In: Hermeneia 2. 1993. S. 99；本书在此并非依照原文引用，而是在意义和逻辑上有所梳理。

② 就此请参见 Udo Reinhold Jeck, Gott in der Materie darstellen? Zum Grundverständnis des Kultbildes in Libri Carolini. In: Hermeneia 2. 1993. S. 99-100，特别是 S. 107-108 之脚注 34、35、37。亦请参见拙著《形上之路——基督宗教的哲学建构方法研究》中奥古斯丁部分。

价值连城的；而一件并非人所造作的东西，则必定是上帝所创造的。就基督的圣像而言，其原象要回溯到基督在此间世界的活生生的存在；而由于基督在一个确定的历史时期身心俱在而活生生的当下在场，所以他能够是画像的对象，他的印记能够留在质料中、留在质料的事物中。而原象的所有拷贝（复制件）又因此而能够成为其后的拷贝的出发点（亦即在这个意义上的原件）。固然，画像（圣像）最终都出自艺术家的创作，也就是说，我们无法将它们回溯到一个确定的、神秘的本源；但是，一方面，由于画像的存在同时涵盖原象与肖像，于是这样的涵盖性就使得画像具有存在的合理性、正当性；也正是在这样的理解上，才产生对于画像（圣像）有好感，甚或倾向于画像的，并且受新柏拉图主义哲学影响的画像理论家；而另一方面，恰恰由于画像出自艺术家的创作，画像这样的品性又使得对于画像崇拜的拒绝成为可能，埃乌西比尤斯（Eusebius von Carsarea）[①] 作为第一个画像崇拜理论批评者，曾经至少是间接地批评了艺术家的有限性和局限性[②]，其理由在于，无论是从人的角度，抑或是从质料的角度来看，如果艺术作品描摹人的话，那么它仅仅能够描摹人的外在，仅仅能够描摹人的外在性，而精神的内涵，特别是神圣的内涵则是艺术家无法以质料性的东西表述和摹绘的，质料的表述力是十分有限的，画像对于人性内在性和灵魂内在结构的阐释几乎是不可能的，由此，如果人甚至无法感知精神性的东西（对

[①] 关于 Eusebius von Caesarea 的生平、著作与思想，请参见 Lexikon für Theologie und Kirche. Herder Verlag. Sonderausgabe Freibur Basel Wien 2006. Band 3, 1007-1010。

[②] 就此请参见 Udo Reinhold Jeck, Gott in der Materie darstellen? Zum Grundverständnis des Kultbildes in Libri Carolini. In: Hermeneia 2. 1993. S. 100；C. Schönborn, Die Christus-Ikone. Schaffhausen 1984. S. 67 以下。

此只能理解)的话,那么他对于绝对超验的描摹也就是不可能的。《论圣像书》也在这个意义上首先低估艺术家(画家)的能力;由于艺术作品是质料的而非精神的存在,所以任何一个手工劳作者都有可能创设之;这与我们当今理解的艺术作品的原创性大相径庭。正是由于画像是艺术家人为造作而出的,所以从其来源就无法将其高度评价。对于画家能力的贬损,同时也揭示了其创作的可能性的有限性和限定性,这也就直接意味着,质料无法理解和表述上帝的神性内涵。

从拜占庭圣像崇拜的实践来看,其核心是基督圣像,而根据圣像理论的诉求,基督圣像就是上帝的圣像(imago Dei);而究竟什么是上帝圣像呢?当教父学者们提及"上帝圣像"概念时,他们所言及的、所想的和所指的的确是质料性的画像吗?《论圣像书》(II 16)的画像理论对这样的问题作了极有针对性的分析。它认为,上帝的面庞对于人的观视而言基本上是隐匿的,其理由在于作为基督宗教哲学基础的《圣经》之中(《出谷纪》3,14;33,20;《若望福音》I,18);在这样的基础上,《论圣像书》认为:

"Qui si invisibilis est, immo quia invisibilis est, necesse est, ut incorporeus sit; et si incorporeus est, necesse est, ut corporaliter pingi non possit. Igitur si invisibilis est et incorporeus, prorsus corporalibus materiis pingi non potest." [1]

"如果上帝是不可视的,并且恰恰由于他是不可视的,那么必然的是,他是非躯体性的;而如果他是非躯体的,那么必然的是,

---

[1] 就此请参见 H. Bastgen (Hrsg.), Monumenta Germaniae Historica. Legum Sectio III, Concilia Tom. II Supplementum. Hannoverae/Lipsiae 1924 (unveränderter Nachdruck 1979.), II 16; Patrologia Latina (PL 98, 1080B).

他无法被作躯体性的摹绘;于是如果上帝是不可视的,并且是没有躯体的,那么他就不能够被躯体性的质料所描摹。"

绘画是完成在质料之中的,无法掌控不可视者,于是任何造型艺术都无法掌控和描摹上帝的真实面容;在这个意义上,"上帝的面容"并非可感知的、审美美学意义上的对象,人的感觉无法达于上帝神性的非质料性;这其中的核心表述是,不可视的就是非躯体性的,而不可视的非躯体性的,则是艺术所无法表述的,因而是画像所无法描摹的;图像自身的质料性、实体性是其描摹非实体者的无可逾越的鸿沟。

指出图像的质料性,同时也提示出另一种论证的可能性,也就是提示出质料性事物的无生命性;因为画像是质料的、是某种材质的,所以它本身并不享有原本的生命,或曰在其中存在一种至少是生物性的生命阙如性。由此就会产生相应的问题:人的内在生物性的生命性(人天生的生命性)和对于这一生命性的图像阐释之间究竟是何种关系呢?图像如何阐释灵魂的能力呢?质料性的事物能够理性的阐释精神的内涵吗?

画像(图像)提示出它所表述的对象,这也意味着画像依赖于它所表述的原象;已完成的画像的存在内涵,相对于原象的存在内涵而言,是一种偏离;尽管画像能够提示出原象的精神内涵,但是画像自身并非享有精神,或者意识;人的精神、意识、灵魂只能在生命中实现,而不能在画像中实现,在这个意义上,画像仅仅具有提示的品性。人的心灵享有主动的能力,心灵是人的主动性行为的承载主体,而人的画像则不然;如果精神自身没有将其自身内在的行为呈现给外在的世界的话,那么内在的精神行为通常是无法被感觉到的,而被感观感觉到的也难免某种偏离;由此可见,由于精神内涵的图像化（画像化）对于精神旨趣本身而言并非其原初的本性（品性），所以作为精神（心灵）质量的感觉上的表述，图像总是有所偏离，甚或失真的；简言之，图像作为对于某种精神（神性）的表述，难免偏离于精神本身；精神的品质与质料的对象总是有所区别的，甚至有可能是矛盾的；换言之，精神的内涵与其质料的表述有可能是相对立的，精神是活生生的，而画像则有可能是死寂的，精神（灵魂）的内在性、不可视性，与外在于精神的可视的对象（即这一精神的图像性描摹）不可能是全等的，画像只能有限，甚或都没有可能无限接近精神的内涵，在这个意义上，画像本身似乎并未具备精神内涵所具备的真实性和真理性；画像在本体论的限定上是躯体性的质料，其质料性限定了崇拜画像自身的存在与呈现，鲜活的精神（生命、灵魂）与质料性的材质之间的鸿沟首先是一个无法逾越的物理上的事实。

西部的（以及圣像争执者们的）画像本体论，将其质询集中指向画像的质料性上，这一指向似乎并非在探讨画像的审美质量，而是在追问画像与原象的关系以及画像本身的功用，这对于拜占庭的圣像争执而言，似乎又开启了另一个讨论的维度，亦即圣像在礼仪祭典中的功能，甚或是灵魂拯救的功能。

第 2 章　早期东方教会的画像学说

1. 异教的古典晚期的画像学说

尽管基督宗教是作为古典社会中新价值、新伦理的象征而产生的[①]，尽管基督宗教从一诞生开始就主动而有意识地以古典哲学为思维方式和方法而培养、建立和发展自己的宗教法则、仪式，甚或风俗，但是从其起源，并且从宗教史和宗教学角度来看，早期的基督宗教团体是从没有画像（图像）崇拜的犹太教的会所中成长起来的；当彼之时，《旧约》中的至少若干诫命，譬如对于画像（神像、画像崇拜、神像崇拜、偶像崇拜）的禁止等，对于年轻的基督宗教及其信仰团体而言，依然是必须遵守的诫命[②]；或许恰恰由于其因循（并且随之又发展了）古典哲学，新诞生的基督宗教也被视为古典哲学的再度发现，或曰再度发现的古典哲学，皈依基督宗教对于

[①] 就此请参见 Michael Fiedrowicz, Apologie im frühen Christentum. Die Kontroverse um den christlichen Wahrheitsanspruch in den ersten Jahrhunderten. Ferdinand Schöningh Verlag. Paderborn München Wien Zürich 2000. S. 13-15。

[②] 就此请参见 Karl Bihlmeyer, Kirchengeschichte. Verlag Ferdinand Schönig, Paderborn 1960. Band II, S. 117-140, 特别是 S. 134-140. Michael Fiedrowicz, Apologie im frühen Christentum. Die Kontroverse um den christlichen Wahrheitsanspruch in den ersten Jahrhunderten. Ferdinand Schöningh Verlag. Paderborn München Wien Zürich 2000. S. 27-30。

犹太宗教的信仰者和异教的追随者而言，也意味着向着古典哲学，甚或向着原哲学的回归①。

当然，无论是基督宗教，抑或是犹太宗教，都并非从真空中产生，而是从富含宗教和哲学的古典世界的精神环境中脱颖而出的，他们所跻身其中的这个异教的周边世界，则是充斥各种神像和神像崇拜的。

从社会史、思想史以及宗教史的角度来看，毫无疑问的是，无论是赞同，抑或是反对神像以及神象崇拜的观点和思想，比基督宗教的历史更为久远，当然也比基督宗教内部赞同和反对画像崇拜（神像崇拜）的学说也更为久远，况且基督宗教内部这两方面的观点其实都是从异教的古典世界中继承而来、又在教内获得持续的发展。根据德国著名学者 Hans Georg Thümmel 的研究，这两方面的观点都引述旧约和俗世哲学，并且都成形于护教教父的学说中；他们所指向的目的群都是当时的普通大众，无论是已经皈依，或者尚未皈依基督宗教的人群。在礼仪实践中，上帝的画像与上帝的等同逐渐得以完成，相应于此，相反的论点也渐次产生，这样的观点不免夸张地强调，在偶像中所崇拜的（甚或有可能）是魔鬼②。

从礼仪学的角度来看，在礼仪实践中，被画像所描摹的形象本身（无论是耶稣基督，抑或是圣母，或者圣人等）的宗教性越益得到高度评价；一方面，随着评价的不断提升，画像和画像崇拜也在

---

① Michael Fiedrowicz, Apologie im frühen Christentum. Die Kontroverse um den christlichen Wahrheitsanspruch in den ersten Jahrhunderten. Ferdinand Schöningh Verlag. Paderborn München Wien Zürich2000. S. 224-226。

② 就此请参见 Hans Georg Thümmel, Die frühgeschichte der ostkirchlichen Bilderlehre. Texte und Untersuchungen zur Zeit vor dem Bildstreit. Akademie Verlag, Berlin 1992. S. 23。

哲学的框架中获得不断增长的辩护；另一方面，哲学也在这个意义上不断朝向宗教、朝向基督宗教而发展，并且开始不断接受和承认宗教思维的和宗教精神的财富，公元 2 世纪前后由宗教和哲学的结合所诞生的基督宗教的护教学，就是这一发展的第一个形式[①]。

如同前文所述及的，由于基督宗教是在异教的氛围中诞生的，并且由于基督宗教的画像学说也是在和异教的相关学说和哲学的直接关系中发展而出的，所以我们在此就有理由和正当性，甚或必须从异教古典时期中的画像理论和画像崇拜出发，并且勾勒其基本的学说和观点，以为本书后文的陈述和分析作前期的准备。

赅而言之，古典的世界中充斥着各种不同类型的造像、神像，他们集中出现在庙宇之中，众神与英雄们的造像，以及诸多施主的塑像，皇帝与政治人物的塑像，甚或某些圣物的塑像，是造像中最主要的构成部分。他们之中有些受到十分的关注和崇拜，而另一些则庶几被冷落，甚或被弃置；对于他们的崇拜既有官方的、亦有私人的，换言之，既有官方的崇拜和祭祀礼仪，亦有私人的敬仰和祭拜仪式。神像与其他造像之间的界限与区分并非泾渭分明，已有的界限和区别也并非一以贯之地被保持；换言之，当彼之时，一个相对完整而一以贯之的术语系统并未被建立，因而概念的运用显得有些零乱，甚或有些混乱，例如 ἄγαλμα（画像、造像）在一些学者的观点中既作为受崇拜的人物造像、也作为受祭祀的神像而被理解，有些学者则将 ἄγαλμα 仅仅用于神像，其他所有造像则不加区分的都被称为 εἰκών（画像），当然也有些学者将 εἰκών 用以表述宙

[①] 就此请参见本书作者的另一部专著《形上之路——论基督宗教的哲学建构方法》。护教学之后哲学与神学、哲学与宗教学结合的上佳形式，应当首推经院哲学。

斯的神像，而 ἀνδριάς 则通常被用来表述与神像有所区别的荣誉纪念碑①。而早期基督宗教的护教学者们，对于异教学者诸多表述造像和画像的概念并未产生太大的兴趣，也并未关注是否要严格区分这些概念以建立比较清晰的概念系统等问题。他们的旨趣更多地从《圣经》出发，他们的辩驳更多地指向异教中人作为神像崇拜的所有的图像（画像、造像）。

当彼之时，异教中人神像崇拜的主要形式，是在神像之前的祭献和祈祷，是借助亲吻和其他多种样式而对神像的敬拜和景仰，这样的敬拜还包括对于神像的清洗洁净、穿衣，加饰花环，以及在祭奠礼仪游行的队伍中的举扬等。而神像（造像）崇拜的理论基础在于，画像（造像）被认为与其所摹绘和表述的神明有着最紧密的联系，活人的造像甚至决定，或者至少参有到被以造像所塑造和表现的那个人的命运之中；所造之像借助不同的征象为人宣示神明（或祖先等）的意志，或者预示和宣布即将发生的事件等；造像的某种移位、出汗、流泪，以及流血等异象，是最常见的宣示征象；如果造像坍塌，或者被雷电击中，那么这被视为负面的征象；如果造像在梦中呈现，那么做梦者就有一个充分理由去请教解梦家，以使之为自己剖析梦境所预示的意义；造像被认为能够帮助人认识，甚或得到众神的启示和救助②。而哲学家们则对这样的宗

---

① 在此所提及的例证，都取自于 Hans Georg Thümmel, Die frühgeschichte der ostkirchlichen Bilderlehre. Texte und Untersuchungen zur Zeit vor dem Bildstreit. Akademie Verlag, Berlin 1992. S. 23-24. 也请参见 Thümmel 在他的分析中所引述的众多参考文献。

② 就此请参见 Hans Georg Thümmel, Die frühgeschichte der ostkirchlichen Bilderlehre. Texte und Untersuchungen zur Zeit vor dem Bildstreit. Akademie Verlag, Berlin 1992. S. 24。在此，特别值得注意的是他所引述的众多希腊文原始文献。

教礼仪和习俗多有诟病,从 Herakleitos[①] 和 Xenophanes[②],中间历经犬儒学派、斯多葛学派等,批评之声此起彼伏、不绝于耳;在此应当提示的是,哲学家们批评神像崇拜的理由,在于他们的上帝概念不同于宗教信仰者们的上帝概念,他们的上帝概念是神像崇拜者的上帝概念的精神化,对于哲学家而言,一个精神的对象应当是被思考,而不是被崇拜的;当然,哲学家们在表述其批评的同时也并未表现出某种理性的愿望,并由此而要求在宗教实践中涤除神像崇拜。而犹太宗教和基督宗教中人则汲纳了哲学的理由,以批评神像崇拜。

尽管上帝(甚或众神)在本体形上层面似乎是一个立于彼岸的、超越一切此间世界的、超越此岸的精神存在(精神本质),但是人依旧有某种内在的欲求,至少在认知层面上驰近他,或者在宗教层面上敬拜他,以至于他是一个内在于人的绝对超验;人有某种内在的渴求,借助可视者(可视的事物)而力图理解这一大于,或高于人自身者,力图掌控这一无可比拟者和不可视者。而当人赋予上帝躯体性的形象时(无论是三维立体的造像,抑或是二维平面的画像),那么这一形象所呈现而出的也恰恰是人所具有的形象,或曰它所最能体现的,或最能体现他的也恰恰就是人的形象;如果这样的形象能够反映出某种精神性的、理性的东西的话,那么它恰恰表述了人与神明(上帝、神、众神)的某种亲缘性。

较早的对于神像崇拜在哲学上的重新评价,见诸于公元 1、2

---

① 关于 Herakleitos 的生平、著作与思想,请参见 Lexikon für Theologie und Kirche. Herder Verlag. Sonderausgabe Freibur Basel Wien 2006. Band 4, 1430。

② 关于 Xenophanes 的生平、著作与思想,请参见 Lexikon für Theologie und Kirche. Herder Verlag. Sonderausgabe Freibur Basel Wien 2006. Band 10, 1345。

世纪之交。Plutarchos[①]尝试在哲学和民众宗教信仰的习俗之间作一种调和，他重新诠释崇拜习俗，以提升其训诲的功能和意义；而他的同时代人 Dion Chrysostomos 则有完全不同的出发点，他以称颂和歌唱宙斯的赞词为基础而追求对于神明的敬仰和理解[②]；音乐作为一种艺术的类型，在此不仅具有艺术的品性，而且自身同时还是一种对于上帝、神明的形上认知；这一点对于奥古斯丁的形上音乐美学十分重要，他在音乐领域的学说，强调的恰恰也是对于上帝的本体形上的认知，本书在探讨奥古斯丁美学思想的篇章中曾详尽讨论和分析之。在 Maximos von Tyros 看来，反对或者赞同民众的宗教习俗并非是最重要的，重新解释其意义亦非当务之急，对于他而言重要的是，造像（画像）作为神性的象征本身就具有重要意义，对于大多数信仰者而言，这样的象征是无可限定的，并且原则上是能够被替换的，但是无论是何种造像、何种象征，他们在传统上、习惯上，以及人的思维中，都是神圣的、都具有神圣性，甚或神性。公元 3 世纪早期，Dio Cassius 记述了与画像相关的奇迹，Ailianos 则利用在其记述中所提及的奇迹而为众神及其神像的存在正当性作辩护，而稍后一个时期，Kallistratos 作为艺术爱好者则由此而强调造像本身具有神性、强调对于造像所具有的神性的尊崇[③]。总之，由于哲学家们对于宗教崇拜习俗的意义的研判和诠释，具有艺术品

---

① 关于 Plutachos 的生平、著作与思想，请参见 Lexikon für Theologie und Kirche. Herder Verlag. Sonderausgabe Freibur Basel Wien 2006. Band 8, 364-365。

② 就此请参见 Hans Georg Thümmel, Die frühgeschichte der ostkirchlichen Bilderlehre. Texte und Untersuchungen zur Zeit vor dem Bildstreit. Akademie Verlag, Berlin 1992. S. 25。

③ 就此请参见 Hans Georg Thümmel, Die frühgeschichte der ostkirchlichen Bilderlehre. Texte und Untersuchungen zur Zeit vor dem Bildstreit. Akademie Verlag, Berlin 1992. S. 25。

性的神像等则成为人们在智慧（亦即哲学）、神话、和律法之外对于众神和神性的又一个认知源泉，在这个意义上，作为艺术作品的神像就已经被设置在本体形上层面而被理解了。

  从宗教学、宗教现象学、宗教象征学和宗教史的角度来看，神明在人的心灵的内在结构中总是具有某种形象的，对于神像的信仰应当和对于神明本身的信仰同样的历久弥远、历久弥深，对于基督宗教的画像学说产生较大影响的，并且比较成系统的画像理论，至迟在新柏拉图主义的奠基者布洛丁那里得以形成。对于他而言，古老的智者们、哲学家们，总是愿意将神明（众神）当下化，由此他们才主张建造庙宇和造作神像，使之立于人们的眸前而具有一种当下此时的在场性，古老的智者们关注并思考宇宙万物、人类（生命、灵魂与精神），以及神明；尽管灵魂或许仅仅具有轻微的可统领性、可掌控性，但是如果某种可掌控的东西朝向灵魂而被创设，或曰为了人的灵魂而被创设，并且如果这一朝向灵魂而被创设的东西能够从灵魂中汲取些什么的话，那么掌控灵魂就是最轻易不过的事情了；在此对于布洛丁而言，可掌控的东西是一种模仿而来的东西、仿照而来的东西，如同从镜子中能够看到它所映射而出的对象一样，在这个意义上，我们庶几可以说，镜子中的影像就是镜子对于他所映照之对象的模仿。由此，我们首先从新柏拉图主义生命三一论出发庶几能够说[①]，神像就是人返回到他自己的心灵之中，并且从心灵的内在结构中汲取而出的某些形象，而且人按照这样的形象摹绘和造作神像；从神像能够看到人自身，甚或看到隐匿于人心灵中最隐

---

  ① 关于新柏拉图主义生命三一论，请参见拙著《形上之路——基督宗教哲学建构方法研究》中之布洛丁及其三一论部分的论述。

秘之处的神明的形象；其次，我们从本体论美学的角度出发庶几还能够说，较高者能够存在于较低者之中（较高者能够在较低者之中当下在场），理性能够进入到感知之中（理性能够在感觉之中当下在场），无限能够存在于有限之中（无限能够在有限之中当下在场），否则，较高者无从高于较低者，理性无从知晓感觉，而有限也就成为了无限的界限，于是神明总是在人的心灵和精神中当下在场的；其三，我们从形上美学的角度出发庶几能够说，借助神像就能够掌控人的心灵和精神，或曰人所造作而出的神像反而能够对于人的心灵和精神产生很大的影响，无论是圣像崇拜，抑或是圣像禁绝，其实都是神像产生的影响，只不过是不同的影响而已，之所以能够产生这样的影响，其原因在于，在神像与人的心灵之间有着超越而内在的逻辑联系，这一原因从前两点的分析中也能看出。

而在波菲利（Porphyrius）看来，尽管被摹绘者与被思考者之间约略并未有太过紧密的联系，但是作为艺术品的神像（造像）等依旧能够将人引向上帝、引向神性；他认为，人愿意借助恰当的画像将上帝及其神性的力量为了人的感觉启示而出，或曰启示而出以使人感觉到；借助画像，或曰在画像中，能够为那些在阅读书籍时认知上帝（众神）的人阐释那一不可视者（亦即阐释上帝）；而只有文盲和无知的人才将画像、造像等仅仅视为质料性的石头、木材、纸张（纸草）等材料。尽管上帝（众神），或者神性是光芒四射的，是天堂流动的火焰构成的，但是上帝对于非永恒的人的感觉而言依然是不可视的，正是由于这样的原因，上帝（众神）才借助一些发光的质料，譬如水晶、象牙、大理石，甚或黑色的石头等，将他自身的光呈现给人；而人之所以能够以人的形象描摹上帝，是因为神性是理性的、美的，是因为在神性之中只有美而已；而人之所以能够用多种不同的形式表述和描摹上帝、表述和描摹众神，譬如以坐姿、立姿、穿衣、裸体、男性、女性、老年、青年、已婚、未婚等形式，其目的在于表述上帝（众神）各种不同的属性①。波菲利的表述是对画像学说的辩护和支持，画像（造像）作品对于那些能够理解象征意义的人而言，是对于神性的揭示、是关于神性的讯息，如同评介书籍所阐释的思想和画作的表现力一样，人们不能根据造作它们的材质，而是必须根据它们的表述力，以及具体的表述而对于它们做出判断②。

3世纪晚期和4世纪早期，波菲利的学生Iamblichius③也在本体形上层面对画像作了研究，他将 εἴδωλα 和 ἄγαλμα 等同起来，将两者都视为神像；在他看来，神像必须被视为神性，神像完全参有到神性之中，它们并非仅仅人手所创作的，而是从天上落于地下的，以至于画像具有天堂的品性、具有超自然的品性，因而超出人的所有荣耀④。

异教的世界对于神像有着很清晰，甚或比较一致的观点，也就是说，神明的画像充满了神性的力量。普通信众往往不假思索就将一些因素汲纳到信仰中，并且作为行为的准则和前提，而与此相对

---

① 就此请参见 F. Börtzler, Porphyrius Schrifte von den Götterbildern. Dissertationsschrift. Erlangen 1903. Hans Georg Thümmel, Die frühgeschichte der ostkirchlichen Bilderlehre. Texte und Untersuchungen zur Zeit vor dem Bildstreit. Akademie Verlag, Berlin 1992. S. 25。

② 就此请参见 Porphyrius, Περὶ ἀγαλμάτων, Fragment 1, 2. In: K. Mras, Die Griechischen Christlichen Schriftsteller der ersten Jahrhunderte. Leipzig Berlin. S. 122。

③ 关于Iamblichius的生平、著作与思想，请参见 Lexikon für Theologie und Kirche. Herder Verlag. Sonderausgabe Freibur Basel Wien 2006. Band 5, 380-381。

④ 就此请参见 Photius, Bibliotheca. Cod. 215. T. III, Ioannes Philoponos über Iamblichos. Ed R. Henry. Paris 1962. S. 130。

应，有学养的人，诸如哲学家等，则思考和反省这些因素，并在这样的基础上赞置或者批评之；我们庶几可以说，画像在异教世界中对于普通崇拜者而言是精神在感观中的肖像，对于哲学家而言则是思考和分析的对象，或曰哲学家借助对于感观所感知的对象的分析而进入到在概念中的运动；无论如何，异教的世界为基督宗教的画像（圣像）学说提供了思维的材质和方法。

2. 早期基督宗教护教学中的画像学说

早期护教教父们、也就是基督宗教的学者们，直到进入4世纪都一直拒绝甚或是基督宗教自己的画像艺术[①]，更遑论俗世的画像艺术和异教的崇拜画像。其拒绝的过程与历史对于我们的研究而言，并非最重要的；其拒绝的理由对于我们的思考则是举足轻重的；而无论如何，基督宗教的圣像崇拜毕竟还是产生，并最终至少被东方拜占庭教会普遍承认和接受，于是从何时开始出现圣像崇拜现象对于本书的研究也是比较重要的，这涉及东西方神哲学理论的不断加深的歧义。

就拒绝的理由而言，如同前文已经概括提及和指出的，从基督宗教神学内部来看，拒绝圣像崇拜首先是从基督宗教的经典出发的，换言之，从《圣经》，特别是旧约出发来看，偶像禁绝是一条必须遵守的诫命，除此之外，在早期的护教学中，由于受到希腊哲

---

① 就此请参见 Hans Georg Thümmel, Die frühgeschichte der ostkirchlichen Bilderlehre. Texte und Untersuchungen zur Zeit vor dem Bildstreit. Akademie Verlag, Berlin 1992. S. 15。

学的影响，基督宗教的上帝被认为是纯粹精神的、不可视的，对于他的摹绘因而没有哲学和神学的基础和理由，于是描摹他的画像尽管是为了宗教崇拜的目的、但是依然因此而是被禁止的[①]。在此，教父学者们所论证的并非上帝的无画像性，而是上帝的画像阙如性，或曰上帝画像的阙如性的正当理由。上帝的无画像性对于早期的基督宗教教会而言是不言自明的、无需论证的；而异教的周边世界则是充斥画像的、充斥神像的，公元1至3世纪的护教教父们必须回应异教的批评，于是在护教著作中就有了相关的表述，譬如在亚历山大的克莱芒的著作中，在奥立金批驳凯尔苏斯的著作中，特别是奥立金以柏拉图和新柏拉图主义的哲学与神学为其方法，着力强调上帝的精神性、无躯体性，以及不可视性；甚至奥古斯丁作为教父哲学的集大成者，对于偶像崇拜还加以某种心理分析[②]。

基督宗教最早关于画像的学说，见诸于雅典的阿里斯泰德思（Aristeides，或 Aristides）[③]致罗马皇帝哈德良的信中；在这一具有护教品性的信件中，阿里斯泰德思在本体论层面强调上帝的

[①] 就此请参见 Michael Fiedrowicz, Apologie im frühen Christentum. Die Kontroverse um den christlichen Wahrheitsanspruch in den ersten Jahrhunderten. Ferdinand Schöningh Verlag. Paderborn München Wien Zürich2000. S. 236 -238。

[②] 就此请参见 Michael Fiedrowicz, Apologie im frühen Christentum. Die Kontroverse um den christlichen Wahrheitsanspruch in den ersten Jahrhunderten. Ferdinand Schöningh Verlag. Paderborn München Wien Zürich 2000. S. 237。

[③] 关于 Aristeides 的生平、著作与思想，请参见 Lexikon für Theologie und Kirche. Herder Verlag. Sonderausgabe Freibur Basel Wien 2006. Band 1, 973. 前文引述的 Michael Fiedrowicz 对于阿里斯泰德思的护教书信有精当之研究，就此请参见他的 Apologie im frühen Christentum. Die Kontroverse um den christlichen Wahrheitsanspruch in den ersten Jahrhunderten. Ferdinand Schöningh Verlag. Paderborn München Wien Zürich2000. S. 38-39。

不可视性的存在本质,并且将这一神性本质与可视的画像(神像,ἀγάλματα)对立起来①。半个世纪以后,约略 177 年,阿坦纳格拉斯(Athenagoras)②也提出了他反对画像和神像的本体论理由,他强调的是非受造者与受造者之间、存在与存在者之间、存在者与非存在者之间,以及精神与感觉之间的区别;由此他认为,在这些区别之中,譬如在非受造者与受造者之间并非受造者,而是非受造的创造者才应当被尊崇,以此类推③;而由人手造作的画像是否应当受到崇拜则可推想而知了,同时他不仅否定了对于画像的尊崇能够提升到对于神性的尊崇、不仅否定了对于画像的尊崇就是对于神性的尊崇等观点(这一点与后来的大巴希尔大相径庭,本书将在较远的下文中、也就是在阐释大巴希尔的部分中将详细分析这一点),而且也否认画像能够产生奇迹。这样说的理由在于,尽管他并不想对于画像有所嘲讽,甚或贬损,但是不能否认的是,所有的画像都是人手创作的、它们的存在至少要晚于人的存在,而人为了造作它们也仅仅需要若干质料而已,这些质料不外乎石、土、木等;如果它们就是上帝(众神)的话,那么为什么它们并非自无始以来就存在呢?换言之,为什么它们并非永恒的呢④?

---

① 就此请参见 Hans Georg Thümmel, Die frühgeschichte der ostkirchlichen Bilderlehre. Texte und Untersuchungen zur Zeit vor dem Bildstreit. Akademie Verlag, Berlin 1992. S. 29。

② 关于 Athenagoras 的生平、著作与思想,请参见 Lexikon für Theologie und Kirche. Herder Verlag. Sonderausgabe Freibur Basel Wien 2006. Band 1, 1143-1144。

③ 就此请参见 Hans Georg Thümmel, Die frühgeschichte der ostkirchlichen Bilderlehre. Texte und Untersuchungen zur Zeit vor dem Bildstreit. Akademie Verlag, Berlin 1992. S. 29。

④ 就此请参见 Athenagoras, Πρεσβεία περὶ Χριστιανῶν 17, 5-18, 2. In: Legatio and De Resurrectione. Ed. By W. R. Schoedel. Oxford 1972. S. 36。

查士丁尼（Justinus）① 在他的护教学中也提出了相同的观点，他也将神像作为人的作品和创世的上帝对立起来；在他看来，人们将祭献之物呈于画像前，但是上帝自身并不需要祭献品，对于上帝的尊崇在于，在逻各斯的帮助下模仿仅仅属于上帝的善；查士丁尼的这一表述具有双重含义，它一方面提出并阐释了拒绝画像的理由，另一方面指出了人对于上帝的尊崇的另一种方式，也就是人应当模仿和追随上帝、在自身的内在中建构和摹绘上帝的肖像，换言之，人自身应当成为上帝的肖像②。

亚历山大的克莱芒（Klemens von Alexander）③ 也谈到异教的神像，他甚至认为，神像作为艺术作品是有欺骗性的，毫无生命的质料、感官感觉的神像与上帝是相对的，甚或相反的；艺术家无法创作鲜活的生命和灵魂、无法创作有鲜活生命和灵魂的作品，而上帝却创造了生命，也就是人，人是上帝的肖像；而被认为是上帝画像的作品，其实是肖像的肖像，也就是出自人手而按照人的形象造作的；上帝的肖像是逻各斯，而逻各斯的肖像则是与之肖似的人；上帝的画像在于信仰者之中，也就是说，信众就是上帝的形象；这一点与查士丁尼的观点异曲同工。克莱芒认为，艺术家们在本质上并不能创作什么，他们之中没有任何人能够创作具有生命的画像（画作），没有人能够化腐朽为神奇、将泥土揉捏成鲜活的生命，他在

---

① 关于 Justinus 的生平、著作与思想，请参见 Lexikon für Theologie und Kirche. Herder Verlag. Sonderausgabe Freibur Basel Wien 2006. Band 5, 1112-1113。

② 就此请参见 Hans Georg Thümmel, Die frühgeschichte der ostkirchlichen Bilderlehre. Texte und Untersuchungen zur Zeit vor dem Bildstreit. Akademie Verlag, Berlin 1992. S. 30。

③ 关于 Klemens von Alexander 的生平、著作与思想，请参见 Lexikon für Theologie und Kirche. Herder Verlag. Sonderausgabe Freibur Basel Wien 2006. Band 6, 126-127。

此所说的生命并非一种譬喻，并非对于艺术作品的某种赞誉，而是以《圣经》旧约"创世纪"为背景而言说活生生的具体的、个体的生命；从艺术家们的无能出发，他提问道：

"Τίς ἔτηξε μυελὸν ἢ τίς ἔπηξεν ὀστέα; Τίς νεῦρα διέτεινεν; Τίς φλέβας ἐφύσησεν; Τίς αἷμα ἐνέχεεν ἐν αὐταῖς ἢ τίς δέρμα περιέτεινεν; Ποῦ δ' ἄν τις αὐτῶν ὀφθαλμοὺς τοιήσαι βλέποντας; Τίς ἐνεφύσησε ψυχήν; Τίς δικαιοσύνην ἐδωρήσατο; Τίς ἀθανασίαν ὑπέσχηται; Μόνος ὁ τῶν ὅλων δημιουργός, ὁ ἀριστοτέχνας πατήρ, τοιοῦτον ἄγαλμα ἔμψυχον ἡμᾶς τὸν ἄνθρωπον ἔπλσεν." ①

"是谁创设了柔软的肌肉、又是谁创设了坚实的骨骼？是谁绷紧了筋、又是谁铺设了血管？是谁在其中注入了鲜血、又是谁蒙覆了皮肤？他们之中又有谁能够创造视看的眼睛？又有谁能够植入灵魂？有谁赋予正义、又有谁保障永恒？只有上帝！这位创世者，这位艺术大师和父亲，创造了含有灵魂的画像，也就是我们人类。"

在他看来，异教诸神不过是肖像的肖像而已，再伟大的艺术家也不过是从蓝图（图像）创造图像而已，他们在这个意义上远离真理；而相反，上帝的画像（上帝的肖像）是逻各斯，这是上帝逻各斯的精神（νοῦς）的真正的儿子，是原始之光所放射的光芒，就

---

① 就此请参见 Klemens von Alexander, Προτρεπτικὸς πρὸς Ἕλληνας X 98, 1-4. O. Stählin, U. Treu (Ed.), Die Griechischen Christlichen Schriftsteller der ersten Jahrhunderte. 3. Auflage, Berlin 1972. S. 71. 逻各斯是上帝肖像、人是逻各斯的肖像，是克莱芒最津津乐道的譬喻，尽管它更多的关涉上帝三位一体论，而较少地与上帝画像问题相关联，但是这两者之间的内在联系依然是清晰可见的。

此可参见本书较远的下文中对于画法语言中的光的论述部分；而逻各斯的肖像则是人，是在人之中的上帝的精神（νοῦς），也正是在这个意义上，才能够说，人是按照上帝的肖像而被创造的，人在其精神和内心中仿效上帝的逻各斯而成为有理性者（λογικός）。作为上帝肖像的人根据人的形象以质料创设的上帝的画像，不能是上帝，而相反的观点则是远离真理的。克莱芒甚至比查士丁尼更坚决地反对画像，而主张上帝的不可描摹性，《旧约》中关于偶像的禁绝诫命对于他而言是神圣的法则，甚或约柜上的革鲁宾形象也被他视为是对于这一诫命的冒犯，它仅仅是在警喻的意义上阐释这一形象，他的阐释在公元 7 至 8 世纪其间的圣像讨论中却成为偶像禁绝诫命有限性的主要论据。

奥立金（Origenes）在公元 3 世纪中叶，以几乎同样的观点在反驳凯尔苏斯的论点中为画像（圣像）禁止作了辩护[①]；也就是说奥立金是反对画像崇拜的。他从赞颂犹太国家本质的完美性出发而为画像禁止作辩护；他认为，犹太人仅仅承认至高无上者为上帝，在他们之中并没有画家等（οὐδεὶς τῶν εἰκονας ποιούντων）能够跻身其间，画家、雕塑家等在犹太国家毫无立锥之地，他们都被逐出境外，以使得神像（αγάλματα）的造作毫无可能性，这就避免了神像误导人的情形，并且能够更好地使人以灵魂之眼观视上帝，并由此将上帝请来至此岸世界。奥立金也引述《旧约》律法书

[①] 奥立金的论点主要见于 Κατὰ Κέλσου（Contra Celsum）8, 17-19. Paul. Koetschau (Aus dem Griechisch übersetzt), Des Origenes acht Bücher gegen Celsus. München, Verlag Josef & Friedrich Pustet 1926. Band II. 同一作者，Die Griechischen Christlichen Schriftsteller der ersten Jahrhunderte. Leipzig Berlin 1899. S. 234-236. Miroslav Marcovich, Origenes. Contra Celsum Libri VIII. Leiden, Brill 2001. 关于 Origenes 的生平、著作与思想，请参见 Lexikon für Theologie und Kirche. Herder Verlag. Sonderausgabe Freibur Basel Wien 2006. Band 7, 1131-1135。

中的"申命纪"4, 16-18 和"出谷纪"20, 3-5 作为权威来论证他的观点,《旧约》禁绝画像崇拜的原因在于，画像不仅是潜在的偶像崇拜，甚或是神像崇拜的根源；奥立金解释说，这条偶像禁绝诫命的目的，在于提醒，甚或警示人们，应当专注于，并且抓住真理，而不是滞留于带有欺骗性的肖像中，并且被它所蒙蔽；奥立金以柏拉图、新柏拉图主义的存在范畴思考和判断神像问题，对于他而言，事物的本质、譬如上帝的本质是精神的，而画像则从其本源上来看就是质料的、因而不可能是神性的；他认为，画作都是无生命、无灵魂的，无法逃逸出时间的齿臼的咀嚼，而那些在永恒的灵魂（精神）中徜徉者，将是那样恒久的盘桓于其中，如同那理性的灵魂所意愿的一样①。由此，基督宗教的信仰者之所以轻视，甚或蔑视神像，是因为他们甚至并不将众神之像视为具有人的形象的，更遑论它们是否具有神性了，它们至多是礼仪实践中的圣物罢了；神像至多能表述人对于众神、上帝的尊崇而已，而这样的崇拜也可以是对于魔鬼的②。

奥立金说：

"Ἀγάλματα δὲ καὶ πρέποντα θεῷ ἀναθήματα, οὐχ ὑπὸ βαναύσων τεχνιτῶν κατεσκευασμένα ἀλλ' ὑπὸ λόγου θεοῦ τρανούμενα καὶ μορφούμενα ἐνἡμῖν, αἱ ἀρεταί, μιμήματα τυγχάνουσαι τοῦ πρωτοτόκου πάσης κτίσεως, ἐν ᾧ ἐστι δικαιοσύνης καὶ σωφροσύνης καὶ ἀνδρειας καὶ σοφίας καὶ εὐσεβείας καὶ τῶν λοιπῶν ἀρετῶν παραδείγματα."③

---

① 就此请参见 Origenes, Κατὰ Κέλσου（Contra Celsum）44-45。
② 就此请参见 Origenes, Κατὰ Κέλσου（Contra Celsum）2。
③ 就此请参见 Origenes, Κατὰ Κέλσου（Contra Celsum）17。

"画作以及上帝应得的尚飨之物,并非是艺术家们所造作的,而是由上帝的逻各斯在我们之中所阐释和建构的,是那些美德,以及所有受造物中首个诞生者的肖像,正是在他之中才有正义的、谦和的、勇毅的、智慧的、虔诚的以及其他美德的原象。"

在他看来,并非受造物,而是造物主才应当受到尊崇,人的上帝肖像性立于理性的和美德的灵魂之中,人的完美性在于他将上帝之像、亦即上帝的神性本性汲纳到人的灵魂的内在结构之中;凯尔苏斯还批评基督宗教的信徒不重视祭坛、庙宇等,奥立金针对这一诘难指出,真正的祭坛是纯洁的良心,由这样的祭坛所发出的祈祷能够被理解为直达上帝的感恩的祭献;如果有神像(上帝之像)的话,或者如果允许神像存在的话,那么"神像"在此只能理解为由上帝的语词(话语)而来的美德,并且这样的"神像"、亦即美德也仅仅能够成形在、建构在以纯洁的心灵观视上帝的人之中;这样的上帝之像的原象并非别的什么,而是作为父的肖像的耶稣基督[①];在这个意义上,奥立金总结说:

"Πάντων δὲ τῶν ἐν ὅλῃ τῇ κτίσει πολλῷ βέλτιον καὶ ὑπερέχον ἐστὶν ἐν τῷ σωτῆρι ἡμῶν, τῷ λέγοντι. Ὁ πατὴρ ἐν ἐμοί'"[②]

"优于所有在受造物中的,并且超出所有受造物的,是在我们的救主中存在的,他曾经说:'父就在我之中。'"

这句《圣经》引文见于《若望福音》14, 10。当然,由此而来的各种不同的肖像、肖像的肖像,在美德上享有不同的质量,譬

[①] 就此请参见 Origenes, Κατὰ Κέλσου (Contra Celsum) 17。
[②] 就此请参见 Origenes, Κατὰ Κέλσου (Contra Celsum) 17。

如教堂固然也是被祝圣的躯体,而我们人的躯体才是真正的上帝的殿堂,我们不但没有任何理由伤损他、毁弃他,而且还应当在过犯面前保护他;而在奥立金看来,不同于,并且超出所有躯体的躯体,是救主耶稣的躯体,因为他作为上帝的殿堂是道成肉身的躯体、是上帝降生成人的躯体,正是在这个意义上,耶稣在面对威胁要毁弃圣殿的人时才说,他将在三天之内重建这一上主的殿堂,这当然指的是他的作为上主圣殿的躯体(《若望福音》2,19-21)[1];本书将在较远的下文中、也就是对于画法语言的分析中,还要详尽阐释耶稣圣婴身躯的用色,以及襁褓的用色。而在此,这种对于躯体的划分和对于教堂圣殿的理解固然也含有存在秩序和等级秩序的思想在其中。除了从新柏拉图主义哲学背景出发而来的判断和分析之外,奥立金对于犹太国家政治的慷慨的赞美,毫无疑问表明,他如同犹太人一样,对于犹太宗教的偶像禁绝诫命有同样的理解和阐释。当然,在此也颇有一种殃及池鱼的意味,也就是说,由于拒绝上帝的画像,以至于由此而拒绝几乎所有画像和造像艺术。

在此还应当提及的是,无论是克莱芒,抑或是奥立金,都以术语 εἰκών 表述上帝之像(众神之像),在他们那里,这一术语和 ἄγαλμα、εἴδωλον 等能够在同样的意义上互换使用[2],我们由此能够看出早期护教学者们术语使用的松散性、不严格性和非一致性。

---

[1] 就此请参见 Origenes, Κατὰ Κέλσου (Contra Celsum) 46-56。

[2] 就此请参见 Hans Georg Thümmel, Die frühgeschichte der ostkirchlichen Bilderlehre. Texte und Untersuchungen zur Zeit vor dem Bildstreit. Akademie Verlag, Berlin 1992. S. 34。

在早期基督宗教护教时期,对于画像讨论产生比较大的影响的护教作品,还必须提及伪克莱芒的《布道集》,这是一部假托克莱芒之名的护教学者的著作,在关于画像的问题上,其作者认为:

"'Ο δὲ ἔχων τὸ ἀπαράβλητον καὶ ἀνυπέρβλητον καὶ πάντη πάντοθεν ἀνενδεὲς θεὸς εἶναι οὐ δύναται. Εἰ δὲ ὁ πᾶς κόσμος τοῦτο εἶναι οὐ δύναται, καθὸ γεγνέηται, πόσῳ γε μᾶλλον τὰ μόρια αὐτοῦ οὐχ ἂν εὐλλόγως κληθείη θεός. Μορία δὲ λέγω τοὺς ὑφ' ὑμῶν λεγομένους θεούς, ἐκ χρυσοῦ χαλκοῦ τε καὶ λίθου ἢ καὶ ἐξ ἄλλης ὕλης ἡστινοσοῦν γεγονότα, καὶ ταῦτα ὑπὸ θνητῆς κειρὸς δεδημιουργημένα. Ὅμως δὲ πρὸς ταῦτα ἴδωμεν δια δι' ἀνθρώπου στόματος ὁ δεινὸς ὄφις φαρμάσσει τοῖς ἐμπαιγμοῖς τοὺς ἐξαπατωμένους."[①]

"凡不享有无可比拟性、无可超越性者,亦即凡不享有非受造性者,就不可能是上帝。而如果全部宇宙不可能是这一位,原因在于它是受造而成为的,那么它的构成部分就更不能有任何正当性而被称为上帝。我用'部分'一词指的是你们所说的众神,他们是产生于金、银、铜、石等一些质料的,并且是由人手所造作的。同时让我们看一看,那恐怖的蛇是如何借助人的口在那些受蒙蔽者之中变幻其戏法的,并对他们实施法术的。"

"Λεγουσι γὰρ οἱ πολλοί· Τῶν σεβασμάτων ἡμῶν

---

① 伪克莱芒关于画像的观点主要见于 B. Rehm, J. Irmscher, F. Paschke, Die Griechischen Christlichen Schriftsteller der ersten Jahrhunderte. Leipzig Berlin 1899. S. 150 以下,155 以下。Pseudoklementinen, Homilie 10, 20-23; 11, 4-5。

σέβομεν οὐ τὸν χρυσὸν οὐδὲ τὸν ἄργυον οὐδὲ ξύλον ἢ λίθον—ἴσμεν γὰρ καὶ ἡμεῖς ὅτι ταῦτα οὐδέν ἐστιν ἢ ἄψυχος ὕλη καὶ ἀνθρώπου θνητοῦ τέχνη—, ἀλλὰ τὸ κατοικοῦν ἐν αὐτοῖς πνεῦμα, τοῦτο θεὸν λέγομεν, Ὅρα τῶν ταῦτα λεγόντων τὴν κακοήθειαν. Ἐπεὶ γὰρ τὸ φαινόμενον εὐέλεγκτόν ἐστιν ὅτι οὐδέν ἐστιν, κατέφυγον ἐπὶ τὸ ἀόρατον, ὡς ἐπ᾽ ἀδήλῳ τινὶ ἐλεγχθῆναι μὴ δυνάμενοι. Πλὴν συνομολογοῦσιν ἡμῖν οἱ τοιοῦτοι ἐπὶ μέρους ὅτι τὸ ἥμισυ τῶν ταρ᾽ αὐτοῖς ἱδρυμάτων θεὸς οὐκ ἔστιν, ἀλλ᾽ ἀναίσθητος ὕλη. Λοιπὸν δὲ περιλείπεται δεῖξαι αὐτοῖς πῶς πιστεύουσιν ὅτι θεῖον ἔχει πνεῦμα. Ἀλλ᾽ ἐπιδεῖξαι ἡμῖν οὐ δύνανται ὅτι ἔστιν, ἐπεὶ μὴ ἔστιν, καὶ αὐτοῖς ἑωρακέναι οὐ πιστεύομεν. Ἡμεῖς αὐτοῖς ὅτι θεῖον οὐκ ἔχει πνεῦμα τὰς ἀποδείξεις παρέξομεν, ὅπως τοῦ δοκεῖν αὐτὰ ἔνπνοα εἶναι οἱ φιλαλήθεις τὸν ἔλεγχον ἀκούσαντες τῆς λυσσώδους ὑπονοίας ἀποτράπωνται." [①]

"大多数人也说：在值得我们尊崇的事物中，我们既不崇尚黄金、亦不崇尚白银，既不崇尚木料、亦不崇尚石头——因为即便是我们也知道，它们不是别的什么，而是毫无灵魂的质料，并且是具有生命消逝性的人手造作而出的作品——但是我们尊崇的是内在于其中的精神，这精神我们称之为上帝。看啊！讲这些话的那些人的卑劣！因为被可视者所证明的，恰恰是虚幻者，所以他们就逃入了

---

① 就此请参见 Pseudoklementinen, Homilie 10, 21. 译文中的方括弧中的文字是原文没有，而根据上下文必须补充者。

不可视者，并且真的以为，他们是无可辩驳的。此外，他们与我们部分的保持一致，亦即他们所造作而出者的一半并非上帝，而是毫无感知的质料。但是他们依然还需要论证，上帝，如同他们所相信的，的确具有精神；但是这一点他们却无法为我们证明，因为情形并非如此，而且我们也不相信，他们曾经看到过他。而且我们却要给他们论证，上帝具有精神，并非要使那些热爱真理的人将画像视为具有精神禀赋者，[而是要让他们]听取我们的论证，并且放弃这种疯狂。"

"Τὸ μὲν δὴ πρῶτον, εἰ ὡς ἔνπνοα ὄντα σέβεσθε αὐτά, τί καὶ ἀνθρώπων ἀρχαίων τάφους προσκυνεῖτε, τῶν ὁμολογουμένως οὐδὲν πνεῦμα θεῖον ἐσχηκότων; Οὕτως οὐδὲ κατὰ τοῦτο ἀλητεύετε. Πλὴν εἰ ὄντως ἔνπνοα ἦν τὰ σεβάσματα ὑμῶν, ἀφ᾽ ἑαυτῶν ἂν ἐκινεῖτο, φωνὴν ἂν εἶχεν, τὴν ἐπ᾽ αὐτοῖς ἀράχνην ἀπεσείετο, τοὺς αὐτοῖς ἐπιβουλεῦσαι θέλοντας καὶ κλέπτοντας ἀπεωθεῖτο ἄν, τοὺς τὰ ἀναθήματα ἀποσυλῶντας συνελάμβανεν ἂν ῥᾳδίως. Νῦν δὲ τούτων οὐδὲν ποιοῦσιν, ἀλλ᾽ ὡς κατάδικοι—καὶ μάλιστα οἱ τιμιώτεροι αὐτῶν—φρουροῦνται, ὡς καὶ τὴν ἀρχὴν εἰρήκαμεν. Τί δέ; Οὐ φόρους καὶ τέλη ὑπερ αὐτῶν ἀπαιτοῦσιν ὑμᾶς οἱ δυνάσται ὡς πολλὰ καρπιζομένους τῶν ἐκεῖ; Τί δέ; Οὐ πολλάκις ὑπο πολεμίων δεηρπάγησαν καὶ συντριβέντες διενεμήθησαν; Οὐχὶ καὶ τῶν ἔξω θρησκευόντων αὐτοὶ πλέον οἱ ἱερεῖς, ἐπὶ τῇ ἀχρήστῳ θρησκείᾳ ἑαυτῶν κατεγνωκότες, τῶν ἀναθημάτων πολλὰ ὑφαιροῦνται？"①

"首先，当你们将画像作为有精神禀赋者而崇拜时，为什么你们还敬拜远古的人们的墓地？而他们毫无疑问并不享有神性的精神！所以你们在其中讲述的并非是真理性的。其次：如果你们所崇拜的［画像］的确是具有精神禀赋的，那么它们会由自身而运动自身的、会发出声音，会将蹲坐在他们上面的蜘蛛抖落，会驱走威胁者以及偷盗者，会不费吹灰之力而抓住抢劫圣物者。而他们却无动于衷，反而如同已经被判有罪者——特别是其中最尊贵者——而被看视（监视），如同我们一开始就已经提到的。究竟怎么了？难道统治者没有为它们向我们征收赋税吗？好像我们从他们那里盈利颇丰！究竟怎么了？难道它们没有被敌人抢劫、损毁和分赃吗？难道异教的崇拜的追随者们，其中很大一部分是他们的祭司自己，不也相信他们的崇拜百无一用，并且也偷盗他们的圣物吗？"

此外，在提出这些反问之后，托名克莱芒还探讨了究竟什么是上帝之像，

"Θεοῦ τοῦ ἀοράτου ἐστὲ εἰκών." Ὅθεν οἱ εὐσεβεῖν βουλόμενοι μὴ τὰ εἴδωλα λεγέτωσαν θεοῦ εἰκόνα εἶναι καὶ διὰ τοῦτο δεῖν αὐτὰ σέβειν. Εἰκὼν γὰρ θεοῦ ὁ ἄνθρωπος. Ὁ εἰς θεὸν εὐσεβεῖν θέλων ἄνθρωπον εὐεργετεῖ, ὅτι εἰκόνα θεοῦ τὸ ἀνθρώπου βαστάξει σῶμα, τὴν δὲ ὁμοιότητα οὐκέτι πάντες, ἀλλὰ ἀγαθῆς ψυχῆς ὁ καθαρὸς νοῦς. Πλὴν ὡς ἡμεῖς οἴδαμεν τὸν ἄνθρωπον κατ᾽ εἰκόνα καὶ καθ᾽

---

① 就此请参见 Pseudoklementinen, Homilie 10, 22。

ὁμοίωσιν γεγονότα τοῦ θεοῦ, εἰς τοῦτον ὑμᾶς εἰσεβεῖν λέγομεν, ἵνα εἰς θεόν, οὗπέρ ἐστιν εἰκών, ἡ χάρις λογισθῇ. Τιμὴν οὖν τῇ τοῦ θεοῦ εἰκόνι, ὕπερ ἐστὶν ἄνθρωπος, προσφέρειν δεῖ οὕτως· πεινῶντι τροφήν, διφῶτι ποτόν, γυμνητεύοντι ἔδυμα, νοσοῦντι πρόνοιαν, ξένῳ στέγην καὶ τῷ ἐν εἱρκτῇ ὄντι ἐπιφαινόμενον βοηθεῖν ὡς δυνατόν ἐστιν. Καὶ ἵνα μὴ τὸ κατ᾽ εἶδος λέγω, πάντα ὅσα ἑαυτῷ τις θέλει καλά, ὡσαύτως ἄλλῳ χρήζοντι παρεχέτω, καὶ τότε αὐτῷ εἰς τὴν τοῦ θεοῦ εἰκόνα εὐσεβήσαντι δύναται ἀγαθὸς λογισθῆναι μισθός· ᾧ λόγῳ εἰ καὶ ταῦτα ποιεῖν μὴ ἀναδέξηται, ὡς ἀμελήσας τῆς εἰκόνος κολασθήσεται."①

"你们是不可视的上帝的图像。因此那些愿意成为虔诚的人们应当不要说，画像就是上帝之像，并且因此而必须敬拜之。人才是上帝之像。谁如果想敬仰上帝，那么他要行善于人，因为人的身躯承载着上帝之像（εἰκών），但是并非所有人都具有，而是只有那种美善的灵魂的纯净的感知才具有这一类似性（ὁμοιότης）。而另外我们也知道，人是按照上帝之像和类同性而被创造的，由此我们说，你们敬拜那些上帝是其原象者，以使得对于上帝的敬爱被联想起来。对于作为上帝之像的人而言是必须这样致以其崇敬的：给饥饿的人饱饫，给干渴的人饮水，给赤裸的人衣衫，给患病的人照料，给外来的人房屋，给被监禁的人以力量寻求新生。或者，不必一一历数：大凡人为自身所希求得到的美，那就施予

---

① 就此请参见 Pseudoklementinen, Homilie 11, 4. B. Rehm, J. Irmscher, F. Paschke, Die Griechischen Christlichen Schriftsteller der ersten Jahrhunderte. Leipzig Berlin 1899. S. 155 以下。

给这需要的人，然后施予者才能够作为上帝圣像的崇敬者而有善的赏报。而如果某人不愿意这样行事，那么他将作为蔑视圣像者而受到相应的惩罚。"

《布道集》的作者托名克莱芒批评了那些崇拜神像的人，认为他们陷入到了恶之中，从而追随了多神论：

"Ὑμεῖς δὲ ἑρπετῷ τινι κακούργῳ πρὸς κακίαν ἀπατητέντες ὑπονοίᾳ πολυθέου γνώσεως, εἰς μὲν τὴν ὄντως εἰκόνα, ὅπερ ἐστὶν ἄνθρωπος, ἀσεβεῖτε, εἰς δὲ τὰ ἀναίσθητα εὐσεβεῖν δοκεῖτε."①

"而你们，被邪恶之蛇诱惑到了恶之中而接受了多神论认知，从此之后，在面对真实之像时你们成了不信上帝的人，而面对毫无情感者时你们却虔诚起来。"

在护教学者的著作中，玛卡里尤斯（Makarios Magnes）② 于公元400年前后（一说390年前后）完成的被称为"优美护教论"的著作 Ἀποκριτικὸς ἢ μονογενής，对于画像学说而言其中一些言论十分重要，而且他的著作通常被认为是在和哲学家，并且极有可能是在和波菲利的学说产生交锋中完成的③，这部著作是以异教中人和基督宗教信徒这两种角色的对话而写成的；同时根据金口若望（Johannes Chrisostomos，或译约翰内斯·克里索斯托姆斯）④ 的

---

① 就此请参见 Pseudoklementinen, Homilie 11, 5。
② 关于 Makarios Magnes 的生平、著作与思想，请参见 Lexikon für Theologie und Kirche. Herder Verlag. Sonderausgabe Freibur Basel Wien 2006. Band 6, 1220。
③ 就此请参见 Hans Georg Thümmel, Die frühgeschichte der ostkirchlichen Bilderlehre. Texte und Untersuchungen zur Zeit vor dem Bildstreit. Akademie Verlag, Berlin 1992. S. 36。
④ 关于 Johannes Chrysostomos 的生平、著作与思想，请参见 Lexikon für Theologie und Kirche. Herder Verlag. Sonderausgabe Freibur Basel Wien 2006. Band 5, 889-892。

表述，在他那个时代，反对基督宗教的文字作品（文章、著作等）早已经十分衰落，并且仅仅能够在基督信徒中才能找到①，而基督宗教的学者也只有在能够确切地反驳异教的观点时，才为了反驳而引用之。玛卡里尤斯在其对话体的论著中首先引述了异教学者的观点，根据他的概括，异教中人，甚或是哲学家们通常也会认为：

"Ὁμολογουμένου τοίνυν θείας φύσεως τοὺς ἀγγέλους μετέχειν, οἱ τὸ πρέτον σεβαστοῖς θεοῖς ποιοῦντες, οὐκ ἐν ξύλῳ ἢ λίθῳ ἢ χαλκῷ, ἐξ οὗ τὸ βρέρας κατασκευάζεται, τὸν θεὸν εἶναι νομίζουσιν, οὐδ' εἴ τι μέρος ἀγάλματος ἀκρωτηριασθῇ, τῆς τοῦ θεοῦ δυνάμεως ἀφαιρεῖσθαι κρίνουσιν. Ὑπομνήσεως γὰρ ἕνεκεν τὰ ξόανα καὶ οἱ ναοὶ ὑπὸ τῶν παλαιῶν ἱδρύθησαν, ὑπὲρ τοῦ φοιτῶντας ἐκεῖσε τοὺς προσιόντας εἰς ἔννοιαν γίνεσθαι τοῦ θεοῦ ἢ σχολὴν ἄγοντας καὶ τῶν λοιπῶν καθαρεύοντας εὐχαῖς καὶ ἱκεσίαις χρῆσθαι, αἰτοῦντας παρ' αὐτῶν ὧν ἕκαστος χρῄζει. Καὶ γὰρ εἴ τις εἰκόνα.

κατασκευάσει φίλου, οὐκ ἐν ἐκείνῃ δήπουθεν αὐτῷ νομίζει τὸν φίλον εἶναι οὐδὲ τὰ μέλη τοῦ σώματος ἐκείνου τοῖς τῆς γραφῆς ἐγκεκλεῖσθαι μέρεσιν, ἀλλὰ τὴν εἰς τὸν φίλον τιμὴν δι' εἰκόνος δείκνυσθαι· τὰς δὲ προσαγομένας τοῖς θεοῖς θυσίας οὐ τοσοῦτον τιμὴν εἰς αὐτοὺς φέρειν, ὅσον δεῖγμα εἶναι τῆς τῶν θρησκευόντων

---

① 就此请参见 Hans Georg Thümmel, Die frühgeschichte der ostkirchlichen Bilderlehre. Texte und Untersuchungen zur Zeit vor dem Bildstreit. Akademie Verlag, Berlin 1992. S. 41。

προαιρέσεως καὶ τοῦ μὴ πρὸς αὐτοὺς ἀχαρίστως διακεῖσθαι.' Ἀνθρωποειδῆ δὲ τῶν ἀγαλμάτων εἰκότως τὰ σχήματα, ἐπεὶ τὸ κάλλιστον τῶν ζῴων ἄνθρωπος εἶναι νομίζεται καὶ εἰκὼν θεοῦ. Ἔνι δ' ἐξ ἑτέρου λόγου τοῦτο κρατῦναι τὸ δόγμα, διαβεβαιουμένου δακτύλους ἔχειν τὸν θεόν, οἷς γράφει, φάσκων· Καὶ ἔδωκε τῷ Μωσῇ τὰς δύο πλάκας τὰς γεγραμμένας τῷ δακτύλῳ τοῦ θεοῦ'. Ἀλλὰ καὶ οἱ Χριστιανοὶ μιμούμενοι τὰς κατασκευὰς τῶν ναῶν, μεγίστους οἴκους οἰκοδομοῦσιν, εἰς οὓς συνιόντες εὔχονται, καίτοι μηδενὸς κωλύοντος ἐν ταῖς οἰκίαις τοῦτο πράττειν, τοῦ κυρίου δηλονότι πανταχόθεν ἀκούοντος." ①

"必须承认的是，天使具有神性的品性，那些对崇高的众神致以他们恰当的恭敬的人，就此想的并非是，上帝存在于木料、石头、青铜之中，并且如果画像的一部分被伤损的话，那么上帝的力量就会有所减损；[而是] 为了回忆的缘故，古老的画像和庙宇才被造作起来，以使得来到那里的人能够达于对上帝的思考（或译：能够思考上帝），或者那些闲暇的人，以至于有空闲时间的人能够在那里表达他们的感恩和祈祷，并且根据各自的需要而向他们祈求。如果一个人即使完成了他的朋友的画像，那么他也依然不会相信，他的朋友在其中，或者他的身体上的四肢被画面的各个部分锁定，而是他要借助这一幅画像对他的朋友表达尊敬。而带给众神的祭献并未给他们带来比起敬神者对于神明的思考而言更多的尊崇，后者相对于神明而言并非是不感恩的。而之所以神像是人的形象，是因为

---

① 就此请参见 Ἀποκριτικὸς ἢ μονογενής, IV 21。

人被视为生命物中最美者，以及上帝之像。这一学说同样能够被另外的表述所加强，这样的表述确认了上帝是有手指的，上帝用其手指写作。因此（经上）才说：'（上主）交给梅瑟两块约版，即天主用手指所写的石板。'基督宗教信徒也仿照庙宇的建造，并且建造了许多房舍，他们汇聚其中，并且祈祷，尽管无人禁止他们在家作这些，因为上帝无疑在所有地方都听取之。"

这里被引用的经文出自《出谷纪》31，18。

就此，玛卡里尤斯以基督宗教信徒的角色反驳说：

"Κἂν γὰρ δάκτυλον θεοῦ ἱστορῇ του θεῖος λόγος καὶ πλάκας ὑπ' αὐτοῦ κεχαράθαι μηνύει καὶ πόδας ἢ κεφαλὴν ἢ γλῶτταν ἢ ἀκοήν, οὐκ εἰς μέλη τὸν Χριστὸν κερματίζων ἐφθέγξατο, ἀλλὰ τὴν ἀθέατον εἰς θεώμενον εἶδος οὐσίαν ἔρχεσται συμπαθῶς ἐξεπαίδευσε, κατάλληλον ὄψιν τῇ ἀσθενείᾳ τοῦ κόσμου μυστικῶς ἀναπλάττουσαν, ἵν' ἄνθρωπος τῆς οἰκείας συνθήκης ὁρῶν ὁμοίωμα ἐν ὀπτασίᾳ θείᾳ μὴ ταραχθῇ τοὺς χρησμοὺς τῶν μελλόντων δεχόμενος, συγκραθῇ δὲ τῷ φανέντι τῇ συγγενείᾳ τῆς ὄψεως, ἵν' ἐκ συμμέτρου θέας τῶν ἀπορρήτων χωρήσῃ μυστηρίων τὴν τελετήν. Ὅθεν εὐλόγως ἐν πάσῃ διαλέκτῳ μυστικῇ, οἰκονομίας ἕνεκεν τῶν ὠφελουμένων, ἑκατέρας τὰς φύσεις τὸ θεῖον ὑποκρίνεται, μηδὲν χραινόμενον κἂν ἐν φυτῷ δειχθήσεται· ἐπεὶ μὴ δύναται τὰ γενητὰ γυμνὸν ἰδεῖν τὸ ἀγένητον, μηδὲ τὰ σωματικὰ χωρεῖν τὸ ἀσώματον, μηδὲ τὰ σύνθετα λαβεῖν τὸ ἀσύνθετον· οὐδὲ γὰρ ἐν ὕπνῳ τις θεασάμενος λέοντα ἢ στύλον ἢ ποταμόν, κατὰ ἀλήθειαν εἶδε ποταμὸν ἢ λέοντα, ἀλλὰ φαντασίᾳ ὄφεως ἀνυπόστατον ὄνειρον ἐξετάσει τῆς ἐπιστήμης κρινόμενον. Οὕτω τις ἐπὶ θεοῦ πόδας ἀκούων ἢ χεῖρας ἢ δακτύλους ἢ γλῶτταν ἢ ἀκοήν, πεπαιδευμένος ὢν καὶ συνιὼν τὸ θεῖου θεοπρεπῶς, οὐ πόδας σωματικοὺς ἢ χεῖρας δικάσειεν, ἀλλὰ πραγμάτων ὄψιν ἐν φαντασίᾳ κειμένην." ①

"而如果神圣的经典曾经提到上帝的手指,以及约版是被他的手指所写成的,并且还提及上帝的脚、头、舌,或者耳朵,那么这并非讲述被肢解的基督,而是训诲般地以入情入理的方式(συμπαθῶς)令无可视的存在本质成为可视的形象,这一存在本质相应于此间世界的羸弱神秘地(奥迹般地)建构了一个形象(呈现),以使得看到这一画像的人,如果他接受了对于未来的预许的话,并非被动摇,这画像是在神性的显现中习以为常的形象,而是要使得他借着由视看而产生的亲和性与呈现者联系起来,以使得他相应于这一观视而从理性的理解力中被带领出来而达到无法言说的奥迹之中。由此,在每一种神秘言说中神性为了适应那些应当得到帮助的人都恰当地给出两个本性,以使得即使是在成为了的本性中被表述的,也丝毫不被亵渎。因为受造而成的不能赤裸的观视非成为者,所以躯体无法掌控非躯体、被集合而成者无法掌控简质者。谁在睡梦中看到一只狮子、一个柱子,或者一条河流,那么他并未在现实中看到那个河流、[那个柱子],或者那个狮子,他反而会将这些评判为由视觉的幻象而引起的,并无实存的梦境。这个梦境不必与实际的经验相关联。于是如果某人听到说上帝的脚、手、手指、舌,

---

① 就此请参见 Ἀποκριτικὸς ἢ μονογενής, IV 27。

或者耳朵，那么他被耳提面命的是要相应于神性而理解神性，不要将手、脚视为躯体性的，而是要将其视为对于事物的观想，这一观想坐落在想象之中。"

玛卡里尤斯的表述和对于异教学者的反驳都多少有些怪异，因为他往往没有抓住异教学者的观点的核心，并且因此而有些文不对题，甚或言之无物[①]；其实，异教信徒和学者并非享有一致的观点，并非都认为上帝内在于画像之中，玛卡里尤斯只是将那些反对基督宗教的异教信徒和学者的观点信手拈来，特别是他们反对基督宗教道成肉身的观点，而并不过多关注他们之间的区别；一方面，他集中批驳他们在质料之中寻求和把握上帝的企图和行为。而另一方面他也认为，如果异教信徒和学者将关涉上帝存在以及试图描述上帝本质的画像看作是一种可能性去描述上帝的可视性，那么基督宗教的信徒在启示论的基础上是能够同意的，这样说的理由在于，在上帝的启示中可视者与不可视者奥迹般结合在一起，并且相互适应，以至于两者周流遍至、圆融无碍。而如果人们由此而能够谈论上帝的手指，那么一种图像般的表述固然并非从一开始就没有可能，但是对于玛卡里尤斯而言，毫无疑问的是，关于上帝神性的摹绘，甚或关于基督的摹绘原则上是不可能的；持有这一观点的理由在于，对于玛卡里尤斯而言，以色列的祖先亚巴郎也从未尝试造作画像，而是仅仅将自己所看到的保持在他的灵魂之中[②]，很明显，这是一种宗教史的和神学的理由。

[①] 就此请参见 Hans Georg Thümmel, Die frühgeschichte der ostkirchlichen Bilderlehre. Texte und Untersuchungen zur Zeit vor dem Bildstreit. Akademie Verlag, Berlin 1992. S. 41。

[②] 就此请参见 Ἀποκριτικὸς ἢ μονογενής, IV 28。

玛卡里尤斯强调基督画像的不可能性；对于他而言，相对于此间世界的耶稣，复活的基督被表述为永恒者，人性在此已经被神化、上帝化，基督的权能是无可限定的（ἀπερίγραφος）、是永恒的当下，已经不能被规限在时间、空间、躯体、质量、颜色、图稿、未来、过往，以及当下之中了，基督可以在任何情形中被呼求，并且被遇到；在此，尽管没有一种严格拒绝基督画像的明确表述，但是对于复活者基督的无可描摹性的强调，因着对于他的无限性、超越性的抽象和概括，则已经是彰明较著的了。在此，我们姑且不论他的神学表述，譬如耶稣与基督究竟自始至终就是一个呢？抑或是两个，以及这两个形象之间的关系等，对我们而言更为重要的或许是在此所透析出的他的思维方式；如果他谈论上帝的手指、谈论基督是能够相遇到的，那么我们庶几有理由说，无论出于何种原因，在他那里不可视者以可视者的形象被给出，超验者以可经验的形象被历验，未来呈现在当下，这表达了他的逻各斯理论，也就是说，超验的上帝的每一个超验的行为，都是借着上帝自身的逻各斯而传达给此间世界的；上帝与此间世界的关系是借着逻各斯而表述的，逻各斯的全部当下性在新约《圣经》中就是耶稣基督，对于玛卡里尤斯而言，逻各斯的本质是不可视的，逻各斯唯一的 ἄγαλμα（形象）就是成为了的肉身（亦即耶稣基督）。就此我们也应当能够推断出，玛卡里尤斯尚未，甚或从未见到过基督宗教的画像（圣像），换言之，如果玛卡里尤斯有着虔诚的基督宗教的信仰，并且以画像的无生命性和上帝神性的无可掌控性来驳斥异教的画像（神像）理论的话，这表明，他还没有接触到基督宗教的画像艺术、还没有涉及基督宗教的画像艺术问题，否则他将陷于腹背受敌的窘境，而不得不面临两线作战的棘手难题。

3. 从异教的习俗而产生的基督宗教早期纪念像

在基督宗教诞生之前，以及诞生前后的时期，就已经有纪念像的出现，并且这些纪念像与后来出现的基督宗教的艺术作品（画像、雕像等）颇有相类之处；而基督宗教方面（无论是信徒，抑或是教父学者们）在早期通常都是以拒绝的态度提及这些纪念像，这些纪念像或画像大多被认为是异端信仰者的，或者异教徒的，也就是说，这些作品的属性被判为异端的，或者异教的。皇帝亚历山大·塞维鲁斯（Alexander Severus）在他的珍宝馆中，除了众神的画像之外，也设置了基督和亚巴郎的画像[①]；伊勒内尤斯（Irenaius）[②] 也提到，基督宗教内部属于诺斯替异端的卡尔颇克拉提亚派的（Carpocratia）[③] 追随者将基督的画像和哲学家们的画像放在一处敬拜，西蒙派的追随者们将西蒙和海伦娜的画像并列一处敬拜；凯撒城的埃乌西比尤斯（Eusebius von Caesarea）也在这样的传统中提及，在他们所敬拜的画像中也有摩尼其人，在他看来，具有并敬拜保禄和救主（也就是基督）的画像，在方式上类似于偶像崇拜（甚或邪神崇拜），他认为，信徒们这样做的原因在于，他们，特别是

[①] 就此请参见 Hans Georg Thümmel, Die frühgeschichte der ostkirchlichen Bilderlehre. Texte und Untersuchungen zur Zeit vor dem Bildstreit. Akademie Verlag, Berlin 1992. S. 42。

[②] 关于 Irenaius 的生平、著作与思想，请参见 Lexikon für Theologie und Kirche. Herder Verlag. Sonderausgabe Freibur Basel Wien 2006. Band 5, 583-585。

[③] 关于卡尔颇克拉提亚派，请参见 Lexikon für Theologie und Kirche. Herder Verlag. Sonderausgabe Freibur Basel Wien 2006. Band 5, 1264。

新皈依的信徒们还保留着异教的风俗习惯;我们由此也能够看出,一方面,在基督宗教早期,对于上帝和基督的敬仰,与对于其画像的崇拜密切相联,这固然与基督宗教的迅速传播密切相关;而另一方面,人们是否应当对画像致以敬礼和崇拜,是问题的焦点所在;而之所以有这样的问题和关于这样的问题的争论,原因则在于对如下问题的看法存在歧义:究竟谁才是真正的画家呢?是艺术家(亦即人)、还是基督(亦即道成肉身者,或曰上帝)自身呢?出自人手的质料及其各种不同的组合能够赋予人所造作而出的作品以生命和灵魂吗?我们前此为止所阐释的教父们关于画像的观点,以及最终所提出的设问,不仅是问题类型的概括,而且也能够被视为3世纪前后比较普遍的画像学说。

由于基督宗教的画像、纪念像等的出现,基督宗教面临的一个至少是潜在的问题是,必须将它们和异教的画像等区别开来,而要在基督宗教中人(特别是教父们)的意识和潜意识中,区别两种涵义完全不同的艺术类型,则需要概念和定义。恰恰当此之时,究竟什么是"基督宗教的画像",或者"基督宗教的艺术",不仅是一个尚待、而且是一个很难,甚或还依然无法定义的概念,除了上文提及的它与异教画像混杂,并且只有较少的派别和新入教者崇拜圣像,以至于它并非一个普遍现象之外,原因还在于,一方面,基督宗教的画像艺术本身还需要一种充分的绽放和发展,以使得对它的定义能够有足够的理由和正当性;而另一方面,亦如前文所提及的,教会主流观点对于基督宗教的画像还持有一种拒绝的态度,以至于对于它的定义没有足够的理由和必要。只有当基督宗教的画像艺术被相当一些信仰者所承认和崇敬,并且这样的崇敬成为一种礼仪崇拜仪式和传统的时候,对于它的定义才有一种急迫感和必要。

对于画像的拒绝在早期基督宗教的理论著作中就有明确的证据，Didascalia apostolorum（《十二宗徒训诲录》）[①] 就将人以颜料、金、银等材质创作的画像归入偶像崇拜之列，甚或将其制作者视为骗子；如此这般的表述的重心在于强调，尽管那些造作者也被视为画家、雕塑家等，但是他们却是邪神崇拜画像的始作俑者，并且因此而应当遭到摒弃；在这样的意义上，对于"基督宗教的艺术"的理解和定义似乎是多余的。而另一个更为极端的拒绝例证则见于伪克莱芒的 Διαθήκη τοῦ κυρίου ἡμῶν Ἰησοῦ Χριστοῦ（习惯上译为《教会规则》，直译应为"我们的救主耶稣基督的教诲"），在谈到是否某人应当被接纳到信仰团体中时，其作者说：

"Εἴ τις πόρνη ἤ τις πορνοβόσκος ἢ μέθυσος ἢ εἰδωλοποιὸς ἢ ζωγράφος ἢ τῶν ἐπὶ σκηνῆς ἢ ἡνίοχος ἢ ἀθλητὴς ἢ αγωνιστὴς ἢ πύκτης ἢ θηρευτὴς τοῦ δημοσίου ἢ εἰδώλων ἱερεὶς ἢ φύλαξ ἐστί, μὴ προσδεχθήτω. Εἰ θέλει τοιοῦτός τις πιστὸς εἶναι, παυσάσθω τούτων καὶ μόγις πιστεύων καὶ βαπτιζόμενος προσδεχέσθω καὶ κοινωνείτω. Καὶ εἰ μὴ παύεται, ἀποβαλλέσθω."[②]

"如果某人是妓女，或者骗子，或者醉鬼，或者偶像制作者，或者画家，或者演员，或者赛车手，或者田赛选手，或者径赛选手，或者拳击选手，或者官方许可的猎人，或者司祭，或者偶像看护者，

[①] 就此请参见 Lexikon für Theologie und Kirche. Herder Verlag. Sonderausgabe Freibur Basel Wien 2006. Band 3, 210-211。

[②] 就此请参见 Pseudo Klemens, Διαθήκη τοῦ κυρίου ἡμῶν Ἰησοῦ Χριστοῦ. I, 2. A. P. de Lagarde, Reliquiae iuri ecclesiastici antiquissimae graece. 1856. E. von Dobschütz, Christusbilder. Untersuchungen zur christlichen Legende. Leipzig 1899. S. 100。

那么他不应当被接纳。而如果一个这样的人愿意成为信仰者,那么他应当放弃他所从事的行业,并且如果他即使勉力而认信的话,那么他也应当被施以洗礼、被接纳,并且享有团体性;而如果他并不放弃[他的行业],那么他就应当被摒弃。"

由此我们庶几可以说,在基督宗教的艺术尚未有充分的发展之前、尚未最终成为一个独特的艺术类型之前,不仅其艺术家被等同于偶像创作者、其创作行为至多被视为中性的手工劳作行为,而且也没有可能性和必要性对于它下定义,以界定它和其他艺术的异同,并由此而研究它。

第 3 章　公元 4、5 世纪期间从逻各斯基督论而产生的画像学说的变端

前此为止，无论是关于伪克莱芒，抑或是关于埃乌西比尤斯、玛卡里尤斯等教父们的观点的表述，都能够清晰提示出，即使在基督宗教内部，针对（或曰反对）画像艺术的护教观点直到 4 世纪都占有主导地位。而恰恰是在这样的众口一词的情形中，一种变端悄然而生；这一悄然而生的变端提示出，一方面，尽管反对画像的观点依然甚嚣尘上，并且不乏本体和形上的理由；而另一方面，关于圣像，以及基督宗教主题的形像、其艺术性表述的可能性，却也渐次得到思考和肯认。换言之，如果护教学者的观点主要是针对异教用作崇拜的神像和神像崇拜的，并且是旁及基督宗教画像艺术（特别是基督的画像）的无可能性的话，那么恰恰在这种对于不可能性的讨论中，对于其对立面的讨论不期而至；也就是说，尽管有时是偃旗息鼓的，但是却依然一方面隐含着某种对于基督画像可能性的讨论，而另一方面隐含着，并且渐渐由此而的确生出讨论的可能性，以至于在 6、7 世纪之间，特别是 8、9 世纪不再几乎是众口一词，而是终于产生各派观点都大张旗鼓的圣像争执运动。再换言之，并且概而言之，当此 4、5 世纪之时，基督宗教艺术的可能性及其艺术本身本体形上的深刻含义，恰恰在对于其不可能性的讨论中映入

人们的眼帘,而成为一种一旦产生之后就令人再也无法割舍的论题,以至于直到今天我们还在讨论之。就此,我们在不太远的后文中将作比较详尽的探讨。

从逻各斯基督论出发,我们也能窥见画像学说的某种理论源泉,特别是赞襄画像的理论根源。早在基督宗教草创期间,亚历山大的斐洛就将逻各斯视为上帝之象、神性之象,而且逻各斯作为上帝之象不仅是人可认知之象,而且也是人可感知之象(譬如此间世界、譬如包括艺术作品在内的人所造作之物)的本源①;这表明,尽管当时画像问题尚未呈现为基督宗教哲学和神学的主流问题,但是学者们至少已经从其学术的直觉出发在考量其最基本的基督论和上帝论程式的同时也在关注画像主题了。

依旧从逻各斯基督论出发,就公元4、5世纪这一时间段而言,我们首先应提及凯撒城的埃乌西比尤斯,他的画像学说与其逻各斯意义上的基督论密切相联,这一点集中体现在他于313年前后致君士坦丁大帝母亲的信中;这位帝王之母向他请教基督宗教的基本要理,并且要求一幅基督的画像。就此他在回信中作了详尽的解释,并且认为,只有子才是与至高的上帝所契合的,并且愉悦于正义的,在这个意义上,《旧约》所说的大司祭和人与上帝的盟约等表述,才能够转用于上帝之子耶稣,如同《希伯来书》4, 14所说的;子的至高性和隐匿的神性,被上帝父的永恒性所笼罩,这也正是《诗篇》109, 1"你坐在我的右边"一语的含义之一。随后他就基督画像的请求提出了一连串的问题以作回答:

---

① 就此请参见 Georgios D. Farandos, Kosmos und Logos nach Philon von Alexandria. Amsterdam 1976. S. 231-235。

下篇·第3章 公元4、5世纪期间从逻各斯基督论而产生的画像学说的变端

"Ἐπεὶ δὲ καὶ περί τινος εἰκόνος ὡς δὴ τοῦ Χριστοῦ γέγραφας, εἰκόνα βουλομένη σοι ταύτην ὑφ' ἡμῶν πεμφθῆναι· τίνα λέγεις, καὶ ποίαν ταύτην, ἣν φῇς τοῦ Χριστοῦ εἰκόνα; Οὐκ οἶδα πόθεν αὐτὴ ὁρμηθεῖσα τοῦ σωτῆρος ἡμῶν διαγράφαι εἰκόνα προστάττεις. Ποίαν τοῦ Χριστοῦ εἰκόνα ἐπιζητεῖς; Πότερον τὴν ἀληθῆ καὶ ἀμετάλλακτον, φύσει τοὺς αὐτοῦ χαρακτῆρας φέρουσαν· ἢ ταύτην ἢ δι' ἡμᾶς ἀνείληφεν, τῆς τοῦ δούλου μορφῆς περιθέμενος τὸ σχῆμα?" [①]

"由于你也提到表现基督的画像，并且想让我们寄给你一幅这样的画像：[那么]你指的究竟是什么呢？你究竟将什么指称为基督的画像呢？我不知道，究竟是什么驱使你[命人]绘画我们的救主之像。你要求一个什么样的基督之像呢？是那真实而无可更改的、承载其真实本性特征的？抑或是那一他为了我们才领受的仆人的形象？"

这段希腊文原典文本的妙绝之处在于，所有修饰语、所有修饰性的谓项在事实上都是表述耶稣基督的，而在语法上却又是指称基督的画像的。也正是在这一双关的意义上，埃乌西比尤斯的问题才更具有本体论和形上学的意义；其问题涉及的是：基督存在吗（你所指的究竟存在吗）？如果他存在的话，那么他的存在究竟是什么呢（你究竟将什么指称为基督？又将什么指称为基督的画像呢）？基督的真实本性究竟是什么？是完全的神性和人性吗？基督的画像

---

① 就此请参见 Eusebius von Caesarea, J. D. Mansi, Sacrorum conciliorum nova et amplissima collectio. Florentiae (Nachdruck Paris-Leipzig) 1902. 13, 313. H. Hennephof, Textus byzantinos ad iconomachiam pertinentes. Leiden 1969. Nr. 110. J. Pitra, Spicilegium Solesmense. Parisiis 1852 (Nachdruck 1962). I, S 387。

能表现基督的存在和本性吗？如果你要求他的一幅画像的话，那么你所要求画的究竟是他的永恒的神性呢？抑或是他的人性呢？基督的完全的神性与人性和描述他的画像又是什么关系呢？基督的画像能表述他的什么本性呢？是他的神性呢？还是他的人性呢？还是能够同时表述这两者呢？还是什么都不能表现呢？

从基督论的角度出发来看，在随后的文本中，埃乌西比尤斯首先根据《斐理伯书》中被称为"基督赞词"的2,7小节和《罗马书》的8,3小节，认为上帝逻各斯获取了仆人的形象，甚或肉身的形状，将人类从死亡和被束缚之中救赎而出；正是在这样的意义上，或曰正是由于逻各斯以两个形象呈现，所以埃乌西比尤斯说：

"Δύο μορφῶν αὐῷ παρισταυμένων, περὶ μὲν τῆς τοῦ θεοῦ μορφῆς οὐδὲ αὐτός ἡγοῦμαί σε ζητεῖν, ἅπαξ παρ' αὐτοῦ παιδευομένην, ὅτι οὔτε τὸν πατέρα τις ἔγνω εἰ μὴ ὁ υἱός· οὐδ' αὐτὸν υἱὸν γνοίη ποτέ τις ἐπαξίως, εἰ μὴ μόνος ὁ γεννήσας αὐτὸν πατήρ." ①

"而由于他以两个形象出现，于是我由此并不认为，你要求的是上帝的形象，因为你被他一贯教导说，除子之外没有人认识父、除生了子的父之外没有人曾经真正认识子。"

这一表述一方面具有《圣经》的权威作背景（《玛窦福音》11, 27），另一方面也是埃乌西比尤斯画像学说的神学基础。在这样的背景和基础上，他断定，皇太后要求的并非上帝的画像：

---

① 就此请参见 Eusebius von Caesarea, J. D. Mansi, Sacrorum conciliorum nova et amplissima collection. Florentiae (Nachdruck Paris-Leipzig 1902). 13, 313. H. Hennephof, Textus byzantinos ad iconomachiam pertinentes. Leiden 1969. Nr. 110. J. Pitra, Spicilegium Solesmense. Parisiis 1852 (Nachdruck 1962). I, S 387。

"Ἀλλὰ γὰρ πάντως τῆς τοῦ δούλου μορφῆς ἐπιζητεῖς τὴν εἰκόνα, καὶ οὗ δι' ἡμᾶς περιεβλήθη σαρκίου. Ἀλλὰ καὶ τοῦτο τῇ δόξῃ τῆς θεότητος ἀνακεκρᾶσθαι μεμαθήκαμεν, καὶ καταπεπόσθαι τὸ θνητὸν ὑπὸ τῆς ζωῆς. καὶ οὔτι που θαυμαστόν, εἰ μετὰ τὴν εἰς οὐρανοὺς ἄνοδον τοιοῦτόν που πέφηνεν, ὁπότε καὶ ἐν ἀνθρώποις ἔτι βιοτεύων ὁ θεὸς λόγος, τοῖς ἐγκρίτοις τῶν ἑαυτοῦ λόγων προαρραβωνιζόμενος τὴν θέαν τῆς αὐτοῦ βασιλείας, μεταβαλὼν τὴν τοῦ δούλου μορφήν, αὐτὴν ἐκείνην ἐπὶ τοῦ ὄρους ὑπὲρ τὴν ἀνθρωπωείαν φύσιν ἐπιδέδεικται· ὅτε τὸ μὲν πρόσωπον αὐτοῦ ἀπήστραφεν ὡς ὁ ἥλιος, τὰ δὲ ἱμάτια ὡς φῶς." ①

"而是你一定要求的是一幅仆人和肉身形象的画像，他以这样的肉身为了我们而改换衣容。但是我们却学过，即使这肉身也融入有神性的荣耀，并且死亡被生命所战胜，而且在他升天之后所发生的事也毫不奇怪。当他还在众人中生活时，并且以其言向其门徒保证了他的国的来临，即使作为上帝逻各斯他也获取了奴仆的形象，并且在山上当他的面容如同太阳一样、其衣衫发出光耀，并由此指出，[即使]这一[仆人]形象也超出人性。"

我们在此并不评价埃乌西比尤斯的基督论的神学思想②，对于

---

① 就此请参见 Eusebius von Caesarea, J. D. Mansi, Sacrorum conciliorum nova et amplissima collection. Florentiae (Nachdruck Paris-Leipzig 1902). 13, 313. H. Hennephof, Textus byzantinos ad iconomachiam pertinentes. Leiden 1969. Nr. 110. J. Pitra, Spicilegium Solesmense. Parisiis 1852 (Nachdruck 1962). I, S 388。

② 就此请参见本书笔者另一拙著《形上之路——基督宗教哲学建构方法研究》中之相关论述。

我们所讨论的画像主题而言重要的，是其从逻各斯基督论出发而阐释的画像论，或曰是其基督论与其画像论的内在逻辑关联；在他看来，基督是获取肉身和仆人形象的上帝逻各斯，但是，即使是这样的仆人形象也超出人的自然本性，而如果这一神学观点被普遍接受的话，那么由此所生出的问题就是，画像究竟反映什么呢？他提问说：

"Οὐκοῦν καὶ ἡ τοῦ δούλου μορφὴ ἐν τοιούτοις γινομένη, ἐξ ὅλων ὅλη μεταβέληται ἐπὶ φῶς αὐτοῦ ἄρρητον καὶ ἀνεκδιήγητον, αὐτῷ τῷ θεῷ λόγῳ πρέπον φῶς, ὅπερ ὀφθαλμὸς οὐκ εἶδεν, καὶ οὖς οὐκ ἤκουσεν, καὶ ἐπὶ καρδίαν ἀνθρώπου οὐκ ἀνέβη. Πῶς οὖν τις τῶν ἀδυνάτων ἐφίκοιτο; Πῶς δὲ τῆς οὕτω θαυμαστῆς καὶ ἀλήπτου μορφῆς, εἴ γε χρὴ μορφὴν ἔτι καλεῖν τὴν ἔθεον καὶ νοερὰν οὐσίαν, εἰκόνα τις ζωγραφήσειεν;" [①]

"即使是所涉及的仆人形象，也完全化入无可表述、无可言说的光之中，这是属于上帝逻各斯的光，人眼无所视觉之，人耳无所听闻之，人心无所洞彻之。人如何能达到不可能性的东西呢？而如果人毕竟还能称其为神性的和精神的形象的话，那么人如何能够从这样奇妙而无可理解的形象出发而描摹一幅画作呢？"

这里的哲学神学的问题是，死寂而毫无灵魂的线条等能否表现和反映神性的荣耀呢？它能否表现和反映那一超出人的自然本性的

---

① 就此请参见 Eusebius von Caesarea, J. D. Mansi, Sacrorum conciliorum nova et amplissima collection. Florentiae (Nachdruck Paris-Leipzig 1902). 13, 313. H. Hennephof, Textus byzantinos ad iconomachiam pertinentes. Leiden 1969. Nr. 110. J. Pitra, Spicilegium Solesmense. Parisiis 1852 (Nachdruck 1962). I, S 388。

品性呢？一幅画作能否表现和反映肉身中的神性的荣耀呢？能否表现和反映生命对于死亡的战胜呢？如果画像已经不能表现和反映上帝神性本质的话，那么退而求其次它能否表现和反映人的品性呢？能否表现和反映哪怕是血肉之躯呢？

从逻各斯基督论出发，我们能够总结说，在埃乌西比尤斯的学养和意识中，基督有着神性和人性双重的形象，于是对于画像的理解也就应当具有双重含义，一方面是逻各斯的画像，而另一方面是基督的仆人形象。如果按照《圣经》的要求，也就是上帝不可、也无可以画像来表述的话，那么逻各斯的画像根本就是不可能以及不允许的；而此间世界的基督也是逻各斯获取的肉身，况且，即使作为人的形象（也就是作为上帝之子）他也被含咀在上帝的神性之中，而恰恰在这样的双重意义上，基督的画像性表述庶几是不可能的。

卡帕多西亚的教父们对于画像也有充分的表述。恺撒城的巴希尔（亦即大巴希尔，Basilius von Caesarea）[①]认为：

"Μεγίστη δὲ ὁδὸς πρὸς τὴν τοῦ καθήκοντος εὕρεσιν ἡ μελέτη τῶν θεοπνεύστων γραφῶν.

Ἐν ταύταις γὰρ καὶ αἱ τῶν πράξεων ὑποθῆκαι εὑρίσκονται καὶ οἱ βίοι τῶν μακαρίωνἀνδρῶν ἀνάγραπτοι παραδεδομένοι, οἷον εἰκόνες τινὲς ἔμψυχοι τῆς κατὰ θεὸν πολιτείας, τῷ μιμήματι τῶν ἀγαθῶν ἔργων πρόκεινται. Καὶ τοίνυν περὶ ὅπερ ἂν ἕκαστος ἐνδεῶς

[①] 关于 Basilius von Caesarea 的生平、著作与思想，请参见 Lexikon für Theologie und Kirche. Herder Verlag. Sonderausgabe Freibur Basel Wien 2006. Band 2, 67-69。

ἔχοντος ἑαυτοῦ αἰσθάνηται, ἐκείνῳ προσδιατρίβων, οἷον ἀπό τινος κοινοῦ ἰατρείου, τὸ πρόσφορον εὑρίσκει τῷ ἀρρωστήματι φάρμακον. Καὶ πανταχοῦ, ὥσπερ οἱ ζωγράφοι, ὅταν ἀπὸ εἰκόνος εἰκόνα γράφωσι, πυκνὰ πρὸς τὸ παράδειγμα βλέποντες, τὸν ἐκεῖθεν χαρακτῆρα πρὸς τὸ ἑαυτῶν σπουδάζουσι μεταθεῖναι φιλοτέχνημα· οὕτω δεῖ καὶ τὸν ἐσπουδακότα ἑαυτὸν πᾶσι τοῖς μέρεσι τῆς ἀρετῆςἀπεργάσασθαι τέλειον, οἱονεὶ πρὸς ἀγάλματά τινα κινούμενα καὶ ἔμπρακτα, τοὺς βίους τῶνἁγίων ἀποβλέπειν, καὶ τὸ ἐκείνων ἀγαθὸν οἰκεῖον ποεῖσθαι διὰ μιμήσεως."①

"达于正确求索的最佳之路是研习由上帝给出的经典。在经典之中能够发现指导行为的规范，在经典中所传承的圣人们的生活传记，被描述为赋有了灵魂的画像（εἰκόνες），这是人模仿善行而有了相配于神性的转变的画像。每一个人在其中都能有所感受，他将自己倾注于它，并且如同在普通的医院中为自己的疾病找到医药一样……当画家们临摹一幅画作时，他们仔细观察原作，并且努力将其特点转载到其艺术作品中，如同他们一样，大凡想涵养每一种德行的人，必须要体察圣人们的生活，如同体察一种活生生的和激荡的画作（ἀγάλματα）一样，并且借助模仿而将善德汲纳于自身之中。"

在大巴希尔的意识中，画家与其画作等，是一种比喻，是将关于圣人生活的文字或口头的传承与造型艺术相比较，模仿圣人与临

---

① 就此请参见 Basilius von Caesarea, Epistula 2 de vita solitaria, ad Gregorium. C. 3. In: S. Y. Rudberg, Études sur la tradition manuscrite de saint Basile. Lund 1953. S. 161。

摹画作一样，而这样的比喻也恰恰构成了一种对应，甚或对立；这样说的原因在于，画作等是人眼所观察的外在之物，或许具有动感的色泽、激荡的线条等，（甚或可能仅仅）能够将其肉身描绘在画板（画布等）上，或者以不同质料雕塑成像，但是这充其量也仅仅是帮助后人忆念圣人们的媒介而已，他们的生活内涵、纯洁的人格，以及对于圣人的回忆，庶几无法以画像来描述，而是以文字，甚或口头来表述和传承；尽管我们能够在我们的思想中形象的想象圣人的行为，甚或构思其意义等，以至于我们甚或还能够模仿之，尽管往圣前贤并不需要我们对于他们的文字记载、口头传承等，但是我们却需要关于他们的文字记录，以使我们的精神能够勾勒对于他们的思考和回忆，认知与美德无法以画像的方式来表述，人的精神必须由此而转入内在，内在性的精神才能达于对于上帝的认知、才能汲取善德而将其内在化。但是在此还应当提示的是，在大巴希尔的文本中，我们似乎不能读出对于画像，特别是基督画像（基督宗教艺术）的一种决绝的拒绝和禁止，而他也的确赞襄画像。

尽管大巴希尔的弟弟尼撒的格里高利（Gregorius von Nyssa）[①] 提到，基督宗教的信仰者应当在灵魂中塑造某种画像，但是他也将基督荣耀之像和肉身之像明确对立起来，以至于在他的言说中难免有拒绝画像的表述：

"Μηκέτι μετὰ τῶν νεκρῶν τὸν ζῶντα ζητήσωμεν· τὸν γὰρ οὕτως αὐτὸν ζητοῦντα ἀπωθεῖται ὁ κύριος λέγων· Μή μου ἅπτου, ἀλλ᾽ ὅταν ἀναβῶ πρὸς τὸν πατέρα, τότε

[①] 关于 Gregor von Nyssa 的生平、著作与思想，请参见 Lexikon für Theologie und Kirche. Herder Verlag. Sonderausgabe Freibur Basel Wien 2006. Band 4, 1007-1008。

σοι ἔξεστιν ἅπτεσθαι', τουτέστιν μηκέτι τὴν σωματώδη καὶ δουλικὴν μορφὴν ἐν τῇ σεαυτοῦ πίστει ἀνατυπώσῃ, ἀλλὰ τὸν ἐν τῇ δόξῃ τοῦ πατρὸς ὄντα καὶ ἐν μορφῇ θεοῦ ὑπάρχοντα καὶ θεοῦ ὄντα λόγον τοῦτον προσκύνει, μὴ τὴν τοῦ δούλου μορφήν."①

"让我们不要在死者中寻求那位活着的。上主提示这样寻找他的人说:'别碰我,当我升到父那里时,你才能碰我。'(《若望福音》20.17)这也就是说:不要将你的信仰的想法赋予一种躯体的和奴仆的形象,而是要赋予它在父的荣耀性中的和上帝形象的逻各斯,尊崇这一[形象],而非仆人的形象吧!"

在此我们能够看出,尼撒的格里高利首先的确有一种关于形象、画像的观点,这固然不足为奇,因为无论是抽象,抑或是形象思维,这些都是人之常情,但是他所说的形象应当仅仅能反映躯体的外在表象,在他看来,人的信仰并非绑缚在质料性的躯体(在此指的是画作等)之中,而且一个画像无法真正表述精神的逻各斯;况且信仰的源泉又并非某一画像,而是上帝逻各斯,是逻各斯的荣耀神性,信仰在这个意义上首先是上帝逻各斯的恩宠,也就是说,如果信仰并非某种对于人的限制,而是人的充分的自由的话,那么仅仅能反映质料性躯体的画像如何能够表述这种价值性的旨趣呢?固然,当一个画面对人的感官有强烈刺激时,人对于这画作也一定有深刻之印象,甚或极致之反应,如同他在描述教堂中有关殉道者的作品时所说:

"'Ελθὼν δὲ εἰς τι χωρίον ὅμοιον τούῳ, ἔνθα

---

① 就此请参见 Gregoius von Nyssa, Περὶ τῆς τριημέρου προθεσμίας τῆς ἀναστάσεως τοῦ κυρίου ἡμῶν' Ιησοῦ Χριστοῦ. In: P. J. Alexander, Dumbarton Oaks Papers. 7. Cambridge Mass 1953. S. 62. Nr. 24。

σήμερον ὁ ἡμέτερος σύλλογος, ὅπου μνήμη δοκαίου καὶ ἅγιον λείφανον· πρῶτον μὲν τῇ μεγαλοπρεπείᾳ τῶν ὁρωμένων φυχαγωγεῖται, οἶκον βλέπων ὡς θεοῦ ναὸν ἐξησκημένον λαμπρῶς τῷ μεγέθει τῆς οἰκοδομῆς καὶ τῷ τῆς ἐπικοσμήσεως κάλλει, ἔνθα καὶ τέκτων εἰς ζώων φαντασίαν τὸ ξύλον ἐμόρφωσε, καὶ λιθοξόος εἰς ἀργύρου λειότητα τὰς πλάκας ἀπέξεσεν.' Ἐπέχρωσε δὲ καὶ ζωγράφος τὰ ἄνθη τῆς τέχνης ἐν εἰκόνι διαγραφάμενος, τὰς ἀριστείας τοῦ μάρτυρος, τὰς ἐνστάσεις, τὰς ἀλγηδόνας, τὰς θηριώδεις τῶν τυράννων μορφάς, τὰς ἐπηρείας, τὴν φλογοτρόφον ἐκείνην κάμινον, τὴν μακαριωτάτην τελείωσιν τοῦ ἀθλητοῦ, τοῦ ἀγωνοθέτου Χριστοῦ τῆς ἀνθρωπίνης μορφῆς τὸ ἐκτύπωμα, πάντα ἡμῶν ὡς ἐν βιβλίῳ τινὶ γλωττοφόρῳ διὰ χρωμάτων τεχνουργησάμενος, σαφῶς διηγόρευσε τοὺς ἀγῶνας τοῦ μάρτυρος, καὶ ὡς λειμῶνα λαμπρὸν τὸν νεὼν κατηγλάισεν· οἶδε γὰρ καὶ γραφὴ σιωπῶσα ἐν τοίχῳ λαλεῖν καὶ τὰ μέγιστα ὠφελεῖν· καὶ ὁ τῶν ψηφίδων συνθέτης ἱστορίας ἄξιον ἐποίησε τὸ πατούμενον ἔδαφος." [1]

"如果某人来到一个如同我们今天做弥撒的地方，也就是回忆义人之处和圣人的遗骨所憩息之处，如果他将这一处所视为上帝的殿堂，看到这建筑的宏伟壮丽、装饰的金碧辉煌，看到木雕的动物

---

[1] 就此请参见 Gregorius von Nyssa, De s. Theodoro martyre. Patrologiae cursus completes. Seria Graeca. J. P. Migne. 46, 737 CD-740 A。

形象、像银一样被抛光而熠熠生辉的石板,那么他一定被他所看到的庄严景象所震撼。画家也将艺术之花带入其画作,殉道者的行为,各种敌意,多种痛苦,独裁者的各种动物般的形象,各种攻逐,各种壮硕的炉火,斗士最安详的安息,作为评判者的基督的人性的肖像,所有这些对于我们而言都被以色彩创作在一本讲述的书中。当然,他描述了殉道者的抗争以及芳草地上壮丽的教堂。被勾勒在墙上的画作沉默般言说着,并且发挥着巨大的作用,马赛克画的创作者使得脚踏的地面充满荣誉。"

这是尼撒的格里高利于381年2月7日的布道词,这也是目前所知最早的对于一个的确存在的基督宗教艺术作品的恳认性的描述;很明显,这部作品以其恢宏之气象至少在感官上深深打动了他。从其他画作中他也获有同样的感触,正如他在383年5月的一篇布道词中谈及依撒格的祭献时所说的:

"Εἶδον πολλάκις ἐπὶ γραφῆς εἰκόνατοῦ

πάθους καὶ οὐκ ἀδακρυτὶ τὴν θέαν παρῆλθον, ἐναργῶς τῆς τέχνης ὑπ᾽ ὄψιν ἀγούσης τὴν ἱστορίαν." [①]

"我经常在画作中看到这一痛苦万状的事件的影像,我泪流满面在它的注视下走过,艺术给人的眼睛提供了如此这般活生生的历史。"

---

① 就此请参见 Gregorius von Nyssa, De s. Theodoro martyre. Patrologiae cursus completes. Seria Graeca. J. P. Migne. 46, 572 C. F. Diekamp (Hrsg.), Doctrina Patrum de Incarnatione Verbi. Ein griechisches Florilegium aus der Wende des siebenten und achten Jahrhunderts. Münster 1907; 2. Aufl. mit Korrekturen und Nachträgen von B. Phanourgakis (Hersg. Von E. Chrysos). Münster 1981. S. 328. B. Kotter, Die Schriften des Johannes von Dammaskos.III. Contra imaginum calumniatores orationes tres (Patristische Texte und Studien). Berlin-New York 1975. S. 154. J. D. Mansi, Sacrorum conciliorum nova et amplissima collectio. Florentiae (Nachdruck Paris-Leipzig) 1902. 13, 9C. J. Pitra, Spicilegium Solesmense. Parisiis 1858 (Nachdruck 1963). IV, S.350。

感官的感觉或许是一种直觉，但是这样的感觉能否引起人们在精神层面的变端、在本体层面的思考呢？人们能够认知这一感觉吗？人们能够将这一感觉认知成什么呢？如何命名已经被认知的感觉呢？

这些问题固然是在普遍意义上的提问，尽管这也许属于本体形上的设问，但是具体到基督宗教的艺术、具体到基督宗教的画像学说，以至具体到基督宗教的本体形上美学，我们或许能够说，这与前此为止关于基督画像等的表述已经产生了分歧。尼撒的格里高利在此提及的是基督的画像，这在基督宗教的艺术中应当是最经常出现的一类主题，而且同时在考量依撒格的祭献时，我们或许更有理由说，基督的画像直接关涉上帝的画像，对于基督画像的提问其实就是在质询上帝的画像，或曰基督的画像直接关涉的就是人们对于上帝的理解；尼撒的格里高利在谈到基督的画像时，强调的是他的人性的（获取了人的躯身的）肖像，并且说到"画作沉默般言说着，并且发挥着巨大的作用"，画作为什么沉默般言说呢？为什么发挥巨大作用呢？又发挥什么巨大作用呢？这似乎是一种犹抱琵琶半遮面的表述，其中所透析出的如此这般的欲说还休、如此这般的犹豫不决，究竟表明什么呢？作为4世纪末期极有学养而著名的基督宗教的学者，难道他不知道基督与上帝的关系吗？难道他不知道基督论与上帝三位一体论程式吗？特别是在尼开亚、君士坦丁堡，以及加尔克冬等大公会议之后，还有什么能够阻止他直抒胸臆、能够使他似乎不得不做出朦胧未决的表述呢？

从历史发展的自然过程的层面来看，公元4世纪末似乎是一个转折时期；当此之时，基督宗教有近乎四百年的传输经历，并且从313年起就已经逐渐成为罗马帝国的国教，在早期由新领洗入教的基督宗教信徒所带入基督宗教的，并且被视为异教的宗教礼仪和风俗的画像，随着时间的推移、随着基督宗教逐渐获得主导地位，似乎开始被逐渐认可，并被视为能够对信仰发挥作用的艺术类别，以至于教会学者也要考量其功能。

从具体的事项结构层面来看，当此之时，圣人以及殉道者的画像似乎已经不再仅仅是异教的传统、似乎已经不再是构成某种宗教风俗画的一个部分，而是被视为至少具有慰藉功能，甚至被信徒和观视者要求具有救赎功能的特立独行的艺术作品，在此涉及的是"基督宗教的艺术"，也就是说，这一门类有了长足的发展，以至于产生了"基督画像"这一术语，并且教会学者们必须如此这般地正视之，以至于对于"基督宗教艺术"的命名和研究不再是仅仅具有急迫性，而是必须立即着手实施的重要论题。

从与历史发展过程层面，以及具体事项结构层面相关联的本体形上层面来看，教父学者对于画像的思考，无论是自觉的抑或是不自觉的，应当不仅仅限于其功能的层面，而且更多地是关于哲学和神学的思考，当他们将基督的画像与表现亚巴郎将依撒格祭献给上帝的情景画像结合起来、将《新约》和《旧约》结合起来考量时，这其中直接透露出的讯息并非仅仅是神学层面关于旧约中盟约的上帝雅威的思考，并非仅仅是关于新约的道成肉身的上帝的思考，并非仅仅是关于新、旧约的上帝的分别的思考，并非仅仅是关于（新、旧）盟约概念的思考，并非仅仅是关于新旧约的上帝的关系的思考，而且更多地是在本体形上哲学层面关于人与上帝关系的思考，是关于（即使是道成肉身中）可历验的人性与或许是超验的神性之间关系的思考，是关于人性中的神性的思考，是关于基督论中人的品性与神性品性，以及两者关系的思考，是关于三位一体论程式内在结构的思考，是关于三位一体论程式中父与子各自品性及其关系的思考，一言以蔽之，是关于存在与关系的思考。

在此、也就是在尼撒的格里高利的文本中，我们能够发现一个重要的转机或者变端：人的注意力和旨趣开始聚焦在画作的内容上，而并非聚焦在质料的，或曰被视为质料的画作本身；换言之，画作所表现的内容使人联想起曾经的历史、曾经历验的事实和真理，人们所尊崇和敬拜的，并非作为作品本身的画作，而是它所反映的圣人等历史事实；绘画作品本身作为一种艺术的造作、作为一种质料性的实物，不再是仅仅能够炫人眼目的诸多质料的集合，而是能够将人领入其最原始、最深度的回忆的催眠师、灵魂抚慰师和精神关怀师。

在这样的理解中我们似乎能够提问，绘画是沉默的言说者吗？绘画真的是沉默的吗？如果（即使）它是沉默的，那么它如何运作它的功能而使人生发出横断秋色、荡气回肠而又刻骨铭心的感受呢？如何使人对这样的感受爬梳厘清以有所认知，甚或不断回忆呢？如果不是，那么它究竟又言说什么呢？我们对这样的言说又能言说什么呢？如果比绘画具有更高抽象性的文字和话语的言说都无法达于那一绝对的超验，那么形象的绘画作为沉默的言说者又能达到什么呢？如果基督宗教的信仰并非建立在色彩和线条之中，也就是说，如果基督宗教的信仰并非建立在质料性的此间世界基础上，而是建立在上帝的首创性言说和人的内心之中，那么人的信仰能够是洗尽铅华之后的形上譬喻吗？这样的本体形上譬喻有意义吗？若有，则有何种意义呢？若无，则信仰的本质究竟又是什么呢？雅典与耶路撒冷又是什么关系呢？我们能够毫不犹豫地拥抱，以至于真的拥抱到我们梦寐以求的逻各斯吗？我们能够牵手此间世界那一梦绕魂萦的纯洁光环吗？上帝究竟是谁？上帝究竟是什么？当此间世界褪去一切绚烂的呈现时,当过往性的时间枯萎了一切斑斓的表象时,雅典有意义吗?最深层的心灵会苍白无助吗?最内在的精神会柔弱无力吗?当我们执着于基督的画像时、当我们执着于基督宗教的画像时,形上的譬喻还有可能吗?他不会被遗忘在沉默中吗?没有了理智,人的血肉之躯难道不是青楼舞馆吗?没有了信仰,理智难道不是好奇心滥情的妓女吗?

前文曾提及的、4世纪末期生活在安提约基亚城(Antiochia)的东方教父中另一个颇具代表性的人物金口若望(Johannes Chrysostomos,或译约翰内斯·克里索斯托姆斯),在关于施加迫害的独裁者和罗马的殉道者的布道文中,尽管并非直接述及基督宗教的画作,但是他从耶稣基督的神性品性出发、在本体形上层面探讨其自然属性的特质,在这个意义上,他特别强调了基督作为自天降下的救主所具有的非限定性、无可理解性,以及无可视性:

"Ὁ κοινὸς κίνδυνος μερίζει τὸν μάρτυρα, καὶ πρὸς τὸν δεσπότην παρρησιάζεται· ἐπαφιῆσε ῥέουσαν κατὰ τοῦ τυράννου τὴν γλῶτταν, Στῆσον, λέγων, τὸν ἐμμανῆ τοῦτον δρόμον, ὦ τύραννε. Ἐπίγνωτι τῆς σῆς ἀσθενείας τὰ μέτρα, αἰδέσθητι τοῦ σταυρωθέντος τοὺς ὅρους· ὅροι δὲ τοῦ σταυρωθέτος οὐ τῆς ἐκκλησίας οἱ τοῖχοι, ἀλλὰ τῆς οἰκουμένης τὰ πέρατα. Ἀποτίναξαι τὴν ἀχλὺν τῆς μανίας· βλέψον εἰς γῆν, καὶ τὸ τῆς φύσεως τῆς σῆς ἀσθενὲς ἐνθυμήθητι· ἀνάβλεψον εἰς τὸν οὐρανόν, καὶ τοῦ πολέμου τὸ μέγεθος λόγισαι· τῶν δαιμόνων τὴν ἀσθενῆ διάπτυσον συμμαχίαν· σκόπησον, ὅτι τῷ σταυρῷ πεπληγότες οἱ δαιμόνες σε προστάτην τῶν βωμῶν τῶν οἰκείων προβάλλονται. Τί διώκεις ἀκατάληπτα; Τί τοξείεις ἀπέραντα; Μὴ γὰρ τοίχοις ὁ θεὸς περιγράφεται; Ἀπερίγραπτον τὸ θεῖον. Μὴ γὰρ ὀφθαλμοῖς ὁ ἡμέτερος δεσπότης ὁρᾶται; Ἀθεώρητος γάρ ἐστι καὶ ἀνείδεος τῇ οὐσία. Μὴ γὰρ λίθον καὶ ξύλον οἰκεῖ, πιπράσκεν ἀντὶ βοὸς καὶ προβάτου τὴν πρόνοιαν; Μὴ γὰρ βωμὸς τοῖς συναλλάγμασιν αὐτοῦ μεσιτεύει; Αὕτη τῶν σῶν δαιμόνων ἡ λίχνος προσαίτησις· ὁ ἐμος δεσπότης, μᾶλλον δὲ ὁ τῶν ὅλων δεσπότης, Χριστὸς οὐρανὸν οἰκεῖ, καὶ κόσμον ἡνιοχεῖ, καὶ θυσία τούτῳ ψυχὴ πρὸς αὐτὸν ἀνανεύουσα, καὶ μία τούτῳ τροφὴ τῶν πιστευόντων σωτηρία. Παῦσαι κατὰ τῆς ἐκκλησίας τὰ ὅπλα κινῶν· ἐπι γῆς τὸ ποίμνιον, καὶ ὁ πιμαίνων ἐν οὐρανῷ· ἐπι γῆς αἱ κληματίδες, καὶ ἐν οὐρανῷ ἡ ἄμπελος· ἃ δὲ ἐκτέμῃς, τὰς κληματίδας, πολυπλασιάζεις τὴν ἄμπελον."[①]

"普遍性的危险导致殉道者朝向两种行为：以完全的信赖呼求上主，而对独裁者则迎面冲去。独裁者！停止你迅疾的逃遁吧！看看你的羸弱不堪的有限性吧！感受一下你在被钉十字架而死者面前的界限吧！教堂的四壁并非被钉十字架而死者的限度，他直到天边和地极。抖落罩在疯狂上的迷雾吧！看看大地、想想你的本质的羸弱吧！看看苍穹、想想这战斗的意义吧！别看中魔鬼的渺小的增援！好好看看，它们被十字架所战胜，它们授命你为它们祭坛的看

---

① 就此请参见Ioannes Chrysostomos, In s. Romanum Martyrem hom. Patrologiae cursus completes. Seria Graeca. J. P. Migne. 50, 616. P. J. Alexander, Dumbarton Oaks Papers. 7. Cambridge Mass 1953. S. 62. Nr. 26。

家狗！你究竟对无可理解者能迫害什么？你能瞄向无可限定者而射击吗？难道上帝能够被描绘在墙面上吗？神性是无法描述的！难道我们的主能够被肉眼凡胎的直觉所一览无余吗？根据其本质他是不可视的！难道他住在石头和木料中，并出售他的精神慰藉以交换牛羊吗？难道一个祭台就能够建立和他的关系吗？一个祭坛就能够传介和他的关系吗？我的主，更是全部世界的主，基督，驻跸苍天、统辖宇宙，仰视他的灵魂才是他的祭献，[基督]是信众唯一的[精神]食粮和救赎。住手吧！别用武器针对教会！尽管羊群在大地上，但是牧者却从天上临在！尽管枝芽在大地上，但是葡萄藤却从天而来！就算你剪掉了枝芽，那你也只能使藤干成长壮大！"

这里所说的"在墙上被描绘"，指的应当是墙面上的画作，或曰在平面媒介上的艺术创作。

从历史的自然发展和宗教史的角度来看，当彼之时，尽管迫害基督徒的运动已近强弩之末，但也正是基督宗教新一轮被压制、基督信徒受迫害的时期，皇帝迪奥克雷图斯（Diokletus）[①] 在安提约基亚城强迫追随耶稣基督的人们崇拜偶像、崇拜其他宗教的众神，并且为之作宗教祭献，在这样的背景中，金口若望才在他的布道演说中一方面指斥独裁者，而另一方面强调基督的不可视性和无可掌控性，以将基督宗教的上帝（基督）区别于，甚至更多地是直接对立于异教诸神的偶像、偶像崇拜和偶像祭献。这至少在外在的形式上就区分了基督宗教和其他宗教，同时也旗帜鲜明的彰显了基督宗教关于神人关系的神学思想。

[①] 关于 Diokletus，请参见 Lexikon für Theologie und Kirche. Herder Verlag. Sonderausgabe Freibur Basel Wien 2006. Band 3, 239-241。

从本体形上，特别是神性与人性的关系层面来考量，在金口若望看来，独裁者本质上是软弱和受限定的，而相对于此，被钉十字架而死者却是无限而非受限定的，任何质料的东西，譬如雕塑他的石头和木料、譬如教会的院墙，甚至世界的终极，都不能限定他，尽管他的存在是无可怀疑的，但是他的本质却是无可描绘的，他的神性本性超出一切能够表述其存在和本质的范畴，以至于纯粹的理性无法表述他，更何况人所造作的画像和人的视觉感官呢？也就是说，人不仅无法仅仅以理性理解他，而且仅仅靠自身也无法以其禀赋所具有的直觉和造作力掌控他；他与人的关系完全出自他的首创和主动，他借助对人的心灵慰藉、精神关怀，甚或最终的救赎而与人建立了关系，他给人的心灵慰藉、精神关怀，以及终极救赎，并非某种可以交换、可以出售的商品，而是不求任何回报的恩宠，并且是具有完全奉献性的恩宠，物象的东西，譬如教堂，甚或其中最神圣的祭台（包括在其中所举行的感恩祭典、祭献礼仪等），并不能回报这一恩宠于万一，并不能在他和他的追随者之间建立起牢固而持久的关系，他与人的关系也并非仅仅外在的体现在教堂的祭台上及其各种礼仪中。

从哲学神学的角度来看，金口若望的言说从未将上帝与基督分离开来，而是始终将他们结合起来；当他说"上帝无法在墙上被描绘"时，这一表述中的主体和"基督是不可视的"这一表述中的主体是一致的，也就是说，无论是上帝，抑或是基督，这两个概念中的任何一个，即使是作为某种形象，其中的任何一个都无法被描绘在墙面上；这一方面表明，有限的质料无法表述某种精神的对象、抽象的对象，另一方面也表明，有限的空间也无法捕捉和概括诸如此类的对象；这里的问题是，尽管人们能够勾勒描摹（并且似乎也的确这样去做了），但是那所勾勒描摹的就是上帝和基督吗？在此特别值得注意的是，由于金口若望在他的表述中强调了基督的不可视性和无可掌控性（无可理解性），并且这样的表述也直接涉及画作，于是我们似乎有理由说，尽管他的表述并未直接拒绝和反对基督宗教的画像，但也并不赞同基督宗教涉及上帝和基督的画作，或者说，至少没有给赞同和接受画像的观点预留太多的空间。

在另一篇布道词中，金口若望将艺术与上帝的恩宠（或曰垂怜）作了比较，认为前者仅仅对现世的生活产生影响，而后者则对现世与未来都具有深远之意义；在谈及艺术时，他又区分了有用的艺术与无用的艺术，绘画被他归为无用的艺术：

"Τῶν γὰρ τεχνῶν αἱ πλείους πρὸς τὸν παρόντα βίον εἰσὶ χρήσιμοι ἡμῖν, αὕτη (οἰκτίρμων εἶναι) δὲ καὶ πρὸς τὴν μέλλουσαν ζωήν. Εἰ δὲ τῶν εἰς τὸ παρὸν ἡμῖν ἀναγκαίων τεχνῶν τοσοῦτον διενήνοχει, οἷον ἰατρικῆς λέγω καὶ οἰκοδομικῆς καὶ τῶν ἄλλων τῶν τοιούτων, πολλῷ μᾶλλον τῶν ἄλλων, ἃς εἴ τις ἀκριβῶς ἐξετάσειεν, οὐδὲ τέχνας ἂν εἶναι φαίη. Ὅθεν ἔγωγε τὰς ἄλλας τὰς περιττὰς οὐδὲ εἴποιμ' ἂν εἶναι. Ποῦ γὰρ ἡ ὀψαρτυτικὴ ἡ καρυκευτικὴ χρήσιμοι ἡμῖν; οὐδαμοῦ· ἀλλὰ καὶ σφόδρα ἄχρηστοι καὶ βλαβεραί, σώματι καὶ ψυχῇ λυμαινόμεναι, τῷ τὴν μητέρα τῶν νοσημάτων ἁπάντων καὶ τῶν παθημάτων τὴν τρυφὴν μετὰ πολλῆς ἐπεισάγειν τῆς φιλοτιμίας. Οὐ μόνον δὲ ταύτας, ἀλλ' οὐδὲ τὴν ζωγραφικήν, οὐδὲ τὴν ποικιλτικὴν εἴποιμ' ἂν ἔγωγε τέχνην εἶναι· εἰς γὰρ δαπάνην μόνην ἐμβάλλουσι περιττήν. Τὰς δὲ τέχνας τῶν ἀναγκαίων καὶ συνεχόντων ἡμῶν τὴν ζωὴν παρεκτικὰς εἶναι δεῖ καὶ κατασκευαστικάς. Διὰ γὰρ τοῦτο καὶ σοφίαν ἡμῖν ἔδωκεν ὁ θεός, ἵνα εὕρωμεν μεθόδους, δι' ὧν δυνησόμεθα τὸν βίον συγκροτεῖν τὸν ἡμέτερον. Τὸ δὲ ζῴδια γίνεσθαι, ἢ ἐν τοίχοις, ἢ ἐν ἱματίοις, ποῦ χρήσιμον; εἰπέ μοι." ①

"许多艺术的造作对于我们而言对现世的生活是有用的，而这个［垂怜］则对未来的生命有助益。如果这些艺术的造作，诸如医术、建筑术以及其他造作，在我们所需要的造作中现在的用途就已经是那样的不同了，那么具有更深刻洞察力的人并非命名为艺术造作的，与之则有天壤之别。由此，即使是我，也不会将其他那些多余者标示为艺术造作。烹调鱼和汤的艺术对我们究竟有用吗？百无一用！它们毫无用处，并且是堕落而败坏的，伤害躯体和灵魂，因为它们以极大的热情带来所有病痛与狼吞虎咽之母。而且还不仅如此，绘画与刺绣，我也不认为它们是艺术，它们只［将我们］引向多余的奢华。而有用的，并且是护佑生命的造作，必定是支持和富有建设性的。因此，［既然］上帝赋予了我们智慧、使我们找到维护生命的道路，［那么］告诉我，画在墙上和衣装上的动物究竟有什么用呢？"

我们由此也能够看到，金口若望似乎并非仅仅针对具体的基督宗教的艺术，而是在普遍意义上拒绝和反对包括烹调、绘画等在内的无用的艺术门类的。在另一篇已成断简残篇的文本中，他几乎将

---

① 就此请参见 Ioannes Chrysostomos, In Matthaeum homilia 49 (50), 4. Patrologiae cursus completes. Seria Graeca. J. P. Migne. 58, 501. J. Pitra, Spicilegium Solesmense. Parisiis 1858 (Nachdruck 1963). IV, S.259-261。

画作完全归为异教的习俗：

"Ὅι δὲ τρεῖς ἄγγελοι ὅτι ἦλθον πρὸς τὸν Ἀβραὰμ καὶ ταῦτα ἐποίησαν, ὑπὸ Ἑλλήνων ἀκόντων μαρτυροῦνται. Οἱ γὰρ τὴν Παλαιστινῶν οἰκοῦντες γῆν καὶ εἰκόνας γράφοντες τῶν σεβασμάτων αὐτῶν τρεῖς γράφουσιν ἀγγέλους καὶ τὸν Ἀβραὰμ μετ' αὐτῶν καὶ τὴν Σάρραν καὶ μόσχον καὶ ἄλευρον· καὶ πάντα ὅσα λέγει ἡ γραφὴ διὰ μέλανος λέγουσιν ἐκεῖνοι δι' ἀγαλμάτων. Ταῦτα δὲ εἴρηται, ἵνα οὐ τοῖς πιστοῖς δι' Ἑλληνικῶν γένηται ἡ πίστις· ἡμεῖς γὰρ παρὰ τῶν ἔξωθεν οὐ δεχόμεθα τὰς ἀποδείξεις."①

"三个天使来到亚巴郎那里，并且如此这般地行事，这是希腊人毫不情愿地杜撰的。巴勒斯坦的居民们将它们所尊崇者描画成像（εἰκονες），他们画三个天使、亚巴郎、撒辣、小牛、粮秣，并且所有著作中借助墨水所表述的，他们都借助画作（ἀγάλματα）。我指的并非是，信徒们从异教的希腊人那里获得了信仰，我们无须从外人中获取什么证据。"

在此十分清晰的是，金口若望比较温和地批评了画作的功能，他完全倾向于文字的表述（在此即著作的表述）；就图像而言，基督宗教的信仰并非来自于任何人，也无须以任何人的，特别是异教中人的习俗作为见证，因此就信仰而言，作为异教风俗的画像当然于事无补；就著作而言，在他看来，它们并非别的什么，而是圣人

---

① 就此请参见 P. J. Alexander, Dumbarton Oaks Papers. 7. Cambridge Mass 1953. S. 62. Nr. 27。

灵魂的图像（图画），因而著作的表述虽然是文字的，但却十分形象，并且能够深切的刻入人的内心精神，使人能够与圣人们相沟通，并且追求圣人们所追求的德行等。在这个意义上他认为：

"Εἰ γὰρ εἰκόνα τις ἄψυχον ἀναθεὶς παιδὸς ἠφίλου ἢ συγγενοῦς, νομίζει παρεῖναι ἐκεῖνον τὸν ἀπελθόντα, καὶ διὰ τῆς εἰκόνος αὐτὸν φαντάζεται τῆς ἀψύχου. Πολλῷ μᾶλλον ἡμεῖς διὰ τῶν γραφῶν τῆς τῶν ἁγίων ἀπολαύομεν παρουσίας, οὐχὶ τῶν σωμάτων αὐτῶν τὰς εἰκόνας ἔχοντας, ἀλλὰ τῶν ψυχῶν· τὰ γὰρ παρ' αὐτῶν εἰρημένα τῶν ψυχῶν αὐτῶν εἰκόνες εἰσίν."①

"如果某人将孩子的、亲朋好友的毫无生气的画像挂出的话，那么他就是舍近求远了，并且是将自身交付给了死气沉沉的画作。而我们却借助那些著作而更多地愉悦于圣人们的当下性，那些著作并非它们身躯的画像，而是呈现了他们的灵魂，因为他们所说的就是他们灵魂的图像。"

在此，如果圣人们都不能以图像来表述，而只能以文字、以其著作将其再现于当下的话，那么更遑论上帝了。

对于金口若望而言，一个以质料创作的画像尽管也可能以其色彩、线条、用光等而震撼人的感觉的感官，但是却似乎并不会有太过充分的震撼力去打动人的心灵，因而在他看来，尽管那些画作真实而极致写实地描绘了殉道者们的惨烈的经历，譬如被狮虎撕咬而死、被炭火灼烤而死、被投入海中淹死、被抛下悬崖摔死、被置于

---

① 就此请参见 P. J. Alexander, Dumbarton Oaks Papers. 7. Cambridge Mass 1953. S. 62. Nr. 28. J. D. Mansi, Sacrorum conciliorum nova et amplissima collectio, Florentiae (Nchdruck Paris-Leipzig) 1902. 13, 300A。

车轮下碾压而死等,但是这些画作也仅仅能够被装饰在居室,或教堂的墙面上,仅仅能在人们的视觉感官中引起某种震撼、在人们的整体感觉中引起震撼,没有任何艺术的造作、没有任何画作能够真切的表现那些曾经发生的,并且永远存在的事实;而真正能够装饰我们的意识之墙垣的、真正能够装饰我们的内心之院落的,恰恰不是这些被极致描摹的画作;意识的墙垣、内心的院落,并非色彩斑斓的画像所能装点,也不能用有限性的质料,以及质料的有限性来装点,那里必须是一个有足够尊严和荣耀的地方,以能够让那至一、至善、至圣者毫不蒙尘、毫不蒙羞的驻跸其中;就此,我们所需要的并非不断重复的感官的刺激,而是能够反复咀嚼的纯洁的、纯净的思想,而文字(亦即圣人和殉道者们的著作)、话语能够将这样的思想描绘在我们的意识的院墙上和心灵的每一个角落[1]。在这样的意义上,我们庶几能够说,我们的思维由此就能够成为神圣莅临的殿堂、能够成为纯洁驻足的宫殿、能够成为馨香弥漫的院落。从整体上来看,金口若望似乎对于画像等并无太多好感,对于他而言,画像似乎是多余的,这样的观点与卡帕多西亚的教父们(诸如尼撒的格利高里、纳西昂的格利高里等)如出一辙。

尽管在4世纪已经出现了基督画像,并且在4世纪末期(也就是4世纪的最后二十年)还能听到接受基督画像和基督宗教艺术的微弱声音,但是也许恰恰由于这一点,反对的声音似乎显得比前此为止更强烈一些;在4、5世纪的交界点上,萨拉米斯的埃皮法尼

---

[1] 就此请参见 Homilia in s. martyres. C. 3. In: Patrologiae cursus completes. Seria Graeca. 50, 711f。

尤斯（Epiphanius von Salamis）[①]就是一位强烈反对画像的基督宗教学者。尽管前文提及的两位格里高利以及其他大多数教父学者们通常都并非在基督宗教艺术的意义上，而更多地是在普遍意义上批评和拒绝画像，尽管前文提及的凯萨城的埃乌西比尤斯之前在理论上已经探讨了基督画像的不可能性，但是对于埃皮法尼尤斯而言，基督画像的出现与存在似乎是一种新的现象，这应当表明，他似乎并未看到前此为止的各种批评观点，同时，他对于画像的批评似乎也更有针对性，也就是说，是针对教会中所使用的画像而展开他的批评的，并且他的批评远远超出他的同时代人。他说：

"Ἴδωμεν τοὺς κατὰ τὸ θέλημα τοῦ θεοῦ πολιτευσαμέους πατριάχας καὶ προφήτας καὶ μιμησώμεθα αὐτούς ἵνα ὄντως καθολικῆς καὶ ἀποστολικῆς ἐκκλησίας υἱπὶ ὀνομασθῶμεν. Εἰδόσιν οὖν νόμον λαλῶ. Εἰπατωσαν δὲ καὶ οἱ ἀδήλως τρέχοντες· Τίς τῶν ἁγίων πατέρων χειροποίητον προσεκύνησεν; Ἢ τίς ἰδίοις σέβειν παρέδωκεν; Τίς τῶν ἁγίων καταλιπὼν τὸν ἀνεκλειπῆ πλοῦτον, τὴν εἰς θεὸν ἐλπίδα ἐν γνώσει, ἑαυτὸν ζωγραφήσας, προσκυνεῖσθαι ἐκέλευσεν; Ὁ ἡγούμενος τῶν ἐν πίστει Ἀβραὰμ οὐχὶ φεύγων τὰ νεκρὰ φίλος ζῶντος θεοῦ ἐκλήθη; Ἢ Μοσῆς οὐχὶ φεύγων τὴν τοιαύτην πλάνην, ἠρνήσατο τὴν παροῦσαν ἀπόλαυσιν;

[①] 关于 Epiphanius von Salamis 的生平、著作与思想，请参见 Lexikon für Theologie und Kirche. Herder Verlag. Sonderausgabe Freibur Basel Wien 2006. Band 3, 723-725。

Ἀλλ' ἐρεῖς μοι, ὅτι· Οἱ πατέρες εἴδωλα ἐθνῶν ἐβδελύξαντο, ἡμεῖς δὲ τὰς εἰκόνας τῶν ἁγίων ποιοῦμεν εἰς μνημόσυνον αὐτῶν, καὶ εἰς τιμὴν ἐκείνων ταῦτα προσκυνοῦμεν. Καὶ πάντως γὰρ ταύτῃ τῇ ὑποθέσει ἐτόλμησάν τινες ὑμῶν ἔνδον τοῦ ἁγίου οἴκου τὸν τοῖχον κονιάσαντες χρώμασι διηλλαγμένοις εἰκόνας ἀνατυπώσαντες Πέτρου καὶ Ἰωάννου καὶ Παύλου, ὡς ὁρῶ κατὰ τὴν ἐπιγραφὴν ἑκάστην τῶν ψευδωνύμων εἰκόνων ὑπὸ τῆς μωρίας τοῦ ζωγράφου κατὰ τὸννοῦν αὐτοῦ τυπωθεῖσαν. Καὶ πρῶτον μὲν οἰνομίζοντες ἐν τούτῳ τιμᾶν τοὺς ἀποστόλους μαθέτωσαν, ὅτι ἀντὶ τῆς πλέον αὐτοὺς ἀτιμάζουσιν. Παῦλος γὰρ τὸν ψευδώνυμον ἱερέα ἐνυβρίσας τοῖχον κεκονιαμένον ἀπεφήνατο. Οὐκοῦν εἰκόνας αὐτῶν τὰς αὐτῶν ἐντολὰς δι' ἀρετῶν στήσωμεν. Ἀλλ' ἐρεῖς, ὅτι· εἰς ὑπόμνησιν τῆς ἰδέας αὐτῶν τὰς εἰκόνας αὐτῶν αὐτῶν θεωροῦμεν. Καὶ ποῦ γάρ σοι ταῦτα προενετείλαντο; Προητιασάμεθα γὰρ τοὺς τοιούτους, ὅτι ἀγνοίᾳ φερόμενοι κοπιῶσιν εἰκῇ. ' Οἴμεν γάρ', φησὶν Ἰωάννης, ' ὅτι ὅταν φανερωθῇ, ὅμοιοι αὐτῷ ἐσόμεθα'. Καὶ Παῦλος δὲ τοὺς ἁγίους συμμόρφους τοῦ υἱοῦ τοῦ θεοῦ ἐκήρυξεν. Πῶς οὖν τοὺς ἐν δόξῃ μέλλοντας φαιδρύνεσθαι ἁγίους ἐν ἀδόξῳ καὶ νεκρῷ καὶ ἀλάλῳ θέλεις ὁρᾶν τοῦ κυρίου λέγοντος περὶ αὐτῶν· ' Ἔσονται γάρ', φησίν, ' ὡς ἄγγελοι θεοῦ'; Πῶς δὲ καὶ ἀγγέλου πνεύματα ὑπάρχοντας καὶ ἀεὶ ζῶντας ἐν νεκροῖς γράφων προσκυνεῖς, τοῦ προφήτου λέγοντος· ' Ὁ ποιῶν τοὺς ἀγγέλους αὐτοῦ πνεύματα καὶ τοὺς λειτουργοὺς αὐτοῦ πυρὸς φλόγα'; Λέγω δὲ ὅτι οὐδὲ αὐτοὶ θέλουσι προσκυνεῖσθαι.' Ὅρα μή· σύνδουλος γάρ σου εἰμὶ καὶ τῶν ἀδελφῶν σου τῶν ἐχόντων τήν μαρτυρίαν Ἰησοῦ. τῷ θεῷ', φησίν, ' προσκύνησον'. Ἀλλ' οὐδὲ οἱ ἀπόστολοι ἠθέλησαν προσκυνεῖσθαι. Καὶ γὰρ ὅτε εὐαγγελίζεσθαι ἀπεστάλησαν, ἑαυτοὺς πορκυνεῖσθαι οὐκ ἤθελον, ἀλλὰ τὸν αὐτοὺς ἀποστείλαντα Χριστόν. Ὁ γὰρ ἐξουσίαν παρ' αὐτοῦ λαβὼν δεσμεύειν καὶ λύειν ἐπὶ γῆς καὶ οὐρανοῦ, ἔλεγε Κορνηλιῳ, ὅτι· ' Ὁμοιοπαθής εἰμι κατὰ σὲ ἄνθρωπος', καὶ ἐδίδασκε μὴ ἑαυτὸν προσκυνεῖσθαι ἀλλα τὸν σωτῆρα Χριστόν Περὶ δὲ τῶν ἀγγέλω νοί πατέρες οἱ ἐν Λαοδικείᾳ συνελθόντες, πάντως γὰρ ὅτι διὰ τοιαύτην ὑπόθεσιν συνήχθησαν, λέγουσιν· ' Εἴ τις ἐγκαταλείπει τὴν ἐκκλησίαν τοῦ θεοῦ καὶ ἀγγέλους ὀνομάζει, ἀνάθεμα ἔστω· ὅτι ἐγκατέλιπε τὸν κύριον ἡμῶν Ἰησοῦν Χριστὸν καὶ εἰδωλολατρείᾳ προσελήλυθε'.

Ἤκουσα δὲ ὅτι καὶ τὸν ἀκατάληπτον υἱὸν τοῦ θεοῦ τινες γράφειν ἐπαγγέλλονται· ὃ φρίξαι ἐστὶ τὸ ἀκοῦσαι, καὶ τὸ πιστεῦσαι βλάσφημον. Πῶς γὰρ τὸν ἀκατάληπτον καὶ ἀνεκδιήγητον καὶ ἀπερινόητον, ἀπερίγραφόν τε γράφειν λέγει τις, ὃν οὐκ ἴσχυσε Μωϋσῆς ἀτενίσαι; Φασίν τινες ὅτι ἐπειδὴ τέλειος ἄνθρωπος ἐγένετο ἐκ Μαρίας τῆς ἀειπαρθένου, διὰ τοῦτο ἄνθρωτον αὐτὸν ποιοῦμεν. Καὶ διὰ τοῦτο ἐνηνθρώπησεν, ἵνα σὺ τὸν ἀκατάληπτον δι᾽ οὗ τὰ πάντα ἐγένετο διὰ χειρός σου γράφαι δυνηθῇς; Οὐκοῦν οὐκ ἔστιν ὅμοιος τοῦ πατρὸς οὐδὲ ζωοποιεῖ τοὺς νεκρούς; Ποῦ γάρ σοι διέταξε ταῦτα ἐλθὼν ἐπὶ γῆς, ποιῆσαι ὅμοιον αὐτοῦ καὶ προσκυνεῖν ἢ ὁρᾶν; Αὕτη ἡ διάταξις τοῦ πονηροῦ δῆλον, ἵνα καταφρονήσῃς θεοῦ. Δεῖ οὖν αὐτῷ ζῶντι προσκυνεῖν, ὡς εἶπεν, ἐν πνεύματι καὶ ἀληθείᾳ. Μὴ οὖν ἡ γάγγραινα νομὴν ἕξει; ῾Ο θεὸς γὰρ ἐν πάσῃ παλαιᾷ καὶ καινῇ ταῦτα ἀναιρεῖ, ἀκριβῶς λέγων· ῾Κύριον τὸν θεόν σου προσκυνήσεις καὶ αυτῷ μόνῳ λαρεύσεις᾽, λέγων· Ζῶ ἐγώ, λέγει κύριος, καὶ ἐμοὶ κάμψει πᾶν γόνυ᾽. Οὐ δυνάμεθα οὖν δυσὶ κυρίοις δουλεύειν ζῶντι καὶ νεκρῷ. ῾Επικατάρατος γάρ᾽, φησίν,᾽ Ὃς κτίσμα παρὰ τὸν κτίσαντα προσκυνήσει᾽. Πάντα γὰρ ταῦτα περιέχει αὐτὸς καὶοὐ εριέχεται ὑπό τινος.①

"让我们注目于那些按照上帝的意旨行事的教父们和先知们，并且和他们一样行事，以使我们能够被恰当地称为大公的、从宗徒传下来的教会的子民；我为那些能理解者宣示律法。但是对那些还在疑惑中徘徊的人则要说：教父们中究竟有谁崇敬手工造作而出者？究竟有谁主张敬拜其品性？究竟哪些圣人放弃了永恒的

---

① 就此请参见 Epiphanius von Salamis, Ἐκ τοῦ λόγου ἁγίου Ἐπιφανίου κατὰ τῶν ἐπιτηδευόντων ποιεῖν εἰδωλικῷ θεσμῷ εἰκόνας εἰς ἀφομοίωσιν τοῦ Χριστοῦ καὶ τῆς θεοτόκου καὶ τῶν μαρτύρων ἔτι δὲ καὶ ἀγγέλων καὶ προφητῶν. In: P. J. Alexander, Dumbarton Oaks Paopers 7. Combridge Mass 1953. S. 63f. Nr. 30B. H. G. Thümmel, Byzantinoslavica 47. Prague 1986. S. 181-183。

财富、放弃了对于在精神的认知中的上帝的希望？就是这一上帝借着在精神中的认知而描绘自身，并令人崇敬他。在信仰上比众人更虔诚的亚巴郎难道没有远离死气沉沉者，并且因此而被称为活的上帝的挚友吗？梅瑟难道没有远离谬误，并且批评当时的享乐吗？

而你却对我说：教父们拒绝异教的神像，而我们则创设圣人们的画像（εἰκόνες）以纪念他们，并且为了他们的荣耀而崇敬那些画像。由此出发甚至你们中的一些人竟然敢于在教堂的墙面上涂抹描摹，并且以浓墨重彩描绘画像（εἰκόνες），而且画的是伯多禄、若望和保禄，如同我在这些并非真实的画作中的签名中所看到的，这是冥顽不化的画家们按照他们自己的理解而画出的。大凡认为这样就尊敬了宗徒们的人应当学会，他们并没有尊敬，而是玷污了宗徒们。当保禄宗徒坚决驳斥冒名的司祭时，他称之为一堵被涂鸦之墙（《宗》23，3）。我们要借助德行而将他们的诫命作为他们的图像来尊崇！而你却说：我们为了回忆他们的形象而仰慕他们的画像。这是哪儿来的诫命？我们已经指出，这些被疑惑所驱驰的人是徒劳无功的。若望曾说：'我们知道，如果宣示开来的话，那么我们和他是同样的（《若一》3，2）。'保禄也曾宣证说，圣人们与上帝之子是同样的形象（《罗》8，29）。为什么你现在却愿意将已经享有荣耀的圣人贬视在非价值、死亡和愚哑之中呢？何况上主还早就说过'他们将如同上主的天使一样'呢？（《玛窦福音》22，30）先知们既已说过：'那一位命圣神为其使者、为其火焰的使者。'（《诗》103，4）而为什么你却将那些圣神般而又永恒生存的天使画入死寂的画像中以尊崇他们？而我要说，他们自己也不愿意这样被尊崇！保禄说：'看护好你自己！我是你兄弟和你兄弟的仆人，为耶稣作见证的人，尊崇上主吧！'（《宗》22，9）即使门徒们也不愿意这样被尊崇！因为当他们被派出去讲道时，他们并不愿意人尊崇他们，而是愿意人尊崇派遣他们的那一位，亦即基督。从他手中获取了联系和消解天地的权力的人对科尔乃略说：'我和你一样是一个历经苦难的人。'（《宗》10，26）他还教导说，不要尊崇他，而是要尊崇救主基督。就这一问题聚集在劳德奇亚城（Laodicea）的教父们关于天使曾经说道：'如果某人离弃了上主的教会，并由此还呼求天使的话，那么他是受诅咒的，因为他离弃了我们的主耶稣基督，并且陷入了偶像崇拜。'

而我还听说，有些人宣称说要描画上帝的无可理解的子：这真是闻所未闻，并且是匪夷所思的（或译：这简直令人瞠目结舌，并且难以置信）。人怎么能说那位梅瑟无法直视者、那位无可理解者、无可表述者、无法以思维掌控者和无法转写者是能够被描画的呢？有些人说：由于他出自永恒的童贞女玛丽亚而成为了完美的人，所以我们将他描述为人。难道因为他这样成为了人，并且万物是借着他而造成的，就使得你能够用手来描画这位无可理解者吗？难道不是他与圣父同性同体，并且使死者复活的吗？当他降来此间世界时，他在哪里给了你训示去画他的肖像，并且敬拜这一肖像，或者观视它？彰明较著的是，这是恶的训令，［恶给了这一训令］，以使你轻蔑上帝。人必须像他所说的那样将他作为在圣神和真理中的生命而崇敬。难道［恶的］这一训令会吞噬自身吗？而上帝却在旧约和新约中毁弃了它，并且说：'你应当敬拜上主、你的天主，并且就向他祈祷！'（《玛窦福音》4，10）并且还说：'我活着，上主说，并且万民都要拜倒在我面前。'（《罗马书》14，11）于是我们不能服侍两个主，一个是活的，一个是死的（《玛窦福音》6，24）。经上说：'崇拜受造的而非造物主的，是受诅咒的。'（《罗马书》1, 25）也就是说，他掌控万物，而他自己则并不受任何掌控。"

在批评了偶像崇拜和赞同基督宗教画像的观点之后，埃皮法尼尤斯还探讨了偶像崇拜的原因，认为它是由魔鬼带到这个世界中来的，在致皇帝特奥多斯尤思（Theodosius）① 的一封信中他说：

"Τὴν εἰδωλολατρείαν ἐν τῷ κόσμῳ τῇ ἑαυτοῦ κακοτεχνίᾳ ὁ διάβολος ἐμηχανήσατο καὶ ἐν τῷ κόσμῳ ἔσπειρε τοῦτο καὶ ἐθεμελίωσε καὶ τοὺς ἀνθρώτους ἀτὸ τοῦ θεοῦ ἀπέστρεψε· νῦν δὲ πάλιν μετὰ τὰς αἱρέσεις καὶ τὰ εἴδωλα εἰς ἀρχαίαν εἰδωλολατρείαν τοὺς πιστοὺς καθείλκυσε καὶ ἠπάτησε. Νοήσει γὰρ ἡ σὴ εὐσέβεια καὶ ἐκ θεοῦ σοι δοθεῖσα σοφία καὶ ἐν βάθει νοημάτων ἐρευνήσει, εἰ πρέπον ἐστὶ θεὸν ἔχειν ἡμᾶς ζωγραφητὸν διὰ χρωμάτων. Τίς ἤκουσε τοῦτο ποτε？" ②

"这个世界中的偶像崇拜是魔鬼借着自身所具有的恶而精心炮制的，并且播种到世界中而成为痼疾，也就是人对于上帝的背离。而魔鬼又在各种谬说和邪神崇拜之后将信徒们引向偶像崇拜，并且误导了他们。而你的虔信和上帝给你的智慧是你要思考，并且在思考的深度中研究，拥有用颜色描摹的上帝是否恰当；究竟谁听说过这些呢？"

---

① 就此请参见 Lexikon für Theologie und Kirche. Herder Verlag. Sonderausgabe Freibur Basel Wien 2006. Band 9, 1241-1242。

② 就此请参见 Epiphanius von Salamis, In: P. J. Alexander, Dumbarton Oaks Paopers 7. Combridge Mass 1953. S. 64f. Nr. 30C. H. G. Thümmel, Byzantinoslavica 47. Prague 1986. S. 184-186. J. D. Mansi, Sacrorum conciliorum nova et amplissima collectio. Florntiae (Nachdruck Paris-Leipzig) 1902. 13, 239 D。

随后，埃皮法尼尤斯批评了阿里乌斯的谬说，并引述了 325 年尼开亚大公会议中 318 位主教们就大公教会的信仰所作的一致决定，也就是：我们信仰唯一的上主、天父、全能者；他也认为，这次大公会议并未提出一种新的，而是再次强调了一直都适用的信仰；由这样的信仰出发，也不能追随偶像崇拜；他认为：

"Τίς ἤκουσε τοιαῦτα πώποτε; Τίς τῶν παλαιῶν πατέρων Χριστοῦ εἰκόνα ζωγφαφήσας ἐν ἐκκλησίᾳ ἢ ἐν οἴκῳ ἰδίῳ κατέτο; Τίς ἐν βήλοις θυρῶν τῶ ἀρχαίων ἐπισκόπων Χριστὸν ἀτιμάσας ἐζωγράφησε; Τίς τὸν Ἀβραὰμ καὶ Ἰσαὰκ καὶ Ἰακὼβ Μωσέα τε καὶ τοὺς κοιπὺς προφήτας καὶ πατριάχας, ἢ Πέτρον ἢ Ἀνδρᾶν ἢ Ἰωάννην ἢ Παῦλον ἢ τοὺς λοιποὺς ἀποστόλους ἐν βήλοις ἢ ἐν τοίχοις ζωγραφήσας, οὕτως παρεδειγμάτισε καὶ ἐθριάβευσε; Ἅμα δὲ καὶ ψεύδονται ἐξ ἰδίας αὐτῶν ἐννοίας μορφὰς τῶν ἁγίων ἄλλως καὶ ἄλλως ἀνατυποῦντες, ποτὲ μὲν γέροντας ποτὲ δὲ νεωτέρους τοὺς αὐτούς, ἃ μὴ ἑωράκασιν ἐμβατεύοντες. Κόμην γὰρ ἔχοντα τὸν σωτῆρα γράφουσι ἐξ ὑπονοίας διὰ τὸ Ναζωραῖον αὐτὸν καλεῖσθαι, εἴτερ οἱ Ναζωραῖοι κόμας ἔχουσιν. Σφάλλονται δὲ οἱ τοὺς τύπους αὐτῷ συνάπτειν πειρώμενοι· οἶνον γὰρ ἔπινεν ὁ σωτήρ, ὃν οἱ Ναζωραῖοι οὐκ ἔπινον. Καὶ αὐτὸ γὰρ ὅπερ πλάσσουσιν ἀπὸ ἰδίας ἐννοίας διανοούμενοι, ψεύδονται· γράφουσι γὰρ Πέτρον τὸν ἅγιον ἀπόστολον οἱ πλάνοι γέροντα ἄνδρα, τὴν κεφαλὴν καὶ τὸ γένειον κεκαρμένον· γράφουσι δὲ καὶ τὸν ἅγιον Παῦλον ἄλλοι μὲν ἀναφαλαντέα, ἄλλοι δὲ φαλακρὸν γενειήτην καὶ τοὺς ἄλλους μαθητὰς ψιλῶς κεκαρμένους. Ει τοίνυν κόμην εἶχεν ὁ σωτήρ, οἱ δὲ ἄλλοι μαθηταὶ ἦσαν κεκαρμένοι, καὶ μὴ ἦν αὐτὸς κεκαρμένος καὶ ἴσος αὐτοῖς φαινόμενος, τίνι λόγῳ Φαρισαῖοι καὶ οἱ γραμματεῖς τριάκοντα ἀργύρια ἐδίδουν τῷ Ἰούδᾳ μισθοῦ χάριν, ὅπως φιλήσας αὐτὸν ὑποδείξῃ αὐτοῖς, ὅτι· Οὗτός ἐστιν ὃν ζητεῖτε', δυνάμενοι καὶ δι' ἑαυτῶν καὶ ὑπ' ἄλλων γνῶναι διὰ τοῦ σημείου τῆς κόμης ὃν ἐζήτουν εὑρεῖν καὶ μὴ μισθὸν δοῦναι." ①

"究竟谁听说过这些呢？早期的教父们中究竟谁摹画了基督的画像，并且在教堂或者住宅中悬挂了呢？在早期的主教们中究竟谁亵渎了基督，并且将他描画在门帘上呢？究竟谁在帷幕上和墙上描画并玷污了亚巴郎、依撒格、雅各、梅瑟，以及其他先知们和祖先们，或者 [描画并玷污了] 伯多禄、安德肋、雅各伯、若望、保禄，以及其他宗徒们呢？画家们 [作画的] 同时就是在撒谎，他们出于其一己之私见总是将圣人们的形象描绘成其他样子，同样的人时而是老者，时而又是年轻人，他们甚至敢于描画他们所从未见过者。他们将救主描绘成长发的模样，因为他被称为纳匝勒人，并且纳匝勒人都长发飘逸。但大谬不然的却是那些尝试将他与诸如此类的样画联系在一起的人：救主也喝葡萄酒，而纳匝勒人却不喝。即使在

---

① 就此请参见 Epiphanius von Salamis, In: P. J. Alexander, Dumbarton Oaks Paopers 7. Combridge Mass 1953. S. 64f. Nr. 30C. H. G. Thümmel, Byzantinoslavica 47. Prague 1986. S. 184-186. J. D. Mansi, Sacrorum conciliorum nova et amplissima collectio. Florntiae (Nachdruck Paris-Leipzig) 1902. 13, 239 D. G. Ostorgorsky, Studien zur Geschichte des byzantinischen Bilderstreites. Breslau 1929. (Nachdruck, Amsterdam 1964). S. 71-73. J. Pitra, Spicilegium Solesmense. IV. Parisiis 1858 (Nachdruck Graz 1963) S. 336。

他们出于自己的想象所描绘的作品中,他们也在撒谎。这些骗子将神圣的门徒伯多禄描绘成一个头与面颊都清癯消瘦的老人,一些人将神圣的保禄画成光秃的额头,另一些人则将他画成光头和有胡须的样子,而其他的门徒则也被画成光头。而如果救主有长发、但他的门徒们都是光头的话,而他自己却并非被理光了头发,并且并非像他的门徒们一样,那么为什么法利赛人和经师们还要给犹大三十个银币作为奖赏,以令其亲吻他,并由此而为他们指出他——'这就是你们要找的'——而他们自己,或者通过他人也能够从头发来认出,并且找到他们所要找的他,而无需付出悬赏金。"

埃皮法尼尤斯认为,正是由于这些在门帘和帷幔上的画作大多是欺骗性的,所以在上引文献和"致耶路撒冷的若望的信函"(Ἐπιφανίου πρὸς Ἰωάννην τὸν Αἰλίας ἐπίσκοπον ἐπιστολή)中,他主张,将它们从教堂和居室等处摘除并收集起来,用作安葬穷人之物[1]。在他留给他的团体的遗嘱中他最后一次强调:

"Προσέχετε ἑαυτοῖς καὶ κρατεῖτε τὰς παραδόσεις ἃς παρελάβετε· μὴ ἐκκλίνητε δεξιὰ ἢ ἀριστερά. Καὶ ἐν τούτῳ μνήμην ἔχετε, τέκνα ἀγαπητά, τοῦ μὴ ἀναφέρειν εἰκόνας ἐπ᾽ ἐκκλησίας μήτε ἐν τοῖς κοιμητηρίοις τῶν ἁρίων· ἀλλὰ διὰ μνήμης ἔχετε τὸν θεὸν ἐν ταῖς καρδίαις ὑμῶν· ἀλλ᾽ οὔτε κατ᾽ οἶκον κοινόν. Οὐκ ἔξεστι γὰρ Χριστιανῷ δι᾽ ὀφθαλμῶν μετεωρίζεσθαι καὶ ῥεμβασμῷ τοῦ νοός, ἀλλ᾽ ἐγγεγραμμένα

---

[1] 就此请参见 Epiphanius von Salamis, In: P. J. Alexander, Dumbarton Oaks Paopers 7. Combridge Mass 1953. S. 65f. Nr. 30D. 以及 G. Ostorgorsky, Studien zur Geschichte des byzantinischen Bilderstreites. Breslau 1929. (Nachdruck, Amsterdam 1964). S. 73-75. Corpus Scriptorum Ecclesiasticorum Latinorum, Vindovonae. (CSEL). 54, S.410-412。

καὶ ἐντετυπωμένα ἔστω πᾶσι τὰ πρὸς τὸν θεόν."①

"你们多保重吧！保持你们所接受的传统吧！不要左倾或者右倾。亲爱的孩子们，要记着别带画像到教堂中，不要带到圣人们的墓地中，要在你们的心中忆念上帝，也不要［带画像］到居室中。对基督信徒来说不允许用眼睛和迷乱的精神来观视上帝，适合于上帝的仅仅是在心中书写和铭记他。"

对于埃皮法尼尤斯而言重要的是，不能让画像进入教堂、居室和圣人的墓地，而要在心灵和回忆中愉悦真理、忆念上帝，基督宗教的信徒不要以散乱的精神和茫然的目光去询问上帝、去巡视上帝，而是要将上帝以及所有与之相关者铭刻在内心深处。他要求基督宗教的信徒，特别是主教们，不仅要放弃一切偶像崇拜的重轭，而且还应当揭露其本质：

"Καὶ πρὸ ὀφθαλμῶν παρατίθεσθε τὴν ἀλήθειαν, εἴδωλα μὲν παραχαράττοντες καὶ ἀναφανδὸν τὴν περὶ αὐτῶν πλάνην ἀνακηρύττοντες οὔτε γὰρ νεκροὺς τούτους ἡγεῖσθε, ἐπεὶ μήποτε ἔζησαν, κενὰ δὲ καὶ μάταια καὶ οὐκ ὄντα εἰκότως πάντας πάντοτε διδάσκοντες. Οὐ γὰρ ἦσάν ποτε, ἵνα ὦσιν· ἐκεῖνοι δέ εἰσι κακοδαίμονες, ἀνθρωπίνης διανοίας παράθεσις, ἡδονῶν ἀφορμὰς ἐπιρρεύσασα· καὶ ἔνθεν ὑπο ἑκάστου τὸ ἴδιον πάθος εἰς σέβασμα κυρωθὲν

---

① 就此请参见 Epiphanius von Salamis, In: P. J. Alexander, Dumbarton Oaks Paopers 7. Combridge Mass 1953. S. 63. Nr. 30A. 以及 G. Ostorgorsky, Studien zur Geschichte des byzantinischen Bilderstreites. Breslau 1929. (Nachdruck, Amsterdam 1964). S. 67. J. Pitra, Spicilegium Solesmense. IV. Parisiis 1858 (Nachdruck Graz 1963) S. 301. J. D. Mansi, Sacrorum conciliorum nova et amplisssima collectio. Florentiae (Nachdruck Paris-Leipzig 1902).13, 292 DE。

τετόλμηται." ①

"将真理置于眸前吧！揭露各种偶像崇拜，并且公开宣示其谬误！别认为它们是死的，他们从没活过！你们在各地都非常正确地教训说，偶像崇拜是虚荣的、毫无意义，并且不应当存在。他们从未存在过，以至于它们不能够存在，它们是恶的魅影、是人的观念的想象，这想象大多赋予偶然性以享受，由此每个人都敢于将其所钟情的作为崇拜仪式而令其普遍适用。"

他在此将偶像与真理对立起来，在生命内涵的意义上，他视偶像为虚无，偶像不能被称为是死的，因为它从未活过，人不能称从未活过者是死的，反之，就必须承认，偶像是有意义的；在历史的结构上（时间上）视偶像崇拜为无意义、从未存有和发生过；在本体论上视之为从未存在过、非存在、不能存在；在形上层面视之为人的想象，它能够赋予个别（偶性）以某种享受，而之所以诸多偶像崇拜甚嚣尘上，是因为每个单一的个人都有可能将其个人所崇拜的对象及其崇拜仪式普遍化、法则化。他随后从偶像崇拜和画像等的关系出发指出：

"Πρῶτον γὰρ εὐθὺς ὅτε τοῦτο τοῖς ἀνθρώποις ἐκαινοτόμητο διὰ δαιμόνων κακουργίας, πρώτη αὕτη πορνεία ἀπεφθέγγετο καὶ σκιογραφίαις τὰ εἴδωλα προετυποῦτο. Ἔπειτα τέχνην τὴν ἰδίαν, ἣν μετὰ χεῖρας εἶχεν ἕκαστος, δι' ἧς τὴν εὐπορίαν ἔσχεν, εἰς σέβασμα τοῖς ἰδίοις παρεδίδου τέκνοις καὶ διὰ τῆς ὕλης τῆς ἰδίας

---

① 就此请参见 Epiphanius von Salamis, Ancoratus 102-103（在此，102）. In: K. Holl, Gesammelte Aufsätze zur Kircdhengeschichte. II. Der Osten. Tübingen 1928 (Nachdruck Darmstadt 1964). S. 122-124。

τεχνουργίας θεοὺς ἀνεπλάσαντο, καὶ κεραμεὺς μὲν ἐκ πηλοῦ, τέκτων ἐκ ξύλου, κρυσοχόος ἐκ χρυσίου καὶ ἀργυροκόπος ὡσαύτως."①

"先是，当魔鬼借助其恶行将这一新宠施加给人时，这一恶俗就萌发了，偶像借助画像而得以泛滥；其后，每个人都凭手工制成特有的产品，并且他们也以此谋生，并将其作为崇拜对象交给他们自己的孩子们，他们以各种手工工艺所需要的材料制作众神，陶工从陶土，木匠从木料，金匠从黄金，银匠从白银。"

其后，埃皮法尼尤斯历数了各民族和部落中的各种偶像崇拜，从各种动物、植物，甚至到一块石头、一片皮肤等不一而足②，这些都是旧约中偶像崇拜诫命所禁止的，而在他看来，唯一能够，并且被允许崇敬的形象，就是作为救主的印记和标示的十字架，在致特奥多斯尤思（Theodosius）皇帝的信的结尾他说：

"Καὶ γὰρ οἱ ἡμέτεροι πατέρες οὐδὲν ἄλλο ἔγραφον, εἰμὴ τὸ σημεῖον τοῦ Χριστοῦ τὸν σταυρὸν ἐν ταῖς αὐτῶν θύραις καὶ πανταχοῦ."③

---

① 就此请参见 Epiphanius von Salamis, Ancoratus 102-103（在此，102）. In: K. Holl, Gesammelte Aufsätze zur Kircdhengeschichte. II. Der Osten. Tübingen 1928 (Nachdruck Darmstadt 1964). S. 122-124。

② 就此请参见 Epiphanius von Salamis, Ancoratus 102-103（在此，103）. In: K. Holl, Gesammelte Aufsätze zur Kircdhengeschichte. II. Der Osten. Tübingen 1928 (Nachdruck Darmstadt 1964). S. 122-124。

③ 就此请参见 Epiphanius von Salamis, In: P. J. Alexander, Dumbarton Oaks Paopers 7. Combridge Mass 1953. S. 64f. Nr. 30C. H. G. Thümmel, Byzantinoslavica 47. Prague 1986. S. 184-186. J. D. Mansi, Sacrorum conciliorum nova et amplissima collectio. Florntiae (Nachdruck Paris-Leipzig) 1902. 13, 239 D. G. Ostorgorsky, Studien zur Geschichte des byzantinischen Bilderstreites. Breslau 1929. (Nachdruck, Amsterdam 1964). S. 71-73. J. Pitra, Spicilegium Solesmense. IV. Parisiis 1858 (Nachdruck Graz 1963) S. 336。

"我们的先辈们也从未在门上和任何地方画过任何东西,除了基督的标记,也就是十字架。"

在这个意义上,我们庶几能够说,他应当赞同对于肉身成人的基督的形象化表现;由此,表现基督宗教圣人们的画像与《旧约》所禁止的邪神和偶像的画像也是有本质的区别的,圣人的画像能够帮助人思考圣人和基督,因而也是可以被敬仰的。在他的文本表述中,概念(术语)的清晰性凸现而出,当然,概念的严格区分也是必要的和必需的;在他的概念使用中,εἴδωλον 概念如同较少出现的 ἄγαλμα、ξόανον、βρέτας 等概念一样,大多是用来表述异教的众神画像(邪神画像)的,而基督画像和圣人画像则用中性的概念 εἰκών,或者用其同义词 ὁμοίωμα 来表述;当然,从整体上来看,反对圣像的学者们都同样反对 εἴδωλα 和 εἰκόνες 这两个概念,而赞同圣像的学者们则强调,圣人们的 εἰκόνες 绝不同于 εἴδωλα;前者最终成为东方教会表述画像的概念或术语。

从前此为止所引述的文本出发我们庶几可以说,埃皮法尼尤斯认为,从原因上来看,偶像崇拜来自于魔鬼,而画像(造像)等又助纣为虐,助长了偶像崇拜之风;我们庶几可以说,偶像崇拜是一种不同物象的神化和神格化,尽管这种神化和神格化是人的宗教本性的必然产物——人是宗教的动物,在此,宗教意味着一种普遍性的关系,无论是人与神、人与物,抑或是人与人之关系,但是对于基督宗教的正信的信仰而言——亦即对于启示的三位一体的上帝的信仰内涵而言,这种神化,以及神格化的物象却是一种陌生因素的侵入、是一种负面的载荷。当彼之时,尽管我们并不十分清晰地知道,画像在基督宗教之中流行到何种程度,以及画像的流行是否有了系统的理论的论证,因为赞同画像的理论论证的比较确凿的证据出现在公元 6 世纪，但是从埃皮法尼尤斯等教父们比较激烈的言行出发来看，即便是在基督宗教内部，基督宗教的艺术，特别是基督宗教的画像也不免渐成气候，甚或不仅相对于异教而言，而且相对于以俗世哲学（希腊哲学）为背景而强调理性的教父学者之主流传统而言，也大有喧宾夺主之势，埃皮法尼尤斯在这样奔涌的气势之中直接看到的是他所认为应当坚持的基督宗教的优秀传统的低迷和消弱，与这一低迷和消弱相呼应的又恰恰是基督宗教的信徒正在陷入在他看来带有异教品性的偶像崇拜的习俗之中；对于他而言，上帝以及与上帝相关者，并非是眼观之事，而是心灵之约；并非感官之表象，而是内心之存想。在这个意义上，敬拜画像就是取代对于造物主的敬拜而敬拜受造之物；这一方面表明，古典晚期画像的悬挂、画像本身的崇拜，以及对画像所阐释内容的敬拜和崇敬——无论是否是宗教的画像，其界限已经不甚分明，而且一个更令人如骨鲠在喉而不能轻易释怀的现象是，原本应当是对于画像所阐释内容的敬拜和崇敬，却转而成为对于质料性品性的画像本身的敬拜和崇敬，甚或如前文已经指出的，基督宗教的画像和非基督宗教的画像也菁芜不分、杂糅相间，这当然会令基督宗教的教父学者们忧心忡忡，因而对于画像的批评和拒绝显得颇为激烈；而另一方面，埃皮法尼尤斯不仅拒绝每一种形式的画像崇拜，其观点甚至不仅是针对画像的崇拜，而且也是针对画像的悬挂等的，特别是针对那些仅仅悬挂、仅仅崇拜质料性的、作为绘画作品的画像本身而非敬拜画像所表述的内容的（譬如圣人、基督等），由此可见，他强调的是敬拜上帝、基督等；就这一点，Hans Georg Thümmel 从埃皮法尼尤斯的 προσκύνησις（在恭敬和感恩中祈祷）概念出发而正确指出，埃皮法尼尤斯不仅主张要崇敬上主、基督和圣人，而且更多地应当是向他们倾诉和祈祷①；在此，我们庶几可以说，崇敬并非仅仅一种令他人眼花缭乱的外在礼仪形式，而更多地还是一种内心独白的直接表达，甚或是一种以逻各斯为主导的语言和思维的形式。

---

① 就此请参见 Hans Georg Thümmel, Die Frühgeschichte der ostkirchen Bilderlehre. Texte und Untersuchungen zur Zeit vor dem Bildstreit. Akademie Verlag, Berlin 1992. S. 72。

第4章 公元5、6世纪期间画像论中的基督论和作为象征的十字架

无论如何,从整体上来看,5、6世纪都依然是一个反对画像的观点占主流的世纪;也就是说,进入公元5世纪以后,教父们的观点大多依然是反对画像的,而这一时期的特点在于,教父们就画像、造像等艺术作品,并未提出更多能够反驳之处,并且没有提出更多反对的理由;换言之,他们的观点和批评并非仅仅针对某一具体之画作、某一类之画作(无论是基督画像,抑或是圣人画像),而是更多地具有普遍性。但是尽管如此,作为一个历史的重要阶段,以及在其中活动的那些重要的人物,我们不能不述及,并分析之。

安琪拉的内鲁斯(Neilus von Ancyra)① 与欧林匹尤多鲁斯(Olympiodoros)谈论过他反对画像的观点,在致欧林匹尤多鲁斯的信函中,他说:

"Γράφεις μοι, εἰ ἄρα πρεπωδέστατον εἴη μέλλοντί σοι κατασκευάζειν σηκὸν μέγιστον πρὸς τιμὴν τῶν ἁγίων μαρτύρων καὶ τοῦ ὑπ'αὐτῶν διὰ μυρίων ἄθλων καὶ πόνων

---

① 关于 Neilus von Ancyra 的生平、著作与思想,请参见 Lexikon für Theologie und Kirche. Herder Verlag. Sonderausgabe Freibur Basel Wien 2006. Band 7, 730。

καὶ ἱδρώτων μαρτυρηθέντος Χριστοῦ, εἰκόνας τε ἀναθεῖναι ἐν τῷ ἱερατείῳ καὶ θήρας ζώων παντοίας τοὺς τοίχους πλῆσαι, τούς τε ἐκ δεξιῶν, τούς τε ἐξ εὐωνύμων, ὥστε βλέπεσθαι κατὰ μὲν τὴν χέρσον ἐκτεινόμενα λίνα καὶ λαγωοὺς καὶ δορκάδας καὶ τὰ ἑξῆς φεύγοντα ζῶα, τοὺς δὲ θηρᾶσαι σπείδοντας σὺν τοῖς κυνιδίοις ἐκθύμως διώκοντας· κατὰ δὲ τὴν θάλατταν χαλώμενα δίκτυα καὶ τᾶν γένος ἰχθύων ἀλιευόμενα καὶ εἰς τὴν ξηρὰν ἐξαγόμενα χερσὶν ἀλιευτικαῖς· καὶ προσέτι γυφοπλασίας πᾶν εἶδος ἐκφᾶναι, δεικνύμενον πρὸς ἡδονὴν ὀφθαλμῶν ἐν τῷ οἴκῳ τοῦ θεοῦ· οὐ μὴν ἀλλὰ καὶ ἐν τῷ κοινῷ οἴκῳ χιλίους πήξασθαι σταυροὺς καὶ ἱστορίας πτηνῶν καὶ κτηνῶν καὶ ἑρπετῶν καὶ βλαστημάτων παντοδαπῶν.

Ἐγὼ δὲ πρὸς τὰ γραφέντα λέξαιμι,ὅτι περ νηπιῶδες ἂν εἴη καὶ βρεφοπρπές, τὸ τοῖς προλεχθεῖσι περιπλανῆσαι τὸν ὀφθαλμὸν τῶν πιστῶν· στερροῦ δὲ καὶ ἀνδρώδους φρονήματος οἰκεῖον τὸ ἐν τῷ ἱερατείῳ μὲν κατ' ἀνατολὰς τοῦ θειοτάτου τεμένους ἕνα καὶ μόνον τυπῶσαι σταυρόν. Δι' ἑνὸς γὰρ σωτηριώδους σταυροῦ τὸ τῶν ἀνθρώπων διασώζεται γένος καὶ τοῖς ἀπηλπισμένοις ἐλπὶς πανταχοῦ κηρύττεται· ἱστοριῶν δὲ παλαιᾶς καὶ νέας διαθήκης πληρῶσαι ἔνθεν καὶ ἔνθεν χειρὶ καλλίστου ζωγράφου τὸν ναὸν τῶν ἁγίων· ὅπως ἂν οἱ μὴ εἰδότες γράμματα μηδὲ δυνάμενοι τὰς θείας ἀναγινώσκειν γραφάς, τῇ θεωρίᾳτης ζωγραφι.ας καὶ τὸ λοιπὸν τοῦ οἴκου ἔνθεν καὶ ἔνθεν λεύκανον μνήμην τε λαμβάνωσι τῆς τῶν γνησίως τῷ ἀληθινῷ θεῷ δεδουλευκότων ἀνδραγαθίας, καὶ πρὸς ἅμιλλαν διεγείρωνται τῶς εὐκλεῶν καὶ ἀοιδίμων ἀριστευμάτων, δι' ὧν τῆς γῆς τὸν οὐρανὸν ἀντηλλάξαντο, τῶν βλεπομένων τὰ μὴ ὁρώμενα προτιμήσαντες. Ἐν δὲ τῷ κουνῷ οἴκῳ πολλοῖς καὶ διαφόροις οἰκίσκοις διειλημμένῳ, ἀρκεῖσθαι ἕκαστον οἰκίσκον πεπηγμένῳ τιμίῳ σταυρῷ· τὰ δὲ περιττὰ καταλιμπάνειν ἀναγκαῖον νομίζω.

Εὐχαῖς δὲ ἐκτενέσι καὶ ἀδιστάκτῳ πίστει καὶ ἐκεημοσυναις διαρκεῖν, καὶ ταπεινοφροσύναις καὶ ἐλπίσι πρὸς θεὸν ἀενάοις καὶ θείων λόγων μελέταις καὶ συμπαθείᾳ πρὸς τὸ ὁμόφυλον καὶ τῇ πρὸς τοὺς οἰκέτας φιλανθρωπίᾳ καὶ πᾶσι τοῖς ἐντάλμασι τοῦ κυρίου ἡμῶν Ἰησοῦ Χριστοῦ περιτειχίζειν ἑαυτόν τε καὶ τὴν ἑαυτοῦ σύμβιον καὶ τέκνα, καὶ πᾶσαν τὴν ὕπαρξιν περισκέπειν καὶ κοσμεῖν καὶ ἐξασφαλίζεσθαι παραινῶ καὶ παρακαλῶ."[①]

"你写信对我说，为了崇敬那些殉道的圣人，以及为了崇敬成千上万斗士以他们的辛劳和努力所见证的基督而建造一个大的教堂，并且在祭台部分安置画像、以不同的狩猎场景装饰满左右的墙壁，在乡野张开网罗、兔子、麋鹿以及其他逃窜的野生动物等景致历历在目，还有那些猎人们，他们驱驰猎犬兴高采烈的围猎，而在

---

① 就此请参见 Neilos von Ancyra, In: P. J. Alexander, Dumbarton Oaks Paopers 7. Combridge Mass 1953. S. 63. Nr. 29. J. D. Mansi, Sacrorum conciliorum nova et amplissima collectio. Florntiae (Nachdruck Paris-Leipzig) 1902. 13, 36. J. Pitra, Spicilegium Solesmense. IV. Parisiis 1858 (Nachdruck Graz 1963) S. 271f, 369。

海上则是被张开的渔网,各种鱼类游弋,渔民下海将它们捕捞上岸,你问我是否你的意图是好的。此外,你还想为了愉悦人的眼睛而在上帝的圣殿中令人摆放石膏像。你同样也想在信徒们聚留的部分设置各种飞禽、家畜、走兽,以及丛生的植物。

而我对你的来信则想回答说,以上述所描绘的去吸引信徒们的眼睛,这实在太幼稚可笑了。属于坚强而男性的精神的是,在上主圣殿东部的祭台上安置唯一一个十字架。也就是说,借助一个拯救性的十字架,人类将得以救赎,并且无论何处,失望的人都被赋予了希望。而祭台墙上的画作等还是免了吧,它们仅仅涂抹〔墙壁〕而已,而最恰当不过的是,让信众们在这样一个为了殉道者而祝圣的地方回忆那些人的勇毅的美德,他们以正义的方式服侍了真实的上帝,让信众们被他们充满荣耀和值得深思的行为所唤醒、以争先恐后去追寻上帝,他们借着那样的行为改变了天地,使得不可视的成为了可视的。而信众们聚留的地方,是被分成了许多部分的,在其中的每一个空间,都应当放置一个受尊崇的十字架,而其他所有多余之物,我觉得,都必须被移除。

由此我请求,并且提示你,坚忍于内在的祈祷中、毫不动摇的信仰和施舍中、对于上帝的谦逊和从不泯灭的希望中,努力追求上帝圣言,深思敏行而参有到爱的亲缘中,以我们的主耶稣基督的所有诫命守护你、你的女人、你的孩子们,并以之看护、梳理,并且坚固你所有的财富。"

尽管内鲁斯仅仅拒绝中性的场景,但是一旦涉及基督宗教的内涵和形象(标志),他则仅仅同意在教堂中设立作为基督受难和救赎象征的十字架。当然,在此产生一个十分有趣的问题,画像、造像等在人的感官感觉上都是可视的,或曰:可视性,这恰恰是内鲁斯所要反对的，而他却极致赞美了殉道者们勇毅的殉道的行为，原因在于，这样的行为不仅是一种美德，而且也使得不可视者（上帝、神性等）成为了可视者；换言之，上帝借着这样的行为成为了可视者（人们通过这样的行为看到上帝），这一方面肯定了除了理性之外人的感官感觉在信仰中的作用（可视），以及超验者的可感知性（可视性），而另一方面似乎至少也间接肯定了画像（对于人的感官而言的可视性）的某种合理性；这两方面的肯定似乎不仅与基督宗教的画像艺术的主张并行不悖，而且使得其反对画像的初衷陷入一种矛盾之中而难以自圆其说。

莱昂提尤斯（Leontius）[①]也明确反对基督的画像，他从上帝和基督的神性出发认为，人们仅仅在灵魂中享有基督的画像就足以了，无须再控有质料性的造像了：

" Ἐν δὲ τῷ προσεύχεσθαι αὐτὸν ἐγεένετο τὸ εἶδος τοῦ προσώπου αὐτοῦ ὡς ὁ ἥλιος καὶ ὁ ἱματισμὸς αὐτοῦ λαμπρῶς ἐξαστράπτων. Καλῶς οἱ χρωματόγραφοι ζωγράφοι μίαν εἰκόνα τοῦ κυρίου γράφειν οὐ μεμαθήκασιν. Ποίαν γὰρ εἰκόνα ἰσχύουσι γράψαι; Τὴν ἐν τῷ βαπτίσματι, ἣν ὁ Ἰορδάνης ἰδὼν ἔφριξεν; Ἀλλὰ τὴν ἐν τῷ ὄρει, ἣν οὐχ ὑπήνεγκαν κατανοῆσαι Πέτρος καὶ Ἰάκωβος καὶ Ἰωάννης; Ἀλλὰ τὴν ἐν τῷ σταυρῷ, ἣν ὁ ἥλιος κατανοήσας ἐσκοτίσθη; Ἀλλὰ τὴν ἐν τῷ τάφῳ, ἣν κατανοήσασαι αἱ κάτω δυνάμεις ἔφριξαν; Ἀλλὰ τὴν ἐν

[①] 关于 Leontius 的生平、著作与思想，请参见 Lexikon für Theologie und Kirche. Herder Verlag. Sonderausgabe Freibur Basel Wien 2006. Band 6, 838-839。

τῇ ἀναστάσει ἦν ὅτε οἱ μαθηταὶ θεασάμενοι οὐ συνῆκαι; Ἐκπλήττει με σφόδρα εἶς ἕκαστος τῶν λεγο.ντων, ὅτι ἐγὼ τὸ ὁμοιωσείδιον τοῦ κυρίου κέκτημαι. Θέλεις τὸ ὁμοιωσείδιον αὐτοῦ κτήσασθαι; Ἐν τῇ ψυχῇ σου αὐτὸ κτῆσαι· εἰκόνι γὰρ ἀμήχανον γραφῆναι τὸν κύριον."①

"当他祈祷时，他的面颊如同太阳，他的衣袍熠熠发光（此处参见《路加福音》9，29）。幸好，画家们并未学会描画主的画像。他们究竟能画什么像呢？难道是领洗的画吗？难道是约旦河所亲历亲见的吗？并且[由于亲历亲见]而[对于此类画像]瞠目结舌吗？或者是那一伯多禄、雅各伯、若望所不能理解的山园的画吗？或者是太阳所理解的，并由此而暗匿了自身的那一十字架之画吗？或者是那一墓园之画吗？较低的能力对于它的理解是那样的战栗无奈！或者是那一门徒们曾看到而并不理解的复活之画吗？这里提及的每一幅画都令我惊愕不已，因为我享有救主之像。你想描摹救主之像吗？将它构思在你的灵魂中吧！也就是说，描摹救主之像是毫无可能的。"

这里也有一种双关性存在，一方面指事实，另一方面则在语法上指画像，比如关于复活之画，它一方面指门徒们曾看到、但并未立即理解的复活这一事件，而另一方面则指看到描述复活的画面的人们（甚至包括亲身经历过复活的门徒们）并不一定就能够由画作而真正理解复活的意义。莱昂提尤斯与前文提及的埃乌西比尤斯、埃皮法尼尤斯具有同样的论证方式，他们的观点并非直接指斥画面

---

① 就此请参见 Leontios, In: P. J. Alexander, Dumbarton Oaks Paopers 7. Combridge Mass 1953. S. 60. Nr. 19. H. Hennephof (Ed.), Textus byzantinoj ad icnomachiam pertinentes. Leiden 1969 (Byzantina Neerlandica A 1),. Nr. 283。

性的、画像性的阐释,而是具有双关性的。

5世纪的另一位教父学者安琪拉的特奥多图斯(Theodotus von Ankyra)[①] 关于画像的观点,被理解为画像争执的圭臬(testimonium):

"Τὰς τῶν ἁγίων ἰδέας οὐκ ἐν εἰκόσιν ἐξ ὑλικῶν χρωμάτων διαμορφοῦν παρειλήφαμεν, ἀλλὰ τὰς τούτων ἀρετὰς διὰ τῶν ἐν γραφαῖς περὶ αὐτῶν δηλουμένων οἷον τινας ἐμψύχους εἰκόνας ἀναμάττεσθαι δεδιδάγμεθα, ἐκ τούτου πρὸς τὸν ὅμοιον αὐτοῖς διεγειρόμενοι ζῆλον. Ἐπεὶ εἰπάτωσαν οἱ τὰς τοιάσδε ἀναστηλοῦντες μορφάς, ποίας ἄρα ἐκ τούτων καταπολαύοιεν ὠφελείας ἢ ἐν ποίᾳ διὰ τῆς τούτων ἀναμνήσεως ἀνάγονται πνευματικῇ θεωρίᾳ; Ἀλλ' εὔδηλον, ὡς ματαία ἡ τοιαύτη ἐπίνοια κιαὶ διαβολικῆς μεθοδείας εὔρημα." [②]

"传承给我们的是,不要将圣人的形象建构在出于质料性的颜色的画像中,而我们所接受的训导是,他们的美德,如同载籍就此所说的一样,要肖似在活生生的画面中,并且我们要如同他们一样向着同样的热情而被唤醒。而那些造作如此这般质料的形象的人也应当说说,他们究竟就它们愉悦些什么益处?或者他们通过回忆它们究竟有些什么精神的观想被导引?因为彰明较著的是,这样的思

[①] 关于 Theodotus von Ankyra 的生平、著作与思想,请参见 Lexikon für Theologie und Kirche. Herder Verlag. Sonderausgabe Freibur Basel Wien 2006. Band 9, 1424-1425。

[②] 就此请参见 Theodotos von Ancyra, In: P. J. Alexander, Dumbarton Oaks Paopers 7. Combridge Mass 1953. S. 61. Nr. 20. J. D. Mansi, Sacrorum conciliorum nova et amplissima collectio. Florntiae (Nachdruck Paris-Leipzig) 1902. 13, 309E-312A. H. Hennephof (Ed.), Textus byzantinoj ad icnomachiam pertinentes. Leiden 1969 (Byzantina Neerlandica A 1),. Nr. 241。

考是魔鬼般行为的虚荣与无中生有。"

"活生生的画面"（或译"鲜活的画面"）在此指的并非是栩栩如生的画作、造像艺术作品等，而是现实的生活，也就是说人们并非要从画像中获取感官的愉悦，甚或感动，而是要学习圣人们的德行，在实践中肖似他们，将他们的美德实践在人们各自具体的生活中。

塞劳琪亚的巴西雷尤斯（Basileios von Seleucia）① 认为：

"Τοὺς ἐν ἀρετῇ γ' οὖν βεβιωκότας οὐ διὰ τῆς ἐν χρώμασι τεχνουργικῆς ἐπιστήμης τιμᾶν δεῖ, ὅπερ ἐστὶν Ἑλληνικῆς μυθοποιίας ἀνάπλασμα, ἀλλὰ διὰ τῆς γραφικῆς θεωρίας τούτους εἰς ἀνάμνησιν ἕλκειν καὶ μιμεῖσθαι τὸν ζῆλον. Τίς γὰρ ἂν γένοιτο τοῖς ἀνθρώποις ἐκ τῆς τῶν τοιῶνδε μορφωμάτων κακοτεχνίας εὐεργεσία, ἢ τί ἔχοι θεοφιλές τε καὶ τίμιον ἡ τῶν ἀψύχων ὁμοιωμάτων περιεργία;" ②

"那些曾经生活在美德中的人们，无法依赖画像艺术的帮助而受到敬仰，诸如此类的艺术是希腊神话的生搬硬造，他们必须要借助载籍的思考而被呼唤到回忆之中，并且他们的情志由此才能得到仿效。而人们从那些嫩笔涂鸦的画作中又有些什么益处呢？或者那些多余而死寂的画作自身就有愉悦上帝和可宝贵之处吗？"

6世纪早期的教会史学者约翰内斯·笛亚克利诺梅诺斯

---

① 关于Basileios von Seleucia的生平、著作与思想，请参见Lexikon für Theologie und Kirche. Herder Verlag. Sonderausgabe Freibur Basel Wien 2006. Band 2, 71。

② 就此请参见Basilios von Seleukeia, In: P. J. Alexander, Dumbarton Oaks Paopers 7. Combridge Mass 1953. S. 61. Nr. 21。

(Johannes Diakrinomenos) 描述并批评了基督一性论学者塞内亚斯 (Xenaias, 亦即费罗塞诺斯, Philoxenos) 的观点:

"Μὴ γὰρ εἶναι θεμιτὸν ἔλεγεν ὁ Χεναΐας ἀσωμάτους ὄντας ἀγγέλους σωματοποιεῖν καὶ ὡς ἐν μορφαῖς ἀνθρωπίναις ὑπάρχοντας ἐνσωμάτους τυποῦν, ἀλλὰ μὴν μηδὲ κἀκεῖνο νομίζειν τιμὴν ἢ δόξαν ἐκνέμειν τῷ Χριστῷ τὴν διὰ γραφῆς αὐτῷ τεχνιτευομένην εἰκόνα· εἶναι δὲ μόνην αὐτῷ προσδεκτὴν εἰδέναι τὴν ἐν πνεύματι καὶ ἀληθείᾳ προσκύνησιν.

Εἰδέναι δὲ λέγει κἀκεῖνο νηποώδους εἶναι φρενὸς τὸ πλαστουργεῖν ἐν περιστερᾶς εἰδώλῳ τὸ πανάγιον καὶ προσκυνητὸν πνεῦμα καίτοι τῶν εὐαγγελικῶν οὐδαμῶς παραδεδωκότων γραμμάτων, ὅτι γέγονε περιστερὰ τὸ ἅγιον πνεῦμα, ἀλλ᾽ ὅτι ἐν εἴδει περιστερᾶς ὤφθη ποτὲ, τὸ δὲ οἰκονομικῶς, ἀλλ᾽ οὐκ οὐσιωδῶς οὕτω πως ἐφάπαξ φανὲν οὐδαμῶς ἁρμόδιον τοῖς εἰσεβοῦσι σώματος εἴδωλον ποιεῖν. Ταῦτα Φιλόξενος διδάσκων ὁμοῦ τῇ διδασκαλίᾳ καὶ τοὔργον ἐπέφερε· πολλαχόθεν γοῦν ἀγγέλων μὲν εἰκόνας καταφέρων ἐξήλειφε, τὰς δὲ τὸν Χριστὸν τυποῦσας εἰς ἀδύτους ἐταμίευε τόπους." [①]

"塞内亚斯说, 将原本没有躯体的天使赋予躯体而描绘他们,

---

① 就此请参见 Johannes Diakrinomenos, In: J. D. Mansi, Sacrorum conciliorum nova et amplissima collectio. Florntiae (Nachdruck Paris-Leipzig) 1902. 13, 180f. H. Hennephof (Ed.), Textus byzantinoj ad icnomachiam pertinentes. Leiden 1969 (Byzantina Neerlandica A 1),. Nr. 199.

好像他们有人的躯体，这是不许可的；而人们也不应当认为，借助对基督的描摹而完成的画作（εἰκών）对于他而言就是一种尊崇和荣耀；人必须知道，对于基督而言，尊崇仅仅在于将他接纳在精神和真理之中。

而费罗塞诺斯还说，这一点人也必须知道，即以鸽子的形象（εἴδωλον）来摹绘最神圣和受尊崇的圣神是幼稚的，福音书就此绝没有说过，圣神成为了一个鸽子，而是他曾经以一个鸽子的形象而被看到。而因为他出于救赎启示的理由，并且在本质上并非曾经这样出现过，所以，将他创设成一个躯体性的画作（εἴδωλον），对于虔诚的人而言是不恰当的。费罗塞诺斯不仅这样教导，而且还将这一训导付诸实施，他到处摘除天使的画像（εἴκονες），并且销毁它们，而描绘基督的画像他则看护在无可触及的地方。"

这里似乎呈现出一种对于基督画像的虔敬之心，这与其最初反对画像的坚定性似乎并不完全吻合。

公元536年针对基督一性论的主教会议文献，提及安提约基亚的赛维鲁斯（Severus von Antiochien）[①]的观点时说：

"Τετόλμηται δὲ αὐτῷ (Σεβήρῳ) καὶ τοῦτο, ὦ μακαριώτατοι. Τὰς γὰρ εἰς τύπον ἁγίου πνεύματος χρυσᾶς τε καὶ ἀργυρᾶς περιστερὰς κρεμαμένας ὑπεράνω τῶν

[①] 关于 Severus von Antiochien 的生平、著作与思想，请参见 Lexikon für Theologie und Kirche. Herder Verlag. Sonderausgabe Freibur Basel Wien 2006. Band 9, 502-504。这次主教会议发展为后来的第二次君士坦丁堡大公会议、亦即553年罗马公教历史上的第五次大公会议，就此请参见 Karl Bihlmeyer, Kirchengeschichte. Verlag Ferdinand Schönigh, Paderborn 1960. Band I, S. 299-305；H. Jedin, Handbuch der Kirchengeschichte. Herder Verlag, Freiburg Basel Wien 1999. Band II/2, S. 30-37. H. Denzinger, P. Hünermann, Enchiridion symbolorum definitionum et declarationum de rebus fidei et morum. 40. Auflage, Herder Verlag, Freiburg Basel Wien 2005. 421-438。

θείων κολυμαβηθρῶν καὶ θυσιαστηρίων μετὰ τῶν ἄλλων ἐσφετερίσατο, λέγων οὐ χρῆναι ἐν εἴδει περιστερᾶς τὸ ἅγιον πνεῦμα ὀνομάζεσθαι." ①

"他（即赛维鲁斯）甚至敢于做出这样的事情，即将挂在祭台上作为圣神象征的金质或者银质的鸽子据为己有，而以他物取代之，他就此说，圣神被描绘为鸽子的形象是不恰当的。"

在此，在对于赛维鲁斯的批评中，似乎隐含着一种教会官方对于鸽子作为圣神象征的承认，或者说，这种隐含着的承认，是对于赛维鲁斯行为的批评的一种前提，也就是说，没有这样的前提作为条件，其批评是无从发起，并且是不成立的。

亚历山大的屈里（Kyrill von Alexandrien）② 在致阿卡丘斯（Akacius von Melitene）③ 主教的信中，将旧约中的一些类型和描绘依撒格的祭献的画作内容进行了比较，认为画作并非能完全表现祭献的内涵：

"Φαμὲν δέ, ὅτι σκιὰ καὶ τύπος ὁ νόμος ἦν, καὶ οἷόν τις γραφὴ παρατεθεῖσα πρὸς θέαν τοῖς ὁρῶσι τὰ πράγματα. Αἱ δὲ σκιαὶ τῆς τῶν γραφόντων ἐν πίναξι τέχνης τὰ πρῶτα τῷ χαραγμάτων εἰσίν· αἷς εἴπερ ἐπενεχθεῖεν τῶν χρωνάτων τὰ ἄνθη, τότε δή, τότε τῆς γραφῆς ἀπαστράπτει

---

① 就此请参见 Synode von Konstantinopel 536, Actio V. In: J. D. Mansi, Sacrorum conciliorum nova et amplissima collectio. Florntiae (Nachdruck Paris-Leipzig) 1902. 1039A。

② 关于 Kyrill von Alexander 的生平、著作与思想，请参见 Lexikon für Theologie und Kirche. Herder Verlag. Sonderausgabe Freibur Basel Wien 2006. Band 2, 1368-1370。

③ 关于 Akacius von Melitene, 请参见 Lexikon für Theologie und Kirche. Herder Verlag. Sonderausgabe Freibur Basel Wien 2006. Band 1, 286。

τὸ κάλλος.

Ἆρ' οὖν εἴπερ τις τῶν καθ' ἡμᾶς ἐπεθύμησεν ἰδεῖν καταγεγραμμένην ἐν πίνακι τὴν ἐπὶ τῷ Ἀβραὰμ ἱστορίαν, πῶς ἂν αὐτὸν ἐχάραξεν ὁ ζωγράφος; Ἆρα ἐν ἑνὶ πάντα δρῶντα τὰ εἰρημένα, ἢ ἀνὰ μέρος καὶ ἑτεροίως, ἤγουν ἑτεροειδῶς πλεισταχοῦ τὸν αὐτόν; Οἷόν τί φημι, ποτὲ μὲν ἐφιζήσαντα τῇ ὄνῳ συμπαραληφθέντος τοῦ παιδαρίου καὶ ἑπομένων τῶν οἰκετῶν· ποτὲ δ' αὖ πάλιν ἀπομεινάσης τῆς ὄνου κάτω τοῖς οἰκέταις ὁμοῦ, καταφορτίσαντα μὲν τοῖς ξύλοις τὸν Ἰσαάκ, ἔχουντα δὲ μετὰ χεῖρας τὴν μάχαιραν καὶ τὸ πῦρ· καὶ μὴν καὶ ἑτέρωθι τὸν αὐτὸν ἐν δέῖδει πάλιν ἑτέρῳ συμποδίσαντα μὲν τὸ μειράκιον ἐπὶ τὰ ξύλα ὁπλίσαντα δὲ τῇ μαχαίρᾳ τὴν δεξιάν, ἵνα ἐπαγάγῃ τὴν σφαγήν; Ἀλλ' ἦν οὐχ ἕτερος καὶ ἕτερος Ἀβραὰμ πλεισταχοῦ τῆς γραφῆς ὁρώμενος ἑτεροίως· ἀλλ' ὁ αὐτὸς πανταχοῦ ταῖς τῶν πραγμάτων χρείαις συγκαθισταμένης ἀεὶ τῆς τοῦ γράφοντος τέχνης· Οὐ γὰρ ἦν εἰκὸς ἡγουμ τῶν ἐνδεχομένων, ἐν ἑνὶκατιδεῖν αὐτὸν πάντα δρῶντα τὰ εἰρημένα. Γραφὴ τοιγαροῦν ὁ νόμος ἦν, καὶ τύποι πραγμάτων ὠδίνοντες τὴν ἀλήθειαν." ①

"我们认为，律法就是影子（σκιά，影像、轮廓）和表样（τύπος，模样、模型、类型），并且是一种形象，他们是为了观视

---

① 就此请参见 Kyrillos von Alexandrien, In: J. Pitra, Spicilegium Solesmense. IV. Parisiis 1858 (Nachdruck Graz 1963) S. 351. J. P. Migne, Patrologiae cursus completus. Ser. Graeca. 469B, 1221B。

而被设置的,他们是要洞见事物自身的。而线条在作于画板上的绘画中首先决定画样,而之后如果颜色的辉煌轰然而至,那么画作全部的美就灿然生辉了。

而如果我们中的任何一个人想要看到被描绘在画板上的亚巴郎的故事的话,那么画家怎么能描绘它呢?同时将全部叙述的内容都一起表现出来吗?或者分离的、多重的、以多重的方式?比如:亚巴郎是如何骑坐在驴子上而挟持那个孩子的、那个仆人是如何追随其后的,或者他如何将驴子和孩子甩在身后,而将依撒格置于木板之上,并且手持刀和火的,或者在其他情形下、以其他意图而描绘同样的内容,亦即将孩子绑缚于木板上、右手持刀,以为了行祭献礼。但是这一多样的、总是在不同的情形中被看到的亚巴郎,并非每一次都是另一个,而总是同一个,画家的艺术每一次都按照所要求的情形而适应于他。因为尽管有可能、但却不恰当的是,将他表现为同时在做叙述中所表述的所有的事情。一幅画就是律法,并且是将要发生的事情的榜样,如同产痛一样带来真理。"

屈里在这封信的开篇从画样的阴影和线条的意义出发,提出了一个比较,也就是将律法比作画样的阴影,将色彩的涂抹比作画作整体美的熠熠生辉;与这样的比较相适应的,首先是以形象表述不同内涵的不同的画作,甚或表述同一内涵的不同的画作;所有这些比较似乎并非仅仅(甚或完全不是)论及他所过眼的画作,而是更多地具有纯文学的品性、纯文字的品性,也就是更多地具有思维的品性,屈里的表述甚至表明,他或许并不承认,并不认可有一个常态而固定的关于亚巴郎祭献的画作类型(模式),也就是说,即使屈里似乎并不认为历史事实的一种绘画的阐释是有可能的,那么尽管如此他所作的那些比较似乎也应当是可以想见的、也是可以思考的。

亚美尼亚的格里高利生平的传记，被认为是5、6世纪期间教会史家阿伽坦格鲁斯（Agathangelos）撰写的[①]，其中记述的格里高利的祈祷，也是有代表性的反对画像的文本，这位被称为亚美尼亚的宗徒认为，画像崇拜最终能够由于基督的亲自降临而寿终正寝：

"Καὶ ἐπειδὴ ἠγάπησαν οἱ ἄνθρωποι σέβειν τὰς ἀνθρωπομόρφους εἰκόνας ξυλογλύπτους τέχνῃ τῶν τεκτόνων, ἐγένετο αὐτὸς ἀληθινὴ εἰκὼν ἀνθρώπου, ἵνα τούς εἰκονοκτίστας καὶ εἰκονοφίλους καὶ εἰκονολάτρας τῇ ἰδίᾳ εἰκόνι τῆς θεότητος ὑποτάξῃ· καὶ ἐπειδήπερ ἦσαν συνεθισθέντες ἄνθρωποι προσκυνεῖν τὰ ἄψυχα εἴδωλα τὰ νεκρά, ἐγένετο αὐτὸς νεκρὰ εἰκὼν ἐν τῷ σταυρῷ καὶ ἀπέθανεν καὶ ἄψυχος γέγονεν, ἵνα διὰ τοῦ συνήθους ἐν τάχει αὐτοὺς ὑποτάξῃ τῇ ἰδίᾳ εἰκόνι. Τὸν δὲ σταυρὸν ὡς ἄγκιστρον κατασκευάσας τὸ σῶμα αὐτοῦ ἐποίει βρῶμα τῇ οἰκουμένῃ, ὅπως ἐν τούτῳ θηρεύσῃ πάντας εἰς τὴν βασιλικὴν τράπεζαν τῆς θεότητος αυτοῦ, καὶ ἀντι τῶν γλύπτων ξύλων ἐπηξεν τὸν σταυρὸν ἐν μέσῳ τῆς οἰκουμένης, ἵνα οἱ ἐθισθέντες προσκυνεῖν τὰ ξύλα διὰ τοιαύτης συνηθείας πιστεύσωσιν προσκυνεῖν τὸν σταυρὸν αὐτοῦ καὶ τὴν ἐπάνω ἀνθρωπόμορφον εἰικόνα,

---

[①] 就此请参见 Lexikon für Theologie und Kirche. Herder Verlag. Sonderausgabe Freibur Basel Wien 2006. Band 1, 225-226。

ἐπὶ γὰρ τῷ σταυρῷ, ὃν ἔλεγεν οὕτως, ὃν καὶ οἱ προφῆται προεσήμαναν· 'Ἐγενόμην ὡσεὶ κωφὸς οὐκ ἀκούων καὶ ὡσεὶ ἄλαλος οὐκ ἀνοίγων τὸ στόμα αὐτοῦ'. Ὃ καὶ αὐτός, δέστοτα, ἔλεγες πρὸς τὸν σὸν προφήτην πρὸ τοῦ φθάσαι τὸν καιρὸν τοῦ καιρὸν τοῦ ταῦτα πάντα παθεῖν τὸν ἀγαπητόν σου υἱὸν Ἰησοῦν Χριστόν· Ἐν τοσαύτῃ ὑπομονῇ ποιήσω σε ἄλαλον καὶ δήσω τὴν γλῶσσάν σου ἐν τῷ λαρυγγί σου καὶ ἔσῃ 'ὡς ἄνθρωπος μὴ ἔχων λόγον ἐλεγμοῦ ἐν τῷ στόματι αὐτοῦ'. Ἠγάπησαν γὰρ οἱ ἄνθρωποι τὰ ἄλαλα εἴδωλα· διὰ τοῦτο καὶ ὁ ἀγαπητός σου υἱός σου ἐγένετο ἐν τῷ σώματι καὶ εἰκὼν ἀνθρώπου καὶ ἀνῆλθεν εἰς τὸ ὕψος τοῦ σταυροῦ ὡς ἐπὶ ὑφηλοτάτην σκοπιάν, καὶ ἔδιεξεν ἑαυτὸν ἄφθογγον διὰ τῆς νεκρότητος, τοῖς ἰδίοις ποιήμασι ζωὴ κατὰ φύσιν ὑπάρχων.

Διὸ εἶδεν αὐτὸν ἡ οἰκουμένη ἐπὶ τὸ ὕφος καὶ ὑπετάγη. Καὶ ἐπειδὴ ἐν συνηθείᾳ ἦσαν οἱ ἄνθρωποι εὐφραίνεσθαι εἰς τὰ ἱερὰ τῶν εἰδώλων ἐν κνίσεσιν, ἃς τοῖς ἀψύχοις προσέφερον· διὰ τοῦτο καὶ αὐτὸς ἐκάλεσας τὴν οἰκουμένην εἰς τὴν σφαγὴν τοῦ Χριστοῦ σου καὶ εἶπες· Ὁ μόσχος μου ἐσφαγμένος καὶ τὸ δεῖπνόν μου ἠτοιμασμένον, καὶ ἐπλήθυνας τὴν εὐφροσύνην ἀπὸ τοῦ σταυροῦ σου καὶ ἐχόρτασας πάντα τὰ πέρατα ἀπὸ τοῦ ζωοποιοῦ αὐτοῦ σώματος, ὅ ἐστιν βρῶμα καὶ ζωὴ ἱκανωτάτη πᾶσι τοῖς σοῖς προσκυνηταῖς εἰς πᾶσαν τὴν ὑπούρανον· τοὺς δὲ μὴ βουλομένους παραγενέσθαι εἰς τὴν τῶν γάμων κλῆσιν τῆς πνευματικῆς σου ἀγάπης ἡτοίμασας εἰς τὴν αἰώνιον κόλασιν καὶ τὸν θάνατον, ὄλεθρον καὶ ἀτελεύτητον κρίσιν. Καὶ ἐπειδὴ ἔτρωγον καὶ ἔπινον οἱ ἄνθρωποι τὸ αἷμα τῶν θυσιῶν ἐν τῷ λατρεύειν τοῖς δαίμοσι· διὰ τοῦτο ἐκένωσεν τὸ ἴδιον αἷμα ἐπὶ τοῦ σταυροῦ, ἵνα τὸ ξύλον ἀντὶ τοῦ γλυπτοῦ ξύλου καὶ αὕτη ἡ ἀνθρωπόμορφος εἰκὼν ἀντὶ τῆς βδελυρᾶς εἰκόνος καὶ τὸ αἷμα αὐτοῦ ἀντὶ τῶν αἱμάτων τῆς κνίσης, ἐν ᾧ ἀνακαίνωσις τῶν σωμάτων εἰς τὸ ἀναθάλλειν τὴν ἀνθρωπότητα γέγονεν."①

"由于人们喜欢敬拜人的形象的造像，这是雕塑家凭其艺术以木料雕刻而成的，所以他（即基督）自己成了真实的人的形象，以将创作家、造像的喜爱者和祈祷者都归入于上帝神性自身的形象之下。而因为人们已经习惯于敬拜毫无生气、死寂无神的画像，所以他自己成为了十字架上的死亡之像、死去并且毫无生气，以令人们很快借助他们的习俗而从属于他自身之真像。他将十字架作为鱼钩备置好，并将自己的身躯祭献给世界作为食粮，以将人们呼召到他君王般神性的宴席旁与他同桌，并且在世界的中心立起十字架以取代雕琢藻饰的木头，以让那些习惯于敬拜木料的人们通过这样的习俗赢得信任、以崇敬他的十字架和悬于其上的人形之像，就此他描述说，先知们早已经预先阐释了：'我成了听而不闻的声子、无法开口的哑巴'（《诗》37，14）。上主！你自己曾对你的先知们说，在时刻到来之前，你的爱子耶稣基督应当历经所有这些苦难：我将

---

① 就此请参见 Agathangelos, Vita Gregorios. In: J. Pitra, Spicilegium Solesmense. I. Parisiis 1852. (Nachdruck Graz 1962) S. 500f。

在极大的痛苦中令你哑然失声，并且在你的咽喉关闭你的语言，而你则'将如同一个人一样，在其口中毫无怨言'（《诗》37，15）。人们喜爱喑哑的偶像，为此你的爱子亲身成为了人的形象，并且上登十字架、如同登上一个高耸的观景台，以死亡将自己展示为哑者，而按照本性他却是借着他而造成的受造物的生命。

由此世界则仰视他、欢呼他、尊崇他，并且由此而被纳入他的麾下。而因为人们有在庙宇之中为众神祭献牺牲而喜悦的习俗，而那牺牲又不过是行尸走肉而已，所以即使你也呼召这世界来至在你的基督的全燔祭前，并且说：我的乳牛已被宰烹，我的盛宴已经备好，你要让出自于你的十字架的喜悦更大，以你赋予生命的身躯饱饫所有的国度，你这身躯对于全世界中所有你的崇敬者而言就是精神的食粮和最丰富的生命。而那些不愿意追随你的精神之爱的邀请而来至在这婚宴前的，你则为他们备下了永恒的惩罚、死亡、朽坏，以及永恒的审判。而因为人们在向魔鬼祈求时对那祭献不仅茹其毛，而且饮其血，所以他在十字架上倾流自己的血，以使得十字架之木、真人之像，以及他的鲜血取代被雕琢的木料、令人毛骨悚然的画像，以及祭献之血而受尊崇，在这之中所发生的，是生命的更新以及人性的重新绽放。"

对这段文本需要提示的是，"所以他（即基督）自己成了真实的人的形象，以将创作家、造像的喜爱者和祈祷者都归入于上帝神性自身的形象之下"，颇有基督论之功底，并且是基督二性论；"为此你的爱子亲身成为了人的形象"则略有形式论之嫌；"而那些不愿意追随你的精神之爱的邀请而来至在这婚宴前的，你则为他们备下了永恒的惩罚、死亡、朽坏，以及永恒的审判"，则仅仅是其个人之观点，并不代表教会整体之观点。

在这段文本中，若干画像的想象相互交织在一起，譬如君王盛宴的画面（《玛窦福音》22，1-4）、感恩祭典、十字架以及十字架祭献等画面，此外，带有基督圣体的十字架被比作，或表述为带有鱼饵的鱼钩、基督同时被视为人像与上帝之像（其神学背景即所谓基督二性论，也就是完全的人性与完全的神性的完全而完美的合一）、异教崇拜的被取代等画面；这其中，十字架与被雕琢的偶像、基督与众神之像、异教的祭献和基督的祭献的相互对立，而且提及十字架时，其表述在语法上几乎总是立即过渡到十字架上所被钉而死者，而在事实上则总是立即涉及耶稣基督，并且一旦提及基督时，总是以 εἰκών 来表述，而提及众神崇拜时，则总是以 εἴδωλον 来表述；在此，也就是在同一个表述中，在语法形式上有一种 εἰκών 和 εἴδωλον 的对立，而在所指称的事实上则又有一种基督和异教众神的对立；对于我们的论题而言，比较重要而具有意义的是，基督自己（或曰至少是以十字架为象征）与人工造作的异教众神之像的对立，是所有对立中最具代表性的，对于我们的论题而言，其意义一方面在于，基督作为道成肉身者终结了所有异神崇拜、终结了所有画像崇拜，而另一方面则在于，尽管格里高利的观点是从《旧约》禁止偶像崇拜诫命出发而反对异教的偶像崇拜风俗，但是如果他从《新约》出发，并且以多种画面性（画像性）的描述凸现基督宗教与异教的对立的话，那么这就为我们留下了足够的思考的空间，并且由此去质询，这其中究竟透露出何种讯息？格里高利是否完全反对基督宗教自己的画像？是否反对基督的画像？从教会史家阿伽坦格鲁斯所记录的关于这位圣徒的文本出发，我们是否有比较充足的理由说，格里高利似乎并不完全反对，甚或还有所赞同基督宗教自己的画像，甚至赞同基督的画像；此外，这些对立性的表述同时也表明，当彼之时，基督的画像并未、尚未普遍流行，否则格里高利就极有可能提到，以基督的画像取代异教的偶像；而上述所有这些都是格里高利以想象的画面所表述的，并且这些对比易于导致一种比较难于阐释的表述，换言之，相关的对比尽管表面上多少有些形式论，或者过继论之嫌，但是本质上并非，或曰并不能作形式论或过继论之理解和阐释。与这些画面性表述相关联的，是一种就已有，并且已经被人们习惯了的习俗生发而出的训诲的思想，也就是说，阿伽坦格鲁斯所记述的这一文本透露出了格里高利的一种意图，亦即向人们宣讲基督宗教的思想，以移风易俗、将人们从已经习以为常的异教风俗中，引导向基督宗教的礼仪中来，以追随耶稣基督；能够，并且必须这样做，以及能够做成的最终的理由在于，格里高利认为，由于人们敬拜人形的画像（造像），所以基督就成为了人、取得了人的形象，而基督宗教所认信和敬仰的耶稣基督，就是人的生命的更新和人性的重新绽放，也就是说，如果人们参有到基督以其生命所作的祭献中，那么他们就获取了新的生命及其新的意义。

当此之时，一种变端悄然而生；屈鲁斯的特奥多瑞托斯（Theodoretos von Kyros）[①] 区分想象而出的，或曰幻想而出的画像和描述实物（以及人）的画像，这样的区分在他那时尚未显现出足够的意义，而其后却在论证基督宗教的画像的恰当性、合理性中凸现出其重要性：

"Τὸ εἴδωλον οὐδεμίαν ὑπόστασιν ἔχει· τὸ δὲ ὁμοίωμα τινός ἐστιν ἴνκαλμα καὶ ἀπείκασμα. Ἐπειδή τινες

[①] 关于 Theodoretos von Kyros 的生平、著作与思想，请参见 Lexikon für Theologie und Kirche. Herder Verlag. Sonderausgabe Freibur Basel Wien 2006. Band 9, 1401-1404。

"Ἕλληνες ἀναπλάττουσι τὰς οὐχ ὑφεστώσας μορφάς, σφίγγας καὶ τρίτωνας καὶ κενταύρους· καὶ Αἰγύπτιοι κυνοπροσώπους καὶ βουκεφάλους· εἴδωλα καλεῖ τὰ τῶν οὐχ ὑφεστώτων μιμήματα· ὁμοιώματα δὲ τὰ τῶν ὑφεστώτων εἰκάσματα, οἷον ἡλίου καὶ σελήνης, ἀστέρων, θηρίων, ἑρπετῶν, καὶ τῶν τούτοις παραπλησίων. Τούτοις κελεύει μήτε προσκυνεῖν, μήτε λατρεύειν. Οὐχ ἁπλῶς δὲ ἀπαγορεύει ἀμφότερα· ἀλλ᾽ ἐπειδὴ συμαβαίνει τινὰς προσκυνῆσαι μὲν ἀμφότερα διὰ φόβον ἀνθρώπινον, οὐ μὴν καὶ λατρεῦσαι κατὰ ψυχήν, ἐδίδαξεν ὡς ἑκάτερον ἀσεβές."①

"幻像（εἴδωλον）没有存在，而画像（ὁμοίωμα、ὁμοιώματα）则是对于某物的肖像和描绘。一些希腊人却造作并不存在的东西的画像，比如狮面人身像、半人半鱼的海神像，以及半人半马的天神像，而埃及人则造作人身狗面像和人身牛面像。梅瑟将并不存在之物的造像称为幻像（εἴδωλον），而画像（ὁμοίωμα、ὁμοιώματα）则是关于存在者的绘摹之像，譬如日、月、星辰、人，譬如奔跑的和蹑手蹑脚的动物，以及诸如此类者，梅瑟既禁止人向它们敬拜、又禁止人们向它们祈祷。但是他并非简单地将两者等而视之，并由此而禁止它们，而是由于一些人并非出于敬畏之心，而是出自人性中的恐惧惊觫而敬拜这两者，所以他教导说，这两者之中的每一个都是渎神的。"

---

① 就此请参见 Theodoretos von Kyros, Quaestio in Exodum 38. In: J. P. Migne, Patrologiae cursus completus. Ser. Graeca. 80, 264 BC。

下篇·第 4 章　公元 5、6 世纪期间画像论中的基督论和作为象征的十字架

尽管这两类画像都被视为是亵渎神明的，但是那不过是梅瑟出于训导管教的理由，以警示以色列子民而已，其实，在日月星辰、大自然面前有敬畏之心是颇可理解的；而其中对这两者的区分在并不太久远、而即将到来的时代的画像争执之中则是意味深长的。

当此之时，感到某种纠结、张力、甚或压力的教父学者亦颇有人在，原因在于《旧约》中关于禁拜偶像的诫命与约柜上革鲁宾形象之间的矛盾，加沙的普罗克皮尤斯（Prokopios von Gaza）[①] 认为，似乎应将它们领入一种和谐。而尽管革鲁宾形象在普罗克皮尤斯的论述中依然是反对画像崇拜的证据，尽管由此而来的敬拜与祈祷实质上并不涉及基督宗教的画像，而是大多出自释经学的意图，但是后来在 7 世纪时却脱颖而出、一跃而成为为基督宗教的画像（基督的画像）辩护的主要论据。普罗克皮尤斯说：

"Non erunt tibi dii praeter me, etc. Hoc primum est praeceptum, secundo sermocinante de idolis et imaginibus. Ne enim in hunc modum quis leges distinguat, non poterit in ordinem certum redigere Decalogum. Primum igitur praeceptum versatur in potentiis incorporeis et invisibilibus, quas quidam divinis honoribus prosequuntur, nullis vel idolis vel imaginibus positis.

Simulacra sunt animalium et corporum, quae in rerum natura sunt, imagines. Idola vero sunt similitudines et figmenta earum rerum quas non esse constat in rerum natura. Nam idolum nihil subsistens est. Paulus idcirco: 'Nullum enim idolum est in mundo'; veluti si quis effingat

---

[①] 关于 Prokopios von Gaza 的生平、著作与思想，请参见 Lexikon für Theologie und Kirche. Herder Verlag. Sonderausgabe Freibur Basel Wien 2006. Band 8, 620-621。

hippocentauros et panes aut alias monstrosas naturas. Omnis itaque intellectus versatus in quadam divinae naturae cogitatione secundum imaginativam virtutem, fingit idolum, nec tamen deum annuntiat. Petuntur etiam imagines corporum coelestium, quibusdam pingentibus aut sculpentibus solem aut lunam. Fortassis hoc edictum porrigendum quodque est ad astrologorum decades. Nam describunt et delineant absurdos quosdam daemons, qui nimirum a Paulo nuncupantur spiritualia malitiae in coelestibus, ut etiam conicere possumus ex his berbis: 'Inebriatus est gladius meus in coelo'. Illiusmodi siquidem daemones ascribunt suis tabulis astrologicis, etiam appingunt phylacteriis, quibus vel cient vel propulsant daemones. In phylacteries reperire est simulacra et idola. Quidam quaerunt: Si adeo detestatur imagines, quare cherubim fingi voluit? Respondetur: Non iussit fieri cherubim ut adorentur; sed area adoranda erat sub imaginibus vitulorum, quibus apud Aegyptios divinus deferebatur honor, ut sic cognoscerent se pariter deum et numina Aegyptiaca colere.

'Non adorabis ea neque coles ea', etc. Qui idola colit, is etiam adorat, at qui adorat, non continuo et colit. Cultus enim proficiscitur ex animo imagini propenso, at adoratio fit motu quodam et specie cultus. Sic enim interdum ministry adorant magistratus vel sub specie adulationis, aut secuti effectiones animi invitantes eos, de quibus legitur in libro Numerorum, quod idolis servierint. Nam scriptum est de his, quod nec cultum praestiterint et inservierint idolis illorum. Deus autem, qui ex tota anima diligi quaerit, non fert illos qui etiam specie tenus impie agunt. Siquidem hunc, qui alienos abnegaverit deos, oportet iam esse particulam dei et hunc amare ex tota anima." [1]

"'在我之外你不应当再敬拜众神明'(《出谷纪》20,3)。这是第一条,并且是这样一条诫命,紧随其后而来的第二条诫命就是涉及偶像(幻像,εἴδωλον)和画像(ὁμοιώματα)的;其他东西则无法被纳入十诫的秩序中。这第一条诫命涉及非躯体性的权能,有些人在并不涉及偶像和画像的情形下也向其祈祷。

画像是自然之物的影像,涉及生命体和物体,而幻像则是自然之中从未存在者的虚像和魅影,因为幻像并非是存在者。由此保禄宗徒说:'在世界上并不存在幻像。'(《格前》8,4,思高本译文:"世上并没有什么邪神。")如同人如果描画半人半马的神像、半羊半人的神像,以及其他妖魔鬼怪的话,[那不过是幻像而已]。每个运动着的理性根据其想象力而冥思苦想出来的神性,所描摹的不过是偶像(幻像,εἴδωλον)而已,还无法宣示上帝。而人也努力描摹天体的画像,譬如一些人描绘,或者雕塑日月。或许这一诫命也是涉及占星家们的,因为他们描述和臆造稀奇古怪的魔鬼,保禄宗徒称之为天上的恶神(《厄弗所书》6,12),如同我们也能够听到的话语一样:'上主的刀在天上痛饮'(《依撒意亚》34,5)。他们将这样的魔鬼描画在他们的占星板上,并且涂抹上漆色,借此他们就能对魔鬼呼来唤去。而在这样凹凸的漆色中就能看到影像与幻像。一

---

[1] 就此请参见 Prokopios von Gaza, Epistome ad Exodum 20, 3. In: J. P. Migne, Patrologiae cursus completus. Ser. Graeca. 87/1, 605-608。原典第一自然段亦有希腊文,引述如右:"'Οὺκ ἔσονταί σοι θεοὶ ἕτεροι πλὴν ἐμοῦ'. Πρώτη καὶ μία ἐντολή, δευτέρας οὔσης τῆς μετὰ ταῦτα περὶ εἰδώλων καὶ ὁμοιωμάτων διεξιούσης. Ἄλλως γὰρ οὐκ ἄν τις στήσειε τὴν Δεκάλογον. Καὶ εἴη ἂν ἡ πρώτη περὶ δυνάμεων ἀσωμάτων, ἄστινες προσκυνοῦσι χωρὶς εἰδώλων τε καὶ ὁμοιωμάτων."

些人问：如果［梅瑟］特意抛弃画像的话，那么为什么他还愿意令人制作革鲁宾呢？回答：他并未命令人造作革鲁宾，以使之受尊崇，而是约柜应当在诸多小牛的像下受尊崇，这些小牛在埃及获有众神般的尊荣，以使得他们知道，他们同时向上主和埃及的神明祈祷。

'你不应当尊崇（恭敬）它们，并且不应当朝拜它们'，谁如果向偶像朝拜，那么他也就是尊崇（恭敬）了它们，而谁如果尊崇（恭敬）它们，那么他并非一定朝拜它们。也就是说，朝拜出于灵魂对于画像的倾慕，而尊崇（恭敬）则出于某种推动（驱动），并且仅仅具有朝拜的外在形式。也就是说，如同有的时候侍者或者是出于献媚，或者是出于真实的情感而尊崇（恭敬）上司一样，并且吸引那些《民数记》中所提及的服侍于偶像的人们。因为关于他们并非记载说，他们朝拜偶像，而是说，他们服侍于他们的偶像。而人愿意全身心敬爱的上主则也并不容忍这些从表象上来看就不虔诚行事的人。谁否定异教的众神，那么他就已经从属于上主，并且全身心爱他了。"

第 5 章 至公元 5 世纪末以基督论为基础的画像争执：从上帝模式到基督模式的转折

从前此为止的表述和分析中已经彰明较著的是，直至公元 4 世纪以内，画像基本上都是被拒绝的，而且反对画像的观点首先都是针对异教的画像而表述的，而被认为是理所当然，并且与反对异教画像相映生辉的，是基督宗教教堂内似乎比较普遍的无画像状态。在前文所表述和分析的历史时期中，尽管反对和拒绝的观点在画像理论中处于主导地位，但是正面和肯认性的表述却也并非踪迹皆无，而是间或有所听闻；当这两种不同，甚或判若参商的观点同时存在时，我们所面临的问题就有可能是，它们相互之间能否相安无事？如果能，又如何？

固然，如果我们从历史的逻辑结构层面出发来看的话，那么我们首先应当质询的是，传承至今，以至于我们所能看到的史料和语料对于我们所探讨的时代和其中的思想是否有足够的代表性？提出这一问题的原因在于，传承至今的史料和语料似乎珍稀有余而剂量不足，这一方面表明，珍稀性同时也就是匮乏性，而另一方面也提示出，在这样的情形中，我们所提出的质询就意味着：这种同时呈现而出的珍稀性和匮乏性能否完满的覆盖这一时代（以及其中的思想），以使我们有足够的理由言说它和分析它？

答案固然是肯定的，这样说的理由在于，当圣像争执肇端之时，以及其后的很长一段时间，基督宗教文献的薮集和庋藏在总量上远未达到汗牛充栋之程度，参与争执的人们，无论持何种观点，都勤奋搜寻教父学者们的著作，寻章摘句、秉烛而读，以至于只要与画像相关联者，无论是反对的还是赞同的，都如数家珍般被载录而出，于是乎敝帚自珍、传承至今。这也就是说，我们所知道的史料和语料，大体如是；如若、甚或纵然有新增之史料和语料，亦不会全然改观本书在此对于生活在这一历史时期中诸多教会学者的观点的个体刻画、总体勾勒及其评价。

从前此为止的表述和初步的分析来看，我们庶几能够对这一时期的教父学者们的观点做出如下基本之判断，埃乌西比尤斯、玛卡里尤斯、安琪拉的内鲁斯等，都持反对基督宗教画像、反对基督画像的观点，而除此之外，诸如莱昂提尤斯、特奥多图斯和塞劳其亚的巴西里尤斯等，还特别反对造作、安设圣人的画像。尽管亚历山大的屈里也间或表述过反对殉道者画像的观点，并且表述力和剖析的力度似乎尚嫌不足，但是无论是尼撒的格里高利，抑或是纳西昂的格里高利，以及金口若望、阿斯特里尤思等，则比较明确而有力地反对殉道者的画像。当尼撒的格里高利描述殉道者的画像时，并且如果他被亚巴郎的祭献所深深打动、但是却轻视基督此间世界的形象而将其理性的关注聚焦在基督的神性和荣耀性上，那么这其间的区分应当立于基督形象之中，或曰立于对于基督形象、基督神人两性论的理解之中；当然，如同前文已经指出的，我们在教父们的表述中也发现一些相互矛盾的表述，譬如一方面比较强烈的反对基督的画像，而另一方面则似乎不仅容忍，甚或认可殉道者以及圣人的画像的可能性，而在容忍和认可后者的可能性的同时，一种呼声也清晰悦耳，即对于圣人的最好的纪念与回忆并非是关于他们的画像，而是记述他们生平事迹的载籍，也就是说，文本作为抽象语言形式，其重要性远远超出画像所表述的形象性；然而在此庶几还需要提示的是，反对画像，特别是反对基督画像的观点，并非仅仅是针对教堂的过分装饰，而且主要是出于这样一种本体形上的考量，即基督是无可描画的、无可以画像阐释的。

从前此为止的表述和基本的判断来看，我们庶几能够对这一时期的教父学者们的基本观点在哲学神学层面上做出如下之初步总结：

从本体形上层面来看，一言以蔽之，上帝是无可以画面描绘的，或曰上帝本身就意味着无可描绘性。面对异教早期对于基督宗教没有神像、轻视神像的批评，护教教父们特别提出和强调了基督宗教的上帝的精神品性、非质料性、以及无可视性。在他们看来，上帝作为造物者（造物主）本质上区别于所有受造者，而受造者以受造者的角色（身份）所造作的每一个质料性的、以受造者形象表述的上帝的画像，当然是不恰当的、因而必须要拒绝的。为了指出这一点，教父们不仅引述《旧约》中关于禁止偶像崇拜的诫命，甚至不惜使用异教的、非基督宗教的批评神明的论述和论据；而在教父们看来，《旧约》中禁止偶像崇拜的诫命具有广阔的覆盖度，以至于禁绝一切偶像崇拜、画像崇拜都被顺理成章的认为是恰当而正当的，于是在基督宗教内部似乎也不假思索、不加反思地拒绝画像和画像艺术，而在本体形上层面尚称有力的论证似乎是说，事物的真实本质并非立于质料之中，并非立于感官的感觉之中，而是立于精神之中，也就是说，拒绝画像的如此这般的论证似乎略嫌单一；于是乎教父学者们也在哲学神学层面上、也就是在本体形上和神性启示相结合的层面上提出论证,我们庶几可以说,在他们看来,拒绝感官感觉的上帝画像和赞同人是上帝的肖像是密切相关的,也就是说,一方面,他们至少承认上帝具有肖像、承认上帝的肖像性,只不过这个肖像并非别的什么,而是立于人之中,或曰就是人;另一方面,这两者的关联似乎依然立于人的受造性中,也就是说,上帝唯一的肖像本质上并非别的什么,而是受造的、以德行(美德)建构的、接近(贴近)上帝完美性的人的灵魂。而这一思想又在两个方向上有所展开,一方面,由于《新约》不止一次将基督表述为上帝的肖像(《格后》4,4;《哥罗森》1,15),因此产生肖像(画像)的等级论,也就是从上至下的上帝、基督(逻各斯)、信众之等级序列;伪狄奥尼修斯的本体形上等级秩序论庶几亦具有如此这般之品性。而另一方面,逻各斯作为一个运作者的形象,在人之中创设上帝的肖像。

从逻各斯神学出发来看,将并非质料的,而是精神的上帝以精神的方式在德行的(美德的)行为中肖似出来,是当时居于主流并且极具影响力的思想,逻各斯以画者的形象出现,以使人有能力将无可触及、无可视及的上帝承载于全部心灵之中,将逻各斯自身以精神的方式承载于灵魂之中,而借助美德、借助美的德行、借助美的精神气质才能够将上帝的肖像(亦即人自身)构形而出,并且尽量完美的肖似上帝;也正是在这个意义上,对于践约笃行的圣人在精神层面的尊崇和恭敬,固然一方面不仅有了理论上的依据,而且在实践上也有了极大的发展;而另一方面,甚或也难免由于虔敬之心而产生以画像为具体形式的礼仪尊崇形式,以至于一种质询油然而生,即难道在美德、神圣和荣耀中的,甚或肖似于上帝和基督的生命真的能够用轻薄,甚或死寂因而被轻蔑的质料表述吗?由此我们庶几还可以说，从人是上帝的肖像这一表述出发，或曰仅仅从"上帝的肖像"这一表述出发，似乎在这其中就足以能够，而且似乎也的确产生悖论，并且为赞同画像打下伏笔，关于这一点后文将在多处详述之，并分析之。

而当此之时，无论从历史关系结构出发，抑或是从画像观念的内涵出发，我们庶几都能够发现一种从上帝模式到基督模式的转折，尝试而言之：

如同前文所分析的，上帝的精神性并不允许、也不邀入任何感官感觉的肖像，不仅是基督宗教早期居于主流的思想，而且也具有较长时间的影响；这一主流的思想及其影响，固然首先论证和支持了对于异教神明及其画像的拒绝，但是随着这样的拒绝而来的，却是在基督宗教内部关于基督画像（基督圣像）的可能性的讨论，也就是说，这一主流思想在教会内部、在基督信徒之间历经了第一次转折，教会内部在这一转折之中所提出的质询和讨论庶几应当是：既然逻各斯能够以画者的形象呈现，那么逻各斯的肉身成人是否能够使得基督的画像成为可能？

我们庶几能够从模式的转折、本体论的理由和思维方式等三方面对此加以些许之探讨。

首先，从历史的逻辑结构出发，并且关联本体形上哲学以及哲学神学来看，上述这一本体形上的质询是画像学说中上帝模式到基督模式的第一个转折；从上述埃乌西比尤斯的观点来看，早期的讨论将生命的上帝和死寂的画像对立起来，这其中的模式是生命和死亡的对立；在这一主流思想的转折之中，生命和死亡的对立模式转变为此间世界可消逝、可死亡的耶稣和天上永恒的基督的对立，或者说，这其中的模式是消逝与永恒的对立，尽管这样理解的基督论或许并非完全是教会主流的观点,但是这一模式之所以能够成立的原因依然在于基督二性论,也就是说,耶稣基督是完全的人性和完全的神性的圆融无碍;尽管从上帝模式到耶稣基督模式是一种变端、是一种转折,甚或是一种从哲学到神学的转折,但是由于基督宗教在本体形上哲学、神学,以及哲学神学层面主张上帝三位一体程式论,因而这两个模式并非远隔参商,而是相互密切关联的。变端后呈现的耶稣基督模式中的思维方式约略是这样的,即在基督宗教三位一体程式论中,特别是在东部(譬如埃乌西比尤斯)对这一程式的理解中,在基督的真实本质和逻各斯为了我们人类的救赎所获取了的仆人形象的本质(亦即肉身的本质)之间,从一开始就有区别;作为上帝逻各斯的基督固然是完全的神性、因而无可描摹,但是即使是其所获取的肉身也是具有神性的,这同时也意味着,可死的肉身也被神性所沁润;但是无论如何,根据基督论和三位一体论,逻各斯必然,并且毕竟取得了肉身,并且是完全的肉身,由此方能达成人类救赎的目的,于是这就无可避免地产生一个问题,甚或一个悖论,也就是说,此间世界的基督的画像竟然在反对画像、拒绝画像的观点中顺理成章而成为可能的了,或者说,反对画像的有力理由竟然在不经意间成为赞襄画像的卓然有效的论证;这样说的理由在于,如果肉身是质料的,那么当然也就能够以质料来表述,以质料表述质料至少在思维逻辑上应当不存在什么问题;这就在本体论上为以画像表述此间世界的耶稣基督奠定了基础,或曰基督圣像的可能性在本体论上成为可以思考的了;于是反对画像的论证为基督圣像的最终产生在恰当性和正当性上预留了无限的空间。

其次,如果我们在历史的逻辑结构中探讨基督画像庶几能够成立的本体形上的理由的话,那么我们庶几能够说,另一个角度的思考在此彰显无遗；也就是说，从原本的拒绝画像的理由来看，基督圣像不能、也不允许存在，但是如前文所分析的，赞襄的理由恰恰也由此而来，并且在实际的信仰生活中出于虔敬之心也的确存在基督的画像，以及对于基督画像的尊崇，那么既然如此，一方面，尽管在基督宗教看来，耶稣作为一个单个而独立的个人就是基督，但是即使承认这一点，并且恰恰是由于承认这一点，则也必须承认，此间世界的耶稣之像也依然是可消亡的肉身之像，耶稣作为基督，其神性的荣耀性似乎是肉眼凡胎无可直视的、因而也是无可图像的；而另一方面，既然这一画像存在，那么这一画像就不能简单地被理解为，并且也并非被理解为已然消逝的、历史的耶稣的肉身之像，而是必须被理解为，并且也的确被理解为当下此时的世界主宰者之像；作为基督、作为上帝的逻各斯，他不仅是永恒的生命，并且赋予生命，而且其肉身化使得对于他的描摹成为了可能，使得生命与死亡的对立模式不仅曾经成立，而且已然丧失存在的现实意义，因为他的肉身的死亡意味着战胜死亡和杀死死亡、意味着生命的永恒，以及人类救赎目的的完满达成，在这样的意义上，基督的画像不仅应当被理解为世界主宰者之像，而且庶几是终极意义上、终极目的上的画像，也就是说，是无可超越，并且更无需其他肖像的、无可替代的、一劳永逸完成的最终的画像。

其三，如果从内在的思维方式上来看，那么我们庶几可以说，在拒绝基督画像这一外在行为背后，一种占主导地位的思想统领当时人们的意识；详而言之，自门徒时代以来，"基督是当下此时的基督"这一思想已经深入人心，也就是说，由于上帝的超验性、超越性等，所以在人性中道（神性）成肉身（人性）的基督不仅具有完全的神性和完全的人性以及这两者的圆融无碍、周流遍至，而且完全的神性与完全的人性圆融无碍、周流遍至的基督的当下性是洞彻一切时代的，这同时也意味着，基督同时是过去、现在、未来的基督，基督在一切时间点上都是当下此时的；特别是从君士坦丁大帝时代以来，基督当下性更被理解为天上主宰者的当下性，并且这一主宰者立于一切现世的君王之上，而且就是此间世界当下此时的真正的主宰者，这一思想在西部直到哥特时代都毫无限制、毫无限定而占有主导地位[1]；在东部，尽管基督当下性也一直都主导着人们的思想和思维方式，但是除此之外不免有另一种想法渐次脱颖而出，而且也逐步与基督当下性的思想并驾齐驱，并且终于甚或胜出而获有一种主导地位，这就是要在画像中观想耶稣作为人从降生到受难而死的生活；由此，关于作为主宰者基督的画像则渐次被带有苦像（耶稣受难之体）的十字架所取代[2]。当然东部教会由于民族差异、语言差异、教义差异、地域差异等原因并非同时完成这一转变。当然，这一转变并非意味着基督的画像从此消失殆尽，而是意味着画像的重点在于耶稣，基督的画像直到今天依然是东、西部教会最主要和最重要的画像。在此，并且当彼之时，即使产生了从基督画像到耶稣画像的转变，但是这一转变涉及的首先并非（甚或并非）一种历史的回忆、历史的忆念，而是被举扬的基督的当下性，在这个意义上，耶稣与基督并非是可分的；换言之，一方面，基督的不可消减的人性的存在是必须要肯认和坚持的，基督是通过其人性的存在而被举扬为普世的主宰者、救赎者；而另一方面，回眸其

---

[1] 就此请参见 Hubert Jedin (Hersg.), Handbuch der Kirchengeschichte.. II/1. Herder Freiburg Basel Wien,1999. S. 232-238, 特别是 235-238. II/2, S.135-138, 283-296。

[2] 就此请参见 Hubert Jedin (Hersg.), Handbuch der Kirchengeschichte.. II/1. Herder Freiburg Basel Wien,1999. S. 31-37, 48-55。

在此间世界中已经过往的人的生活与存在，则庶几能够提示出一些在这一形象中（或许在其人的存在中尚属）隐匿的、决定性的元素，也就是所谓神性的因素。由此，一方面，在基督形象中就含有历史性和当下性，另一方面，在这一历史的和当下的基督论题之中就生出了另一个新论题，也就是质询历史的基督中的神性，这并非是一个特殊性的，而是普遍性的质询，是一个本体形上的质询。这一本体形上的质询是这样达成的：如果基督是成为了肉身的上帝逻各斯的话，如果复活使得被贬损者再度成为启示的主宰者的话，如果成为肉身者借助奇迹宣示了他的权能和荣耀的话，那么在此所产生的质询就是：在他之中的神性难道不是决定性的吗？难道他的肉身不是必定被神性所统辖，并且被神化的吗？

这一普遍性的质询不仅构成基督论之争的，而且也构成画像之争的本体形上之背景。基督当下性成为人们心中的主动意识，这使得对举扬者的描摹绘画庶几成为不可能的，而即使回溯到道成肉身之言说，对此也于事无补，也就是说，即使提示出基督宗教的这一基础理论，那么这一基础理论也并非仅仅涉及当下性，并且并非仅仅涉及肉身原有的本质属性；但是尽管如此，画像的赞同者们也愿意，并且也的确援引道成肉身说；尽管文本（语词）在涉及上帝的存在和运作上庶几比画像有更大的表述力，尽管上帝的存在和运作并非能够直接，而至多是象征性地被表述而已，但是这样的援引在某种意义上依然是《圣经》历史（或曰《圣经》文本）的合法而恰当的直观化、形象化、画像化。而这其中的内在矛盾也就产生了，并且是这样产生的：在基督当下性的普遍意识中被画像所表述的其实并非是在仆人形象中的基督，而是当下作为主宰者的基督；而这也恰恰是解释画像论所涉及的另一个问题的最原本的理由，也就是为什么被钉十字架而死者在造型上的描摹（无论是绘画、还是雕塑，抑或是带有苦像的十字架等）相对而言比较晚才出现，并且在出现伊始并未产生所期望的、如同后来不仅产生，而且直到今天都难以准确估量的重大影响；换言之，当彼之时，决定当下此在的并非那一提示或表述最卑微低贱的十字架，而是作为主宰的基督，而他的十字架在当时则更多地是战胜的象征。

在历经这一转折之后，我们便进入了一个无论是历史关系结构的意义上，抑或是思维方式和思维内涵的意义上都是一个崭新的时代，也就是说，赞襄画像的论证从此逐渐成为主流。

第 6 章　公元 6 世纪至 7 世纪之早期逻各斯基督论作为赞襄画像的论证基础

进入公元 6 世纪后,关于画像的争论发生一种明显的变端,在庶几众口一词为拒绝画像所作的辩护中,居然,或曰终于出现赞襄画像的观点与论证。

如果我们在宗教现象层面以及宗教社会学意义上考察这一变端产生的原因的话,那么情形约略是这样的,在基督宗教的文字作品(诸如《圣经》、要理等)庶几敬告阙如之处,在那里基督的画像则比较普遍的安家落户了,最初是作为一种宗教习俗甚或民俗在大众阶层普遍流行,而后,特别是 6 世纪后则以越益增强的态势而在有哲学和神学素养的学人圈中,特别是教会学者中得到越益增强的承认和辩护。固然,这样的辩护最初难免是弱不禁风的,但是它毕竟产生了,在此必须提及的是厄弗所的叙帕提尤斯(Hypatius von Ephesus)[①],他批评当时阿特拉米提昂的尤里亚努斯(Iulianos von Atramytion)所代表的引用《圣经》而为拒绝画像的观点所作的辩护,叙帕提尤斯质疑道:

---

① 关于 Hypatios von Ephesus 的生平、著作与思想,请参见 Lexikon für Theologie und Kirche. Herder Verlag. Sonderausgabe Freibur Basel Wien 2006. Band 5, 370。

"Παρακινεῖν δὲ αὖθις φῂς τὴν θείαν παράδοσιν τοὺς ὁμοίως τὰ σεπτὰ καὶ προσκυνητὰ γραφαῖς ἢ γλυφαῖς ἐπὶ τῶν ἱερῶν ἀνατιθέντας, καὶ τοῦτο ἀπαγορευόντων φῂς τῶν λογίων ἀκούειν σαφῶς, καὶ οὐ μόνον ποεῖν ἀπαγορευόντων, ἀλλὰ καὶ γενόμενα ἢ ὄντα καθαιρεῖν παρακελευομένων.

Δεῖ δὲ ἀνασκοπῆσαι καὶ τὴν αἰτίαν τοῦ ταῦταφάναι τὰ λόγια καὶ ἅμα συνιδεῖν, ὅτου χάριν οὕτω διαπλάττεσθαι τὰ ἱερὰ συγχωρεῖται, καθ᾽ ὃν ἐστι τρόπον. Ἐπειδὴ γὰρ ᾤοντό τινες, ὥς φησι τὸ γράμμα τὸ ἱερόν, ῾χρυσῷ τε καὶ ἀργύρῳ καὶ λίθοις καὶ χαράγματι τέχνης ἀνθρώπου τὸ θεῖον εἶναι ὅμοιον᾽, ἐσχεδίαζον δὲ κατὰ τὸ δοκοῦνἑαυτοῖς ὑλέους θεοὺς καὶ ῾ἐλάτρευον τῇ κτίσει παρὰ τὸν κκτίσαντα᾽. ῾Τοὺς βωμοὺς αὐτῶν᾽, φησί, ῾καθελεῖτε καὶ ἐκκόψετε καὶ τὰ γλυπτὰ τῶν θεῶν κατακαύσετε πυρί, καὶ φυλάξασθε σφόδρα τὰς ψυχὰς ὑμῶν, ὅτι οὐκ οἴδατε ὁμοίωμα ἐν τῇ ἡμέρα, ᾗ ἐλάλησε κύριος πρὸς ὑμᾶς ἐν Χωρὴβ ἐν τῷ ὄρει ἐκ μέσου τοῦ πυρός· μὴ ἀνομήσητε καὶ ποιήσητε ὑμῖν αὐτοῖς γλυπτὸν ὁμοίωμα᾽. Οὐδὲν γάρ ἐστι τῶν ὄντων ὅμοιον ἢ ἴσον ἢ ταὐτὸν τῇ ὑπὲρ τάντα τὰ ὄντα ἀγαθῇ καὶ θείᾳ τριάδι καὶ πάντων τῶν ὄντων δημιουργῷ καὶ αἰτίᾳ. ῾Τίς γάρ᾽, φησίν, ῾ὅμοιός σοι᾽, καὶ ῾Τίς ὁμοιωθήσεταί σοι;᾽ τῶν θεολόγων ὑμνούντων ἀκούομεν.

Ἀλλὰ τούτων οὕτως ἐχόντων φῄς· Προσκυνητὰς ἐπὶ ἱερῶν ἐῶμεν εἶναι γραφάς; Ἐπὶ ξύλου δὲ καὶ λίθου πολλάκις οἱ τὰ τῆς γλυφῆς ἀπαγορεύοντες οὐδὲ τοῦτο ἀπλημμελὲς ἐῶμεν.

Ἀλλ' ὦ φίλη καὶ ἱερὰ κεφαλή, τὴν θείαν μέν, ἥτις ποτέ ἐστιν, οὐσίαν οὐδενὶ τῶν ὄντων ὁμοίαν ἢ ταύτην ἢ ἴσην ὁμολογοῦμεν ἢ ἀναγράφομεν· τὴν ἄρρητον δὲ καὶ ἀπερίληπτον εἰς ἥ, ἃς τοῦ θεοῦ φιλανθρωπίαν καὶ τοὺς ἱεροὺς τῶν ἁγίων ἀγῶνας ἐν γράμμασι μὲν ἡμεῖς ἱεροῖς ἀνευφημεῖσθαι διατυτοῦμεν, οὐδεμιᾷ πλάσει τὸ ἐφ' ἡμῖν ἢ γραφῇ κατάπαξ ἡδόμενοι. Συγχωροῦμεν δὲ τοῖς ἁπλουστέροις ἀτελεστέροις αὐτοὺς ὑπάρχουσιν ὑπὸ συμφυοῦς αὐτῶν ἀναγωγῆς καὶ ὄψει τῇ αὐτοῖς συμμέτρῳ τὰ τοιαῦτα ἐν εἰσαγωγῆς τρόπῳ μανθάνειν, καὶ αὐτὰς πολλάκις καὶ ἐν πολλοῖς τὰς θείας παλαιὰς καὶ νέας διατάξεις εὑρόντες τοῖς ἀσθενέσι τὰς ψυχὰς ὑπὲρ σωτηρίας αὐτῶν συγκατακλινομένας. Ἀμέλει καὶ αὐτὸς ὁ ταῦτα ὑπὸ θεῷ κινοῦντι νομοθετῶν ἱεροφάντης Μωυσῆς εἰς τὰ τῶν ἀρίων ἅγια χρυσᾶς τορνευτὰς εὐκόνας τοῖς χερουβὶμ ἀνατίθησι. Καὶ ἐφ' ἑτέροις δὲ πολλοῖς τὴν θεολογίαν ὁρῶμεν φιλανθρωπίᾳ σωτηριώδει τοῦ ἀκριβοῦς ἔσθ' ὅτε χαλῶσαν ἐπὶ τῶν δεομένων ἔτι χειραγωγίας ψυχῶν. Καὶ διὰ τοῦτο καὶ μάγους ἐπὶ Χριστὸν ὁδηγεῖσθαι λέγει ἀστέρι οὐρανίῳ κατὰ τὴν καθ' ἡμᾶς αὐτοῦ γέννησι. Τὸν δὲ Ἰσραὴλ ἀπάγει μὲν θυσιῶν εἰδώλων, ἐνδίδωσι δὲ ταῦτα τῷ θεῷ θύειν. Καὶ βασίλισσάν τινα οὐρανοῦ ὀνομάζει, καίτοι οὐκ ὄντος ἑτέρου βασιλέως παρὰ τὸν ὄντως ὄντα τῶν οὐρανίων τε καὶ ἐπιγείων. Ἀλλὰ καὶ ἀστέρων διαμνημονεύει συνεξελληνίζουσα τῇ φωνῇ Πλειάδα καὶ Ἀρκτοῦρον καὶ Ὠρίωνα τινὰς αὐτῶν καλοῦσα, πρὸς οὐδένα δὲ τῶν ὑπὲρ αὐτῶν Ἕλλησι λεγομένων ἢ μύθων ἢ ἱστοριῶν κατακλίνεται, σαφῶς εἰδυῖά τε καὶ ὑμνοῦσα τὸν ἀριθμοῦντα πλήθη ἄστρων καὶ πᾶσιν αὐτοῖς ὀνόματα καλοῦντα. Τοὺς δὲ ἄλλως αὐτοὺς μαθεῖν οὐ δυναμένους ἐξ ὦ ἴσασί τε καὶ λέγουσιν ἐπωνυμιῶν τοὺς αὐτοὺς ἀστέρας ἐκδιδάσκει.

Διὰ ταῦτα καὶ ἡμεῖς καὶ κόσμον ὑλικὸν ἐῶμεν ἐπὶ τῶν ἱερῶν οὐχ ὡς θεῷ χρυσοῦ καὶ ἀργύρου καὶ σειρικῆς ἐσθῆτος καὶ λιθοκολλήτων σκευῶν τιμίων τε καὶ ἱερῶν δοκούντων, ἀλλ' ὡς ἑκάστην τῶν πιστῶν τάξιν οἰκείως ἑαυτῇ χειραγωγεῖσθαι καὶ πρὸς τὸ θεῖον ἀνάγεσθαι συγχωροῦντες, ὥς τινων καὶ ἀπὸ τούτων ἐπὶ τὴν νοητὴν εὐπρέπειαν χειραγωγουμένων καὶ ἀπὸ τοῦ κατὰ τὰ ἱερὰ πολλοῦ φωτὸς ἐπὶ τὸ νοητὸν καὶ ἄυλον φῶς.

Καίτοιγέ τισι τῶν τὴν ὑψηλοτέραν ζωὴν φιλοσοφησάντων καὶ ἐν παντὶ τόπῳ τὴν ἐν πνεύματι λατρείαν θεῷ προσάγειν ἔδοξε καὶ ναοὺς εἶναι θεοῦ τὰς ὁσίας ψυχάς. 'Βούλομαι', γάρ φησιν εἰρηκέναι τὰ λόγια, 'τοὺς ἄνδρας προσεύχεσθαι ἐν παντὶ τόπῳ ἐπαίροντας ὁσίους χεῖρας'. Καί· 'Εὐλογεῖτε τὸν κύριον ἐν παντὶ τόπῳ τῆς δεσποτείας αὐτοῦ'. Καί· 'Ὁ οὐρανός μοι', φησι, 'θρόνος καὶ ἡ γῆ ὑποπόδιον'. Καί· 'Ποῖον οἰκοδομήσετέ μοι; λέγει ηύριος'. Καὶ· 'Οὐχὶ ἡ χείρ μου ἐποίησε ταῦτα πάντα;' Καὶ· ' Ὁ ὕψιστος οὐκ ἐν χειροποιήτοις ναοῖς κατοικεῖ'. Καὶ· ' Ἐπὶ τίνα ἐπιβλέψω, εἰ μὴ ἐπὶ τὸν πρᾶον καὶ ἡσύχιον καὶ τρέμοντά μου τοὺς λόγους;' Καὶ· ' Ὁ ἀγαπῶν με τὰς ἐντολάς μου τηρήσει, κἀγὼ ἀγαππήσω αὐτόν, καὶ ἐγὼ καὶ ὁ πατὴρ ἐλευσόμεθα καὶ μονὴν παρ' αὐτῷ ποιήσομεν'. 'Ναὸς γάρ', φησὶν ὁ Παῦλος τοῖς ἁγίοις, 'θωοῦ ἐστε, καὶ τὸ πνεῦμα τοῦ θεοῦ οἰκεῖ ἐν ὑμῖν'.

Οὐκ ἄρα ἡμεῖς ἐπὶ τῶν ἱερῶν τὰ θεῖα παρακινοῦμεν, ἀλλὰ τοῖς μὲν ἀτελεστέροις ἔτι χεῖρα ἐπιεικεστέραν ὀρέγομεν, ἀδιδάκτους δὲ τῶν τελεωτέρων οὐκ ἐῶμεν, ἀλλὰ καὶ αὐτοὺς ἔχομεν εἰδότας, ὡς οὐδενὶ τῶν ὄντων ἐστὶ καθόλου τὸ θεῖον ἢ ταὐτὸν ἢ ἴσον ἢ ὅμοιον."①

"你说,那些以[与异教]同样方式在诸多圣所中安放圣人和受敬仰者的画像和雕像的人,搅乱了神圣的传承;你还说,你清晰地倾听《圣经》,而《圣经》则禁止这种[偶像],并且不仅禁止这种[偶像]造作,而且还训令说,要涤除已经安放者和已经存在者。

但是依然有理由去探寻,为什么《圣经》这样说,并且同时[依然有理由]去认知,出于什么样的目的允许诸多圣所被那样装设,如同其所呈现的样子。而如同《圣经》所说的,由于一些人认为,'神就像由人的艺术及思想所制的金银石刻的东西一样'(《宗》17,29),于是他们以他们的苦心孤诣造作质料的众神,并且'去崇拜

---

① 就此请参见 Hypatios von Ephesus, Σύμμικτα ζητήματα 1, 5. In: J. P. Migne, Patrologiae cursus completus. Ser. Graeca. 99, 1537A。

事奉受造物,以代替造物主'(《罗》1,25),因此《圣经》说:'拆毁他们的祭坛,打碎他们的石碣,[砍倒他们的神柱],烧毁他们的雕像(《申》7,5),你们应极其谨慎(此句亦可直译为:看护好你们的灵魂):因为上主你们的天主,在曷勒布由火中对你们说话的那天,你们既然没有见到什么形状,那么,你们切不要堕落,为自己制造任何形状的神像(《申》4,15以下)。'也就是说,在存在者中没有什么相似于、等同于,甚或全等于超越所有存在者的至善而神性的三位一体[的上主]、造物主和所有存在者的基础。《圣经》说:'[你行大事],谁可比你(《咏》70,19)'、'唯有你在普天下至尊无对'(《咏》82,19);我们听到神学家们在赞美。

正是由于这样的[原因],所以你才说:难道我们应当容忍在圣所中受崇敬的画像吗?由于我们也的确毁弃由木石造作的雕像(τὰ τῆς γλυφῆς),所以我们并不能容忍这种并非无过犯的事情。

噢!尊贵而神圣的主教!即使是我们,也并不将神性的本质,无论它究竟是什么,认信和描述为与某种存在的事物相类似、相等同,甚或全等。并且我们训示说,要赞美上帝对我们那无可言传、无可意达之至爱,去赞美神圣的典籍中所载记的圣人们的神圣的抗争,而我们对所涉及的任何雕像或者画像也毫无好感。而由于我们也经常,并且多方面发现,《旧约》和《新约》的上帝的意旨也为了羸弱的灵魂的救赎而谦谦然倾向于他们,所以我们提供那些简朴质拙而较少学养的人们诸如此类者,是由于这适合于他们的理解力,并由此而对于他们来说是一种恰当的提升,并且使他们在初阶而循序渐进的方式中去学习。即使是神圣的导师梅瑟,在上帝的运作下传布这一诫命,也在最神圣的革鲁宾上设置金质的立体造像,而除此之外我们也多方看到，上帝的智慧出于对人的救赎与怜爱而减轻了那些尚需循循善诱的灵魂的重轭；因此，这智慧说，东方的贤士要由天上的星导引到基督降生成人的地方；这智慧将以色列从对邪神崇拜的祭献中引领出来，但是为上主供奉献仪则是被许可的；这智慧命名了天上的女王，但是那里除了真正主宰天地的恒久存在的君王外则更无他者；这智慧也提及群星，并且以希腊语名字命名他们为昴宿星、大角星、猎户星，尽管这智慧并未屈尊就卑而隶属于希腊人就她自己所讲述的神话和历史，但她依然熟稔于，并且祝颂于这神话和历史，她历数群星，并一一给它们命名；而那些由此而无法理解群星的人们，她则借助他们所知晓和需要的绘图来讲解同样那些星宿。

因此，即使我们也允许在圣所中享有质料的装饰，但并非是好像我们相信，那些黄金、白银、丝绸帷幕，以及宝石镶嵌的杯爵对于上帝而言是有尊荣的，并且是神圣的，而是因为我们坦然承认，信众的每一个群体都应当以适合他们的方式而被向上引领到上帝那里，以使得他们中的一些人从这些物品而被引导向精神的秀美之中，从充满圣所的光明中被引导向精神的和非躯体的光之中。

同时，一些思考过崇高的生命的人认为，上帝可以在每一处受到敬拜，并且虔诚的灵魂就是上帝的殿堂。[他们之中有人]说，《圣经》曾经讲过，'我愿意男人们在各地举起圣洁的手祈祷'（《弟前》2，8），'在他的权限所达的各处，请你们大家都赞美上主'（《咏》102，22），[他们之中有人引述]说，'天是我的宝座，地是我的脚凳，你们要为我建筑什么样的殿宇？上主说'（《宗》7，49），'上主这样说：上天是我的宝座，下地是我的脚凳，你们还能在哪里给我造殿宇，建我休息的地方呢'（《依》66，1），'但至高者本不住在人手所建造的殿宇中'(《宗》7,48;17,24),'愿天主怜悯我们,并降福我们,以自己的慈爱荣光照耀我们'(《咏》66,2),'谁爱我,必遵守我的话,我父也必爱他,我们要到他那里去,并要在他那里作我们的住所'(《若》14,23),保禄说,'你们是天主的宫殿,天主圣神住在你们内'(《格前》3,16)。

我们并非由于圣所[的装饰]而误解了上帝,而是以恰当的方式向那些较少学养的人们伸出援手,让他们也通晓那一完美者,因为即使是他们也应当知道,神性绝不等同于、相类于,甚或近似于任何存在之物。"

固然,一方面,叙帕提尤斯不仅明确表示,上帝、神性是无法画影图形的(是无法以画影图形的方式捉拿归案的),是无法以造型来表述的,而且他还一再引用《圣经》来论证这一点;而前文所提及和分析的金口若望以及塞劳琪亚的巴西雷尤斯曾经阐述过的观点,亦即人们对于古圣先贤的记忆和回忆并非是借助绘画,而是借助文字,也是他并不想完全否定的,甚或丝毫也并不想否定的观点;而尽管如此,另一方面,叙帕提尤斯也赞同画像的引入,以为了在学养上简质朴拙的人能够借助画像而被引领到精神的秀美之中,也就是被引领到上帝神性的氛围中,而其论证的理由也依然是来自于被视为权威的《圣经》。同时,他所运用的"从可视之光到精神之光"这一表述也能令我们回想起前文所叙述和剖析的波菲利的表述(参见较远的前文所引述的波菲利的观点),在此,似乎还有一些伪狄奥尼修斯(参见《论天使的等级》1,3)学说的影子,而"上帝可以在每一处受到敬拜"等,则似乎和前文所提及和分析的奥立金(参见本书前文所引述的奥立金的观点)颇有瓜葛。

6世纪后半叶,出现另一个赞同画像的论证;这见于旭梅昂·陶马斯托雷特斯（Symeon Thaumastoreites）的布道，或书信作品中，他曾经强烈要求严厉惩罚那些毁坏和亵渎教堂中基督像和圣母像的撒玛利亚人，尽管他的论述尚未成为有系统、有逻辑的理论辩护，但是他依然就画像的普遍属性给出了理性的思考和辩护：

"Τοσοῦτον γὰρ εἰς ἔλεγχον ἁμαρτημάτων πλάνης ὁ θωσμὸς τῆς παρανόμου αὐτῶν θρησκείας ἐλέγχεται, ὥστε πρὸς τὰ μεγέθη τῶν προλεχθέντων καὶ ξύλα γλύφοντες Ἕλληνε καὶ γλυπτὰ θρησκεύουσι προσκυνοῦντες ὡς θωούς. Καί ποτε μὲν χρυσοχόοις καὶ ἀργυροκόποις καὶ ἀνδριοπλάστεις χαλκοῦ καὶ πηλουργοῖς καὶ ἱστοριογράφοις οὐκ ἐντρέπονται προσερχόμενοι καὶ αἰτούμενοι ἀναστῆσαι τὸ ὅμοιον τοῦ κιβδήλου· περὶ ὧν καὶ ἡ σοφία ἔλεγεν· Ἐν ἐπιμελείᾳ ἀργίας αὐτοῦ ἔπλασε γλυπτόν, καὶ ἐν κόλλῃ ἐρρύθμισεν αὐτό· καὶ ποιήσας αὐτῷ οἶκον ἄξιον, κατέχρισε γῆν· ἐν τοίχῳ ἔθηκεν αὐτὸ ἀσφαλισάμενος σιδήρῳ. ἵνα μὲν οὖν μὴ καταπέσῃ προενοήσατο αὐτοῦ, εἰδὼς ὅτι ἀδυνατεῖ ἑαυτῷ βοηθῆσαι· καὶ γὰρ ἐστιν εἰκών, καὶ χρείαν ἔχει βοηθείας. Περὶ δὲ κτημάτων καὶ γάμων αὐτοῦ καὶ τέκνων εὐχόμενος, οὐκ αἰσχύνεται τῷ ἀψύχῳ προσλαλῶν· καὶ περὶ μὲν ὑγείας τὸ ἀσθενὲς ἐπικαλεῖται· περὶ δὲ ζωῆς τὸ νεκρὸν ἀξιοῖ· περὶ δὲ ὁδοιπορίας τὸ μηδὲ βάσιν κατήσασθαι δυνάμενον· καὶ περὶ πορισμοῦ καὶ ἐργασίας χειρῶν τὸ ἀδρανέστατον ταῖς ἐλπὶς αὐτῶν.'

Ὁρᾷς ταῦτα, ὦ πλούσιε, σὲ γὰρ ἀφορῶσιν ὀξέως οἱ

λόγοι μου, περὶ ὧν ἔχεις ἐπιθυμιῶν τοῦ αἰῶνος τούτου; Οὕτως γὰρ ἀπόκειται τοῖς Ἕλλησι νεκρὰ προσδοκία· πλεονεκτοῦσι γὰρ πρὸς τὰς ἡδονὰς τοῦ αἰῶνος, ἑαυτοὺς ἐν αὐταῖς ἐπείγοντες, πρὸς καὶ τὰ εἴδωλα συγχαίρειν αὐτοῖς καὶ συναιρεῖσθαι ἐν ταῖς ἀδικίαις καὶ τρυφαῖς καὶ πορνείαις καὶ μιαραῖς πρὸς τελετὴν τῶν δαιμόνων θυσίαις καὶ σπονδαῖς· παρατιθοῦντες τράπεζαν τῇ ψυχῇ, τουτέστι τῷ δαίμονι, καὶ οἴνου κέρασμα πρὸς μέθην ἐν κώμοις καὶ μέθαις καὶ ᾄσμασι πορνικοῖς καὶ πολυστρόφοις χορείαις ἔνθα ἡ πᾶσα κνίσσα τῶν εἰδόλων αὐλίζεται· πρὸς τὰς ἀνόμους ταύτας καὶ βλαβερὰς ἡδονὰς συγχαίροντες τοῖς σκολιοῖς διαλογισμοῖς. Εἰ γὰρ καὶ Χριστιανὸς εἶ λεγόμενος, ἐν τούτοις ὡς διεφθαρμένος κεχώρισαι ἀπὸ θεοῦ, ὅτι εἰς κακότεχνον ψυχὴν οὐκ εἰσελεύσεται σοφία.

Ἴσως δέ τις τῶν ἀπίστων φιλόνεικος ὢν ἀμφισβητοίη λέγων, ὅτι καὶ ἡμεῖς ἐν ταῖς ἐκκλησίαις εἰκόσι προσκυνοῦντες ὡς ἀψύχοις προσερχόμενοι εἰδώλοις λογισθησόμεθα. Μὴ οὖν γένοιτο τοῦτο ἡμᾶς ποιεῖν· τὰ γὰρ τῶν Χριστιανῶν πίστις ἐστὶ καὶ ὁ ἀψευδὴς ἡμῶν θεὸς ἡμῶν θεὸς ἐνεργεῖ τὰς δυνάμεις. Οὐ γὰρ τοῖς χροειδίοις προσερχόμεθα, ἀλλ' ἐν ὑπομνήσει τοῦ ἀντιτύτου ὑπογράμματος ὁρῶντεσ τὸν ἀόρατον διὰ τῆς ὁρωμένης γραφῆς ὡς παρόντα δοξάζομεν, οὐχ ὡς μὴ ὄντι θεῷ πιστεύοντες, ἀλλ' ὡς ὄντι ἀληθῶς· οὔτε δὲ τοῖς ἀρίοις ὡς μὴ οὖσιν, ἀλλ' ὡς οὖσι καὶ ζῶσι παρὰ τῷ θεῷ, τῶν πνευμάτων αὐτῶν ἁγίων ὄντων καὶ δυνάμει θεοῦ βοηθούντων τοῖς ἀξίως δεομένοις.

Γέγραπται γάρ· ''Ο θεὸς ἡμῶν ἐν τῷ οὐρανῷ καὶ ἐν τῇ γῇ πάντα ὅσα ἠθέλησεν ἐποίησεν· ἐξομολόγησις καὶ ὡραιότης ἐνώπιον αὐτοῦ, ἁγιωσύνη καὶ μεγαλοπρέπεια ἐν τῷ ἁγιάσματι αὐτοῦ· οἱ δὲ θεοὶ τῶν ἐθνῶν δαιμόνια, καὶ ἔργα χειρῶν ἀνθρώπων'. Διὰ τοῦτο καὶ οἱ πιστεύσαντες αὐτοῖς, ἕτερος τὸν ἕτερον εἰς ἀναίρεσιν ἤνεγκαν· ἐξέχεον γὰρ αἵματα ἐν φόνοις, διὰ κλοπὴν καὶ δόλον, φθοράν τε καὶ ἀπιστίαν, ταραχὴν καὶ ἐπιορκίαν θορύβοις ἀτάκτοις, χαρίτων ἀμνηστίας, ψυχῶν μιασμόν, γεννήσεως ἐναλλαγὰς καὶ γάμων ἀταξίας, μοιχείας τε καὶ ἀσελγείας. Ἡ γὰρ τῶν ἀνωνύμων εἰδώλων θρησκεία ἐν τῷ πλούτῳ τοῦ αἰῶνος παντὸς κακοῦ αἰτία, ἀρχή τε καὶ πέρας ἐστίν. Ἡ γὰρ εὐφραινόμενοι μεμήνασιν ἢ προφητεύουσι ψευδῆ ἢ ζῶσιν ἀδίκως ἢ ἐπιορκοῦσι ταχέως· ἀψύχοις γὰρ εἰδώλοις πεποιθότες, κακῶς ὀμόσαντες ἀδικηθῆναι οὐ προσδέχονται· ἀμφοτέρωθεν δὲ αὐτοῖς μετελεύσεται τὰ δίκαια. Οὐ φὰρ ἡ τῶν ἀμυνομένων δύναμις, ἀλλ' ἡ τῶν ἁμαρτανόντων δίκη ἐπεξέρχεται τῇ τῶν ἀπίστων καὶ ἀδίκων παραβάσει, ὅτι κακῶς ἐφρόνησαν περὶ θεοῦ προσεσχηκότες εἰδώλοις καὶ ἀδίκως ὀμόσαντες κατεφρόνησαν ὁσιότητος.

Χριστὸς δὲ ὁ θεὸς ἡμῶν ἐπιεικὴς καὶ ἀληθής, μακρόθυμος καὶ ἐλεεῖ διοικῶν τὰ πάντα ὅσα ἐποίησεν· ὅτι αὐτοῦ ἐστὶ τὰ πάντα, καὶ αὐτῷ πρέπει ἡ δόξα σὺν τῷ πατρὶ καὶ ἁγίῳ πνεύματι εἰς τοὺς αἰῶνας τῶν αἰωνων. Ἀμήν."①

"他们那一违反律法的敬神礼仪，是如此这般地提供了它们有过犯的证据，以至于超出已经提及的［过犯的］最大限度之外，［还必须提及的是，］希腊人也雕琢木料，并且崇拜雕琢的作品、将它们敬若神明。他们毫不羞馁于服侍金、银塑像，他们用青铜打造雕像，或者用陶土造作塑像，或者毫不羞馁于去求助画家，为自己描画非真实者的画像，就此《智慧篇》曾经说过：'他以闲暇的热情造作雕像，以泥土完善之，为它建了荣耀至极的房子，并且漫平了地板，他将它悬挂在墙上，并且以铁具固定它，他还操心照料它，以使它不至于滑落，而且他固然深知，它自己无能为力，因为它是一幅画，并且需要帮助。如果他为了他的财产、妻子、孩子祈祷的话，那么他丝毫也不羞怯于向这一毫无灵魂者倾诉：为了健康，他呼求这一羸弱不堪者；为了活命，他乞愿这一亡命之徒；为了行旅，他祝祷这一寸步难行者。因着这种事由和手工造作之物，最无能的雕像却被群手用来祈求良善的德能（《智慧篇》13, 13-19）。看啊，你们心如死灰，你们的希望比尘埃还卑微。'（《智慧篇》15，10）

看看这个吧！你这个富人！我的话就是冲你而来的！就是冲你这个欲情于此间世界的人！这个世界是你所窃有的！就是以这样的方式希腊人的希望破灭了。富人们贪欲此间世界的享受，以沉醉于其中；富人们欲求于偶像，以和它们一道弹冠相庆，以和非正义、纵情放浪、淫乱奸佞、卑鄙无耻等沆瀣一气；［富人们也的确如此

---

① 就此请参见 Symeon Thaumastoreites, Sermo 8, 9-11. In: B. Kotter, Die Schriften des Johannes von Damaskos (Patristische Texte und Studien 17). Berlin - New York 1975. III (Contra imaginum calumniatores orationes tres). S. 194 f。

行事],以圣化给群魔的祭献和祭酒。他们为幽灵、也就是魔鬼安放供桌,为了酗饮而为其供奉混合酒品;在觥筹交错、杂沓喧嚣以及此起彼伏的靡靡之音中,给偶像的全部祭献终于粉墨登场;在这样放荡不羁和玷污亵渎的欲乐中,他们欢欣于那扭曲的思想。即使你被称为基督徒,那你作为腐朽者也是远离上帝的,因为智慧不会进入一个在恶中施妄的灵魂。

或许一个喜欢争吵的非信徒要反驳说,即使是我们也在教堂中恭敬画像,并且将我们和那些追随失魂落魄的偶像的人们等量齐观。而恰恰这等苟且之事,我们不干!相反,基督信徒拥有信仰,我们真实的上主以众多的权能运作(在众多的权能中运作)。我们并非投奔空洞的表象,而是借助所描摹的形象而回忆,借助可视的图画寻视那不可视者;我们并非作为一些相信并不存在的神明的人,而是作为信仰真实存在的上帝的人,将他赞美为当下此在者。我们并非将圣人们视为并不存在者,而是将他们恭敬为存在者和活在上帝之中者,他们的精神是神圣的,他们在上帝的力量中助佑那些恰当地向他们祈祷的人们。

因为经上记载着:'我们的上主只要愿意,就在天上、地上行事(《咏》113,15)。赞美与荣耀在他面前,神圣与庄严在他的圣坛之中。而异教众神则是魔鬼,他们是人手的造作之物(《咏》95,4-6;113,4)。'因此信赖他的人们稳操胜券;而其对手则在谋杀中充满血腥,在偷盗和欺骗中、在腐败和无诚信中、在反叛和背弃中陷入于纷纭杂沓的动荡不安;他们被善行遗忘,灵魂的污浊、天生的缺憾、婚姻的无序、淫乱与放荡,将他们卷入衰亡;而在这一世界的富饶中对于无名偶像的崇拜则是所有恶的原因、开端以及终结。而愉悦于这些的人则是陷入疯狂,他们预言谎言,活在非正义中，或者发假誓愿；他们依赖毫无魂魄的偶像，借着发假誓愿而阻挠［正信］，并且由此而［对正信］施加影响；一有机会，他们就无孔不入。并非是复仇的力量，而是对罪人的惩罚，会降临到背信弃义者中，因为他们对上帝胡思乱想，因为他们与偶像情投意合，因为他们发假誓愿而蔑视至圣。

而基督，我们的主，才是美善、至真和高尚的，他以垂怜引导着一切他所做过的事情，因为造物归属于他；他与父和圣神同享光荣，直到永远，阿门！"

在此必须说明的是，旭梅昂·陶马斯托雷特斯在此并非严格地，而是自由地引用《旧约》中的《智慧篇》和《圣咏》，因此，本书笔者并未录用思高本中文译文，而是根据他的希腊原文翻译的；他所引用的《智慧篇》中的段落（13, 10-19）批评了偶像崇拜，思高本的中译是这样的："有些人真是可怜！他们竟将希望寄托于死东西上，竟称人的手工、金银和艺术的创作、动物的肖像，或古人雕刻的无用的石为神。设想：有个木匠，锯来一棵适用的树木，精巧地剥净树皮，熟练地施展技巧，制成一件日常生活的用具；以后用工作剩余的碎木，煮饭充饥；后来由那些剩下一无所用的废木中，取出一块弯曲多疤的木头，在闲暇无事时，辛勤地加以雕刻，本着自己熟练的手艺，按图样将它刻成一个人像，或做成一个卑贱的兽像，涂上丹砂，将外皮漆成红色，遮住一切疤痕；随后，为它做一个适宜的居所，把它嵌在墙上，用钉子钉住，预先加以照顾，免得它掉下来，因为他知道：这件东西是不能自助的，不过只是偶像，需要人来扶助。但是他反不感羞耻地向这无灵之物祷告，祈赐财富、妻室和子嗣；向这虚弱的东西，要求健康；向这死物，要求生命；向这无能的东西，要求援助；向这有脚不能行的东西，要求旅行;向这有手而毫无动作的东西,要求发财、工作、事业成功的力量。"此外,《智慧篇》15,10 的中译是这样的:"他的心已如死灰,他的希望比尘埃还卑微,他的生命比泥土更卑贱。"

同样,旭梅昂·陶马斯托雷特斯在这一段文本中所提及的《圣咏》,也并非精确的原文引用,而应当是根据记忆的自由引用,本文根据其希腊文布道原典中的文本译出。《圣咏》95,4-6 的思高本中译是这样的:"因为上主伟大,应受赞美,唯他超越众神,可敬可畏。万邦的众神尽属虚幻,但上主却造成了苍天;威严与尊荣,常在他的面前,权能与光耀,围绕他的圣坛。"而 113,15 的思高本译文是这样的:"愿你们蒙受上主的降福,他是上天下地的造化主!"此外,包括旭梅昂·陶马斯托雷特斯在其原文中所引用的第 4 小节在内的《圣咏》113,3-8 小节,是一段关于偶像的述评,其思高本中译是:"我们的天主在天上居住,他创造了他喜爱的万物。外邦人的偶像无非金银,不过是人手制造的物品:偶像有口,不能言,有耳,不能听,有鼻,不能闻,有手,不能动,有脚,不能行,有喉,不发声。铸造偶像的人,将与偶像同亡;凡信赖偶像的人,也将是一样。"

就旭梅昂·陶马斯托雷特斯的文本而言,他的论述表明了画像论的变端,并且具有如下历史结构论和神学本体论两个方面的基本属性;一方面,如果在他的文本中仅仅是旁及基督宗教的画像说,而主要涉及的是人们要摒弃的异教众神的偶像的话,那么在其反对的论据中,尽管古老的护教的痕迹依然是彰明较著的,但是,一个不争的事实是,时至公元 6 世纪晚期,情形已大变,基督宗教不仅早已不再受迫害,而且甚或已经成为主流的宗教,反对画像的观点作为论战的一个方面究竟还有多强,或曰是否的确能够作为一个对立面，应当是一个值得提出的问题；就此凸现而出的变端是，尽管反对异教偶像的传统论据依然具有强势，但是基督宗教画像的存在与流行对于所有人而言（这其中当然包括教父们，无论他们是否参与关于画像的论战）也早就不能视而不见；由此给我们的一种印象是，传统的论据（特别是反对画像的论据）在面临一种新的事实时，似乎必须要改弦更张，以首先成为一种为画像（特别是基督宗教的画像）的正当性而辩护的论据，然后才是要反对在基督宗教的画像和古典的以及异教的画像之间作比较的企图和这一企图的实施，以表明这两者之间的不可同日而语，以守护基督宗教画像的恰当性与正当性；而在其论辩之中，尽管表述的篇幅似乎不大、但是似乎更为原本的、更为本色的意图在于，批评那些富有而却在荒诞中生活的基督徒，批评他们并未心向上帝，在他们的心中并未服侍和恭敬上帝，而是对异教众神的敬拜和偶像崇拜充斥他们的身心；这样的批评尽管篇幅不大，但也并非弦外之音、旁敲侧击的，并非是偃旗息鼓的，而是大张旗鼓的，并非委婉曲折的，而是直截了当的。另一方面，当此之时，面对历史的变端，对于基督宗教的学者们而言，一个首要的任务就是，必须确定异教的和基督宗教的画像的区别；就旭梅昂的表述而言，其区别在于，偶像表述现实中并非实存者，而基督宗教的画像则表述的确存在的上帝和的确生活过（并且永恒的生活在上帝之中）的诸多圣人；这为基督宗教画像存在的正当性找出并奠定了神学本体论的理由；就此他强调说，与异教的（其实并不存在的）众神，甚或与希腊人以造像表述的（本质上也是虚幻的）众神祇完全不同的是，基督宗教的上帝、基督信徒所信仰的上帝，尽管是精神性的、不可视的，但却是的确存在的，而画像就成为了通向他的桥梁，或曰画像尽管与原象毫无相似之处，但是作为可视者则能够将人引导向不可视者、引导向对于不可视者的思考之中；在这个意义上，画像就不再仅仅是一种对于没有学养之人初阶性的循循善诱，而是具有了实践功能、普遍价值、终极目的，以及本体形上之意义；于是，画像不仅有了奥古斯丁所说的回忆功能，因而不再仅仅是某些人群（部分人群），而且是所有人都需要的。

一篇传承至今但其作者却不为我们所知的短文，是对于《出谷纪》20，3-5 的注释，它非常明确地肯定了基督宗教画像的存在意义：

"'Οὐκ ἔσονται σοι θεοὶ ἕτεροι πλὴν ἐμοῦ. Οὐποιήσεις ἑαυτῷ εἴδωλον, οὐ δὲ παντὸς ὅμοιον, ὅσα ἐν τῷ οὐρανῷ ἄνω καὶ ὅσα ἐν τῇ γῇ κάτω καὶ ὅσα ἐν τοῖς ὕδασιν ὑποκάτω τῆς γῆς· οὐ προσκυνήσεις αὐτοῖς, οὐδ' οὐ μὴ λατρεύσεις αὐτοῖς.'

Σχόλιον.

Εἰ καὶ ποιοῦμεν ὁμοιώματα ἀντρωπων θεοσεβῶν, οὐκ ἐπι τὸ προσκυνεῖν ὡς θεοῖς, ἀλλ' ἵνα ὁρῶντες αὐτοὺς εἰς ζῆλον αὐτῶν ἔλθωμεν. Εἰ δὲ ποιοῦμεν ὁμοίωμα τοῦ Χριστοῦ, οὐκ ἵνα τῷ ὁμοιώματι προσκυνῶμεν, ἀλλ' ἵνα ὁ νοῦς διὰ τοῦ ὁρᾶν ἀναπτερωθῇ. Οὐ γὰρ εἰκόνι φθαρτῇ φθαρτοῦ ἀνθρώπου προσκυνοῦνεσν· ἀλλ' ἐπειδὴ ὁ θεὸς ἠξίωσεν ἀτρεπτωςγενέσθαι ἄνθρωπος, ποιοῦμεν αὐτοῦ τὴν εἰκόνα ὡς ἀνθρώπου, κιάπερ εἰδότες αὐτὸν φύσει θεὸν ὄντα. Οὐκ αὐτὴν οὖν θεὸν τὴν εἰκόνα λέγομεν, ἀλλὰ θεὸν οἴδαμεν τὸν ἐν τὴν εἰκόνι γραφέντα, οὗ τὸ ὁμοίωμα ἔχει ἡ εἰκών. Ἕλληνες δὲ πλανώμενοι τὰ ὁμοιώματα θεοὺς δοξάζουσι, οἷς καὶ θύουσιν."①

"'除我之外,你不可有别的神。不可为你制造任何仿佛天上,或地上,或地下水中之物的雕像。不可叩拜这些像,也不可敬奉(《出》20,3-5)。'

笺注:

如果我们给虔诚的人们也提供画像,这并非为了让他们将其作为众神而叩拜,而是当我们看到这些人时,要达成他们的热忱。而如果我们创作基督的画像,那么这并非为了向着这幅画作祈祷,而是为了使我们的精神(意识、知觉)通过这样的观想而被向上提升。也就是说,我们并非敬拜一个可朽坏之人的可朽坏的画像,而是因为上主认为好的是,自身毫不减损而成为人,所以我们把他的画像作为一个人的画像来创作,尽管我们知道,根据本质而言他是上帝。我们并非称这幅画本身为上帝,而是我们知道,在画中所描述的是上帝,这幅画给出了他的形象。而迷乱的希腊人则将画作视为众神,并且祭祀他们。"

从基本的神学命题和思维方式上来看,这篇尽管短小、但是却十分精湛的文本,透析出代表教会主流的基督两性论,亦即神性与人性的圆融无碍、周流遍至,同时也透析出东部的特点,亦即对于神性的强调。而由此出发涉及画像争执时,则将被视为异教的希腊人的画像观点和基督宗教的画像说对立起来加以讨论。这篇短文批评希腊人混淆绝对的存在和此间世界中质料性的存在,将画作视为

---

① 就此请参见 J. D. Mansi, Sarorum conciliorum nova et amplissima collectio. Florentiae (Nachdruck Paris-Leipzig) 1902. 13, 188 D。

上帝自身；在谈及基督宗教的画像时，似乎已经不见了驳斥画像否定论的意图，尽管它所注释的《出谷纪》20，3-5恰恰是禁止画像和偶像崇拜的诫命，而是在并未提及异教画像和偶像崇拜的情形下，下车伊始就在普遍性的意义上肯定了基督宗教的画像，特别是基督的画像；由此我们庶几可以说，这一方面表明，当此之时，基督宗教的画像应当已经被接受为一种理所当然的事实，并由此而无须在赞同或反对的意义上再加以言说；而另一方面也表明，赞同画像的基督宗教学者更娴熟地运用了基督宗教基本的神学程式，也就是基督两性论；换言之，道成肉身就是使上帝画像（基督画像）成为可能性的最基本的理由；也就是说，尽管上帝的无可描摹性依然被保有，但是由于他成为了人，于是他作为人是能够被描摹的；而在此值得注意的是，并非神性（上帝）被描摹，而是被描摹的（所描摹的、所图画的）是上帝；也就是说，并非画作本身被敬拜，并且由于并非画作本身被敬拜，而是被描摹者（画作所要表达者）被敬拜，所以并非可朽坏的人的可朽坏的画像、更非质料性的画作被敬拜，而是上帝（基督）被敬拜。实际上，道成肉身作为赞同上帝画像可能性的论证，在早期为基督画像作辩护的论证中已经存在了，前文在"从逻各斯基督论而产生的画像学说的变端"部分中所提及的埃皮法尼尤斯，是反对这一论证的。这篇笺注在其后的画像争执中究竟产生何种影响，我们不得而知，因为在其后的三百年中庶几无人提及之，何况其成文的准确纪年也难有最终的定论，但是无论如何，进入公元7世纪，以及在此后的时代，道成肉身论作为支持画像的论据不仅已然俯拾即是，而且还依然是赞同基督画像的基本论据。

属于公元7世纪，并且被归于康斯坦丁努斯·卡尔托菲拉克斯（Konstantinos Chartophylax）① 名下的一个文本，以理想化了的殉道者档案的文本形式，依然与古典的画像理论有交锋，但是尽管如此，比起前此为止的论争，则已经处在一个更为广阔的理论空间中了：

"Μὴ οὖν εἶπον οἱ κατ' εἰκόνα κτισθέντγες θεοῦ καὶ τῷ τοῦ αὐτεξουσίου δώρῳ φιλοτιμούμενοι πρὸς ἀλογίαν ἐκπίπτωμεν, καὶ δίκην συῶν συστρεφόμενοι τὴν μὲν τῶν καθαρῶν ναμάτω χάριν ἀποσειώμεθα, βορβόρῳ δὲ καὶ ἰλύι πλάνης ἐγκαλινδούμεθα, τὸ βέλτιον οὐχ αἱρούμενοι. Καὶ γὰρ αἰσρὸν ἀληθῶς καὶ λίαν ἄτοπον καὶ ἀνόητον, τὴν ἔννουν φύσιν καὶ ἔμφυξον, λόγῳ τε τιμηθεῖσαν καὶ ἀρετῶν τοσούτοις πλεονεκτήμασι, χαλκῷ καὶ λίθοις τὰς ἐλπίδας τῆς ζωῆς ἐπιτρίβειν, καὶ πορς τὴν πεπατημένην καὶ δούλην ὕλην ἀποπετροῦσθαι ταῖς ἀναισθήτοις.

εἶτα οἴεσθε γὰρ, ὦ οὗτοι, ἔφησαν οἱ δικάζοντες, ὡς ἐν χαλκῷ καὶ λίθοις τὴν σωτηρίαν ποιούμεθα, οὐχὶ δὲ πρός τινα δύναμιν προνοητικήν τε καὶ συνεκτικὴν ἀπποβλέπωμεν, παρ' ἧς τὰ κάλλιστα ἡμῖν περιγίνεται;

Καὶ πῶς πλάσται καὶ λιθουργοί, οἱ μάρτυρες ἔφησαν, ἀγαλμάτων πλῆθος κατασκευάζουσι, ποικίλαις μορφαῖς διασχηματίζοντες, καὶ τοῖς ναοῖς προσηλοῦσι; Ὑμεῖς δὲ θυσίαις ταῦτα γεραίρετε, τὴν τῶν ἀπόρων λύσιν παρ'

---

① 关于 Konstantinos Chartophylax 的生平、著作与思想，请参见 Lexikon für Theologie und Kirche. Herder Verlag. Sonderausgabe Freibur Basel Wien 2006. Band 6, 295。

αὐτῶν ἐξαιτούμενοι; Τι δὲ καὶ παρ' ὑμῖν οἱ τύραννοι διεξῆλθον; Ὅ φατε θεῖον, ἐν εἰκόσιν οὐκ ἐγχαράττεται; Πῶς οὖν ἡμῖν διαλοιδορεῖσθε, Οὐκοῦν ἐπείπερἡμῖν, ὦ δικασταί, τοῖς εὐεξελέγκτοις φόγοις τὴν τῶν εἰκόνων γραφὴν παραρτύετε, φέρε τῆς περὶ τοῦτο πλάνης καὶ ἀμφιβολίας ὑμᾶς ἀπαλλάξωμεν.

Οὐ γὰρ τὸ θεῖον ἁπλοῦν ὑπάρχον καὶ ἄληπτονμορφαῖς τισι καὶ σχήμασιν ἀπεικάζομεν, οὔτε κερῷ καὶ ξύλος τῆς ὑπερούσιον καὶ προάναρχον οὐσίαν τιμᾶν ἡμεῖς διεγνώκαμεν.

Ἀλλ' ἐπὶ τοῦ πρώτου καταπαλαισθέντος ἀνθρώπου διὰ τῆς παραβάσεως καὶ τῆς καθελούσης ἀποστατικῆς θρασυνομένης δυνάμεως ἡ φύσις ἐδεῖτο τοῦ ἀναστήσοντος· οὐ γὰρ οἷα τε ἦν ἐξ ἑαυτῆς κάτω κειμένη τὴν ἧτταν ἀναπλάσαι τε καὶ ἀνακαλέσασθαι, τοῦ ἐχθροῦ τῷ πτώματι ἐπεμβαίνοντος· οὔτε μὲν εἰκὸς ὑπῆρχεν μὴ ἐπὶ δευτέροις παλαίσμασι τῆς νίκης τὸν τύραννον ἐκτινάξασθαι· αὐτὸς ὁ δημιουργὸς τοῦ οἰκείου ποιήματος, ὁ τῆς τριάδος εἷς, ὁ θεὸς λόγος, ὥσπερ οὐ τῇ πλάσει πάλαι τῆς φύσεως ὑπουργόν τινα ταρεστήσατο, οὕτως οὐδὲ νῦν τὴν εἰκόνα φθαρεῖσαν ἀνανεούμενος, ἄλλῳ τὴν ἀνάκτησιν ἐνεχείρισεν, ἀλλ' αὐτουργῷ δυνάμει χρησάμενος τούς ὑπὲρ ἡμῶν ἀγῶνας ἀνθρωπικῶς ἀνεδέξατο· τοῦτο γὰρ ἦ πως οἰκεῖον θεῷ καταλλήλως τῷ ἀγωνίσματι διαπράξασθαι. Ἐπειδὴ δὲ πᾶς ὁ ἀγωνιζόμενος τρισὶ τρόποις ἢ ἑνὶ γε τούτων ὑπερμάχεται τὸν ἀντίπαλον, ἢ γὰρ ἀπάτῃ ἢ νόμῳ ἢ τυραννίδι τοὺς μὲν δύο παντελῶς ἐπαφεὶς ὡς ἀχρήστους καὶ οὐκ οἰκείους, οὔτε μὲν τοῖς δι' οὓς ὁ ἀγὼν λυσιτελεῖς τε καὶ ὠφελίμους ὁ ἡμέτερος πρόμαχος, ἥ τε γὰρ ἀπάτη διεψευσμένην ἔχει τὴν νίκην φαύλως τὸν ἀνταγωνιστὴν ἀνατρέπουσα, ἥ τε τυραννὶς παραλόγῳ βίᾳ κρατεῖ, μὴ ἐξ ἴσου ποιουμένη τὴν συμπλοκήν· τὸν δὲ λοιπὸν ἐγκρίνας τῶν τρόπων ἐπὶ τὴν κατὰ νόμον πάλην ἐχώρησε. Καὶ σάρκα λαβὼν ἐκ τοῦ πεσόντος φυράματος, ἐψυχωμένην ψυχῇ λογικῇ τε καὶ νοερᾷ, μείνας ὅπερ ἦν καὶ τῶν ἑαυτοῦ μὴ ἐκστάς, πάντα γίνεται, πλὴν τῆς ἁμαρτίας, ὅσα καὶ ἐξ ὦνπερ ὁ ἄνθρωπος. Καὶ μήτε δοκήσει τὸ σὰρξ φανῆναι σχηματισάμενος, μήτε γυμνῇ τῇ θεότητι συμμίξας τῷ πονηρῷ· τὸ μὲν γὰρ ἀπατηλόν τε καὶ ἄτολμον, τὸ δὲ τυραννικόν τε καὶ βίαιον· οὐκ ἄλλως ἢ τῇ ἡττημένῃ φύσει δικαιοσύνης περιουσίῳ τὸν ἀπάτῃ καθελόντα διεχειρίσατο, πρότερον διὰ πασῶν τῶν ἀνθρωπίνων ἐκτὸς ἁμαρτίας παθῶν, ὧν ἡ κακία μήτηρ ἐγένετο, νόμῳ φύσεως ὁδεύσας ὑπερφυῶς, πείνης φαμὲν καὶ δίψης, κόπων τε καὶ δακρύων καὶ ἱδρώτων καὶ ἀγωνίας καὶ καὶ μωλώπων καὶ φθορᾶς καὶ θανάτου· ὡς ἂν ἐν αὐτῷ προσπίπτοντα ταχέως ἐξαφανίζοιτο, καθάπερ ἐν χωνείᾳ πᾶν τὸ περιττὸν καὶ μὴ δόκιμον, καὶ τὸ γένος ῥύπου παντὸς ἐκκαθαίροιτο καὶ μένοι ὅπερ ἦν πρὸ τοῦ πτώματος. Ἐπὶ πᾶσιν ἐκ τῶν νεκρῶν ἀναστὰς καὶ εἰς οὐρανοὺς ἀνελθών, αὖθις τε κριτὴς ἕξειν ἐπαγγειλάμενος, τὸ ἀσφαλὲς τῆς τῶν σωμάτων ἐγέρσεως καὶ τῆς κατὰ τὴν φύσιν διηνεκοῦς ἀφθαρσίας ἐντεῦθεν ἐμῖν ἐπιστώσατο.

Τοῦτον τοιγαροῦν ἐν ᾗ παρεδείχθη μορφῇ καὶτοῖς ἀνθρώποις συνανεστράφη τοῖς πίναξιν ἐπιγράφομεν, ὑπομνησιν τῆς δι' αὐτοῦ σωτηρίας τόν θεῖον τύπον ποιούμενοι· καὶ οὐ καθ' ὑμᾶς ποικίλας εἰδέας παράγοντες καὶ σχήματα κατὰ τὸ δοκοῦν διαγλύφοντες. Ὁ μὲν γὰρ ὑπηνήτης ὑμῖν θεός, ὁ δὲ θηλύμορφος καὶ ἡμίανδρος· καὶ ὁ μὲν παρηβηκὼς καὶ τὴν ὥραν ἀπολιπών, ὁ δὲ τὴν ὄψιν φέρων ἀκμάζουσαν· καὶ ὅλως πολυειδεῖς καὶ διάφοροι τῶν θεῶν ὑμῖν εἰκόνες ἐπινενόηνται. Πόθεν τοίνυν λαβόντες οὕτω τοιαῦτα γράφειν ἐδοκιμάσατε;

Ἀλλ' εἰ καὶ τὰς μορφὰς τῶν θεῶν, ἔφησαν οἱ δικάζοντες, διαφόρους εἶναι συμβέβηκε κατὰ τὴν τῶν εἰκόνων παράδειξιν, ἀλλα τις λόγος ἡμῖν θειότερος παραδίδοται πρός τινα θεωρίαν ἀκραιφνῆ τε καὶ ὑψηλὴν ἀναβιβάζων τὴν ἡμῶν τὴν διάνοιαν καὶ συνάγων πρὸς τὸ ἀρχέτυπον, καὶ οὐχ ἐῶν πρὸς τὸ τῆς ὕλης εὐτελές τε καὶ μεριστὸν κατάγεσθαι καὶ διασκεδάννυσθαι ἢ τοῖς τῶν χρωμάτων ἐναπομένειν ποικίλμασιν, ὧν ἐξηγεῖσθαι ὑμῖν ἀμυήτοις οὖσιν καὶ ἀλλοτρίοις οὐκ εὐαγὲς οὐδὲ ὅσιον· ἀλλ' εἰ μύσται καὶ θιασῶται τῶν ἡμετέρων γενέσθαι προθυμηθείητε, πᾶν ἐμφανίζομεν ὑμῖν, οὐκ ἀποκρυπρόμενοι τὸ ἀπόρρητον. Περὶ γὰρ τοῦτον μὲν πρεσβύτερον, τὸν δὲ νεώτερον ἐμφαίνειν θεόν, τοῦτο καὶ ὑμῖν συνδοκεῖ, πατέρα καὶ υἱὸν ὀνομάζουσι· πρόδηλον γὰρ ὡς ὁ γεννῶν τοῦ γεννήματος προεπινοεῖται καὶ προΰπεστιν.

Ἔστω ταῦτα, ἔφησαν οἱ ἀθληταί, καὶ καθ' ὑμᾶς οἱ ἀνθρωποειδεῖς θεοὶ ἐν ὑπονοίαις καὶ τροπαῖς ἀναγέσθωσαν καὶ συμβολικῶς ἐθεάσθωσαν. Πῶς δ' ἂν κυνοπρόσωπος ἀλληγορηθείη θεός, ἢ κεράσφορος καὶ τραγοσκελὴς καὶ μιξόθηρ καὶ τὴν φύσιν ἀμφίβολος; Δέον μεγαλοπρεπεῖς καὶ τὰς κατ' αἴσθησιν περιλήψεις τῶν θειοτέρων ὑπάρχειν, εἴπερ μὴ μέλλοιμεν περὶ τὸ τῆς ἐλπίδος ἀκρότατον διασφάλλεσθαι. Ἀσεβὲς γὰρ ὄντως καὶ οὐ λογικῶν οἰκεῖον ἀνδρῶν, δι' αἰσχρῶν συμβόλων τὸ θεῖον χαρακτηρίζειν καὶ κυνώδεις ἐμφάσεις ἐφαρμόζειν τῇ πρώτῃ φύσει καὶ κρείττονι καὶ τῆς προνοίας καθυλακτεῖν. Πρεσβύτερον δὲ θεὸν καὶ νεώτερον λέγειν παραιτητέον ἡμῖν· τῶν γὰρ ποιημάτων ταῦτα τῶν ἐν χρόνῳ. Ἀνάρχῳ δὲ φύσει καὶ ἀιδίῳ τούτων οὐδὲν μέτεστιν ὡς ὁ ἡμέτερος λόγος· ἐπέκεινα γὰρ τὸ θεῖον χρόνου παντὸς καὶ ἀρχῆς καὶ πάσης τῆς νοουμένης ἐν τοῖς κτίσμασιν ἰδιότητος, εἰ καὶ κλήσεσιν ἀνθρωπικαῖς οὐ καιρίως τοῦτο κατονομάζομεν φύσεως ἀσθενείᾳ καὶ ταπεινότητι. Οὔτε οὖν πατὴρ υἱοῦ δίχα, οὔτε υἱὸς πατρὸς ἐπινοηθήσεται κατὰ τοὺς πρέποντας λόγους καὶ ἀψευδεῖς, ὥσπερ οὐδὲ πῦρ λαμπηδόνος, οὐδ' ἥλιος ἀκτῖνος· ἵν' ὡς ἐν εἰκόνι βραχείᾳ καὶ πόρρω διεστηκυίᾳ κατὰ τὸ ἐγχωροῦν τὰ ὑπὲρ ἔννοιαν κατοπτεύσωμεν."①

"殉道者们说，按照上帝原象被创造的，并且被赋予了自由意志的我们，不要陷入到非理性之中！不要让猪纠缠我们！不要离弃那纯净本源的恩宠！不要辗转反侧于谬误的泥泞与粪土之中而愚弄了精华！因为的确羞耻、非常愚蠢，并且荒谬的是，富有精神和灵魂、富有理性和那样多德行的优越的受造物，借着青铜和石头而毁灭了对于生活的希望，甚至将思维的妄动专注并朝向可鄙视的和奴役人的质料。

你们法官们说，我们在青铜和石头中为我们备下了救赎，而并非更多地期待于一个我们可参与其间的优渥有佳的关怀和护佑的力量；你们这样认为吗？

而殉道者们则说，为什么画家们和石刻家们为众神造作如此众多不同之造像，并且将它们带到庙宇中？你们以祭献膜拜它们，并且乞求疑虑的解决。专制者们为什么容忍你们？你们所说的神明难道不是在画像中被构形的吗？如此行事的你们如何又指责我们迷信呢？法官！由于你们以能够被轻易驳回的论据指责我们造作画像，所以我们愿意在这一点上将你们从谬误和疑虑之厄中救拔而出。

我们并非以任意什么形式和形象描画简质而无可意达的上帝（神性），我们也没有学过以蜡团和木头来恭敬超存在的和超永恒的存在。

但是初人因着其僭越，并且因着其毁灭性的、驱使其堕落的欲情妄动而遭受惩罚，而人的本性恰恰由此而需要一个能将其栽培扶

---

① 就此请参见 Konstantinos Chartophylax, Laudatio omnium martyrum. In: J. P. Migne, Patrologiae cursus completus. Ser. Graeca. 88, 496 C-510 A. 以及 J. D. Mansi, Sarorum conciliorum nova et amplissima collectio. Florentiae (Nachdruck Paris-Leipzig) 1902. 13, 185A-188 A。

植者。这一本性在其所处的惨况中无法出于自身的力量扫除失败,并与之抗争,因为敌人(译注:即欲情妄动)已将其头脚倒置;而并不合适的还有,并非通过新的战斗而战胜专制者(译注:即作为欲情妄动的敌人)。而造物者他自己、出自三位一体的那位上帝的逻各斯,如同他在造物之时无须任何毫厘之助一样,当下此时在更新已朽坏的画作(译注:即人)时也无须作为回报而委信任何一个他者,而是以自身的权能和人的方式为我们而接替了[我们出于自身的力量已经无能为力的]战斗;也就是说,上帝以某种方式循循善诱这一画作进入适合的战斗。而由于每一个斗士都以三种方式或者其中一种方式和敌人周旋,要么借助欺骗,要么借助律法,要么借助暴力,所以我们的先驱斗士为了斗士们而抛弃两个毫无用处、毫不恰当以及毫无益处和毫无用途的,战斗正是为了他们才进行的;并且因为要么欺骗借助蒙蔽迷惑而取胜,并且以恶的方式击倒对手,要么暴力借助非恰当的方式而不公平的掌控和引导战斗,所以他选择另一个方式而按照律法去投入战斗。

他获取了享有知性的和理性灵魂的卑微的肉身,依旧停留于并且并未脱出他所是的[神性]品性,他成为了一个完全的人,除了过犯。当一个(译注:即欺骗)是蒙蔽迷惑和阴森恐怖的,而另一个(译注:即暴力)是专制,并且实施暴力时,而他却不仅表现出了他的并非虚幻的肉身的存在,而且他还以其从不隐匿的神性与恶抗争。并非借助别的什么,而是借助羸弱而优秀的品质,并且也借助正义,他战胜了那一借助欺骗而侥幸获胜者,而且历经除了过犯之外人的所有的逆境,而恶则是所有这些逆境之母,他毅然决然遵循自然法则,也就是通过饥饿口渴、艰辛备至、泪涌涕零、汗流满面、死亡畏惧、辗转抗争,以及失败死亡,以迅速击毁降临在他身上的所有这些,如同所有多余和卑劣者都消溶殆尽一样,以使人性于所有肮脏污秽之中得到净化,并保持其堕落之前曾经所是的。完成所有这些之后,他从死者中复活了,升入天堂,预许要作为审判者而再度降来,并且由此给了我们身心复活的允诺,以及借着这样的许诺的品性而产生的永恒的生命。

只要他获取了人形,并且在人们中生活过,我们就可以将这个〔人形〕画在画板上。为了回忆借着他被运作而出的救赎,我们描绘上帝的形象。我们并非像你们一样滥情于你们冥思苦想而出的形形色色的形象,并且并非根据深思熟虑而描摹之。因为在你们那里,一个神祇是有满面虬髯的,另一个则是女的,再一个是雌雄同体的,又一个是老态龙钟而却出自花苞粉蕊的,还一个则是长着一副花容绽放的面庞的。总之,你们那里众神的画像(εἰκόνες)是形形色色、不一而足的。你们从哪里知道他们必须被这样描画呢?

法官们说,如果的确是这样的话,也就是众神的形象根据画像显示的证据是多样的,那么神性的(或译:上帝的)宣示(谕示)也临在于我们之中,这一宣示(或译:谕示)将我们的思想提升到更加纯洁、更加高尚的观想中,并且引领到原象中,这一宣示(谕示)并不允许我们堕落到质料的贫瘠性和分裂性中,并且被四散分离,或者屈从于颜色的流彩斑斓。但是将这些揭示给你们这些圈外人和陌生人,其实是不恰当和不虔诚的。但是如果你们愿意成为神秘主义者,或者我们的提亚索斯(θιασῶται,Thiasos)的成员,那么我们会给你们揭示一切,并且毫不隐瞒秘密的敬拜传统。而如同你们也认为的,一个神明被描述得比较老,而另一个又比较年轻,你们称一个为父、一个为子;因为毫无疑问,生育者必定被思考为在被生者之前,并且也一定是这样的。

斗士们（译注：即殉道者们）说，但愿如此，也就是在你们那里人形的众神应当也被理解为转义的和形象的，并且应当象征性地被观想。一个神明如何能够象喻性地被想象为有一张狗脸的、长着角的或者公羊腿的、混合的或者半阴半阳的？如果我们并不愿意让我们自己的愿望落空，那么关于神性的理性的认知则也必须与此相符。而非议神明又富有理性的人并不足以借助亵渎的象征来阐释神性，并不足以将狗的劣性赋予首善和至善的神性，并不足以令其狂吠［神性的］预视。至于［你们］说，我们认为有一个较老的和一个较年轻的上帝，那其实是我们所必须严禁的；这类情形属于受造的、时间性的事物，而无始无终、永恒的神性，也就是我们的逻各斯，则截然不同。上帝则立于所有时间、所有开端、所有被受造者所冥想而出的限定之彼岸；而如果我们用人的标示命名之，那么这出于［受造的］本性限定的羸弱性和无能性就是不合适的了；由此，在学有素养的和真实的言说中，父既不与子分开来理解、子也不与父分开来理解，如同火不被和火光分离、太阳不被和光射分离而理解一样；而是只要有可能，我们则在一个微乎其微而又文不对题的画像中瞻视那一超越理解力者。"

在此需要提示的是，异教法官的角色关于画像所表述的观点，和古典晚期的观点十分类似（参见较远的前文所引述的波菲利等人的观点）。

基督宗教批评异教中人敬拜质料，而异教中人（在这一文本中即法官的角色）则针锋相对，特别强调指出画像中的神性的某种力量，特别强调指出这种力量也能够净化人的观想，并且能够将人向上提升到原象中去，特别强调指出他们的敬仰实际上是朝向这种力量的，并且从中期待着或许也是最终的拯救；并且正是由于这样的原因，众神的不同、众神的画像的不同，也就无足轻重了。这篇文本所表述的异教的观点，尽管与基督宗教似乎所有不同，甚或是为了反对基督宗教的画像观点而表述的，但是其中似乎也透露出某种惊人的相似性，比如异教也区分出画像和原象的不同、指出其间的非相似性，也认为画像能够将人领入原象，或曰领入对于原象的纯净而高尚的观想之中；这些观点和当时基督宗教赞同画像的理由十分接近。而从基督宗教角度来看，一方面，基督宗教中人（在这一文本中即殉道者的角色）却也并未放过异教这一似乎也颇为能够被接受的观点，并且指出其匮乏所在，亦即异教画像对于神明的具体的描述实在欠妥（譬如各种动物的形象等），并且由此而并不适合于哪怕是异教自己的神明，同时，更重要的应当是对于神明的理性的理解，这似乎也透析出对于信仰与理性的逻辑关系的考量，以及透过质料的画像而理性地观想和思考上帝的所谓透视思想；另一方面，基督宗教也展示了自己关于画像的完全不同于异教的观点，也就是说，基督宗教之所以有可能性的，以至于有现实性的理由以画像，或曰以某种形象表述原本无可以画像表述的上帝，是因为与异教迥然不同的是，基督宗教的上帝降生成人，并且恰恰由于这一点，基督宗教关于上帝的画像并非随心所欲的、无中生有的造作，而是关涉一个具体的形象，亦即耶稣基督。

写作于公元 7 世纪上半叶而流传至今，并且作者署名为得撒洛尼的若望（Ioannes von Thessalonike）[①] 的一个断简残篇，记载了异教中人与基督信徒的一次讨论，其中也涉及画像问题，而双方的观

[①] 关于 Ioannes von Thessalonike 的生平、著作与思想，请参见 Lexikon für Theologie und Kirche. Herder Verlag. Sonderausgabe Freibur Basel Wien 2006. Band 9, 502-504。

点与上述康斯坦丁努斯·卡尔托菲拉克斯文本中所记述的讨论十分相似：

"Ὁ Ἕλλην εἶπεν· Ὑμεῖς οὖν ἐν ταῖς ἐκκλησίαις εἰκόνας οὐ γράφετε τοῖς ἁγίοις ὑμῶν καὶ προσκυνεῖτε αὐτούς; Καὶ οὐ μόνον τοῖς ἁγίοις, ἀλλὰ καὶ αὐτῷ τῷ θεῷ ὑμῶν· οὕτως οὖν νόμιζε καὶ ἡμᾶς τὰ βρέτη περιθάλποντας οὐκ αὐτὰ προσκυνεῖν, ἀλλὰ τὰς δι' αὐτῶν θεραπευομένας ἀσωμάτους δυνάμεις.

Ὁ ἅργιος εἶπεν· Ἀλλ' ἡμεῖς εἰκόνας ἀνθρώπων γεγενημένων, τῶν ἁγίων δούλων τοῦ θεοῦ καὶ σωματοφόρων, ποιοῦμεν εἰς τὸ μεμνῆσθαι αὐτῶν καὶ τιμᾶν αὐτοῖς, καὶ οὐδὲν ἀπεικὸς ἐργαζόμεθα γράφοντες αὐτούς, οἷοι καὶ γεγόνασιν. Οὐδὲ γὰρ πλαττόμεθα καθ' ὑμᾶς οὐδὲ ἀσωμάτων τινῶν σωματικοὺς χαρακτῆρας δεικνύομεν· ἀλλὰ καὶ προσκυνοῦντες, οὐ τὰς εἰκόνας, ὡς καὶ σὺ προεῖπες, ἀλλὰ τοὺς διὰ τῆς γραφῆς δηλουμένους δοξάζομεν, καὶ τούτους οὐχ ὡς θεούς, μὴ γένοιτο, ἀλλ' ὡς γνησίους δούλους καὶ φίλους θεοῦ, καὶ παρρησίαν ἔχοντας πρεσβεύειν ὑπὲρ ἡμῶν. Τοῦ δὲ θεοῦ εἰκόνας ποιοῦμεν, λέγω δὴ τοῦ κυρίου καὶ σωτῆρος ἡμῶν Ἰησοῦ Χριστοῦ, καθὼς ὤφθη ἐπὶ τῆς γῆς καὶ τοῖς ἀνθρώποις συνανεστράφη, τοῦτον γράφοντες, καὶ οὐχ ὡς νοεῖται φύσει θεός. Ποία γὰρ ὁμοίωσις ἢ ποῖον σχῆμα τοῦ ἀσωμάτου καὶ ἀσχηματίστου λόγου τοῦ πατρός; Πνεῦμα γὰρ ὁ θεός, ὡς γέγραπται, τουτέστιν ἡ τῆς ἁγίας καὶ ὁμοουσίου τριάδος φύφις. Ἀλλ᾽ ἐπεὶ εὐδοκίᾳ τοῦ θεοῦ καὶ πατρὸς κατελθὼν ὁ μονογενὴς αὐτοῦ καὶ θεὸς λόγος ἐξ οὐρανῶν, ἐσαρκώθη διὰ τὴν ἡμῶν σωτηρίαν ἐκ πνεύματος ἁγίου καὶ τῆς ἀχράντου παρθένου καὶ θεοτόκου Μαρίας, τὴν ἀνθρωπότητα αὐτοῦ γράφομεν, οὐχὶ τὴν ἀσώματον θεότητα.

Ὁ Ἕλλην εἶπεν· Ἔστω, τὸν θεὸν λόγον ὡς ἐνανθρωπήσαντα εἰκονογραφεῖτε· τι περὶ τῶν ἀγγέλων φατέ; Ὅτι καὶ αὐτοὺς ζωγραφεῖτε ὡς ἀνθρώπους καὶ προσκυνεῖτε, καίτοι μὴ ὄντας ἀνθρώπους, ἀλλὰ νοεροὺς καὶ ἀσωμάτους λεγομένους τε καὶ ὑπάρχοντας. Οὕτω νόμιζε καὶ τοὺς παρ᾽ ἡμῖν τιμωμένους θεοὺς διὰ τῶν ἀγαλμάτων θεραπεύεσθαι, μηδὲν ἄτοπον ἡμῶν διαπραττομένων, ὥσπερ οὐδὲ ὑμῶν ἐπὶ τῶν γραφομένων ἀγγέλων.

Ὁ ἅγιος εἶπεν· Περὶ τῶν ἀγγέλων καὶ ἀρχαγγέλων καὶ τῶν ὑπὲρ τούτους ἁγίων δυνάμεων, προσθήσω δὲ καὶ τὰς ἡμετέρας ψυχὰς τῶν ἀνθρώπων, νοεροὺς μὲν αὐτοὺς ἡ καθολικὴ ἐκκλησία γινώσκει, οὐ μὴν ἀσωνάτους πάντη καὶ ἀοράτους, ὡς ὑμεῖς οἱ Ἕλληνες φατέ· λεπτοσωμάτου δὲ καὶ ἀερώδεις ἢ πυρώδεις κατὰ τὸ γεγραμμένον· ‘Ὁ ποιῶν τοὺς ἀγγέλους αὐτοῦ πνεύματα, καὶ τοὺς λειτουργοὺς αὐτοῦ πῦρ φλέγον’. Καὶ τοῦτο πολλοὺς τῶν ἁγίων ἡμῶν πατέρων φρονήσαντας εὑρίσκομεν, ὧν ἐστι Βασίλειος ὁ μέγας καὶ ὁ ἐν ἁγίοις Ἀθανάσιος καὶ ὁ μέγας Μεθόδιος καὶ οἱ ἀμφ' αὐτούς. Μόνον γὰρ ὡς ἀληθῶς τὸ θεῖον ἀσώματον καὶ ἀπερίγραπτον, τὰ δὲ νοερὰ κτίσματα οὐ πάντῃ ἀσώματα καὶ ἀόρατα, ὡς τὸ θεῖον. Διὸ καὶ ἐν τόπῳ εἰσί, καὶ ἐμπερίγραφα τυγχάνουσιν. Ει δε που εὕροις ἀσωμάτους καλουμένους τοὺς ἀγγέλους ἢ δαίμονας ἢ ψυχάς, ὡς μὴ ὄντας ἐκ τῆς συμμίξεως τῶν ὑλικῶν τεσσάρων στοιχείων, καὶ τοιαῦτα σώματα πάχεα καὶ ἀντίτυπα, οἷα ἡμεῖς περικείμεθα, οὕτως αὐτοὺς προσηγόρευσαν. Τῷ ὄντι γὰρ ὡς πρὸς ἡμᾶς ἀόρατοι εἰσιν, ὡς ὁραθέντες δὲ παρὰ πλειόνων αἰσθητῶς πλεονάκις τῷ εἴδει τῶν αὐτῶν· ὡράθησαν δὲ ὑφ' ὧν ἤνοιξεν ὁ θεὸς τοὺς ὀφθαλμούς. Καὶ τόπῳ περιγραφόμενοι δείκνυνται μὴ ὄντες πάντῃ ἀσώματοι, ὡς ἡ θεία φύσις. Ἡμεῖς οὖν οὐχ ὡς θεούς, ἀλλ' ὡς κτίσματα νοερὰ καὶ λειτουργοὺς θεοῦ, καὶ μὴ κυρίως ὄντας ἀσωμάτους, οὐχ ἁμαρτάνομεν γράφοντας τοὺς ἀγγέλους καὶ τιμῶντες. Τὸ δὲ ἀνθρωποειδεῖς γράφειν αὐτοὺς ἐκ τοῦ κατὰ συνέχειαν οὕτως αὐτοὺς ὀφθῆναι τοῖς ἐφ' οὓς ἀπεστάλησαν ὑπὸ τοῦ μόνου θεοῦ γεγένηται." [1]

"希腊人说：难道你们没有在教堂中描绘你们的圣人画像，并且敬拜他们吗？甚至不仅圣人，而且还有你们的上帝自己！看看吧！如果我们服侍神明的画像（βρέτη）那么我们并非敬拜它们，而是敬拜非躯体的诸种力量，这些力量借助画像而受到尊崇。

---

[1] 就此请参见 J. D. Mansi, Sarorum conciliorum nova et amplissima collectio. Florentiae (Nachdruck Paris-Leipzig) 1902. 13, 164f。

圣人说：我们为曾经生活过的人完成的画像（εἰκόνες），也就是圣洁的、有身躯的上帝的侍者的画像，是为了回忆他们，并且尊崇他们。我们并非做了不应做的，如果我们描画他们，那是依照他们受造的样子；我们并非按照你们的方式去描画，我们并不勾勒非躯体存在（品性）的躯体属性。我们并非像你所说的那样敬拜画像（εἰκόνες），而是尊崇在画像中所被描述者，这一被描述者并非作为众神明，绝对不是！而是作为上帝的侍者和朋友，他们很愿意为我们祈祷。而上帝的画像（εἰκόνες），也就是我们的主、我们的救主耶稣基督，我们也相应地描绘，如同他在世界上被看到过的、在人群中往来的样子：我们就是这样描绘他，而非根据［神性］本性作为上帝的他。非躯体性的和无形象的上帝的逻各斯究竟能有什么画像或者形象呢？而上帝，也就是说神圣的本性和本质至一的三位，如同经上记载的，是精神（圣神，Πνεῦμα）。但是由于遵循上帝父的至善旨意，他的独生子、上帝的逻各斯，谦谦然自天降下，并且为了我们的得救而由圣神和童贞女上帝之母玛丽亚取得血肉之躯，所以我们描绘他的人性，而非他的非躯体性的神性。

希腊人说：你们将上帝逻各斯描绘为成了肉身的人，这固然不错；但是就天使而言你们又怎样想呢？因为你们也将他们描绘为人，并且尊崇他们，尽管他们并非人类，并且被描述为精神的和非躯体的，而且也的确是这样的。于是如果你们描画天使的话，那么你就不得不承认，我们所崇拜的众神也能够通过画像（ἀγάλματα）而受到敬拜，并且如同你们一样，我们就此所做的事也并非毫无意义。

圣人说：关于天使、总领天使，以及更高的神圣的力量，在此我也愿意加上我们的人类的灵魂，大公教会是这样教导的，亦即他们都是精神之流,但是并非完全非躯体性的和不可视的,不同于你们希腊人所认为的,而是细腻的躯体性、空气或者火的形式,根据经文:'发出暴风,作你的使团,你以火焰,作你的随员。'(《咏》103,4)并且我们认为,许多我们神圣的教父们都是这样想的,其中有大巴希尔、真福阿坦纳修斯,以及梅托迪尤斯(Methodius)和他们周围的人。只有上帝的确是非躯体性的和无可描述性的,而精神性的受造物则不同于上帝,并非是完全的非躯体性的和不可视的;由此他们也是空间性的,并且是可描述的。如果你无论在何处发现,天使、魔鬼,或者精灵被称为是非躯体性的,那么之所以他们被这样称谓,是因为他们并非由四种质料性元素构成的混合体,并且并非是这样牢固、坚实的躯体,如同我们周边的一样。实际上,尽管他们在相对于我们的关系上是不可视的,但是却以自身的躯体的形像而被诸多感觉敏锐者所视见,他们被那些由上帝开启了眼睛的人所看见;而他们能够被在空间中描绘,这表明,他们并非如同神性的本性一样是完全无躯体的。如果我们将并非在原本的意义上无躯体的天使不是作为神明,而是作为精神性的受造物和上帝的侍者来描绘和敬拜,那么我们并没有什么过犯。而天使们之所以被描绘为人的形像,其原因在于,他们在习惯上就是这样被人们所看到的,而他们也是被上帝派遣到那些人中去的。"

原文中提到的梅托迪尤斯(Methodius)应当生活在公元3、4世纪之交[①]。

我们在此也能发现一个已经有所发展的异教的画像学说,这样

[①] 关于 Methodius 能够知晓的情形甚少,请参见 Lexikon für Theologie und Kirche. Herder Verlag. Sonderausgabe Freibur Basel Wien 2006. Band 7, 202-203。

的学说也认为，并非神明画像（并非表述神明的画像）本身，而是被画像所表述的非躯体性的力量才是受到崇敬的；而我们还能够发现的是，基督宗教的和异教的画像的区别也恰恰在于，基督宗教并非躯体性的描绘非躯体性的存在，而是描绘躯体性的存在；对于这里的圣人角色而言，这一点是彰明较著的；上帝的画像庶几仅仅在一种情形下是有可能描绘的，那就是描绘降生成人的形象，这应当是上帝画像的一个原则。

不过，这里的问题在于，非躯体性天使的人形画像似乎是和这一原则有些矛盾，这是得撒洛尼的若望所面临的问题；而这对于他而言却并非什么矛盾，他试图证明，天使也具有某种躯体性和质料性，并且并非出于四种基本元素。而如果他称之为空气形（风形），或者火形，那么他的这类表述指的并非那些元素，而是在《圣经》文本的基础上以某种譬喻性的表述来指称天使。得撒洛尼的若望所阐释的画像学说的基础在于这样的思想，亦即所有受造者都是躯体性、质料性的，只有创造者才是非质料的，非质料性只属于创造者、创世者、造物主。而灵类的受造者的躯体性，也决定着他们的空间的存在、空间的定位，换言之，躯体性决定他们的可视性；当然，也只有那些被上帝开启了眼睛的人才能看到他们；而恰恰由于这些人看到天使的人形，所以天使就能够被如此这般地描绘而出。得撒洛尼的若望的论证似乎并非纯净的逻辑论证，但是如果仅仅追溯到《圣经》，也就是说如果仅仅回溯到《圣经》，并且由此出发（当我们考量他的身份时，这一点也并不奇怪），那么他的论证似乎也能够成立，或曰这样的论证似乎更多地是借助《圣经》的权威而推敲和成立的。

当然，在此必须提示的是，天使的躯体性学说并非是一种普遍的学说；但是如果拒绝这一学说，那么关于天使画像的问题就更加尖锐地凸现出来，早在 6 世纪时，就已经有了要求解决这一问题的呼声，一个归于内鲁斯·守拉斯提库思（Neilos Scholastikos，或译：学者内鲁斯）名下的铭文，是题写在总领天使弥额尔的画像上的：

"Ὡς θρασὺ μορφῶσαι τὸν ἀσώματον· ἀλλὰ καὶ εἰκὼν
Ἐς νοερὴν ἀνάγει μνῆστιν ἐπουρανίων."①

"构形无躯体者是多么的荒谬！但是描绘天使则是十分激奋的。"

天使在通常的理解中都被设想为是一种精神的权能和力量，诸如"非躯体性"（"无躯体性"）、"不可视性"（"无可视性"）等，是用来表述天使的概念，特别是"无躯体性"（"躯体阙如性"，τὰ ἀσώματα）恰恰是用来表述天使的语汇，前文提及的萨拉米斯的埃皮法尼尤斯已经对此有所表述了（参见前文所引述金口若望以及萨拉米斯的埃皮法尼尤斯之文本和分析），而这篇铭文的作者学者内鲁斯似乎还依然葆有一种比他更清晰的意识，也就是描绘或构形无躯体性的存在似乎是不可能的。6 世纪期间，关于画像的一个普遍的思想和论据是，画像能够提升人的精神、守护人对于神圣的原始记忆，天使画像也被认为具有这样的功能，而为了论证这一功能的合理性、恰当性，原本似乎没有躯体的天使则被论证为具有躯体性的受造物。另一篇归于学者阿伽提亚斯（Agathias Scholastikos）②的铭文，也出现在描绘总领天使的画像板上：

"Ἄσκοπον ἀγγελίαρχον, ἀσώματον εἴδει μορφῆς,
Ἆ μέγα τολμήεις, κηρὸς ἀπεπλάσατο·

---

① 就此请参见 H. Beckby (Hrsg.), Anthologia graeca. 2. Auflage. München o. J. (无出版年), I S. 142, Nr. I 33。

② 关于 Agathias Scholastikos 的生平、著作与思想，请参见 Lexikon für Theologie und Kirche. Herder Verlag. Sonderausgabe Freibur Basel Wien 2006. Band 1, 226-227。

Ἔμπης οὐκ ἀχάριστον, ἐπεὶ βροτὸς εἰκόνα λεύσσων
Θυμὸν ἀπιθύνει κρέσσονι φαντασίῃ·
Οὐκέτι δ᾽ ἀλλοπρόσαλλον ἔχει σέβας, ἀλλ᾽ ἐν ἑαυτῷ
Τὸν τύπον ἐγγράψας ὡς παρεόντα τρέμει·
Ὄμματα δ᾽ ὀτρύνουσι βαθὺν νόον·οἶδε δὲ τέχνη
Χρώμασι πορθμεῦσαι τὴν φρενὸς ἱκεσίην."①

"蜡！你竟然胆大包天！形象般建构了不可视的、无躯体的天使之首！但却并非没有功效。人看到这画像，并且将理性提升到较高的观想方式上；理性的敬畏不再游移不定，而是陶冶着这一形象，好像能够亲临其中，在它面前肃然起敬，双眼激荡出更深的思想。的确，艺术显然知道以颜色陪伴心灵啜泣的追求而直达目的。"

在此，明显产生一种画像价值的转变，甚或是提升，画像已经不再被视为感官感觉的对象，并且因此而仅仅具有较低的感官感觉的价值，画像至少能够提示出精神，或者可以说，感官感觉的内涵庶几就是画像要表述的精神内涵，画像在此更多地是精神内涵的画像；表述无躯体和不可视的总领天使，尽管是一种大胆妄为，但是却有某种功用，也就是将原本是感官感觉的画像提升为一种精神的、理性的和思维的运动的对象，并且令人产生虔敬之心，而且恰恰是这一功用为这样的表述行为提供了极好的辩护；于是我们似乎可以说，视觉庶几能够直接影响灵魂，甚或直接影响理性思维，被激荡的观想者能够从画像出发、能够由纯粹的感官感觉（视觉）所引领而蹀入理性的域界，并且思考人的目的。

---

① 就此请参见 H. Beckby (Hrsg.), Anthologia graeca. 2. Auflage. München o. J. （无出版年）, I. S. 142, Nr. I 34。

第 7 章　从肖像到原象
——公元 7、8 世纪间圣像概念的诞生

当此之时，又一种明确的变端凸显而出，也就是说，从对于肖像的敬拜转变为对于原象的敬拜，这固然意味着人们对于画像思考的转变。尽管肖像不过仅仅是质料而已，但是肖像庶几不仅能够使人达于原象，而且还能够提示在被表述者的影像和圣像之间所产生的区别。在这个意义上，这一时期赞同画像的学说，其内容的重心已经并非在于反驳对于画像怀有敌意的学说，而是更多地解释对于画像所应有的理解。

692 年的主教会议探讨了是否基督能够被表述为羔羊的问题①，对于基督羔羊的画像作了如下的阐释：

"Ἔν τισι τῶν σεπτῶν εἰκόνων γραφαῖς ἀμνὸς δακτύλῳ τοῦ προδρόμου δεικνύμενος ἐγχαράττεται, ὃς εἰς τύπον παρελήφθη τῆς χάριτος, τὸν ἀληθινὸν ἡμῖν διὰ νόμου προϋποφαίνων ἀμνὸν Χριστὸν τὸν θεὸν ἡμῶν. Τοὺς οὖν παλαιοὺς τύπους καὶ τὰς σκιὰς ὡς τῆς ἀληθεῖς σύμβολά

---

① 这次在君士坦丁堡召开的主教会议，具有不加掩饰的反对西部教会，特别是反对罗马的倾向，但依然被称为第六次大公会议，就此请参见 Karl Bihlmeyer, Kirchengeschichte. Verlag Ferdinand Schönigh, Paderborn 1960. Band I, S. 310；亦请参见 Lexikon für Theologie und Kirche. Herder Verlag. Sonderausgabe Freibur Basel Wien 2006. Band 6, 316-317; Band 10, 275。

τε καὶ προχαράγματα τῇ ἐκκλησίᾳ παραδεδουμένους κατασπαζόμενοι, τὴν χάριν προτιμῶμεν καὶ τὴν ἀλήθειαν, ὡς πλήρωμα νόμου ταύτην ὑποδεξάμενοι. Ὡς ἂν οὖν τὸ τέλειον κἂν ταῖς χρωματουργίαις ἐν ταῖς ἁπάντων ὄψεσιν ὑπογράφηται, τὸν τοῦ αἴροντος τὴν ἁμαρτίαν τοῦ κόσμου ἀμνοῦ Χριστοῦ τοῦ θεοῦ ἡμῶν κατὰ τὸν ἀνθρώπινον χαρακτῆρα καὶ ἐν ταῖς εἰκόσιν ἀπὸ τοῦ νῦν ἀντὶ τοῦ παλαιοῦ ἀμνοῦ ἀναστηλοῦσθαι ὁρίζομεν, δι' αὐτοῦ τῆς ταπεινώσεως ὕψος τοῦ θεοῦ λόγου κατανοοῦντες, καὶ πρὸς μνήμην τῆς ἐν σαρκὶ πολιτείας, τοῦ τε πάθους αὐτοῦ καὶ τοῦ σωτηρίου θανάτου χειραγωγούμενοι, καὶ τῆς ἐντεῦθεν γενομένης τῷ κόσμῳ ἀπολυτρώσεως."①

"在一些被尊崇的画像中，主的先行者的手指所指出的羔羊被描述，这一羔羊被理解为恩宠的表样，并且这一真实的羔羊在律法中对于我们而言预示出我们的上主基督。尽管我们高度评价那古老的榜样和影像，它们是作为真理的象征和征兆而被赋予了教会，但是我们更多地是恭敬恩宠和真理，并且将其视为律法的圆满。我们坚信，一旦当圣善者在所有的眼睛面前被画像所阐释时，那么在画像中所描述的就已经不再是天然的羔羊，取而代之的是除免世罪的羔羊的人性品性，也就是基督、我们的救主。我们在其中观想的是上帝逻各斯谦谦然虚位以下的深刻，并且被引导向关于他的道成肉身、他的受难、他的救赎的死亡，以及由此运作而出的世界的拯救

---

① 就此请参见 J. D. Mansi, Sarorum conciliorum nova et amplissima collectio. Florentiae (Nachdruck Paris-Leipzig) 1902. 11, 977-980。

的思考。"

画像学说在此所面临和讨论的问题，庶几并非，或曰首先并非画像是否能够表述上帝，首先并非画像本身是否应当受到尊崇，或者受到尊崇的是否是画像本身；这一文本对于画像的解释似乎并非针对画像的反对者，无论他们是基督宗教内部的，抑或是异教的，原因在于，它并非在普遍意义上阐释画像的意义，而是阐释基督羔羊画像的意义与功能，我们庶几能够说：是阐释基督圣像的意义与功能，之所以能够这样说，理由在于，这是大公会议所正式决定和确立的表述。由此看来，这样的表述庶几应当是针对基督宗教内部，甚或是画像赞同者中这一主题画像的反对者。

在这个意义上，我们庶几可以说，问题已经彻底的转换了，画像，或者至少某一类主题的画像已经受到重视，受到重视的画像已经不再是赞同或者反对画像的学说产生歧义的焦点；也就是说，至少时至公元7世纪末，画像存在的恰当性和正当性已经得到某种承认，甚或普遍承认，基督画像，特别是基督羔羊的画像主题已经被牢固的确立，大公会议的一致决议使得画像终于成为了圣像。尽管这一主题的确立一方面能够再度激活某种棘手的问题，也就是如何理解耶稣基督呢？如何理解他那已经成为了历史的、在此间世界的、现世的生命与生活呢？这一生命究竟是早已经成为了，并且仅仅成为了古老的历史事件呢？抑或是人的救赎的预许，甚或这一预许的最终的完满达成呢？但是无论如何另一方面，这一主题依然又一次提示出了基督宗教的普世救赎意义，其深刻的神学意义庶几可以做如下之理解：

首先，从盟约律法论的角度来看，它意味着，并且不断提醒着人们，《旧约》的时代已经结束，新约所给出的律法和恩宠的圆满取代了作为表样和先行者的《旧约》时代；如果将祭献的羔羊理解为自然的羔羊（也就是作为一种动物的羔羊），那么这意味着退回到了《旧约》的时代；施洗约翰作为耶稣基督的先行者，宣证了作为真实的祭献羔羊的基督，于是以羔羊作为祭献的《旧约》时代成为历史，在基督之中人的救赎的圆满已经降临。

其次，从宗教经验和宗教心理学层面来看，画像的功能至少体现在对于人的提示上，换言之，画像有一种能够令人经常性地、反复不断地进入回忆的功能，在这段文本中，也正是在这个意义上，画像被称为 σεπταὶ εἰκόνες（受崇敬的圣像、受重视的画像、受到［高度］评价的画像）；而回忆在奥古斯丁看来，就是人将上帝从人的内心最深之处摆渡出来，这是一种能够不断反复的行为；而基督羔羊主题的画像能够令人不断回忆救主耶稣基督、能够令人不断将救赎史在回忆中重演。

其三，从基督宗教最重要的教义之一三位一体上帝论程式来看，画像（也就是肖像）在此作为一种具有物性的质料，是否应当（甚或必须）受到尊崇和恭敬，并非要探讨的主要问题，因而似乎也并未着重（甚或丝毫也未被）提及，画像在此关涉的是上帝三位一体程式中的位格论，而位格才是首先必须被恭敬和尊崇的，或曰在基督羔羊的主题画像中，恭敬和尊崇是适用于位格的，特别是子的位格[①]。

其四，从本体形上论的角度来看，如果画像受到恭敬和尊崇，甚或被称为圣像，那么也是为了原象，或曰是出于原象的原因；是

[①] 关于上帝三位一体程式论，请参见本书笔者拙著《形上之路——基督宗教的哲学建构方法研究》，北京大学出版社，2013。

否原象的存在（其本质属性）能够真实地、真切地被表现在画像之中（以至于画像由此而能够被称为圣像），是否原象能够被思考为在画像中真实在场的，似乎并非最重要者，在此似乎产生一种崇敬方向的双向转换，也就是说，原本应当是通过画像的提示而令人回忆原象并尊崇之，而恰恰由于画像能够提示原象而也受到恭敬，并因此而被称为圣像，在这样的双向转换中画像（也就是肖像）和原象似乎被等量齐观，对于画像的恭敬依赖于对于原象的恭敬、依赖于画像与原象的等量齐观。总之，画像将人领入救赎史的功能、介入人对自身的思维并由此而对人的思维方式所产生的重大影响，似乎是无法低估的。

当然不能无视的是，在小亚细亚，关于画像的争论依然存在，这从君士坦丁堡的牧首戈曼诺斯（Germanos）[①]保存至今的三通信函中可见一斑。其中第一通信函是致叙纳达（Synada）的主教若望（Ioannes）的：

"Ἐπιστολὴν τῆς ὑμετέρας θεοφιλίας ἀποδέδωκεν ἡμῖν Ταράσιος ὁ πανεύφημος πατρίκιος, ἐν ᾗ περιείχετο περὶ τοῦ θεοφιλοῦς ἐπισκόπου Νακωλείας. Σημαίνομεν οὖν αὐτῇ, ὡς καὶ πρὸ τοῦ δέξασθαι ἡμᾶς τὰ γράμματα τῆς ὑμετέρας θεοφιλίας, καταλαβόντος ἐνταῦθα τοῦ αὐτοῦ θεοφιλοῦς ἐπισκόπου, εἰς λόγους ἤλθομεν πρὸς αὐτόν, ἀνακρίνοντες τὸ φρόνημα αὐτοῦ, ὁποίας ἔχεται γνώμης περὶ τῶν ἀκουσθέντων ἡμῖν περὶ αὐτοῦ, καὶ ταύτην ἡμῖν

[①] 关于君士坦丁堡的牧首 Germanos 的生平、著作与思想，请参见 Lexikon für Theologie und Kirche. Herder Verlag. Sonderausgabe Freibur Basel Wien 2006. Band 4, 532。

προεβάλετο τὴν ἀπολογίαν· δέον γὰρ λεπτομερῶς πάντα σημᾶναι τῇ ὑμετέρᾳ θεοφιλίᾳ· ὅτι ἀκούσας τῆς θείας γραφῆς λεγούσης· 'Οὐ ποιήσεις πᾶν ὁμοίωμα προσκυνεῖν αὐτῷ, ὅσα ἐν τῷ οὐρανῷ ἄνω καὶ ὅσα ἐπι τῆς γῆς'. Κατὰ τοῦτο εἶπον, ὅτι οὐ χρή χειροποιήτοις προσκυνεῖν, ἤγουν τοῖς ὑπὸ ἀνθρωπων κατεσκευασμένοις.

Ἐπεὶ τοὺς ἁγίους τοῦ Χριστοῦ μάρτυρας, τοὺς ἀληθεῖς μαργαρίτας τῆς πίστεως, πάσης τιμῆς ἀξίους ἡγούμεθα, καὶ τὰς πρεσβείας αὐτῶν ἐπικαλούμεθα, πρὸς ταῦτα τοίνυν ἡμεῖς ἀπεκρινάμεθα αὐτῷ· ὅτι τῶν Χριστιανῶν ἡ πίστις καὶ τὸ σέβας καὶ ἡ προσκύνησις εἰς τὸν ἕνα καὶ μόνον θεὸν ὑπάρχει, καθὼς γέγραπται· ὅτι 'Κύριν τὸν θεόν σου προσκυνήσεις καὶ αὐτῷ μόνῳ λατρεύσεις', καὶ ἡ δοξολογία ἡμῶν καὶ ἡ λατρεία ἡμῶν αὐτῷ μόνῳ προσάγεται παρά τε τῶν ἐν οὐρανοῖς ἁγίων καὶ νοερῶν ἀσωμάτων δυνάμεων καὶ παρὰ τῶν ἐπὶ γῆς ἐγνωκότων τὴν ὁδὸν τῆς ἀληθείας, καθωὲς καὶ ἐν ταῖς ἁπάντων ἐκκλησίαις τοῦ Χριστοῦ ἡ ἁγία ἀνυμνεῖται καὶ δοξάζεται τριὰς ἐν μονάδι καὶ κυριότητι καὶ θεότητι, καθὸ καὶ εἷς θεὸς παρ' ἡμῖν ὁμολογεῖται, καὶ οὐκ ἔστι πάρεξ αὐτοῦ ὁ δεσπόζων ἐν τῇ δυναστείᾳ αὐτοῦ τοῦ αἰῶνος, καὶ ἐκ μὴ ὄντων τὰ πάντα εἰς τὸ εἶναι παραγαγών, ὅσα τε ὁρατὰ καὶ ὅσα ἀόρατα· τουτέστιν εἰς πατέρα καὶ υἱὸν καὶ ἅριον πνεῦμα, τὴν ἁγίαν ὁμοούσιον καὶ ζωοποιὸν τριάδα. Εἰς ἣν καὶ πιστεύσαντες καὶ ἣν ὁμολογήσαντες ἐβαπτίσθημεν, καθὼς παραδέδωκεν ὁ αὐτὸς θεὸς λόγος ὁ ἐνανθρωπήσας, ὁ εἷς αὐτῆς τῆς ἁγίας καὶ ἀκαταλήπτου θείας τριάδος, ὁ κύριος ἡμῶν Ἰησοῦς Χριστός, εἰς τὸ ὄνομα τοῦ πατρὸς καὶ τοῦ υἱοῦ καὶ τοῦ ἁγίου πνεύματος. Καὶ οὐ κτίσμασι προσκυνοῦμεν, μὴ γένοιτο, οὐδὲ τὸ τῇ θεϊκῇ δεσποτείᾳ ὀφειλόμενον σέβας εἰς ὁμοδούλους κατάγομεν.

Οὐδὲ γὰρ βασιλεῖς ἢ ἄρχοντας κατὰ γῆς προσκυνοῦντες, τὴν ἴσην ὡς πρὸς τὸν θεὸν προσκύνησιν ποιοῦντες φαινόμεθα. Καὶ γὰρ ὁ προφήτης Νάταν φαίνεται ἐπὶ τῆς γῆς προσκυνήσας τὸν Δαβὶδ ἄνθρωπον ὄντα καὶ βασιλέα· ἀλλ' οὐ παρὰ τοῦτο ἐγκληθήσεται ὡς ἄνθρωπον σεβασθεὶς παρὰ τὸν ὄντα θεόν.

Οὐδὲ τὴν τῶν εἰκόνων ποίησιν, τῶν διὰ κηροῦ καὶ χρωμάτων ἐκτυπουμένων, εἰς παρατροπὴν τῆς περὶ τὸ θεῖον σέβας τελειότητος δεχόμεθα. Οὐδὲ γὰρ τῆς ἀοράτου θεότητος εἰκόνα ἢ ὁμοίωμα ἢ σχῆμα ἢ μορφήν τινα ἀποτυποῦμεν· ἣν οὐδὲ αὐτῶν τῶν ἁγίων ἀγγέλων αἱ ὑπερέχουσαι τάξεις οὔτε κατανοεῖν, οὔτε ἐξιχνιάσαι ὅλως ἰσχύουσιν. Ἀλλ' ἐπείπερ ὁ μονογενὴς υἱός, ὁ ὢν εἰς τὸν κόλπον τοῦ πατρός, ἀνακαλούμενος τὸ ἴδιον πλάσμα ἐκ τῆς τοῦ θανάτου κατακρίσεως, εὐδοκίᾳ τοῦ πατρὸς καὶ τοῦ ἁγίου πνεύματος, ἄνθρωπος γενέσθαι ἠξίωσε, 'παραπλησίως ἡμῖν μετασχὼν αἵματος καὶ σαρκός', ὡς ὁ μέγας ἔφη ἀπόστολος, 'κατὰ πάντα ὅμοιος ἡμῖν γενόμενος χωρὶς ἁμαρτίας', τοῦ ἀνθρωπείου αὐτοῦ χαρακτῆρος, καὶ τῆς κατὰ σάρκα αὐτοῦ ἀνθρωπίνης ἰδέας τὴν εἰκόνα τυποῦντες, καὶ οὐ τῆς ἀκαταλήπτου αὐτοῦ καὶ ἀθεάτου θεότητος, ἐντεῦθεν τὰ τῆς πίστεως παριστᾶν ἐπειγόμεθα, δεικνύντες, ὡς οὐχὶ κατὰ φαντασίαν καὶ σκιωδῶς τὴν ἡμετέραν φύσιν ἥνωσεν ἑαυτῷ, καθώς τινες τῶν ἀρχαίων αἱρετικῶν πλανηθέντες ἐδογμάτισαν· ἀλλ᾽ ὅτι αὐτῷ πράγματι καὶ ἀληθείᾳ ἄνθρωπος γέγονε τέλειος κατὰ πάντα, δίχα μόνης τῆς ἐπισπαρείσης ἡμῖν ἐκ τοῦ ἐχθροῦ ἁμαρτίας. Καὶ ταύτῃ τῇ ἐννοίᾳ τῆς περὶ αὐτοῦ ἀσφαλοῦ πίστεως τὸν τῆς ἁγίας αὐτοῦ σαρκὸς χαρακτῆρα ἐν ταῖς εἰκόσιν ἀποτυποῦντες ἀσπαζόμεθα, καὶ σεβασμοῦ παντὸς καὶ τιμῆς τῆς πρεπούσης ἀξιοῦμεν, εἰς ἀνάμνησιν ἐντεῦθεν ἐρχόμενοι τῆς θείας αὐτοῦ καὶ ζωοποιοῦ καὶ ἀρρήτου ἐνανθρωπήσεως.

Ὁμοίως καὶ τῆς κατὰ σάρκα ἀχράντου αὐτοῦ μητρὸς τῆς ἁγίας θεοτόκου κατὰ τὸν αὐτὸν τρόπον τὴν ὁμοίωσιν ἀνιστοροῦμεν, δεικνύντες, ὅτι γυνὴ τὴν φύσιν ὑπάρχουσα, καὶ οὐκ ἀλλοτρία τοῦ ἡμετέρου φυράματος γενομένη, τὸν θεὸν τὸν ἀόρατον καὶ τὰ πάντα τῇ χειρὶ περιέποντα ὑπὲρ πᾶσαν ἔννοιαν καὶ ἀγγέλων καὶ ἀνθρώπων ἐν τῇ ἑαυτῆς συνέλαβε γαστρί, καὶ ἐξ αὐτῆς σαρκωθέντα ἀπεκύησε. Καὶ γὰρ ὡς καὶ ἀληθῶς μητέρα θεοῦ τοῦ ἀληθινοῦ σέβομεν αὐτὴν καὶ μεγαλύνομεν καὶ πάσης ὁρατῆς καὶ ἀοράτου κτίστως ὑπερτέραν λογιζόμεθα.

Καὶ τοὺς ἁγίους δὲ μάρτυρας τοῦ Χριστοῦ,

ἀποστόλους τε καὶ προφήτας, ὁσίους καὶ λοιποὺς τῶν ἁγίων, συνδούλους δὲ ἡμῶν καὶ ἀληθεῖς θεράποντας θεοῦ γενομένους πράξεσί τε ἀγαθαῖς καὶ τῷ κηρύγματι τῆς ἀληθείας καὶ ὑπομομῇ τῶν ὑπὲρ αυτοῦ τοῦ θεοῦ παθημάτων εὐδοκίμους καὶ φίλους θεοῦ ἀποδειχθέντας, καὶ πολλὴν παρρησίαν πρὸς αὐτὸν εἰληφότας ἀποθαυμάζομεν καὶ μακαρίζομεν, καὶ πρὸς ἀνάμνησιν τῆς ἀνδρείας αὐτῶν καὶ γνησίας περὶ τὸν θεὸν δουλείας τὰ ὁμοιώματα αὐτῶν ἀναγράφομεν· οὐχ ὡς τῆς θείας φύσεως κοινωνοὺς αὐτοὺς ἀποφαίνοντες, τὴν ὀφειλομένην τῇ θεϊκῇ δόξῃ τε καὶ ἐξουσίᾳ τιμὴν καὶ προσκύνησιν αὐτοῖς ἀπονέμομεν, ἀλλὰ τὸν πόθον ἡμῶν τὸν περὶ αὐτοὺς διὰ τοῦτο ἐνδεικνύμενοι, ἅπερ διὰ τῆς ἀκοῆς ἀληθῆ πεπιστεύκαμεν, ταῦτα καὶ διὰ γραφικῆς μιμήσεως πρὸς βεβαιοτέραν ἡμῶν πληροφορίαν συνιστάνομεν. Καὶ γὰρ σαρκὶ καὶ αἵματι συμπεπλεγμένοι, καὶ δι' ὁράσεως τὰ τῆς κατὰ ψυχὴν ἡμῶν πληροφορίας βεβαιοῦν ἐπειγόμεθα. Ἐπεὶ καὶ αὐτοὶ οἱ ἅγιοι τοῦ θεοῦ εἰς τὸν ἕνα καὶ μόνον τὴν λατρείαν τε καὶ δοξολογίαν καὶ προσκύνησιν παραφυλάττοντες, καὶ πρὸς τοῦτο ἅπαντας προσκαλούμενοί τε καὶ διδάσκοντες, τὰ ἑαυτῶν ἐξέχεαν αἵματα, καὶ τῆς ἀληθοῦς ὁμολογίας τὸν στέφανον ἀνεδήσαντο. Οὗτός ἐστιν ὁ τρόπος τῆς τῶν εἰκόνων ποιήσεως, οὐχ ὡς τὴν πρέπουσαν τῇ ἀκαταλήπτῳ καὶ ἀπροσίτῳ θεότητι ἐν πνεύματι καὶ ἀληθείᾳ προσκύνησιν μετατιθέντων ἡμῶν εἰς χειροποιήτους, ἢ τέχνης ἔργα χειρῶν ἀνθρώπων, ἢ ὅλως εἰς τὰ ὑπὸ τοῦ θεοῦ γενόμενα κτίσματα εἴτε ἐν ὁρατοῖς εἴτε ἐν ἀοράτοις· ἀλλ' ὡς τὴν ἀγάπην ἡμῶν, ἣν δικαίως κεκτήμεθα πρὸς τοὺς ἀληθεῖς δούλους τοῦ θεοῦ ἡμῶν, διὰ τῶν τοιούτων τρόπων δεικνύοντες. Καὶ διὰ τῆς ἐκείνων τιμῆς εἰς τὸν ὑπ' αὐτῶν δοξασθέντα θεὸν καὶ δοξάσαντα αὐτοὺς ἐν τῇ ὁμολογίᾳ τῆς δεσποτείας αὐτοῦ, τὴν δοξολογίαν καὶ τὸ σέβας ἀναφέρομεν· ὥστε καὶ ἡμᾶς μιμητὰς τῆς ἀνδρείας αὐτῶν καὶ τῆς πρὸς θεὸν ἀγάπης, διὰ τῶν ἀγαθῶν ἔργων καὶ τῆς κατὰ τῶν παθῶν ἀντικαταστάσεως ἀποδειχθῆναι.

Κατὰ τοῦτον οὖν τὸν τρόπον τὴν τῶν εἰκόνων ποίησιν ἐν τῇ ἐκκλησίᾳ τοῦ Χριστοῦ πολιτεύεσθαι ἕκαστος πληροφορείσθω, καὶ μὴ ἑτέρωθεν ἡμᾶς τὰ τῆς σωτηρίας ἐκδέχεσθαι κατά τε τὸν ὁρώμενον κόσμον καὶ τὸν μέλλοντα αἰῶνα, εἰ μὴ παρὰ μόνου τοῦ μονογενοῦς υἱοῦ τοῦ θεοῦ ἅμα τῷ πατρὶ καὶ τῷ ἁγίῳ πνεύματι τὰς θείας δωρεὰς χορηγοῦντος. Οὐδὲ γὰρ ὄνομα ἕτερόν ἐστι τὸ δεδομένον ἐν ἀνθρώποις, ἐν ᾧ δεῖ σωθῆναι ἡμᾶς.

Εἰ δὲ καὶ κυρίου καὶ σωτῆρος ἡμῶν, καὶ τῆς ἀχράντου αὐτοῦ μητρὸς τῆς ἀληθῶς θεοτόκου, καὶ τῶν ἁγίων αὐτοῦ τὰς εἰκόνας ἀσπαζόμεθα, ἀλλ' οὐ κατὰ τὴν αὐτὴν διάθεσιν καὶ τὴν περὶ αὐτῶν πίστιν ἔχομεν. Ἀλλὰ τὸν μὲν ἐποστάμεθα θεὸν ἄναρχον καὶ ἀτελεύτητον, ἐν τῇ χειρὶ τὰ πάντα περιέχοντα, πιητήν τε ἡμῶν καὶ πάσης κτίσεως, καὶ ἀληθῶς σωτῆρα θεόν, ἔχοντα ἐξουσίαν ἐν οὐρανῷ καὶ ἐπὶ γῆς, ὑπὲρ γένους ἀνθρώπων ἀληθῶς ἐνανθρωπήσαντα· τὴν δὲ δούλην καὶ μητέρα αὐτοῦ κυρίως ὑπαρχουσαν, καὶ πρεσβείαν δυνατωτάτην τοῦ γένους ἡμῶν… τὸν μὲν ὡς δεσπότην τὰ τῆς σωτηρίας ἡμῶν νέμοντα, τὴν δὲ μητρικῶς τὰ ὑπὲρ ἡμῶν αἰτουμένην- καὶ τοὺς ἁγίους δὲ πάντας, ὡς συνδούλους μὲν ἡμῶν καὶ τῆς αὐτῆς ἡμῖν φύσεως ὑπάρχοντας, εὐαρέστους δὲ τῷ θεῷ γενομένους, καθὼς προείρηται, καὶ τῆς ἀνωτάτω παρρησίας καὶ μακαριότητος παρ' αὐτῷ τετυχηκότας, καὶ χάριν εἰληφότας παρὰ θεοῦ διακονεῖν ἡμῖν τὰς παρ' αὐτοῦ εὐεργεσίας, ἰάσεις τε παθημάτων, καὶ κινδύνων ἀπολυτρώσεις ἐν τῇ διὰ τῆς μνήμης αὐτῶν ἐπικλήσει τοῦ θεοῦ ἡμῶν, τῆς κατὰ τὸ δυνατὸν ἡμῖν ἀξιοῦμεν τιμῆς, καὶ τῶν ἐν ὑμνῳδίαις μακαρισμῶν· 'Μνήμη γὰρ δικαίων', ὥς φησιν ἡ γραφή, 'μετ' ἐγκωμίων'.

Ταῦτα πάντα παρεθέμεθα τῷ λεχθέντι θεοφιλεῖ Νακωλείας ἐπισκόπῳ· ἅπερ καὶ ἐδέξατο, καὶ καθωμολόγησεν ὡς ἐπὶ τοῦ θεοῦ τῶν ὅλων οὕτως κρατεῖν, καὶ μηδέν τι λέγειν ἢ πράττειν πρὸς τὸ σκανδαλίσαι τοὺς λαούς, ἢ ταραχῆς αὐτοῖς αἰτίαν παρασχεῖν. Τοῦτο οὖν ἡ ὑμετέρα θεοφιλία sciens, μήτε τὴν θεοφιλῆ αὐτῆς σύνοδον σκυλῆναι ποιήσῃ, μήτε αὐτὴ ἐν σκανδάλῳ τινὶ ἐν τούτῳ γινέσθω· ἀλλὰ δὴ μεταστελλομένη αὐτόν, καὶ τὰ παρόντα ἡμῶν γράμματα ὑπαναγινώσκουσα, τῆς ἐν τούτοις συγκαταθέσεως αὐτοῦ πληροφορίαν λαμβάνουσα, ὑπερευχέσθω τῆς τε τῶν κρατίστων ἡμῶν δεσποτῶν καὶ βασιλέων πολυχρονίου εὐζωΐας καὶ νίκης, αἰτείσθω δὲ καὶ τῷ τῶν Χριστιανῶν λαῷ τὴν ὑπερέχουσαν πάντα νοῦν εἰρήνην τοῦ θεοῦ." ①

"德高望重的牧首塔拉修斯（Tarasios）将你们表述对上帝的爱的信函带给了我们，在其中也记述了受上帝怜爱的纳克莱亚（Nakoleia）的主教。我们告诉你们，在我们收到你们表述对上帝的爱的信函之前，我们在这里相遇到了这位受上帝怜爱的主教，与他倾心交谈，就我们所听到的关于他的情形询问了他的感受和观点，我必须向你们的受上帝怜爱的［主教］报告所有细节，他给我们留下了这样的答词：我知道：《圣经》上记载说：'不可为你制造任何仿佛天上，或地上，或地下水中之物的雕像。不可叩拜这些像。'（《出谷纪》20，4以下）相应于此，我认为，人不应当敬拜人手所制造者，也就是说由人所创设者。

而由于我们尊崇基督的圣善的殉道者们所有的荣耀，他们是信仰巅峰上真善的明珠，我们祈求它们（译注：这里的"它们"指的是真善的明珠，也就是殉道者们）的代祷，所以我们回答他（译注：这里的"他"指的是纳克莱亚的主教）说，基督信徒将信仰、尊崇和敬慕倾注给一个，并且是唯一一个上帝，就如同经上的记载所说的：'你要敬畏上主你的天主，只事奉他。'并且我们的赞美和朝拜是由天上的圣人、精神而无躯体的力量、由那些在地上而认识真理

---

① 就此请参见 J. D. Mansi, Sarorum conciliorum nova et amplissima collectio. Florentiae (Nachdruck Paris-Leipzig) 1902. 13, 100-105。

的道路的人们唯一奉献给他的，如同在至一之中的、具有权能和神性的神圣的三位格在基督的全部教会中受赞美和崇敬一样，正如只有一个上帝被我们所认信，在他之外没有谁以永恒的权能去统治；万物，无论有形、无形，都是唯一的他从无中创设，并将其领入存在；我们的敬拜倾注给圣父、圣子和圣神，即本质至一的、创设生命的神圣的三位。这个上帝的逻各斯降生成人，是神圣的、无可意解的上帝三位中的一位，也就是我们的主耶稣基督，如同他所教导的一样，我们以圣父、圣子、圣神之名领洗而信仰，并且认信他们（译注："他们"指的是至一的三位）。我们既不敬拜受造者，绝不！也不将本应归属于上帝权能的崇敬转托给侍奉者。

而如果我们礼敬国王和此间世界的统治者的话，那么我们致以他们的显然并非如同尊崇上帝那样的恭敬。因为纳堂先知也对达味一躬到地，而他也不过是一个人和国王而已，而先知并未因此而受到指责，好像他并未敬拜真正的上帝，取而代之的是敬拜一个人。

而以蜡团和颜色所描摹而成的画像，我们并非将其制作理解为对于上帝敬拜的完美性的回落。不可视的上帝原象，我们并非描摹其肖像，以摹其形而状其貌，或者营构某种尽善尽美的样式，处于较高秩序中的天使也既无法认知之、亦无法论证之；而恰恰是因为在父的怀抱中的独生子成为了人，'取了一样的血肉'（《希》2,14），如同保禄宗徒所说的，'在各方面与我们相似，只是没有罪过'，他将父所创设者从死亡的诅咒中呼召而回，并且按照父和圣神所愉悦的而呵护之，所以我们才根据他的人的显现而创设画像，也就是根据他的血肉之躯，而非他的无可意解和不可视的神性，由此我们才迫切地阐释信仰的内涵，并且指出，他并非呈现为影像，并且仅仅在画像上与我们的本性相同,如同一些以往的异端人士所谬误地讲授的,而是他的确、并且真实地在每一种意义上都成为了完全的人,仅仅是没有我们的敌人所接种给我们的罪过。以这样的对于无可动摇的信仰的理解,我们才将他圣洁的肉身的形象表述在画作上,亲吻他,同时认为所有的尊崇和适宜的恭敬都是弥足珍贵的,并且由此而回忆他的神性的、创设生命的,以及无可言传的降生成人。

我们以同样的方式创作按照肉身而言是他的圣洁的母亲的肖像,她是神圣的上帝之母,我们同时指出,按照本性,并且在存在本质上与我们毫无二致的这个女人,将那不可视的,并且是统辖万物于指掌之中的上帝纳于腹中,并从自身生出了这一成为肉身者,这超出天使与人的所有理解;因此我们尊崇她是真实上帝的确实而真善的生身之母,我们赞美她,并认为她享有超出一切可视的和不可视的受造物的尊荣。

基督的圣善的殉道者们、宗徒以及先知们、真福以及列入圣品中的其他的人们,他们是我们的扶持者,并且是真正的上帝尊崇者,他们以其善行、以其对真理的宣证、以其为了上帝而对痛苦磨难的忍受证实了自己的称号、[证实了自己]是上帝的盟友,他们对上帝有着无限的信赖,我们钦慕,并且赞美他们,我们为了回忆他们的男人本性,以及他们对于上帝的真实侍奉而描绘他们的肖像。我们并非将他们视为具有上帝品性者,并由此而致以他们只有上帝的荣耀和权能才享有的尊崇和恭敬,我们只是由此而指出我们对他们的爱,我们将所听闻的都认信为真实的,并将其在绘画的描摹上表现出来,以阐释我们比较坚定的信仰。而恰恰由于我们是血肉之躯,所以我们努力将我们内在的信仰借助视看而坚定起来。

因为上主的圣人们自己也重视对于那一位,并且是唯一一位的崇敬、赞美和敬仰，同时因为他们也为此而呼请所有人，并且以此而训导［他们］，所以他们倾流他们自己的鲜血，并由此而坐于真信仰的宝座上。画像创作也是这样的情形：我们并非将原本应归属于无可意解、无可企及的上帝的尊崇在精神和真理的意义上转投于由人手所创作的画像，或者转投于由人手所创作的艺术作品，或者无论如何转投于从上帝而来的受造物，无论他们是有形的、还是无形的，而是我们以这样的方式表达出我们对于我们的上主的真正的仆人们所拥有的爱。借着对于他们的恭敬，我们表述对于上主的赞美和崇敬，上主被他们所颂扬，并且也在他们对他的统摄的认信中称扬了他们，由此即使是作为他们的勇毅的和热爱上帝的模仿者，我们也被善行和对于磨难的承受所警示。

由此每一个人都应当相信，我们是以这样的方式在基督的教会内推行画像的，我们也从不在任何地方期待这个可视的世界的和未来时代的救赎，除了仅仅在上帝的独生子那里，他与圣父和圣神同享神性禀赋；这也就是说，人类并未被给出别的能够决定我们的救赎的名字。

而如果我们也亲吻我们的主和救赎者的画像、亲吻他那圣洁的母亲以及上帝的真实的诞生者的画像、亲吻他的圣人们的画像的话，那么他们在我们之中也并非享有同样的尊荣；他，我们认信为无始无终的上帝，统辖宇宙于指掌之中，是我们以及所有受造物的创造者，我们认信他是真善的上帝－救赎者，上天下地的主宰者、为了人类而真的降生成人者；而她，我们则认信为［上主的］婢女，并且首先认信为他的母亲，以及我们人类的最强有力的代祷者；他，我们认信为实施我们的救赎的君王，而她，我们则认信为以母爱为我们祈祷者；而所有的圣人们，我们认信他们是我们的扶持者，与我们有着同样的本性、但却完全的愉悦上主，如同已经说过的一样；他们在他那里已经达成了最高程度的坦诚和福佑，获有了上帝的恩宠，以借助他们的善行来扶持救助我们，比如借助呼求上帝而救死扶伤、拯危拔难，我们因此而怀念他们。他们值得我们尊崇，我们尽可能以颂歌赞美他们，如同经上记载的：'义人受怀念祝福（《箴》10, 7）。'

所有这些我们都报告给了前面提及的上主所喜爱的纳克莱亚的主教，他也接受了这些，同时在上主台前保证说，要持守这些，并且决不说或作能够引起信仰的团体不满的事情，不使他们陷入迷茫疑惑。你们知道了这些，就别让你们那位上帝所愉悦的人在你们所举行的上帝所愉悦的聚会中太过窘迫吧！希望不要有什么阻滞吧！而是要让他到来，让他宣读我们的信函，并且接受他对其内容的全部的赞同，他应当为了我们的最强有力的君王和皇帝的长久的福祉和胜利而祈祷，并且为基督信徒向超越一切理性的上帝祈求和平。"

戈曼诺斯（Germanos）致纳克莱亚的康士坦廷诺斯（Konstantinos von Nakoleia）的信函比较简短，涉及画像问题的笔墨也并不太多：

"Ἰωάννης ὁ θεοφιλέστατος τῆς Συναδέων μητροπολίτης γεγράφηκεν ἡμῖν, ὡς οὐκ ἀπέδωκεν αὐτῷ ἡ θεοφιλία σου τὰ ἡμέτερα γράμματα· ἐφ' οἷς οὐ μετρίως ἐπὶ σοὶ ἐλυπήθημεν, ἐν δευτέρῳ θεμένῳ, ὡς ἔοικε, καὶ τὸν τοῦ θεοῦ φόβον καὶ τὴν ὀφειλομένην τοῖς μέλεσι τοῦ Χριστοῦ παρ' ἀλλήλων ἀγάπην τε καὶ τιμήν. Τούτου χάριν διὰ τῶν παρόντων ἡμῶν γραμμάτων παραγγέλλομεν τῇ θεοφιλίᾳ σου, παρευθὺ δι' ἑαυτῆς ἀποδοῦναι τὴν προλεχθεῖσαν ἡμῶν ἐπιστολὴν τῷ εἰρημένῳ θεοφιλεῖ αὐτῆς μητροπολίτῃ, καὶ πᾶσαν αὐτῷ τιμὴν ἀπονέμειν καὶ ὑπείκειν αὐτῷ κατὰ τὴν πρέπουσαν ἱερεῦσι τάξιν. Καὶ καθὼς τοὺς ἡμετέρους λόγους ἐδέξατο ἡ θεοφιλία σου καὶ τούτοις ἐξακολουθεῖν ὡμολόγησεν, ἐμμεινάτω μὴ τῷ ἰδίῳ νοῒ πληροφορουμένη. Οὐκ ἀγνοεῖ γὰρ οὔτε μὴν ἐπελάθετο, ὥς γε λογιζόμεθα, ὅτι καὶ ἀποτάξασθαι τῆς οἰκείας ἐπισκοπῆς παρεκάλεσεν ἡμᾶς, προτείνουσα ἐπανάστασιν μελετᾶσθαι κατ' αὐτῆς, ἐφ' οἷς, ὡς ἔλεγεν αὐτή, οὐ συνηπίστατο· διαβεβαιουμένη μηδὲν πρὸς ὕβριν τοῦ κυρίου ἢ τῶν ἁγίων αὐτοῦ ἕνεκεν τῆς τούτων εἰκόνος εἰπεῖν ἢ διαπράξασθαι, ἀλλ' ἢ μόνον τὴν γραφικὴν προτείνειν διδασκαλίαν περὶ τοῦ μηδὲν τῶν ἐν κτίσματι τῆς θείας ἀξιοῦν τιμῆς. Ἥτινα καὶ ἡμεῖς ἐδιδάχθημεν οὕτως ἔχειν καὶ βεβαίως κρατοῦμεν καὶ ὁμολογοῦμεν. Καὶ τὰ γραφέντα δὲ παρ' ἡμῶν πρὸς τὸν μνημονευθέντα θεοφιλῆ μητροπολίτην αὐτῆς ὑπανέγνωμεν αὐτῇ, καὶ τούτοις ἐμμένειν καθωμολόγησε, καὶ τὰ ἴσα τῆς τοιαύτη ἐπιστολῆς παρέσχομεν αὐτῇ. Μὴ οὖν θελήσῃς σκάνδαλον γενέσθαι λαῷ ἀπειροκάκῳ, μεμνημένος τοῦ φοβεροῦ βήματος τοῦ κυρίου, ὅπερ καὶ τοῖς ἕνα τῶν μικρῶν σκανδαλίζουσιν ἐπάγειν ἠπείλησε. Τοῦτο δὲ γινωσκέτω, ὡς μέχρις ἂν τὴν ἡμετέραν ἐπιστολὴν ἀποδῷ τῷ θεοφιλεστάτῳ αὐτῆς μητροπολίτῃ, ἐξ ἐπιτιμίων τῆς ἁγίας καὶ ὁμοουσίου τριάδος οὐκ ἔχει ἐξουσίαν οἱασδήποτε ἐφάψασθαι λειτουργίας ἱερατικῆς.

Δεῖ γὰρ ἡμῆς μᾶλλον αὐστηρότερον αὐτῇ προσαχθῆναι, ἤπερ ἀνουθέτητον αὐτὴν καταλιπεῖν τῇ παρὰ τοῦ θεοῦ κατακρίσει ἐσομένην ὑπεύθυνον."①

"上帝所愉悦的叙纳达的牧首若望写信给我们说，你这位愉悦上帝的人没有将我们的信函转交给他。我们因此对于你就不甚明了了，你似乎将对于上帝的敬畏、在基督内所必然的互爱互敬弃置一旁。由此我们借着这通信函命令你这位愉悦上帝的人，立即亲自将我们的上一封信转交给它的［接收者］、受上帝喜爱的牧首，表现出对他的恭敬，并按照神品所应有的秩序而服从于他。既然你这位愉悦上帝的人接受了我们的意见，并且保证去执行，那么你对上帝的爱就应当保持，并且不要一意孤行。我们认为，你清楚地知道，并且没有忘记，你由于从主教位置上退职下来而求助于我们，还告诉说，有一个针对你的骚动，而你却不知道为什么，如同你所说的一样。你保证说，决不因为画像而以亵渎的言行反对主和他的圣人们，而只是展示经上的教导，也就是不以对神明的恭敬侍奉受造物。我们也是学习去这样做的，我们也坚持，并且认信这一点。我们给你的受上帝喜爱的牧首所写的，我们也给你宣读了，你保证执行，我们也给了你这封信的抄件。想一想上主的令人战栗的审判，希望神怒不要罹临无辜的信众，那些激怒最微末者的人们，上主将审判施加给他们（《玛窦福音》18，6）你应当知道，在你将我们的信转交给上帝所愉悦的、蒙恩于神圣的三位一体之名的你的牧首之前，

---

① 就此请参见 J. D. Mansi, Sarorum conciliorum nova et amplissima collectio. Florentiae (Nachdruck Paris-Leipzig) 1902. 13, 105。

你没有权力疏漏任何神职人员的行为。我们还要更严格的督促你,以免你在未被告诫的情形下受到上帝的惩罚,尽管你是有愧的。"

戈曼诺斯(Germanos)致克劳迪尤颇立斯的托马斯(Thomas von Klaudiopolis,或译:克劳迪尤城的托马斯)的信函是一通长函:

"Εἴρηκέ που τῶν ἑαυτοῦ λόγων ὁ σοφὸς Σολομών· ''Αδελφὸς ὑπὸ ἀδελφου βοηθούμενος, ὡς πόλις ὀχυρὰ καὶ ὑψηλή· ἰσχύει δὲ ὥσπερ μεμοχλευμένον βασίλειον'. Ἐγὼ δὲ οὐ τῶν βοηθεῖν δυναμένων ἑαυτόν λογιζόμενος, ἀλλὰ μᾶλλον τῶν βοηθεῖσθαι δεομένων, τὸ παρὸν ἐγχαράξαι γράμμα πρὸς τὴν ὑμετέραν ὡρμήθην θεοφιλίαν, τῶν λογισμῶν μὴ φέρων τὴν ὄχλησιν. Τινὰ γάρ μοι ἠκούσθη πεπραχέναι αὐτήν, ἅπερ εἰμὲν ψευδῆ κατὰ τὸν θεολόγον Γρηγόριον εἰπεῖν, αὖραι φερέτωσαν· εἰ δὲ ἀληθῆ, πανταχόθεν μου τὴν διάνοιαν ἀπορία περιέλαβεν. Ἆρα γὰρ καὶ αὐτὴ κατὰ τὴν τῶν πλειόνων ῥᾳθυμίαν τὸ τῆς ἀγάπης τερπνὸν χείλεσι μόνον περικέχρωσται, καὶ οὐκ εἰς τὸ βάθος κατέδυ τῆς διανοίας, δηλονότι λογιζομένης αὐτῆς,οὐκ ἐν εἰλικρινεῖ ἀγάπῃ διακεῖσθαι ἡμᾶς πρὸς αὐτήν; Ἢ τοῦτο μὲν οὐδαμῶς, τὸ δὲ ἀμαθὲς ἡμῶν, καὶ περὶ τὰ τῷ θεῷ ἀρέσκοντα ὀκνηρότερόν τε καὶ ἠμελημένον διέπτυσεν, ὡς οὐ πολλῆς φροντίδος ἀξιουμένης τῆς ἐρεύνης τοῦ θείου θελήματος κατὰ τὴν παραδοθεῖσαν ἡμῖν διὰ τῶν ἱερῶν γραφῶν ἁγίαν ἐντολήν; Ἢ καὶ τούτων μὲν οὐκ εὔστοχος ἡ ὑπόνοια, ἐκεῖνο δὲ ἴσως ὑπολαμβάνειν ἔστιν, ὡς κρείττονος αὐτῇ ἀποκαλύψεως γενομένης⋯

ὀκνῷ γὰρ εἰπεῖν οἰήσεώς τινος καὶ φρονήματος· ''Η γὰρ ἀγάπη τὸ κακὸν οὐ λογίζεται', λέγει ὁ θεῖος ἀπόστολος··· εἰς τοιαύτην ἤλασε πληροφορίαν, ἣν φανερῶσαι ἡμῖν ἐξ ἀναγκαίου ὀφείλει;

Γέγονε δὲ ἡμῖν τῶν τοιούτων ὑπονοιῶν οὐκ ἀνεύλογος ἀφορμή· ὅτι χρόνῳ πολλῷ γενομένη παρ' ἡμῖν ἡ ὑμετέρα θεοφιλία, συναυλιζομένη τε καὶ γραφικῶν ἔσθ' ὅτε λόγων τε καὶ ζητημάτων ἐρωτήσεις προβαλλομένη, οὐδένα λόγον κεκίνηκεν ἡμῖν ποτε περὶ εἰκόνων, εἴτε ἁγίων ἀνδρῶν ἢ καὶ αὐτοῦ τοῦ κυρίου καὶ σωτῆρος ἡμῶν Ἰησοῦ Χριστοῦ καὶ τῆς κατὰ σάρκα αὐτοῦ ἁγίας καὶ ἀληθῶς θεοτόκου μητρός· οὔτε ὡς συζητοῦσα καὶ τὸ ἀκριβὲς εὑρεῖν βουλομένη, ἤγουν ἐρωτῶσα, ὁποῖον ἡμῖν περὶ τούτου τὸ φρόνημα, καὶ εἰ κατὰ λόγον ἐστὶ τὸ ἐν τούτος γινόμενον, οὐδεμίαν φέρον κατάκρισιν παρὰ θεῷ τοῖς ποιοῦσιν· ἀλλ' οὔτε ὡς βεβαίᾳ πληροφορίᾳ ἀποβολῆς καὶ ἀναιρέσεως ἄξιον τὸ ποιοῦτον τιθεμένη, πρὸς τὸ συμβουλεύειν ἡμῖν ἐπιδέδωκεν ἑαυτήν, ὥστε καὶ ἡμᾶς τῆς ὁμοίας ἔχεσθαι γνώμης· ἀλλὰ πάντη τὰ περὶ τούτου ἐν τελείᾳ σιωπῇ παρ' ἡμῖν ποιησαμένη, ἐν τῇ κατ' αὐτὴν πόλει γεγενημένη, ὡς ἀπὸ δόγματος κοινοῦ καὶ ἀναντιρρήτου τινὸς διασκέψεως τὴν τῶν εἰκόνων καθαίρεσιν, ὡς μεμαθήκαμεν, ἐποιήσατο, εἰ τὸ ἀληθὲς οὕτως ἔχει, πάλιν ἐροῦμεν.

Καὶ γὰρ οὐκ εὔδρομος ἡμῖν ἡ ψυχὴ πρὸς τὸ πιστεύειν

ἀπεριμερίμνως τοῖς πρὸς τὸ διασύρειν τοὺς πλησίον λεγομένοις πολλάκις. Ἀλλ' ἡμεῖς ἀναγκαῖον τιθέμενοι, ὡς ἐν διασκέψει καὶ ἀδελφικῇ δοκιμασίᾳ τὰ τοῦ φρονήματος ἡμῶν φανερῶσαι, λεπτομερῶς τὰ περὶ τούτου συνείδομεν διεξελθεῖν· ἐκεῖνο πρότερον ὑπομιμνήσκοντες, ὡς ἐξ ἅπαντος φυλάττεσθαι ἡμᾶς χρὴ τὰς τῶν πραγμάτων καινοτομίας· καὶ μάλιστα ὅπου ποῖς ἐν τῇ πίστει τοῦ Χριστοῦ λαοῖς θόρυβός τις καὶ σκανδάλων ὑπόθεσις παρακολουθεῖ, ἔπειτα καὶ χρόνου μακροῦ ἔθος ἐν ταῖς ἐκκλησίαις ἐκράτησεν. Εἰ γὰρ μετὰ βουλῆς οἰνοποτεῖν ἡ γραφὴ διατάσσεται, πολλῷ μᾶλλον ἡμᾶς χρὴ πλείονι συζητήσει τοῖς καιριωτέροις ἐγχειρεῖν, ἵνα μὴ ὑπόδικοι τῷ φοβερῷ γενώμεθα κρίματι, τῷ καὶ ἕνα τῶν μικρῶν σκανδαλίζοντι ἐπηρτημένῳ παρὰ θεοῦ· καὶ ἄλλως τῶν πρὸς ὕβριν τῆς τοῦ Χριστοῦ ἐκκλησίας παρὰ τῶν ἀπίστων συναγομένων ῥημάτων ἢ πραγμάτων τὴν ἀνατροπὴν ποιεῖσθαι ὀφείλοντες, καὶ τὸ ταύτης σεμνόν τε καὶ ἔνθεον δεικνύειν ἀσάλευτον.

Τοῦτο τοίνυν ἐν πρώτοις γινώσκειν χρεών, ὡς οὐ νῦν μόνον, ἀλλὰ καὶ πολλάκις καὶ Ἰουδαῖοι τὰ τοιαῦτα ἡμῖν προσήγαγον εἰς ὀνειδισμόν, καὶ οἱ οὕτως εἰδωλολατρείας θεραπευταί, αἰσχραίνειν μόνον ἐπιχειροῦντες τὸ τῆς πίστεως ἡμῶν ἄχραντόν τε καὶ ἔνθεον, καὶ οὐχὶ τὸ χειροποιήτοις προσέχειν ἀναιρεῖν ἐπειγόμενοι. Ὅπου γε αὐτοῖς ἡ πᾶσα σπουδὴ καὶ τὸ σέβας πςεςςρὶ τοῦτο καταγίνεται, μηδὲν τῶν ὁρωμένων καὶ αἰσθητῶν ὑψηλότερον τίθεσθαι, ἀλλὰ τὴν θείαν φύσιν παντοίως ταπεινοῦν ἢ τόπῳ τινὶ περικλείοντας τὴν τοῦ παντὸς ἐποπτικὴν αὐτῆς πρόνοιαν ἢ σωματικαῖς εἰδοποιοῦντας μορφώσεσιν, οὓς οὐκ ἀγενῶς μὲν τῶν ἡμετέρων προγενέστεροί τινες ὡς κύνας ἐνεοὺς, γραφικῶς εἰπεῖν μάτην καθυλακτοῦντας τῆς ποίμνης τοῦ Χριστοῦ ἀπεώσαντο, ὧν οὐκ ἐν χερσὶν ἡμῖν τὰ πονήματα.

Οὐ μὴν δὲ ἀλλὰ καὶ ἐκ τῶν οἰκείων ἀσεβῶν ἐπιτηδευμάτων ὁ τῆς ἀληθείας λόγος τούτους ἐπιστομίζει· τῶν μὲν στηλιτεύων τῶν Ἑλληνικῶν τελετῶν καὶ μύθων τὸ αἰσχρὸν καὶ ἀπόπτυστον· Ἰουδαίους δὲ ἐντρέπων, οὐ μόνον τὴν τῶν πατέρων πρὸς τὰ εἴδωλα προσχώρησιν αὐτοῖς ὀνειδίζων, ἀλλὰ καὶ τὴν πρὸς τὸν θεῖον νόμον, ὃν ἐκεῖνοι αὐχοῦσι κρατεῖν, ἐναντίωσιν. Εἴγε ἐκείνου ἐν τόπῳ τινὶ διωρισμένῳ τὰ τῶν τυπικῶν θυσιῶν προσάγειν θεσπίζοντος, οὗτοι ἐν παντὶ τόπῳ τῆς οἰκουμένης τοῦτο πράττειν οὐ παραιτοῦνται, συνήθως τὸ πρὸς τὸ ἅγιον πνεῦμα ἀπειθὲς πατρικῇ ἀκολουθίᾳ ἐπιτηδεύοντες, καὶ ταύτῃ θύοντες δαιμονίοις καὶ οὐ θεῷ. Ἡ γὰρ ἀληθὴς πρὸς τὸν ἀληθινὸν θεὸν λατρεία τε καὶ προσκύνησις ἐν τῇ τηρήσει τῆς ἁγίας περὶ αὐτὸν ὁμολογίας καὶ τῶν παρ' αὐτοῦ δεδομένων συνεκτικῶν τε καὶ κεφαλαιωδεστέρων μυστηρίων καὶ νόμων φυλακῇ ἀκριβῶς κατορθοῦνται.

Σαρρακηνοῖς δέ, ἐπεὶ καὶ αὐτοὶ τὸ τοιοῦτον

ἐπισκήπτειν δολοῦσιν, ἀρκετὸν εἰς αἰσχύνην καὶ ἐντροπὴν προσαγαγεῖν τὴν μέχρι τοῦνῦν ἐν τῇ ἐρήμῳ τελουμένην παρ' αὐτῶν λίθῳ ἀψύχῳ προσφώνησιν, τήν τε τοῦ λεγομένου Χοβὰρ ἐπίκλησιν, καὶ τὰ λοιπὰ τῆς ματαίας αὐτῶν πατροπαραδότου ἐκεῖσε ἀναστροφῆς ὡς ἐν ἐπισήμῳ ἑορτῇ παιγνιώδη μυστήρια.

Χριστιανῶν δὲ πάντων καθ' ὅλης τῆς 'κουμένης ὑπὸ ζυγὸν ἕνα, τὸν τοῦ εὐαγγελίου δηλαδή, ὡς ὁ προφήτης φησί, δουλευόντων θεῷ χαρακτὴρ ἰδικώτατος, ἡ εἰς ἕνα θεὸν τὸν πατέρα καὶ τὸν υἱὸν καὶ τὸ ἅγιον πνεῦμα, τριάδα ἄκτιστον, ἀΐδιον, ἀκατάληπτον, ἀόρατον, ὁμοούσιόν τε καὶ ὁμόθρονον, πίστις τε καὶ ὁμολογία· συνομολογουμένης καὶ τῆς τοῦ υἱοῦ τοῦ θεοῦ τελείας ἐνανθρωπήσεως καὶ τῶν ἄλλων κατὰ τὴν δύναμιν τοῦ ἱεροῦ συμβόλου, ὅπερ ὁ λαὸς τοῦ Χριστοῦ ὁμοφρόνως πρὸ τῆς μυστικῆς καὶ ἁγίας ἀναφορᾶς προσάγει θεῷ· ἥ τε εἰς τὸ ὄνομα τούτων δὴ τῶν τριῶν θεαρχικῶν ὑποστάσεων τελουμένη διὰ τοῦ θείου βαπτίσματος πνευματικὴ ἀναγέννησις καὶ τῶν ζωοποιῶν τῆς ἀναιμάκτου θυσίας συμβόλων ἡ θεουργικὴ μετάληψις καὶ κοινωνία· δι' ὧν ὁ τῆς ἀληθείας ἀναλάμπει φωτισμὸς καὶ τὸ τῆς ἀσεβείας ἀπελαύνεται σκότος, ἔχον καὶ αὐτὸ τῆς οἰκείας πλάνης ἐμφανέστατον γνώρισμα τὴν τῆς πολυθεΐας ἀθεότητα. Ταῦτα δὲ οὕτως ἀλλήλοις ἀντίκειται, ἀποστολικῶς εἰπεῖν, ὃν τρόπον τὸ καταρχὰς διεχώρισεν ὁ θεὸς ἀναμέσον τοῦ φωτὸς καὶ ἀναμέσον του σκότους. Λεγέτω τοίνυν μεθ' ἡμῶν ὁ μακάριος εὐαγγελιστὴς Ἰωάννης· ' Αὕτη ἐστὶν ἡ νίκη ἡ νικήσασα τὸν κόσμον, ἡ πίστις ἡμῶν. Προστεθήτω δὲ καὶ παρ' ἡμῶν καὶ λεγέσθω· Αὕτη ἐστὶν ἡ πέτρα ἐφ' ᾗ Χριστὸς τὴν ἑαυτοῦ ᾠκοδόμησεν ἐκκλησίαν, πύλαις ᾅδου, ἤγουν προσβολαῖς τῶν ἐναντίων δυνάμεων, ἀκατάσειστόν τε καὶ ἀπερίτρεπτον.

Ἐντεῦθεν τὸ καινὸν ἐκληρωσάμεθα ὄνομα, ὅπερ, Ἡσαΐας φησίν, εὐλογηθήσεται. Λέγει γὰρ οὕτως· Εὐλογήσουσι τὸν θεὸν τὸν ἀληθινόν, τὸ ὑπεράγνωστόν τε καὶ ἀνεξιχνίαστον τῆς ἀρρήτου αὐτοῦ φήσεως διαγγέλλοντες· ἀόρατόν τε αὐτὴν καὶ ἀπερίγραπτον καὶ πάντῃ ἀναλλοίωτον ἐν ἀδιστάκτῳ πληροφορίᾳ κηρύττοντες, καὶ τὴν ἀΐδιον αὐτῆς δύναμιν καὶ θειότητα ' ἀπὸ κτίσεως κόσμου', κατὰ τὸν ἱερώτατον Παῦλον, ' τοῖς ποιήμασι νοουμένην καθορῶντες'. Οὕτω δουλεύειν θεῷ ζῶντι καὶ ἀληθινῷ ἠξιώμεθα, καὶ τῇ ἐλευθερίᾳ, ᾗ Χριστὸν ἡμᾶς ἠλευθέρωσε, τετιμήμεθά τε καὶ δεδοξάσμεθα, πάσης ἀπαλλαγέντες εἰδωλικῆς πλάνης τε καὶ ἀσεβείας· ἧς τὸ ἐξαίρετον γνώρισμα, λέγειν ' τῷ λίθῳ· Σύ με ἐγέννησας, καὶ τῷ ξύλῳ· Σύ με ἐποίησας', κατὰ τὴν τοῦ προφήτου φωνήν· καὶ μὴ ἀναβλέπειν εἰς τὸν οὐρανόν, ὡς Ἡσαΐας βοᾷ, καὶ λογίζεσθαι, ' τίς ὁ καταδείξας ταῦτα πάντα, ὁ ἐξάγων κατὰ ἀριθμὸν τὸν κόσμον αὐτοῦ, πάντα ἐπ' ὀνόματι καλεῖ ἀπὸ πολλῆς δόξης καὶ ἐν πλήθει ἰσχύος'.

οὗ αἱ χεῖρες ἔπλασαν πάσαν τὴν στρατιὰν τοῦ οὐρανοῦ᾽, ὡς ἕτερός τις εἶπε τῶν προφητῶν· ἢ τὴν λοιπὴν τῆς κτίσεως πάσης ἐναρμόνιον εὐταξίαν ὁρῶνταςδι᾽ αὐτῆς τῷ νοερῷ τῆς ψυχῆς ἀναλόγως τὸν γενεσιουργὸν αὐτῆς λόγον ἐννοεῖν, καὶ δι᾽ αὐτοῦ τὸν πατέρα καὶ ὄντως ὄντα θεὸν προσκυνεῖν, καθὼς καὶ ὁ μακάριος Ἀθανάσιος τὸν κατὰ εἰδώλων συντάττων λόγον ἐκδιδάσκει σαφέστατα.

Ὡς οὖν οὐδεμία κοινωνία φωτὶ πρὸς σκότοςἢ συμφώνησις Χριστῷ πρὸς Βελίαρ· οὕτως οὐδὲν κοινὸν Χριστιανοῖς ἕνα θεὸν ἐν ἀπροσίτῳ δόξῃ τε καὶ δυνάμει προσκυμούμενον σέβουσι πρὸς τοὺς πλάττοντας θεόν, καὶ ταυτῇ παρὰ τοῦ προφήτου ταλανιζομένους δικαίως. Ἐκείνοις μὲν γὰρ ῾σποδὸς ἡ καρδία᾽, ὡς γέγραπται· ὧν οἱ μὲν τῇ ποιήσει τοῦ παρ᾽ αὐτῶν γινομένου εἰδώλου κτίζεσθαι αὐτοῖς θεὸν πρόσφατον ἐκ τοῦ μὴ ὄντος νομίζουσι· καὶ διαπίπτοντος τούτου ἐξ ὁποιασοῦν αἰτίας καὶ ἀφανιζομένου, βεβαίως κρατοῦσι μὴ τοιγε ἕτερον ὁμοίως δημιουργήσωσι. Καὶ τοῦτο σαφῶς ἡμᾶς ἡ θεία διδάσκει γραφῇ ἐπὶ τῆς κατὰ τὴν ἔρημον μοσχοποιΐας τῶν Ἰσραηλιτῶν, ὅτε καταστασιάσαντες τοῦ Ἀαρὼν ἔλεγον· ῾Ποίησον ἡμῖν θεούς, οἳ προπορεύσονται ἡμῶν᾽. εὐφαίνοντες διὰ τούτου λογίζεσθαι αὐτοὺς καθόλου μὴ εἶναι θεόν, μήτε ἀληθινὸν μήτε ψευδώνυμον, εἰ μή τι ἄρα εἴδωλον αὐτοῖς τεχνουργηθείη τὸ ἐπιζητούμενον· ᾧτινι μετὰ τοῦτο τὴν ἐξ Αἰγύπτου αὐτῶν ἔξοδον ἀνετίθεσαν, τῆς ἀσεβείας αὐτῶν καὶ ἀνοίας δεικνύοντες τὴν ὑπερβολήν. Οἱ δὲ μετέπειτα τὴν τῆς Ἑλληνικῆς δεισιδαιμονίας μετιόντες αἰσχύνην, καὶ ταύτην περιέπειν σπουδάζοντες ἐπ᾽ ὀνόματι τῶν παρ᾽ αὐτοῖς θρησκευομένων θεῶν, τὰς τῶν ξοάνων κατασκευὰς ἐφιλοπόνουν, τοῦ τε Διός ὃν καὶ πατέρα καὶ ὕπατον, ἤγουν ἐξοχώτατον θεῶν καὶ ἀνθρώπων ὠνόμαζον, καὶ τῶν λοιπῶν, ὧν οὐκ ἄδηλος ἡ ὀνομασία τοῖς πλείοσιν. Ὧν τὰ σεμνολογήματα καὶ αἱ κατὰ τὰς τελουμένας αὐτοῖς θυσίας τιμαί, πορνεῖαί τε καὶ ἀσέλγειαι καὶ πάσης ἀκαθαρσίας ἐπίδειξις, μικρὸν γὰρ εἰπεῖν, αἰσχρορρημοσύναι τε καὶ βλασφημίαι, ὅπου γε παρ᾽ αὐτοῖς ἀνδροκτονίαι τὸ πρὸς τιμὴν θεοῦ σπουδαζόμενον ἦν καὶ τὸ ἐμπομπεύειν ταῖς αἰσχρουργίαις αὐτῶν ἐτετίμητο, εἰς τιμὴν τῶν προσκυνουμένων λαμβανόμενον, ὡς ταῦτα πεπραχότων ἐκείνων καὶ τούτοις γινομένοις ἐφηδομένον.

Αἱ δὲ παρὰ Χριστιανοῖς ἁγίων ἀνδρῶν εἰκόνες, τῶν τε ΄μέχρις αἵματος ἀντιστάντων τῇ ἁμαρτίᾳ᾽, κατὰ τὴν τοῦ ἀποστόλου φωνήν, καὶ τῶν τῷ λόγῳ τῆς ἀληθείας διακονησαμένων, προφητῶν τε λέγω καὶ ἀποστόλων, εἴτε καὶ ἐν εὐσεβεῖ βίῳ καὶ κατορθώσει ἔργων ἀγαθῶν ἀληθῶς θεοῦ δούλων ἀναδειχθέντων, οὐδὲν ἕτερόν εἰσιν ἢ ἀνδρείας ὑπογραμμός, πολιτείας τε εὐαγοῦς καὶ ἀρετῶν ὑποτύπωσις καὶ τοῦ δοχάζειν θεόν, ᾧ κατὰ τὴν παροῦσαν ζωὴν εὐηρέστησαν, ὑπονυγμὸς καὶ διέγερσις. Λόγος μὲν γὰρ τὰς τῶν ἀγαθῶν πράξεις διεξιὼν ὠφελεῖ τοὺς ἀκούοντας, καὶ πρὸς ζῆλον μιμήσεως προσκαλεῖται πολλάκις. Τοῦτο δ᾽ ἂν καὶ διὰ τοῦ προσέχειν τῇ εἰκόνι κατὰ τὸν τοῦ εἰκότος λόγον γενήσται. Ἃ γὰρ ὁ λόγος τῆς ἱστορίας διὰ τῆς ἀκοῆς παρίστησι, ταῦτα γραφὴ σιωπῶσα διὰ μιμήσεως δείκνυσι, Βασίλειος ὁ μέγας βοᾷ, ἐξ ἑκατέρου τούτων πρὸς ἀνδρείαν διεγείρεσθαι τοὺς προσέχοντας λέγων. Σύντομος γάρ, ὡς ἄν τις εἴποι, καὶ κεφαλαιώδης ὑφήγησις τῶν πεπραγμένων τῷ γραφέντι ἐν τῇ εἰκόνι γίνεται τοῖς ὁρῶσιν ἡμῖν μιμητὴ τῆς ἰδέας αὐτοῦ ἡ μόρφωσις, ὥσπερ οὖν καὶ τοῖς εἰδώλοις τῶν ψευδωνύμων θεῶν αἱ μιαραὶ αὐτῶν συναναφαίνονται πράξεις. Καὶ τὸν μὲν ἐξακοῆς τὰ κατὰ τοὺς ἁγίους ἄνδρας παρειληφότα εἰς ἀνάμνησιν τῶν ἀκουσθέντων ἡ τοιαύτη θεωρία συνωθεῖ, τὸν δὲ ἀγνοοῦντα φιλοπευστεῖν παρασκευάζει, καὶ τὰ κατ᾽ ἐκεῖνον διδασκόμενον εἰς πόθον τε αὐτοῦ καὶ αἶνον θεοῦ θερμῶς ἐγείρει· ὥστε δι᾽ ἑκατέρου τούτων τοὺς ὁρῶντας τῶν ἁγίων 'τὰ καλὰ ἔργα δοξάζειν τὸν πατέρα ἡμῶν τὸν ἐν τοῖς οὐρανοῖς', κατὰ τὴν τοῦ εὐαγγελίου φωνήν. Εἰ δ᾽ ἡ κατὰ Μωσέα νομοθεσία παραγγέλλει τῷ λαῷ κλῶσμα ὑακίνθινον εἰς τὰ κράσπεδα τὰ ἐν τοῖς ἄκροις τῶν ἱματίων τιθέναι πρὸς ἀνάμνησιν τῶν διατεταγμένων καὶ φυλακήν, πολλῷ μᾶλλον ἡμᾶς ἐστι διὰ τῆς ὁμοιωματικῆς ἀναζωγραφήσεως τῶν ἁγίων ἀνδρῶν ἀναθεωρεῖν τὴν ἔκβασιν τῆς ἀναστροφῆς αὐτῶν καὶ τούτων μιμεῖσθαι τὴν πίστιν κατὰ τὴν ἀποστολικὴν διδασκαλίαν.

Τὸ δὲ τοῦ κυρίου τῆς κατὰ σάρκα ἰδέας ἐν εἰκόσι τυποῦσθαι τὸν χαρακτῆρα, εἰς ἔλεγχον μέν ἐστι τῶν φαντασίᾳ καὶ οὐκ ἀληθείᾳ ἄνθρωπον αὐτὸν γεγέσθαι ληρωδούντων αἱρετικῶν, χειραγωγίαν δέ τινα τῶν μὴ πάντῃ εἰς τὸ ὑψηλὸν ἀνάγεσθαι τῆς πνευματικῆς θεωρίας ἐξισχυόντων, ἀλλὰ δεομένων καί τινος σωματικῆς κατανοήσεως πρὸς τὴν τῶν ἀκουσθέντων βεβαίωσιν. Ὅσον ἐπωφελέστερόν τε καὶ περισπουδαστότερον.

Τὸ γὰρ μυστήριον τὸ καὶ τοὺς οὐρανοὺς καλύψαν τῇ ἀρετῇ, ἀποκεκρυμμένον ἀπὸ τῶν αἰώνων καὶ ἀπὸ τῶν γενεῶν ἐν τῷ θεῷ τῷ τὰ πάντα κτίσαντι, μὴ μόνον ἐξ ἀκοῆς τὴν πίστιν ἔχειν··· ' Ἡ γὰρ πίστις ἐξ ἀκοῆς', φησὶν ὁ ἀπόστολος··· ἀλλ' ἤδη καὶ δι' ὁράσεως εὐτυποῦσθαι τῶν ὁρώντων ταῖς διανοίαις καὶ δυνάμει ἐκεῖνο βοᾶν, ὅτι ὁ θεὸς ἐφανερώθη ἐν σαρκὶ καὶ ἐπιστεύθη ἐν κόσμῳ, πάντων μάλιστα ἁγιαστικώτερόν τε καὶ σωτηριωδέστερον εὑρεθήσεται, ὥστε τὰ διὰ τῶν εὐαγγελικῶν κηρυγμάτων περὶ τῆς κατὰ σάρκα αὐτοῦ ἐπὶ γῆς μετὰ ἀνθρώπων πολιτείας ἀναγεγραμμένα, ταῖς τῶν λαῶν πρὸς τὸ ἀνεξάλειπτον ἐγγράφεσθαι μνήμαις, καὶ τὸ σέβας τῆς δόξης αὐτοῦ καὶ περὶ ἡμᾶς ἀγαθότητος ἀναργέστερον κηρύττεσθαι καὶ προσκυνεῖσθαι.

Οὐ γὰρ τῶν ξύλων καὶ τῶν χρωμάτων προσκυνεῖται ἡ μίξις, ἀλλ' ὁ ἀόρατος θεός, ὁ ὢν εἰς τὸν κόλπον τοῦ πατρός, ἐκεῖνος τὴν προσκύνησιν δέχεται ἐν πνεύματι καὶ ἀληθείᾳ· δι' ἑαυτοῦ τὴν πρὸς τὸν πατέρα ἡμῖν προσαγωγὴν χαριζόμενος, καὶ σὺν αὐτῷ προσκυνούμενος. Ἐπεὶ καὶ ὁ Ἰακὼβ προσκυνῆσαι λέγεται ἐπὶ τὸ ἄκρον τῆς ῥάβδου τοῦ Ἰωσήφ, οὐ τῷ ξύλῳ τὸ σέβας προσαγαγών, ἀλλὰ τὴν πρὸς τὸν κατέχοντα αὐτὸ τιμὴν ἐνδεικνύμενος. Οὕτω τοίνυν καὶ τῆς ἁγίας τοῦ κυρίου καὶ ὑπερενδόξου αὐτοῦ μηρτὸς τὸ ἀπεικόνισμα ἐπινειόνηται τῷ τοῦ λαῷ καὶ τετίμηται.

οὕτω τοῖς ἀνέκαθεν τῶν ἁγιωτάτων ἐκκλησιῶν προεστῶσι τὰ τοιαῦτα παρεδέχθησαν καὶ οὐδεμιᾶς κωλύσεως ἔτυχον, καίτοι μετὰ τὰς τῶν διωγμῶν ταρελεύσεις καὶ τὴν ἐν παρρησίᾳ τῆς πίστεως πανταχοῦ ἐπικράτειαν καὶ συνόδων οἰκουμενικῶν μέχρι καὶ τῆς ἡμετέρας γενομένων, καὶ περὶ πλειόνων κεφαλαίων πολὺ τοῦ περὶ τῶν εἰκόνων λόγου καταδεεστέρων κανόνας ἐκθεμένων. Οὓς οὐκ ἦν εἰκὸς ἀνεξέταστον περὶ τούτου καὶ συγκεχωρημένον καταλιπεῖν, εἴπερ κατὰ τήν τινων ὑπόνοιαν ταῖς περὶ τῶν εἰδώλων μορφαῖς καὶ ἀπαγορεύσεσι ταῖς φερομέναις ἐν ταῖς θείαις γραφαῖς ἡ παρ' ἡμῖν ἐκ παλαιοῦ κρατήσασα αὕτη συνήθεια συνυπάγεται, καὶ πρὸς τὴν τοῦ θεοῦ ἀλλοτρίωσιν φέρει. Ὁ γὰρ τοῖς ἀποστόλοις συνέσεσθαι εἰπὼν μέχρι τῆς συντελείας τοῦ αἰῶνος, δηλονότι τοῦτο καὶ τοῖς μετ' ααὐτοὺς τὴν ἐκκλησίαν αὐτοῦ ἐπισκοποῦσιν ἐπαγγέλλεται. Οὐ γὰρ δὴ ἐκείνοις σωματικῶς παραμένειν ἤμελλεν ἕως τῆς τοῦ ἐνεστῶτος αἰῶνος παρελεύσεως. Ἔτι μὴν καὶ τοῖς ἐπὶ τῷ ὀνόματι αὐτοῦ δύο ἢ τρισὶ συνηγμένοις συνεῖναι εἰπών, οὐκ ἂν τοσαῦτα πλήθη ζήλῳ συνηγμένα τῆς εἰς αὐτὸν εὐσεβείας, ἀμέτοχα τῆς θείας αὐτοῦ ἐπιπνοίας τε καὶ ὀδηρίας κατέτιπε, τοῦ μὴ πρὸς καταρτισμὸν τελειότητος τῆς αὐτοῦ ἐκκλησίας ἰδεῖν, ἣν παραστῆσαι ἑαυτῷ πεπιστεύκαμεν μὴ ἔχουσαν σπῖλον ἢ ῥυτίδα ἢ τί τῶν τοιούτων, καίτοι οὐκ ἐν ὀλίγας ἢ ἀσήμοις τῶν πόλεων τοῦ τοιούτου ἔθους κρατήσαντος, ἀλλὰ σχεδὸν μὲν εἰπεῖν ἐν πάσαις ταῖς χώραις καὶ ἐν ταῖς περιφανεστέραις καὶ πρωτευούσαις τῶν ἐκκλησιῶν. Ὅτι δὲ ἀρχαῖόν ἐστι τὰς ἱστορικὰς διηγήσεις τῶν γραφῶν πολλάκις ἐν εἰκόσι τυποῦσθαι, παρίστησι τοῦ ἐν ἁγίοις Γρηγορίου τοῦ Νύσσης λόγος, εἰς τὸν Ἀβραὰμ ἔχων τὴν ἐπιγραφήν, ἐν ᾧ τὴν περὶ τῆς θυσίας τοῦ Ἰσαὰκ ἱστορίαν ἀνειλῆφθαι ἐν ζωγραφίαις διδάσκει.

Εἰ δὲ τὰ κατ' ἐκείνους οὕτως, πολλῷ μᾶλλον τὰ τῆς δεσποτικῆς οἰκονομίας θαύματά τε καὶ παθήματα τοιαύτης ἔτυχον ἀναδείξεως, ὥσπερ καὶ τῶν ἁγίων μαρτύρων αἱ ἀθλητικαὶ ἀνδραγαθίαι πρὸς ζῆλον ἀγαθὸν φέρουσαι τοὺς ὁρῶντας· ὅπερ ἐναργῶς γεγονέναι ἀποδείκνυται καὶ ἐπὶ τῆς τοῦ γενναίου καὶ θαυμαστοῦ μάρτυρος τῆς ἀληθείας Ἀναστασίου ἀθλήσεως.

Ἀλλ' ἐκεῖνο ἴσως ἂν εἴποι τις, ὅτι εὐλαβεῖσθαι ἡμᾶς ἀναγκαῖον τῆς ἁγίας γραφῆς τὰ παραγγέλματα, οἷον· Οὐ ποιήσεις σεαυτῷ εἴδωλον οὐδὲ παντὸς ὁμοίωμα, ὅσα ἐν τῷ οὐρανῷ ἄνω καὶ ὅσα ἐπὶ τῆς γῆς κάτω καὶ ὅσα ἐν τοῖς ὕδασιν ὑποκάτω τῆς γῆς, οὐ ποιήσεις οὐδὲ προσκυνήσεις αὐτοῖς, οὐδὲ μὴ λατρεύσεις αὐτοῖς'. Καὶ πάλιν· ' Οὐ λήψῃ τὸ ὄνομα κυρίου τοῦ θεοῦ σου επὶ ματαίῳ'. Καὶ ἐν τῷ Δευτερονομίῳ· ' Μὴ ἀνομήσητε καὶ τοιήσητε ὑμῖν αὐτοῖς γλυπτὸν ὁμοίωμα', καὶ τὰ σὺν αὐτοῖς. Ἀλλὰ ταῦτα πάντα φανερὸν ἔχει τὸν νοῦν, τὸ τὴν θείαν φύσιν ἀνείδεόν τε εἶναι καὶ ἀκατάληπτον, καὶ μηδενὶ ὁμοίαν ἡγεῖσθαι τῶν ὁρωμένων, στοχασμοῖς καὶ ὑπονοίαις ἀγομένους πρὸς σωματικὰς ὑπολήψεις. Προειπὼν γάρ, ὅτι ' Ὁμοίωμα οὐκ εἴδετε ἐν τῇ ἡμέρᾳ, ᾗ ἐλάλησε κύριος πρὸς ὑμᾶς ἐν Χωρὴβ ἐν τῷ ὄρει ἐκ μέσου τοῦ πυρός'· ταῦτα προειπών, ἐπήγαγεν εὐθύς· ' Μὴ ἀνομήσητε, καὶ ποήσητε ὑμῖν αὐτοῖς γλυπτόν', καὶ τὰ σὺν αὐτοῖς, τοῦτο μὲν ἀναμιμνήσκων τῆς γενομένης τοῦ μόσχου κατασκευῆς, τοῦτο δὲ καὶ ἀσφαλιζόμενος, ὥστε μὴ καὶ αὐτοὺς κατὰ τὴν τῶν Αἰγυπτίων συνήθειαν, ἣν ἐγίνωσκον, πρὸς τὴν τοιαύτην κατολισθῆσαι ἀσέβειαν καὶ τὸ θεῖον ἡγεῖσθαι τούτοις ὅμοιον. Τοῦτο γὰρ καὶ ὁ μέγας ἀπόστολος ἐν τῇ πρὸς Ἀθηναίους δημηγορίᾳ φησί· ' Γένος οὖν ὑπάρχοντες τοῦ θεοῦ οὐκ ὀφείλομεν νομίζειν χρυσῷ ἢ ἀργύρῳ, ἢ λίθῳ, χαράγματι τέχνης καὶ ἐνθυμήσεως ἀνθρώπου τὸ θεῖον εἶναι ὅμοιον'. Τῆς δὲ αὐτῆς ἐννοίας ἔχεται καὶ τό· ' Οὐ λήψῃ τὸ ὄνομα κυρίου τοῦ θεοῦ ἐπὶ ματαίῳ', τουτέστιν· Οὐ καλέσεις καὶ ἡγήσῃ θεόν, ὅπερ οὐκ ἀληθῶς τοῦτο ὑπάρχει, ἀλλὰ μάτην ὑπονοίας καὶ ἐπωνυμίας τοιαύτης ἠξίωται.

Ἀλλ' ἡμῖν, ὡς ὁ μέγας διδάσκει ἀπόστολος, ʻεἷς θεὸς ὁ πατὴρ ἐξ οὗ τὰ πάντα· καὶ εἷς κύριος Ἰησοῦς Χριστός, δι' οὗ τὰ πάντα· καὶ ἓν πνεῦμα ἅγιον, ἐν ᾧ τὰ πάντα', οὐ φυσικῆς ἑτερότητος διὰ τῆς τῶν προθέσεων ἐναλλαγῆς εἰσαγομένης, μὴ γένοιτο, τὰ γὰρ τρία εἷς θεὸς μετ' ἀλλήλων νοούμενα, ὡς διδάσκει Γρηγόριος ὁ σοφός. Οὐδενὶ οὖν τὸ ὄνομα τὸ ὑπὲρ πᾶν ὄνομα ἢ τὸ σέβας ἢ τὴν λατρείαν ὁ λαὸς τοῦ Χριστοῦ μέχρι καὶ σήμερον πλὴν τῆς ἁγίας καὶ ζωαρχικῆς τριάδος προσήγαγε, μὴ γένοιτο. Πάντως γὰρ ἅμα τὸ λατρεύειν τοῖς τοιούτοις προστιθεῖσα ἡ θεία γραφή, τὸ ἀλλότριον ἡμῶν καὶ πάντῃ ἀμέτοχον πρὸς τὴν τοιαύτην πλάνην παρίστησιν. Πρόδηλος γὰρ τῆς τῶν εἰδώλων λατρείας ὁ τρόπος. Παρ' ἡμῖν δὲ ὥσπερ εἷς θεὸς τὸ προσκυνούμενον, μία τε καὶ ἡ εἰς αὐτὸν πίστις, καὶ ἓν τὸ σωτήριον βάπτισμα· οὕτω μία καὶ ἡ προσαγομένη αὐτῷ λατρεία παρ' ἡμῶν, καθὼς παραδέδοται ἐκ τῶν ἱερῶν ἀποστόλων καὶ πεφύλακται· ἥ τε τῆς ʻαἰνέσεως θυσία', ἣν διὰ Χριστοῦ ʻἀναφέρεσθαι τῷ θεῷ' καὶ πατρὶ ὁ θεῖος ἔφη ἀπόστολος, ʻτουτέστιν ὁ τῶν χειλέων καρπὸς ὁμολογούντων τῷ ὀνόματι αὐτοῦ· καὶ ἡ ἐν τοῖς ζωοποιοῖς μυστηρίοις θειοτάτη παράδοσις, ἣν προεμήνυσε Μαλαχίας ὁ προφήτης ὡς ἐκ προσώπου φήσας τοῦ θεοῦ· ὅτι ʻʻἈπὸ ἀνατολῶν ἡλίου καὶ μέχρι δυσμῶν δεδόξασται τὸ ὀνομά μου ἐν τοῖς ἔθνεσι, καὶ ἐν παντὶ τόπῳ θυμίαμα προσάγεται τῷ ὀνόματί μου, καὶ θυσία καθαρά'. Οὐδεμία τοίνυν συγκατάθεσις ναῷ θεοῦ, ἤγουν τῇ αὐτοῦ ἐκκλησίᾳ, μετὰ εἰδώλων, μὴ γένοιτο. Αὕτη μὲν γὰρ 'στύλος καὶ ἑδραίωμα τῆς ἀληθείας' ἀποστολικῶς κατωνόμασται· 'τῶν δὲ εἰδώλων τὰ ὀνόματα ἐξολοθρευθήσεσθαι ἀπὸ τῆς γῆς' ὁ προφήτης Ζαχαρίας βοᾷ· ὅτε 'πᾶς τόπος τῷ οἴκῳ Δαβίδ', τουτέστι τῇ ἐκκλησίᾳ Χριστοῦ, οὗ ὁ οἶκος ἐσμεν ἡμεῖς, τῇ παραδοχῇ τῆς πίστεως αὐτοῦ αὐτοῦ 'διανοιχθήσεται'. Τούτοις πάντως προστεθήσεται τά τε ἐν τῇ λεγομένῃ Σολομῶντος Σοφίᾳ καὶ τὰ παρὰ τῷ μεγαλοφώνῳ καίμενα Ἡσαΐᾳ. Ἐκεῖ μὲν γὰρ λέγεται· 'Ἀρχὴ πορνείας ἐπίνοια εἰδώλων. Εὕρεσις δὲ αὐτῶν φθορὰ ζωῆς. Οὔτε γὰρ ἦν ἀπ ἀρχῆς οὔτε εἰς τὸναἰῶνα ἔσται. Κενοδοξία γὰρ ἀνθρώπων εἰσῆλθεν εἰς τὸν κόσμον· καὶ διὰ τοῦτο σύντομον αὐτομον αὐτῶν τὸ τέλος ἐπενοήθη, κὰ τὰ ἐξῆς. Παρὰ δὲ τῷ προφήτῃ· ' Αἰσχυνθήσονται οἱ πλάσσοντες θεόν, καὶ γλύφοντες· καὶ πάντες ὅθεν ἐγένοντο ἐξηράνθησαν, καὶ κωφοὶ ἀπὸ ἀνθρώπων ἐγένοντο', καὶ τὰ σὺν αὐτοῖς, 'τέκτονος ξυλουργικῆς τέχνης ἐπίνοια, καὶ ξύλων τῶν εἰς ὑπηρεσίαν ἀνθρώποις μεταποίησις εἰς ἀνδρὸς μόρφωσιν, καὶ θρίαμβος τῆς ἀνοίας τῶν προσκυνούντων αὐτοῖς. Οἷς ἐπιφέρεται· "Ἴδετε, οὐκ ἐρεῖτε, ὅτι ψεῦδος ἐν τῇ δεξιᾷ μου'. ὅπερ τῆς προγεγραμμένης ἀσεβείας ὡς ἀνατρεπτικὸνἐπήγαγεν.

Ἡμεῖς οὖν εἰδότες καὶ πιστεύοντες εἰς τὸν υἱὸν τοῦ θεοῦ, ὅς ἐστιν ἀλοήθεια καὶ δεξιὰ τοῦ πατρός, ἀλλότριοι τῆς εἰρημένης τοῦ προφήτου δεικνύμεθα κατακρίσεως. Καὶ κατὰ τοῦτο εἰκαιρως τὸ προφητικὸν ῥῆμα ἐρῶ· Τί τὰ ἄχυρα πρὸς τὸν σῖτον; Τίς οἰκειότης τῆς ῥιπιζομένης ὑπὸ τῶν πνευμάτων τῆς πονηρίας ἀνυποστάτου κουφότητος τῶν λατρευόντων τῇ κτίσει παρὰ τὸν κτίσαντα, πρὸς τὸν τῆς ἀληθοῦς θεογνωσίας τρόφιμον λόγον, τὸν ἐν παντὶ τῷ λαῷ τοῦ Χριστοῦ εὑρισκόμενον; Ἐκεῖνοι μὲν γάρ, περὶ ὧν ταῦτα ὁ Ἡσαΐας φησίν, Ἐπὶ τὰς κορυφὰς τῶν ὀρέων ἐθυσίαζον, καὶ ἐπὶ τοὺς θουνοὺς ἔθυον, ὑποκάτω δρυὸς καὶ λεύκης καὶ δένδρου συσκιάζοντος· ὅτι καλὸν σκέπη', ὡς ἕτερός τις προφήτης σύγχρονος τῷ Ἡσαΐᾳ φησίν.

Ὁ δὲ λαὸς τοῦ Χριστοῦ τῷ βασιλεῖ τῶν αἰώνων, ἀφθάρτῳ, ἀοράτῳ, μόνῳ σοφῷ θεῷ προσκυνεῖ ἐν αὐλῇ ἁγίᾳ αὐτοῦ, τὴν ἐν πνεύματι καὶ ἀληθείᾳ προσκύνησιν ποιούμενος, πᾶσάν τε αἴνεσιν καὶ δοξολογίαν τῇ ζωοτοιῷ τριάδι προσφέρων διηνεκῶς. Τὸ δὲ παρὰ τῇ Σοφίᾳ διηγορευμένον τῶν εἰδώλων σύντομον τέλος, ἤγουν ὁ τούτων ἀφανισμός, καὶ τὸ μὴ εἰσαεὶ αὐτὰ διαμεῖναι, οὐκ ἄλλοθεν ἢ ἐκ τῆς ἐπιφανείας γέγονε τοῦ μεγάλου θεοῦ καὶ σωτῆρος ἡμῶν Ἰησοῦ Χριστοῦ, ἣν ἡ ἐκκλησία αὐτοῦ ἀπὸ περάτων ἕως περάτων τῆς οἰκουμένης τῷ αἵματι αὐτοῦ περιποιηθεῖσα, διὰ παντὸς ἐν εὐσεβείᾳ ὁμολογεῖ καὶ δοξάζει. Οὐδὲν οὖν τῆς ἐν ἐκείνοις γεγραμμένης τῶν εἰδώλων καταγνώσεως ὁ γνήσιος καὶ ἀληθὴς τῆς τριάδος προσκυνητὴς λαὸς τοῦ Χριστοῦ εἰς ἑαυτὸν ἐπισύρεται, ἐκ τοῦ τῶν ἁγίων ἀνδρῶν εἰκόνας ἔχειν πρὸς ἀνάμνησιν τῆς αὐτῶν ἀρετῆς· ὥσπερ οὐδὲ τῷ μακαρίῳ ἀποστόλῳ Παύλῳ τὴν ἐν σαρκὶ ἀπαγορεύοντι περιτομὴν καὶ τοῖς κατὰ νόμον δικαιοῦσθαι βουλομένοις ἐπιτιμῶντι, τὸ περιτεμεῖν τὸν Τιμόθεον νομικῶς τε περικείρασθαι καὶ θυσίαν ἐν τῷ ναῷ προσαγαγεῖν, μομφὴν ἐπάγει τινὰ καὶ κατάκρισιν.

Οὐ γὰρ ἁπλῶς τὰ ἀποτελούμενα σκοπεῖν χρή, ἀλλὰ πανταχοῦ ὁ σκοπὸς τῶν πραττόντων δοκιμάζεται· καὶ ἡ αἰτίας ἀφίησι τὸν τοιοῦντα ἢ τοὐναντίον καταδικάζει. Εἰ γὰρ μὴ τοῦτο ἀκριβῶς παραφυλάττοιτο, τάχα οὐδὲ αὐτοῦ τοῦ θεοῦ τὸ πρόσταγμα ἀκατηγόρητον παρὰ τοῖς ἀπίστοις γενήσεται· εἴγε γλυπτὸν ἢ τοὖν χωνευτὸν ἀπαγορεύοντος τοῦ νόμου, 'τὰ κατασκιάζοντα τὸ ἱλαστήριον ἐπὶ τῆς κιβωτοῦ χερουβὶμ δόξης', ὡς ὁ ἀπόστολος ὀνομάζει, τοιαύτης ὑπῆρχον κατασκευῆς· οἷς καὶ τὴν θείαν ἐποχεῖσθαι δόξαν οὐ μόνον ἐκ τῆς γραφῆς διδασκόμεθα, ἀλλὰ καὶ ὁ μακάριος Ἀθανάσιος τὸ ψαλμικὸν ἑρμηνεύων ῥητόν· 'Ὁ καθήμενος ἐπὶ τῶν χερουβίμ, ἐμφάνηθι', τοιαύτην περὶ αὐτῶν παραδίδωσιν ἔννοιαν· καίτοι ἐκείνων τῶν χερουβὶμ τὰ ἀρχέτυπα ἄγνωστα τὴν φύσιν ἀνθρώποις παντάπασιν ὄντα· πνεῦμα γὰρ καὶ πῦρ ὑπάρχουσι καὶ πάσης σωματικῆς σχηματοθεσίας ἀλλότρια καὶ φύσεως. Τὰ γὰρ περὶ αὐτῶν σωματικώτερον τῷ προφήτῃ λεγόμενα σμβολικὴνκαὶ ἀνηνεγμένην τὴν ἔννοιαν εἶχει, ἑτέρως νοεῖσθαι κατὰ τὸν εὐαγῆ καὶ τοῖς ἀσωμάτοις πρέποντα μὴ δυνάμενα λόγον.

Κἀκεῖνο δὲ εἰπεῖν ἀναγκαῖον, ὅτι οὐδαμῶς Χριστιανοὶ τῶν κατὰ σάρκα προσγενῶν ἢ γνωρίμων καὶ φίλων τὸ εἶδος ἀναγράφοντες σέβουσιν ἢ τιμῆς τινος ἀξιοῦσιν. Ἀλλ᾽ οὐδὲ βασιλικῶν προσταγμάτων ὑποκύψαντες ἐξουσίᾳ τὰ τοιαῦτα ὑπενόησαν, ἅπερ δικαίως ἐγκαλοῦνται ἐκεῖοι, Ὁι φάσκοντες εἶναι σοφοί, ἐμωράνθησαν, καὶ ἤλλαξαν τὴν δόξαν τοῦ ἀφθάρτου θεοῦ εἰς ὁμοίωμα εἰκόνος φθαρτοῦ ἀνθρώπου᾽, ὥς φησιν ὁ ἀπόστολος· ὥστε καὶ ἐκ τούτου δείκνυσθαι τοῦ τρόπου σαφῶς τὸ πορς ἡμᾶς ἀνάρμοστον εἶναι τὴν προκειμένην τῆς γραφῆς κατηγορίαν. Εἰ μὲν οὖν τὰς περὶ τοῦ θείου εὐσεβεῖς ὑπολήψεις πρὸς τὸ σωματικώτερον μετατιθέμενοι, ἢ τὰ τῆς θεοπρεποῦς δόξης τε καὶ λατρείας καταλιπόντες, ἢ κατά τι γοῦν ὅλως σμικρύνοντες ἐκ τῆς τοιαύτης δεικνύμεθα ὑποθέσεως, καλῶς ἂν εἶχε περιαιρεῖσθαι τὰ ἀπασχολοῦντα ἡμᾶς καὶ ἀφέλκοντα τῆς πρὸς τὸν ἕνα καὶ ἀληθινὸν θεὸν σεβασμιότητος καὶ προσεδρείας· νῦν δὲ τοὐναντίον ὁρῶμεν γιγνόμενον.

Προσβλέπων γάρ τις μετ᾽ ἐπιστήμης εἰκόνι τινὸς τῶν ἁγίων, ὡς τὸ εἰκός, Δόξα σοί, ὁ θεός, λέγει, τοῦ ἁγίου τὸ ὄνομα προστιθείς· ὥστε καὶ διὰ τοῦ τρόπου τούτου πληροῦσθαι τὸ ἐν τῇ εὐχῇ λεγόμενον παρ' ἡμῶν, ἵνα καὶ δι' ὁρωμένων καὶ δι' ἀοράτων δοξάζηται τὸ πανάγιον ὄνομα τοῦ Χριστοῦ. Ἀλλ' οὐδὲ θεόν τινα τῶν ἁγίων ἀνδρῶν καλεῖν ἀνεχόμεθα· καίτοι τοῦ κυρίως καὶ μόνου ὄντος θεοῦ τῆς τοιαύτης προσωνυμίας τοῖς εὐαρεστήσασιν αὐτῷ μεταδιδόντος, ὡς ἐν τῇ ἱερᾷ τῶν Ψαλμῶν ἀναγέγραπται βίβλῳ.

Οὔτε πάλιν ὡς ἱκανὴν ἔχειν νομίζοντες θεογνωσίας βεβαίωσιν τὰς τοιαύτας εἰκόνας καταφρονοῦμεν τῆς ἐν ταῖς ἐκκλησίαις τοῦ θεοῦ συνδρομῆς, καὶ τοῦ ἐν αὐταῖς ἡμέρας καὶ νυκτός, ψαλμικῶς δὲ μᾶλλον εἰπεῖν, 'ἑσπέρας καὶ πρωὶ καὶ μεσημβρίας' εὐλογεῖν τὸν θεόν, καθὼς φησιν ὁ Δαβίδ, καὶ μάλιστα ἐν τῷ καιρῷ τῆς θείας μυσταγωγίας καὶ λειτουργίας. Ἀλλ' ὡς ἀσφαλῶς ἐπιστάμενοι οὐκ ἄλλοθεν ἡμῖν τὴν ἐλπίδα περιγίνεσθαι τῆς σωτηρίας, ἢ ἐκ τῆς πρὸ τὸν μόνον ἀληθινὸν θεὸν τὸν ἐν τριάδι προσκυνούμενον εὐσεβοῦς πίστεως καὶ ὁμολογίας, τῆς μὲν ἐν καρδίᾳ συνισταμένης, τῆς δὲ διὰ στόματος προφερομένης··· 'Καρδίᾳ γὰρ πιστεύεται εἰς σωτηρίαν'···, διὰ παντὸς τὴν αἴνεσιν αὐτοῦ τοῦ ποιήσαντος ἡμᾶς θεοῦ ἐν τῷ στόματι ἔχοντες καὶ τὰς ὑψώσεις αὐτοῦ ἐν τῷ λάρυγγι φέροντες, πᾶς ὁ λαὸς τοῦ Χριστοῦ ἐπὶ τὴν μετάληψιν τοῦ παναγίου αὐτοῦ σώματος καὶ αἵματος, δι' ὧν τὴν μνήμην τοῦ θανάτου αὐτοῦ καὶ τῆς ἀναστάσεως κατὰ τὴν αὐτοῦ τελοῦμεν παράδοσιν, ἀκορέστῳ ἐπιθυμίᾳ καὶ θεοκινήτῳ σπουδῇ κατεπείγονται μᾶλλον ἢ ἐπὶ τὰς πηγὰς τῶν ὑδάτω ἡ ἔλαφος.

Ἀλλὰ μηδ' ἐκεῖνο σκανδαλιζέτω τινάς, τὸ ἔμπροσθεν τῶν ἁγίων φωταγωγίαν γίνεσθαι καὶ εὐώδη θυμίασιν. Συμβολικῶς γὰρ τελεῖσθαι τὰ τοιαῦτα πρὸς τιμὴν ἐκείνων ἐπενοήθη, ὧν μετὰ Χριστοῦ ἡ ἀνάπαυσις, ὧν καὶ ἡ τιμὴ εἰς αὐτὸν ἀνατρέχει· τοῦτο λέγοντος Βασιλείου τοῦ σοφοῦ, ὅτι ''Η πρὸς τοὺς ἀγαθοὺς τῶν ὁμοδούλων τιμὴ ἀπόδειξιν ἔχει τῆς πρὸς τὸν κοινὸν εὐνοίας'. Σύμβολον μὲν τὰ αἰσθητὰ φῶτα τῆς ἀΰλου καὶ θείας φωτοδοσίας· ἡ δὲ τῶν ἀρωμάτων ἀναθυμίασις τῆς ἀκραιφνοῦς καὶ ὅλης τοῦ ἁγίου πνεύματος περιπνοίας τε καὶ πληρώσεως.

Καὶ ταῦτα μὲν ὡς πρὸς τὰς ὑφορμώσας ἀντιθέσεις καὶ τὰς ἐκ γραφῶν δῆθεν προτεινομένας ἀντιλογίας γράψαι συνείδομεν, παρακαλοῦντες τὸ ἀσκανδάλιστον τοῖς λαοῖς καὶ ἀτάραχον παντὶ τρόπῳ μεταδιώκειν ὑμᾶς, ὁπότε καὶ τῶν μικρῶν ἑνὸς μὴ καταφρονεῖν παραγγέλλει ὁ κύριος· ὁμοίως δὲ καὶ τὸ σκανδαλίζειν ἀφόρητον καὶ φοβερὰν τοῖς τοῦτο πράττουσιν ἐπάγει κατάκρισιν. Νῦν δὲ πόλεις ὅλαι καὶ τὰ πλήθη τῶν λαῶν οὐκ ἐκ ὀλίγῳ περὶ τούτου θορύβῳ τυγχάνουσι· οὗ ἡμεῖς μὴ αἴτιοι φανῆναι διὰ πάτης ποιησώμεθα σπουδῆς.

Ὑπὲρ ἅπαντα δὲ προνοητέον ἡμῖν, ὅπερ μου κατασείει τὴν διάνοιαν, τοῦ μὴ ἀφορμὴν ἐπάρσεως ἐντεῦθεν λαβεῖν τοὺς πίστεως ἡμῶν τοὺς ἐχθροὺς τοῦ σταυροῦτοῦ

Χριστοῦ· ὥστε καὶ λέγειν αὐτούς, ὅτι μέχρι τοῦ νῦν οἱ Χριστιανοὶ ἐπλανῶντο· εἰ μὴ γὰρ εἰδωλολατρείαν ᾔδεσαν τὸ τοιοῦτον, οὐκ ἂν ἀρτίως τὴν τῶν χειροποιήτων ἀποβολὴν ἐποιήσαντο. Ὅπερ πόσην ὕβριν καὶ καθαίρεσιν προστρίβεται τῇ εἰς Χριστὸν πίστει, πᾶς τις ὁμολογήσειε. Πάντως γὰρ καὶ τοῦτο κατὰ τὸ εἰκὸς λέγειν αὐτοῖς ἔσται, ὅτι τοῖς ἅπαξ πλανωμένοις οὐκ ἔστιν ὅλως πείθεσθαι, ὡς τῆς ἀληθείας οὐκ οὔσης παρ' αὐτοῖς.

Τί δέ, ὅτι καὶ αὐτοὶ οἱ τὰ πάντα εὐσεβέστατοικαὶ φιλόχριστοι ἡμῶν βασιλεῖς στήλην ἀἀληθῶς τῆς οἰκείας φιλοθεΐας, τὴν πρὸ τῶν βασιλείων λέγω εἰκόνα ἐγείραντες, ἐν ᾗ τῶν ἀποστόλων καὶ προφητῶν ἀναθέμενοι τὰς ἰδέας καὶ τὰς τούτων περὶ τοῦ κυρίου ἐγγράψαντες φωνὰς τῆς ἑαυτῶν πεποιθήσεως τὸ καύχημα τὸν σωτήριον σταυρὸν ἀνεκήρυξαν;

Κεφάλαιον δὲ ἐπὶ τοῖς λεγομένοις τὸ εἰς εἰκόνας διαφόρους τὸν θεὸν θαυματουργῆσαι, περὶ ὧν πολλοὶ πολλὰ ἱστορεῖν βούλονται· οἷον ἀρρωστούντων θεραπείας, ὧν καὶ ἡμεῖς αὐτοὶ ἐν πείρᾳ γεγόναμεν· περιεριῶν ἀναλύσεις, αἱ καθ' ὕπνους πολλάκις τῶν γεγραμμένων ἐπιφάνειαι· τὸ δὲ πάντων μάλιστα ἐμφανέστατον, μηδεμιᾶς ἀντιρρήσεως ἢ ἀμφιβολίας τινὸς ἀνεχόμενον, ἡ ἐν Σωζοπόλει τῆς Πισιδίας τὸ πρὶν ὑπάρχουσα εἰκὼν τῆς παναχράντου θεοτόκου, ἐκ τῆς γεγραμμένης παλάμης αὐτῆς τὴν τοῦ μύρου βλύσιν προχέουσα. Οὗτινος θαύματος μάρτυρες πολλοί.

Εἰ δὲ καὶ νῦν οὐχ ὁρᾶται ἡ τῆς εἰκόνος γινομένη θαυματουργία, οὐ παρὰ τοῦτο τὰ πρώην ἀπιστηθήσεται· ἵνα μὴ ὁμοίως ἄπιστα κρίνωνται τὰ ἐν ταῖς Πράξεσι τῶν ἀποστόλων ἱστορούμενα ἐν ἀρχῇ τοῦ κηρύγματος σημεῖα καὶ χαρίσματα διάφορα τοῦ πνεύματος, τανῦν οὐδαμῶς ἐνεργούμενα· τοῦ φιλανθρώπου θεοῦ διὰ τῆς τοιαύτης συγκαταβάσεως τοὺς ἀσθενέστερον διακειμένους βεβαιοτέροις εἰς τὴν περὶ αὐτοῦ πίστιν ἐργαζομένου, καὶ ἅμα τὰ τῆς οἰκείας δυνάμεως καὶ διὰ τούτων δεικνύοντος, καθάπερ καὶ ἐπὶ τῶν ἀποστόλων ἐγίνετο. Ποτὲ μὲν γὰρ ἡ τούτων σκιά, ποτὲ δὲ τὸ τῶν ἱματίων ἀπηρτημένον σουδάριον τὰς ἰάσεις παρεῖχον. Ὥσπερ οὖν ἐν ἐκείνοις οὐ παντὸς σώματος σκιά, ἀλλὰ τοῦ Πέτρου μόνου τὴν θεραπείαν ἐδίδου τοῖς κάμνουσιν· ὡσαύτως καὶ τὰ σουδάρια οὐ παντὸς ἱματίου, ἀλλὰ τῶν τοῦ Παύλου καὶ μόνων ἰῶντο τοὺς ἀσθενοῦντας, εἰς πληροφορίαν πίστεως τοῦ ὑπ' αὐτῶν κηρυττομένου θεοῦ, ὡσαύτως τὴν οἰκείαν χάριν καὶ διὰ τῶν ἀψύχων ἀποδεικνύντος· οὕτως καὶ ἐπὶ τῶν εἰκόνων πολλάκις ηὐδόκησε γίνεσθαι, οὐκ ἐπὶ πάσης εἰκόνος ἢ γραφῆς τοῦ τοιούτου εἴδους τῆς εὐεργεσίας ἐν τοῖς πιστεύουσι γινομένου, ἀλλ' ἐν μόναις τῶν ἁγίων ἢ καὶ αὐτοῦ τοῦ κυρίου· ὥστε μὴ ἐκ ταὐτομάτου ὑπονοεῖν τὰς ἰάσεις συμβαίνειν, ἀλλ' ἐκ μόνης τῆς τοῦ θεοῦ ἡμῶν χάριτος.

Ἄξιον δέ, ὡς οἶμαι, μηδὲ ἐκεῖνο ἀπαρασήμαντον κατακυοεῦν, ὅπερ ὁ Παμφίλου Εὐσέβιους ἐν τῇ ἐκκλησιαστικῇ αὐτοῦ τέθεικεν ἱστορίᾳ· ὅτι ἐν Πανεάδι τῇ πόλει, ἥν τινα Καισάρειαν τὴν Φιλίππου τὸ εὐαγγέλιον ὀνομάζει, λέγεται ὁ οἶκος εἶναι τῆς αἱμορροούσης γυναικός, ἥτις τῷ κρασπέδῳ τοῦ σωτῆρος ἰάθη, ὡς γέγραπται ἐν τοῖς Εὐαγγελίοις. Οὗτινος οἴκου πρὸς ταῖς πύλαις ἀνδριάντα φησὶν ἐκ χαλκοῦ πεποιημένον ἑστάναι, εἰκόνα φέροντα τοῦ κυρίου· ἀντικρὺ δὲ ἐκτύπωμα γυναικὸς ἐπὶ γόνυ κεκλιμένης ὑπάρχειν τεταμέναις ἐπὶ τὸ πρόσθεν ταῖς χερσὶν ἱκετευούσξ ἐοικός, εἰς ἀνάμνησιν τοῦ περὶ αὐτὴν θαύματος τούτου αὐτῇ σπουδασθέντος· καὶ ὡς πρὸς τοῖς ποσὶ τοῦ εἰς ὄνομα τοῦ κυρίου γενομένου ἀνδριάντος βοτάνη τις ἀναφύετας ξένη τὸ εἶδος καὶ οὐ γνωρίμη, ἥτις παντοπίων νοσημάτων ἰατρεῖον γίνεται· ὅπερ καὶ αὐτοψεὶ παραλαβεῖν ὁ αὐτὸς Εὐσέβιος ἔφη. Προδήλως τοῦ σωτῆρος τὰ τῆς οἰκείας χάριτος ἐν συγκαταβάσει ποιουμένου πρὸς τὴν πίστιν τοῦ γυναίου, δεικνύοντος ὅπερ ἡμῖν ἀνωτέρω δεδήλωται, ὅτι οὐχ ἁπλῶς τὰ ἀποτελούμενα σκοπεῖται, ἀλλὰ ὁ σκοπὸς δοκιμάζεται. Λέγει δὲ ἐν ταυτῷ ὁ αὐτὸς Εὐσεβιος, ὅτι καὶ τῶν ἀποσλόλων τὰς εἰκόνας Πέτρου καὶ Παύλου, καὶ αὐτοῦ δὲ τοῦ Χριστοῦ, διὰ χρωμάτων ἐν γραφαῖς σωζομένας ἱστόρηκει. Οὐ τοῦτο δὲ λέγομεν ἡμεῖς, ὥστε τὰς ἐκ χαλκοῦ στήλας ἐπιτηδεύειν ἡμᾶς, ἀλλ᾽ ἢ μόνον δηλῶσαι, ὅτι καὶ τὸ κατ᾽ ἐθνικὲν συνήθειαν μὴ ἀποποιησαμένου τοῦ κυρίου, ἀλλ' εὐδοκήσαντος ἐν αὐτῷ ἐπιδείκνυσθαι ἐφ' ἱκανὸν χρόνον τῆς αὐτοῦ ἀγαθότητος τὴν θαυματουργίαν, τὸ παρ' ἡμῖν εὐαγέστερόν πως κρατῆσαν ἔθος κακίζειν οὐχ ὅσιον.

Ἐν τούτοις μὲν οὖν ὁ ἡμέτερος πληρούσθω τῆς ὑπομνήσεως λόγος. Ὁ δὲ τῆς ἀληθείας θεὸς ὁ ὁδηρήσας ἡμᾶς εἰς πᾶσαν τὴν ἀλήθειαν καὶ πᾶσαν διχονοίας ἀφορμὴν καὶ ὑπόθεσιν ταραχῆς τῶν ἡμετέρων ἀπελαύνων ψυχῶν, ὁμοθυμαδὸν ἐν ἑνὶ πνεύματι δοξάζοντας αὐτὸν τῆς ἐπουρανίου βασιλείας καταξιώσῃ."①

"智慧的撒罗满曾经说：'兄弟彼此协助,宛如壁垒森严的城池,如同国王坚固的宫殿（《箴言》18, 19；译注：思高本译文：'兄弟彼此协助,宛如坚固的城池；他们的判断,有如城邑的门闩。'）。'而我并不认为自己是一个能够帮助别人的人,而是一个需要帮助的人。但是尽管如此,我也十分急迫地给上帝所愉悦的你们的[主教]写下这一信札,因为我已经无法承受思想的重负了。他的所作所为传入我的耳廓,如果是传言的话,那么用神学家格里高利的话来说,风应当将其吹散,而如果属实的话,那么我的精神则陷入四面楚歌之境地而无法自拔。在他那里,爱的轻松愉快难道不是没有沉浸在灵魂的深处,而是十分轻率的仅仅以唇吻所触碰了吗？他难道不是认为,我们对于他没有真实的爱吗？或许完全不是这样[而是相反],难道不是他歧视我们的学养的匮乏吗？难道不是他臆测我们在上帝

---

① 就此请参见 J. D. Mansi, Sarorum conciliorum nova et amplissima collectio. Florentiae (Nachdruck Paris-Leipzig) 1902. 13, 108-128。

所愉悦的事物面前懒散和疏忽吗？好像我们认为，根据《圣经》传承而来的神圣的诫命而投入很多精力以对上帝的意志加以研究是徒劳无益的；或许这样的疑问并不切合实际，而他［对我们］的怀疑则似乎能够这样理解，好像他［自认为］握有更好的启示——表述一种揣测，或者观点，需三思而后行，而'爱是含忍的'（《格前》13，4），如同上主的宗徒所说的——如果他果真如此认为的话，难道他不是必须为我们指出这一认信吗？

对于我们的这样的怀疑并非没有毫无理由的起因。你们那位受上帝怜爱的人曾经很长时间逗留在我们这里，和我们在一起，有时还就《圣经》的语汇和问题提出质询，但是就画像而言那时却没有对我们表述过任何观点，那些画像是关于圣洁的男人们的，或者是关于我们的主和救赎者耶稣基督自身的，或者是按照肉身而言他的母亲的，也就是圣洁而真实的上帝的诞生者的。他既没有想以研究的方式去找到正确的［答案］，或者至少问询一下我们就这一问题的观点，并且［问询一下］，是否在这样的事件中所发生的一切都是可被论证的，是否不要对从事这样的事情的人谈论关于上帝的判断；他也没有以坚定的观点对此事或者决不赞置一词，或者严词驳斥，或者置若罔闻；他疏于和我们商讨此事，以使我们或许和他有同样的观点。他更多地是赖在我们这里而对此事三缄其口，但是在返回他的城市后却贯彻了对于画像的取缔，并且是根据一种普遍被承认的学说和一个无法辩驳的审核，如同我们所听到的一样；我们不禁要再问一次，是否事情的确是这样？

这是因为我们的灵魂并非急于要不假思索地相信什么，这通常会有损于旁人；而是我们认为必需的是，以探讨的形式和兄弟般的表述去展示我们所思考的，由此我们才会知道，在所涉及的事情上去逐一梳理每个细节。就此我们首先需要提醒的是，我们必须在标新立异面前退避三舍以自保，特别是如果从这样的标新立异中对于信仰基督的团体而言能够产生任何混乱，或者麻烦的诱因的话，何况一种常态很久以来就在这样的团体中占统治地位。如果《圣经》说面对醇酒都要斟酌行事（《箴言》31，4），那么我们面对意义更为重大的事情时需要多么得审慎呢，以避免落入令人恐怖的审判，这是上帝为那些哪怕是给最微末者带来麻烦的人准备的。此外我们也有义务去驳斥无信仰者嘲弄基督的教会所散布的言论和实施的行为，并且指出教会令人崇敬的、由上帝所奠定的无可动摇性。

人们首先必须知道的是，犹太人不仅现在，而且过去经常以同样的［言行］羞辱我们，如同邪神崇拜的追随者们一样，他们攻击我们纯洁的、由上帝所奠定的信仰，以为了玷污这信仰，并且丝毫不想涤除对于人手所造作之物的崇拜；他们聚集所有的狂热和崇拜，并非是要承认可视者和可历验者，而是要极尽其能事去贬损神性的本性，他们将神性的俯视宇宙万物的预视闭锁在某一特定的地方，或者以躯体的形象来表述之。我们的一些先人们——我们手边一时没有他们的著作——完全正当地驱走了他们，如同驱走一群哑狗；这群哑狗无谓地吠向基督的羊群（《依撒意亚先知书》56，10），以为了能比拟《圣经》而发话。

而真理之言则借着谴责希腊人的礼俗和神话的寡廉鲜耻以及恶名昭彰，而令他们由于他们自身的渎神行为而哑口无言；而犹太人却也羞闻真理之言，因为真理之言不仅批驳了他们将其祖先作为偶像来崇奉，而且还痛斥了他们对于上帝律法的违抗，律法赞美那些持守它的人们。如果律法要求在一个特定而有范围限定的地方在典范类型的意义上供奉祭献的话，他们却依然在世界上的任意一个地方举行祭献礼仪，他们以习惯的方式追随他们的祖先，干着违背圣神而生出抗命不尊的勾当，去祭献魔鬼而非上帝。而对于真上帝的真正的朝觐和尊崇则恰恰体现在对于上帝神圣的认信和对于他所给出的重于一切的所有奥迹和全部律法的恰当的护守之中。

而萨拉逊人（译注：即伊斯兰教中人），由于他们也同样如此行事，所以规诫他们的呼号以叱责他们，并令其感到羞愤就足够了，这一呼号直到今天都被他们在荒漠中对着一块毫无灵魂的石头所喊出，也就是所谓的卡巴的称谓，以及其他无须看重的礼仪，这是他们从其祖先传承而来的、以招摇鼓噪的执拗而虚荣般向着［石头］那里的挺进。

而所有的基督信徒们，在福音的扶持下在全世界服侍上主，如同先知所说的（《索福尼亚》3，9），他们有着最独特的印记，他们有着对于圣父、圣子、圣神的至一的上帝的认信和信仰，他们信仰非受造的、永恒的、无可意解的、不可视的三位而至一的权冕，同时上帝之子完美的降生成人，以及符合神圣象征的内涵的一切，都得到认信，这一神圣的象征是基督的子民同心协力在神秘而神圣的感恩祭典中祭献给上帝的，这也就是借助以上帝三位一体的名号而完成的神圣的领洗而获得的精神的重生、参有到上帝运作而出的赋予生命的感恩祭典的团体之中，这样的感恩祭典不再是血祭，借着这样的感恩祭典真理之光照亮起来、无神论的黑暗被驱散，这无神论的黑暗有着自我欺骗的彰明较著的标志，这也包含多神论的无神论；这些被相互对照起来而置于一处，如同宗徒所提及的一样（《迦》5，17），如同上帝在起初分开光与黑暗一样。福音书的作者若望说：'得胜世界的胜利武器，就是我们的信德。'（《若一》5，4）我们还愿意补充说：这就是基督建立他的教会的磐石，这磐石绝不会被阴府的愚蠢以及深怀敌意的暴力的攻击所动摇、所摧毁。

我们由此继承了一个新的、受赞美的名字，如同依撒意亚先知所说；他是这样说的：'他们要赞美真实的上主。'（《依》65，15）因为他们要不断传颂那超出所有认知的、他的无可言传的本性的无可研究性，在不可动摇的坚定性中将这一本性宣证为不可视的、不可言传的、毫不改变的，按照最神圣的保禄宗徒的话来说，就是在感受上主自创世以来所造的万物的过程中，洞察出他的永恒的大能和神性（《罗马书》1，20）。我们享有尊严这样去侍奉这位活生生的真实的上帝，基督以自由解放了我们，我们被自由所尊崇、所荣耀，我们被从画像的幻影和无神论中解放出来，而它们特有的标志按照先知的话说就是，'对石碣说：是你生了我，对木偶说：你是我的父亲'（《耶肋米亚》2，27），而不是像依撒意亚所说的，仰望天空而凝神静思，'看看是谁造了这些呢？是他按照数目展开了他的万军，按照次序一一点名，在这强而有力和威能者前，没有一个敢缺席的'（《依》40，26），或者如同另一个先知所说的，'他的手创建了天上的万军'（《欧瑟亚》13，4），或者如同那些人一样，他们观视整体的受造物的和谐而舒美的秩序，借着这个秩序而以灵魂的思考的能力去理解其创世的话语，并且借着这一话语而尊崇真实而恒在的上帝圣父，如同福佑的阿坦纳修斯在他的著作中早就针对偶像所明确训导的一样。

如同光明与黑暗不可共融、基督与魔鬼无可和谐一致一样，一些基督信徒尊崇在无可企及的荣耀和权能中受恭敬的唯一的上帝，而另一些则制作神明，并且由此而应得的被先知们所痛斥，在他们之间也没有共同点。如同经上所记载的：'他们的心是灰尘。'（《依》44，20；译注，原文："他所追求的仅是一把灰；他迷惑的心领他走入迷途，而不能自拔，也不会问说：'我右手所拿的不是虚无吗？'"）他们之中一些人认为，他们借助由他们所制作的偶像而从虚无之中创设了一个新的神明，而当这一偶像无论出于什么原因朽坏，或者失踪了，并且如果他们不再以同样方式再度制造一个的话，那么他们则会坚定地认为，他们从未有过上帝。关于这一点，《圣经》用以色列人在荒漠中制造金牛犊像的事例教导我们说，百姓们聚集在亚朗周围，并且说：'给我们制造一尊神像，在我们面前引路。'（《出》32，1）他们由此表现出，如果他们所企盼的并未作为偶像被构形，那么他们完全不想承认任何一个神明，无论是真实的，抑或是虚幻的。他们后来将他们的走出埃及归功于这个[金牛犊像]，这充分展示了他们的渎神的以及愚蠢的过分性。

而另外一些人则转而羞辱异教的迷信，并且努力将这一邪神信仰置于他们所崇信的众神的名号之下而加以实践，他们努力制作邪神宙斯的偶像，他们不仅视之为父，而且视之为元首，也就是作为众神和人的最卓越的领袖，而其余的[众神]之名他们也烂熟于心。在给众神的祭祀中，装腔作势的演说和虚情假意的朝拜是其祭献的形式，淫乱、挥霍以及所有龌龊的表现，污蔑之词、诽谤等等，不一而足，这的确是因为以敬神为目的的人殉被狂热的实施，他们以其放荡不羁彰显他们[敬神]的行为，将这一行为理解为对于被敬仰者的赞美，他们同时还认为，甚至那些[神明]也是这样行事的，并且欢悦于所发生的一切。

而基督信徒中的圣人们的画像，按照宗徒的表述，他们与罪恶的抗争直到流尽鲜血（《希伯来书》12，4），他们服务于真理之言；我认为，先知们、宗徒们，或者那些以虔敬的生命和善行证实自己真正是上帝的仆人的人们，不是别的什么，而是勇毅的榜样、虔诚皈依和美德的表率,他们是激励和鞭策人的楷模,以荣耀上帝,他们在现世的生活中愉悦了上帝。对于义人们的善行的讲述,对于听者颇有裨益,并且也经常能够唤起他们的热情去仿效之。这也能够借助在恰当的方式中观想画像而发生。大巴希尔呼吁说:'画像所描绘的,能够以无言的表达讲述那些要传达给听者的话语。'有心人会被这两者所激励而追求勇毅。可以说,一个在画像中得以简明扼要的阐释的行为,对于我们这些观想者而言,就是描摹其行为者的画像,众神的可鄙视的行为,也能够通过其偶像而被表现出来。通过听讲而知晓了圣人们的人,这样的观看能够鼓励他回忆所听到的;而对于从未听闻过这些的人,观看能够激起他求知的好奇,如果他受到了教诲的话,那么这也能够激励他温暖地去敬爱圣人和赞美上帝,以至于按照福音的说法,那些看到圣人善行的人们就'赞美我们在天之父'(《玛》5,16)。如果梅瑟的律法命令人在袍边系一条蓝丝带,以回忆和持守诫命,那么我们在圣人肖像的助佑下必须多么观注他们成圣的出发点、必须多么竭力仿效他们符合宗徒训诲的信仰呢!

如果主的躯体的显现的形象在画像中被表述,那么这是为了驳斥那些异端中人而做的,他们信口雌黄说,主仅仅是幻影成人,而非真正道成肉身,并且仅仅为了引导那些在精神的观想中不能达到高层次,而需要某种躯体般的支点以坚固其信仰的人们,[如果幻影之像尚且如此],那么他的道成肉身的[画像]是多么得有助益和值得追求的啊!

那一甚至超出上天之力的为信仰的殉道,固然这样的殉道在万世之前、在所有的世代之前就已经隐匿在创设宇宙的上帝之中,但是这样的殉道并非仅仅靠听闻就能被相信,尽管宗徒曾说,'信仰出于报道',而是也借助视看而影响那些见到其面庞的人的思考,它以权能呼号出,上帝在肉身中得到启示,并且在世界中被信仰,人们也会在更神圣和救赎的意义上发现这一信仰,以至于记载在福音的宣证中的他以肉身在此间世界中跻身于大众之内的盘桓,深深的植根于信仰团体的不可消解的记忆之中,对于他的荣耀的和向我们证实了的他的善行的尊崇,都会被清晰地宣证和彻底的实施。

并非出于木料和颜色的画作,而是不可视的上帝被尊崇,他在父的怀中,在精神和真理中接受崇敬,他自己赠予了我们通往父的道路,他与父同受钦崇。因为关于雅各伯人们也说,他尊崇若瑟权柄的峰巅,他并未给木料带来尊荣,而是给其所表现者奉献了荣耀。而那圣洁而充满尊荣的救主之母的画像,也是这样被基督的信众所理解和钦崇的。

而这一点从一开始就被最神圣的教会的主教们所接受,并且一如既往被毫无阻碍的贯彻实施,尽管对于教会的历次迫害已经成为历史、信仰到处得以自由地实践、在我们这一时代大公会议得以召开、就许多比起画像问题来并不那么重要的主题制定了若干法典。而如果主教们对这一问题置之不理、任由此事泛滥无度的话,况且如同一些人所认为的,其中涉及偶像崇拜的画像,以及对于《圣经》所给出的诫命的违犯,还破坏了我们从一开始就占主导地位的礼俗,并且导致上帝的异化的话,那倒是不正常的了。那一位曾经许诺给门徒们说,与他们'在一起直到今世的终结'(《玛》28,20),他当然也将这许诺预许给了在他们之后领导他的教会的人们;他当然不是说,在今世过去之前以肉身之躯和他们在一起。他还曾经说过,凡两三个人以他的名字聚在一起,他就在他们中间(《玛》18,20),他对这些以虔敬的热情聚在他台前的团体,不会不加任何他的神性的助佑和引导而漠然置之，他将不会关注他的教会的完美性的制作，对于这一教会我们相信，他自己会将其阐释为毫无瑕疵、毫无缺憾，抑或诸如此类者，这样的礼俗并非仅仅统领着在少数的、无足轻重的城市中的教会，而是几乎可以说，在所有国度的和所有著名而卓越的教会中都占统治地位。而经文的历史的叙述通常被画像来阐释，这早已是古老的礼俗，尼撒的格里高利在其题为'关于亚巴郎'的布道中就提及了这一点，他说，依撒格的祭献的历史被纳入于诸多画作中。

如果对于《旧约》的历史可以如此行事的话，那么主的救赎活动的奇迹和苦难就应当有更多的这样的［绘画的］阐释，神圣的殉道者们的勇毅的抗争也同样如此，这能够将观视者引向圣善的热情。所有这一切，都能够在真理的殉道者阿纳斯塔修斯（Anastasius）的尊贵崇高而令人叹为观止的抗争中，得到鲜明的体现。

固然，有人会想说，我们必须考量《圣经》的约定，比如：'不可为你制造任何仿佛天上，或地上，或地下水中之物的雕像。不可叩拜这些像，也不可敬奉。'（《出》20，4以下；《申》5，8以下），再比如：'不可妄呼上主你天主的名（《出》，20，7；《申》5，11）。'在《申命纪》中：'你们切不要堕落，为自己制造任何形状的神像。'（《申》4，16）如此这般，不一而足。但是所有这些都有一种彰明较著的含义，亦即神性的本性是莫可形状的、无可意解的，是无法以可视觉之物相比拟的，而你们却以意愿和臆测将其躯体性的去理解。如果梅瑟一时曾经说过：'你们的天主，在曷勒布由火中对你们说话的那天，你们既然没有见到什么形状（《申》4，15）'，如果他一时这样说的话，那么他即刻补充说：'那么，你们切不要堕落，为自己制造任何形状的神像（《申》4，16）。'这一方面是对所完成的金牛犊像的制作的思过，另一方面也是为了确切地指出，这是他们按照他们所知道的埃及人的恶俗而沉沦到诸如此类的无神论中的，并且将神性与诸如此类的［金牛犊］等而视之。伟大的宗徒在对雅典人的演讲中也说过：'我们既是天主的子孙，就不该想：神就像由人的艺术及思想所制的金银石刻的东西一样（《宗》17,29）。'而'不可妄呼上主你天主的名（《出》,20,7；《申》5,11）'也和这一思想异曲同工，这也就是说，你不应当将上主呼唤为、思考为他的确所不是的，而是如此这般的估量和名号应当无需理由地被珍视为是无价的。

  伟大的宗徒教诲说：'可是为我们只有一个天主，就是圣父，万物都出于他，而我们也归于他；也只有一个主，就是耶稣基督，万物借他而有，我们也借他而有（《格前》8,6）。'在此并未产生借着介词的转换而来的本性的区别，绝不会的！因为这三位是一个至一的上帝，如同智慧的格里高利所教诲的。除了神圣而赋予生命的三位一体，基督的信众直到今天都不会将这一超越一切名号的名号给予其他任何一个，绝对不会！而如果《圣经》同时将对于他者的朝拜付见于一旁的话，那么无论如何它是要解释说，这样的谬误对于我们而言是完全陌生的，我们决不会参有到其中的，因为这很明显是邪神崇拜的方式。如同仅仅至一的上帝受我们尊崇一样，如同对于他的信仰、救赎的洗礼也仅仅只有一个一样，也仅仅只有一种由他阐释给我们的朝拜，如同从神圣的宗徒们传承而来，并被看护遵守至今的一样，这也就是所谓的'感恩祭典'，就此，主的宗徒曾说，父借着'主'基督而被阐释，'所以我们应借着耶稣，时常给天主奉献赞颂的祭献，就是献上我们嘴唇的佳果，颂扬他的圣名（《希》13,15）。'先知玛拉基亚很早就启示我们说，在赋予生命的奥迹中有着神圣的传承，在涉及上帝的位格时他说：'从日出到日落，我的名在万民中大受显扬，到处有人为我的名焚香祭献，并奉献洁净的祭品（《玛拉基亚》1，11）。'

于是在上主的殿宇、也就是他的教会和偶像之间，并不存在和谐一致，绝对不会！前者也就是宗徒所提及的'真理的柱石和基础'（《弟前》3，15），先知匝加利亚说，'要由地上铲除一切偶像的名号'，也就是说'达味家的每一个地方'、亦即基督的教会，都将借着对于他的信仰的接纳'而被开启'（《匝加利亚》13，1以下），而我们就是其房舍。这一点一定要无条件的加入到所谓的撒罗满的智慧中，并且也要列入依撒意亚嘹亮的呼号中。那里记载说：'发明偶像，是淫乱的开端；创造偶像，是人生的腐败。起初原无偶像，也不能永久长存；由于人的虚荣心，偶像才进入了世界；为此，已注定很快就要结束。'（《智》14，12-14）在先知那里是这样说的：'制造偶像的人都是虚无，他们所喜爱的，也毫无用处；他们的见证人一无所见，毫无所知，必将蒙受耻辱。有谁制造偶像或铸造偶像，不想得利呢？看哪！凡作他伙伴的，都要蒙受耻辱，因为制造偶像的，也只是人而已！让他们集合起来一同前来罢！他们必要惊慌羞愧！'（《依》44，9-11）还说：'木匠的一个发明，原是为人而用的木料，却用它来作成一个人形，这是那些敬拜它的人们的非理性的凯旋。'（参见《依》44，12-20）就此还补充说：'他所追求的仅是一把灰；他迷惑的心领他走入歧途，而不能自拔，也不会问说：我右手所拿的不是虚无吗？'（参见《依》44，20）这导致了朝向忤逆神明的堕落。而我们则知道上帝之子，并且信仰他，他是上主的真理和权能，他属于不会落入于先知所说的惩罚审判的那一类。就此我愿意恰当的引述先知的话语：'麦秆怎能与麦粒相比？'（《耶》

23，28）一种是被恶所纠缠束缚的人，他们轻率无比，取代创世者而朝拜受造物，一种是认知上帝真实话语的基督的全部信众，这两种人之间究竟有什么亲近性呢？不但依撒意亚，而且他的同时代的另一位先知欧瑟亚也说到过前一类人：'在山顶上献祭，在丘陵上、在橡树、杨树和笃耨香下焚香，在浓荫下多么愉快，因为一个遮蔽是多么的好（《欧》4，13）.'

而基督的信众则在上主神圣的殿宇中尊崇万世的君王、永恒而不可视的、唯一至高智慧的上帝，在精神和真理中为他奉献尊崇，为三位一体不停地奉献所有赞美和所有颂扬。《智慧书》则提及偶像的迅速终结，也就是它的败亡（参见《智》14，3以下），偶像不能长久存留，绝不能与我们的从上帝而来的救主耶稣基督相比拟，是他以他的血永恒地建立了他的教会，他的教会将在虔敬之中永远认信和赞颂他的临在。经上所记载的对偶像崇拜的惩罚，绝不会罹临基督的信众、三位一体的真实而确实的尊崇者，因为他们所拥有的画像是圣人们的画像，是为了忆念他们的勇毅的美德的。对于福佑的保禄宗徒也无可挑剔、无可指摘，他责备了根据肉身的律法而行的割礼，并且批评了想以律法成义的人们，尽管他按照律法为弟茂德行了割礼，并且在圣所作了祭献。

也就是说，人不应当孤立地看待此事，而是总是要考量到行为人的意图，这样的意图要么表明行为人是问心无愧的，要么表明这一点的反面。而如果不详细考量的话，那么上帝的诫命很快也就在无信仰的人们中并非不受指摘了。如果律法和以雕凿以及浇铸的劳作所造就而成者一同被抛弃，那么宗徒所说的'柜上有天主荣耀的格鲁宾'（《希》9，5）也就难免也以这样的方式被对待了；我们不仅从经文上学到，上主的荣耀随之而来（译注：指随着约柜上的格鲁宾),而且福佑的阿坦纳修斯也在对《圣咏》语句'坐于格鲁宾之上者,求你大显光荣'(《咏》79,2)的解读中传输了这一观点,尽管格鲁宾的原象按照其本性对于人而言是完全无可认知的,原因在于它是风和火,并且与所有的躯体的形象和品性大相径庭。凡是先知们以躯体的方式谈到它时,那么大都具有象征的和提领(ανάγω)听者的意义,这是因为,它无法依照虔诚而非躯体本质的理性被思考。

而必须要说的还有,基督信徒决不会描摹其亲属的或者熟人和朋友的画像以敬拜它们,或者认为它们值得敬拜。他们也决不趋炎附势、向世俗王权的秩序低头,甚至并不关注保禄宗徒所提及的那些人,'他们自负为智者,反而成为愚蠢,将不可朽坏的天主的光荣,改归于可朽坏的人的形状的偶像',他们因此应当受到责备,他们的行为清晰的体现出,在经文中记述的责备并非是指摘我们的。如果在这样的基础上被证实,我们将对于上帝的虔诚理解蜕变到强烈的躯体表述中,或者远离上帝应得的尊崇和朝拜,或者无论在何种意图上毕竟减损了它们,那么涤除阻止我们敬仰和关注唯一和真实的上帝的,并且将我们从中牵离的那些东西,就是恰当的了。而我们现在看到的,却恰恰是其反面。

如果一个人以其理智观视圣人们的画像的话,那么他会说:光荣归于你,上主!并且会附加上圣人的名字,以至于以这样的方式被我们在祈祷中所表述的也达到圆满(或译:也得以实现),也就是基督最神圣的名号不仅借着可视者,而且借着不可视者而受到荣耀。但是我们无法容忍称呼圣人们中的任何一个为上帝,尽管独一而真实的上帝会给那些愉悦他的人这样的称谓,如同在神圣的诗文集中所记载的一样(译注:《圣咏》81,6:"我亲自说过:你们都是神，众人都是至高者的子民。"）。

另一方面，我们并不认为这些画像具有足够的上帝认知的理由，我们也并不轻视在主的教堂中的聚会以及日日夜夜在那里对于他的赞美；或者用《圣咏》的诗句能够更好地来说，'无论在黄昏在清晨或在中午'，如同达味所说的（《咏》54，18），而且特别是在神圣的引入奥迹的以及礼仪的时间；而是因为我们确切地知道，我们的救赎的希望不在任何其他地方，而仅仅从对于至一而真实的、在三位一体中受钦崇的上帝的虔敬的信仰和认信中生长而出的，这其中信仰是被奠定在内心之中的，而认信则是口中所表达而出的；'心里相信，可使人成义；口里承认，可使人获得救恩。'（《罗》10，10）由此我们口中总是赞美创造了我们的上帝，我们的舌唇上总是对于他的高度称扬；比起鹿群争相拥挤向清澈的水源来，基督的全部信众更加饥渴慕义而以上帝所驱动的热情去领受圣体、圣血，由此我们思考他的死亡和复活的意义（译注：就此请参见《格前》11，24-26）。

而在画像前点亮神圣之光、点燃令人心旷神怡的涎香，就此不应当有任何人感觉受到冒犯；这会在象征的意图上被实施，并且是为了荣耀在基督内安息的人们，而对于他们的敬仰也会上达于他。智慧的大巴希尔（Basileios, Basilius）说过，对于圣洁的侍者的恭敬表达了对于我们共同的救主的圣洁的信念。而可视的光则是神性而非质料之光的恩宠的象征，而香品的熏燃，则是圣神纯洁而完美的吹拂和临在的象征。

我们决定，针对这种耸人听闻的反面观点以及号称是从《圣经》上引述的论证而致函给你们，提醒你们以任何可能的方式行动起来，不要触怒信仰的团体、不要迷乱了神思，因为救主也禁止我们轻视哪怕是最小的一位（《玛》18，10），愤怒的激荡当然会带给如此这般行事的那些人无法承受的和令人恐惧的惩罚。而现在所有城市和所有团体都深陷于骚动不安之中，我们愿意竭尽全力而并非作为其始作俑者而出现。

在我内心激情涌动的是，我们首先必须预防，基督十字架的敌人由此而找到借口跳出来反对我们的信仰，不要让他们有理由说，基督信徒们一直都混乱迷惘：如果他们知道，这是邪神崇拜的话，那么他们就不会最近才摒弃被人手所创作者。每一个人都会承认，这究竟给基督的信仰带来多少诬蔑和损害。当然他们还极有可能说，那些一旦迷惘的人，是不能被信任的，因为真理不在他们那里。

而我们那些最虔诚而又衷爱基督的皇帝们，以他们个人对于上主的爱的行为，而树立了纪念碑，作为他们信仰的美名去宣证救赎的十字架，我指的是在宫殿前的像，在这样的画像上他们描绘了宗徒们和先知们的形象，书写了他们关于上主的话语；如何看待这些呢？

所有所提到的这些，涉及的是这样的事实，即考量不同的画像时上帝都运作出了奇迹，就此许多人都愿意滔滔不绝地讲述，比如病患之人的痊愈，在这方面我们自己也有历验，又比如对于魔术的破除，以及被描摹者在梦中经常的显现。而最彰明较著者，或者绝无异议和疑惑者，就是早些时候在皮希迪（Πισιδίας）地区的索左城（Σωζοπόλις）的最圣洁的上帝之母的画像，她让圣油的河流从被画出来的手中流淌而出；关于这一奇迹有非常多的见证人。

即使当今画像的如此这般的奇迹不被观视，那也不应当因此而怀疑以往的［奇迹］，以使得《宗徒大事录》（《宗》5，15；19，12）记述的在传教之始所宣证的圣神的奇迹和诸多恩宠免于在同样的方式上被判断为不可信的,而圣神的这些[奇迹和恩宠]当今已不再发生了。垂怜人类的上帝以如此这般谦谦然的屈尊就卑,令柔弱者在对于他的信仰中茁壮起来,并同时借此而展示他本有的权能,如同在宗徒时代所发生的一样;时而是身躯的轻影、时而是以衣袍作为汗巾而带来了痊愈。固然,并非每一个身躯的影子,而仅仅是伯多禄带来病痛的痊愈的[影子],并非每一个衣袍作为汗巾,而仅仅是保禄医好病患的[汗巾],才加强对于他们所宣证的上帝的信仰,而上帝也借着无生命之物证实唯独他本有的恩宠。于是他所愉悦的是,诸如此类者经常借着画像而发生;但是这样的善行并非借着对于这样的[人物的]形象的每一个画像,或者每一个描摹而发生在信仰者之中,而是仅仅借助圣人们的画像,或者救主自己的画像,以使人不要认为,痊愈是由自身而来的;相反,[痊愈]仅仅来自于我们的上主的恩宠。

我认为,非常值得一提的是,埃乌西比尤斯(Eusebius)在他的教会史中所述及的(Nr. 14),人们说,患血崩的女人的房子在帕内阿城中,也就是《福音》所说的菲利浦的凯萨城,她因触摸救主的衣边而被救治痊愈,这在几部福音书中都有记载。埃乌西比尤斯说,在这所房舍的门前,有一座青铜的立像,这是救主的像,其对面则是那女人张开双手而哭泣的跪像,以为了忆念被她所珍视的、在她那里被运作而出的奇迹;在这以救主之名而建起的立像的基座近旁,生长着从外表上来看陌生而未知的植物,是一种包治百病的药草,就此,就是这位埃乌西比尤斯说,他以自己的眼睛看到了这些。彰明较著的是,救主自己谦谦然屈尊就卑,将其本有的恩宠证实在这个女人的信仰中,并且提示出上文所提及的我们所接受的训诲,即不要简单地观察所行的事,而是还要判断行事人的意图。还是这位埃乌西比尤斯同时还说，他拥有伯多禄和保禄宗徒甚至基督的彩色画像，也见过［其画像］。我们不这样说，也不追求金属的雕像，而是仅仅为了明确指出，首先，即使是适用于异教的东西，也并不被救主所拒绝，而是会被问候，因为他的圣善的奇迹会由此而足够长久地被指示出来；其次，指责在我们之中主导的、在某种方式上是虔诚的礼俗，并不正确。

言短意长，就此止笔。愿真理的上帝引领我们进入所有的真理，从我们的灵魂中驱走所有纠纷的诱因和迷惘的萌芽，看护我们进入他的天国！我们全身心称扬他！"

毋庸置疑，戈曼诺斯（Germanos）这封致克劳迪尤城的托马斯（Thomas von Klaudiopolis）的长函，似乎并非是一种有系统、有逻辑的论证；原因应当在于，从文体上来看，这并非一种学术的文章，而是近乎于兼私函与牧函于一体的通函的文体，于是信笔写来而已。对于戈曼诺斯而言，一方面，上帝是无可意解、无可描摹的，由此，《旧约》的偶像禁忌诫命固然还依然有其恰当性和正当性；而另一方面，由于道成肉身的原因、也就是逻各斯的降生成人，则基督的画像当然是有可能的，而出于同样原因，也就是圣人们原本就是人，所以他们的画像的可能性也是可以想见的。当然，这些画像必须要和偶像崇拜区分开来，在偶像崇拜中，受到敬拜的并非什么神明，而是魔鬼。戈曼诺斯强调，画像的功能在于回忆，这一功能也给出了圣像敬拜的理由和圣像价值判断的基础，圣像的制作本身也表达了对于被描画者的敬爱；而对圣人们的所有的尊崇最终都会上达于上帝，也就是说，都是对于上帝的尊崇，而他也才是所有恩宠的最终的源泉。人们借助可视者而达于不可视者、达于上帝，在这个意义上，可视者不仅不允许被轻视，而且其价值和意义还在于，它本身就要求人以其躯体的功能（也就是视觉）去观视。与7世纪的神学思想并行不悖的是，戈曼诺斯也认为，画像（甚或圣像）本身（作为质料）并不具有自身专属的价值，它提示出被描摹者，并且最终提示出上帝，而从画像而来的奇迹，最终也被归结到作为其本源的上帝那里。当然，这样的判断也改变了画像的品性，换言之，如果虔敬的观想被凝结在画像之中，那么画像就不仅仅是某种象征了；如果上帝将其运作以特殊的方式和画像联系起来，那么画像就成为上帝神性力量的承载者。

大马士革的若望（Johannes von Damaskus）① 也在他的教义理论中表述了画像学说，其思想也依然属于7世纪和8世纪早期，我们在此仅仅引述其文本而已，以呈现画像理论的一个清晰的发展脉络，而在不远的下文中将结合伪狄奥尼修斯的理论而对若望作一比较系统之研讨：

"Ἐπειδὴ δέ τινες ἡμῖν καταμέμφονται προσκυνοῦσί τε καὶ τιμῶσι τήν τε τοῦ σωτῆρος καὶ τῆς δεσποίνης ἡμῶν εἰκόνα, ἔτι δὲ καὶ τῶν λοιπῶν ἁγίων καὶ θεραπόντων Χριστοῦ, ἀκουέτωσααν, ὡς ἐξ ἀρχῆς ὁ θεὸς τὸν ἄνθρωπον κατ᾽ οἰκείαν εἰκόνα ἐποίησε. Τίνος οὖν ἕνεκεν ἀλλήλους προσκυνοῦμεν, εἰ μὴ ὡς κατ᾽ εἰκόνα θεοῦ πεποιημένους; Ὡς γάρ φησιν ὁ θεοφόρος καὶ πολὺς τὰ θεῖα Βασίλειος· ῾Η τῆς εἰκόνος τιμὴ ἐπὶ τὸ πρωτότυπον διαβαίνει᾽. Πρωτότυπον δέ ἐστι τὸ εἰκονιζόμενον, ἐξ οὗ τὸ

---

① 关于 Johannes von Damaskus 的生平、著作与思想，请参见 Lexikon für Theologie und Kirche. Herder Verlag. Sonderausgabe Freibur Basel Wien 2006. Band 5, 895-899。

παράγωγον γίνεται. Τίνος ἕνεκεν ὁ Μωσαϊκὸς λαὸς τῇ σκηνῇ κυκλόθεν προσεκύνει εἰκόνα καὶ τύπον φερούσῃ τῶν ἐπουρανίων, μᾶλλον δὲ τῆς ὅλης κτίσεως; Φησὶ γοῦν ὁ θεὸς τῷ Μωσεῖ· ''Ορα, ποιήσεις πάντα κατὰ τὸν τύπον τὸν δειχθέντα σοι ἐν τῷ ὄρει'. Καὶ τὰ χερουβὶμ δὲ τὰ σκιάζοντα τὸ ἱλαστήριον οὐχὶ ἔργα χειρῶν ἀνθρώπων; Τί δὲ ὁ ἐν Ἱεροσολύμοις περιώνυμος ναός; Οὐχὶ χειροποίητος καὶ ἀνθρώπων τέχνῃ κατεσκευασμένος; Ἡ δὲ θεία γραφὴ κατηγορεῖ τῶν προσκυνούντων τοῖς γλυπτοῖς, ἀλλὰ καὶ τῶν θυόντων τοῖς δαιμονίοις. Ἔθυον μὲν καὶ Ἕλληνες, ἔθυον δὲ καὶ Ἰουδαῖοι· ἀλλ' Ἕλληνες μὲν δαίμοσιν, Ἰουδαῖοι δὲ τῷ θεῷ. Καὶ ἀπόβλητος μὲν ἡ τῶν Ἑλλήνων θυσία ἦν καὶ κατάκριτος, ἡ δὲ τῶν δικαίων τῷ θεῷ εὐαπόδεκτος. Ἔθυσε γὰρ Νῶς, καὶ ὠσφράνθη ὁ θεὸς ὀσμὴν εὐωδίας, τῆς ἀγαθῆς προαιρέσεως καὶ τῆς πρὸς αὐτὸν εὐνοίας τὸ εὐῶδες ἀποδεχόμενος. Οὕτω τὰ μὲν τῶν Ἑλλήνων γλυπτά, ἐπειδ αἱμόνων ἦσαν ἐξεικονίσματα, ἀπόβλητά τε καὶ ἀπηγορευμένα τυγχάνουσι.

Πρὸς δὲ τούτοις τοῦ ἀοράτου καὶ ἀσωμάτου καὶ ἀπεριγράπτου καὶ ἀσχηματίστου θεοῦ τίς δύναται ποιήσασθαι μίμημα; Παραφροσύνης τοίνυν ἄκρας καὶ ἀσεβείας τὸ σχηματίζειν τὸ θεῖον. Ἐντεῦθεν ἐν τῇ Παλαιᾷ οὐκ ἦν τετριμμένη ἡ τῶν εἰκόνων χρῆσις. Ἐπεὶ δὲ ὁ θεὸς διὰ σπλάγχνα ἐλέους αὐτοῦ κατὰ ἀλήθειαν γέγονεν ἄνθρωπος διὰ τὴν ἡμετέραν σωτηρίαν, οὐχ ὡς τῷ

Ἀβραὰμ ὤφθη ἐν εἴδει ἀνθρώπου, οὐχ ὡς τοῖς προφήταις, ἀλλὰ κατ' οὐσίαν ἀληθῶς γέγονεν ἄνθρωπος διέτριψέ τε ἐπὶ τῆς γῆς καὶ τοῖς ἀνθρώποις συνανεστράφη, ἐθαυματούργησεν, ἔπαθεν, ἐσταυρώθη, ἀνέστη, ἀνελήφη, καὶ πάντα ταῦτα κατὰ ἀλήθειαν γέγονε, καὶ ὡράθη ὑπὸ τῶν ἀνθρώπων, ἐγράφη μὲν εἰς ὑπόμνησιν ἡμῶν καὶ διδαχὴν τῶν τηνικαῦτα μὴ παρόντων, ἵνα μὴ ἑωρακότες, ἀκούσαντες δὲ καὶ πιστεύσαντες τύχωμεν τοῦ μακαρισμοῦ τοῦ κυρίου. Ἐπεὶ δὲ οὐ πάντες ἴσασι γράμματα οὐδὲ τῇ ἀναγνώσει σχολάζουσιν, οἱ πατέρες συνεῖδον ὥσπερ τινὰς ἀριστείας ἐν εἰκόσι ταῦτα γράφεσθαι εἰς ὑπόμνησιν σύντομον. Ἀμέλει πολλάκις μὴ κατὰ νοῦν ἔχοντες τὸ τοῦ κυρίου πάθος, τὴν εἰκόνα τῆς Χριστοῦ σταυρώσεως ἰδόντες, τοῦ σωτηρίου πάθους εἰς ὑπόμνησιν ἐλθόντες, πεσόντες προσκυνοῦμεν οὐ τῇ ὕλῃ, ἀλλὰ τῷ εἰκονιζομένῳ, ὥσπερ οὐ τῇ ὕλῃ τοῦ εὐαγγελίου οὐδὲ τῇ τοῦ σταυροῦ ὕλῃ προσκυνοῦμεν, ἀλλὰ τῷ ἐκτυπώματι. Τί γὰρ διαφέρει σταυρὸς μὴ ἔχων τὸ κυρίου ἐκτύπωμα τοῦ ἔχοντος; Ὡσαύτως καὶ τῆς θεομήτορος· ἡ γὰρ εἰς αὐτὴν τιμὴ εἰς τὸν ἐξ αὐτῆς σαρκωθέντα ἀνάγεται. Ὁμοίως καὶ τὰ τῶν ἁγίων ἀνδραγαθήματα ἐπαλείφοντα ἡμᾶς πρὸς ἀνδρείαν καὶ ζῆλον καὶ μίμησιν τῆς αὐτῶν ἀρετῆς καὶ δόξαν θεοῦ. Ὡς γὰρ ἔφημεν· 'Ἡ πρὸς τοὺς εὐγνώμονας τῶν ὁμοδούλων τιμὴ ἀπόδειξιν ἔχει τῆς πρὸς τὸν κοινὸν δεσπότην εὐνοίας', καὶ 'Ἡ τῆς εἰκόνος τιμὴ πρὸς τὸ πρωτότυπον διαβαίνει'. Ἔστι δὲ ἄγραφος ἡ παράδοσις ὥσπερ τὸ κατὰ ἀνατολὰς προσκυνεῖν, τὸ προσκυνεῖν σταυρὸν καὶ ἕτερα πλεῖστα τούτοις ὅμοια.

Φέρεται δὲ καί τις ἱστορία, ὡς ὁ κύριος τῷ Αὐγάρῳ τῆς Ἐδεσσηνῶν πόλεως βασιλεύοντι ζωγράφον ἀποστείλαντι τὴν τοῦ κυρίου ὁμοιογραφῆσαι εἰκόνα μὴ δυνηθέντος τοῦ ζωγράφου διὰ τὴν ἀποστίλβουσαν τοῦ προσώπου λαμπρότητα αὐτὸς ἱμάτιον τῳ οἰκείῳ προσωπῳ τῳ θείῳ καὶ ζωοποιῳ ἐπιθεὶς ἐναπομάξασθαι τῳ ἱματίῳ τὸ ἑαυτοῦ ἀπεικόνισμα καὶ οὕτως ἀποστεῖλαι ποθοῦντι τῷ Αὐγάρῳ.

Ὅτι δὲ καὶ πλεῖστα οἱ ἀπόστολοι ἀγράφως παραδεδώκασι, γράφει Παῦλος ὁ τῶν ἐθνῶν ἀπόστολος· 'Ἄρα οὖν, ἀδελφοί, στήκετε καὶ κρατεῖτε τὰς παραδόσεις ἡμῶν, ἃς ἐδιδάχθητε εἴτε διὰ λόγου εἴτε δι' ἐπιστολῆς ἡμῶν', καὶ πρὸς Κορινθίους· ' Ἐπαινῶ δὲ ὑμᾶς, ἀδελφοί, ὅτι πάντα μου μέμνησθθε καί, καθὼς παρέδωκα ὑμῖν, τὰς παραδόσεις κατέχετε'. " ①

"由于一些人指责说，我们敬拜并且珍视救主和圣母的画像，说我们此外还敬拜、珍视圣人们的画像，并且我们还是基督的敬仰者，所以这些人应当听着，上帝在起初就按照自己的形象创造了人。如果我们并非按照上帝的形象而被创造，那么我们因着什么而相互

---

① 就此请参见 B. Kotter, Die Schriften des Johannes von Damaskos. II. Expositio fidei. Berlin—New York 1973. (Patristische Texte und Studien 12). S. 206-208。

尊重呢？承载上帝的，并且在上帝神性之中强大无比的大巴希尔说：'对于画像的恭敬，会过渡到原象上。'而原象则是被阐释者，按照它才出现肖像。而为什么梅瑟的子民首先要尊崇那幕帐呢？也就是那上天的形象和鸿范，甚或更多地是全部创世的承载者？无论如何，上主对梅瑟说：'要留神按照在山上指给你的样式去做（《出》25，40）。'而那些遮护赎罪盖的革鲁宾难道不是人手的作品吗？在耶路撒冷的圣殿又是什么呢？难道它不是人手建筑的吗？不是由人的能力建立起来的吗？

《圣经》批评那些尊崇画像作品，甚或为魔鬼祭献的人。不仅希腊人祭献，而且犹太人也祭献，但是希腊人祭献魔鬼，而犹太人则祭献上主。并且希腊人的祭献备受责难和诅咒，正义的人愿意这祭献被上主所纳享。诺厄也祭献，上主闻到了馨香，接受了善意的醇香以及对他的敬仰。由此希腊人的画像作品就被斥责和禁绝，这是由于它们是对魔鬼的表述。

除此之外，究竟有谁能够创设那一不可视的、非躯体的、无可换言之的（无可限定的），以及非具象的上帝呢？渎神以及痴狂的峰巅就是神像［的制作］，正是由于这一点，在旧的盟约中画像的礼俗并不常见。而因为上帝出于他最内在的垂怜为了我们的救赎而真实地降生成人，并非如同亚巴郎和先知们仅仅显现为人，而是按照本质而言成为了真实的人，在此间世界生活，并且与人交流，他行奇迹，他受难、被钉十字架，他复活了、被迎入天堂，并且由于所有这些都是事实、都被人们所亲自历验，所以所有这一切对于我们这些并非目击者而言都作为回忆和教诲而被记载下来，以使得我们——尽管我们没有看见——也能够听到而信仰之，并由此而参有到主所说的真福之中（《若望福音》20，29）。而由于并非所有人都识文断字、都能阅读文本,所以教父们认为甚好的是,这种近乎于英雄行为的事迹应当为了凝练的回忆而被表现在画像之中。如果我们并非没有思考主的受难,并非没有眼见基督被钉十字架的画像,并非没有沉浸在对于以救赎为目的的受难的思考之中,那么十分确切的是,我们恭敬的并非是质料,而是被它所阐释者,如同我们并非恭敬福音书的质料,或者十字架的质料,而是恭敬其所表述的内涵一样。难道在没有救主的肖像的十字架和有主自身的十字架之间约略还有什么区别吗?

关于圣母的画像也是如此,对于她的恭敬也是献给出于她而降生成人的那一位的。对于殉道圣人们的勇毅的行为也应作如是观,这样的行为激励我们追求勇毅的美德、激励我们为了光荣上主而仿效他们信仰的衷情和美德。如同我们已经说过的一样,对于那些奉主的人中的善行善思之人的恭敬,在面对我们共同的救主时是一种善思正信的象征,对于画像的恭敬能够传输到原象之中。这一传承并未以文字记载下来,如同朝向东方的礼敬祈祷、对于十字架的崇奉敬拜,以及大多数诸如此类者一样。

还有一个关于奥伽尔（Αὐγάρ）的故事是这样说的,他是埃德萨城（Εδεσσα）的统治者,他命一位画家去画主的肖像,当这位画家无法描绘主的面容所发的光时,主自己将画布置于他那神性的、赋予生命的面庞上,将自己的肖像印在了画布上,并令人带给了对此渴望已久的奥伽尔。

而由于宗徒们传授给人许多未被记载的事情,所以万民的使徒保禄写道:'所以,弟兄们,你们要站立稳定,要坚持你们或由我们的言论,或由我们的书信所学得的传授（《得后》2,15）。'对于格林多人他写道:'我称赞你们在一切事上记念我,并照我所传授给你们的，持守那些传授（《格前》11，2）。'"

我们在此庶几能够看出，大马士革的若望也强调，所有对于受造物的尊崇，其实最终都是对于上帝的尊崇，而对于偶像的崇拜则是对于魔鬼的礼敬。不可视的上帝的降生成人，才使得基督的画像成为可能。画像所引发的礼敬慎思，并非是对画像本身的敬拜，而是将人引导向被阐释的内涵，对于肖像的礼敬最终上达于原象，而成为对于原象的礼敬。

依然是这位大马士革的若望在他的一部小说"巴尔拉姆和尤阿萨夫"（Barlaam et Ioasaph）中提到，在领洗前的信仰传授中，会讲到画像和十字架：

"Προσκύνει πιστῶς τιμῶν καὶ ἀσπαζόμενος τὸ σεβάσμαιον ἐκτύπωμα τοῦ δεσποτικοῦ χαρακτῆρος τοῦ δι' ἡμᾶς ἐνανθρωπήσαντος θεοῦ λόγου, αὐτὸν δοκῶν τὸν κρίστην ὁρᾶν ἐν τῇ εἰκόνι. ''Η τιμὴ γὰρ τῆς εἰκόνος', φησί τις τῶν ἁγίων, 'Ἐπὶ τὸ πρωτότυπον διαβαίνει· πρωτότυπον δέ ἐστι τὸ εἰκονιζόμενον, ἐξ οὗ τὸ παράγωγον γίνεται. Τὴν γὰρ ἐν εἰκόνι βλέποντες γραφὴν τοῖς τοῦ νοὸς ὀφθαλμοῖς πρὸς τὴν ἀληθινὴν διαβαίνομεν ἰδέαν οὗ ἐστιν ἡ εἰκών, εὐσεβῶς προσκυνοῦντες τὴν τοῦ δι' ἡμᾶς σαρκωθέντος μορφήν, οὐ θεοποιούμενοι, ἀλλ' ὡς εἰκόνα τοῦ σαρκωθέντος θεοῦ κατασπαζόμενοι, πόθῳ καὶ ἀγάπῃ τοῦ κενώσαντος ἑαυτὸν δι' ἡμᾶς μέχρι καὶ δούλου μορφῆς· ὁμοίως καὶ τῆς ἀχράντου μητρὸς αὐτοῦ καὶ πάντων ἁγίων τὰ ἐκτυπώματα τούτῳ λογῳ περιπτυσσόμενοι. Ὡσαύτως δὲ καὶ τὸν τύπον τοῦ ζωοποιοῦ καὶ σεβασμίου σταυροῦ πίστει προσκυνῶν κατασπάζου διὰ τὸν κρεμασωθέντα ἐν αὐτῷ σαρκὶ ἐπὶ σωτηρίᾳ τοῦ γένους ἡμῶν Χριστὸν τὸν θεὸν καὶ σωτῆρα τοῦ κόσμου, καὶ δόντα ἡμῖν τοῦτο σύμβολον τῆς κατὰ τοῦ διαβόλου νίκης· φρίττει γὰρ καὶ τρέμει, μὴ φέρων καθορᾶν αὐτοῦ τὴν δύναμιν."①

"怀着虔心和亲情尊崇主的身形的充满荣耀的肖像，也就是为我们降生成人的上帝逻各斯，要想着看到了创世者自身在画像之中。一位圣人说：'对于画像的尊崇能够转达于原象。'而原象就是被阐释者，肖像就是根据它而创设的。如果我们看到了画中的描摹，那么我们以精神之目洞彻其真实而精神的范像（ἰδέα），这是肖像之原象，我们虔诚地尊崇这位为我们降生成人者；我们并非将这画像视为上帝，而是以渴望和衷爱亲吻它，这是道成肉身的上帝的画像，他为我们屈尊就卑取了仆人的形象；我们也在同样的意义上拥抱他的圣洁的母亲的和所有圣人们的肖像，同样也要在信仰中崇敬地亲吻赋予生命的和尊荣满溢的他的十字架的形象（τύπος），他按照肉身而言为了我们人类被钉而死。基督，世界的上帝和救主，他给了我们抗争魔鬼而战胜的标志，而魔鬼则战栗觳觫、无法承受他那权能的一瞥。"

在这段文学作品中，传统的思想再现，亦即可视的画像是达于精神原象的桥梁，那是以精神之眼目来观视的。

---

① 就此请参见 M. H. Zotenberg, in: Notices et extraits des manuscrits de la Bibliothèque Nationale 28. Paris 1887. S. 32f.

第 8 章　从画像到圣像

1. 文本及学说的逻辑的梳理

前此为止，我们探寻了画像学说直至 8 世纪的产生、发展和形成的过程；换言之，圣像并非下车伊始即产生的，而是在教父学者们哲学、神学的研讨中逐渐萌发、明朗起来，并最终形成的；此外，一方面，我们所提及的神学家们的表述，不仅是一种神学的探讨，而且也已经是对于当时存在的画像和由此体现出的虔诚性的言判，而画像学说也逐渐形成了圣像学说；另一方面，基督信众的虔诚性本身也是（甚或才是）画像在后一时期开始成为，或曰终于成为圣像的重要原因。

在《圣经》文本的理解上，卡帕多西亚的教父们持守由斐洛、克莱芒和奥立金所开创的象征－譬喻的释经学传统，在这一点上，尼撒的格里高利以其特有的扎实细腻、质朴无华的风格，显得尤为突出，他对于经典的研究以及由此生发而来的思想，成为拜占庭画像理论的出发点之一。

作为独立的希腊哲学的范畴，εἶδος（Eidos，理念等）概念具有过多的布洛丁流溢说的痕迹，亦即每一 εἶδος（Eidos）涌出于世界精神 νοῦς（Nous）等，而这一点恰恰是基督宗教哲学所拒绝的；而卡帕多西亚学派的教父学者们，譬如尼撒的格里高利，一方面在新柏拉图主义影响下，而另一方面则以比较强烈的基督宗教哲学的旨趣探讨单一的人；他引证保禄宗徒的书信（《格》前15，44），将人称为 σῶμα πνευματικόν，亦即视为有精神的躯体。从其所引述的希腊语表述出发，我们庶几可以说，这首先涉及人的原象，而这一原象不仅塑造了人的内在、赋予了人以精神（灵魂），而且也影响和陶铸了人的外在形象（亦即躯体），这不仅能够反映希腊哲学的 εἶδος（Eidos）的思想印记，而且也体现出基督宗教将人视为某种两重性的至一的思想，譬如精神与肉体的相互内在或至一，永恒与消逝的相互内在或至一，普遍与个别的相互内在或至一。

尼撒的格里高利在对《圣经》文本，特别是"创世纪"文本的诠释所呈现而出的思想，是拜占庭美学的决定性的、本质属性之一，亦即宗教心理经验在本体形上层面的深化和内在化。他提取亚巴郎祭献依撒格的场景（"创世纪"22），分析了这一场景的结构所具有的特殊性（其具体场景转换的突如其来性等），以及对于人的心理所具有的强大而震撼的影响力。与抽象而雄辩术（或曰说服术）意义上的美学思维完全不同的是，格里高利的分析以细密而具体的阐释、深刻而可理解的分析，梳理了祭献场景的诸多元素，他的阐释和分析凸显了其场景结构的、人物行为的以及相互间对话的意外性、不期而遇性以及突如其来性，揭示了这种艺术手法对于人的宗教心理的影响机制。当他言及画像时，他通常使用 εἰκών 这一概念，并且是在广义上理解之；对于他而言显而易见的是，画像在所有意义和层面上都和原象是等同的（δια πάντων ἔχει παντῶς τὴν πρὸς το ἀρχήτυπον ὁμοιότητα）[1]，而仅仅是本性（属性）不同罢了，也就是说，如果画像与原象在包括本有的属性在内的所有的意义上都全等的话，那么也就不存在画像了；他将这样的画像概念的理解一方面也应用在作为受造物的人之中，也就是用在人与上帝的关系中，而另一方面也应用到文学和艺术的领域中，彰明较著的是，画像在这个意义上不能被视为原象。他从外在形式和内涵上严格区分文学、绘画以及其他造型艺术等所创作的形象（画像），一个作品的内涵被他称为"思想的图像"，甚或被称为"理念"（εἶδος）；于是在他的如此这般的概念理解中，《圣经》文本所体现的对于上帝神性、上帝绝对之美的酷爱，就被称为"思想的图像"、"思想的画像"，而如此这般的"思想的画像"同时，或曰最终也能够描绘感官的享受，或曰能够将这样的描绘涵盖其中，并且重新给出，观赏者，或者阅读者并不应当沉浸在纯粹感官的愉悦之中，而应当观想和追求其中所涵盖和所呈现的思想（εἶδος），这或许才是画像理论之主旨所在，这或许才应当是创作者的意图和目的所在，并且也应当成为观想者的目的。

尼撒的格里高利的这一思想在很长一段时间中都是拜占庭美学的基础，并且影响拜占庭的，甚或全部中世纪的艺术美学的发展；固然，其思想发端于古典的哲学之中，我们能够在柏拉图、亚里士多德以及布洛丁之中找到格里高利的所尊崇的思想的源泉，但是彰明较著的是，尼撒的格里高利是在完全另一种域界中、也就是在基督宗教的哲学视域中理解、表述以及运用古典哲学的基本概念的；他不仅丝毫也未轻视和贬低艺术作品（譬如画像、声像等）原

---

[1] 就此请参见 PG 46, 41C。

本具有的价值,而且还承认其具有保持和再现"思想的图像"的能力,确定这一点对于基督宗教而言、对于讲论上帝思想的基督宗教哲学而言是至关重要的,而这恰恰是艺术作品的真实价值和存在的理由;换言之,诸多类型的艺术作品有能力共同,甚或各自单独表述,并且重新给出"思想的图像"(εἶδος),也正是在这个意义上,他才并不使用"手工造作",或"手工作品"(τέχνη)一词,而是径直使用"认知"(ἐπιστήμη)这一概念来表述这一类的艺术作品,也就是说,诸如表述"思想的图像"的作品在他看来,首先表述认知,甚或本质上就是认知(τὴν γραφικὴν ἐπιστήμη[①]);于是,画像(圣像)就被他视为了哲学、视为了认知,创作、欣赏以及观想画像(圣像),其实就是在从事哲学、从事认知,在这个意义上,画像就具有了逻各斯(也就是言、思想)的意义,由此,画像神学亦可被称为逻各斯神学;画像(圣像)的意义和地位就得到了充分的肯定和保障。

亚历山大的斐洛是将画像概念(εἰκών)和柏拉图的理念概念联系到一起的人,并且由此而在柏拉图的和基督宗教的画像思想之间建立了联系[②];斐洛以及他之后公元2、3世纪的护教教父们,也关注到了艺术(譬如画像等)对于人的精神世界、内在世界以及灵魂的影响,在追求对于终极存在的最终的理解时,他们意识到了以理性和形式逻辑所主导的思维的有限性和界限,并且由此形成了思

[①] 就此请参见 PG 44, 776A。

[②] 就此请参见 Viktor Byčkov, 2000 Jahre Philosophie der Kunst im christlichen Osten. Alte Kirche, Byzanz, Rußland. Augustinus-Verlag Würzburg 2001. S. 152,及其所引述的 G. B. Ladner, The Concept of Image in the Greek Fathers and the Byzantine Iconoclstic Controversy. In: DOP. Band 7, 1953. S. 7。

维有限性和思维限定性的意识，而在他们看来，画像，或象征对于人的内在世界的影响，就奠基在这一思维有限性的主动意识之上，于是就有了画像和象征等诸如此类问题的设置与提出。基督宗教从其肇始就将这样的概念用于建构其以本体论、认知论、伦理论以及美学论等为主的整体的理论体系，并在其中实践这些概念，意图在于由此而走出古典的窠臼而完成自身的建构。

亚历山大的阿坦纳修斯将画像问题和上帝三位一体论结合起来探讨；在他看来，三位一体论中各个位格处于一种肖似性状态中，他们之间的相互关系是一种肖似关系；子是父的完美的肖像和光射（εἰκὼν καὶ ἀπαύγασμα），而圣神则是子的肖像。当然，在阿坦纳修斯看来，肖像在其自身特有的本质上与原象是全等的；如果子并非受造的，而是父的完美的肖像的话，而圣神不仅被称为，而且就是子的肖像，那么圣神作为子的肖像也并非受造的。而正是在这样的思维中阿坦纳修斯看到了赞襄画像（圣像）理论的似乎是有效的论证，也就是说，由于作为肖像的子与作为原象的父"同性同体"（ὁμοούσιος），并且是父的独生子（也就是独生的存在、独一的存在），所以在阿坦纳修斯看来，在画像理论（或曰圣像理论）中肖像和原象就是一个存在本质。无论其三位一体上帝论的建构及其论证究竟如何，在肖像概念，或肖似性概念之下，他所理解的是教会正统教义的"同性同体"，而这样的理解不仅又成为他判断原象和肖像关系的标准，而且也是圣像争执美学的基础之一。

而如果当阿坦纳修斯引述《圣经》中的文本时，那么他的画像概念则与他在联系三位一体论时的画像概念有所不同；《圣经》关于偶像禁绝的诫命，表明其作者的宗教哲学、神学之思想，亦即神性是无法以画像，甚或无法以语言来表述和阐释的，是无法以理性去掌控的，也就是说，以某种榜样，或蓝本（παραδείγματα）简质的、毫无疑问的、毫无保留的、完全彻底的表述三位一体的上帝是不可能的。当然，他同时也指出，对于"诗篇"在旋律上绵长的咏颂能够使人的精神得以安宁，而咏颂与"诗篇"的关系本质上就是肖像与原象的关系（εἰκών καὶ τύπος）。

公元 5 世纪时，屈鲁斯的特奥多瑞图斯作为当时《圣经》诠释学的著名学者，其关于画像问题的思想亦颇富意义。他在探究《圣经》创世纪思想的意义时，特别是在探究人的受造时，从不将肖像和原象分离开来，而是将这两者视为具有内在逻辑联系的整体，并且将人与上帝的这种关联性视为人所具有的一种普遍关联性，或曰视为人的自身属性，这是人所特有的，庶几是区别人与动物的唯一有效判准。他赋予《圣经》文本关于画像和征象的阐释以重要意义；在他看来，《圣经》中的许多征象最终都能够回溯到上帝中，但是由这些征象出发而试图恰当的阐释上帝的本质则是不可能的，因而是徒劳的，原因在于，上帝的本质是不可视的、无形象的，即使对这一本质的形象的表述和阐释，也无法使之成为可视的、可掌控的，由此才有偶像禁绝的诫命。

而公元 8 世纪时，学者特奥多鲁斯在驳论圣像反对者的观点时，也是在新柏拉图主义的理念概念影响下探讨 εἶδος（Eidos）概念的；他认为，εἶδος 概念有一种内在的多义性，它不仅包含某种普遍适用性（普遍适用的理念），譬如普遍适用于人的各种属性等，同时也涵盖某种特殊的思想、想象，譬如每一具体主体的画像；在概念的这种内在关系上，放弃 εἶδος 而引入 εἰκών 概念，则似乎更为恰当，如同《创世纪》1, 26 所意指的那样；我们将在不远的下文专章探讨他的圣像思想。

从传承至今，并且被我们已知的材料来看，基督宗教诞生初期并没有一种能够被称为圣像理论的画像学说，约略自6世纪开始，在画像学说中逐渐出现一种关注画像本质的倾向，也就是说，其学说的意图和焦点集中在画像究竟是什么的问题上，画像在这样的意义上才终于向着圣像的意义发展，并且终于成为了圣像。而值得注意的是，一方面，神学的著作庶几并未有意而大张旗鼓地记载这样的现象；而另一方面，使画像成为圣像的原因似乎不仅，甚或不尽在于某种神学的，甚或哲学的论证，或者更极致的表述是，并非在于神学、哲学的论证，而是更多地在于信众们的虔诚性，在这个意义上，虔诚性并非某种论证，而更多地是一种以坚定的认信所固执的见证，而这样的见证则更多地被圣人圣迹的传说所传承下来；而如果我们在普遍的意义上将传说视为一种文体的话，那么我们面临的困难是，传说往往难于确定其最初产生的年代；于是，从画像到圣像的现象，我们也仅仅能够约略确定其出现的时间，并由此判断画像转变为圣像过程中所产生的其他问题。

彰明较著的是，直到6世纪之内，画像似乎还并未大量产生，即使到了6世纪末，甚或进入7世纪，从圣人的传说，或传记所透出的情形来看，画像在现实的信仰生活中也较为稀有，这当然反映画像的实际意义的微末性和流布的有限性。

就已有的画像而言，神学家们（固然也包括哲学家）要么尝试论证画像存在的恰当性、正当性，要么论证其不合理性，而实际生活中所表现出来的对于画像的虔诚性，则有着完全另外的、似乎无须、也不必，并且也无法论证的品性。

首先，从质料与形式的关系来看，诸如此类表述基督、圣母、十字架，甚或圣人事迹的画像（包括十字架本身），意味着质料的神圣性庶几已经荡然无存，这神圣性转移到了画像所描摹的对象和意义之中，即使质料或许依然被认为有某种力量，但是它与上帝、基督的权能也无法相比拟，并且不是别的什么，而正是这一权能才是质料所具有的力量的源泉，如果质料真的具有力量的话；而对于所描摹的对象的神圣性的敬拜，当然以在自身的生活中不断学习和实践圣人们的美德为目的，这样的行为方式不仅是一时的，而且贯彻全部基督宗教的历史，直到今天都有人以增进自身的美德为目的而敬拜基督、圣母和圣人们的画像。

其次，从画像的宗教功能和意义来看，画像则由此也意味着对于在其中所表现的（所描摹的）神圣形象的尊崇，以及（甚或特别是）这些形象能给人带来的助佑，而庶几不可否认的是，后者对于许多人而言应当是主导性的；换言之，他们更多地对于画像所可能具有的助佑性的奇迹力量感兴趣，这样说的原因在于，从人的本性和宗教的功能性之关系来看，对许多人而言，没有助佑性似乎不容易产生这样的恭敬性，虔敬性与对所崇敬的圣人的画像的恭敬之间的关系，似乎又反而影响对于画像的判断，亦即画像被视为充满神性力量的对象。

其三，而从哲学与神学的区别来看，毕竟也有人并非仅仅以画像的功利性为其敬拜的终极目的，由此画像又意味着某种区分，其所传达的,并且被信众们所普遍认信的圣人们运作出奇迹的力量（譬如画像，特别是圣像的驱魔、救治等功能，前文多处提及这一点）和对于它的思考，也透射出在宗教虔诚性和神学、哲学所提出的认知要求之间的区分。

其四，从画像与基督宗教神学之关系来看，由此画像还意味着某种联系，尽管虔诚性与神学大相径庭，但是画像的礼俗固然能够毫不理会神学和哲学而渐次独立形成，并不断发展，而面对这一情形神学则也不得不以在神学和哲学上能够建构，并且同时能够承受的程式去论证其恰当性与合法性。

其五，从思维方式上来看，画像由此则意味着某种思维方式，如果我们将虔诚性视为一种有相对固定表现形式的礼俗的话，那么这样的稳定的表现形式应当能够被视为信众的思维方式；换言之，虔诚性其实也是一种思维方式，是一种不被理性论证所拖累的思维方式，是一种原始的观想方式，这样的思维方式并非某种低层次的，或者仅限于社会低层的思维方式，而是有学养的人也可能具备的。

其六，从基督宗教礼仪学的角度来看，画像意味着某种礼仪形式，如果礼仪是宗教的外在表现形式的话，那么对于画像的，或者更确切地说由画像引起的崇敬形式（譬如蜡烛、灯烛和香船的点燃、花环的设置、圣油的祝圣等），也是构成基督宗教，特别是拜占庭东方教会表达其信仰的礼仪的重要因素；而这些因素又不仅转而成为神学著作中所研究的对象，而且由此所作的研究还继而成为神学思想的重要的构成部分。

2. 伪狄奥尼修斯的思想作为画像理论的哲学神学基础

伪狄奥尼修斯的哲学神学思想则为画像理论和征象理论提供了认知论的基础，神人关系作为一种内在的必然性，被他置于一种本体论的等级体系中来考量；也就是说，一方面，这一等级系统本身就是一种征象、就是一种画面；而另一方面，被他所思考和设置的那些等级并非能够仅仅作量的范畴上的理解，而是还必须作质的范畴上的理解；这意味着，尽管有诸多不同之等级、尽管它们在质上也有所区别（或简言之，那些等级虽然各自有所不同），但是它们处于一个存在序列之中、一个存在整体之中，而它们之间的内在联系则是由另一个征象、也就是光所主导的，伪狄奥尼修斯在此所说的光并非物理意义上的、质料意义上的光，而是发源于上帝的神性之光，甚或就是上帝；而光在此则是伪狄奥尼修斯神学美学中的另一个象征。这一本体形上层面的等级论，也建构了他的本体形上美学的本体形上之基础。

象征（τὸ σύμβολον）被伪狄奥尼修斯视为一种普遍的哲学-宗教学的范畴，在他的哲学神学和神学美学（亦即本体形上美学）中，象征庶几涵盖现实生活中，特别是作为现实生活的一种具体表现形式的宗教实践中几乎所有对象和现象，譬如画像（图像）、示意图等；在他的整体的神哲学系统中，象征作为一个基本认知范畴，在其本体形上美学中也享有重要的地位[①]。在致弟铎的信中，伪狄奥尼修斯概括了两条有可能达于真理的道路（或方式），一个是无可言说的神秘之路，也就是象征的和神秘神学之路，另一个则是可清晰论证之路，也就是哲学的和能够普遍理解之路[②]。在这通信函中，伪狄奥尼修斯还阐释他的或许已经失传的另一部著作《象征神学》中的主要

[①] 关于伪狄奥尼修斯的象征神学的思想，请参见 Edith Stein, Wege der Gotteserkenntnis——Dionysius der Areopagit und seine symbolische Theologie. München 1979。

[②] 就此请参见伪狄奥尼修斯, Epistulae IX 1, 1105. G. Heil, A. M. Ritter, edd. Corpus Dionysiacum II: Pseudo-Dionysius Areopagita, De Coelesti Hierarchia, De Ecclesiastica Hierarchia, De Mystica Theologia, Epistulae. PTS 36. Stuttgart 1991. G. Heil, Pseudo-Dionysius Areopagita, Über die himmlische Hierarchie. Über die kirchliche Hierarchie. Eingeleitet, übersetzt und mit Anmerkungen versehen. BGL 22. 1986。

思想，在他看来，象征神学是介乎于肯定神学和否定神学之间的一条道路[①]。而至高的、无法言说的真理，则只能通过神秘神学的道路而获取，这也就是为什么古圣先贤总是以充满神秘感的暗示来表述他们的神秘认知的原因[②]；而可言说的又往往和不可言说的纠缠在一起（συμπέπλεκται τῷ ῥητῷ τὸ ἄρρητον）[③]。

当哲学的思考至少含有在形式逻辑层面能够理解的真理时，象征（画像）则提示出无法借助理性所能达到的真理，或曰提示出理性所无法认知的真理，这同时也提示出了理性的界限。而关于终极者的整体的认知内涵则庶几仅仅立于象征之内，之所以能够这样说，原因在伪狄奥尼修斯看来，除了借助原本就是上帝所掌控的由质料所引导的传介之外，我们的理性不可能提升到对于非质料者的模仿、不可能提升到对于天堂秩序的观想；上帝为了不可视者的阐释而控有可视的美以传输给人，为了精神的沁入而控有愉悦感官的气息的印记以提示给人，为了非质料的光照而保有质料性光照的图像以显示给人，为了精神的观想而留有包罗万象的神圣的学说（教义）以传介给人，为了神性的和谐与秩序的投影而建有当下诸多构造的秩

[①] 就此请参见伪狄奥尼修斯，Epistulae IX 6, 1113 BC. G. Heil, A. M. Ritter, edd. Corpus Dionysiacum II: Pseudo-Dionysius Areopagita, De Coelesti Hierarchia, De Ecclesiastica Hierarchia, De Mystica Theologia, Epistulae. PTS 36. Stuttgart 1991. G. Heil, Pseudo-Dionysius Areopagita, Über die himmlische Hierarchie. Über die kirchliche Hierarchie. Eingeleitet, übersetzt und mit Anmerkungen versehen. BGL 22. 1986。

[②] 就此请参见伪狄奥尼修斯，Epistulae IX 1, 1104 BC. G. Heil, A. M. Ritter, edd. Corpus Dionysiacum II: Pseudo-Dionysius Areopagita, De Coelesti Hierarchia, De Ecclesiastica Hierarchia, De Mystica Theologia, Epistulae. PTS 36. Stuttgart 1991. G. Heil, Pseudo-Dionysius Areopagita, Über die himmlische Hierarchie. Über die kirchliche Hierarchie. Eingeleitet, übersetzt und mit Anmerkungen versehen. BGL 22. 1986。

[③] 就此请参见本书笔者拙文"论伪狄奥尼修斯的《神秘神学》的神秘神学"，《云南大学学报》哲学社会科学版，2011 年 5 期，以及拙作《形上之路》相关部分。

序以呈现给人,为了感恩祭典的领受而奠定了人们对于耶稣基督的融入;一言以蔽之,所有关于天国本质的讯息都在最高的程度上借助象征(συμβολικῶς)而庄严的达到受造的人类[1]。其中,感官可感知的气息、各种学说和教义、诸多构造所形成的秩序、对于耶稣的团体的融入,一方面都是具体而可视的形象,而另一方面又都分别提示它们所象征的不可视的神性之光、精神的观想、神性的至高的和谐与秩序、感恩祭典等;此外,伪狄奥尼修斯所设想的等级秩序、被钉十字架(以及十字架本身)、圣油(及其芬芳)、礼仪、人的身体的(包括不同的部位),甚至《圣经》的文本在他的哲学神学理解中及其语境氛围中也是象征性的[2]。

我们在不远的下文中,在探讨大马士革的若望的圣像理论时,还会返回到在此间接引述的文本,并直接引述而分析之。

从伪狄奥尼修斯的神学认识论角度出发来看,其象征论似乎有两种完全相反的目的和功能;从肯定的方面来看,象征并非为自身而产生、而存在,而是有其确切的意义指向、有其表述意义的目的和旨趣,象征甚或无需向外去投射什么、去指出和提示什么,象征甚至在自身中就已经隐匿了意义和真理,象征的产生和存在本身就

---

[1] 就此请参见伪狄奥尼修斯, De Ceolesti Hierarchia. 121C-124A. G. Heil, A. M. Ritter, edd. Corpus Dionysiacum II: Pseudo-Dionysius Areopagita, De Coelesti Hierarchia, De Ecclesiastica Hierarchia, De Mystica Theologia, Epistulae. PTS 36. Stuttgart 1991. 8, 14-9, 3. G. Heil, Pseudo-Dionysius Areopagita, Über die himmlische Hierarchie. Über die kirchliche Hierarchie. Eingeleitet, übersetzt und mit Anmerkungen versehen. BGL 22. 1986. S. 29。

[2] 就此请参见伪狄奥尼修斯, De Ceolesti Hierarchia XV; De Ecclesiastica IV 3,10, 484A. G. Heil, A. M. Ritter, edd. Corpus Dionysiacum II: Pseudo-Dionysius Areopagita, De Coelesti Hierarchia, De Ecclesiastica Hierarchia, De Mystica Theologia, Epistulae. PTS 36. Stuttgart 1991. G. Heil, Pseudo-Dionysius Areopagita, Über die himmlische Hierarchie. Über die kirchliche Hierarchie. Eingeleitet, übersetzt und mit Anmerkungen versehen. BGL 22. 1986。

提示了自身、揭示了自身、阐释了自身，象征本身就赋予人思考的空间；象征一方面是有限、具象而可感知的形象，而另一方面在自身中似乎也具有某种权能，以令人思考无可感知者、形象阙如者、无限者。从否定的方面来看，象征还具有另外一层目的和喻义，亦即将无可言说、无可视见的意义和真理在某些所谓"圈外人"面前隐匿起来，也就是保护起来①，在这个意义上，象征类乎于一种隐语或隐喻，它掩饰，甚至隐藏了蕴含在它之中的真实的意义。伪狄奥尼修斯将在象征之中所蕴含者称为"隐匿的美"（τὴν ἐντὸς ἀποκεκρυμμένην εὐπρέπειαν），这样的美有能力令人达到超现实的、精神的认知②。于是，象征之美并非一定是外在形式上的美，并非一定是感官所能够感知的美，而是某种能够以诸多艺术形式所表现和阐释的可思维之美，是能够被含咀在诸多艺术形式和（包括宗教象征在内的）多种象征之中的精神之美。而某个象征的意义或许不仅仅是一种，而有可能是多种，甚或一个系列，而揭去象征的面纱、从象征的多重含义中逃逸出来而去观想那一简质的至一，也就是尽可能深入、全面的阐释象征的意义，以至于由此而趋近神性的智慧、简质而素朴的真理，则庶几意味着认知过程的美的完成（美

---

① 就此请参见伪狄奥尼修斯，Epistulae IX 1105B, 1105C. G. Heil, A. M. Ritter, edd. Corpus Dionysiacum II: Pseudo-Dionysius Areopagita, De Coelesti Hierarchia, De Ecclesiastica Hierarchia, De Mystica Theologia, Epistulae. PTS 36. Stuttgart 1991. G. Heil, Pseudo-Dionysius Areopagita, Über die himmlische Hierarchie. Über die kirchliche Hierarchie. Eingeleitet, übersetzt und mit Anmerkungen versehen. BGL 22. 1986。

② 就此请参见伪狄奥尼修斯，Epistulae IX 1105C, 1108C. G. Heil, A. M. Ritter, edd. Corpus Dionysiacum II: Pseudo-Dionysius Areopagita, De Coelesti Hierarchia, De Ecclesiastica Hierarchia, De Mystica Theologia, Epistulae. PTS 36. Stuttgart 1991. G. Heil, Pseudo-Dionysius Areopagita, Über die himmlische Hierarchie. Über die kirchliche Hierarchie. Eingeleitet, übersetzt und mit Anmerkungen versehen. BGL 22. 1986。

学的完成），意味着美的完美（美学的完美）。

伪狄奥尼修斯的等级论也能够作象征论的理解；其等级体系不仅是其对于世界整体的形象建构和理解、不仅是一种存在的整体阐释，而且也是神性美的象征或图画。作为整体的等级系统，并且其中的每一个梯次，不仅构成存在的秩序，而且也是神性的肖像，或曰神性的承载者，不仅是神性的某种形式（或曰某种有限形式），而且也传递出神性的内涵、至少是若干（或曰某些）内涵。等级体系作为存在的秩序应当是一种设想、应当具有非质料的品性，但是却是以质料来表述的（ὑλαίοις σχήμασι），是以整体的形态、形象或画面感（μορφωτικαῖς συνθέσεσι）来阐释的；等级体系以画面结构、形象的结构表述世界的结构，表述受造世界中各环节、各梯次间的关系；画面（象征、图像）在这里的意义在于，作为一种中介将原本不同氛围中的不同品性的存在（或曰存在类型）联系到一起，甚至将超存在、也就是所有存在的基础的那个存在，也和奠基在他之上的所有存在至少在思维中建立了联系；换言之，理性所无法掌控和理解的神性的超验与内在的统一性、一致性，在画像中、象征中至少成为了可能，或曰至少有了思维的可能性；一方面，理性所无法掌控和理解者，不乏神秘感地体现在象征之中、体现在形象的画面之中，或曰被展示和阐释在感官可感知的氛围（世界）中；另一方面，感官可感知的氛围在阐释抽象的氛围时，也同时被领入了精神的域界；感官可感知的氛围被抽象的原则（法则）所阐释，或曰被领入抽象的原则和精神世界，而抽象的氛围则被象征（画像）所阐释，或曰被领入精神的氛围和世界，甚或作为观念的至高而绝对的真理，亦可被理解为神性的（或曰上帝的）象征（画像、图像）；在此我们庶几可以说，由此而构成的形上关系，是一种相互阐释的关系，这样的本体形上学本质上也应当具有一种哲学神学的品性，这本身也是伪狄奥尼修斯的学术气质。

根据同构性原则，伪狄奥尼修斯在其上帝表述系统中以两种方式（两种术语系统）表述上帝，相应于这两种表述系统的则是两种象征（画像、图画）类型。一种是相似甚或一致的（ὁμοία εἰκών）表述系统，另一种是不一致以至于不相似的（ἀνομοία μορφοποιία）表述系统。就思维方式而言，这两种表述系统应当是肯定神学和否定神学的一种化用，或体现。第一种表述方式基于一种肯认性的命名原则，并且依然立于古典的美学传统中；其目的和意义在于以恰当和有亲缘性的图画（画像、象征）来表述相关的精神内涵和非质料的本质[①]，相似的画像、肖像代表质料世界的呈现、属性以及人的品性等精神内涵，甚至能够达到可以想见的表述的界限或极致，这类相似性画面能够概括可视世界的美，在这个意义上，上帝就不仅能够以精神、言、真理、美等抽象概念或谓项来表述，而且也能够以光、火、生命、道路等画面感极强的象征来表述，而每一个象征（当然也包括抽象的谓项）都表述作为至一的上帝所呈现的某种品性，同时也表述作为原象的上帝的某一种可能性的标示。当然，无论画像多么完满、尊贵，也无法淋漓尽致地表述和阐释神性于万一，原因在于神性超越一切质料、一且生命。

[①] 就此请参见伪狄奥尼修斯, De Ceolesti Hierarchia. II 137C. G. Heil, A. M. Ritter, edd. Corpus Dionysiacum II: Pseudo-Dionysius Areopagita, De Coelesti Hierarchia, De Ecclesiastica Hierarchia, De Mystica Theologia, Epistulae. PTS 36. Stuttgart 1991. G. Heil, Pseudo-Dionysius Areopagita, Über die himmlische Hierarchie. Über die kirchliche Hierarchie. Eingeleitet, übersetzt und mit Anmerkungen versehen. BGL 22. 1986。

而比相似性类比更具意义的表述方法则是所谓的非相似类比（ἀνομοίους ὁμοιότητας），这意味着对于上帝的否定性表述，或曰否定神学的表述，并且这样的表述应当更优于肯定神学的表述，或曰更能接近、驰近上帝的存在属性，非相似性表述更能阐发出不可视者、无可言说者的品性[①]。能够这样说的原因在于，尽管非相似性象征（画像、图像）也以较低的形式，并且以对较低的对象的模仿而表述较高的，甚或是精神的、神性的内涵，但是一方面，就其本质，并且究其本质而言，则无法真正表述所意欲表述的精神对象于万一，并且这一较低的模仿对象与其所要提示和表述的对象无论是在形式上，抑或是在内涵上，都绝无任何相似之处、绝不相似、更不等同，而另一方面，恰恰是这样一种象征（画像）与其提示对象在整体上的彰明较著的"非和谐性"（τὸ δυσειδές），或曰这样极致的反差，才（才能）以其突兀而来的，或曰扑面而来的方式，十分醒目、甚而十分震撼地提示了，甚或阐释了他所要阐释的精神的本质、神性的本质、绝对的本质[②]；这样的阐释能够引起理性的强烈运动，这也就是说能够引起人的思维的动荡，甚或更深度的思

[①] 就此请参见伪狄奥尼修斯，De Ceolesti Hierarchia. II 3,141A. G. Heil, A. M. Ritter, edd. Corpus Dionysiacum II: Pseudo-Dionysius Areopagita, De Coelesti Hierarchia, De Ecclesiastica Hierarchia, De Mystica Theologia, Epistulae. PTS 36. Stuttgart 1991. G. Heil, Pseudo-Dionysius Areopagita, Über die himmlische Hierarchie. Über die kirchliche Hierarchie. Eingeleitet, übersetzt und mit Anmerkungen versehen. BGL 22. 1986。

[②] 就此请参见伪狄奥尼修斯，De Ceolesti Hierarchia. II 5, 145B. G. Heil, A. M. Ritter, edd. Corpus Dionysiacum II: Pseudo-Dionysius Areopagita, De Coelesti Hierarchia, De Ecclesiastica Hierarchia, De Mystica Theologia, Epistulae. PTS 36. Stuttgart 1991. G. Heil, Pseudo-Dionysius Areopagita, Über die himmlische Hierarchie. Über die kirchliche Hierarchie. Eingeleitet, übersetzt und mit Anmerkungen versehen. BGL 22. 1986。

考①。当然,非相似性画面(象征、图画、画像)不仅仅是规范化的(有规范的)标示和理性化的(可理解的)象征,它也具有比较复杂的提示机制,与所提示的对象之间的关系也并非一目了然,至少有语义学和宗教心理学层面的阐释和提示,在伪狄奥尼修斯看来,非相似性画面(象征)的必要性和提示机理恰恰就应当从语义学和宗教心理学的角度出发来理解;非相似性象征的诸如此类的提示机理,目的并非仅仅要引起理性的思考(极致而言,甚或并非要引起理性的思考),而是要在主动意识之外的领域对于人的宗教心理施加影响,或曰要在作为理性的意识氛围之外陶铸人的心理,特别是宗教心理,将人的心理(精神)从感官可感知的画面运动到、刺激到(ὑπονύσσω,激励,刺激)、提升(ἀναγωγή)到真理之高度②;在此,心理借助画像(象征等)的激荡及其主动的朝向精神的运动,是心理的意识和认知过程的完成,而这一过程的对象,或目的,就是对原象(本原、终极原因、终极目的、超存在、绝对等)的认知。这一从象征到真理、从画像到原象的提升的思想,这一象征提示和阐释真理、画像提示和阐释原象的思想,一直是拜占庭本体形上美

---

① 就此请参见伪狄奥尼修斯, De Ceolesti Hierarchia. II 4, 141D-144A. G. Heil, A. M. Ritter, edd. Corpus Dionysiacum II: Pseudo-Dionysius Areopagita, De Coelesti Hierarchia, De Ecclesiastica Hierarchia, De Mystica Theologia, Epistulae. PTS 36. Stuttgart 1991. G. Heil, Pseudo-Dionysius Areopagita, Über die himmlische Hierarchie. Über die kirchliche Hierarchie. Eingeleitet, übersetzt und mit Anmerkungen versehen. BGL 22. 1986。

② 就此请参见伪狄奥尼修斯, De Ceolesti Hierarchia. II 3, 141B; II 1, 137B. G. Heil, A. M. Ritter, edd. Corpus Dionysiacum II: Pseudo-Dionysius Areopagita, De Coelesti Hierarchia, De Ecclesiastica Hierarchia, De Mystica Theologia, Epistulae. PTS 36. Stuttgart 1991. G. Heil, Pseudo-Dionysius Areopagita, Über die himmlische Hierarchie. Über die kirchliche Hierarchie. Eingeleitet, übersetzt und mit Anmerkungen versehen. BGL 22. 1986。

学的基本思想，特别是画像（圣像）理论的基本思想。

根据研究东方基督宗教的著名德国学者维克多·毕才可夫（Viktor Byčkov）的研究，在早期基督宗教中流行的一对概念 ἀλήθεια 与 αἴνιγμα（真理与谜语，后者亦可译为隐匿的提示），能够回溯到亚历山大的克莱芒的 ἀλήθεια 与 σύμβολον（真理与象征）和尼撒的格里高利的 αἴνιγμα 与 ἀλήθεια（谜语与真理）概念中，后者还将谜语与《旧约》、真理与《新约》联系在一起，于是构成旧约 - 谜语与新约 - 真理的对应结构[①]。伪狄奥尼修斯发展了这样的偏正（甚或正反）概念结构[②]；由于真理是超验的，所以它只能通过它的反命题而被表述和理解，而反命题也是从其中生发而出，并且能够表述，或曰标示真理的（δι αἰνιγμάτων）；而为了能够诠释出在这样的匮乏性标示（亦即似乎是匮乏真理的）中所标示的、所内蕴的真理讯息，就必须有对其内涵的相应而恰当的解密、译解，于是神学的阐释、释义，甚或释疑就是必要而必需的了，而且与西部教会的神学同样重要的是，拜占庭的神学也并非任意阐释上帝的标示和神性的象征，而是要追随"圣神的启示"[③]。

[①] 就此请参见 Viktor Byčkov, 2000 Jahre Philosophie der Kunst im christlichen Osten. Alte Kirche, Byzanz, Rußland. Augustinus-Verlag Würzburg 2001. S. 167。

[②] 就此请参见伪狄奥尼修斯, De Ceolesti Hierarchia. II 2, 140B; Epistulae IX, 1104B, 1108A.. G. Heil, A. M. Ritter, edd. Corpus Dionysiacum II: Pseudo-Dionysius Areopagita, De Coelesti Hierarchia, De Ecclesiastica Hierarchia, De Mystica Theologia, Epistulae. PTS 36. Stuttgart 1991. G. Heil, Pseudo-Dionysius Areopagita, Über die himmlische Hierarchie. Über die kirchliche Hierarchie. Eingeleitet, übersetzt und mit Anmerkungen versehen. BGL 22. 1986。

[③] 就此请参见伪狄奥尼修斯, De Divinis Nominibus. I 1, 585B; B. R. Suchla, Pseudo-Dionysius Areopagita, Die Namen Gottes. Eingeleitet, übersetzt und mit Anmerkungen versehen. BGL 26. Stuttgart 1988. S. 24. B. R. Suchla, edd., Corpus Dionysiacum I: Pseudo-Dionysius Areopagita, De Divinis Nominibus. PTS 33. Stuttgart 1990。

关于这两种从同构性思维出发的而又可归为肯定神学和否定神学的表述系统（或曰表述类型），维克多·毕才可夫的总结十分值得重视，他认为，伪狄奥尼修斯的这一思想是奠基在以斐洛为首创的、以奥立金、尼撒的格里高利等为代表的4世纪以来亚历山大派的诠释学的基础之上；这一学派清晰而足够的肯定了爱与情色的品性和权能，其思想也能够溯源于严格的宗教诫命，并且主张严格的遵守这些诫命，而这些严格的宗教诫命又恰恰是规范人的感官的享受和满足的，并且特别是针对人的性欲的滥情的享受和满足的，这样的诫命也折射出当时的艺术、文学，甚或《圣经》文本对于人的情欲的描绘；人的自然情欲以及对于这样的情欲的规诫之间的张力，一方面在艺术的实践中总是被试图打破，而另一方面在哲学和宗教的思辨中也都被一致努力坚守（譬如在亚历山大学派和以奥古斯丁为代表的其他教父们之中）；伪狄奥尼修斯的哲学神学和本体形上美学一方面固然独具个人特色、无可混淆，而另一方面亦非空穴来风、毫无祖述，其学术不仅具有亚历山大学派的上述品性，而且还具有这一学派对于概念精确定义、对于理论严格限定的风格，并且为中世纪东西部的学术的发展，特别是拜占庭整体的文化奠定了一个极具活性而充满持久活力的传统①；尽管人能够对真理获有画像般的（象征的）认知这一思想已经在新柏拉图主义者中以及最初的基督宗教的教父学者和思想家中至少初见端倪，甚或初具规模，但是其最终的、深刻的（深度的）和完满的展开与完成、也就是最终的独立，却是在伪狄奥尼修斯那里才得以实现。伪狄奥尼修斯承

---

① 就此请参见 Viktor Byčkov, 2000 Jahre Philosophie der Kunst im christlichen Osten. Alte Kirche, Byzanz, Rußland. Augustinus-Verlag Würzburg 2001. S. 164。

前启后、开宗立派的深远影响和历史意义由此充分体现出来①。

3. 文本和学说的神学总结

奠基于5、6世纪期间的普遍适用的画像理论之上，画像与其所阐释对象的关系的一种特殊的理论也在8、9世纪应运而生，这也就是所谓的圣像理论，圣像理论包含了相似性画像和非相似性画像的思想。圣像被其崇拜者视为，或曰感知为相似性画像、一致性画像，固然，这一相似性或一致性指的并非与超验的原象（超存在、绝对）的相似性或一致性，而是指的与享有可视的质料形式的道成肉身者（也就是作为子的耶稣基督）的相似性或一致性；尽管都具有同构性原则，但是一方面在伪狄奥尼修斯那里，相似性更多地是象征意义上的相似性，而另一方面在圣像理论中，相似性则更多地指模仿的相似性；后者的理由在于，圣像由于是对某一（或某些）历史人物、历史事件的阐释，所以不同于伪狄奥尼修斯的象征的阐释结构的是，圣像的阐释结构有一种回溯于历史事件、历史文献的诉求；譬如在描绘耶稣基督时，人们的诉求是，基督的圣像能否表述道成肉身这一历史事件，因为在基督宗教的信仰者看来，道成肉身是一个真理成为了可以触摸的事实，也就是说，上帝的确在人类

---

① 就此之详情，请参见本书笔者拙文"基督宗教哲学的独立：终结还是开端？——试析（托名）狄奥尼修斯的哲学神学本体论"（上），《云南大学学报》哲学社会科学版，2010年3期；"基督宗教哲学的独立：终结还是开端？——试析（托名）狄奥尼修斯的哲学神学本体论"（下），《云南大学学报》哲学社会科学版，2010年4期；以及拙著《形上之路——基督宗教哲学建构方法研究》中之相关研究。

历史、人类社会中降生为人、在耶稣基督中为人类启示了他自身，于是由此而来的问题是：首先，耶稣基督的圣像能否反映这一历史事件？其次，既然是上帝在耶稣基督中启示自身、降生成人，那么耶稣基督的圣像能否提示上帝自身？诸如此类的圣像在阐释和提示所描述对象上的恰当性和可靠性（以及圣像本身的阐释力）、对于圣像所阐释和提示所描述对象的理解的恰当性和可靠性，以及这两种恰当性和可靠性在神学上的意义、在社会生活中的意义，引发了公元8、9世纪时拜占庭的神学家们之间的激烈讨论。非相似性和象征性画像理解在全部讨论过程中庶几从未完全彻底被怀疑和否定，不仅在反对画像的一方，而且甚或在赞襄画像的一方，都有对此持怀疑态度者；而除了伦理神学和信理神学外，这实际上还涉及神学认知论，也就是画像与原象相互阐释的关系。

公元8至9世纪之间，圣像（画像）理论在伪狄奥尼修斯的光的象征理论中又有所发展，我们将在不远的下文中、在圣像画法语言的本体形上意义的研究中，探讨他的以及其他教父学者的光概念的形上内涵；在此，不仅在光的概念的意义上，而且从画像的圣事礼仪的角度出发，以及在基督宗教的教义学的意义上，圣像理论都有新的发展；在这些方面的发展都与这一时期的圣像争执有着千丝万缕的联系。尽管赞襄画像（圣像）的观点终于在争执之中最终胜出，并从此一直占有主流地位，但是反对画像（圣像）的观点也并未从此消失殆尽，并且不仅是早期基督宗教所固有的重要元素之一，而且在基督宗教内部至少也一息尚存；这一反对画像（圣像）的观点不仅有其以色列希伯来《旧约》中偶像禁绝诫命的渊源，而且也有其希腊教父护教学精神的精髓（即强调上帝绝非质料，而是精神，因而无法以质料表述），同时又对后起于基督宗教的伊斯兰教的画像理解（画像诫命）有直接和深远的影响。画像（圣像）争执的双方都以其广博而深刻的论述、直达主题而鞭辟入里的分析，为拜占庭美学，甚或全部中世纪的本体形上美学贡献了他们丰富的文献和卓越的思想。

从基督宗教的经典和文本表现形式上来看，圣像反对者的基本观点植根于《圣经》的思想，一方面，上帝在其中首先被理解为非质料、无躯体、因而无任何具体形象的精神，或曰圣神，没有任何人能够以肉眼视看到上帝（《若望福音》1，18；4，24；5，37）；另一方面，《圣经》中，特别是《旧约》中记述了非常严厉的偶像禁绝的诫命，并且关于这一诫命的不断的强调和一再的申述在《旧约》中俯拾即是（譬如《申命纪》5，8），他们由此而特别加以反对的是以人物肖像形式所描摹、所表述的耶稣基督的画像。而画像（或曰偶像）崇拜则至少有艺术的和宗教的两方面的原因，在画像反对者们看来一方面源出于古典的造型艺术，而另一方面则特别源自于古典的众神崇拜、偶像崇拜[1]。固然，信仰本身不仅既是深度内在的，而且同时又有其外在的表现形式、表述方式，但是艺术家们仅仅是为了他们自身的廉价的享受和愉悦而将原本是深度内在的信仰廉价而任意的外在化、客体化了[2]，为了享乐的画像（在此特别是诸多神明的画像），或者画像的享乐意图和功能，是画像（圣像）反对者们所不能接受的，甚或不能容忍的；而古典时期画像，特别

---

[1] 就此请参见 J. D. Mansi, Sacrorum Conciliorum nova et amplissima collection. Vol. XIII, 237 C. Paris1902 (repr. Graz 1960)。关于圣像反对者的观点，主要见于其中所收录的文献。

[2] 就此请参见 J. D. Mansi, Sacrorum Conciliorum nova et amplissima collection. Vol. XIII, 248 E. Paris1902 (repr. Graz 1960)。

是众神明的画像恰恰又是为了偶像崇拜和享乐主义而服务的，在这样的境况中，特别是还由于宗教的画像有某种相似性和同构性（以及画像被视为与其所表述者具有相似性、同构性，甚或就是被表述者），尽管画像反对者们并不反对世俗意义的画像，并不完全否认画像的美，并不否认画像的美学氛围和意境，但是或许恰恰是由于画像，特别是神明的画像能够给人带来美感、带来美的享受，并由此而导致人们沦陷在众神崇拜和偶像崇拜的氛围中，所以画像反对者们才不遗余力地否定画像、反对画像。在他们看来，画像干扰了人的理性、干扰了人的理性对于精神的侍奉、对神性的侍奉，而对于信仰、对于教会，甚或对于教堂的最好的装饰，并非别的什么，而是耶稣基督的教导和教会的教义；崇拜画像则令质料玷污了精神，或曰令质料的画像玷污了精神的饰品、心灵的饰品。

从基督宗教的信理和教义的角度来看，圣像反对者们认为，绘画艺术与造型艺术不符合基督宗教的最基本而决定性的教义，也就是不符合以逻各斯思想为基础的道成肉身的基督论；在他们看来，基督的画像仅仅能够描述作为人的耶稣基督，而如果强调基督的人性，那么这至少有聂斯托里派异端的嫌疑，并且即使承认基督具有完全的神性和完全的人性的话，而由于画像仅仅能够描述作为肉身的基督，所以画像实际上离析了基督的神性和人性，赞同画像本质上也就是主张基督一性论，并且是主张单一的肉身性、人性，从而在最终的结果上否定了基督的神性；而如果赞襄画像的人认为，基督的画像描述的是基督的神性，那么他们又违背了另一条庶几作为大前提的基本教义，亦即上帝（神性）作为超存在、作为绝对精神是无可言说、无可视觉、无可描摹的，而以质料的画像描摹神性、描摹上帝、描摹基督的神性，则一方面意味着周流遍至、圆融无碍的神人两性被质料混淆了，同时原本毫无形象的神性被强加给了某种形象，甚或某种形式，而另一方面也意味着至少推理所需要坚持的、所需要一以贯之的形式逻辑的大前提被突破了，于是最终的结果依然是基督宗教最基本的基督论的教义被违背了，一言以蔽之：画像与基本教义相冲突。

赞襄圣像者的观点既不统一，而且其中亦有不少自相矛盾之处，因而亦无法令人完全信服。就画像的阐释而言，如同前文引述和分析的文献所显示的，大马士革的若望认为，诸多不同类型的画像（εἰκόνα）是不可视者的可视之像，是无形象者的形象，是由于人的理性的昏庸暗淡、疲软无力而以某种躯体性的形象为人阐释自身；君士坦丁堡的牧首戈曼诺斯认为，圣像所具有的画像语言的阐释，是被阐释对象的（譬如事件、人物的）"理念之像"（τῆς ἰδέας ... ἡ μόρφωσις）；在不远的后文中还将提及的学者特奥多鲁斯认为，人借助感官可感知的画像能够将自己提升到对于精神和神性的观想之中；上述观点对于圣像反对者们而言固然是无法接受的，但是对于赞襄圣像者们而言则相反，画像，以至于圣像的这种神秘阐释的功能，是圣像崇拜必然性的决定性理由，之所以能够这样说，原因庶几在于，尽管人是理性的存在，但是毕竟也是感觉的、感知的灵物，因而能够借助感官可感知的画像、借助感性的象征、文本的传承去追寻精神和神性，这些画像、象征以及传承而来的经典能够令人不断回忆那一作为初始本源、作为一切存在之基础的原象、超存在、绝对，能够将人领入，或曰提升到终极目的之中。表述原象的画像（肖像、圣像）是由艺术家们以质料创作的，并不具有原象的任何属性，但是画像却能够如同镜子一样显示出它与所表述的对象的相似性。固然，画像就其本质而言无法表述出不可视者（譬如灵魂、上帝、神性等），因为画像本身一定是可视的，但是一方面画像毕竟具有象征的品性，能够提示和阐释原象，另一方面画像的赞襄者们又坚持强调，画像，譬如基督的画像，本质上描述的是基督的人的形象，或者其他人的肖像（譬如圣人们）以及历史事件。

由此，画像的阐释首先具有一种与实践相关联的，或曰与历史结构（人物、事件）相关联的意义与功能，在画像（圣像）中以颜色、线条、板块所描绘和阐释的，本质上是文本（譬如《圣经》文本、殉道者档案，甚或口头的传承与传说）所意图表述的。在这样的目的和意义上，画像对于文盲而言具有一种文本效应，或曰类乎书籍。这也就是说，能够以文本或话语所表述的，庶几亦能以画像、画面再次给出，能够在以颜色、线条、板块等所组成的而有一定结构的画像（画面）中得到表述。对于画像的这样的理解和阐释，涉及的是像与言（逻各斯）之间的关系，这不仅是古典哲学，而且也是基督宗教哲学、神学所关注的本体形上美学问题，而直到圣像争执时代，对于逻各斯的重要性和意义的阐释与评价要远远超出对于画像的意义的关注；拜占庭的精神在并未轻视，甚或同样重视逻各斯的前提下，也注意到了人的理性阐释逻各斯的极限与界限，因而将精神的目光也投注到画像（圣像）中，以拓展人在认识上的领域和界限。画像本质上奠基于文本和言说的基础之上，而文本与言说也毫无疑问能够以画像来表述，甚至文本与言说也能够奠基于画像，这是两类能够相互阐释的表述类型，文本能够阐释画像，而画像也能够使得文本更易于理解，如果画像并非仅仅是文本的简单的拷贝，而是一种诠释或注释的话，那它就能够被称为被描摹的阐释；被描摹的阐释不同于语词的阐释，它能够将文本所体现的画面感以画面表述出来，甚至是充分表述出来，这当然也是文本类型所不具备，而画像类型的品性所决定的，这是画像相比较文本所特有的表述权能和表述质量，譬如表述某种心理的境况、情绪的状态等。文本与画像两者都是美的，并且也都具有足够的，甚或充分的尊严和表述力，以阐释历史的结构、宗教的象征、真理的内涵、存在的意义，只是它们各自有其特殊的品性而已。

从基督论角度来看，画像的价值之所以能够被高度评价，首先在于基督宗教的道成肉身的教义和信理，这是画像存在正当性的最重要的理由。画像的形上美学意义固然首先体现在它作为艺术作品的活力和感召力上，因此它与基督宗教基本教义之间的关系能够比较轻易地被忽视；但是如同前文多次提及的，一方面，道成肉身在基督宗教看来，是一个真理成为了可以触摸的事实，是在历史结构中真切发生的事件，是人类所期盼的现实的救赎，或曰救赎在历史中切切实实的实施与完满实现，这是基督宗教最基本的教义；另一方面，正是由于道成肉身在耶稣基督中的现实性，使得描述他的人的躯身的存在、描述他的人的存在，甚或人的形状（形态）成为了可能。同时，人的存在的画像描述本身、人的躯身的画像描述本身，又能够成为逻各斯道成肉身的论据；画像本身无疑是质料的，但是或许恰恰由于这一点而令人逻辑的想到他的非质料的原象，在象征性之外，画像的这种类乎于镜鉴（如同人照镜子一样），或文献资料片的功能表明，它至少能够重新给出（反映出）原象，或曰至少能够提示出原象的存在，而镜鉴和资料片的属性也表明，圣像（譬如基督的圣像）必定具有千篇一律性，原因在于，所有的镜鉴或文献资料片都反映一种现实性；最终，画像还具有另一项重要的回忆功能，也就是对于过往的历史、历史事件和人物等的回忆；就道成肉身而言，如果基督宗教坚定地认为，道成肉身、逻各斯降生成人是在历史中确切发生的事件,那么对于这一事件无论是文本的,抑或是画像的(画面的),则都具有一种回忆的功能;也就是并非一次性的记忆的,而是不断反复的、不断重复的回溯到对这一事件的联想之中,亦即能够不受限定的、无限多次的回忆这一历史事件(固然也包括对于其他历史事件的回忆,譬如对于《旧约》的历史事实的回忆,对于圣母玛利亚、圣人们、殉道者们的回忆);画像在信理教义上至少能够用作证据表明,上帝并非仅仅获取了一个人形,并非一个人的幻影而已,或曰画像能够直接确认逻各斯的确成为了肉身、上帝的确降生为人,这为反驳幻影论异端、维护公教正统教会正信的信仰提供了即使不一定是学术的(或许原本也无需学术的)、但却是颇有号召力的论证。

画像能够更直接影响人的情感、情绪,能够建构和影响人的宗教心理的形成与发展,能够建构人对于画像所表述的人物、神明(譬如基督和上帝)的依赖,能够由此而令人思考和尊崇画像所由来的原象,能够引领理性上升到精神的观想之中,并由此达到对于画像所阐释对象的认知;由于画像具有这样的功能,因此赞襄画像者也通常将其置于文本之上,也就是更高的评价画像的功能和价值,以至于画像一方面由于描述并引领起对于神圣的事件(道成肉身)、耶稣基督、圣母和圣人们而成为圣像,另一方面由于它的特有的属性、意义、目的和功能而在受到应得的高度评价的同时也因此而成为了圣像。

固然,在本体论层面画像与原象不可同日而语,但是由于画像具有上述特殊之品性,所以其存在的正当性亦不能否定。画像赋予人一种超越时空的、超越历史结构的共时的经历,共时的经历所产生的美学效果对于人的情感和情绪有直接而强烈的影响,能够直接触及人的心灵的最内在的隐匿之处；画像、亦即圣像如此这般的功能之重要程度与意义的深远重大，庶几也是语言所无法充分表述和评价的，于是画像（圣像）在基督宗教的思维体系中亦占有十分特殊而重要之地位，画像无论是作为镜鉴（资料片），抑或是作为宗教象征，同时提示出上帝、神性以及基督的可描述性和不可描述性，或曰画像在提示出他们的可描述性的同时，也宣示了他们的不可描述性；这在提示了画像不容小觑的描述力、阐释力的同时，也提示出它描述的限度和阐释的界限，或曰提示了它的描述力和阐释力的某种有限和无能。画像在试图言说（表述、描摹）不可言说者的同时，本身也在本质上依然停留在无法言说和无法描述的层面上。公元 4 至 6 世纪以来，拜占庭基督宗教学者之间的圣像讨论，以及圣像的实践，渐次，并逐渐强烈的沿着这一方向发展，画像从镜鉴和象征的功能与意义的角度出发被逐渐广泛地承认与接受，在全部拜占庭时代，以及后来很长一段时间，圣像艺术发展出一种独立的，并且一旦形成就一直都是一种专项的艺术类型和艺术语言；这样的一种艺术语言也决定着一种新的神学观、美学观，甚至世界观。

从人的生理功能上来看，在拜占庭时代人们认为，人的视觉器官（以至于人的视觉能力）超出人的所有其他感官而占主导地位。这一点是彰明较著的，能够这样说的原因在于，在当时还没有任何将声音留住的技术产生之前、亦即诸如留声设备、录音设备等产生之前（这些当然是现代才有的），视觉固然比听觉具有更大的优势；在这个意义上，人们在画像争执中才并非主要争执上帝是否是可言说的（这当然也十分重要，并且在神学、哲学、哲学神学等领域也的确有长达数百年的争论），而是更加紧密而激烈地讨论上帝神性是否是可视的，更加紧密而激烈地讨论画像是否能够表述超验的和启示的真理，更加紧密而激烈地讨论圣像的画家们是否能够在他们的作品中真正足够清晰地表述上帝启示的真理；当然，赞襄画像的人对这一点是充分肯定的，在他们看来，画家们能够将启示的真理，或曰将上帝在耶稣基督中对于自身的启示以可视的画像的形式为人们展现出来；人的精神以听觉器官所无法捕捉，并由此而无法比较长时间存留于内心的，是能够借助视觉器官的功能、也就是借助不断的视看而不断被捕捉到，并保存于记忆中而能够不断回忆的；由于画像具有这样的功能和意义，所以深深根植在拜占庭精神文化的普遍意识中的是，圣像画家在上帝创造性的行为中被领入了超出此间世界的非自然的氛围中，或曰被领入了神性的氛围中，与万有的本源、超存在、神性达于合一；圣像画家由此在拜占庭也享有特殊的地位，一方面，不仅他们创作圣像的过程被视为与上帝的、与神性的神秘合一的过程，而且另一方面他们创作的圣像作品（特别是所表述的内容）还被视为上帝行为的直接表述；在这个意义上，圣像画家通常都是匿名的，其作品亦通常不被视为他们自己所创作的作品；他们创作的行为也被视为圣事，或曰至少是圣事的一类。

从宗教心理的形成、巩固与发展的角度来看，人的生理功能在此扮演了重要的角色；固然，人作为宗教的动物，其宗教心理庶几是与生俱来的，但是不能否认的是，人的各种生理器官（及其功能）对于人的宗教经验的不断积累和反复回忆、对于人的宗教心理的持续搭建和引领，都是十分重要而须臾不可离弃之基础设施。在此，当我们讨论画像时，是从被认为超出所有其他感官的视觉器官的视觉功能出发的，视觉功能不仅能够建立丰富的想象，而且同时也是人的其他精神能力的一个前提条件，譬如美感能力、理性判断能力、回忆能力；画像能够在感觉（譬如视觉）主体的宗教心理中唤醒诸多不同的回忆，而这些回忆在心理过程中的不断的苏醒过程，本质上也是思维的过程；之所以能够这样说，原因庶几在于，视觉将画像，或某种形象感知到后，也能将其保留于人的心理和回忆之中，即使当被感知的画像和感知它的主体被分离开后（也就是画像并非当下在场时），画像在人的视觉功能、心理功能和回忆功能中依然能够被从记忆的深处、从心理最深的渊薮中呼召到眸前，或曰至少还能想象（设想）和言说这一画面，亦即画像依然能够是当下此在的；画像庶几能够将人引领到、提升到与原象的合一，或至少能够令人驰近原象，甚或激发了人的（心理的）无意识层面，尽管这也有可能是一种认知的过程，但是这可能是人的理性所难于达到的；固然，我们庶几能够说，这一过程或许是灵魂或心理的涌动，是灵魂在理性思维能力之外的一种无需概念而能达成的能力，伪狄奥尼修斯也将想象理解为从精神而来的斑斓的图画[①]，而将这一画像留在心理和回忆之中，以及将其唤醒并鲜活的呼召在心理和回忆之中，则本质上是理性的运作及其结果；在这一过程中，人和自身有一个对话和交流，人能够主动引入一个和自身的对话，和最内在的自己有一个交流，人同时也分析和判断这样的交流和对话，这庶几可以说是一种思维的过程。

作为艺术作品的圣像通常还被视为具有超出现实世界的品性；尽管每一观视个体对于画像的感知不尽相同（这固然也是正常的），但是无论如何，美感的讯息必定也给人带来其他任何语言所无法带

[①] 就此请参见伪狄奥尼修斯，De Divinis Nominibus. IV 6, 701B; B. R. Suchla, Pseudo-Dionysius Areopagita, Die Namen Gottes. Eingeleitet, übersetzt und mit Anmerkungen versehen. BGL 26. Stuttgart 1988. B. R. Suchla, edd., Corpus Dionysiacum I: Pseudo-Dionysius Areopagita, De Divinis Nominibus. PTS 33. Stuttgart 1990。

来和重新给出的认知；一方面，圣像作品被视为比起他们所表现的现实而言具有较高的、更高的真实性，比已经过往的历史和已经过往的现象世界更真实，圣像在这个意义上与现实世界有一种相互提示的关系，并且依然在这个意义上圣像也被尊崇；另一方面，圣像又镜鉴般、文献资料般反映原象，也就是与原象有一种相互提示的关系，圣像在这个意义上则建立了此间世界与彼岸世界、超存在以及神性的关系，圣像庶几是这一关系的关联点、联结点，甚或可以说，尽管有些圣像是其他圣像的肖像，甚或肖像的肖像，但是每一圣像径直就是原象的圣像，圣像与原象之间的界限庶几由此而被淡化、被模糊；于是如果原象被尊崇的话，那么尽管圣像是质料的、由颜料、金银、木石等造作而成，但是圣像由于这样的提示关系而固然应当，甚或必须、必定得到尊崇，并且对于圣像的尊崇由此而能够达于原象。

第 9 章　圣像理论中关于宗教虔诚性指向的神哲学思考

1. τιμή 和 λατρευία：
"崇敬"与"朝拜"作为问题的提出

除了出于宗教虔诚性而来的对于耶稣基督的敬仰和朝拜之外，至迟到公元 6 世纪期间，在东部教会还形成了一种关于圣人的态度，这一态度将圣人们置于表述、阐释他们的画像作品中来考察，认为对于他们的敬仰也在画像中得以实现，并且期待着画像也像圣人一样能够为人带来救助[①]。对于画像的这一态度最初更多地是民众的宗教虔诚性的直接体现，并且首先是在神学之外形成的，随后而来的反思才尝试在理论上解释这一现象，并试图给出一些论证。

理论的探讨和反思是一个比较长的过程，并且其发展轨迹不仅并非是单线直行的，而且也从较长的历史阶段来看也并非是持续不断的；持续不断的庶几仅仅是这一宗教虔敬性的具体的实践，也就是在信仰生活中的具体的实施；在对这一现象的反思过程中，特别

[①] 至迟到公元 6 世纪，已经形成了对于圣人的崇拜、对于圣人遗骨（甚或遗物）的崇拜，出于这样的虔诚性，关于圣人的传说、文学作品以及艺术作品渐次增多，就此请参见 Karl Bihlmeyer, Kirchengeschichte.Sechzehne durchgesehene Auflage. Verlag Ferdinand Schöningh Paderborn 1958. Band I, S. 358-364。

是反思过程的后期,才形成若干概念。

从前文所引述的文献来看,在画像崇拜问题中,一种已经先期形成的观点一方面认为,只有上帝才能够被敬拜和朝拜,而另一方面又一再固执说,圣人、圣物、十字架、(作为书籍的)福音书、礼仪用品等都应当被敬拜,当然,对于这些的敬拜不应当影响对于上帝的敬拜。

6世纪后期,安提约基亚的阿纳思塔修斯(Anastasius von Antiochien)[①]对于这一区分作了反思,他以 λατρευία 和 προσκύνησις 这两个不同的概念标示了这两种朝拜,或曰敬拜。第二次尼开亚大公会议的教父们也为画像崇拜作了辩护,关于画像传承到我们今天的会议文献的断简残篇是:

"Και μηδεὶς προσκοπτέτω τῇ τῆς προσκυνήσεως σημασίᾳ. Προσκυνοῦμεν γὰρ καὶ ἀντρώπους καὶ ἀγγέλους ἁγίους, οὐ μὴν λατρεύομεν αὐτοῖς. 'Κύριον γάρ,' φησὶ Μωυσῆς, 'προσκυνήσεις τὸν θεόν σου, καὶ αὐτῷ μόνῳ λατρεύσεις.' Καὶ ὅρα, πῶς ἐπὶ μὲν τοῦ 'λατρεύσεις' προσέθηκε τὸ 'μόνον' ἐπι δὲ τοῦ 'προσκυνήσεις' οὐδαμως. Ὥστε προσκυνεῖν μὲν ἔξεστι, τιμῆς γὰρ ἔμφασίς ἐστιν ἡ προσκύνησις λατρεύειν δὲ οὐδαμῶς οὐκοῦν οὐδὲ προσεύξασθαι."[②]

"没有人会对'崇敬'一词是陌生的,也就是说,我们也崇敬

---

① 关于 Anastasius von Antiochien, 请参见 Lexikon für Theologie und Kirche. Herder Verlag, Freiburg Basel Wien. Sonderausgabe 2006. Band 1, 599。

② 就此请参见 J. D. Mansi, Sacrorum concilliorum nova et amplissima collectio. Florentiae (Nachdruck Paris-Leipzig 1902). 13, 56 AB。

人和神圣的天使,但是我们并不朝拜他们。梅瑟说过:'你应当崇敬上帝为你的主,并且仅仅朝拜他 {《玛窦福音》4,10 以及《申命纪》6,13}。'看看吧,他是如何在'朝拜'一词上附加上'仅仅',而对于'崇敬'则未有任何[附加]。由此,对于人的[崇敬]是允许的,因为崇敬是尊敬的表现,而[对人的]朝拜则是不允许的,而'向某人朝拜'也同样如此。"

在此彰明较著的是,希腊语 προσκυνεῖν 一词具有多重涵义,这种多义性使之既能够表述人、亦能够表述天使等;而阿纳思塔修斯并未将其区分用于画像,而由圣像反对者所主导的于 754 年在希莱雅(Hiereia)召开的主教会议,则许可将这一区分引入到对于画像意义的解释中。这次会议表述说,对于皇帝画像的敬拜仅仅关涉不在场的皇帝,也就是说,对于画像的敬拜关涉的是画像所阐释的对象(譬如皇帝),尽管画像是由石料、木料、颜料等构成的。当与会学者将这一结论用于基督和基督的画像时,他们又返回到 προσκυνεῖν 所表述的领域,而并没有关注到它与 λατρεύειν 的区别[①]。

2. 尊崇的秩序等级及其关系

如果在安提约基亚的阿纳思塔修斯那里对于上帝的朝拜和对于人的敬拜是被区分的话,那么新城的莱昂提尤斯(Leontios von

---

① 就此请参见 J. D. Mansi, Sacrorum concilliorum nova et amplissima collectio. Florentiae (Nachdruck Paris-Leipzig 1902). 13, 57 AB。

Neapolis，或译：拿波里的莱昂提尤斯）则在 7 世纪早期特别提出，受造者和人手所创造者都能够被尊崇和敬拜。在《驳犹太人》一书的第五卷中，他提出，基督宗教的画像崇拜并不违反旧约中偶像禁绝的诫命①。在对于 προσκυεῖν 一词各种不同意义的充分的阐释下，他找出《圣经》中几乎所有相关之处，也就是这一语汇用于人和物之处，并在详加考察后提出，只有当物被借助用来达到对于与此物相关的人的尊崇时，物才被尊崇，但是尽管如此，他依然认为，所有这些都不能享有与上帝同样的尊崇。他也从现实生活中汲取例证，譬如犹太男人也亲吻其女人、也尊崇律法书的书卷等。其最终而基本确认的结论是：画像能够被尊崇，如果最终被尊崇者是画像所阐释者的话。

波斯特拉的士提凡努斯（Stephanos von Bostra）也在他约略完成于公元 700 年的驳犹太人观点的著作中，为画像崇拜作了辩护②。对于他而言，基本的原则是，值得尊敬的人的画像才值得尊敬，原因在于，尊敬涉及的是被画像所阐释的人；在此，他也引述旧约中的例证，比如圣殿中的各种器物、装饰品等，都是被尊敬的，而且在旧约中不仅也存在画像现象，而且至少一些画像也被尊崇。

---

① 就此请参见 B. Kotter, Die Schriften des Johannes von Damaskos. III. Contra imaginum calumniatores orationes tres. Patristische Text und Studien 17. Berlin-New York 1975. S. 156-159, 178-181. 同时亦请参见第二次尼开亚大公会议文献：H. Denzinger, P. Hünermann, Enchiridion symbolorum definitionum et declarationum de rebus fidei et morum. Herder Verlag, Freiburg Basel Wien 40. Auflage 2005. 600-603；以及 Mansi 13, 44-53。

② 就此请参见 Stephanos von Bostra, Λόγος κατὰ Ἰουδαίων（《驳犹太人》）. In: B. Kotter, Die Schriften des Johannes von Damaskos. III. Contra imaginum calumniatores orationes tres. Patristische Text und Studien 17. Berlin-New York 1975. S. 174. Mansi 12, 1067-1072。

在当时人的意识中，只有为了上帝的意志与意旨而受磨难的人的画像才被尊崇；而尊崇又约略分为从画像历经圣人直到上帝共三个等级，就对于上帝和圣人的恭敬的区别而言，他与安提约基亚的阿纳思塔修斯持有相同观点，并且更为清晰地以 λατρευία（对上帝的朝拜）和 τιμή（对人的敬拜）来表述其区别。但是并不完全清楚的是，画像究竟出于一种什么状态，他一方面认为，画像的质料（木料、石料等）并不受到尊崇，而是它们所阐释的对象才受到尊崇，而另一方面又提及，如果画像并未获有某种值得尊崇性、可尊崇性，那么对于他所阐释的对象的尊崇似乎也并不明朗。

牧首戈曼诺斯（Germanos）也有相类似的观点。他有三封关于画像的书信（参见前文所引述之文献）；第一封信函几乎仅仅涉及圣像和上帝朝拜的问题，在他看来，只有上帝才被朝拜；即使受造物被敬拜，那也与朝拜上帝的方式并不一样；而创设画像也并非就意味着远离了真实的上帝朝拜，圣像的功能在于 ἀνάμνησις，亦即回忆。如果这涉及尊崇的区别的话，那么这关涉的是不同的人的尊荣的不同。并非简单地提及基督、玛丽亚，以及圣人们的名字就能达到对于他们的尊崇，而是借助他们的画像才产生画像崇拜，以及对于他们的崇拜。在第三通信函中，他写道，并非圣像，而是上帝才真正受到尊崇和朝拜（οὐ γὰρ τῶν ζύλων καὶ τῶν χρωμάτων προσκυνεῖται ἡ μίξις, ἀλλ᾽ ὁ ἀόρατος θεός），换言之，尊崇和朝拜是直达上帝的。在戈曼诺斯这里，似乎并没有对于画像的尊崇，或曰并不存在对于画像的尊崇，而仅仅有对于上帝的尊崇和朝拜，就此他甚至强调说，上帝通过圣像而运作出奇迹，圣像并非自己能够自动、主动产生奇迹，而是必须借助上帝的恩宠才能够产生。

3. 基督两性论带来的悖论

大马士革的若望注意到了前此为止画像学说中问题的模糊性，他将不同的尊崇，或曰尊崇等级的不同与新柏拉图主义的本体论联系起来，而又以亚里士多德的概念加工之。在上帝的 οὐσία 或 φύσις（上帝的本质）和他的 ἐνέργεια 或 χάρις（恩宠的运作、感召力）之间的本体论的梯次等级，与尊崇的不同样式是相对应的；在他看来，λατρευία（朝拜）仅仅归属于、仅仅适用于上帝的神性本质，而 τιμή 等（虔敬）则是弱于这一朝拜的一种恭敬，它归属于上帝的恩宠运作的结果。而因为圣像是恩宠的承载者，所以它也能够历验人们所致以的恭敬，只是这恭敬不能与朝拜混为一谈；这一观点被不断重复，并且积淀在了这样的表述中，亦即朝拜仅仅能够致以和达于究其本质而言，并且就其本质而言是上帝（τῷ φύφει θεῷ）的那一位。

在此，一个问题愈益清晰地凸显出来，也就是说，如果有不同的恭敬的等级和样式的话，并且对于画像的恭敬最终也直达被阐释者（譬如圣人，甚或上帝自身）的话，那么阿纳思塔修斯关于皇帝画像的表述也就是成立，并且应当被坚持的了：对于皇帝画像的尊崇其实原本指的是对于皇帝本人的尊崇。固然，这一观点并非阿纳思塔修斯之首创，而是大巴希尔，但是却总是被引用到基督画像的讨论中：

"Ἡ τῆς εἰκόνος τιμή ἐπι τό πρωτότυπον

διαβαίνει." ①

"对于画像的尊崇直达被阐释者"

只要涉及圣人的画像，也就是说，只要人滞留在 προσκυνεῖν 和 τιμή 的范围内，那么这一问题就并不出现；而一旦涉及基督的画像，那么这一究竟是敬拜还是朝拜的问题就跃然而出，成为人们不得不面对的当下此时的棘手问题，原因在于，基督是完全的神性和完全的人性。如果画像并未经受分离的敬拜，那么其结果就是，仅仅存在一种在画像中得以实现的朝拜，并且是对基督的朝拜；而如果画像被视为圣物自身、被视为恩宠的承载者，并且由此而诉求一种仅仅属于自己的敬拜，于是仅仅能够有一种在引申的意义上的敬拜。大马士革的若望似乎并未在理论上解决这一问题。

4. 宗教实践与神学反思

当然，这一问题是当时的宗教敬拜实践所给定的。画像被敬拜的同时，也必须要给出敬拜画像的理由；但是理论的辩护（或曰理论的争论）不仅对于宗教实践，而且对于这一实践所赖以奠基的宗教意识所产生的影响其实微乎其微。自公元 6 世纪以来，涉及画像的典籍大体有两类，一类是圣人传记，另一类是神学著作，这两类作品大抵并行不悖而并未有交叉之处。在圣人传记中，圣象内涵十分丰富，或曰具有丰富的现象的呈现，它们时常表现出优异的行为、

---

① 就此请参见 B. Kotter, Die Schriften des Johannes von Damaskus. III: Contra imaginum calumniatores orations tres. Berlin New York 1975. S. 147, 154。

运作出奇迹、救治并护佑他人，因此它们成为以不同敬拜习俗而实施的敬拜的对象[①]；在神学作品中，如同前文所引述的众多文本所阐释的，则更多地是理性反思圣人的可阐释性，特别是上帝的可阐释性，探讨圣物、人物的可敬拜性、同时探讨敬拜的各种方式的区别等；神学著作具有更强的护教品性，神学似乎不仅有意识地为崇拜习俗作辩护，而且还在宗教实践能够承受和容忍的范围内修正这些习俗[②]。在这个意义上，神学的论证同时有两个基本的观点表述（或曰两个基本方面），一个表述是，画像仅仅获有较低层次的敬拜，而另一个则是，对于画像的尊崇直达原象本身；这两个同时表述的基本观点其实是相互矛盾的，这一矛盾所带来的纠结是，究竟哪一个表述允许被强调，这也是教会学者们在随后的时代中所不得不面临和解决的棘手问题。

从历史的自然进程来看，在大马士革的若望和学者特奥多鲁斯之间，第二次尼开亚大公会议于787年召开。就画像问题而言，这次会议最终所表述的观点是建立在大马士革的若望的画像学说的基础之上的，它同时也提示，或预示出了特奥多鲁斯画像学说的内涵；我们将在随后的行文中设专章研讨这两位教父学者的圣像理论。

这次大公会议关于画像，或圣像问题的表述，大多是针对圣像毁坏者观点而发的驳论性表述，传达己方观点的正面表述相对而言

[①] 就此请参见 Herbert Hunger, Byzantinische Geisteswelt. Von Konstantin dem Grossen bis zum Fall Konstantinopels. Holle Verlag, Baden-Baden 1958. S. 104-116. 以及前文引述的 Karl Bihlmeyer, Kichengeschichte. Verlag Ferdinand Schöningh, Paderborn 1958. Band I, S. 358-364。

[②] 就这一时期的神学著作，亦请参见 Hubert Jedin, Handbuch der Kirchengeschichte. Herder Verlag, Freibur Basel Wien 1999. Band II/2, S. 68-74. Karl Bihlmeyer, Kichengeschichte. Verlag Ferdinand Schöningh, Paderborn 1958. Band I, S. 428-441。

比较少见。赞襄圣像的观点首先是从传统出发而论证的①，圣像的理论基点至少能够回溯到宗徒时代，保禄宗徒在《迦拉达书》3，1中就提及了这一点，而早期的殉道者们也在反对偶像崇拜的同时而赞襄画像②，而前此为止的六次大公会议的决议也都赞同，或曰至少承认了画像的正当性③。继而在语言的表述，甚或语言表述的规则上，大公会议在偶像（εἰδόλον）和画像（εἰκών）之间作了区分，前者当然是禁止的，而后者则是正当的；在这一区分的基础上，大公会议又进一步表明，尊崇画像，或曰在画像前表述的尊崇，实际上是对上帝的尊崇，而且也仅仅存在对上帝的尊崇（Latreia）；而画像则有一种回忆功能，能够将人引导向对于上帝的尊崇（亦即对上帝的全身心的大礼尊崇 τιμή 抑或 προσκύνησις）④，画像如同书籍一样，但是比书籍更具表述力⑤；画像能够将人引导向原象，而尊崇也就由此而被导入原象⑥；这一论证的主要表述在于，尽管画像具有被阐释者（原象）的名号、形象，以及存在（ὑπόστασις），但是并非享有其本质。画像不仅并不具有被描画者的肌肉、骨骼，甚或并不具有其灵魂，而且更不具有其神性，譬如

---

① 就此请参见 J. D. Mansi, Sacrorum concilliorum nova et amplissima collectio. Florentiae (Nachdruck Paris-Leipzig 1902). 13, 217 D。

② 就此请参见 J. D. Mansi, Sacrorum concilliorum nova et amplissima collectio. Florentiae (Nachdruck Paris-Leipzig 1902). 13, 217 E-220 A。

③ 就此请参见 J. D. Mansi, Sacrorum concilliorum nova et amplissima collectio. Florentiae (Nachdruck Paris-Leipzig 1902). 13, 237 A B。

④ 就此请参见 J. D. Mansi, Sacrorum concilliorum nova et amplissima collectio. Florentiae (Nachdruck Paris-Leipzig 1902). 13, 377 D E。

⑤ 就此请参见 J. D. Mansi, Sacrorum concilliorum nova et amplissima collectio. Florentiae (Nachdruck Paris-Leipzig 1902). 13, 220 E, 232 B C。

⑥ 就此请参见 J. D. Mansi, Sacrorum concilliorum nova et amplissima collectio. Florentiae (Nachdruck Paris-Leipzig 1902). 13, 361 B, 325 D。

并不具有基督的神性,原因在于,基督的神性是无法被转写、被描摹的,神性只有借助基督的人性才能被转述、转写和描述,而其人性则是能够被描摹的,逻各斯的道成肉身使得基督的画像成为了可能①。而由于在尊崇之中涉及的是被举扬的基督,所以在复活者的显现中被提示的是,他享有某种可视性,以及由此而来的可描绘的躯体性②。

大公会议文献的观点一方面立足于大马士革的若望,而另一方面也十分接近学者特奥多鲁斯和君士坦丁堡大牧首尼科弗鲁斯(Nicephoros)的学说。文献认为,偶像崇拜并不排除圣像敬拜,异教中关于上帝的言说,也并不排除基督宗教关于上帝的学说,也就是说,偶像崇拜尽管在旧约中就被禁止、因而是必须遵守的诫命,但是其中也包含有与圣像敬拜相一致的因素,异教中关于上帝的言说尽管和基督宗教关于上帝的言说大相径庭,但是也有与之并不矛盾的表述③;这一点在大马士革的若望的 Logos II 10 中也早有表述;同时,文献中关于 λατρεία 和 τιμή 的区分也是接受了若望的观点而做出的,这一区分似乎甚为重要,若望认为,λατρεία(敬拜)仅仅是为了 τῷ φύσει θεῷ(上帝的本质)敬献而出的,在这一表述中,φύσει 被轻描淡写、不漏痕迹地抹去了,由此 φύσις(οὐσία)和 ἐνέργεια(χάρις)的全部区分也就消失殆尽了④,而

---

① 就此请参见 J. D. Mansi, Sacrorum concilliorum nova et amplissima collectio. Florentiae (Nachdruck Paris-Leipzig 1902). 13, 244 A B。

② 就此请参见 J. D. Mansi, Sacrorum concilliorum nova et amplissima collectio. Florentiae (Nachdruck Paris-Leipzig 1902). 13, 281 E, 317 D-324 A, 340 A B。

③ 就此请参见 J. D. Mansi, Sacrorum concilliorum nova et amplissima collectio. Florentiae (Nachdruck Paris-Leipzig 1902). 13, 280 C。

④ 就此请参见 J. D. Mansi, Sacrorum concilliorum nova et amplissima collectio. Florentiae (Nachdruck Paris-Leipzig 1902). 13, 232 C, 249 D E, 281 E-284 B。

恰恰是借这一区别，画像、亦即圣像才成为恩宠的承载者①。而如果将人引导向 τιμή（崇敬、尊崇）的 μνήμη、ἀνάμνησις（回忆）等表述在文献中经常出现，那么这恰恰是在强调画像（圣像）的本质。而 σχετική προσκύνησις 这一表述偶尔也出现②，其后却在学者特奥多鲁斯的画像学说中赢得重大意义。总之，大公会议文献的结论是十分明确的，就 ὑπόστασις（存在）而言，肖像与原象有着同样的名号、同样的形象，而就 οὐσία（本质）而言他们却是不同的③；这为圣像争执第二阶段赞襄画像的观点奠定了相应的基础，而学者特奥多鲁斯恰恰在第二阶段代表了这一观点。

尽管这次会议一方面汲纳了大马士革的若望对于 λατρευία 和 τιμητική προσκύνησις 的区分（或译：敬拜与朝拜、参拜与朝拜）④，但是另一方面值得回味的是，并没有提及，甚或并没有汲纳其作为基础而论证这一区分的古典哲学。若望在探讨这一区分时，其表述近乎于某种固定的程式，亦即朝拜（λατρευία）仅仅是致达，并且直达上帝本质（τῷ φύσει θεῷ）的，而大公会议文献在引述这一程式性表述时，总是省略其中的 φύσει（本质、本性）一词，仅仅从这一点来看，大公会议文献的表述对于古典哲学的若即

---

① 就此请参见 J. D. Mansi, Sacrorum concilliorum nova et amplissima collectio. Florentiae (Nachdruck Paris-Leipzig 1902). 13, 232 B D, 249 D E, 364 B。

② 就此请参见 J. D. Mansi, Sacrorum concilliorum nova et amplissima collectio. Florentiae (Nachdruck Paris-Leipzig 1902). 13, 281 E。

③ 关于 ὑπόστασις 和 οὐσία 这两个希腊哲学概念原初的基本含义以及在基督宗教哲学中的拓展，请参见拙著《形上之路——基督宗教的哲学建构方法研究》中的长篇分析。

④ 就此请参见 J. D. Mansi, Sacrorum concilliorum nova et amplissima collectio. Florentiae (Nachdruck Paris-Leipzig 1902). 13, 377 DE；H. Denzinger, P. Hünermann, Enchiridion symbolorum definitionum et declarationum de rebus fidei et morum. Herder Verlag, Freiburg Basel Wien 40. Auflage 2005. 601。

若离似可窥见一斑了。文献也强调,敬拜能够直达给包括圣像在内的其他诸多圣物,而大巴希尔的观点,亦即对于圣像的尊崇是过渡到,甚或直达原象的,并未被加以哲学或神学的阐释,而是以另外的表述再次表达了同样的意义:

"ὁ προσκυνῶν τὴν εἰκόνα, προσκυνεῖ ἐν αὐτῇ τοῦ ἐγγραφομένου τὴν ὑπόστασιν."[①]

"谁尊崇圣像,他也就尊崇了在其中被肖像者的位格。"

画像原本的意图和目的在于引导人崇敬上帝和圣人,而如果 τιμή 始终对应于圣像的话,那么 τιμή 本身作为一种尊崇、敬拜,其质量,或程度则不免受到了削弱,原因在于,并非画像的实质性内涵,而是其回忆功能始终被强调。文献:

"Ὅσῳ γὰρ συνεχῶς δι᾽ εἰκονικῆς ἀνατυπώσεως ὁρῶται, τοσοῦτον καὶ οἱ ταύτας θεώμενοι διανίστανται πρὸς τὴν τῶν πρωτοτύπων μνήμην τε καὶ ἐπιπόθησιν, καὶ ταύταις ἀσπασμὸν καὶ τιμητικὴν προσκύνησιν ἀπονέμειν."[②]

"当他们总是在画像的阐释中被观视,那么那些观视他们的人也被提升到对于原象的思考和渴望之中,由此他们才对[画像]致以问候和虔诚的朝拜。"

文中的前一个"他们"指的是耶稣基督、圣母、天使以及圣人

[①] H. Denzinger, P. Hünermann, Enchiridion symbolorum definitionum et declarationum de rebus fidei et morum. Herder Verlag, Freiburg Basel Wien 40. Auflage 2005. 601。

[②] 就此请参见 J. D. Mansi, Sacrorum concilliorum nova et amplissima collectio. Florentiae (Nachdruck Paris-Leipzig 1902). 13, 377D。

们等；文献还涉及大巴希尔的思想，这涉及的其实是父与子作为父的画像的至一性理论，或曰父的画像中的父与子的至一性理论。如同前文已经提及的，大巴希尔举出皇帝肖像的例证以为了清晰阐释其画像学说，他认为皇帝的画像和皇帝并非两个，而是一个皇帝。由此，在关涉到画像，或圣像时，文献汲纳了大马士革的若望的观点而做出如下结论：

"Ὥστε ὁ προσκυνῶν τὴν εἰκόνα καὶ λέγων, ὅτι Οὗτος ἐστιν ὁ Χριστὸς ὁ υἱὸς τοῦ θεοῦ, οὐχ ἁμαρτάνει. Δῆλον δὲ, ὅτι ὁ Χριστός ἐστιν ὁ τοῦθεοῦ ἀληθὴς υἱὸς καὶ σύνθρονος τῷ πατρί ἐν τοῖς οὐρανοῖς καὶ μετὰ τοῦ ἰδίου σώματός ἐστιν ἀλλὰ διὰ τῆς εἰκόνος τῆς ἐκ χρωμάτων φαινομένης προσκυνεῖται τὸ κρατὸς αὐτοῦ καὶ δοξάζεται, καὶ εἰς ἀνάμνησιν ἀπέδειξεν, οὐ δύο προσκυνήσεις, ἀλλὰ μίαν εἶναι καὶ τῆς εἰκόνος καὶ τῆς ἀρχετύπου, οὗ ἐστιν ἡ εἰκών." [①]

"凡敬拜圣像，并且说'这是基督，上帝之子'的人，并没有过犯。彰明较著的是，基督的确是上帝之子，与父一道统摄于天，并且也在他自己的肉身之中。而画像则借助颜色才是可视的，通过画像他的权能被敬拜、被尊崇，我们也由此而回忆他在此间世界的生活。如同教父［大巴希尔］所指出的，并不存在两个敬拜，而是只有一个对于画像和对于原象的敬拜，而原象则是在画像中的被阐释者。"

文献在此又一次强调，并阐释了曾经不止一次表述的观

---

① 就此请参见 J. D. Mansi, Sacrorum concilliorum nova et amplissima collectio. Florentiae (Nachdruck Paris-Leipzig 1902). 13, 72 CD。

点，即只有一个在肖像中完成的，却是指向原象的敬拜；同时，ἀνάμνησις 又一次标示和提示了画像所特有的回忆的功能。

固然，会议文献也并未忘记反驳754年近乎于非法的希莱雅主教会议的结论。这里的焦点在于，画像与原象并非按照质料的本质（οὐσία），而是仅仅根据名号才是相同的。在名号之下人们首先理解的是命名（称呼、称谓），画像与原象都应当，甚或必须有名称，譬如"这是基督"，并且这样理解的命名并非某种无所指的空名，而是必须有实证（实际）的内涵，也就是说，画像作为一种标题承载着被阐释者的名号和实体；有时，外在的形象也被理解为联络者、联结者，作为一种关联起被阐释者的中介，甚或符号。在第二次尼开亚大公会议之前，前文提及的波斯特拉的士提凡努斯（Stephanos von Bostra）就已经提出命名和名号的观点，大马士革的若望在其著作中简要引述了他的近乎于一种程式的表述：

"Εἰκὼν γάρ ἐστιν ὄνομα καὶ ὁμοίωσις του ἐν αὐτῆν γραφέντος." ①

"而画像则是在它之中那一被阐释者的名号和摹像。"

而如果特奥多鲁斯也说，基督圣像并非异教诸神的，而是基督的名号②，指的也是这一点。来自于异端的，或者画像反对者的诘难是，是否字母或者在上面书写了名号、命名（κλῆσις）的圣像必须受到尊崇，特奥多鲁斯的回答是，人物（Person）与名号、形象与名号、位格（Person）与名号是至一的。这样的表述涉及的不仅是被阐释者的可阐释性，而且也关联到对于被阐释者的尊崇的问

---

① 就此请参见 B. Kotter, Die Schriften des Johannes von Damaskus. III: Contra imaginum calumniatores orations tres. Berlin New York 1975. S. 174。

② 就此请参见 PG 99, 456 AB。

题。如果"名"副其"实"的话，也就是如果名号与其所表述的内涵相一致的话，那么在这样的表述中，不仅原像与画像的某种一致性被提示而出，而且这样的一致性能够被拓展到尊崇的一致性中，也就是说，这其中也存在着对于原象和画像的尊崇的一致性，而这也恰恰是圣像争执过程的第二阶段的核心问题。

对于敬拜的质量和程度的区分，以及将对于画像的敬拜视为直达原象的敬拜，在787年的第二次尼开亚大公会议中被总结在一起，并以此反驳了754年希莱雅主教会议的指责，即圣像崇拜者是在以画像阐释原本无可意解的上帝，并且朝拜画像。固然，这并未解决，甚或并未缓解赞襄和反对画像双方之间的紧张，而仅仅是对相关概念作了更进一步的阐释而已。总之，对于基督的朝拜和对于圣像的敬拜是有区别的、是要加以区分的，后者仅仅是 τιμητική προσκύνησις 而已，是一种较低的敬拜，这一对画像的敬拜也被标示为 σχετική προσκύνησις，这指的并非是一种敬拜的程度，而是一种敬拜的途径（道路），这是对被阐释者的敬拜所应当选取的道路；而在 σχετική προσκύνησις 之中，我们能够看到大巴希尔的痕迹，在此，他的"对于画像的敬拜直达原像"的观点表述，被领入了一个有稳定内涵的概念。

5. 圣像敬拜的神学阐释

公元8世纪画像问题在拜占庭的确已经成为一个成熟而棘手的问题，这就要求一种问题的解决。画像崇拜和敌视画像形成两种针锋相对的观点和营垒；如同前文所述及和分析的，自726年以来，皇权介入，并开启了画像争端，这一争端在787年第二次尼开亚大公会议对于画像敬拜的许可和辩护中暂时告一段落，针对圣像反对者的回应，843年后教会多次重申了787年的决定；至此，圣像争执问题似乎已被解决，教会史的写作也令这一争端于843年偃旗息鼓。而如果详细追究的话，那么我们会发现，此时真正的终结才刚刚开始。9世纪晚期的主教会议也总是重提画像问题，并且不断批评圣像反对者，大凡在圣像崇拜一直得以在信仰生活中贯彻实施之处，其崇拜就得到神学、哲学的辩护，并由此而具有合法性，而在圣像崇拜并未得到实施，或者无足轻重之处，大公会议文献所得出的结论性观点也未见有太大影响；这不仅表明反对者依然存在，并且必须不断被批评，而且恰恰由于这一点，我们庶几还能够说，从整体上来看，大公会议关于画像崇拜的观点的建构、调整、修正等，似乎也并未完全使画像成为东部教会信仰实践和教会生活中得到一致认同而不可或缺的组成部分。如果在圣像争执中被损毁的圣像的数量屈指可数的话，那么这似乎也表明，圣像的数量或许原本就寥寥无几，而787年前后直到9世纪初，以及843年之后新创设的画像似乎也并未有明显的增加；这表明，在圣像争执过程中，更多地涉及的是关于圣像的观点、较少触及的是画像本身，或曰关于圣像的不同的观点之间交锋激烈，而损毁画像的行为，以及对于画像的损毁，则庶几并非一种常态。主教（或曰牧首）中的大多数在不断召开的、在观点上有明显的不同倾向，甚或有严重分歧以至于截然相反的大公会议中，也不断改变自己的观点；尽管很明显存在着诸多不同的观点，但是它们的实践意义，或曰对于信仰实践的影响庶几微乎其微。

弗提尤斯（Photius，于858-867以及877-886在牧首位）就出现在这样的境况中,他属于教会史上最具争议的角色。作为极富学养和坚定意志力的学者,并且是具有全面能力而睿智的政治家,弗提尤斯被誉为拜占庭人文主义和9世纪古典学术的伟大代表。他是著名的神学家,与西部不同的是,他坚持认为圣神仅仅出于父,而非西部所说的由父子所共发,这也造成了希腊东部与拉丁西部教会在教义和信理上更进一步、更深的分歧,我们庶几可以说,是他几乎一手造成了859年第一次东西部教会的分裂,或曰这次分裂是与他的名字关联在一起的;他也努力尝试过,使教会在皇权面前具有比以往较大一些的独立性;在他的引导下,保加利亚人完全皈依了基督宗教,他同时还向斯拉夫地域派遣了屈里鲁斯(Kyrillos)和梅托蒂尤斯(Methodios)两位传教士。在广义上,他是最本色的释经学家,由于他的不懈努力,长时期内被视为异说的释经学家、较远的前文中曾提及的屈鲁斯的特奥多瑞托斯(Theodoretos von Kyrrhos,或 Theodoretus von Kyros)的观点受到应有的重视,并传承下来[①];他驳斥圣像反对者的异说,认为画像问题不仅在他的生活中、在他所生活的时代中是一个举足轻重的问题,而且问题会有持续的展开、会对后世产生重大意义,我们今天还在学习和研讨这一问题,这也证实了他在一千多年前的预见。

弗提尤斯的一生与画像问题密切相关,主导787年尼开亚大公会议的牧首塔拉修斯(Tarasios)是他的亲戚,他母亲与女皇特奥多拉(Theodora)亦有姻亲,而正是这位特奥多拉于843年正式恢复了圣像崇拜,并由此而正式结束了画像争执;在圣像争执过程中,

---

[①] 关于弗提尤斯的生平、著作、思想等,请参见 Lexikon für Theologie und Kirche. Herder Verlag, Freiburg Basel Wien, 2006. Sonderausgabe, Band 8, 267-273。

他的父母不得不带着孩子们被流放异地,并最终客死他乡,他自认为自己在孩童时代就熟谙画像问题,并与后来将画像崇拜于843年重新肯定和引入的群体十分交好。在画像问题上,他主导了与他的对手依格纳休斯(Ignatios, 847-858以及867-877年在牧首位)的论战,当然,依格纳休斯实际上并非圣像崇拜的反对者,否则在843年之后他不可能成为牧首,他于869年至870年主持召开的主教会议也同样反驳圣像崇拜的反对者,只不过比起弗提尤斯而言,他更关注并理解和照顾到了各方的(特别是反对者们的)处境。

传承到我们今天的弗提尤斯的文字作品中,收录了他十八篇布道文稿,这些是他在其第一个牧首期的布道文稿,应当是在877年,甚或867年之前完成的,其中画像问题是经常被他提及的论题。

布道文稿的第15、16两篇将阿里乌斯主义和圣像反对论进行了比较。他指出,阿里乌斯主义者否认基督的完全的神性,而圣像反对者则试图否认基督的完全的人性;固然,这一比较无论在哲学上,抑或是在神学上都稍嫌肤浅。在他看来,异端之说并非从一开始就完全暴露他们的无视上帝,甚或无神论的观点和说教,而是以逐步递进的方式、渐次展开的。阿里乌斯主义者就是以这样的方式推进他们的学说,他们首先从 ὁμοούσιος 出发,进而切入 ὁμοιούσιος,随后递进到 ὅμοιος,并最终达到 ἀνόμοιος;圣像反对者也以同样方式达到他们所企及的目的,最初也只是反对较低层次的画像作品而已,其意图在于首先将素朴简质的人们引入歧途,然后再否定他们(对于圣像)的敬拜,并由此进而完全否定画像,特别是圣像,也就是否定他们对于基督的信仰、虔敬以及对于圣人们的恭敬。这样的比较尽管仅仅停留在表层,但是在方法上却提示出,弗提尤斯一方面将传统,特别是正信的传统不仅作为信仰的源泉之一，而且也作为论证的依据，特别是权威依据之一；而另一方面的意图则在于，首先将画像反对者的观点归入异端，然后再气定神闲，甚或理直气壮的从神学的、哲学的和历史的平行结构上将其与以往的异端作类比，以反驳对手的说教和观点；这固然是一种驳论的方式，但是以一种先入为主的结论（即先将对手判为异端）引导其后的分析，似乎并非单纯学术的方法。

第18篇布道文稿也具有如此这般的特点，并且这篇布道文稿与867年第四次君士坦丁堡大公会议密切相联；这次会议的目的在于，涤除包括圣像反对者的说教在内的所有异端之说，宣示正教学说的新时代的开端的来临。

画像问题在弗提尤斯的大公会议政治中是一个重要的元素，圣像崇拜的反对者总是反复遭到批驳[1]。他所计划召开的大公会议也密切关注第二次尼开亚大公会议，并探讨，是否应将其视为大公会议，并将其列入第七次大公会议。尽管东方的牧首们接受这次会议关于画像崇拜的观点，但是并不赞同将其视为一次普世的大公会议。867年的主教会议罢免了弗提尤斯的牧首职务，而其后由依格纳休斯所主导869-870年间，以及879-880年间的主教会议都过度地彰显普世大公性，后者的主题几乎不外乎为弗提尤斯恢复名誉和地位，并且承认第二次尼开亚主教会议为大公会议，当然，依格纳休斯主导的主教会议实际上也承认了这一点。

弗提尤斯的著作中提及画像问题的表述并不太多，一个独自而特有的立场似乎并不明显，所持有的依然是已成的观点，大多数表述也是参照普遍而传统的术语。在致罗马的尼古拉的函件中，他的

---

[1] 就此请参见 Mansi 15, 521 B。

意图在于确认信仰的一致性，在致保加利亚的统治者的函件中，他给出行为的指南,这两通函件的一些内容是取自第七次大公会议（亦即尼开亚大公会议）的观点表述的。在致尼古拉的信中，弗提尤斯坚持基督的可阐释性，并且将画像反对者称为摩尼教信徒[①]。对于保加利亚的统治者，他则给出了第七次大公会议的丰富的内容，并且确认说，画像能够提升人向上而朝向上帝。基督的圣像如同十字架等按照传统是必须受到敬拜的，玛丽亚与圣人们的画像也应当按照尊严的梯次而受到尊崇。在写给东方教会牧首的参加867年主教会议的邀请通函中,他警告了那些仅仅承认六次大公会议的牧首（主教）们，劝诫他们也要承认第七次合法的主教会议为大公会议，他历数了参加这次会议的牧首们，以表明这的确是一次大公会议；对于他而言，承认第二次尼开亚主教会议为大公会议是非常重要而急迫的，原因在于，这次会议为画像崇拜作了辩护，承认它为大公会议，就承认了这次会议的普世性及其结论的普遍适用性，如此这般就能够轻而易举地封住画像反对者的口舌[②]，同时他也强调，大凡认为基督是不可以画像阐释的人，实际上就是否定了他的道成肉身。而他则认为原象在画像中当下此时在场，并且说：

"ἑκάτερον ἐν ἑκατέρῳ παρὰ τὸ τῆς οὐσίας διάφορον."[③]
"一个在另一个中保持其本质的区别。"

这一表述颇有亚里士多德哲学的痕迹。其神学的理由在于，基督被称为上帝父之像，人是按照上帝的肖像而被创造的，并且要努力相像于这一原象；在这个意义上，画像，抑或圣像并非某些诸如

[①] 就此请参见 PG 102, 593 AB。
[②] 就此请参见 PG 102, 740B-741B。
[③] 就此请参见 PG 102, 925 B-D。

金、银、石、木等质料，并非人手为了某种嬉戏的目的而造作的作品，而是上帝的指示；与教父们的传统相符合的是，他认为，人恭顺服从的手被从上至下导引着而创作了纯净的、纯洁的画像作品，在这样的作品中，质料甚至都被领入了秩序，没有什么是混沌无序的（混乱无序的），如同礼仪中的其他用品或圣物一样，尽管画作与异教的某些物品有共同之处，但是那也不过仅仅是质料上的相似而已；而因为在异教那里质料并未被改变，所以他们的神明也就依然是金或银而已；而在基督信徒这里，质料的（重新）构型、其使用、其命名，都改变了质料本身，并提升它如此之高和如此之善，以至于这些物品不能再根据质料而被命名了①。

圣像反对者以基督画像的多样性、多重性来指责其可靠性，弗提尤斯以福音书在每一单一民族中的各自不同的语言为例证，以十字架和礼仪的不同形式为例证，回应了这一诘难，认为尽管存在这样多的不同，但是它们却都是同样的内容。在他看来，当时的信仰和神学都必须深入到对于画像的讨论中，都必须关注被阐释者与作为画像的阐释者之间的同一性问题，当然，这一同一性被8、9世纪的画像神学家所预先设定了。因为基督成为了人，所以他就是能够被画像所阐释的了、能够成为各种讨论的对象；而各种讨论的对象几乎仅仅关涉一个问题，也就是原象在肖像中的当下在场的问题。只有当原象与画像之间存在某种相似性时，肖像才能成为原象的肖像。弗提尤斯的表述通常都比较短小，诗性的语言又使其含义不甚明了。他认为：

"Οὐ πάντως λυμαίνεται τῶν εἰκονισμάτων τὸ

---

① 就此请参见 PG 101, 653 A-656 D。

ἀνόμοιον τὴν τῆς εἰκόνος φύσιν καὶ τὴν ἀλήθειαν. Οὐ γὰρ μόνῳ σχήματι σώματος καὶ μορφῆς εἰκονίζεται χρώματι τὸ εἰκονιζόμενον, ἀλλὰ καὶ ποιᾷ διαθέσει, καὶ παρεπομένῃ πράξαι, καὶ παθῶν ἐμφάφει, καὶ τόπων ἱερῶν ἀναθέσει, καὶ ἐπιγραμμάτων ἑρμηνείᾳ, καὶ συμβόλοις ἐξαιρέτοις ἄλλοις, ὧν μηδὲν παρεῖναι, ἢ μὴ τὰ πλείονα ταῖς παρὰ τῶν πιστῶν εἰκόσιν παντελῶς ἀδύνατον. Δι' ὧν, οὐδὲν ἔλαττον, ἢ καὶ πάντα προσῆν, εἰς ἔννοιαν καὶ τιμὴν τοῦ εἰκονισθέντος, ὅπερ ἐστι τῆς εἰκονουργίας σκοπός, ἀναγόμεθα. Ἀλλὰ ταῦτα μὲν κατ' ἐπιδρομὴν καὶ ὡς ἐν ἐπιστολῆς τύπῳ ἡ δὲ τῆς ἐργασίας ἀκρίβεια, θεοῦ διδοῦντος, εἰς τὴν οἰκείαν ὑπόθεσιν ἀναχθήσεται."①

"与被阐释者的不相似性并未完全令画像的本质和真实性陷于孤陋；原因在于，被肖像者并非仅仅借助身躯的形状和体型的颜色而被阐释，而且还借助秩序的类型，譬如伴随的行为、焕发的精神、在圣所的摆放、解释性的铭文，以及其他的象征。完全不可能的是，这些东西并不在，或者一大部分并不在画像上出现；借助并不少见，甚或全部在场的它们，我们才被引到对于被阐释者的认知和敬拜上，而这也恰好是画像制作的目的。我们在此以描述的方式仅仅概而言之而已，而细致入微的论说则需通过上帝的助佑才能成为特有的[研讨]对象。"

画像所需要努力的是近乎于原文复述般的临摹，这样的临摹才能达到和确定一种肖像般的相似性，并直接传达了被阐释者。即使

---

① 就此请参见 PG 101, 952 AB。

不能达到这一点,那么也应当能够曲径通幽、至少借助画像将上帝,或圣人的形象传输给信仰者,之所以说是曲径通幽,是因为原本文字的描述作为直接的传介、直接的传输应当能够被视为通衢大道,画像的品性则被视为二手的;但是画像的长处在于它的直观品性,尽管它与所表达的人物、对象或许并非有一种肖像般的相似性,但是它依然能够建立起与被阐释者的某种联系、某种一致性,使人至少能够直观地看到、想到画像所要传输的对象;恰恰由于画像这样的品性,所以尽管它或许并非完全肖似所描摹和阐释者、尽管不同的画像对于甚或是同一描摹对象有诸多不同的描绘(譬如关于基督就有很多画像),似乎也没有充分的理由拒绝画像,并且由此而拒绝画像所能够直接带来的对于被描摹者的敬拜。

第10章　奠基于伪狄奥尼修斯基础上的大马士革的若望的画像理论

1. 引论：大马士革的若望画像理论的地理和精神的故乡

从地理位置上来看，大马士革的若望生活在不仅远离基督宗教的拜占廷皇帝、而且还处于伊斯兰教的势力统治之下，他亲身经历了由拜占廷皇帝自726年以后所主导的圣像毁坏运动，也正是在这期间，他写作，并不断改进了他关于圣像的学说。

从精神的故乡来看，若望作为教团的僧侣、作为接受了希腊哲学训练的学者，生活在古典的世界中，他汲纳了伪狄奥尼修斯的思想，后者直接影响了若望关于画像的讨论、关于存在类比的讨论，以及关于将传统视为信仰源泉的讨论；我们庶几能够说，所有将要探讨的主题都与伪狄奥尼修斯有关联。

大马士革的若望之所以赞襄画像（或曰圣像），原因与其所处的政治的与宗教的氛围直接相关；一方面，基督宗教与伊斯兰教之间久已存在高度的紧张，他的出生地大马士革于635年被伊斯兰教势力占领，在他生活的时代，原本比较宽容的宗教气氛开始有些变化[①]，基督宗教的信徒开始遭到歧视；另一方面是基督宗教与犹太宗教之间越益清晰、敏感的界限划分。

固然，在占领大马士革之后，伊斯兰教的哈里发们面对基督宗教首先推行一种宽容的宗教政策，若望在这样的开朗和开放的氛围中于650（一说675年）年出生于一个阿拉伯基督宗教的家庭中，其祖父和父亲都在宫廷中任要职，而他也在后来成为了哈里发的亚吉德（Jazid）身旁成长起来，同时也接受了极好的古典哲学和基督宗教哲学思想的培养。公元700年前后，哈里发阿布·厄尔·马立克（Abd el-Malik）开始实行歧视基督宗教信徒的政策，并且将他们排除于各种职务之外，在这一情形下若望退隐到耶路撒冷附近的马尔萨巴（Mār-Saba）修院，直到希莱雅（Hiereia）主教会议之前、亦即754年之前在那里逝世[②]。

从伊斯兰教出发来看，作为基督宗教的信徒，大马士革的若望经历了年轻的、比他也仅仅略微年长一些的伊斯兰教的迅猛发展，这样说的理由在于,在哈里发奥特曼（Othman）的主导下《古兰经》在若望出生前后不久，也就是653，也才最终编辑完成，伊斯兰教有了自己的作为文本表现形式的宗教经典；638年阿拉伯伊斯兰教不仅终于占领，并且完全控制了耶路撒冷，若望在这里经历并观察了阿拉伯伊斯兰教对于画像的拒绝。到7世纪末，耶路撒冷已经有两个金碧辉煌的清真寺了，但是其中并没有画像。而耶路撒冷并非仅仅基督宗教和伊斯兰教的圣城、她也是犹太宗教的圣城或圣地，

[①] 就此请参见 Karl Bihlmeyer, Kirchengeschichte. Verlag Ferdinad Schöningh, Paderborn 1960. Band II, S. 36-37。

[②] 就此请参见 Lexikon für Theologie und Kirche. Herder Verlag, Sonderausgabe, Freiburg Basel Wien 2006. Band 5, 895-899。

犹太人在此也依据《旧约》中十诫的要求而同样拒绝对于上帝的画像阐释，若望在这里似乎既要针对伊斯兰教和犹太宗教的画像思想、又要针对基督宗教内部的不同画像学说而思考和写作。

从基督宗教出发来看，直到公元8世纪都不断淡入淡出的画像争执，庶几一夜之间即进入白热化之程度；拜占庭皇帝雷奥三世于726和727年之间开始在公开演说中反对画像，并且随后又下令撤去皇宫大门上的基督圣像①。皇帝的行为引发激烈的反应；教宗格里高利二世于726至730年间致函雷奥三世表示抗议②，君士坦丁堡的牧首戈曼诺斯（715-730年间在牧首位）于726年连续发表三封通函（参见前文中的引述），批评皇帝敌视画像的行为，皇帝当然撤去了他的牧首职务。

皇帝与牧首之间的冲突引起了极大骚动，支持戈曼诺斯观点的圣像保护者并非少数，并且数量也不断在增加，其中就有大马士革的若望，由于他并不在拜占庭帝国的势力所统辖的范围内，而是生活在被阿拉伯人占据的耶路撒冷，所以他能够不受拜占庭帝国政治

---

① 就此请参见 G. Dagron, Ikonokasmus und Begründung der Orthodoxie (726-847). In: Die Geschichte des Christentums 4: Bischöfe, Mönche und Kaiser (642-1054). Hrsg.: G. Dragon, P. Riché, A. Vauchez. Deutsche Ausgabe, Hrsg.: E. Boshof. Freiburg Basel Wien 1994. S. 97-175；Karl Bihlmeyer, Kirchengeschichte. Verlag Ferdinad Schöningh, Paderborn 1960. Band II, S. 91-97, 特别是 S. 92-93。

② 关于此信之真伪不乏争议，就此请参见 G. Dagron, Ikonokasmus und Begründung der Orthodoxie (726-847). In: Die Geschichte des Christentums 4: Bischöfe, Mönche und Kaiser (642-1054). Hrsg.: G. Dragon, P. Riché, A. Vauchez. Deutsche Ausgabe, Hrsg.: E. Boshof. Freiburg Basel Wien 1994. S. 94；以及 E. Caspar, Papst Gregor II. Und der Bilderstreit. In: Zeitschrift für Kirchengeschichte 52, 1933. S. 29-99; Hubert Jedin, Handbuch der Kirchengeschichte. Herder Verlag, Freiburg Basel Wien, 1999. Band III/1, S. 31-38, 特别是 S. 33-35. H. Denzinger, P. Hünermann, Enchiridion symbolorum definitionum et deckarationum de rebus fidei et morum. Herder Verlag, Freibur Basel Wien 2005. 40. Auflage, 581。

势力的威胁而出面支持画像保护者。

在这个意义上,我们庶几能够说,大马士革的若望的精神故乡坐落在古典哲学中,这使他有能力在纷纭杂沓的人文环境中爬梳线索、整理问题、提出观点、论证学说;而从地理环境上来看,他一方面身处伊斯兰教,特别是阿拉伯伊斯兰教和犹太宗教思想的中心,这使他熟谙异教的思想和学说,特别是谙熟他们反对画像的学说;而另一方面他又远离拜占庭帝国政治势力统辖的范围,这又使他能够免于政治专制的束缚而自由思考、写作,并且公布其著作;若望所生活于其中的多文化、多宗教的氛围,就成为他的画像哲学的表述尽管直观、但却深刻的思维背景和历史结构性的背景,而他赞襄画像的表述尽管不乏,甚或本身就是哲学的思考,并且对于画像争执产生重大影响,但同时毕竟也是一种或许不得已、但终究壁垒森严的宗教界定与身份认同。

2. 画像理论的形上哲学与神学之基础:上帝的无可认知性与道成肉身

关于画像的思考不仅是基督宗教思想史的一部分,而且也是基督宗教内部各种思想流派相互之间,以及与其他宗教之间的相互交锋。这一交锋的基础是《旧约》中,特别是十诫中关于偶像禁绝的诫命,《出谷纪》20,4-5:"不可敬拜偶像",与此相适应的还有各种宗教禁忌等,而且诸如此类者在《旧约》中俯拾即是。所有这些诫命与禁忌的哲学与宗教学的基础在于《旧约》的一个基本思想,即画像表述一种具体的现实性;而上帝却是无可认知的,并且由此而无法给出关于他的认知和描摹,于是表述某种现实性的上帝的画像就是不可能的;这样的思想导致了一种比较极端的对于几乎所有与圣事相关的画像(造型)艺术的拒绝。

于是在圣像争执过程中有两个非常清晰和仍纠缠在一起的争论点:第一个争论点是以画像阐释上帝、神性、基督等是否恰当,也就是说以质料(诸如颜料、石料、金银等)在圣物上、衣袍上、墙壁上、房屋中、道路旁对于上帝、对于上帝之子,以及对于圣母玛利亚、十字架、天使、圣人们、虔敬的人们的画像阐释是否正当、是否许可;另一个争论点是对于画像阐释(譬如画作、雕塑等)的敬拜是否正当、是否许可[①]。

联系前文所引述和分析的众多文献,我们庶几可以说,争执的爆发是基督宗教两个不同的理解方向导致的;一方面,在宗教上传统而保守的一方严格坚持十诫中关于偶像崇拜禁绝的诫命,并且要求在更广泛的领域和更多的主题中严守相关诫命,这一方具有拒绝希腊(也就是拒绝希腊宗教和哲学)的倾向与诉求,特别是拒绝柏拉图和亚里士多德,而由于基督宗教不断而迅疾的传播,特别是米兰赦令之后,这一方的诉求达到了高潮,较远的前文中引述的萨拉米斯的埃皮法尼尤斯(Epiphanius von Salamis)约在公元370年撰写了反对画像的著作,并产生巨大影响,这一方的观点在8世纪拜占庭圣像争执的白热化阶段也依然被激烈地讨论;而另一方面,在哲学上开放而思考的一方乐于并尝试汲纳犹太宗教、希腊诸多宗教的不同元素,乐于并尝试借鉴古典哲学,特别是柏拉图和亚里士多

---

① 就此请参见 H. Denzinger, P. Hünermann, Enchiridion symbolorum definitionum et deckarationum de rebus fidei et morum. Herder Verlag, Freibur Basel Wien 2005. 40. Auflage, 600-601。

德哲学的概念与思想，同时尝试将相关诫命限定在仅仅对于上帝的画像表述中，也就是说，只有上帝不能用画像来表述，这一点极具本体论的思维特性，或曰本体论的上帝论特性，而诸如基督（以及圣母玛利亚、圣人们等）则能够以画像来阐释，这又充分显现出神学上帝论的思维特性。

在这样的理论背景下我们可以说，若望的画像学说包含一种综合的旨趣，他将牧灵和虔诚性的诉求与其基督论建立起内在的联系。根据 Thümmel 的研究，其名为 Logos 的论著的结构约略是这样的，第一部 Logos 的开篇首先正面表述了自己的观点，亦即信经中已经包含有关于画像问题的基本原则，第二部和第三部 Logos 论证的开篇则指出，魔鬼的意图是昭然若揭的，其意图在于阻挠人们以画像表述和理解上帝以及圣人们的荣耀，同时也批驳了聂斯托里派和基督一性论的观点，所有三篇著作在开篇的观点表述之后都讨论旧约关于偶像禁绝的诫命[①]。

从哲学与神学出发，若望同时强调两个方面：一方面，原本上帝不能被描摹、不能被画像阐释，原因在于，上帝是 ἀπερίγαπτος 的，并且是 ἀορατος，也就是超出一切文字的表述和描摹的表述的，或简言之是无法描述、无法描绘的；而另一方面，由于上帝在历史和人性之中降生成人，并且他的道成肉身和受难而死（固然也包含复活）使得人类历史成为了救赎史，所以他作为道成肉身者、作为降生了的人就是能够被描绘、被描摹的了；最终一个方面，上帝必须、必定、必然是能够被描摹、被画像阐释的，原因在于，人有一

---

① 就此请参见 Hans Georg Thümmel, Bilderlehre und Bilderstreit. Arbeit zur Auseinandersetzung über die Ikone und ihre Begründung vornehmlich im 8. und 9. Jahrhundert. Augustinus-Verlag, Würzburg 1991. S. 42。

种内在的诉求,去观想和默思他的行为和奇迹,甚或观想和默思上帝自身。若望认为:

"Οὐ προσκυνῶ τῇ κτίσει παρὰ τὸν κτίσαντα, ἀλλα προσκυνῶ τὸν κτίστην κτισθέντα τὸ κατ' ἐμὲ καὶ εἰς κτίσιν ἀταπεινώτως καὶ ἀκαθαιρέτως κατεληλυθότα, ἵνα τὴν ἐμὴν δοξάσῃ φύσιν καὶ θείας κοινωνὸν ἐπεργάσηται φύσεως…. Οὐ γὰρ θεότης ἡ φύσις γέγονε τῆς σαρκός ἀλλ' ὥσπερ ὁ λόγος σὰρξ ἀτρέπτως γέγονε μείνας, ὅπερ ἦν, οὕτω καὶ ἡ σὰρξ λόγος γέγονεν οὐκ ἀπολέσασα τουθ', ὅπερ ἐστί."①

"我并非尊崇创世而不尊崇创世者,而是尊崇创世者,他如同受造的我所是的一样,进入到创世之中而于其神性的本质绝未有丝毫之轻弱和减损,以为了荣耀我的本性,并将它领入与神性本性的共同体中……就此神性并非成为了肉身的本性,而是保持其所是的,如同逻各斯以不改变[自身]的方式而成为了肉身;而由此肉身也成为了逻各斯,却也并未丝毫减损其本性。"

上帝之子的受难意味着我们从恶的奴役和重轭中的最终的解脱和自由,而在他的复活中我们的肉身被引入了 ἀφθαρσία,上帝之子也由此而为原本作为肉身,并因此而是可消亡的我们创设了永恒,而我们的救赎也恰恰蕴含在这样的神性与人性的合一之中;而相反,如果上帝没有的确降生成人、逻各斯没有真实地道成肉身,那么人作为可消亡的存在自其最深的内在所渴求的永恒和救赎也无从

---

① 就此请参见 B. Kotter, Die Schriften des Johannes von Damaskos. III, Contra imaginum calumniatores orationes tres. Berlin New York 1975. S. 77。

谈起。

若望强调的重点似乎更多地是道成肉身而非受难，但是受难也是道成肉身的上帝所历经的、因而能够是关于上帝的表述；而正是因为上帝在耶稣基督之中成为了一个具体的经历苦难和死亡（固然也复活了）的人，所以不仅人的永恒和救赎成为了当下此时的现实，而且他也就能够被描摹、被图画了；固然，一方面，尽管被描摹和图画的并非其神性，如前文所说的，根据神性上帝是超越于一切可描绘性的，无论是文字的，抑或是画像的；但是另一方面，由于其人性与其神性又是不可分离而圆融至一的，因而在被描摹的画像中也依然如此。若望认为：

"Θεωροῦντες δὲ τὸν σωματικὸν χαρακτῆρα αὐτοῦ, ἐννοοῦμεν ὡς δυνατὸν καὶ τὴν δόξαν τῆς θεότητος αὐτοῦ." ①

"如果我们观视他的躯体的形象，那么只要有可能的话我们同样也会一同联想到他的神性的荣耀性。"

尽管在一幅画作中人的灵魂无法被描绘，但是当人们看到一幅肖像时，人们所想的依然是那一作为整体的（当然也包括灵魂在内的）人；于是尽管基督的神性是无可描摹的，但是在圣像中所描绘的必定也是作为整体的、全部的基督。

若望的画像理论具有比较浓厚的基督论的色彩，其所斟酌之深邃，更体现在他的质料观点中。他批评圣像毁坏者对于质料的轻蔑，他引用《圣经》的权威以反驳之："天主认为一切都很好"（《创》1,

---

① 就此请参见 B. Kotter, Die Schriften des Johannes von Damaskos. III, Contra imaginum calumniatores orationes tres. Berlin New York 1975. S. 123。

31）他甚至呼吁他的论战对手："μὴ κάκιζε τὴν ὕλην."①（"别把质料搞坏！"）他这样说的理由在于，质料也是上帝创造的，而且上帝自身也成为了能够被视为质料的人，并且恰恰是借助质料而为人运作出了救赎②。当然，这样的表述并非首先要为质料正名，其所深切关注的焦点在于，恰恰是质料之善的参与使得救赎成为可能，况且质料（ὕλη）自身从其受造的本质而言对于上帝及其恩宠行为而言是完全开放的、是完全服从于上帝的意志的。

若望搜寻出诸多例证来支持他关于质料的观点，譬如旧约中所记载的约柜（以及其上的革鲁宾）、圣殿的一些用具（灯烛等）、（作为象征的）各各他小山、作为基督十字架的模仿品的各种十字架、作为书籍的福音书（δέρματα）、感恩祭典中各种象征性元素，甚或圣像本身等不一而足③，所有这些都是值得尊崇的。就此他单刀直入地表述了他的观点：

"Σέβω δὲ [τὴν ὕλην], οὐχ ὡς θεόν, ἀλλ' ὡς θείας ἐνεργείας καὶ χάριτος ἔμπλεων."④

"我并非将质料尊崇为上帝，而是将其尊崇为被神性的权能和恩宠所充满者。"

这庶几是他关于画像的警句；同时，他也多次引用大巴希尔的经典话语：

---

① 就此请参见 B. Kotter, Die Schriften des Johannes von Damaskos. III, Contra imaginum calumniatores orationes tres. Berlin New Youk 1975. S. 90。

② 就此请参见 B. Kotter, Die Schriften des Johannes von Damaskos. III, Contra imaginum calumniatores orationes tres. Berlin New Youk 1975. S. 89。

③ 就此请参见 B. Kotter, Die Schriften des Johannes von Damaskos. III, Contra imaginum calumniatores orationes tres. Berlin New Youk 1975. S. 104/106。

④ 就此请参见 B. Kotter, Die Schriften des Johannes von Damaskos. III, Contra imaginum calumniatores orationes tres. Berlin New Youk 1975. S. 105。

"'Η τῆς εἰκόνος τιμὴ ἐπὶ τὸ πρωτότυπον διαβαίνει."[①]
"对于肖像的敬拜直达原象。"

从文本上来看，值得注意的是，一方面，这句话是大马士革的若望在上述所举的诸多例证之中所讲的，它首先涉及的是基督、是道成肉身的上帝；另一方面，诸如约柜、十字架，甚或圣像等质料在他看来都处于上帝神性的笼罩之中（θείου πνεύματος ἐπισκιαζομένη χάριτι[②]），尽管人并非要尊崇质料本身、尊崇可消亡的肉身，但是却应当尊崇满披神性和恩宠的基督。

从其表述意图和思想上来看，这一方面表明他将道成肉身置于质料系列中来审视，质料不仅并未受到轻视，而且还被视为道成肉身的承载者，这体现了他的基督神人两性，并且圆融至一的基督论，同时也提示了他的画像学说的基督论神学基础；另一方面，他将道成肉身的基督并非视为先成为了人而汲取了神性的权能，并将其内在化而最终成为了神，而是将其视为自其神性本性伊始的上帝，也就是说视为新、旧盟约秩序中自上帝首创而来的恩宠，这也提供了他的画像学说的盟约律法论的、盟约恩宠论的神学上帝论基础；最终一个方面，他将道成肉身置于自旧约伊始的诸多重大事件序列之中，并非将其视为某种象征，甚或某种幻象，而是将其视为新、旧约历史和教会史中的确发生的最重大事件，这表明他意图将画像现象以及对于画像的尊崇现象置于历史的形上时空结构之中来考察，

[①] 就此请参见 B. Kotter, Die Schriften des Johannes von Damaskos. III, Contra imaginum calumniatores orationes tres. Berlin New Youk 1975. S. 41, 108, 143. 大巴希尔的原典文本见于 Patrologia Graecae 32, 149 C。

[②] 就此请参见 B. Kotter, Die Schriften des Johannes von Damaskos. III, Contra imaginum calumniatores orationes tres. Berlin New Youk 1975. S. 106。

并为其画像学说给出历史的关系性原则,并奠定历史的形上结构基础。

3. 奠基在伪狄奥尼修斯哲学神学、神秘神学基础上的画像理论

针对十诫中关于偶像禁绝的诫命,若望提出两种与伪狄奥尼修斯相关联的哲学的思考传统予以回应,一种是质询超验与内在关系的形上认知论问题,另一种是质询原象与画像关系的画像形上学问题,这后一种其实也涉及超验与内在之关系。

3.1 超验与内在的关系

就超验与内在的关系而言,大马士革的若望认为,上帝作为立于彼岸而无可认知的、超验的至一,从不给出任何关于他自身的认知,从不给出任何关于他的表述,甚或从不给出他的名号(譬如《出谷纪》3,14)。由此,阐释这位无从思考、无从认知、无从表述、无从命名的上帝,在哲学上固然就是不可能的了。但是尽管如此,却存在关于上帝的认知,这一认知是出自于上帝在此间世界的自身启示,而这一启示则能够借助画像而被表述,也就是说能够出现在画像之中;而上帝毕竟是第一位创造画像者、亦即创世者,在这个意义上,他对于人而言也是画像的范本(样本);这样说的原因在于,上帝在其自我启示、自我绽放之前,就已经想好了画像和范型,就已经给出了画像的前概念、前限定,而他也以他的意志而实现了这些概念和限定,如同一个建筑师先有一个蓝图,而后再依据这一蓝

图而建筑房屋①，人的理性也能够被领入对于超理性、超概念的上帝的思考中，在这个意义上若望引用了《论上帝的名号》中的文本：

"Ταῦτα καὶ ἡμεῖς μεμυήμεθα νῦν μὲν ἀναλόγως ἡμῖν διὰ τῶν ἱερῶν παραπετασμάτων τῆς τῶν λογίων καὶ τῶν ἱεραρχικῶν παραδόσεων φιλανθρωπίας αἰσθητοῖς τὰ νοητὰ καὶ τοῖς οὖσι τὰ ὑπερούσια περικαλυπτούσης καὶ τὴν ὑπερφυῆ καὶ ἀσχημάτιστον ἁπλότητα τῇ ποικιλίᾳ τῶν μεριστῶν συμβόλων πληθυούσης τε καὶ διαπλαττούσης." ②

"在适合我们的理解力的情形下我们现在已经被救赎的面纱领入到其中，而这面纱是对于《圣经》和神职人员们的传承的令人愉悦的宽容，《圣经》和神职人员们的传承则是借助感官可感知者而揭示了理性应理解者、借助本质而揭示了超出一切概念者、为了无形象和无形式者而设置了形象和画像、借助各种象征的多样性而将超自然的和无形式的未分离性多样化起来并且构型而出。"

若望将其观点绑束在伪狄奥尼修斯 De Divinis Nominibus（《论上帝的名号》）上，换言之，后者是前者的理论基础之一，伪狄奥尼修斯将柏拉图-新柏拉图主义的 ἰδία 概念阐释为上帝前定义般的原象性思考行为及其结果③。在这一柏拉图-新柏拉图-伪狄奥

---

① 就此请参见 B. Kotter, Die Schriften des Johannes von Damaskos. Band III: Contra imaginum calumniatores orationes tres. 1975. S. 19。

② 就此请参见伪狄奥尼修斯, De Divinis Nominibus. 592B; B. R. Suchla, Pseudo-Dionysius Areopagita, Die Namen Gottes. Eingeleitet, übersetzt und mit Anmerkungen versehen. BGL 26. Stuttgart 1988. S. 24. B. R. Suchla, edd., Corpus Dionysiacum I: Pseudo-Dionysius Areopagita, De Divinis Nominibus. PTS 33. Stuttgart 1990. 114, 1-7。

③ 就此请参见 Pseudo Dionysius Areopagita, De Divinis Nominimus. V. 8（特别是 188, 6-10）。

尼修斯的思想基础上，若望认为，上帝在其自我启示、自我绽放中建构了他的思想的画像（思想的画面、思想的蓝图），这意味着，他的创世是出于他的思想蓝图，或曰出于他的理性画面的，即使是人也是依据上帝思考蓝图的画面而被创设的，这是图像的图像、原象的肖像[①]，人的理性也能够思考原象，并且根据原象而构型出肖像。

在此必须提示的是，对于画像的敬拜能够超验到原象之中，这一思想出自大巴希尔，我们在本书中已经多次提及和分析了这一点，作为赞襄画像的纲领性表述，在此不妨再次引述之：

"ἡ τῆς εἰκόνος τιμὴ ἐπὶ τὸ πρωτότυπον διαβαίνει."[②]

"对于画像的敬拜直达原象。"

我们庶几可以说，这是画像赞襄者最钟爱、最常引用的经典表述；这一表述将超验理解为动态的，对于画像的敬拜超验到原象之中；这一动态的超验提示出，庶几只有在古典希腊哲学的基础上才能够十分有效地护卫赞襄画像的观点，特别是在柏拉图理念概念的传统基础上，这一思维传统关注到了原象与肖像的关系、内在与超验的关系，以及给予与参有的关系。伪狄奥尼修斯将这一关注关系的经典思维方式变用到基督宗教之中、调试到基督宗教的哲学神学之中，在方法论的层面为基督宗教提供了（在诸如斯多葛学派之外的）又一种思维方式；而大马士革的若望则更立足于伪狄奥尼修斯式的基督宗教概念基础上，以至于他的画像学说能够成为画像神学、他的全部神学也成为画像神学，而其全部画像神学终究也成为

---

① 就此请参见 B. Kotter, Die Schriften des Johannes von Damaskos. Band III: Contra imaginum calumniatores orationes tres. 1975. S. 20 (III. 20)。

② 就此请参见 H. J. Sieben (Übersetzt und eingeleitet), Basilius von Cäsarea, De Spiritu Sancto. Über den Heiligen Geist. 1993. 210, 3。

画像哲学；古典与当下（在此也就是若望的当下）、雅典与耶路撒冷、学院与教会、哲学与基督宗教之无可分离从中亦可见一斑。

3.2 原象与画像的本体形上关系

固然，如前文所提及的，原象与画像的关系本身也是超验与内在的关系；而就这两者的关系而言，若望依然从柏拉图－新柏拉图主义哲学传统出发，并联系其前文提及的 ἰδία 概念而加以研究。在他看来，在本体论的层面上存在着原型、范型、以及圣像之间的存在等级梯次；原型是上帝的思考蓝图，范型是按照上帝思考蓝图而创设的单一物，而圣像则是按照单一物而创设的画像。圣像作为这一本体论等级梯次中的最后一级，即具有与范型的相似性、亦具有非相似性[①]；而在圣像、范型、以及原型之间敬告阙如的相似性则恰恰体现了所谓的 analogia entis 原则，亦即"存在的类比"；在此，analogia（类比）的最本色的含义表述的恰恰是"不相似"，这一点也恰恰适合人的认知能力，特别是人的认知上帝的能力，这样说的原因在于，从人的理解力来看，或曰在人的理解中、在人能够理解的范围内和质量中，上帝借助其意志的行为而实现的神性理念（ἰδία、蓝图），就是受造物（创世）对于理念的一种比拟、一种比照，我们或许能够说是一种"约等于"[②]。

就画像与原象的关系而言，他在类比概念和提升概念的意义上引用了伪狄奥尼修斯著作中的若干段落，它们引自于第九封、十封

[①] 就此请参见 B. Kotter, Die Schriften des Johannes von Damaskos. Band III: Contra imaginum calumniatores orationes tres. 1975. S. 16（III. 16）。

[②] 就此请参见 B. Kotter, Die Schriften des Johannes von Damaskos. Band III: Contra imaginum calumniatores orationes tres. 1975. S. 21（III. 21）。

信函,引自于《论教会的等级》以及《论天使的等级》①。从第十封书信中他引用了这一表述:

"Ἀληθῶς ἐμφανεῖς εἰκόνες εἰσὶ τὰ ὁρατὰ τῶν ἀοράτων." ②

"我们在此所看到的,是我们所不能看到者的真实而清晰的肖像。"

在提示出原象和肖像关系论题之后,若望又引述了第九封信函,提示人要反思肖像的基础:

"Χρὴ τοιγαροῦν καὶ ἡμᾶς ἀντὶ τῆς δημώδους περὶ αὐτῶν ὑπολήψεως εἴσω τῶν ἱερῶν συμβόλων ἱεροπρεπῶς διαβαίνειν καὶ μὴ ἀτιμάξειν αὐτά, τῶν θείων ὀ.ντα χαρακτήρων ἔκγονα καὶ ἀποτυπώματα καὶ εἰκόνας ἐμφανεῖς τῶν ἀπορρήτων καὶ ὑπερφυῶν θεαμάτων." ③

"于是我们面对大众时也要克服他们的偏见(或译:先入为主的判断),并且以一种适合于圣人们的方式来尝试向着神圣的象征

---

① 就此请参见 B. Kotter, Die Schriften des Johannes von Damaskos. Band III: Contra imaginum calumniatores orationes tres. 1975. 144, III 43, 4-5; 144, I 28; II 24, 3-7; 144, I 30; II 26, 2-8; 145, I 32; II 28; III 44, 2-8 (6 和 8 : ἀναγόμεθα); 145, I 33; II 29; III 45, 1-6 (2: ἀναγόμεθα; 4 : χειραγωγίας)。

② 就此请参见伪狄奥尼修斯, Επιστολαῖ Διάφοροι (Epistula) X, 1117,1B. G. Heil, A. M. Ritter, edd. Corpus Dionysiacum II: Pseudo-Dionysius Areopagita, De Coelesti Hierarchia, De Ecclesiastica Hierarchia, De Mystica Theologia, Epistulae. PTS 36. Stuttgart 1991. 208, 9-10. A. M. Ritter, Pseudo-Dionysius Areopagita, Über die Mystische Theologie und Briefe. Übersetzt und mit Anmerkung versehen. BGL 38. Stuttgart 1994. 116。

③ 就此请参见伪狄奥尼修斯, Επιστολαῖ Διάφοροι (Epistula) IX, 1108, C. G. Heil, A. M. Ritter, edd. Corpus Dionysiacum II: Pseudo-Dionysius Areopagita, De Coelesti Hierarchia, De Ecclesiastica Hierarchia, De Mystica Theologia, Epistulae. PTS 36. Stuttgart 1991. 199, 9-12. A. M. Ritter, Pseudo-Dionysius Areopagita, Über die Mystische Theologie und Briefe. Übersetzt und mit Anmerkung versehen. BGL 38. Stuttgart 1994. 112。

的核心突进。我们不能小觑它们,它们毕竟是上帝神性的摹品和摹品的仿品,是那些以无可言传和超自然的方式才被观想着的可感知的譬喻。"

随后所引述的《论教会的等级》中的段落,特别强调了作为存在秩序的等级体系、类比论以及提升论的内在关系:

"'Αλλ' αἱ μὲν ὑπὲρ ἡμᾶς οὐσίαι καὶ τάξεις, ὧν ἤδη μνήμην ἱερὰν ἐποιησάμην, ἀσώματοί τέ εἰσι καὶ νοητὴ καὶ ὑπερκόσμιο.ς ἐστιν ἡ κατ' αὐτὰς ἱεραρχία, τὴν καθ' ἡμᾶς δὲ ὁρῶμεν ἀναλόγως ἡμῖν αὐτοῖς τῇ τῶν αἰσθητῶν συμβόλῳ ποικιλίᾳ πληθυνομένην, ὑφ' ὧν ἱεραρχικῶς ἐπὶ τὴν ἑνοειδῆ θέωσιν ἐν συμμετρίᾳ τῇ καθ' ἡμας ἀναγόμεθα [θεόν τε καὶ θείαν ἀρετήν]. Αἱ μὲν ὡς νόες νοοῦσι κατὰ ἀναγόμεθα θεωρίας." [1]

"固然,我们刚刚提到的圣洁的、超越我们的秩序等级和存在之梯次,是无躯体的,而在这样层面上的等级是思考的对象,并且立于可感知的世界之上。相反,相应于我们在整体中的位置,我们将在我们的领域中的等级视为在不同的单一而可感知的象征群中被建构的,这些象征在等级的意义上根据我们认知能力的程度提升我们成为至一样式上的上帝(提升我们到至一意义上的"成为上帝")。一些人认为,他们是由自身法则的思想而已,而我们则被感官感知

---

[1] 就此请参见伪狄奥尼修斯,De Ecclesiastica Hierarchia. 373A-373B. G. Heil, A. M. Ritter, edd. Corpus Dionysiacum II: Pseudo-Dionysius Areopagita, De Coelesti Hierarchia, De Ecclesiastica Hierarchia, De Mystica Theologia, Epistulae. PTS 36. Stuttgart 1991. 65, 8-15. G. Heil, Pseudo-Dionysius Areopagita, Über die himmlische Hierarchie. Über die kirchliche Hierarchie. Eingeleitet, übersetzt und mit Anmerkungen versehen. BGL 22. 1986. S. 97.

的画像尽可能向上引领到对于上帝本质的认知理解中。"

伪狄奥尼修斯的"提升"概念是希腊语的 ἀνάγειν 和 ἀναγωγία，大马士革的若望认为，提升需要 χειραγωγία，也就是某种手把手的、质料的引导①，与此相关联的伪狄奥尼修斯的文本还有《论天使的等级》的第一章：

"Διὸ καὶ τὴν ὁσιωτάτην ἡμῶν ἱεραρχίαν ἡ ἱεροθεσία τῆς τῶν οὐρανίων ἱεραρχιῶν ὑπερκοσμίου μιμήσεως ἀξιώσασα καὶ τὰς εἰρημένας ἀΰλους ἱεραρχίας ὑλαίοις σχήμασι καὶ μορφωτικαῖς συνθέσεσι διαποικίλασα παραδέδωκιεν, ὅπως ἀναλόγως ἡμῖν αὐτοῖς ἀπὸ τῶν ἱερωτάτων πλάσεων ἐπὶ τὰς ἁπλᾶς καὶ ἀτυπώτους ἀναχθῶμεν ἀναγωγὰς καὶ ἀφομοιώσεις, ἐπεὶ μηδὲ δυνατόν ἐστι τῷ καθ' ἡμᾶς νοῒ πρὸς τὴν ἄϋλον ἐκείνην ἀνατηθῆναι τῶν οὐρανίων ἱεραρχιῶν μίμησίν τε καὶ θεωρίαν, εἰ μὴ τῇ κατ' αὐτὸν ὑλαίᾳ χειραγωγίᾳ χρήσαιτο τὰ μὲν φαινόμενα κάλλη τῆς ἀφανοῦς εὐπρεπείας ἀπεικονίσματα λογιζόμενος καὶ τὰς αἰσθητὰς εὐωδίας ἐκτυπώματα τῆς νοητῆς διαδόσεως καὶ τῆς ἀΰλου φωτοδοσίας εἰκόνα τὰ ὑλικὰ φῶτα."②

---

① 就此请参见 B. Kotter, Die Schriften des Johannes von Damaskos. Band III: Contra imaginum calumniatores orationes tres. 1975. 145, I 33; II 29; III 45, 1-6。

② 就此请参见伪狄奥尼修斯, De Ceolesti Hierarchia. 121C-121D. G. Heil, A. M. Ritter, edd. Corpus Dionysiacum II: Pseudo-Dionysius Areopagita, De Coelesti Hierarchia, De Ecclesiastica Hierarchia, De Mystica Theologia, Epistulae. PTS 36. Stuttgart 1991. 8, 14-9, 3. G. Heil, Pseudo-Dionysius Areopagita, Über die himmlische Hierarchie. Über die kirchliche Hierarchie. Eingeleitet, übersetzt und mit Anmerkungen versehen. BGL 22. 1986. S. 29。

"因此神圣的法则是这样为我们传介天使的等级的，这一法则借助感官可感知的形象，并且借助由不同的元素集合起来的阐释将这一等级可视化，同时相应于我们的理解力而将我们从极为神圣的各种形象向上提升到高层和上帝相似性中，这就需要不会崩解为许多单一部分的、画像的想象。因为我们人的思想并不能直接跃升到仿摹的形象以及精神的、自由于每一个质料的想象之外的天使等级的观想之中，如果之前没有相应于他的质料的引导、没有意识到可视的美是不可视的和谐的肖像、没有意识到可感知的芬芳的弥散是思想流布的肖像，并且如果没有意识到质料之光是非质料之光的感召力的画像的话。"

在此一方面显示出，伪狄奥尼修斯在公元 8 世纪时就早已经是形上神秘论的权威了，这一形上神秘论包含其最重要的、核心的术语或概念 ἀναγωγία 或 ἀνάγειν，带有这样一个概念术语的神秘神学极大影响了欧洲神秘神学思想和神秘主义诸多潮流[1]；而另一方面这也对大马士革的若望的画像理论具有重大意义。

在 analogia entis、也就是在"存在类比"的意义上，若望也能够回溯到伪狄奥尼修斯的新柏拉图主义哲学的思维方式中；在这几篇所引述的文献中，伪狄奥尼修斯认为，上帝在其创世行为中建构了非质料性的天堂等级，并且借助质料的、感官可感觉和掌控的形象（形状）和形式将它们交付给了人的认知能力，或曰赋予人思考和认知这一非质料性梯次等级的能力，并且这样的思考与认知的获取是借助质料的形式而来的；也就是说，质料性

---

[1] 就此请参见拙文"论（托名）狄奥尼修斯的《神秘神学》的神秘神学"，《云南大学学报》哲学社会科学版，2011 年 6 期；"神秘神学方法研究"，《哲学门》十二卷第二册 197-228 页，北京，北京大学出版社，2011 年。

的形象和形式引导人达到非画像的、非质料的提升了的样式，能够将人从其质料性的窠臼中接引而出，并且提升到纯粹精神的高度，使人真正为人，或曰将人提升到能够认知到，甚或已经认知了自己的上帝肖似性的高度上。在这一点上，若望也能够立足于伪狄奥尼修斯的新柏拉图主义思维方式的泊锚点；就画像（圣像）问题而言，为什么用于崇拜的画像应当、能够，并且允许被创作、摆放以及敬拜，存在类比论为此提供了决定性的理由，这也就是说，人的认知需要借助画像的类比，以在观视质料的画像时将思想（思考）引导出来，并且将其引导向质料性的非质料的基础上。换言之，若望认为，尽管画像是质料的，但是人能够在观看画像时借助它而思考，并且将其思考表述出来，这一思考虽然出于质料，甚或建立在质料的基础上（亦即是从画像出发的），但是质料的存在必定有其非质料性的存在理由（譬如上帝按照自己的蓝图的创造），在思考质料的存在的非质料性的存在基础时，人就是在作超验的思考，人就是在超验着对于质料的思考而踱入形上的域界，并开始了形上的思考，也就是开始了对于上帝的形上思考。

4. 大马士革的若望的画像理论的思维方式

从思维方式上来看，无论是伪狄奥尼修斯，抑或是他的观点的借鉴者大马士革的若望，他们都为质料赋予了一种诱导性品性，提升了质料的价值，或曰勘探出了质料的认知价值。这样的判断固然有古典哲学、也就是柏拉图－新柏拉图主义思维方式之背景，但是这样的判断当然也是整体的宗教的、文化的背景中的一种主动意识之下的行为。或者在画像的问题上可以说，谁如果轻视，甚或歧视质料，谁如果由于质料性而轻视，甚或歧视画像（圣像），那么他也就轻视甚或歧视了上帝所创设的此间世界，他也就轻视甚或歧视了上帝所展开的所有存在；取这样观点的人不乏主张光明与黑暗二元论的摩尼教的嫌疑[①]，而这样的二元论是不可取的，这样说的原因在于，质料的画像使得思考、思想成为了可能，并且能够使思想超验到质料性的非质料的初始原则，或曰初始基础中，质料在人的内在之中最终唤醒了对于绝对的存在本质而发自内心的渴望（desiderium naturale）[②]；简言之，质料能够使人渴望、企盼那一绝对的存在、超验的存在。

大马士革的若望并未就此止步，对于质料的观察也导致了对于质料的画像的某种恭敬，当然毫无疑问的前提必定是，质料的画像能够将人引导向对于非质料的思考中、能够将思想超验到对于非质料的思考中。而另一个毫无疑问的设定是，必须要在恭敬和朝拜之间作明确的划分，朝拜性的恭敬仅仅属于上帝、仅仅能够致以上帝，而其他简质的恭敬则能够致以所有圣人和虔敬的人们，而对于他们的画像的礼敬则并非意味着仅仅是面对画像时的一种恭敬（即对质料的画像的恭敬），而是意味着面对画像时对于它所阐释的对象（譬如上帝、圣人等）的恭敬[③]。由于非质料（由于非质料性）对于

[①] 就此请参见 B. Kotter, Die Schriften des Johannes von Damaskos. Band II: Contra imaginum calumniatores orationes tres. 1975. S. 13（II. 13）。

[②] 就此请参见 B. Kotter, Die Schriften des Johannes von Damaskos. Band III: Contra imaginum calumniatores orationes tres. 1975. S. 17, 21（III. 17, 21）。

[③] 就此请参见 B. Kotter, Die Schriften des Johannes von Damaskos. Band III: Contra imaginum calumniatores orationes tres. 1975. S. 8（III. 8）。

存在的参与（将自己给予存在）、由于非质料性在存在中的内在性、由于存在对于非质料性的参与（参与到非质料性之中）、由于在非质料性中存在的超验性，敬拜者才获有内在于画像的那位被敬拜者的恩宠，才将奉献在画像中的敬拜与尊崇超验到了原象之中[①]。

从方法上来看，大马士革的若望不仅以伪狄奥尼修斯式的画像哲学，而且也以教父们肯认画像的表述，为画像争执带来一种积极的转变；如果前者是古典哲学的方法的话，那么后者则更多地是一种神学的方法。之所以引用教父们的表述，是因为至少直到他那个时代（以至于后来中世纪很长一段时间），教父们的学说都被视为无可挑剔的智慧和权威，一种思考、一种概念的建构，需要证明自身与教父们的学说相一致；这样的证明是在阐释自身的过程中以一系列权威表述的引用来完成的。若望也不例外，纂辑了教父们诸多肯认画像的表述，从米兰的安玻修斯（Ambrosius von Mailand）、安提约基亚的阿纳斯塔修斯（Anastasius von Antiochien）、阿纳斯塔修斯·阿博克里希亚里尤斯（Anastasius Apokrisiarius）、阿纳斯塔修斯·斯纳依塔（Anastasius Sinaita）、大巴希尔（恺撒城的巴希尔）、恺撒城的埃乌西比尤斯、纳西昂的格里高利（Gregor von Nazianz）、尼撒的格里高利（Gregor von Nyssa），以及亚历山大的克莱芒（Klemens von Alexandrien）。这样的引用并非仅仅观点，或概念的简单的罗列，若望通常还都对所引用的表述或概念加以或长或短的阐释，以至于所引用的一系列的表述不仅具有一种纂辑的品性，而且还具有一种注疏和阐释的研究品性。

[①] 就此请参见 B. Kotter, Die Schriften des Johannes von Damaskos. Band I: Contra imaginum calumniatores orationes tres. 1975. S. 21, 35, 51 (I. 21, 35, 51)。

从思维方式上来看，新柏拉图主义为若望这一学说提供了古典哲学的方法论基础，而《旧约》的历史则为此提供了相应的神学基础；有学者认为，这种将上帝的恩宠，以及恩宠的行为理解为某种形象的思想，应当有其新柏拉图主义的背景，这应当是受新柏拉图主义者伪狄奥尼修斯所传承的新柏拉图主义哲学的影响[1]；在伪狄奥尼修斯的理解中，此间世界是被建构在一种等级体系之中的，是从纯粹的精神到简单的质料的等级建构；没有任何事物是完全被摒夺了善的，或曰没有任何事物不参有到善之中，万物都被创造的含有善性，质料固然同样如此，其本源在于本体的善，因而质料能够成为等级梯次较高者的像或图像；况且，如果此间世界处于相对稳定的上下结构之中，那么上帝的恩宠是自上而下运作和贯彻的，而由低向高的提升则通过圣化、通过从形象的到抽象而精神的认知而得以实现。在此，基督似乎也必须以其全部神性和人性处于这一梯次等级的世界系统之中，从其人性来看，其质料性是不可避免的，而他也必须降生到质料性的世界梯次结构中，以使质料满披神性，以使人性充满神性，以由此而拯救全部人类和此间世界。大马士革的若望在此引述了《旧约》中上帝的多次显现，甚或是以人的形象的显现，譬如在伊甸园中显现给亚当、显现给梅瑟和依撒意亚、以老人的形象显现给达尼尔等，显现给亚巴郎、约书亚等[2]，而最终则以耶稣基督的人的形象和状态呈现给人。若望将基督的降生成人凸显而出，认为《旧约》所有的神显都指向上帝的这一绝对而终极的显现，并

---

[1] 就此请参见 H. Menges, Die Bilderlehre des hl. Johannes von Damaskus. Diss. Theol. Münster 1937。

[2] 就此请参见 B. Kotter, Die Schriften des Johannes von Damaskos. III, Contra imaginum calumniatores orationes tres. Berlin New Youk 1975. S. 132 以下。

将所有《旧约》神显（上帝显现）的意义最终都归结到这一神显的巅峰中，认为它们都是这个一次性、绝对而终极的神显的画像，即所谓"εἰκόνες τοῦ μέλλοντος"，也就是"即将到来者的画像"，这也是《希伯来书》10，1 所表述的思想；这样的表述过程和方式，一方面在古典哲学的框架中突出了本体论的世界梯次等级的秩序结构，另一方面也在宗教哲学和上帝论、基督论神学的框架中突出了圣像学说的历史神学的意义。

依然从思维方式上来看，大马士革的若望以基督宗教化了的亚里士多德的哲学概念 ἐνέργεια（权能），来表述上帝（神性）的权能在质料中的样式；这一已经基督宗教化了的古典哲学的基本概念，在若望那里与基督宗教自己的神学概念 χάρις（恩宠、感召力）作为同义词而被使用[①]。在此，与表述上帝本质的概念 οὐσία（在此亦即 φύσις，本质）不同的是，ἐνέργεια 的含义庶几不再是"能量"、"能力"，而是"进入关系"、"进入与他者的关系"，甚或"以权能而进入与他者的关系"，以至于"以全能而进入与他者的关系"。寓含权能的不同的样式和不同的程度（梯次等级秩序），不仅意味着神圣性的等级区分，也就是说不仅意味着神圣性的梯次等级系统，而且由于诸多关系能够被表述为诸多不同的摹像（摹本），于是寓含权能的不同样式和程度，也就意味着画像的不同的样式；在这个意义上也就存在着诸多不同的，甚或是等级划分的敬拜、尊崇的样式。若望在此强调的是，λατρεία（朝拜）是最高层次的尊崇，仅仅属于上帝、只有上帝才能享有，至于 προσκύνησις，亦可称为

---

① 就此请参见 H. Schaeder, Die Christianisierung der Aristotelischen Logik in der byzantinischen Theologie, repräsentiert durch Johannes von Damaskus († ca. 750) und Gregor Palamas († ca. 1359). In: Kerygma und Dogma 8. 1962. S. 293-309.

τιμή，即所谓"虔敬"，比起 λατρεία 来则是较低层面的尊崇，对于诸多圣物、圣像等亦可致以这样的尊崇。

这样的思维方式并非没有问题，这样建构的画像学说导致了原象与画像之间关系的某种复杂性；如果出于本体论意义的等级秩序，λατρεία（朝拜）仅仅属于上帝，而 προσκύνησις 则约略也仅仅属于圣人们等，那么参照大马士革的若望对于大巴希尔原典的引述，则产生了一个内在的歧异：对于圣人们的尊崇如何达于原象呢（亦即如何达于上帝呢）？如果出于对亚里士多德概念的基督宗教化的改造，那么原象与画像相互之间庶几是一种 φύσις 与 ενέργεια 的关系，亦即本质与权能的关系，但是从若望的分析中不难看出，φύσις 与 ενέργεια 并不相同，于是对于上帝的尊崇似乎与对于圣人们的尊崇是被分离的，由此产生同样的问题：对于圣人画像的尊崇如何达于原象呢？同时，ενέργεια 与画像并非全等的，甚或并非等同的，况且画像，甚或圣像毕竟是质料构成的；而对于圣像的尊崇又并非关涉质料本身，而是关涉质料所表述的 ενέργεια，而 ενέργεια 又指的是基督在其中的驻屯，以及满披神性恩宠的圣人们在质料的画像中的驻屯；也就是说，庶几只有当 ενέργεια 在画像中、在肖像中在场时，原象才被尊崇、才受到尊崇；而对于质料的充分肯定、认为它并不匮乏善，又有什么意义呢？我们在此似乎不能不说，大马士革的若望的画像学说呈现出一种杂沓纷纭、纠缠交错的品性。

如果说奥古斯丁是 Mos allegoricus（譬喻论）的代表、格里高利是 Mos moralis（伦理论）的代表的话，那么伪狄奥尼修斯就是 Mos anagogicus（提升论）的代表。伪狄奥尼修斯的 Mos anagogicus 和他的 Analogia entis 概念也是相关联的；受造的存在的不相似的相似性这一论断，一直影响到当今时代的上帝论和基督论[①]。从人的理解能力来看，人认知上帝只能借助类比论，或曰只能以类比的方式；人以类比的方式从整体的宇宙中、从上帝的创世中认知上帝，这一创世一旦出自上帝（一旦被上帝所创造），也就同时包含某种与上帝原象、与神性原象的肖像性和相似性。而这一原象就是所有存在（所有受造的存在者）的原象。原象作为理念先于所有受造的存在而存在于上帝的精神之中，一方面可以理解为前在的（先在的）概念，或前在的（先在的）限定（定义），另一方面可以理解为上帝意志的表述[②]。而在上帝意志之下实现的理念则仅仅是创世对于理念的某种类似而已[③]；尽管上帝启示了自身，如同原作在仿摹品中呈现自身一样[④]，但是在原因和原因所引起的结果之间并未有完美的相似性[⑤]，而更多地仅仅是不相似的相似性[⑥]。即使所有被原因所引起的结果都是原因的肖像的话，那么原因对于所有结果而言也依旧是若即若离、瞻之在前、忽焉在后的，甚或也依旧是除免在外的[⑦]。

"创世对于创世者的不相似的相似性"这一表述，是伪狄奥尼修斯思维的锐利性和超前性的突出体现，直到约700年后教会才于1215年拉特兰大公会议上将这一程式收入官方的正式表述，并

[①] 就此请参见 Greshake, Der Dreieinige Gott。
[②] 就此请参见伪狄奥尼修斯，De Divinis Nominibus. VII 3, 197, 17-22; V 8, 188, 4-10。
[③] 就此请参见伪狄奥尼修斯，De Divinis Nominibus. VII 3, 197, 17-22。
[④] 就此请参见伪狄奥尼修斯，De Divinis Nominibus. VII 3, 197, 17-22; IV 4, 147, 4。
[⑤] 就此请参见伪狄奥尼修斯，De Divinis Nominibus. II 8, 132, 14。
[⑥] 就此请参见伪狄奥尼修斯，De Divinis Nominibus. IX 7, 212, 12 以下。
[⑦] 就此请参见伪狄奥尼修斯，De Divinis Nominibus. II 8, 132, 15 以下。

突显了造物主与受造者之间的巨大的相似性,以及相似性中的不相似性:"Inter creatorem et creaturam non potest tanta similitudo notari, quin inter eos maior sit dissimilitudo notanda." ①

亦可译为:"只有在同时引入不相似性的情形下,才能言说创世者与创世之间的巨大的相似性。"

类比论和提升论总是与等级论相关联、总是与质料—形式相关联,因为它们作为哲学概念在基督宗教中庶几涵盖所有对绝对必要的救赎途径的阐释,伪狄奥尼修斯赋予了它们相应的权威性,大马士革的若望则将对它们的阐释发挥到极致。

---

① 就此请参见 H. Denzinger, P. Hünermann, Enchiridion symbolorum definitionum et deckarationum de rebus fidei et morum. Herder Verlag, Freibur Basel Wien 2005. 40. Auflage,806。

第11章 奠基于亚里士多德哲学基础之上的学者特奥多鲁斯的圣像理论

1. 引入：问题的变端以及方法的调整

固然，公元8、9世纪的圣像争执（圣像毁坏）运动，不仅在整体的社会结构上，甚至在政治上也动摇了拜占庭，使得东罗马帝国陷入一种内部的社会、政治危机[①]，而且对于圣像艺术，或者其他艺术门类而言也是一种灾难，但是尽管如此，将这一圣像争执运动时代完全视为，甚或贬损为文化荒蛮的时代，则依旧是大谬不然的，这样的观点毕竟是经不住审慎而批评性的研究所检视的，因而不免是一种偏见；之所以能够这样说，原因在于，出自这一时代，并且传承至今，以至于被我们知晓的重要著作，几乎都在当时最高的学术层次上追寻并探讨了圣像艺术的意义。无论赞襄，抑或反对画像的学者，其实都丰富了画像理论；画像或者圣像赞襄者不仅为画像和圣像多方辩护，而且在这样的辩护中更奠定了圣像艺术的神学、哲学之理论基础；甚至西部教会也十分关注东部拜占廷的画像

[①] 就此请参见 G. Ostrogorsky, Studien zur Geschichte des byzantinischen Bilderstreites. Breslau 1929; E. J. Martin, History of the Iconoclastic Controversy. London 1930; H. Jedin, Handbuch der Kirchengeschichte. Billmeiyer, Kirchengeschichte。

讨论，并形成自己的观点①。古典晚期的画像理论家创设的艺术理论，为阐释崇拜型画像的基本结构提供了重要的神、哲学理论依据；他们就此展开了画像学说，而这学说还需要更进一步在概念上被爬梳清楚；当此之时，投入到画像论争的学者们依然以他们所娴熟于心的古典哲学之方法，对于所面临的问题实施研讨。这一方面体现了研究方法的一脉相承，这是因为，与当今中国浮浅之学术截然不同的是，或曰与庶几并不关注，甚或放弃对问题的历史的关注、对其问题基础的终极论证截然不同的是，在古典学术的整体结构中，相较于其他学科而言，哲学毫无疑问占有核心的地位，哲学庶几是所有理论论证的终极保障，于是在这样的事实层面上无法想象的是，一种基本的理论问题没有哲学层面上所展开的概念分析②，因而哲学以其概念的研讨施加于画像（圣像）理论是必然而可以想见的；而另一方面，当此之时关于画像的研讨也提示出相同问题的绵延相续和不断展开，画像理论家们以其古典哲学的方法不断努力钻探和开掘画像（圣像）的神圣意义、神学意义，而恰恰由于古典哲学作为方法的运用，所以画像理论的某些方面又不乏古典哲学的品性，于是画像问题在公元8、9世纪一如既往而兼有哲学和神学的属性。

学者特奥多鲁斯（Theodoros Studitēs，759-826）成长于圣像争执运动第二阶段的早期（717-775），他的别名"学者"来自于他所

---

① 就此请参见本书关于《卡尔大帝论圣像书》的部分；此外，此时的画像理论关于艺术作品的概念的定义和分析的方法及其对于后世的影响，亦请参见 H. Belting, Bild und Kult. Eine Geschichte des Bildes vor dem Zeitalter der Kunst. München 1990。

② 就此请参见 K. Flasch, Das philosophische Denken im Mittelalter von Augustin zu Machiavelli. Stuttgart 1986. S. 139 以下。

驻会的修院的名称[①]；如同前文所述及和分析的，公元754年，君士坦丁五世（Konstantinos V.）以其俗世王权的强力，借助一次在希莱雅的主教会议而令圣像毁坏合法化，而仅仅三十多年之后，圣像崇拜者又重新赢得主导的角色，787年的第二次尼开亚大公会议许可了对于圣像的朝拜[②]；但是对于圣像崇拜者而言却也好景不长，813至814年间，拜占庭皇帝雷奥六世（Leon VI.）又开启了圣像毁坏运动的第二个阶段，并持续到842年前后；特奥多鲁斯也就是在这第二个阶段才真正展开了他的圣像研讨工作。

与大马士革的若望在圣像争执的第一阶段所经历的完全不同的是，在第二阶段，特奥多鲁斯所面临的情形多有变化。如同在较远的前文中所引述和分析的，由于赞襄画像的理论渐次增强，特别是在大马士革的若望的理论强势影响下、在第二次尼开亚大公会议文献的引导下，赞襄画像（圣像）的呼声愈益强烈，以至于大有取代反对圣像观点的趋势，并且进而在不久之后也的确成为主流，因此在这期间，圣像反对者在更广大的范围内、在更高的程度上展开并实施他们的学说，这其中既有极端的圣像毁坏者，亦即反对一切画像崇拜，甚或一切崇拜仪式，亦有比较温和的圣像反对者，他们仅仅不满于，并且反对圣像崇拜中的若干形式而已。即使在赞襄圣像者，或者圣像友好者这一方面，第二次尼开亚大公会议所作的决定，对于他们而言也并非无可指摘，原因在于，大公会议的观点过于严

[①] 关于特奥多鲁斯的生平请参见至今都是标准著作的 A. Gardner, Theodore of Studium. His Life and Times (Philosophy and Religious History Monographs 151). London 1905。此外亦请参见 C. Schönborn, Die Christus-Ikone. Eine theologische Hinführung. Schaffhausen 1984. S. 209-225。

[②] 就此请参见前文所引述的 H. Jedin, Handbuch der Kirchengeschichte. Billmeiyer, Kirchengeschichte. 中相关的研究。

厉,以至于在和圣像反对者交流,或曰交锋时几乎没有了回旋的余地。特奥多鲁斯就是在这样的境况中展开他的思考的。他在815至826年期间写作了所谓的"Antirrhētikoi"[①],前两部分是以对话体的形式,而后一部分则是以三段论形式完成的。初看起来,特奥多鲁斯的研究在内容与方法上与大马士革的若望的学说似乎并无不同,总是以对那一时代典型的柏拉图主义和亚里士多德主义为思维方式、以教父哲学为权威,来反驳圣像反对者们的观点;特奥多鲁斯所表述的观点,似乎他的先行者大马士革的若望也都说过的。但是如果我们详加考察的话,那么我们会发现,特奥多鲁斯的观点与之并不完全相同,并非以往观点的某种重复,而是有完全不同的着重点。

从神学上来看,与大马士革的若望相同的是,特奥多鲁斯也从基督论出发而着手他的论证。他认为,逻各斯的降生成人使得对于基督的画像性描述、对于基督的画像的表述成为了可能[②]。而且画像恰恰是人所需要的,原因在于,如果单独精神的观想已经足够了的话,那么无需道成肉身,而基督仅仅以精神的形式临在于我们就足够了[③]。仅仅神性似乎并不完足,基督的完全的神性与完全的人性这两者的圆融无碍才能保证人类的救赎,作为传介者、作为中保(μεσίτης),基督必须、必然、必定享有这两者[④]。圣像反对者认为,基督为了拯救全部人类而获取了人性(τὸν καθόλου ἄνθρωπον),但是并非获取一个具体而确定的

[①] 就此请参见 Patrologia Graeca (PG). 99, 327-436; ed.. J. P. Migne, 1860。英译本请参见 C. P. Roth, St. Theodore the Studite, On the Holy Icons. Crestwood (New Youk) 1981.
[②] 就此请参见 "Antirrhētikoi"(III 4, 5);PG 99, 332 A。
[③] 就此请参见 "Antirrhētikoi"(III 4, 5);PG 99, 336 D。
[④] 就此请参见 "Antirrhētikoi"(III 4, 5);PG 99, 401 A。

个体的形像,在这一个意义上,基督就是无法描摹阐释的,原因在于,只有具体而确定的个体的形像才能够被描摹。针对这一点,特奥鲁斯认为,福音书中只要提及基督,就一直将他视为一个具体的人,与其他人一样,基督也吃、喝、睡、醒,也从小长大,并且受难而死①,也就是说,基督并非某种普遍概念,并非某种不可视者。这样的论证具有不同的价值;普遍意义上的,或曰普遍概念上的人,并没有性别上的差异,以及由此而来的躯体上的差异,因而比较难能描画,而依撒意亚先知说过,我们被给了一个儿子②,这是一个阳性的个体,引用先知书,并且强调基督作为一个具体的人、作为一个具体的男人,是为了充分表明,男人和女人在身体上具有区别,因而是能够描摹的。另一个论据也颇富意义:"Τὰ γὰρ καθόλου ἐν τοῖς ἀτόμοις τὴν ὕπαρξιν ἔχει."③("普遍概念仅仅存在于个体之中。")在这个意义上,基督必须是一个具体的人,否则将不存在,而一个具体的人则是能够被描摹、被画像所阐释的。

从方法上来看,大马士革的若望对于圣像反对者的驳论,通常完全是理论的,并且是非论战性的、非辩论性的;而特奥多鲁斯则直入主题,紧紧围绕基督的可描摹阐释性而展开正论与驳论。而他从亚里士多德哲学出发、引述其范畴而作为自己的论证之终极基础,似乎也并非是偶然的,这一倾向在其他教父学者中也十分清晰。固然,特奥多鲁斯偶尔也提及应当敬拜的圣物等,但这不过是边缘性的论证而已,这是他对于教会礼仪实践的认同,不仅并非其论证的出发点,而且还与之不免有矛盾。从方法论上来看,与奥古斯丁,

---

① 就此请参见"Antirrhētikoi"(III 4, 5);PG 99, 332D-333A。
② 就此请参见"Antirrhētikoi"(III 4, 5);PG 99, 409CD。
③ 就此请参见"Antirrhētikoi"(III 4, 5);PG 99, 396D-397A。

下篇·第11章 奠基于亚里士多德哲学基础之上的学者特奥多鲁斯的圣像理论

特别是伪狄奥尼修斯等教父哲学家形成鲜明对照的是，在特奥多鲁斯的画像学说中，新柏拉图主义的等级论庶几未见踪迹，而亚里士多德的关系范畴却是他的圣像理论的奠基石和封顶石，他据此而建立了原象与画像之间的一个无形的轴线；也就是说，他并未按照若干教父们近乎于自然而然般应用的等级论，将神圣性，以及与此相关联的对于恩宠的汲纳划分为诸多不同的等级；在他看来，画像，甚或圣像（εἰκών），不过是原象（ἀρχέτυπος, αἴτιον）的肖像（παράγωγος, σκιά, αἰτιατόν）而已[①]，原象与画像在质料上，或者更确切地说在物性的本质上（φύσει, κατ᾽ οὐσίαν）是有本质区别的，画像或圣像仅仅提供躯体的形像（σχέσις），并非其本质（φύσις），在这个意义上画像无法提供神性的本性。而只有当神性的本性与被阐释的躯体合一时，它才能够被描摹、被肖像[②]。而按照κλῆσις（命名），则原象与肖像并无区别，凡对于原象的表述，也能够被用来表述肖像，尽管并非直接的，但却一定是同形而异义，或同音而异义的[③]。

按照本书前此为止在不同语境和主题下多次提及的大巴希尔的画像观点，如果肖像的描绘是按照原象的，也就是说是关涉原象的，那么与此相同的是，对于肖像的敬拜是关涉原象的、是直达原象的；特奥多鲁斯完全坚持大巴希尔的观点，并且认为，大凡能够敬拜基督之处，就能够敬拜他的画像，这也就是说，画像其实是在任何地方都能够受到敬拜的，因为基督无处不在、也无处不受敬拜[④]；能

---

① 就此请参见 "Antirrhētikoi"（III 4, 5）；PG 99, 341B。
② 就此请参见 "Antirrhētikoi"（III 4, 5）；PG 99, 334AB。
③ 就此请参见 "Antirrhētikoi"（III 4, 5）；PG 99, 341BC 以及 337B。
④ 就此请参见 "Antirrhētikoi"（III 4, 5）；PG 99, 356B。

够这样说的原因在于，敬拜并非关涉作为物品、作为对象的画像（圣像），这是属于偶像崇拜，并且是偶像崇拜的实质，相反，敬拜是关涉被画像所阐释的那一主体（Persona），在这个意义上，并不存在偶像崇拜，而是只有一个尊崇（τιμή 抑或 προσκύνησις）①。如果说在敬拜，或尊崇之中存在区别的话，那么仅仅存在对于基督、圣母玛利亚，以及圣人们的敬拜尊崇的区别，表述他们的质料并未接受丝毫的敬拜大礼（προσκύνησις）②。在此，προσκύνησις 亦可译为"五体投地之敬拜"，其原意是人双臂伸向前俯身以头触地，并且完全匍匐于地。

特奥多鲁斯与大马士革的若望在画像学说中的另一个主要区别，在于他们所用术语之不同。尽管约翰也拒绝对于质料的敬拜，但是同时却强调，质料能够是神性权能的承载者；特奥多鲁斯将画像更多地视为 παράγωγος（肖像），而非 εἰκών（圣像），这表明他在这一点上并未采信新柏拉图主义的画像学说。也就是说，并非某种甚或是神性的内在的能量（或权能），而是共同的形象（或曰形象阐释）建立起原象与画像之间的联系，于是所有的敬拜本质上都是涉及原象的，并且仅仅是涉及原象的；在其 Antirrhētikoi 的第一部分的结论中他写道：

"μία καὶ ἡ αὐτὴ (προσκύνησις) τῆς εἰκόνος πρὸς τὸ πρωτότυπον, κατὰ τὴν ταυτότητα τῆς ὁμοιώσεως."③

"按照借助相似性而来的等同性，仅仅有一个，并且是同一个

---

① 就此请参见"Antirrhētikoi"（III 4, 5）；PG 99, 349C, 360A, 361C, 369D-372A 等多处。
② 就此请参见"Antirrhētikoi"（III 4, 5）；PG 99, 364C, 420D-421A。
③ 就此请参见"Antirrhētikoi"（III 4, 5）；PG 99, 421A。

对于画像的敬拜，也就是对于原象[敬拜]。"

在语法结构上，他十一次使用了"Εἴ τις ... αἱρετικός ἐστιν"的结构，亦即"如果某人……那么他就是异端"，以此来驳斥圣像反对者；譬如在第十二句中，他则更为强调说：

"Εἴ τις ὑπερτείνων τὴν τιμὴν τῆς Χριστοῦ εἰκονος, ἄλογός ἐστιν"①

"如果某人藐视对于基督圣像的敬拜，那么他就是愚蠢。"

我们在此仅仅简化这一结构以突出其观点，而在不远的下文中还将探讨这一结构所表述的思想；在此，术语的不同还在于，大马士革的若望惯于使用一对概念"φύσις - ἐνέργεια"，而特奥多鲁斯则以"φύσις - σχέσις"为其核心概念，后者的后一个概念含义更多地是"肖像"、"形像"。他也会表述说，不仅可视者，而且仅仅精神的观想才能达到者，都能够被描摹阐释②。但是诸如此类之表述并非单纯护教学意义上为基督宗教所主张的从感官到精神的提升作论证，大多只有在必要时、也就是为教会的礼仪、礼俗作辩护时，才会给出。对于特奥多鲁斯而言，肖像更多地是建立在相似性基础之上的某一形象的再现③。在画像，特别是基督画像的可能性问题上他也提出一种质询，为什么基督的画像是可能而合理的？或曰为什么基督能够是原象（πρωτότυπος）？在他看来，恰恰由于基督成为了人，所以他就是原象，这也就意味着，他的肖像也就成为了可能④。这似乎表明，他在画像问题上设置了一个前提，亦即

---

① 就此请参见 "Antirrhētikoi"（III 4, 5）；PG 99, 352B。
② 就此请参见 "Antirrhētikoi"（III 4, 5）；PG 99, 341A。
③ 就此请参见 "Antirrhētikoi"（III 4, 5）；PG 99, 424BC。
④ 就此请参见 "Antirrhētikoi"（III 4, 5）；PG 99, 356B, 357AB。

仅仅具体的形象才能够被肖像、被描摹。

而由于肖像的实存性（现实性）立于原象之中（ἡ σχέσις κατὰ τὸ εἶναι ἐν τῳ πρωτοτύπῳ τὸ παράγωγον εἴρηται）[①]，所以人们的大礼敬拜也就仅仅能够关涉到原象，也就是说，仅仅存在一个敬拜[②]。如果对于基督圣像的敬拜是隔离（分离）于基督，或曰是与上帝分离的，那么对于基督的敬拜也就是分离的了，也就是说，对于画像的敬拜和对于基督的敬拜成为了两个，于是至少对于画像的敬拜就成为了偶像崇拜；特奥多鲁斯画像理论的最终结果就是：

"Εἰ διὰ τῷ μόνῳ θεῷ τὴν προσκύνησιν ἡμᾶς προσφέρειν, οὐ δεῖ προσκυνεῖν τὴν Χρστοῦ εἰκόνα, ὡς δύο προσκυνήσεων παρὰ τὴνμίαν καὶλατρευτὴν εἰσφερομένων, κατὰ τὸ διττὸν τῆς τε εἰκόνος καὶ τοῦ πρωτοτύπου."[③]

"如果我们仅仅怀有对上帝的尊崇，而基督的圣像又不被允许敬拜，那么这就相当于对应起画像与原象的两重性而引入了两种敬拜以取代了原本是至一性的敬拜。"

特奥多鲁斯尝试以一个双概念来阐释他的画像理论，也就是 "προσκύνησις λατρευτική – προσκύνησις σχετική"，中文可译为 "朝拜的尊崇—相对的尊崇"，或译 "大礼参拜 – 有限参拜"、"匍匐大礼 – 有限参拜"，这样的双概念在画像理论中并不被经常使用，原因在于，它们各自立于不同的层面。尽管大马士革的若望也将 λατρεία 和 τιμή 对应起来使用，但却是用以表述敬拜的不同层

[①] 就此请参见 "Antirrhētikoi"（III 4, 5）; PG 99, 424D。
[②] 就此请参见 "Antirrhētikoi"（III 4, 5）; PG 99, 425C。
[③] 就此请参见 "Antirrhētikoi"（III 4, 5）; PG 99, 424C。

面，前者在特奥多鲁斯那里也表述敬拜的一个层次，并且是最高的层次；而 προσκύνησις σχετική 则相反，则表述一种途径、一条道路，敬拜的所有层次都能够经过这一道路。

如果特奥多鲁斯按照自然本性将基督画像视为与基督有区别者，而按照位格（Persona）则与基督是相同的，那么这在神学上能够引起某种误解，亦即基督画像庶几可视为一种道成肉身的新样式，而这一新样式又拓展了三位一体，并且能够对于尊崇或敬拜有诉求。

尽管在公元8、9世纪期间，区分柏拉图主义者和亚里士多德主义者似乎并不具有重大意义，因为当此之时，古典哲学的这两个起点，或曰支点庶几融合无间，但是我们依然能够说，在大马士革的若望的画像理论中，新柏拉图主义占有主导地位，而特奥多鲁斯的学说则更多地受亚里士多德哲学所左右。尽管在后者的画像学说中也能够发现某种双重质询，亦即对于基督可阐释性的质询以及对于圣像的神圣性的质询，但是如同前文所提及的，其质询的重点则不同于若望；关于圣像的神圣性和可崇拜性的表述，通常都不是核心的，而是一种边缘性的表述，并不属于其整体的理论系统。而他对于大巴希尔的观点却重视有加，即对于画像（肖像、圣像）的恭敬直接跻入对于原象的恭敬，或曰直达原象，圣像是一种奠基在与原象相似性基础上的象征，而作为象征则圣像恰恰指向另一者、指向一个他者，而这个他者则是尊崇的真正享有者，或曰尊崇并非止步于、投向于象征本身，而是直接投向于、适用于这一他者的、也就是原象。毫无疑问，特奥多鲁斯所说的象征，是指向道成肉身的基督的，尊崇当然也是关涉和投向于获取了人形的救赎者基督的；他在 Antirrhētikoi 的第三部分作了这

样的结论:

"εἰ δὲ οὕτω πεπιστεύκαμεν, ὡς αὐτὸν Χριστὸν ἐσταυρωμένον τεθεάσθαι, εἰκότως αὐτὸν εἰκονίζοντες πάντοτε, οὐ διασφαλλόμεθα. Τὸ γὰρ νοερῶς δι' ἀπουσίας βλεπόμενον, καὶ αἰσθητῶς διὰ περιγραφῆς εἰ μὴ βλέποιτο, ἀπολέσειεν ἂν καὶ τὸ νοερῶς ὀπτάνεσθαι."①

"如果我们的信仰是将基督视为被钉十字架而死者的话,那么描画他就并非什么谬误。而如果不在场者仅仅被精神所观想,而不能够作为可被转写者而被诸多感觉所感知到,那么精神的观想也就遗失殆尽了。"

这一结论的前提自有其《圣经》神学背景,也就是保禄宗徒在《迦拉达书》3,1中所说的:

"Ὦ ἀνόητοι Γαλάται, τίς ὑμᾶς ἐβάσκανεν, οἷς κατ' ὀφθαλμοὺς Ἰησοῦς Χριστὸς προεγράφη ἐσταυρωμένος."

拉丁译文为:"O insensati Galatae, quis vos fascinavit, ante quorum oculos Iesus Christus descriptus est crucifixus?"② 思高本译文为:"无知的迦拉达人啊!被钉在十字架上的耶稣基督,已活现地摆在你们眼前。"此句中文亦可译为:"被钉十字架的耶稣基督被绘画在你们眼前。"或译:"被钉十字架的耶稣基督被描绘在你们眼前。"其中"绘画"指的就是图画的描摹、画像的描摹,而"描绘"亦可理解为文字的描绘。

---

① 就此请参见"Antirrhētikoi"(III 4, 5); PG 99, 436A。

② 希腊与拉丁文本均请参见 Nestle-Aland, Novum Testamentum Graece et Latine. 26. Auflage, 7. Druck. Stuttgart 1979。

2. 古典哲学的概念与基督论的阐释

就圣像问题而言，特奥多鲁斯也以多种文体类型而著述颇丰，不仅包括学术论著，而且还不乏书信、诗歌以及演说等体裁之写作；其中比较重要的就是前文提及的所谓的"Antirrhētikoi"，这部著作分为三部分，前两部分具有某种对话风格，敌对与赞襄画像的观点被对应起来，敌对者被视为异教的，而赞襄者则被视为正教的；这两种观点并非简单而机械地被一一对应，而是被有机而辩证地建构起来，在此基础上，第三部分则有针对性地展开若干画像理论的核心主题，并由此而使得前两部分具有柏拉图对话的水准和相应的意义；此外，从写作意图来看，特奥多鲁斯也出于为画像辩护的意图而写作了这部著作，从目的群来看，其受众几乎是教会内外所有人，于是各种观点被精当地概括、条分缕析，并且具有某种辞书（或工具书）品性，因而它比较容易被查询；同时，也恰恰是这一经院哲学式的严格的写作形式使得特奥多鲁斯易于自然而然全神贯注在所探讨的问题的特性和本质上，并且集中而充分展示他的思考和分析。总之，一方面，他的学养在当时是有目共睹的，他的著作所体现的博学在当时教父学者们的作品中是出类拔萃的；而另一方面，他的生活是跌宕起伏的，他在政治上的敏锐与干练也十分有助于他的学术思考以及学术观点的流布[①]。尽管他逝世于826年，并因此而未

[①] 关于特奥多鲁斯的学术交游，特别是与同样是著名学者的君士坦丁堡大牧首尼科弗鲁斯一世（Nicephoros I., 806-815 在牧首位）的交往以及所享有的学术地位、对后世的影响，请参见 A. Gardner, Theodore of Studium. His Life and Times (Philosophy and Religious History Monographs 151). London 1905. S. 124 以下，P. J. Alexander, The Patriarch Nicephorus of Constantinople. Ecclesiastical Policy and Image Worship in the Byzantine Empire. Oxford 1958. S. 142-155。

亲身经历 843 年之后圣像在东部教会所受到的持续而稳固的崇敬和朝拜，但是他的学说依然为此在理论上做出了重大贡献。

如同前文所述及和分析的，在圣像争执的第二阶段，τιμη（相对的敬拜）这一概念，影响了学者特奥多鲁斯以及他所引述的君士坦丁堡的大牧首尼科弗鲁斯（Nicephoros）的画像学说和神学思想①。

特奥多鲁斯也区分 λατρευία（朝拜）和所谓的 τινή（敬拜），当然，在他那里这两个概念以及从这两个概念而来的表述相互之间也并未脱离干系，而是交错纠缠，问题的关键在于，何种敬拜更为举足轻重。在其画像学说的第三个 Antirrhētikos 中，他主要探讨了两个主题，一个是基督的可阐释性，另一个是敬拜基督和敬拜基督画像的一致性；在第三章中他认为：

"Ὅτι μία καὶ ἀμέριτος ἡ ἐπ᾽ ἀμφοῖν προσκύνησις, Χριστοῦ τε καὶ τῆς αὐτοῦ εἰκόνος."②

"仅仅存在对于基督和他的圣像的这两个不可分离的一个敬拜。"

这几乎是他纲领性的表述，而纲领性的表述则意味着这是他的思维方式和方法；在第四章中他继续拓展了他的观点：

"Εἰ διὰ τὸ μόνῳ θεῷ τὴν προσκύνησιν ἡμας προσφέρειν, οὐ δεῖ προσκυνεῖν τὴν Χριστοῦ εἰκόνα, ὡς δύο προσκυήσεων παρὰ τὴν μίαν καὶ λατρευτὴν εἰσφερομένων, κατὰ τὸ διττὸν τῆς τε εἰκόνος καὶ τοῦ

---

① 就此除上引之参考文献外，亦请参见 Lexikon für Theologie und Kirche. Herder Verlag, Freuburg Basel Wien, Sonderausgabe 2006. Band 7, 839-840。

② 就此请参见 Patrologia Graeca 99, 420 C-428 C。

πρωτοτύπῳ ... Μία ἄρα καὶ ἡ Χριστοῦ πρὸς τὴν ἑαυτοῦ εἰκόνα προσκύνησις, κατὰ τὸ μοναδικὸν τῆς ὑποστατικῆς ὁμοιώσεως, ἀλλ᾽ οὐ τὸ ἑτεροῖον τῶν φύσεων."①

"因为我们仅仅对上帝致以崇敬，所以基督的画像不允许受到敬拜，相应于画像和原象的两重性，似乎两种敬拜取代了一种朝拜而被实施……而从画像出发对于基督的敬拜其实也是一个，就此，由存在（位格）的一致性而来的统一性，而非两个本性的区别性才是决定性的。"

由此我们能够提炼出特奥多鲁斯画像学说的核心表述，亦即画像和原象仅仅是根据质料、本质、本性而有区别，但是在 ὑποστατικῆς（亦即 ὑπόστασις）这一点上则是统一的，换言之，在存在上、在 Persona（位格）的意义上则是统一的，因此也只能有一个敬拜；而 ὑποστατικῆς（亦即 ὑπόστασις），或 Persona 的统一，又可被称为 κλῆσις（命名）的统一②。

围绕这样的纲领性核心表述，在第一篇 Antirrhētikos 中特奥多鲁斯还有十二条总结性论证，前十一个也集中概括了画像反对者的观点，而最后一个则将夸大圣像敬拜的人也视为愚蠢③。我们在此无需一一历数，而仅仅需要引述其中有代表性若干条既能表明问题了：

第四条：

"Εἴ τις τὴν κατὰ τὴν εἰκόνα σχετικὴν προσκύνησιν τοῦ Χριστοῦ εἰδώλων προσκύνησιν τολμηρῶς ἀποφαίνοι,

---

① 就此请参见 Patrologia Graeca 99, 424 CD。
② 就此亦请参见 Patrologia Graeca 99, 341 BC。
③ 就此亦请参见 Patrologia Graeca 99, 349 B-352B。

καὶ οὐκ αὐτοῦ Χριστοῦ μὴ σχιζομένης τῆς δόξης τοῦ πρωτοτύπου ἐν τῇ παραγόγῳ κατὰ τὸν μέγαν βασίλειον, αἱρετικός ἐστιν."

"如果某人将借助圣像而对于基督的敬拜狂妄地称为对于偶像，而非对于基督的敬拜，而其中原象和肖像［本来］并未被分离开来，按照大巴希尔［的观点］，那么他就是异端。"

第五条：

"Εἴ τις ἐν τῇ τῆς εἰκόνος τοῦ Χριστοῦ δείξει μόνον ἀρκεῖσθαι λέγοι, μήτε τιμῶν μήτε ἀτιμάζων, ἀπαναινόμενος ἤδη τὴν κατὰ τιμὴν σχετικὴν προσκύνησιν, αἱρετικός ἐστιν."

"如果某人在指点基督画像时说，仅仅这画像就足以了，他既非敬拜、亦非未敬拜这一画像，甚至以虔敬之心拒绝了敬拜，那么他就是异端。"

第七条：

"Εἴ τις προσκυνῶν τὴν εἰκόνα Χριστοῦ, ἐν αὐτῇ φυσικῶς τὴν θεότητα προσκυνεῖσθαι λέγοι, ἀλλὰ μὴ καθ' ὅσον ἐστι σκιὰ τῆς ἐνωθείσης αὐτῇ σαρκός, ἐπεὶ καὶ πανταχοῦ τὸ θεῖον, αἱρετικός ἐστιν."

"如果某人敬拜基督圣像，并且说，在其中不仅神性在本质上并未受到敬拜，而且即使这圣像是肉身的肖像、它也未受到敬拜，尽管神性是无所不在的，那么他就是异端。"

而前文曾经提及，并简略引述的第十二条的全文是这样的：

"Εἴ τις ὑπερτείνων τὴν τιμὴν τῆς Χριστοῦ εἰκονος, λέγοι μὴ πρὸς αὐτὴν ἰέναι μηδὴ γὰρ ὠφελεῖσθαι, εἰ μὴ προκαθαρθείη πάσης ἁμαρτίας, ἄλογός ἐστιν"[①]

"如果某人面对基督圣像时夸张其虔敬，并且说，他不愿意靠近这圣像，并且之前如果并未从所有过犯中洁净而出的话，则［靠近］也毫无裨益，那么他就是愚蠢。"

第四条论证表明，在基督圣像中完成的崇敬实际上是适用于基督自身的。如果画像自身被崇敬的话，这固然是画像反对者的观点，但是也是需要人们梳理清楚的，那么这本质上是偶像崇拜。这里的术语是"相对崇敬"；恰恰由于崇敬是适用于基督的，所以这样的崇敬也能够在圣像中贯彻和完成。当然，仅此一条尚不足以说明问题，第五条补充说，承认画像的存在实际上是相对崇敬所必然要求的、所必需的。尽管这相对崇敬也是关涉、达于基督的，但是属于 κατὰ τιμὴν 的崇敬毕竟是某种较低一些的崇敬，这一较低的崇敬则属于圣像。特奥多鲁斯追随第二次尼开亚大公会议文献所给出的结论性观点，并且为圣像崇拜实践给出了理由，或曰作了辩护。不过，第七条也并非毫无意义；因为原象和画像具有不同的 οὐσία 和 φύσις，所以在圣像中并未有神性的在场，甚至并未有基督的人性在场，而是仅仅有肖像而已，当然更没有神性的、上帝的 ἐνέργεια。

但是如同人格（位格，ὑπόστασις、Persona）的统一性奠定了尊崇的统一性一样，特奥多鲁斯也能够以本质的不同来论证对于原象和画像的不同的尊崇，他说：

"Εἰ δὲ ὥσπερ κατὰ τὸ ταυτὸν τῆς ὑποστάσεως, οὕτω καὶ κατὰ τὸ ταυτὸν τῆς φύσεως, μίαν φαίμηνεν εἶναι τὴν

[①] 以上四条请参见 "Antirrhētikoi" (III 4, 5); PG 99, 349 CD, 352B。

προσκύνησις τῆς εἰκόνος πρὸς τὸ πρωτότυπον, οὐκέτι διαφορὰν εἰκόνος καὶ εἰκονιζομένου γνωριοῦμεν ἀλλ᾽ ἔσται ὡς μία ὑποστασις, οὕτω καὶ μία φύσις τῆς εἰκόνος Χριστοῦ καὶ αὐτοῦ δὴ Χριστοῦ καὶ ἐμπίπτομεν εἰς Ἑλληνικὴν πολυθείαν, πᾶσαν ὕλην εἰς Χριστοῦ εἰκόνα χαρακτηριζομένην θεοποιοῦντες."①

"而如果我们说，如同相应于人格的一致性一样，相应于存在本质而言也仅仅有一个对于像的尊崇，也就是投射向原象的［尊崇］，那么我们将无法认知阐释和被阐释者之间的区别，而是如同一个人格一样，也仅仅有一个对于基督的画像和对于基督自身的尊崇；而当我们将建构基督画像的质料神化时，我们也就落入异教的多神论之中了。"

"异教的"在此可直译为"希腊的"、"希腊人的"，这与前面总结性论证中的"αἱρετικός"（"异端的"）是有区别的，前者固然指的是非基督宗教的，后者则指的是基督宗教内部的。

隐匿于其后的想法是，只要这一崇敬是涉及 Persona 的，那么它就是一个，并且是同一个，而只要它涉及 φύσις，那么这尊崇就是有区别的了；但是这并不表明，圣像的质料获有与原象同样的崇敬，这是特奥多鲁斯所反对的。他的旨趣在于相对的尊崇，也就是说，肖像与原象的崇敬的一致性被理解为对于一个 Persona 的崇敬；需要区分的是朝拜与敬拜，朝拜仅仅致以上帝，而敬拜则亦可致以给人，这样的区分在画像上的应用：

"Ὥστε εἰδὼς διαφορὰν προσκυνήσεως, ἐν ᾗ

---

① 就此请参见 Patrologia Graeca 99, 501D。

προσκυνοῦνται διὰ τῶν χαρακτήρων τὰ πρωτότυπα, ἀπένειμε τὴν μὲν ὡς κυρίαν κυρίως καὶ μόνον τῇ θεότητι τὰς δὲ κατ' ἀναλογίαν ὧν εἰσι τὰ παράγωγα, τῆς θεοτόκου ὡς θεοτκου, τῶν ἁγίων ὡς ἁγίων." [①]

"由此,如果你知道崇敬的区别,而肖像和原象就是以这样的崇敬的区别而被敬拜的,于是那一[朝拜]就作为原本的[朝拜]而仅仅属于上帝,而另外的[敬拜],无论它是谁的画像的敬拜,则在类比的情形下就作为上帝之母画像的[敬拜]而属于上帝之母、就作为圣人们的画像的[敬拜]而属于圣人们的敬拜。"

在此,对于原象和肖像的尊崇的一致性,被设置为前提;而原象(上帝、圣母、圣人)所享有的尊崇性的不同又决定了肖像(上帝圣像、圣母圣像、圣人圣像)的不同尊崇性;上帝作为原象当然享有最高的朝拜,而画像的如此这般的尊崇则敬告阙如,他们仅仅享有相应于各自属性的尊崇。第二次尼开亚大公会议所确定的倾向被坚持下来,只是画像的属性在此又一次被强调,画像就其属性而言并不获有上帝所获有的那般朝拜,它所获有的仅仅是相对的敬拜而已,朝拜直达画像所阐释者,或曰直达被阐释者。

从特奥多鲁斯所引述的文本来看,君士坦丁堡的大牧首尼科弗鲁斯(Nicephoros)原则上也持同样之观点;尽管他强调对于画像的敬拜转达到原象之中,但是他依然也区分对于基督的朝拜和对于他的画像的敬拜,他也主张相对的崇敬和虔敬的朝拜交相辉映[②],如同特奥多鲁斯一样,在关涉画像和原象时他也强调 Persona

---

[①] 就此请参见 Patrologia Graeca 99, 349A。

[②] 就其所引述尼科弗鲁斯之观点,请参见"Antirrhētikoi"(III 10);PG 100, 392B。

的一致性和 οὐσία 的不同；尽管他也提及亚里士多德的关系范畴 πρός τί，但是比较起质询崇敬的区分，他更多地是强调基督的可阐释性。

3. 亚里士多德的关系范畴与特奥多鲁斯圣像理论的本体形上之思考

在对新柏拉图主义的汲纳之外，特奥多鲁斯对于亚里士多德也娴熟于心。固然，他首先有针对亚里士多德的表述，在前文提及的"Antirrhētikoi"第三部分的导论中，他强调说，尽管他需要三段论，但是并非按照亚里士多德的理论，而是按照简质表述的真理性；此外，他还提到，简明的信仰优先于逻辑的分析[1]；所有这一切恰恰表明他有很好的古典哲学的素养，并且通晓亚里士多德，或曰尽管不乏批判意识，甚或针对亚里士多德的抵触意识，但是依然在其范畴学说和关系学说之影响下而从事其画像理论的概念建构的；而对亚里士多德哲学（以及新柏拉图主义哲学）的学习与批判、继承与扬弃，又恰恰不仅是（以奥古斯丁为代表的）拉丁西部教会，而且也是（以伪狄奥尼修斯为代表的）希腊东部教会建构独立的基督宗教哲学和神学的意图，以及这样的意图的实施[2]。

在亚里士多德的诸多范畴中，特奥多鲁斯首先汲取关系范畴，这一基本概念涉及存在中的关联性；亚里士多德称之为 πρός τί，

---

[1] 就此请参见"Antirrhētikoi" III, Prooemium. PG 99, 389 A 6-10, 349A15-B2。

[2] 就此请参见 K. Schwarzlose, Der Bilderstreit. Ein Kampf der griechischen Kirche um ihre Eigenart und ihre Freiheit. Gotha 1890。

下篇·第11章　奠基于亚里士多德哲学基础之上的学者特奥多鲁斯的圣像理论

可直译为"关涉某物",拉丁语译为relatio。亚里士多德以其范畴论探讨概念的结构,这主要涉及关于存在的思考,而关于存在的思考必须首先确立内涵明确的概念,以及对这样的概念的确切的理解;由此必然的是,系统梳理诸多概念的整体性、整全性,只要它们涉及对于存在的理解。而涉及存在的概念不免庞杂众多,于是在亚里士多德看来,它们能够被去芜取菁而精简到若干基本概念,而这些基本概念则被他命名为范畴,对于这些范畴进行结构性分析的著作,则被称为"范畴篇"。由于概念表述存在的属性,那么在涉及事物之间的关系、角色之间的关系,或者思想之间的关系时,或者更确切地说,在涉及对于这些关系的理解时,一方面,概念必须是有用的、可用的、适用的,另一方面,可用而适用的关系概念必定是表述事物、角色,抑或思想之间的相互的关联性的,这又进入到形上领域。而在亚里士多德看来,关系又能够展开为不同的形态,其基本的、亦即具有法则性的形态不外乎两种,一种是共时性的形态,顾名思义,处于关系中的各部分必须是同时存在的,而另一种则相反是非共时性形态。

特奥多鲁斯以亚里士多德范畴论中的关系概念来描述画像的本质,以至于亚里士多德的关系概念成为他论证画像(圣像)合理性最终的逻辑出发点和理性基础。谈到关系概念,至少必定涉及相关事物之间、角色之间,甚或思想之间的某种关联点,在这个意义上,以关系概念寻求,并且描述人物(或上帝)与画像之间的关联性,就是十分逻辑而理所当然的了。而无论是人物,抑或是事物,或者某种场景,画像必定描画些什么,被描画者则应当是画像的原象,或者原型;关系则近乎于将原象(原型)和画像(或肖像)引入关联性的无形的轴线;这一轴线的公设在画像的争执中十分重要,原因在于,出于这一公设才有可能将基督和他的画像建立到一种关系之中；亚里士多德的范畴学说，或曰古典哲学就以这种方式而成为画像合理性、画像崇拜合理性的终极论证，并且再度为基督宗教哲学提供了思维之工具；特奥多鲁斯以亚里士多德的概念为基础建构了自身完足的画像关系性的理论。

特奥多鲁斯就是借鉴古典画像理论的术语和概念来探讨画像和被描画者之间的关系，这关系一言以蔽之：画像所描摹图画者，就是原象，或曰原型。原象既可以是单一或诸多的人物，亦可以是事物、事件，当然也可以是耶稣基督、圣母玛利亚以及诸多殉道者和其他圣人们。画像（圣像）与原型的关系是画像学说中基本的关系类型，对于圣像的理解，需要若干基本概念，这些概念至少必须具有最低限度的表述力，以能够清晰表达出画像的本质究竟是什么。属于画像的至少有两个基本的限定，亦即画像自身和它所描摹者。或曰被描摹者是画像的原样、样本，如果没有这原样、样本，则没有任何前提去谈论画像，即使谈论也没有意义；而如果在被描摹者和画像之间没有任何关联性或曰相似性，则画像也同样无从谈起。

特奥多鲁斯在探求画像与原象的关系时所应用的表述是希腊文专业术语 ἡ ὑπόστασις，亦即"基础"、"存在"、"质料"、"本质"，以及"属性"等，早期教父们，或曰护教教父们直到4、5世纪在建构其上帝三位一体程式论的过程中，就已经借助或者更恰当地说倚重，并且一直持续使用这一概念了，它表述单一的存在、单一的存在者①。如果一幅画像描摹单一的人，那么在画像理论的术语中，一方面，尽管这一被描摹的人和描摹他的画像就享有 ὑπόστασις，

---

① 就此请参见本书笔者另一部专著《形上之路——基督宗教的哲学建构方法》中对于 ὑπόστασις 这一概念的长篇专章讨论。

但是另一方面，这两者却依然各自享有不同的本质；原象是人，而画像则是艺术模态化的质料。在这样的意义上，特奥多鲁斯就能够表述说，原象与画像按照存在的关联性（相似性）是一个，而按照其（自然）本性则是两个。在这样的解释中，两个各自独立而完整的单元（元素，或曰构件）就被给出了关联性；无论是原象，抑或是画像，其中任何一个单元都不能被分为两个毫不相干的像，或曰这样的划分是无理的；同时，任何一个单一的存在也不能享有两个（或两个以上）截然不同的名号，因为名号表述存在的本质，一个存在不能有两个（或两个以上）截然不同的本质。虽然略嫌抽象、但是却十分清晰，特奥多鲁斯预设了比较精确的概念限定，亦即画像是画像，而原象是原象，原象与画像（作为"像"）在形态（情态、模态）上是自身认同，在本质上则各自迥异而大相径庭，原象与画像一方面各自表述与自身等同的（与自身认同的）同一性，或曰至一性，而另一方面这两者之中的任何一个又不会过渡到另一者之中，又不会蹀入到另一者之中。

尽管与自身等同的各单元是分离的存在，但是它们却也表明它们是相互关联的；为了阐释这一在区别之中离析而出的关系，特奥多鲁斯给出一个例证：皇帝和皇帝的画像是两个完全不同的存在，但是人却不能说有两个皇帝；由此而来的结论是，谁如果没有恭敬基督的画像，那么他的不恭也就透过画像的表面而侵入了深层，也就是说，这样的不恭直接冒犯了耶稣基督，由此他为作为画像原象的基督的 Persona（人物、位格）保证了应得的恭敬[①]；这是他概括而出的正论。

[①] 就此请参见"Antirrhētikoi" III 4, 1；PG 99, 428 C 6-D6。

由此他过渡到反命题，并且模拟出圣像反对者对于这一观点的有可能的回应；在反对者看来，Persona（位格）的画像的原象（原型）既非当下存在的、亦非一位历史的 Persona（人物、位格、人格）；画像是艺术家的艺术行为（造作行为）直接而毫无生气的结果，它是人所设置的，或曰充其量是人的设置而已；在原象和画像之间的关系不过是原型与描摹、自然与艺术、物性（φύσις, Physis，或曰质料性？）与论理（θέσις, Thesis）之间的对立而已；反对圣像一方所提出的问题是，如果基督约略以自然的方式作为他的画像的原象（原型）而存在，而画像又是一种设置，那么在一个自然的对象（自然的存在者）和艺术的对象（艺术造作而出的存在者）之间生出一种如此这般深刻的关系，以至于对于这两个（各自独立的）整体而言一个同一的恭敬是合理合法而正当恰当的吗？虽然本质的不同将原象与画像区分开来，但是圣善的行为依然有可能借助艺术造作而出的客体（对象）而达于原象吗？

在这一问题之后所隐匿的问题，或更深层的设问是，在原象与画像之间的区别难道仅仅是历史的（或曰仅仅是时间的、空间的）吗？这其中难道没有本体的区别吗？无论如何，画像是在原象之后才被造作而出的，从时间上看画作的产生是晚于原象的，恰恰由于这一点，画像享有独自的时间性。每一幅画像直到有了观视者才对其观视者而言才是当下此时的，也正是在这个当此之时，画像才展示了自身、才展示了他所描摹者；由此画像也保证了原象在现在时，甚或现在进行时模态中的存在方式，而这一现在时（现在进行时），或曰在现在时（现在进行时）模态中的存在方式，是作为原象的历史的人物已经无法控有的了；这一阐释性的现在时（或曰现在进行时）的样式和品性，由此也就包含了一种一般过去时（或曰包含了过去时形态);画像在基督圣像中至多就提点出一个过往的人物(位格)①。画像(圣像)反对者尝试以原象和画像的时间上的区别而原则上将这两者分离开来,而赞襄画像者则相反,探索它们之间千丝万缕的相互关系,并且尝试加强神圣的原象和崇拜的肖像之间的内在逻辑关系。

就基督与其画像的关系而言,特奥多鲁斯首先给出了一个例证;在他看来,不仅光学镜片,而且就是眼睛自身,也能展示身体与影子的联系;因为每一个躯体在光线照射之中都能投射出自身的影子,所以没有人能够将一个躯体标示为无影体;大凡看到一个躯体(物体)的人,也同时能够感觉到在恰当的光线照射下伴随这一躯体(物体)的它自身的影子;反之亦然,大凡看到(感觉到)一个影子,那么也能够回溯到引起这一影子的躯体(物体)。特奥多鲁斯将这一例证应用在基督圣像上;由于基督在本性上是躯体的存在,于是他的画像对于他而言如同影子追随物体一样;而由于从影子也能够回溯到一个躯体,或者身体上,所以基督圣像也能够提示出基督本身。

在画像学说的专业术语中,这意味着,在基督之中他自身存在的画像是可被认知的,在基督圣像之中基督作为原象是可被认知的;基督与其画像如同物体(躯体)与其影子一样是无可分离的相互被联系在一起;而也恰恰如同躯体(物体)与其影子之间并未有一种时间上的区分、分隔一样,也就是说,如同被光源照射的物体直接、亦即同时投射出其影子一样,原象(原型)与画像也处在同时性的模态中。承载画像的躯体在这样的内在联系中庶几是无足轻重的,

---

① 就此请参见"Antirrhētikoi" III 4, 2;PG 99, 428 D 6-429 A 2。

重要的仅仅是这一关系的同时性、共时性①。

画像的反对者并不愿意承认这一点，他们依然提出他们的质询；他们更多地倚仗原象（原型）与画像（圣像）之间的非同时性来反驳赞襄画像的学说。针对原象与画像之间的无可消解而绝对的内在联系，似乎能够反驳说，在自然之物和它的艺术的设置（艺术的创设）之间存在着诸多区别；在这一反驳中所隐匿的问题是，在肉身存在的基督和他的艺术画像之间有可能有一种同时性吗？特奥多鲁斯依然坚持它们之间的内在联系；他再度以光影的例证阐释这一点。尽管物体的影子并非一定借着某种光源而呈现出来，但是这影子总是与物体本身同时存在；同样的，同时性也适用于基督和他的画像。由此，同时性关系模态在原型和画像之间建构了联系，特奥多鲁斯所强调的这一同时性最终也仅仅是他汲纳亚里士多德关系学说的前奏而已。

原象与肖像的相互环抱、相互关联的学说，并非空穴来风，而是有其古典哲学之基础的；特奥多鲁斯论述了原型和画像之间的关系，而为了确保这一论证的可靠性、稳定性，他依然拾起亚里士多德的关系学说。当然，特奥多鲁斯并非拾人牙慧，而是从亚里士多德出发进而疏通画像学说的基本论证，并由此而认为，原象与画像的相互关系，既是双重的（加倍的）、又是减半的。没有加倍的，则减半的如海市蜃楼；没有减半的，则加倍的亦如空中楼阁；亚里士多德在他的"范畴篇"中早就指出了这样的关系。没有原象则没有画像，如同没有加倍的就没有减半的一样，没有画像则难于思考原象，如同没有减半的就没有加倍的一样。特奥多鲁斯认为，这种范畴上的联系至少在理论上弥平了原象与画像之间的鸿沟。如果圣

---

① 就此请参见 "Antirrhētikoi" III 4, 2；PG 99, 429 A 3-15。

像毁坏者将圣像从受尊崇的内在逻辑联系中扯离而出的话，那么他也就断开了画像与作为原象的上帝之间、崇拜画像与崇拜上帝原象之间无影、无形、无象的轴线。汲纳亚里士多德的关系学说，使得特奥多鲁斯能够在轴线概念上解释原象与画像之间的关系，也就是说，他在关系轴线上设置，并解释了同时性模态，原象与画像（或曰肖像）作为同一轴线关系上的两个单元同时，并且只能同时建立关系，而且一旦建立关系就是同时性模态，非此即非彼，无此即无彼；按照这一概念阐释，在关系轴线上，或曰在原象与画像（肖像）这两个关系单元之间，于是就并没有什么区别。

不仅如此，这一关系的两个单元的相互环抱，还产生并继而拥有一种崇拜意义。这样说的理由在于，基督自身作为画像的原象，使得画像与基督建立了联系，于是被敬拜的画像甚或就如同基督一样成为崇拜的对象；或许我们还可以说，这是对亚里士多德关系学说在神学、宗教礼仪和宗教崇拜意义上一种放任自由的、随心所欲的，甚或不乏滥用意味的转用。

为了使其论证更具表述力，以加深他自己的思考，特奥多鲁斯更进一步汲纳亚里士多德的范畴学说。在探讨关系范畴时，亚里士多德发现了处于关系之中的各单元（各部分）的相互性，而在各单元同时性的关系中，涤除一个单元则意味着这一关系中另一个单元的取缔，同时意味着关系的消弭；此外，一半的解构意味着加倍的湮没。特奥多鲁斯也将这一学说借鉴到原象与画像之间的范畴论的关系中；原象与画像享有一种相互的、交互的存在，这一关系中的一个关系单元的涤除必定引起其中另一个的取缔，而其中任何一个单元的存在则必定肯认另一个的存在，必如此，方能有关系；如果基督不存在，那么显而易见他的画像也无从谈起，因而也毫无存在之可能；在每一个艺术的画像（肖像）被造作之前，则必须能够回溯到原象之中，或曰原象必须是可以想见的。按照这样的论证，基督在自身之中承载着他自身之像，而这一原象则许可了对于他的艺术的阐释，亦即使得画像成为可能。在画像争执过程期间的艺术实践中，这样的观点则呈现为：凡不敬拜基督画像的人，也就涤除了对于基督的尊崇；特奥多鲁斯以如下的方式表述他的思想：

"如同一半与加倍一样，原象与画像也处在一种关系之中。原象完全借助自身而承载自身之像于自身之中，而它由此也是原象；而加倍则完全借助自身而带来一半，在与之相关联中加倍被表述而出，或曰被加倍化。如果没有自身之像，则没有原象，而如果一半无法设想的话，那么加倍也不存在；由此，在这之中同时存在者是被同时认知的，当然也是同时存在的。而由此而来的是，因为在他们之间并未有时间上的分别，所以并不存在仅仅针对一个的敬拜，而是只有一个，并且是同一个对于两者的［敬拜］。"[①]

"原象与画像享有交互的存在。大凡一个被涤除之处，另一个也同样被涤除；而如果假设基督并不存在，那么从可能性上来看他的画像也不会存在；而在艺术创作之前原象则总是会存在的。大凡不敬拜基督的，他也不会承认，基督之像在他自身之中也同受钦崇。"[②]

范畴论中的关系学说在理论上保证了特奥多鲁斯对于圣像毁坏者的批判。反对者的论点能够简要概括为一种质量-结构论的阐释；他们认为，从存在者的角度来看，能够有这样的结构，即一个存在

[①] 就此请参见"Antirrhētikoi" III 4, 4 ; PG 99, 429 B11-C7。
[②] 就此请参见"Antirrhētikoi" III 4, 5 ; PG 99, 429 C8-D3。

者和另一个存在者在某种质量上是相似的,而在考量另一种质量时则有可能是非相似的;如果圣像与原象因着画像的相似性而享有与原象的相似性的话,那么在每一个自然的属性上则都存在区别。原象与画像仅仅是在外表上相似而已,但实际上却是两个完全不同的存在,原象是其自身质量的总和,画像同样也表述其自身属性的总和,他们仅仅是在相似性的质量上是一致的,否则,则并未有其他一致性。原象是一个人物(Persona,或者位格),而画像则不过是一种描摹的造作而已;于是画像(包括圣像)则充其量反射(映射)原象的整体存在而已;正是由于画像与原象并未享有同样的、同一的存在模态,所以将画像与原象等量齐观、在敬拜的意义上等而视之,则必然是一种谬误;画像不能享有上帝所享有的尊荣。

特奥多鲁斯以对于画像品性的更深刻的反思来批驳这样的观点。对于画像品性的理解是这一反思的关键环节;他认为,画像和原象建构了一种关系,尽管这种关系是通过原象与画像的相似性而得到保障的,但是在存在上是有区别的;在这样的关系中既有区别中的同一,又有同一中的区别;如果不是这样的话,那么就会产生一种悖论,也就是说,如果在原象的质量和画像的质量之间有一种完全的同一性的话,那么画像的创设就没有任何意义;于是在这个意义上画像与原象才能合流、才能同归于好,才能恰好相合、恰好叠合。在这个意义上,圣像反对者对于圣像的要求在本体论上恰恰无法达到,也就是说,圣像与原象并不具有存在意义上的同一性;而特奥多鲁斯则在亚里士多德范畴论中寻求到关系概念,并由此建构了联结崇拜对象(画像、圣像)与其神圣的蓝本(原象)之间的桥梁。他的思想为拜占庭圣像争执期间,特别是其第二阶段注入新的活力;借助亚里士多德的范畴学说,使他能够透视蓝本与摹本、原象与画像所构成的复杂结构；在他看来，原象与画像处于关系范畴中，这一关系中的每一单元都与另一个处在同时性之中，它们是一种相互的关系，同时关涉另一个；没有原象，就没有画像，而就此每一个原象都享有一个与它在关系中相关联的画像。他将这一哲学建构的论证继而应用在基督画像（圣像）上，基督与其画像在关系的方式上是相合的，于是基督画像也应当享有基督所享有的尊崇。

这一观点初看起来似乎是圆融无碍的，但是也依然有其不可忽视的问题。亚里士多德的范畴学说是为了阐释存在而发展出的理论，是本体论；而朝拜、尊崇等现象，则属于另一种维度中的问题，特奥多鲁斯似乎比较轻易地将其转用到画像理论和圣像政治，特别是崇拜画像的结构之中，但是无论如何，这一转用对于画像问题在概念的理解上贡献颇大。在这个意义上，其关系理论，特别是用于崇拜画像的关系理论对于艺术哲学、艺术哲学史也都颇具意义，他的如此这般的画像理论表明，古典哲学以及古典哲学的素养在圣像争执的理论混乱中对于基本问题的解决颇具能力和意义，这也为后来拜占庭艺术在文艺复兴时期后期的脱颖而出作了理论的准备和保障。

第12章 拜占庭圣像画法语言的本体形上美学特质

1. 引入：拜占庭圣像理论的主旨、思维方式以及神学主题的诠释方法

我们在此所说的本体形上美学，指的依然并非是审美美学，而是圣像画法语言的哲学内涵，亦可称为画法语言的本体形上美学之特质。

在考量拜占庭圣像理论的主旨和法则时，社会史的状态、统治者的责任、古典哲学的思维方式、基督宗教的神学主题、伦理价值观的现实问题、本体形上美学的独特视角、美学观想的认知功能，以及它们之间的相互关系，是不容忽视的综合性的学术背景[①]，它

[①] 就这一点前文也已经提及，此外亦请参见 Herbert Hunger (Hrsg.), Byzantinische Geisteswelt. Von Konstantin dem Grossen bis zum Fall Konstantinopels. Holle-Verlag, Baden-Baden 1958。关于统治者的责任请参见此书 S. 35-48；关于古典哲学以及古典思维的传统请参见 S. 20-23, 48-55, 58-67；关于基督宗教的神学思想，特别是基督论，请参见 S. 99-104, 144-164；关于画像（圣像）理论的本体形上美学视角和认知功能请参见 S. 116-124. 亦请参见 Hubert Jedin (Hrsg.), Handbuch der Kirchengeschichte. Band II/2. Herder Verlag, Freiburg Basel Wien 1999。关于拜占庭帝国的社会史及教会史状况请参见此书 S. 15-24, 43-68, 75-83；关于拜占庭基督宗教的神学理论请参见 S. 68-75。关于画像（圣像）理论的本体形上美学意义及其认知功能请参见 Band III, S. 4-9, 31-62。关于拜占庭圣像理论的综论，请参见 Theologische Realenzklopädie. Walter de Gruyter Berlin New York 1993. Studienausgabe Teil I, Band 6, S. 515-568, 特别是 S. 532-540. Band 16, S. 59-81, 特别是 S. 59-72。

们不仅是拜占庭圣像理论的重要元素，而且共同决定了这一特定艺术形式的美学特质；圣像理论作为某种特殊的艺术思维，宣示出一种不同于古典哲学艺术理论的新方法，其所深切关注的是建构一种艺术的现实性，以及这一现实性与超验的现实性的关系；换言之，圣像理论的主旨在于上帝、在于神性、在于上帝与人的关系。

在这一总体的思维背景上，寻求超验的，并且同时是内在于此间世界的理念（或曰上帝），是拜占庭艺术，特别是圣像艺术创作的基本思维方式，这一思维方式所要求的，是探讨那一既超验于、同时又内在于此间世界（也包括被画出的世界）的理念（上帝）的非等同性类比；换言之，如何表述对于具体而可感知的此间世界而言既是超验的、同时又是内在的上帝，是这一思维方式的核心以及所深切关注的对象。从前文所引述的大量希腊文和少许拉丁文原典出发，我们庶几能够概括说，与通常的艺术理论、艺术形式不同的是，拜占庭的圣像艺术理论并非仅仅关涉艺术的现实、可经验的世界，或曰并非仅仅关涉此在的艺术，它同时也关涉超越此间世界的维度，并且关涉这两者之间的关系；这一独特的时空概念和独特的光色律动性所建构的独特的艺术的现实（亦即圣像等），不仅领起超验，而且唤起内在，或曰同时是超验和内在的对应、是超验和内在的统一，在这一思维方式统领下所建构的艺术创作的世界，庶几有着无与比拟的丰富内涵。在东部基督宗教对于世界的理解系统中，每一事件、譬如道成肉身的事件，不仅都能够在画像中被理解为比例的关系和光色的律动，而且在素朴求实的和历史叙述的风格中，也都能够被理解为超时空而兴起的不变的现实，都能够被理解为宗教的文本，并且圣像本身就具有文本意义、就是文本意义，或简言之，圣像就是文本；在圣像的这种语义学功能中，特别是那一超时空而不变的现实甚或都能够被理解为教会的一部分，而教会则并非别的什么，而是被理解为充满奥迹的宇宙、人类，以及上帝在其中和睦相处的团体，或曰修和的团体；由此显而易见、也能够理解的是，表述这一团体的艺术（画像、圣像）阐释的可视性结构，应当能够反映其形上的本质，在这个意义上，结构主导性，或曰结构性原则，不仅是拜占庭艺术整体中，特别是其圣像理论的基本法则，而且在广义上也是整个东部基督宗教艺术的基本法则。

在刚刚提及的圣像的语义学功能中，不仅包含具有重大意义的宗教象征性意义内涵，而且也提示出前存在的言（圣言、道）在圣像本体论秩序中的凸现地位；换言之，圣像作为画像不仅具有形象的意义内涵、象征的意义内涵，也就是基督逻各斯的普遍当下性的象征，而且同时也确认了所阐释的事实的普遍当下性的非消失性（非过往性）和它的超出经验性（超经验性）；一方面，文本的一般过去时，在圣像（圣像）中（也就是在人观视它时）转化为一般现在时、现在进行时；另一方面，画像能够达于每一种意义阐释，也就是能够被纳入到语义阐释的不同的结构中，在这个意义上，画像的价值一方面在普遍的意义上对于宗教的含义而言、另一方面在我们所研讨的主题的意义上对于基督宗教神学及其教义而言，绝不低于文本的价值。于是，从本体形上美学的层面来看，画像就是信理、画像就是神学，从哲学宗教学的层面来看，画像就是文本诠释学、画像就是语义分析学。

2. 画像（圣像）的本体形上意义

2.1 认知功能

在拜占庭的艺术中，画像不同于通常意义上所理解的艺术，其基础是严格从属于认知功能的;尽管如同前文所提及的,非等同性类比是其神学、哲学思维方式和基本方法所要求的,也就是说"不相似"("非相似")是基本原则[①],但是画像(固然也包括圣像)依然是原象的肖像,是原象的象征和标志,画像(圣像)本身就是对原象的认知。当然,原象本身就是某种超验的理念,于是画像的某种严格的本体形上之内在法则就必须被遵守;这意味着,画像对于超验的、超自然的对象的形上本质的标示并非任意妄为的,而是有内在的要求的。一方面画像承担了语言分析、语义分析的功能,另一方面画像作为整体也带来心灵的激荡,同时还能够成为传承传统的媒介;也就是说,画像并非仅仅是一种标示而已,它更是某种认知人类以其理性无法掌控的精神世界的媒介,画像似乎能够被理解为超验世界的非现实性在现象层面的具体实现、超验世界的抽象在此间世界的具象,是概念定义在形象层面的呈现。画像、圣像所深切关注的,是十分艰深晦涩的哲学文本、宗教文本、宗教哲学文本以及神学文本的阐释;基督宗教早在诞生初期的几个世纪中,在面临俗世的哲学、宗教和艺术时,自身就有一种内在的要求与尝试,去寻求并建构一种有足够承载力的、有强大表述力的,并且在艺术表现、宗教象征和文学蕴含方面都具有强大汲纳能力的综合性的框架结构,以在富含宗教和哲学的周边世界、共同世界中借助这一框架结构来阐释和传输基督宗教的神哲学思想、宗教思想,以将自己的思想吟咏给周边世界和共同世界;这样的尝试逐渐构筑了基督宗教的文字文本、音乐、画像相互关联的综合性框架结构,这一综合

---

① 关于类比概念,特别是非等同性类比概念,请参见 Wohlfart Pannenberg, Analogie und Offenbarung. Eine kritische Untersuchung zur Geschichte des Analogiebegriffs in der Lehre von der Gotteserkenntnis. Göttingen 2007。

性框架结构作为基督宗教思想传输的承载者又渐次成为基督宗教中的传统,特别是早期教父哲学的传统,这一传统反过来又坚固了这一框架结构。在基督宗教的第一个三百年的历史中,象征性的和譬喻的基督画像的表述,就已经有了某种程度的传播,比如羔羊的形象、慈航和渔夫的形象、葡萄藤和牧者的形象①;时至公元6世纪前后,伪狄奥尼修斯的画像理论已经有了一种普遍的流布,画像、圣像的一些基本的模式已经形成,尤其是4至6世纪期间,基督宗教自己特有的绘画象征的画像(圣像)理论渐次孕育而成,并且表述而出,这也不仅成为东部基督宗教艺术的结构性基础,而且在画像争执过程中也是7、8世纪赞襄画像的理论的重要支柱之一,至9、10世纪前后,当圣像崇拜和赞襄圣像的理论赢得主导地位时,特别是第二次尼开亚大公会议(787年)的决定得以贯彻时②,圣像作为神学、哲学、宗教、艺术之综合性整体不仅成为拜占庭艺术理解的基本思潮,而且圣像基本范式的收集和庋藏也适时出现。

2.2 构图体现的神学主题中的人本中心思想

按照圣像的理论,无论是从内容上,抑或是从形式上考量,每一种可以想见的构图的核心都是人,人构成了基督宗教精神努力的核心与目的,也就是说,人、人的开蒙、人的启蒙,以及人的救赎,

---

① 就此请参见 Johannes G. Deckers, Die frühchristliche und byzantinische Kunst. Verlag C. H. Beck. München 2007. S. 16-18。

② 就此请参见 Heinrich Denzinger, Peter Hünermann, Enchiridion symbolorum definitionum et declarationum de rebus fidei et morum. Kompendium der Glaubensbekenntnisse und kirchlichen Lehrentscheidungen. 40. Auflage. Herder Verlag, Freiburg Basel Wien, 2005. 600-603。这次大公会议的决议明确指出,画像,或曰圣像能够将人领入对于原象的崇敬和思考之中。

是基督宗教神学和哲学的终极目的；这一精神层面的理念不仅体现在圣像的可感知的样式和风格中，而且也体现在它的传统的功能中。在拜占庭圣像艺术中，承载这一理念的，庶几并非上帝作为上帝的形象，而是人的形象，或曰对于人的形象的阐释。在这一法则的要求下，构图中最重要的形象都是正面向前的姿态，基督和圣母玛利亚的形象庶几亦不例外，圣母在基督宗教的理解中固然本身就是人，而基督则被理解为具有完全神性的完全的人，并且在习惯上也被描绘为人的形象；而围绕他们的其他形象，无论是宗徒、圣人，抑或是一般信众，都呈现出一种从容舒适的姿态和位置，以突出中心人物（中心形象）的尊严；为了达到这一目的，在某些情形中，画在穹顶上的形象（譬如基督和圣母）会有一种稍显，甚或稍嫌过度的放大，而负面的人物和形象（譬如犹大和撒旦，以及动物的形象）往往以侧面剪影的方式来表现。

甚或形象的变形亦具有其深刻之意义；在圣像的构图中，不仅有正面形象在比例上的有意放大，甚或不合比例的放大，而且另一种不同于一般肖像艺术的情形也存在，也就是说，几乎没有任何一个人物形象仅仅被描摹颈项以上，即使仅仅当人物的后背（背影）出现在画面中时也是这样；这往往也造成比例的失调、人物形象的变形。从现象上来看，圣像理论及其所引领的实际的创作，并不追求形似，并不追求对于现实世界中对象的拷贝式描摹，并不时刻注重比例的恰当、光影的谐调，换言之，并不追求画得像。从理念上来看，圣像艺术这样的追求是其基督宗教神学思想所决定的；从这一思想出发，人是上帝的肖像，但是这一肖像并非肖似的肖像，而是不肖似（不像）的肖像，在这一思想的统辖之下，画法语言、画像，甚或圣像并非要真实传达某一现实的对象，而是仅仅作为一种符号象征、作为一种譬喻，以直接、直观地表述和阐释基督宗教所推崇的理念，也就是说，它们仅仅具有一种象征性的功能而已，或者更极致的表述是，这样的变形是不可避免的，甚或是有意而主动追求的；我们庶几可以说，在其神学思想统辖之下，形象不合比例的变形，以及由此而引出的变形的形象，似乎是为了获取更强的表述力，以阐释其神学和哲学思想，这因而也成为圣像艺术所特有的风格和品性。

2.3 空间之本体形上意义

圣像风格上的特殊性不仅仅体现在变形的人物形象上（譬如过度夸张睁大的眼睛、近乎于不可能的身体或头部的非自然的扭转、天使大多不被描绘腿部等），而且还体现在视觉可感知的多空间上（或曰多层空间，譬如在背景上的人物形象、幕布后的天使形象、丘陵、墙垣等，或者以横跨两个空间的天使的形象来表述空间的区别），固然，这种多空间性有时并非是被完全描绘而出的，而仅仅是示意性的，有时甚至并非视觉可感知的，而仅仅是以形象示意的（譬如某些形象目光所及是另一些形象，以及画像观视者所无法视觉到的物体或空间等）；多空间性或许体现某种舞台美学之原则，但是这一风格意图表现的，却并非某种现实世界中作为描摹对象的真实的空间，也并非以空间性的分配来炫耀画法，更不是要建构一种舞台美学原则下的多层次场景，或曰以画像来呈现这样的场景，这一在空间上呈现而出的多层次，或曰多层空间，也是在一个统一的，或曰整一的画面组合中被表述的，空间上的不同并不被凸显而出，甚或并不被提示出来，表述多层的空间、表述空间的不同，并非要强调区别，这一风格的意图在于体现一种至一性，也就是表现彼岸世界与此间世界的不可分离性，表现神性与人性的不可分离性，表现人类历史与救赎史的不可分离性，或曰两者的同一性，或曰表述逻各斯神性周流遍至、圆融无碍的普遍性。这样的目的要求一种整体的完满性，而一些并不重要的单一性则可以放弃，也就是说，细枝末节是可以被忽略不计的、是不必细致入微而被精当表述的；这也恰恰是拜占庭圣像理论的神学意义和美学意义。

不仅人物形象，而且无生命的形象（譬如山水、树木、建筑、室内等）更要服从变形原则，以适应圣像理论的终极目的；这当然与基督宗教，特别是东部教会整体的神学思想密切相关。画像的作者并不真切关注无生命对象的自然品性，它们无需外师造化，似乎仅仅内法心源即足够了；感官可感知的现实世界中的对象的外在性（外在形象），并非他们所真正关注的，并非他们的旨趣所在，抓住并真实表述对象的外在性对于他们而言并不具有重大意义，他们并非为了真实反映某种对象而描画它，并非要描画它的美、它的（外形的）特殊性，而是将其视为某种特殊意义的承载者，于是这些被描摹的无生命者（譬如山川河流，固然河流本身就是领洗礼仪的象征；譬如航船，这本身就具有慈航的意义、也就是救赎的意义；譬如桌子，耶稣与门徒们聚在一起，这也是团体的象征；譬如水杯，这涉及从何处饮水、生命之源何在等问题；譬如书籍、书卷等，这当然涉及福音书、哲学认知与宗教认知等问题；不一而足）似乎更多地具有符号象征学的意义，或曰符号象征学的功能。

2.4 人与其他存在之关系及其意义

从画像语言的本体形上之内涵上来看，人的形象与物的形象的联系颇为重要。在此尤其需要提及的是，尽管自然的人在其自然的生命中是不断变化的，但是人（人的形象）在东部教会的理解中，特别是在东部教会画像艺术语言的表述中，不仅被思考为有情感的形象，而且还被理解为超情感的形象和永恒理念的载体（承载者）；当然，为了重新给出，或者径直表述，甚或凸显这一形象曾经有过，或者应当具有的情感的运动、情感的状态、内在的宁静，以及由此而生发出来的外在的恬淡，画家不仅会以夸张的画法语言直接表述人的形象（无论是动态的，抑或是静态的），而且也会在画像的构图中设置能够恰当表现这些情感活动的无生命物；相对于人物形象的静止、人物形象的潜思冥想、人物形象的内在的整体蕴含，画家还会在画像的构图中设置无生命物（譬如山丘、河流、建筑物等）的蜿蜒曲折、低垂回环等；当画像的观察者将这样的画像置于眸前时，相对于人的形象而言，并且就其自然本性而言，这些无生命物似乎显得更为恒久不变、更具跃动感，以突出作为有生命（有情感、有理性）的人的形象、人的自身完足性及其宗教的内在性；总之，拜占庭基督宗教关于人的思想，在画像中都能够得到体现；尽管前存在的逻各斯在精神层面呼召人类，但是人毕竟历验一种从在母腹中成形到出生、成长、壮大、衰老、逝去的过程，这一动态的变化过程，以及庶几全部质料世界的过往性，都在艺术的（画像的）表现中找到载体；人与物、生命体与非生命体之间，并非毫无关联，而是存在着内在的逻辑联系。在基督宗教的宇宙观和人文观的基础上，或曰在基督宗教的神学、哲学的基础上，包括人在内的所有被表述的质料世界的对象、所有在画像中甚至被极致夸张和变形表述的质料世界的对象，在拜占庭的画像艺术创作中决定了一种特有的时空连续性、灵魂与躯体的连续性、理性与情感的连续性、生命与无生命的连续性、人类与自然的连续性、信仰与理解的连续性、此岸与彼岸的连续性、神圣与世间的连续性，这种连续性不仅成为画像最具特色、最具思想的画法语言，而且也是画像最本质、最本色、最富表现力的画法权能。

在拜占庭乃至全部东方基督宗教的画像理论中，人的形象（人的画像），特别是面部表情以及画面构图（画面结构）的中心点（焦点），被理解为给出意义者。画面各种元素的组合（构图）是被静感和稳定性所建构和决定的，这一点特别适合东部基督宗教的精神氛围。在许多作品中，从构图的角度来看，人物的头部，或者神圣光环，在甚至不顾其比例的情形下被置于画面的中心，这往往是等边三角形构图的最高点，而这个等边三角形的每一边都与要表述的内容的宽度相适应；当然，这里所谓的中心并非一定是（甚至几乎不可能是）数学领域中几何意义上的中心位置，而应当是画面意义上的，或曰阐释意义上的中心位置，这样的中心位置也被视为画像最具可能性（最大）的稳定点。被设置在稳定点上的人物形象并非一定采取静止的姿态，对应于这一基本的三角构图的稳定感、静止感，通常是时空连续性的动能感，这一动能性是内在的张力，这与静止感共同建构一种对照体系，或曰呼应体系、反差体系，这样的画法语言从整体上决定了画像的表述能力。

画像（圣像）中人物形象的神圣光环，是画像的架构，或曰结构性元素，圆形的光环与横向和纵向的线条维度形成鲜明的对照，并且被相互的凸显出来，在每一种构图中圆形的光环都被理解为上天完满的象征；圆形作为古老的毕达哥拉斯的宇宙论的主题，也由此而在拜占庭的精神氛围中再度找到其新的表述方式。画像（圣像）的支撑点（重力中心）庶几并非由地面构成，或曰庶几并非由地面所承载，而是由神圣光环所构成的秩序来决定的，在这一基础上，人物形象往往并非立足于地面，而是飘忽在、飘移在，甚或飘逸在地面以上，这不仅造成画像观视者对于人物形象的非质料性印象，而且也造就一种跃出空间的视觉感，或曰动态运行的视觉感，这是圣像的画法语言所创设出来的独特的时空氛围和独特的时空理解。

2.5 本体形上之多维时空观以及"倒透视法"之意义

画像中所呈现的多维时空，与拜占庭精神文化中的时空观密切相联；画面的构图、对于主题的阐释，展示了特殊的画像世界，或曰不仅建构了自身完足的，而且也是与现实世界即相关联又相区别的世界，这当然也体现了所谓"不像的肖像"这一思想；一方面，画像的阐释不仅表述了一个超越现实的、艺术创造的此间世界，而且也现实地表述了一个非现实的世界，或曰彼岸世界，而另一方面画像的阐释不仅表述了现实的此间世界以及此间世界的内在结构法则，而且也表述了彼岸世界在现实世界中的实现，或者更确切地说，表述了彼岸世界在此间世界的反应、映射。从本体形上的层面来看，画像艺术、教堂内部空间的装饰，不仅表述了时空概念，而且也表述了超时空概念，不仅时间，而且永恒，不仅在时间中的永恒，而且在永恒中的时间，都在艺术的空间中得到了充分的展现，现实的空间成为超现实的空间的具体实现，有限的空间包容了某种无可测量性、容纳了一种无可测度性；画像艺术即涵盖了理性可理解的空间、时间，又蕴涵了超出理性理解力的空间、时间，不同的时间、空间聚焦在同一个时空中、同一个画作时空中，以这一方法描摹而出的画作能够创设出精神的提升感、身心的自由感和灵魂的得救感；在画法语言中对于空间和时间的理解，构成了拜占庭圣像艺术的基本结构。

能够突出体现圣像多维空间思想的，是其画法语言的基本法则；

拜占庭的画像，或圣像艺术，努力寻求一种多维度空间效果，画面所阐释的行为并非在一个内在而封闭的空间完成的，这固然是由其神学思想决定的，而这样的目的却是以比较简质的方法达到的，是建立在画面阐释的可视性的自身完足性上的；这也应当是拜占庭圣像理论中法典性的画法语言。画作的空间并非直观的、物理光学意义上观察的空间，并非机械系统中观察的空间，并非欧几里德几何意义上的空间，简言之，并非仅仅，甚或完全不是上述意义上的空间。

画作的有限空间是多维度时空连续性实现自身的场所，画面空间能够吸引观视者的目光，或者更极致的表述：似乎能够攫取观视者的目光；无论是强有力的线条、刺眼的色彩、某个平面上一个突如其来的中断、以侧影表现的人物形象等，观视者从中首先获得整一性的、自身完足的画作所表现的世界，或曰获得画作世界的视觉效果，并且同时赢得清晰的、可阅读的创作主题，最终能够将所有这些收束到意识之中，特别是能够将被阅读而出的、体现创作动机的主题沉淀到意识之中，这一画面世界近乎于多层次的内在的语义分析学，能够引领人逐层深入，或曰将逐层深入的意义内涵弥散到人的意识中；在一个画面中所表现的多维度、相互依赖的时空系统，能够引领人的目光和意识从一个对象到另一个对象、从一个事件到另一个事件、从一个时空到另一个时空，并最终接近那一终极理念。

我们庶几可以说，空间决定了要表述的对象，在这个意义上，空间与要表述的对象有直接而内在的逻辑联系，或曰这两者构成了一种缺其中任何一个都不能成立的关系，空间理论以及这一关系，都是为了阐释其神学、哲学主题的，画像的所有组成部分在空间构图上形成一种统一，无论是机械的抑或是有机的统一。

从画法语言上来看，或曰从方法上来看，拜占庭圣像理论另有一种非同寻常的画面空间建构概念，表现这一概念的是"倒透视法"（"反透视法"？）的空间建构原则；这一原则指的是，在自然世界、现实世界中平行的线条在画像（画面）中从前景到背景在逐次穿过各个单一对象时往往是相互扯离开的，或者是相互交叉的，或曰是有交叠点的。"倒透视法"（"反透视法"）也并非"正透视法"的简单的对立；如果"正透视法"是有意识的、深思熟虑的、在技术上是分析的、在数学上符合欧氏几何的空间建构法则的话，那么"倒透视法"则具有完全另外的品性；从思维方式上来看，它是两个相反概念的合成，或曰近乎于正反命题的合命题；"倒透视法"并非自身完足地在平面中表述现实空间和超现实空间的阐释法则，在这样的空间想象力中，或曰在这样的空间理解中，画面所阐释的每一个空间同时即是现实的又是超现实的，以至于画面空间的每一个点都构成了在原则上本来无法融合的两个（或两个以上）空间（或平面）的合成。换言之，由于时空连续性等原因，所以，即使在视觉的直观上是单一空间（或单一平面）的画作，也是画作空间与视看者空间、画作所表现的现实空间与超现实空间、世俗空间与神圣空间的合成。

3. 光与色之本体形上美学意义

拜占庭圣像理论中的一个至关重要的美学范畴就是光的概念，光在拜占庭的本体形上美学中被视为认知论、神秘论、美学论中最重要的范畴；这一概念与前此为止所分析的圣像画法语言既相关联而又独立运作，无论在理论层面抑或在实践层面，光都是一个囊括大块、森罗万象的概念。固然，光并非拜占庭画像语言、圣像美学首创性的发现，不仅古典的希腊、古典的犹太、新柏拉图主义，甚或摩尼教等，都对光有过论述，而且基督宗教东、西部的教父学者们也都对光有过深刻的论述，譬如奥古斯丁和伪狄奥尼修斯以及托马斯·阿奎那等[①]，这些论述既有诸多共同之处，亦有各自独特之处，所有这些也不免汇聚到拜占庭圣像美学对于光的理解中；与和谐、尺度、比例一样，光至少自古典的希腊开始，历来都是神学、哲学、哲学美学、宗教哲学等所关注的最重要的概念之一。

3.1 光作为本体形上美学以及圣像画法语言之基本范畴

与《旧约》对于光的理解相比较而言，古典希腊更强调光的非质料性；在旧约的时代，光对于以色列人而言庶几是上帝与人之间的唯一的中介，在这个意义上，光在认知论和美学论中具有独一无二的功能[②]。而亚历山大的斐洛也在哲学、宗教学层面意识到了光的意义，并且将其与美一起纳入到了他的思维体系之中。光与黑暗作为一对不免矛盾的概念，提示出了斐洛哲学系统中三重语义表述，从认知的角度来看，这一对概念提示出"知与不知"，从伦理角度来看，提示出"善与恶"，从形上美学角度则提示出"美与丑"。根据质料的不同层次，斐洛区分出光的不同层次，每一个层次都有其载体。首先是上帝，其次是逻各斯，其三是人的灵魂，其四才是作为自然一部分的日月星辰，而最终则是黑暗。其中每一个

[①] 关于光的哲学、宗教学、神学的含义，请参见 Lexikon für Theologie und Kirche. Durchgesehene Ausgabe der 3. Auflage, Herder Verlag, Freiburg im Breisgau 2006. Band 6. 900-904. 以及 Theologische Realenzklopädie. Walter de Gruyter Berlin New York 1993. Studienausgabe Teil II, Band 21, S. 90-119。

[②] 就此请参见《圣经》"创世纪"；光是上帝的第一个创造物，受造之光的创造意味着时空的开辟，意味着神与人之间的第一种沟通中介。

对象都对应光的一个层次,也就是从超世间而神性的、人性的、观视器官的能力所能感觉到的、直到光的完全停止。斐洛将光的每一个类型都赋予一种传介的角色,在认知过程的不同层次上起作用,自然的光对于人的视觉感观而言也承担着中介、传介的功能。在斐洛看来,光在每一个层面上都是美的,原因在于,在光的作用下视觉能够感知到所有对象,而仅仅自然光的运作尚不足以单独决定视看的过程,还必须有精神之光的参与,也就是从人的灵魂中流溢而出的光,这是因为,灵魂在最高的程度上近似于光。而精神之光的载体则是逻各斯,精神之光参有到思维的层面、也就是理性的层面中,并且主导认知行为;而最高的认知,则是由神性的、感观无法感知的光所引领的,这指的是上帝赋予人关于上帝的认知,固然,在斐洛看来,并非所有人都能够获有这样的赋予,只有那些被拣选的人才获有这样的恩宠和殊荣;上帝之光对应于"客观的知识"("ἀδιαφοροῦν ἐποστήμης"),这一知识是被灵魂之言所感知和获取的,这一超感官、超感知,甚或超理性之光是阳光(自然之光)的原型[①]。这一点,似乎有柏拉图思想的痕迹,《蒂迈欧篇》(45bc;68a)已经有了区分两种光流的思想[②]。

斐洛以光和美的概念讨论认知,目的约略在于反驳不可知论的思维体系;上帝并非不可知,只是人并非仅仅以其理解力就能够掌控上帝、达到对上帝的理解,而是同时也要以某种情感美的历验作

[①] 就此请参见 Georgios D. Farandos, Kosmos und Logos nach Philon von Alexandria. Amsterdam 1976. S. 219-223。

[②] 就此请参见 Platon, Timaios. In: Werke in acht Bänden Griechisch und Deutsch. Griechische Texte von Léon Robin und Louis Méridia, deutsche Übersetzuung von F. Schleiermacher. Damstadt 1990. Band 7。

为通达上帝的渠道；一方面，理性固然重要，但是人毕竟首先是被神性之光所照亮，而另一方面不能否认的是，人也有超感觉、超理性而参有到神性真理之中的历验；这后一方面不仅启迪其后的基督宗教的光神秘论，以至于以伪狄奥尼修斯为代表的教父学者能够在古典哲学和基督宗教哲学的传统中有理由认为，神秘神学也是通达最基本认知的路径之一，而且也为拜占庭圣像美学对于上帝的理解和阐释（特别是对于画像所表述的上帝的阐释）预留了无限的空间。当然，拜占庭的学者（画家）们也并非简单地照搬斐洛的观点，而是将其思想在基督宗教的轨道上加以改变，以使之适合基督宗教；纳西昂的格里高利将基督看作可视的上帝之光[1]，对于大巴希尔而言，人在灵修的最高层次上能够将上帝感知为"无可抚摸的光"[2]，时至14世纪，格里高·帕拉马斯（Gregor Palamas）[3]发展了伪狄奥尼修斯和神学家旭梅昂（Symeon）的思想[4]，认为上帝并非依据其本质，而是因为他是内在的力量、能动力（ενέργεια）才被称为光，以至于光是神性的能量。当然，即使拜占庭的学者（画家）

---

[1] 就此请参见 Lexikon für Theologie und Kirche. Durchgesehene Ausgabe der 3. Auflage, Herder Verlag, Freiburg im Breisgau 2006. Band 4. 1004-1007. Hans georg Thümmel, Die frühgeschichte der ostkirchlichen Bilderlehre. Texte und Untersuchungen zur Zeit vor dem Bildertreit. Akademie Verlag GmbH, Berlin 1992. S. 290-291。

[2] 就此请参见 Lexikon für Theologie und Kirche. Durchgesehene Ausgabe der 3. Auflage, Herder Verlag, Freiburg im Breisgau 2006. Band 2. 67-69. Hans georg Thümmel, Die frühgeschichte der ostkirchlichen Bilderlehre. Texte und Untersuchungen zur Zeit vor dem Bildertreit. Akademie Verlag GmbH, Berlin 1992. S. 287-288。

[3] 就此请参见 Lexikon für Theologie und Kirche. Durchgesehene Ausgabe der 3. Auflage, Herder Verlag, Freiburg im Breisgau 2006. Band 4. 1009-1010。

[4] 就此请参见 Hans georg Thümmel, Die frühgeschichte der ostkirchlichen Bilderlehre. Texte und Untersuchungen zur Zeit vor dem Bildertreit. Akademie Verlag GmbH, Berlin 1992. S. 322-323。

们发现了上帝与光的关系的解释，他们也并未过度要求建构光与美的关系。

如果从本体形上的层面考察光与理性的关系的话，那么我们可以说，东部教会中包含与美的关系的最完美的光的理论，是伪狄奥尼修斯提出的①。他的全部思想，包括光的理论在内，不仅在东部，而且在中世纪的西部教会学者中也颇富甚至是不可超越的影响。在他看来，光本然地属于本体论和认知论的范畴，光与善（τὸ ἀγαθόν）有着密不可分的联系，甚或就是善，光与善就是上帝的神性属性，是赋予生命的神性属性（《论上帝的名号》IV 2, 696D）；对于他而言，光起源于善，是善的肖像，无论是可视之自然光（譬如阳光），抑或是精神之光（φῶς νοητόν，亦即人的理解力），都发端于善，是善的肖像（《论上帝的名号》IV 4, 697B），在此，光的概念即包含创世论、又包含认知论（《论上帝的名号》IV 4, 700A-B）。伪狄奥尼修斯认为，精神之光承担着认知的功能，尽管感知光耀（αἴγλης，或曰光照）的能力不完全相同，但是所有人都能相应于各自的能力而感知光耀，而参有到光耀之中，这光耀不仅出自光的照射、从善那里接受其脉动（动力），而且善在其照射的过程中还不断加强光耀自身，以为了将无知和混乱从灵魂中放逐而出（《论上帝的名号》IV 5, 700D-701A）；在这样的意义

---

① 关于伪狄奥尼修斯的光照理论和本体论意义上的等级秩序理论等，详见本书作者的拙文"基督宗教哲学的独立：终结还是开端？——试析（托名）狄奥尼修斯的哲学神学本体论"（上），《云南大学学报》哲学社会科学版，2010年3期。"基督宗教哲学的独立：终结还是开端？——试析(托名)狄奥尼修斯的哲学神学本体论"（下），《云南大学学报》哲学社会科学版，2010年4期。"论（托名）狄奥尼修斯《神秘神学》的神秘神学"，《云南大学学报》哲学社会科学版，2011年6期。在此仅依据上述文章而作一综述和相关的阐发而已；亦请参见《形上之路——基督宗教的哲学建构方法研究》中之相关部分。

上，光超越于一切此间世界的理性受造物（也就是人），并且能够被命名为"原初之光"、"万光之光"，它不但能够统和所有理性的力量、使之从整体和个体上都与光自身和谐一致，而且一方面还能够使之相互之间和谐相处、相辅相成，并且为之准备好通达真实存在（πρὸς τὸ ὄντως ὄν）的道路、使之最终达于完满；另一方面也能够使之从盲目的偏见和花团锦簇的想象、纷纭杂沓的乱象中脱免而出，并且重新被引导向对于纯净的真理和认知的追求中（《论上帝的名号》IV 6，701B）。

而从本体论意义上的梯次等级秩序层面来看，伪狄奥尼修斯认为，天阶的结构及其向此间世界的结构所传达的讯息，也是以光的形象来完成的，在这个意义上，光也能够是可见之光。光从光源出发以足够的量照射，并且铺满全部世界和理性，其目的在于令所有"有能力的眼睛去思考"（"τὰς νοηρὰς ὄψεις"，《论天阶等级》II 3, 3, 397D），当然，这里的"有能力的眼睛"应当指理性的目光。在本体形上的等级秩序中，人的认知有一种从纯净（纯洁）、明悟（光耀、光照、开悟）直到神圣而达于完满的拾级而上的品性，首先，在光给人的第一个纯净而神圣的赐予之下，人才获有对自身的认知能力以及对于自身的认知，同时认知此间世界、认知其周边世界（或曰共同世界）；其次，人借着对于自身的认知才能够远离无知的黑暗角落，并且认知到自身中的善；其三，人由此才能将自身提升到神性的高度（《论教会的等级》II, 3, 4, 400C）。从教会礼仪上来看，在所有圣事中，领洗圣事（领洗礼仪）为人开启了基督宗教之路，由此领洗圣事亦可称为"明悟圣事"（μυστήριον φωτίσματος，《论教会等级》II 2），之所以能够这样说，原因在于，领洗圣事沐浴在原初之光中、沐浴在神性的光照之中（《论教会的等级》III 1,

425AB)。光在这个意义上似乎是超验存在和内在存在层面之间最重要的传介者,因而也成为伪狄奥尼修斯本体形上等级秩序体系中最具意义的概念和最具表述力的形象。

光照在天阶秩序到此间世界等级秩序的交界处,将自己隐匿在充满神秘的,而又神圣的幕帐（παραπετασμάτων）之后（《论天使的等级》I 2, 121B）,譬如感官可感知的画像（图像）、各种象征等,所有这些都是按照,或相应于我们所具有的感知的能力而被设置的（καθ' ἡμᾶς,《论天使的等级》I 2, 121B）。对于人的感官感知而言并非径直就能获取的神性之光,建构了物化的（质料的）画像、（宗教）象征等的本质的内涵,文学的形象和造型艺术的作品就属于这样的画像和象征。人并非借助生物物理意义上的视觉能力,而是以内在的精神之眼而观视这一神性之光、原初之光。

光与美既有联系、亦有区别;如同前文所分析的,在伪狄奥尼修斯的哲学神学中,神性、光、真、善、美是等值的,这些概念都能够作为上帝的谓项和名号;在这个意义上,我们庶几也能够说,光也完成了美所能完成的许多同样的功能,上述对于光的分析也同样适用于,甚或就是对于美的分析。他当然也坚定地认为,美也照耀着、闪耀着（《论教会的等级》VII 3, 11, 568D）,并且赋予万物以光,而光也赋予每一个追求光者以美（《论天使的等级》III 1, 164D）;光（固然也就是美）装点着所有无饰品者（τὸ ἄκοσμον κοσμεῖται）、建构着所有无形式者（τὸ ἀνείδεον εἰδοποιεῖται）,也就是能够化腐朽为神奇（《论教会的等级》II 3, 8, 404C）;我们庶几可以说,美在这个意义上也是光的一个重要的现象,质料世界的美首先借助生物物理意义上的视觉能力而对人施加影响,而与此不同的是,较之美而言光似乎是一个更广博、更精神化的概念，人们（甚或盲人）能够以内在之眼观视光，在这个意义上，光对于一个生物物理意义上的盲人也是开放的。由于光的重要性，在拜占庭画像理论、画法语言中光的概念自始至终被贯彻和保持。

拜占庭圣像神学的每一个层面，特别是圣像的画法语言，都赋予了光以特殊的意义；作为非质料的光，神性之光首先被理解为神性的力量、权能，以至于全能，这一作为全能的权能涤除了超验与内在的、精神与质料的、光明与黑暗的、浑沌与开悟的二律背反般的矛盾；人的感官能够感知到可视之光，精神之光能够开启人的理解力，而在神性的救赎和所有感官的感知、理性的知觉领悟的助佑下，人能够认知到超出人的感觉和理性而存在者，人不仅能够以感官的眼睛，而且也能够以精神之眼去观想，不仅能够获有感觉和认知，而且还能够意识到，存在着超出感觉能力和认知能力的、超出于人自身的某个大者（大于人者）。在拜占庭基督宗教的哲学、神学和文化的各个层面，光不仅是感知、认知的概念，不仅是肯认神学和否定神学的基本概念，而且也是神秘神学和神秘主义的基本概念；认知神性本源的神秘之路，与对于神性之光的内在化的观想、冥想、内视、冥视密切相关，愉悦于神性之光的人、被神性之光所圣化的人，被视为开悟的人、被视为参有到了至高的认知之中的人。在这个意义上，光，甚或与之相关的金色，是圣像画法语言中程式般的、固定使用的表述真理的象征。

3.2　光的诠释学意义

如果我们将圣像的画法并非作为一个单一的方法，而是作为一个方法系统来考察的话，那么我们庶几能够说，在拜占庭东正教的圣像中，为了阐释画像内涵而在画法语言中引入的光，不仅是能够影响人的心灵、心理的情感美学（审美美学）的因素，而且也是阐释思想的重要的表述工具，光在这一层面并非简单的画法技巧意义上的，或曰技术意义上必须关注到的一个元素。尽管没有特定的光源、光亮点，但是圣像作品充满了光，或曰无论从神学、哲学思想上来看，抑或是从画像艺术结构上来看，圣像作品本身就是光源、光亮点，它本来就表述本源之光、真理之光、神性之光；在具体的画法上有光的三种不同的表述法。

光的第一种表述系统是所谓的"金色"，或曰"金色系统"，所谓的金色并非是通常意义上的、近乎于黄色的颜色，或曰并非金色本身，而是"光色"，一言以蔽之，金或金色，是用来表述光的，在这个意义上，金就是光，金色就是光色；所谓金系统者，指的是画像的背景色是金色，也就是说画像是建立在金色的背景之上的，或者建立在金色的神圣光环、四射照耀的金光，或者其他辅助的金色之上；同时，画于头部上的金色的神圣光环并非表述此间世界现实之光，而是表述超验的光、超验的光的氛围，超验之光与此间世界的人性的面庞构成一种对照；譬如西奈山的卡特琳娜修道院所藏12世纪末题为"圣母领报"的圣像，所用颜色极为节俭，其背景是金色，天使整体是金色、翅膀和头上的光环是金色，圣母的面庞和头上的光环是金色，光环的边用红色勾勒而出，更加强了光环的明亮效果、凸显了神性氛围，这幅画作被誉为"金色中的金色"[①]，其用色之吝啬，而恰恰表现力反而如此之强、如此之震撼，实难想见。

---

① 就此请参见 Kurt Weitzmann, Die Ikone. Prestel-Verlag München 1978. S. 92, Tafel 27。

其他此类圣像画作亦如是，譬如也是藏于这一修院的13世纪下半叶的作品"圣人安提帕"，用金色凸显出这位身着蓝色衣袍的公元1世纪的殉道者[①]；无论是在平面上，抑或是在凸面或凹面上，金色的背景在情感和审美感觉的意义上能够在譬如教堂中产生卓越而出奇的效果；在此涉及的是温暖柔润的色调氛围、充满色感的光照明媚、闪烁跃动的视觉效应、迸发飞溅的整体韵律；在诸如此类的前提下，又加之譬如蓝色柱香的烟云缭绕、人性面庞对于金色光环的软化，金（色），或曰金作为金属的沉重感、金属的锐利感，以及单色调的品性则丧失殆尽，留下的仅仅是一种舒适的润嫩和温婉。这样的金的色调使得（画面要表现的）现实的光源更加中性化，而令自身成为一种魔幻般非现实的光照（光耀），这种光照使得所表述的内涵似乎坐落于（感官所感知的）时间与空间之外，这初看起来似乎更加大了圣像与现实的距离，或曰拓宽了两者之间的鸿沟，但是细细看来却增加了画像的神圣感和对于人的统摄力；换言之，尽管美学的价值对于当今的观视者而言总是十分重要的，但是拜占庭东正教圣像（无论是画像，抑或是马赛克拼像，甚或雕像）并非在审美感觉上，并非为审美感觉而被创设，其现实的与非现实的金色光（金光），构成画像非常重要的组成部分；更增加了圣像的神圣性。这样的（金色之）光创设出一种特殊的超验氛围，这不仅是画像所阐释内涵自身的超验气氛和神圣氛围，而且这一超验气氛和神圣氛围能够弥散在教堂的空间，并且环绕和摄取观视画像的人们，这就消减了现实中视觉上的空间感、距离感，由此也产生了画像所

[①] 就此请参见 Kurt Weitzmann, Die Ikone. Prestel-Verlag München 1978. S. 117, Tafel 39。

表述的神性世界（氛围）与现实世界的合一的感觉，尽管这两者之间依然有着，并保持着本质的区别。

光的第二种表述系统奠基在对于形象的面庞和过渡空间的特殊的构型方法上；深色的画块（较深的色块），如浮雕的面庞上光的跃动感，这样的画面给观视者造成一种印象，似乎光、光的照耀是来自于形象的面庞的；可名之曰"面庞系统"。表述面庞的金色的、淡色的，甚或偏白色的画块并非一定在画面最中心的位置，或曰并非一定在最应当在的位置，甚或完全不在最尊贵的位置，以至于画面对于人的视觉而言并不具有某种平衡感、舒适感，仅仅这一点就不仅造成一种加强的动态感，以及形式上的张力感，而且在考量教堂内部不确定的、昏暗的自然光线和烛光放射的光线时，还能够造成一种既是发自于外在空间的、又是近乎同时发自内心的、由内而生的闪电般的效应，或曰突如其来的电光一闪；外在与内在、超验与内省在这一瞬间是合一的，而令观视者观视内在之光、在心灵中寻求上帝也恰恰是圣像，特别是神显圣像最原本的目的。

光的第三种表述系统是建立在多种颜色的基础之上的；可名之曰"多色系统"。几乎所有的颜色都是光的载体，而且并不存在任何阴影的痕迹、哪怕是阴影的一抹轻痕，而在画面中的金色、马赛克作品上的金色石块的光斑既强烈地凸显了自身，又加强了每一种颜色、每一种色调作为光的载体的属性，金色并非金色自身，而是表述光色；譬如现藏于伊斯坦布尔考古博物馆中编号为4309的藏品，就是以金色、白色、玫瑰红色、绿色、黄色、红褐色等多色组合表述光色[1]，而西奈山卡特琳娜修道院编号为43-44的圣人特奥多

---

[1] 就此请参见 Kurt Weitzmann, Die Ikone. Prestel-Verlag München 1978. S. 58, Tafel 10。

和乔治的圣像则更是以一种从红色到褐色色调所组成的色调梯次来表现光亮的[①]。（不同）色块所呈现的（不同的）色光在教堂中构成一种光的氛围，在现实之光与超验之光的张力中既形成与金色背景之光的对应，也形成与观视者内在之光的呼应，在此是否有一种深度的美感共鸣、美学共鸣，本书笔者不敢妄自揣测，但是圣像的光色交响曲、光色和鸣，庶几能够震荡观视者的身心、能够在心灵中留下深刻的痕迹。

3.3 色的本体形上意义

画法语言中与光相关联的另一个概念是色、颜色；在拜占庭基督宗教圣像美学中，如果上帝被理解为精神之光、本源之光、创造之光的话，那么颜色则能够被理解为质料的光、质料化的光，这一质料化的颜色之光，或曰色光，不仅能够在教堂中带来颜色氛围所形成的非同寻常绘画的美感效果，而且还有一种更重要的形上功能，也就是具有一种去质料性、去躯体性，这一方面意味着颜色（或马赛克）本身作为质料其属性的消减，另一方面也意味着所表现的躯体（无论是身躯，抑或是面庞等）的质实感、质料感的消减和超验属性、神圣属性的增强。在这个意义上，颜色一方面并非光的对立，而是光的呼应，另一方面颜色也并非典籍性文本（言、文字文本、话语）的对立，而是文本的呼应，或曰是另类的文本。在拜占庭的基督宗教中，颜色具有至关重要的作用；固然，文本有着某种语意上的确定性，而不同于文本的是，颜色以及以颜色构成的画作凭借其直观的品性、也就是能够被直接捕捉、直接感知的特点，更有一

[①] 就此请参见 Kurt Weitzmann, Die Ikone. Prestel-Verlag München 1978. S. 57, Tafel 9。

种直接的感动力、推动力，这不仅对于文盲的，或者文字素养（阅读素养）较低的信众而言尤为重要，而且对于早期基督宗教在传教时期、在新进入的地区传布其思想和信仰时也至关重要，因为在新的传教区，无论是《圣经》的文本，抑或是要理文本都需要时间翻译成当地民族的语言，在这些还敬告阙如的情形下，画像则庶几是唯一最直接、最有效的言说神哲学思想、传播信仰和维持信仰的方式和工具，特别是当神职人员不能在场的时候，以及当地的教团系统尚未建立起来的时候；在这个意义上，色感极强的画像也被视为一种重要的认知工具。画像的颜色（色彩）结构不仅能够直接激发宗教的情感、宗教的虔敬（对神明的敬畏等）、摄取人的心灵和意识，甚或直取人心，色彩不仅能够牧养人的眼睛、滋润人的身心，而且能够将人领入冥想的国度，能够在不经意中、在不知不觉中将赞美上帝的窃窃私语颂入人的心灵，而且还能够直接运作出，并且深化对于神学、哲学思想的思考与汲纳。

当然，颜色并非拜占庭基督宗教圣像所特有，我们庶几可以说，每一个民族、每一个古老的文化都在其艺术作品中表现了他们对于颜色的理解。而与之不完全相同的是，在拜占庭圣像作品的颜色理解中，作为象征的颜色（色彩），不仅能够完成其作为颜色的任务，而且还具有语意分析的意义。拜占庭圣像所用最基本的颜色为紫色、白色、黄（金）色、绿色、蓝（浅蓝、亮蓝）色，以及黑色。

紫色在拜占庭基督宗教（同样在西部教会中）和拜占庭帝国中都具有特殊的意义、出色的意义。紫色不仅在世俗生活的层面上被视为高贵的颜色，譬如庶几是皇帝专有的颜色，是表述至高无上的等级和权力的象征，而且在教会内部它也有着特殊的地位，第三次大公会议（431年厄弗所大公会议）就要求将紫色作为恭敬圣母玛利亚和诸圣的象征，并且要求一定要用紫色描绘圣人的衣袍[1]。此外，紫色或紫红色也具有双重的含义，它一方面是上帝君王权力的象征、同时又是被嘲弄的对象，罗马军团士兵在戏弄耶稣时，给他披上一件紫红色的外氅，并调侃说："Χαῖρε, βασιλεῦ τῶν Ἰουδαίων."（"Ave, rex Iudaeorum!""犹太人的君王，万岁！"）（《玛窦福音》27，27-29）对于信众们而言，在戏弄耶稣场景中出现的紫红色衣袍，则是基督的真实国度的象征、是其殉道的象征。此后，神父们、牧首们在日常礼仪中所身着的红色祭袍，象征着对于基督紫色衣袍的回忆，简言之，紫色是基督的颜色、基督的象征。譬如目前所知最古老（公元6世纪）、最重要、最具意义的西奈山圣卡特琳娜修道院的基督半身像，耶稣基督的衣袍与外氅就是象征君王和天国的紫色[2]；同样是这一修道院的6世纪晚期的圣母像、12世纪下半叶的基督受难组像中的圣母形象以及13世纪早期以马赛克创作的半身圣母像，也是以紫色描述圣母的衣袍和十字架的[3]。

紫色就其自然属性而言，并非单色，而是色谱，它融合了蓝色和红色而形成一种颜色的混合体，其本质与产生的效果是奇特的，它融合，并且凸显了对立之物，紫色将主动与被动两种品质融为一身，将冷色与暖色这两种色彩原则融在一个奇特的张力之中，在紫色中掩映着德高望重的尊严和青春洋溢的魅力，在紫色中同时彰显

---

[1] 就此请参见 Heinrich Denzinger, Peter Hünermann, Enchiridion symbolorum definitionum et declarationum de rebus fidei et morum. Kompendium der Glaubensbekenntnisse und kirchlichen Lehrentscheidungen. 40. Auflage. Herder Verlag, Freiburg Basel Wien, 2005. 250-268。

[2] 就此请参见 Kurt Weitzmann, Die Ikone. Prestel-Verlag München 1978. S. 40, Tafel 1。

[3] 就此请参见 Kurt Weitzmann, Die Ikone. Prestel-Verlag München 1978. S. 42, Tafel 2; S. 90, Tafel 26; S. 102, Tafel 32。

着尊贵与谦卑,譬如拜占庭画像和圣像艺术所描绘的圣母通常并不(甚或从不)头戴王冠,而她的君王气质和尊贵温婉,是以紫色的衣袍和鞋履来表现的[①]。在拜占庭的颜色象征中,紫色作为蓝色与红色的合一,同时涵盖着永恒与时间、超验与内在、天与地、彼岸与此岸,同时涵盖着上述诸多对立法则的合一;尽管一方面视觉文化是被思维文化决定的(视觉是被思维决定的),但是另一方面,如果紫色将诸多对立融合在自身之中,那么在二律背反的思维中它就赢得了特殊的意义;尽管紫色有时甚或时常被蓝色和红色,甚或被红褐色所取代(譬如圣母像)[②],但是紫色的这种多层面的双重含义在拜占庭基督宗教的全部历史中不仅一直被保持下来,而且在礼仪和圣像的创作中、在其神学和哲学的阐释中都一直占有首屈一指的地位。

红色(ἐρυθρός)在伪狄奥尼修斯的哲学神学系统中被视为火的颜色、被视为具有燃烧和奔放属性的象征(《论天使的等级》XV 7,336C),红色不仅象征温暖、象征(赋予)生命的暖流,而且以红色所描绘的火在画像中表述感官可感知的神性的权能(《论天使的等级》XV 2,329C);从拜占庭圣像艺术的角度来看,西奈山卡特琳娜修道院的12至13世纪期问题为"梅瑟在燃烧的荆棘丛"的画像,即以鲜红色描绘代表上帝权能的火焰,而又以梅瑟白色的衣袍衬托甚或突显这一红色[③]。在这样的传统中,红色一方面是生命

[①] 就此请参见 Kurt Weitzmann, Die Ikone. Prestel-Verlag München 1978. S. 50, Tafel 6。

[②] 就此请参见 Kurt Weitzmann, Die Ikone. Prestel-Verlag München 1978. S. 58, Tafel 10。

[③] 就此请参见 Kurt Weitzmann, Die Ikone. Prestel-Verlag München 1978. S. 75, Tafel 18。

力中激荡和呼号的象征,另一方面,红色也是鲜血的象征,特别是基督之血的象征,是上帝的确降生成人(道成肉身)以及期待人性获得救赎的象征,一幅12世纪的基督受难组像就是以红色表述基督圣血的[①]。

在拜占庭的圣像中,与红色相对应的是白色(λευκός);白色并非红色的对立面,而是与红色相呼应、与红色具有同等的价值,譬如前文提及的"梅瑟在燃烧的荆棘丛"的作品。从视觉到由视觉所引出的联想来看,不仅在语义上,而且在象征的意义上,白色都是多重含义的。不仅在基督宗教中,即使早在希腊文化圈中,白色也具有照亮、闪亮、银光、明亮、清晰、纯洁等含义。在这样的思维中,白色作为一种庶几不着色的颜色,不仅象征着纯洁,而且也意味着从纷纭杂沓的俗世中(也就是从色彩斑斓之中)向着素朴的返回以及返回到素朴之中,譬如依然是西奈山卡特琳娜修道院名为"唤醒拉匝禄"的作品,耶稣身穿群青色衣袍,身处于大红色背景中,其对面就是在白色布料缠裹中的拉匝禄,其对比十分鲜明;也正是在这样的希腊思维传统中福音书的作者才记录说,耶稣显容时,他的面貌发光有如太阳,他的衣服洁白如光(《玛窦福音》17,2),这不仅表明他的人性的纯洁性,而且也宣示、宣证了他的神性、神性本源;同样秉承希腊的传统,白色作为一种素朴的颜色在伪狄奥尼修斯的体系中意味着光的载体、光的承载,提示着与上帝神性之光的亲和性(《论天使的等级》XV 8,337A)。在拜占庭的圣像中,白色通常用来描绘降生的耶稣圣婴、包裹耶稣圣婴的襁褓,以及耶

[①] 就此请参见 Kurt Weitzmann, Die Ikone. Prestel-Verlag München 1978. S. 70, Tafel 16。

稣基督的肉身，意图在于表明这一躯身是最纯洁的，而耶稣降生时在马槽旁的白马（或者白驴）则提示着他与上帝（神性）的亲缘性；在安葬耶稣时，包裹他的白布象征着纯洁和从此间世界向着本源的返回，而前文提及耶稣白色的衣袍同时也象征着永恒；在画像中圣人们大多也身着白色衣袍。白色也象征着智慧的沉默，在白色中隐匿着无限多的可能性去表述任何一个现实性、去填充任何一种颜色。

与白色不同的是，黑色（μέλας）象征着事物的完成、完满，黑色是终末的颜色、最终的颜色，象征事物的已成定局，同时也是死亡的颜色，譬如西奈山卡特琳娜修道院名为"天梯"的圣像作品，即以黑色描写魔鬼[①]。黑色的衣袍是悲伤的象征，用以描绘洞穴的深幽，象征墓穴、地狱；黑色的意义深深植根于人的意识深处，引发一种不寒而栗、毛骨悚然的感觉，正是由于这一点，黑色通常被其他颜色所替代，譬如深蓝色、深褐色等。白色与黑色构成一种对立，表述生命与死亡的对立，圣婴在白色的襁褓中，而整体的背景则是黑色，象征生命的诞生、生命对死亡的战胜。

绿色（χλορός）在伪狄奥尼修斯的理解中象征着年轻与朝气勃发（《论天使的等级》XV 8，337A）；绿色是此间世界的颜色、是此岸的颜色，它在圣像中与上天和君权统治的颜色、亦即紫色、金色、蓝色形成对照；绿色是植物的颜色，植物（无论是树叶、本草）又承载着绿色的多种色调，绿色由于在此间世界中自然而然的普遍

---

① 这幅圣像是12世纪下半叶的绘画作品，是根据6世纪末时任西奈山卡特琳娜修道院院长的若望·克里马科斯（Johnnes Klimakos）的类乎于修道书的著作而创作的；这部书稿共分三十章，记述了修士所应具有的优良德行和所应避免的负面行为；自11世纪之后，以"天梯"为标题的圣像作品不断出现，并且通常以三十个梯级象征书稿的三十个章节（也就是三十个优秀德行）；就此请参见Kurt Weitzmann, Die Ikone. Prestel-Verlag München 1978. S. 88, Tafel 25。

性而与人有着天然的亲和性，俄罗斯最著名、最受尊崇的圣母像"弗拉基米尔的圣母"，约略于 1131 年在君士坦丁堡绘画完毕，并于当年被送到基辅附近的威施哥罗德（Wyschigolod），后经弗拉基米尔（1155 年）辗转于 1315 年被送往莫斯科的圣母升天大教堂，这幅画作就是以深橄榄绿描绘圣母面容在金色辉映之下的影子部分①，使得圣母的面容不仅有一种超凡脱俗的纯洁而尊贵的品性，而且同时还具有一种嫩于金色软于丝的温润感和亲切感；绿色在圣像中通常表述地面，在索菲亚大教堂绿色也是金色和白色之外占统治地位的颜色元素。

深蓝色在伪狄奥尼修斯的解释中（《论天使的等级》XV 7），是无可论证（无法论证）的奥迹的颜色，是感知天空后遐想的结果。蓝色在众多颜色中被视为最具有感官可感知性和最少的质料性，能够凸显最富力量的精神魅力，在东部教会中，蓝色是超验世界的象征、是永恒的神性真理的表述。蓝色的不同色调也是在圣像中经常被使用的表现方法，圣体柜上冷色的浅蓝色烛光，表述超验世界在此间世界的存在，表述坐落于此岸的彼岸，表述呈现在外的内在；基督的形象通常也会被淡蓝色（浅蓝色）的光所环绕，甚至所弥漫，而由此所发出的光耀则弥散到整体的圣像画面上，不仅山丘、土地、古圣先贤的衣裘有可能以蓝色来描述，而且基督的白色衣袍也会泛着微蓝的光；蓝色传达理性无可理解的讯息、传达理性所追寻的讯息，蓝色求证基督宗教的宇宙论、本体论中所蕴含的本源的真理、极致的真理、终极真理、终极目的，按照伪狄奥尼修斯的表述，超

---

① 就此请参见 Kurt Weitzmann, Die Ikone. Prestel-Verlag München 1978. S. 80, Tafel 21。

验的神性将这样的真理以非质料性之光照耀到本体论意义上的等级秩序之中,当然,这一等级秩序是涵盖彼岸世界(天阶等级)和此间世界(教会等级)的整体的存在秩序;在这个意义上,蓝色是本体论的颜色、形上学的颜色、超验的颜色、终极真理的颜色,其在圣像画法语言中的意义无论如何高度评价都不过分。

黄色在伪狄奥尼修斯的哲学神学体系中被视为金色,而如同前文已经分析的,原本的金色则被视为光色。固然,金色在古典时期就已经是财富和权力的象征了,但是如同前文已经分析的,在基督宗教中,特别是拜占庭基督宗教的画像中,金色获有了新的含义,金作为光的载体所放射的光,被理解为充盈饱满的阳光,金色,在此也就是黄色,被视为极有穿透力的光,是力压黑暗的光,是力挫幽暗的光,金色被用来作背景色,在画法语言中,金色是柔和的、和谐的颜色语言,是调和性的中介,金作为光的载体非常适合运作在(运行在)柔和的画面中,在拜占庭的圣像作品中,具有不同意义的、表述不同思想的诸多颜色,能够十分和谐的融汇在金色的背景中;拜占庭基督宗教的礼仪实践,即具有教会礼仪的虔敬与肃穆,又具有宫廷礼仪的庄严与辉煌,而诸多颜色元素的花萼相辉、交相辉映,对于具有如此这般特质的礼仪实践也产生了重大影响。

总之,光与色是拜占庭基督宗教中,特别是其画像(圣像)创作中十分重要的艺术理念、十分独特的美学概念。

4. 光与色的形上总结

画像,以至于圣像在基督宗教所影响的地理范围内,特别是在拜占庭基督宗教所影响的范围内的兴起、发展与最终得到确认，固然与古典的世界、与富含宗教和哲学的周边世界密切相关，但是无可否认的是，这也与基督宗教自身的神学、哲学密切相关，并且其形成以及兴盛的历史过程，也就是基督宗教，特别是拜占庭基督宗教建构自己的哲学和神学的过程。

从主旨上来看，圣像的核心旨趣在于阐释上帝、阐释人、阐释神人关系；在于建立超验世界和此间世界之关系、在于建立彼岸世界与此岸世界之关系，而这一关系之所以能够建立，原因在于，基督宗教认为，超验世界（或曰彼岸世界）原本就内在于人的内心之中，上帝原本就在人类历史中为人们启示了自身、原本就在人性中降生成人了（简言之，也就是所谓的道成肉身说、逻各斯基督论）；上帝原本就在人的内心最深之处，人无需求诸于外物，只需向内求诸于己，就能够在自身的内心之中发现上帝，人只需将他从内心深处最深的渊薮之中摆渡出来而已，在这个意义上，上帝距离人比人距离自身还要近。与古典哲学中的审美美学不同的是，基督宗教的圣像美学（圣像理论）并非首先从可感知的世界出发、从可获取感知的审美的世界出发，而是直接从世界的本源出发、从上帝与人的关系出发，于是确立上帝存在和神人关系的圣像美学就成为本体形上美学，其关注存在、关注存在与存在者之间的关系，就成为与旨在获取审美美感的古典美学的分水岭。

在这样的主旨和意图上，圣像本身就成为，甚或本身原本就是某种文本形态，它具有直观的语义分析功能，它阐释那一无可阐释者、言说那一无可言说者、描摹那一无可描摹者，并且以质料属性的形象（无论是平面的，抑或是三维的造像）直接提示那一非质料而超越一切时空、同时又洞彻一切时空，并在一切时空之内的无可视觉者；在圣像面前，所有的时间都成为了当下、都成为了现在进行时，所有的空间都成为了此在、都周流遍至而融为一体，所有的记忆都成为了回忆而涌到眸前、都成为宗教经验与美感经验的心灵历验；在圣像之中，一切时间与空间消弭殆尽，超验与内在融而为一，彼岸与此岸圆融无碍，记忆与回忆融会贯通，心灵与精神回归存在之本源；在这个意义上，圣像本身就是本体论、就是形上学、就是本体形上美学，并且同时也就是基督宗教神学与哲学；圣像的主旨重新造就了画法语言中的技术元素，换言之，也正是在上述这样的整体思维的背景上，圣像画法语言中原本是技术性元素的构图、光与色等，才具有独特的本体形上的表现力和优渥有佳而能深度开掘的诠释学意义，才能够以卑微之技术元素之属性而阐释无限深刻的哲学和神学之思想，才能够阐释宗教经验、美感经验，以至于宗教心理和美感心理的形成与积淀之过程。

第13章 结语

从宗教史的角度来看，画像是人类史上的普遍现象[1]，我们庶几可以说，在狭义上指的是二维的图像，在广义上则指包括二维图像在内的雕像、铸像、马赛克像等几乎所有有造型的作品，从宗教学的角度来看，画像是上帝、众神、神性、圣人等的象征性表达；从历史的自然进程来看，对于神性的非画像的表述似乎应当更原始、更早于画像的表述和阐释。或许这一"更原始"、"更早于"并非仅仅是时间上的，而又可能还是思维上和逻辑上的。之所以能够这样说，原因庶几在于，所有上述有造型的作品都是人手造作而出的，人应当先有关于神明等的观念，之后才依照之而造作其作品。画像造作的目的大体是为了敬拜和朝拜的。神明画像并非一时一地、在某一独特文化中的孤立现象，在古代希腊、罗马、凯尔特、日耳曼、斯拉夫、埃及、美索不达米亚、印度、中美洲等文化中，神明画像是十分流行的[2]。在《旧约》中，禁绝偶像崇拜的诫命经常被宣示和讲述，这表明画像等在那一时代的以色列人中也十分兴盛[3]。

---

[1] 就此请参见 Theologische Realenzyklopödie. Walter de Gruyter Verlag, Berlin New York 1993. Studienausgabe Teil I, Band 6, S. 515。

[2] 就此请参见 Theologische Realenzyklopödie. Walter de Gruyter Verlag, Berlin New York 1993. Studienausgabe Teil I, Band 6, S. 516。

[3] 就此请参见 Theologische Realenzyklopödie. Walter de Gruyter Verlag, Berlin New York 1993. Studienausgabe Teil I, Band 6, S. 517-525。

基督宗教的画像则指带有基督宗教内涵的画像表述，无论是《圣经》的，抑或是教会史的事件，无论是基督的，抑或是圣母的以及圣人们的画像，甚或是基督宗教的任何一种象征（譬如十字架）。基督宗教是从富含哲学和宗教的古典世界中诞生的，这其中不仅充满异教的神明、魔鬼，而且也流行他们的画像（造像）。而一个有独立系统的画像理论是新柏拉图主义直到公元3、4世纪期间才发展出来的[1]，早期的教父们（诸如前文提及的玛卡里尤斯等）与之有过交锋。对于异教而言，神明，甚或魔鬼的画像的存在合理性是不言自明的，异教中人对于基督宗教的画像阙如性深感诧异；而在基督宗教看来，上帝的精神品性和无可掌控性使得对于他的画像表述成为不可能的，而由此彰明较著的是，一方面，这一观点在教父们之间、东西部教会之间引发持续数百年的关于质料与形式的讨论、关于信理神学（特别是关于基督论）的讨论、关于敬拜与朝拜之区别的讨论；而另一方面，对于画像的贬抑，甚或拒绝，首先阻碍了基督宗教自己的画像和画像艺术的产生与发展，如前文所引述的，受犹太宗教的影响，艺术家在基督宗教中受到轻视，甚至不受欢迎、不被接纳为教会的成员，奥立金甚至赞美犹太宗教贬斥艺术家的行为。当然，既然基督宗教诞生于富含宗教和哲学的世界，那么他也不能免于异教的习俗，换言之，基督宗教从一诞生开始就带有异教的习俗，而画像就是其中之一；目前所知最早的画像是约公元220年至230年之间的墓室的壁画[2]，基督宗教的画像也由此启程而渐

---

[1] 就此请参见 Theologische Realenzyklopödie. Walter de Gruyter Verlag, Berlin New York 1993. Studienausgabe Teil I, Band 6, S. 525。

[2] 就此请参见 Theologische Realenzyklopödie. Walter de Gruyter Verlag, Berlin New York 1993. Studienausgabe Teil I, Band 6, S. 526。

次发展成为有自己独立的创作内容、风格、属性、功能、目的以及目的群的专项艺术。

反对画像的早期的教父们（诸如我们引述和分析的阿里斯台德思、阿坦纳格拉斯、奥立金、亚历山大的克莱芒等），不但理所当然借助《圣经》的表述，而且也毫无顾忌地汲纳古典的俗世哲学（希腊哲学）的论述，以阐释他们的观点；在他们看来，质料无法表述上帝，上帝的肖像应当是具有精神品性的受造物，也就是人。在反对画像的教父学者中，其所持观点亦有区别，一些人认为所有的画像都应当，甚或必须禁绝，埃乌西比尤斯即反对包括基督画像在内的一切画像，原因在于，尽管基督具有完全的人性（当然也具有完全的神性，并且两者圆融无碍），因而也如同常人一样受难而死，并且被埋葬，但是他毕竟死后第三天复活了，并且被迎入天堂，在这个意义上，基督的画像性表述也是不可能的；而另一些人则认为，由于上帝降生成人、在耶稣基督之中为人们启示了他自身，也就是取了有质料的肉身，所以基督是能够以质料性的画像来表述的。

晚期的反对画像的教父学者亦有近乎相同的理由，只是恰恰在反对的理由中，赞襄画像的教父们发现了画像存在合理性的理由，而其理由也是奠基在逻各斯基督论上的，也就是道成肉身使得对于基督的画像性阐释成为了可能，而恰恰在这之中，发生了画像理论的从上帝模式到基督模式的转变，这时人们认为，在画像中所表述的耶稣基督就是上帝，对于基督的敬拜就是对于上帝的敬拜，对于画像的敬拜能够直达原象、也就是直达上帝。

思维方式的转变决定了画像理论模式的转变，理论模式的转变决定了圣像概念的最终产生：能够表述上帝（基督），并且对于它的敬拜能够直达上帝的画像就是圣像。

新的思维方式和理论模式决定了对于画法语言的本体形上的新理解，画法语言不再仅仅是实践操作层面的工具语言，而是本身就具有哲学、神学内涵的概念和思维，并且也表述哲学和神学的深刻内涵。

对画像和圣像概念的不同理解，导致了公元8、9世纪期间的圣像争执。大马士革的若望和学者特奥多鲁斯的理论探讨，使得赞襄画像的观点最终成为主流，而第二次尼开亚大公会议的决议又使得圣像概念最终被确定下来；从此之后，尽管在理论的交锋上还有些许之反复不定，但是圣像内涵的合理性、圣像存在的恰当性则庶几不再被质疑。

参考文献

（仅列出本书所引述者）

一、西文原始文献

1. 《圣经》

Nestle-Aland, Novum Testamentum Graece et Latine. 26. Auflage (1898), 7. Druck. Stuttgart 1979.

2. 分集

Agathangelos, Vita Gregorios. In: J. Pitra, Spicilegium Solesmense. I. Parisiis 1852. (Nachdruck Graz 1962).

Agathias Scholastikos, H. Beckby (Hrsg.), Anthologia graeca. 2. Auflage. München o. J. (无出版年), I. S. 142, Nr. I 34.

Anastasius von Antiochien, In: D. Mansi, Sarorum conciliorum nova et amplissima collectio. Florentiae (Nachdruck Paris-Leipzig) 1902. Nr. 13.

Thomas von Aquin:

Summa theologiae, I. römische Gesamtausgabe 1882-1894.

Summa theologiae, II. römische Gesamtausgabe 1882-1894.

Summa contra Gentilis I. Mignesche Ausgabe 1858.

Summa contra Gentilis II. Mignesche Ausgabe 1858.

Summa contra Gentilis III. Mignesche Ausgabe 1858.

Summa contra Gentilis IV. Mignesche Ausgabe 1858.

In Boet. De Trin. Venedige Gesamtausgabe 1775-1787.

De div. Nom. Venedige Gesamtausgabe 1775-1787.

Sententiae. 3 expos. Primae partis textus. Venedige Gesamtausgabe 1775-1787.

Athenagoras, Πρεσβεία περὶ Χριστιανῶν. In: Legatio and De Resurrectione. Ed. By W. R. Schoedel. Oxford 1972.

Augustinus, Confessiones. Insel Verlag, Frankfurt am Main 1987.

Augustinus, Confessiones. (Übersetzt, herausgegeben und kommentiert von Kurt Flasch und Burkhard Mojsisch, mit einer Einleitung von Kurt Flasch). Reclam Stuttgart 2009.

Augustinus, De musica. Bücher I und VI. Vom ästhetischen Urteil zur metaphysischen Erkenntnis. Lateinisch-Deutsch. Eingeleitet, übersetzt und mit Anmerkungen versehen von Frank Hentschel. Felix Meiner Verlag Hamburg 2002.

Augustinus, Opera Werke. De libero arbitrio. Verlag Ferdinand Schöningh, Paderborn 2006.

Augustinus, Opera Werke. De vera religione. Verlag Ferdinand Schönigh, Paderborn 2007.

Augustinus, De vera religione. (CCL32, 226). Tournhout 1962.

Augustinus, De civitate Dei. (Hrsg. Ch. Horn). Berlin 1997.

Basilius von Caesarea, Epistula 2 de vita solitaria, ad Gregorium. In: S. Y. Rudberg, Études sur la tradition manuscrite de saint Basile. Lund 1953.

H. J. Sieben SJ. (Übersetzt und eingeleitet), Basilius von Cäsarea, De Spiritu Sancto. Über den Heiligen Geist. Herder Verlag, Freiburg BaselWien 1993.

Basilios von Seleukeia, In: P. J. Alexander, Dumbarton Oaks Paopers 7. Combridge Mass 1953. Nr. 21.

Pseudo Dionysius Areopagita,

De Divinis nominibus. In: Patristische Texte und Studien, Band 33. Corpus Dionysiacum I. Herausgegeben von Beate Regina Suchla. Walter de Gruyter Berlin New York 1990.

R. Suchla, Pseudo-Dionysius Areopagita, Die Namen Gottes. Eingeleitet, übersetzt und mit Anmerkungen versehen. BGL 26. Stuttgart 1988.

B. R. Suchla, edd., Corpus Dionysiacum I: Pseudo-Dionysius Areopagita, De Divinis Nominibus. PTS 33. Stuttgart 1990.

Pseudo-Dionysius Areopagita, G. Heil, A. M. Ritter, edd. Corpus Dionysiacum, Patristische Texte und Studien 36. II: De Coelesti Hierarchia, De Ecclesiastica Hierarchia, De Mystica Theologia, Epistulae. Stuttgart 1991.

G. Heil, Pseudo-Dionysius Areopagita, Über die himmlische Hierarchie. Über die kirchliche Hierarchie. Eingeleitet, übersetzt und mit Anmerkungen versehen. BGL 22. 1986.

A. M. Ritter, Pseudo-Dionysius Areopagita, Über die Mystische Theologie und Briefe. Übersetzt und mit Anmerkung versehen. BGL 38. Stuttgart 1994.

Ioannes Chrysostomos, In s. Romanum Martyrem hom. Patrologiae cursus completes. Seria Graeca.

Ioannes Chrysostomos, In Matthaeum homilia Patrologiae cursus completes. Seria Graeca.

Ioannes Chrysostomos, Homilia in s. martyres. C. 3. In: Patrologiae cursus completes. Seria Graeca.

Eusebius von Caesarea, In: J. D. Mansi, Sacrorum conciliorum nova et amplissima collectio. Florentiae (Nachdruck Paris-Leipzig) 1902.

Johannes von Damaskos,

B. Kotter, Die Schriften des Johannes von Damaskos. Band I, Contra imaginum calumniatores orationes tres. 1975.

B. Kotter, Die Schriften des Johannes von Damaskos. Band II, Expositio fidei. Berlin —New York 1973. (Patristische Texte und Studien 12).

B. Kotter, Die Schriften des Johannes von Dammaskos. Band III, Contra imaginum calumniatores orationes tres (Patristische Texte und Studien). Berlin-New York 1975.

Barlaam et Ioasaph, In: M. H. Zotenberg, Notices et extraits des manuscripts de la Bibliothèque Nationale 28. Paris 1887.

Johannes Diakrinomenos, In: J. D. Mansi, Sacrorum conciliorum nova et amplissima collectio. Florntiae (Nachdruck Paris-Leipzig) 1902. Nr. 13. H. Hennephof (Ed.), Textus byzantinoj ad icnomachiam pertinentes. Leiden 1969 (Byzantina Neerlandica A 1),. Nr. 199.

Epiphanius von Salamis,

Ἐκ τοῦ λόγου ἁγίου Ἐπιφανίου κατὰ τῶν ἐπιτηδευόντων ποιεῖν εἰδωλικῷ θεσμῷ εἰκόνας εἰς ἀφομοίωσιν τοῦ Χριστοῦ καὶ τῆς θεοτόκου καὶ τῶν μαρτύρων ἔτι δὲ καὶ ἀγγέλων καὶ προφητῶν. In: P. J. Alexander, Dumbarton Oaks Paopers 7. Combridge Mass 1953. S. 63f. Nr. 30B. H. G. Thümmel, Byzantinoslavica 47. Prague 1986.

Epiphanius von Salamis, Ancoratus. In: K. Holl, Gesammelte Aufsätze zur Kircdhengeschichte. II. Der Osten. Tübingen 1928 (Nachdruck Darmstadt 1964).

Galen, Placita Hippocratis et Platonis. V 3. In: Medicorum graecorum opera. Tom. V, rec. D. Carolus Gottlob Kühn, Leipzig 1823.

Germanos, J. D. Mansi, Sarorum conciliorum nova et amplissima collectio. Florentiae (Nachdruck Paris-Leipzig) 1902. Nr. 13.

Gregoius von Nyssa, Περὶ τῆς τριημέρου προθεσμίας τῆς ἀναστάσεως τοῦ κυρίου ἡμῶν ᾿Ιησοῦ Χριστοῦ. In: P. J. Alexander, Dumbarton Oaks Papers. 7. Cambridge Mass 1953.

Gregorius von Nyssa, De s. Theodoro martyre. Patrologiae cursus completes. Seria Graeca. In: J. P. Migne.

Gregorius von Nyssa, De s. Theodoro martyre. Patrologiae cursus completes. Seria Graeca. J. P. Migne. 46, 572 C. F. Diekamp (Hrsg.), Doctrina Patrum de Incarnatione Verbi. Ein griechisches Florilegium aus der Wende des siebenten und achten Jahrhunderts. Münster 1907; 2. Aufl. mit Korrekturen und Nachträgen von B. Phanourgakis (Hersg. Von E. Chrysos). Münster 1981.

Hegel, Wissenschaft der Logik. Hrsg., Friedrich Hogemann, Walter Jaeschke, Hamburg 1981.

Band 2.

Hypatios von Ephesus, Σύμμικτα ζητήματα 1, 5. In: J. P. Migne, Patrologiae cursus completus. Ser. Graeca. Nr. 99.

Immanuel Kant, Kritik der reinen Vernunft.

Konstantinos Chartophylax, Laudatio omnium martyrum. In: J. P. Migne, Patrologiae cursus completus. Ser. Graeca. Nr. 88. J. D. Mansi, Sarorum conciliorum nova et amplissima collectio. Florentiae (Nachdruck Paris-Leipzig) 1902. Nr. 13.

Klemens von Alexander, Προτρεπτικὸς πρὸς ῞Ελληνας O. Stählin, U. Treu (Ed.), Die Griechischen Christlichen Schriftsteller der ersten Jahrhunderte. 3. Auflage, Berlin 1972.

Kyrillos von Alexandrien, In: J. Pitra, Spicilegium Solesmense. IV. Parisiis 1858

(Nachdruck Graz 1963). J. P. Migne, Patrologiae cursus completus. Ser. Graeca.

Leontios, In: P. J. Alexander, Dumbarton Oaks Paopers 7. Combridge Mass 1953. S. 60. Nr. 19. H. Hennephof (Ed.), Textus byzantinoj ad icnomachiam pertinentes. Leiden 1969 (Byzantina Neerlandica A 1). Nr. 283.

Makarios Magnes, Ἀποκριτικὸς ἢ μονογενής.

Neilos Scholastikos, H. Beckby (Hrsg.), Anthologia graeca. 2. Auflage. München o. J. (无出版年), I S. 142, Nr. I 33.

Neilos von Ancyra, In: P. J. Alexander, Dumbarton Oaks Paopers 7. Combridge Mass 1953. Nr. 29. J. D. Mansi, Sacrorum conciliorum nova et amplissima collectio. Florntiae (Nachdruck Paris-Leipzig) 1902. J. Pitra, Spicilegium Solesmense. IV. Parisiis 1858 (Nachdruck Graz 1963).

Origenes, Κατὰ Κέλσου (Contra Celsum) 8, 17-19. Paul. Koetschau (Aus dem Griechisch übersetzt), Des Origenes acht Bücher gegen Celsus. München, Verlag Josef & Friedrich Pustet 1926.

Band II.

Pseudoklementinen, Homilie.

Pseudo Klemens,

Διαθήκη τοῦ κυρίου ἡμῶν Ἰησοῦ Χριστοῦ.

A. P. de Lagarde, Reliquiae iuri ecclesiastici antiquissimae graece. 1856.

Platon,

Werke in acht Bänden Griechisch und Deutsch. Griechische Text von Léon Robin und Louis Méridia, deutsche Übersetzung von F. Schleiermacher. Damstadt 1990.

Band I, Prot.

Band III, Symposium.

Band IV, Politeia.

Band V, Parmenides, Phaidros.

Band VI, Sophistes, Theait..

Band VII, Timaios.

Band , Staat.

Band , Philodemos.

Plotin,

Enneaden. Paul Henry et Hans-Rudolf Schwyzer (Edt.) Plotini Opera. Tomus I, Porphyrii vita Plotini. Enneades. Paris 1951.

Band I

Band II

Band III

R. Harder, Plotins Schriften. Band I-V. 2. Aufl., Hamburg 1956-1960.

Porphyrius,

Περὶ ἀγαλμάτων.Fragment. In: K. Mras, Die Griechischen Christlichen Schriftsteller der ersten Jahrhunderte. Leipzig Berlin.

Prokopios von Gaza,

Epistome ad Exodum 20, 3. In: J. P. Migne, Patrologiae cursus completus. Ser. Graeca. 87/1.

Senea,

epistula.

28

41

68

110

115

116

Stephanos von Bostra, Λόγος κατὰ Ἰουδαίων (《驳犹太人》). In: B. Kotter, Die Schriften des Johannes von Damaskos. III. Contra imaginum calumniatores orationes tres. Patristische Text und Studien 17. Berlin-New York 1975. S

Symeon Thaumastoreites, Sermo. In: B. Kotter, Die Schriften des Johannes von Damaskos (Patristische Texte und Studien 17). Berlin - New York 1975. III (Contra imaginum calumniatores orationes tres).

Theodoros Studitēs, "Antirrhētikoi", In: Patrologia Graeca (PG). 99. J. P. Migne, 1860.

C. P. Roth, St. Theodore the Studite, On the Holy Icons. Crestwood (New Youk) 1981.

Ioannes von Thessalonike, J. D. Mansi, Sarorum conciliorum nova et amplissima collectio. Florentiae (Nachdruck Paris-Leipzig) 1902. Nr. 13.

Theodoretos von Kyros, Quaestio in Exodum 38. In: J. P. Migne, Patrologiae cursus completus. Ser. Graeca. Nr. 80.

Theodotos von Ancyra, In: P. J. Alexander, Dumbarton Oaks Paopers 7. Combridge Mass 1953. Nr. 20. J. D. Mansi, Sacrorum conciliorum nova et amplissima collectio. Florntiae (Nachdruck Paris-Leipzig) 1902. 13, 309E-312A. H. Hennephof (Ed.), Textus byzantinoj ad icnomachiam pertinentes. Leiden 1969 (Byzantina Neerlandica A 1). Nr. 241.

3. 合集

P. J. Alexander, Dumbarton Oaks Papers. 7. Cambridge Mass 1953.

H. Beckby (Hrsg.), Anthologia graeca. 2. Auflage. München o. J. (无出版年).

J. D. Mansi, Sacrorum conciliorum nova et amplissima collection. Florentiae (Nachdruck Paris-Leipzig 1902).

Vol. XIII.

J. Pitra, Spicilegium Solesmense. Parisiis 1852 (Nachdruck 1962).

H. Hennephof, Textus byzantinos ad iconomachiam pertinentes. Leiden 1969.

H. G. Thümmel, Byzantinoslavica 47. Prague 1986.

Corpus Scriptorum Ecclesiasticorum Latinorum, Vindovonae. (CSEL).

Patrologia Graeca (PG). J. P. Migne, 1860.

Nr. 13.

Nr. 32.

Nr. 99.

Nr. 100.

Nr. 101.

Nr. 102.

4. 其他

Libri Carolini

Synode von Konstantinopel 536, Actio V. In: J. D. Mansi, Sacrorum conciliorum nova et amplissima collectio. Florntiae (Nachdruck Paris-Leipzig) 1902.

二、中文原始文献

《圣经》思高本

三、西文工具书

1. 专业工具书

H. Denzinger, P. Hünermann, Enchiridion symbolorum definitionum et declarationum de rebus fidei et morum. 40. Auflage, Herder Verlag, Freiburg Basel Wien 2005.

Lexikon für Theologie und Kirche. Herder Verlag, Freiburg Basel Wien. 2006. Sonderausgabe.

Band 1.

Band 2.

Band 3.

Band 4.

Band 5.

Band 6.

Band 7.

Band 8.

Band 9.

Band 10.

Band 11.

Theologische Realenzklopädie. Walter de Gruyter Berlin New York 1993.

Studienausgabe Teil I,

Band 6.

Band 16.

Studienausgabe Teil II,

Band 21.

L. Schütz, Thomas-Lexikon. Zweite, sehr vergrößerte Auflage, Frederick Ungar Publishing co. (New York), 1957.

2. 字典

无

四、中文工具书

无

五、西文研究文献

P. J. Alexander, The Patriarch Nicephorus of Constantinople. Ecclesiastical Policy and Image Worship in the Byzantine Empire. Oxford 1958.

Jan Assmann, Ägypten. Eine Sinngeschichte. München 1996.

Rosario Assunto, Die Theorie des Schönen im Mittelalter. Aus dem Italienischen und Lateinischen von Christa Baumgarth. Du Mont Buchverlag Köln 1982.

John D. Barrow, Der kosmische Schnitt. Die Naturgesetze des Ästhetischen. Originaltitel: The Artful Universe. New York 1995. Aus dem Englischen übersetzt von Anita Ehlers. Heidelberg Berlin, 1997.

H. Bastgen (Hrsg.), Monumenta Germaniae Historica. Legum Sectio III, Concilia Tom. II Supplementum. Hannoverae/Lipsiae 1924 (unveränderter Nachdrucik 1979.).

W. Beierwaltes, Aequalitas numerosa. Zu Augustins Begriff des Schönen. In: Wissenschaft und Weisheit. Zeitschrift für augustinisch-franziskanische Theologie und Philosophie in der Gegenwart 38. Freiburg in Breisgau 1975.

Werner Beierwalters, Marsilio Ficinos Theorie des schönen im Kontext des Platonismus. Heidelberg 1980.

Werner Beierwalters, Denken des Einen. Studien zur neuplatonischen Philosophie und ihrer Wirkungsgeschichte. Frankfurt am Main 1985.

Werner Beierwalters, Das wahre Selbst. Studien zu Plotins Begriff des Geistes und des Einen. Frankfurt am Main 2001.

H. Belting, Bild und Kult. Eine Geschichte des Bildes vor dem Zeitalter der Kunst. München 1990.

M. Beyenka, St. Augustine and the hymns of St. Ambrose. In: The American Benedictine Review 34. 1972.

Karl Bihlmeyer, Kirchengeschichte. Verlag Ferdinand Schönigh, Paderborn 1960.

Band I.

Band II.

F. Billicsich, Das Problem des Übels in der Philosophie des Abendlandes. 2. Auflage, Wien 1955.

Band I.

Ernst Bloch, Zur Philosophie der Musik. Ausgewählt und herausgegeben von Karola Bloch. Frankfurt am Main, 1974.

Tatjana Böhme-Mehner und Motje Wolf (Hrsg.), Musik zwischen ästhetischer Interpretation und soziologischem Verständnis. Essen 2006.

F. Börtzler, Porphyrius Schrifte von den Götterbildern. Dissertationsschrift. Erlangen 1903.

Ursula Brandstätter, Grundfragen der Ästhetik. Bild-Musik-Sprache-Körper. Köln Weimar Wien 2008.

W. Braunfels, Die Welt der Karolinger und ihre Kunst. München 1968.

R. E. Brennaus, The Philosophy of Beauty in the "Enneads" of Plotin. In: The New Scholasticism 19 (1940).

Viktor Byčkov, 2000 Jahre Philosphie der Kunst im christlichen Osten. Alte Kirche, Byzanz, Rußland. Augustinus-Verlag Würzburg 2001.

E. Caspar, Papst Gregor II. Und der Bilderstreit. In: Zeitschrift für Kirchengeschichte 52, 1933.

L. Chapman, St. Augustine's Philosophy of Beauty. New York 1935.

Friedrich Creuzer, Plotini liber de pulcritudine. Heidelberg 1814. Nachdruck Hildesheim, New York 1976.

G. Dagron, Ikonokasmus und Begründung der Orthodoxie (726-847). In: Die

Geschichte des Christentums 4: Bischöfe, Mönche und Kaiser (642-1054). Hrsg.: G. Dragon, P. Riché, A. Vauchez. Deutsche Ausgabe, Hrsg.: E. Boshof. Freiburg Basel Wien 1994.

Johannes G. Deckers, Die frühchristliche und byzantinische Kunst. Verlag C. H. Beck. München 2007.

E. von Dobschütz, Christusbilder. Untersuchungen zur christlichen Legende. Leipzig 1899.

G. Dumeige, Nicäa II (Geschichte der Ökumenischen Konzilien IV). Mainz 1985.

Adolf Dyroff, "Über Form und Begriffgehalt der augustinischen Schrift "De ordine". In: Martin Grabmann, Joseph Mausbach (Hrsg.), Aurelius Augustinus. Die Festschrift der Görres-Gesellschaft zum 1500. Todestag des Heiligen Augustinus. Köln 1930.

H. Edelstein, Die Musik. Anschauung Augustins nach seiner Schrift "De musica". Inaugural Dissertation Freiburg 1928/29.

Hans Heinrich Eggebrecht, Die Musik und das Schöne. Müchen Zürich, 1997.

Georgios D. Farandos, Kosmos und Logos nach Philon von Alexandria. Amsterdam 1976.

Thomas Feist, Zur Bedeutung der musik in Kultur als Vermittler zwischen psychischen und sozialen Systemn. In: Musik zwischen ästhetischer Interpretation und soziologischem Verständnis. Herausgegeben von Tatjana Böhme-Mehner und Motje Wolf. Essen 2006.

Michael Fiedrowicz, Apologie im frühen Christentum. Die Kontroverse um den christlichen Wahrheitsanspruch in den ersten Jahrhunderten. Ferdinand Schöningh Verlag. Paderborn München Wien Zürich 2000.

K. Flasch, Das philosophische Denken im Mittelalter von Augustin zu

Machiavelli. Stuttgart 1986.

Jobst P. Fricke, Systemisches Denken in der Musikwissenschaft: Grundlagen, Ergebnisse und Perspektiven. In: Musik zwischen ästhetischer Interpretation und soziologischem Verständnis. Herausgegeben von Tatjana Böhme-Mehner und Motje Wolf. Essen 2006.

Enrico Fubini, Geschichte der Musikästhetik. Von der Antike bis zur Gegenwart. Aus dem Italienischen von Sabina Kienlechner. Stuttgart Weimar. 1997 (L'estetica musicale dall' antichità al settecento. In: Giulio Einaudi, editore, L'estetica musicale dal settecento a oggi. Torino 1987) .

A. Gardner, Theodore of Studium. His Life and Times (Philosophy and Religious History Monographs 151). London 1905.

A. Gethmann-Siefert, G. Bachl, J-P. Wils, R.. Bohren, Lexikonartikel, Ästhetik. In: Lexikon für Theologie und Kirche. Herder, Freiburg Basel Wien 2006. Band 1

Martin Grabmann, Joseph Mausbach (Hrsg.), Aurelius Augustinus. Die Festschrift der Görres-Gesellschaft zum 1500. Todestag des Heiligen Augustinus. Köln 1930.

Gregor Fidelis Gässler, Der Ordo-Gedanke unter besonderer Berücksichtigung von Augustinus und Thomas von Aquino. Sankt Augustin 1994.

A. Grabar, Plotin et les origines de l'esthétique médiéale. In: Cabiers archéologiques. Paris 1945.

A. Grabar, Martyrium. Recherches sur le culte des reliques et l' art Chrétien Antique. Band II. Paris 1946.

A. Grabar, L ' iconoclasme Byzantin. Dossier Archéologique. Paris 1957.

G. Greschake, Der Dreieine Gott. Eine trinitarische Theologie. 4. durchgesehene und erweiterte Auflage. Herder Verlag, Freiburg Basel Wien 2001.

Max Haas, Wolfgang Marx, Fritz Reckow (Hrsg.), Anschauungs- und Denkformen in der Musik. Bern 2002.

Max Haas, Anschauliches Denken—Gedachte Anschaulichkeit. Einige Überlegungen zur 'Musik' im Mittelalter. In: Anschauungs- und Denkformen in der Musik. Herausgegeben von Max Haas, Wolfgang Marx, Fritz Reckow. Bern 2002.

Eduard Hanslick, Vom Musikalisch-Schönen. Ein Beitrag zur Revision der Ästhetik der Tonkunst. 1. Auflage, Leipzig 1854. Unveränderter reprografischer Nachdruck, Darmstadt 1991.

F. Heinemann, Plotin. Forschungen über die plotinische Frage, Plotins Entwicklung und sein System, Leipzig 1921 (Neudruck Aalen 1973).

P. Herry, Plotin et l'occident. Louvain 1934.

K. Holl, Gesammelte Aufsätze zur Kircdhengeschichte. II. Der Osten. Tübingen 1928 (Nachdruck Darmstadt 1964).

Chr. Horn, Plotin über Sein, Zahl und Einheit. Eine Studie zu den systematischen Grundlagen der Enneaden, Stuttgart/Leipzig 1995.

K. Horst, Plotins Ästhetik. Gotha 1905. E. Krakowski, Une philosophie de l'amour et de la beauté. Paris 1929.

Herbert Hunger, Byzantinische Geisteswelt. Von Konstantin dem Grossen bis zum Fall Konstantinopels. Holle Verlag, Baden-Baden 1958.

Udo Reinhold Jeck, Gott in der Materie darstellen? Zum Grundverständnis des Kultbildes in Libri Carolini. In: Hermeneia 2. 1993.

H. Jedin, Handbuch der Kirchengeschichte. Herder Verlag, Freiburg Basel Wien 1999.

Band II/1.

Band II/2.

Band III/1.

Band III/2.

Philip Jeserich, Musica naturalis. Tradition und Kontinuität spekulativ-metaphysischer Musiktheorie in der Poetik des französischen Spätmittelalters. Stuttgart 2008.

J. Jungmann, Ästhetik. 2. Aufl., Freiburg in Breisgau 1884.

Adelbert Keller, Aurelius Augustinus und die Musik. Untersuchungen zu "De musica" im Kontext seines Schriftums. Würzburg 1993.

H. Kellner und G. Esser, Tertulian, Private und katechetische Schriften (Bibliothek der Kirchenväter), München 1912.

E. Kitzinger, The cult of images in the age before Iconoclasm. In: Dumbarton Oaks Papers. 1954. Band VIII.

Jacob Klein, Die griechische Logistik und die Entstehung der Algebra. Berlin 1936.

Paul Koetschao, Die Griechischen Christlichen Schriftsteller der ersten Jahrhunderte. Leipzig Berlin 1899.

Torsten Krannich, Christoph Schubert und Claudia Sode, Die ikonoklasitische Synode von Hiereia 754. Einleitung, Text, Übersetzung und Kommentar ihres Horos. Nebst einem Beitrag zur Epistula ad Constantiam des Eusebius von Cäsarea. Verlag Mohr Siebeck, Tübingen 2002.

Johann Kreuzer, Pulchritudo. Vom Erkennen Gottes bei Augustinus, München 1995.

Johann Kreuzer, Aurelius Augustinus De Trinitate (Bücher VIII-XI, XIV-XV, Anhang: V). Felix Meiner Verlag Hamburg 2001.

Gehard Krüger, Einsicht und Leidenschaft. Das Wesen des Platonischen Denkens. 4. Auflag. Frankfurt am Main 1973.

Godo Lieberg, Ästhetische Theorien der Antike, des Mittelalters und der Neuzeit. Darstellungen und Interpretationen. Universitätsverlag Dr. Norbert Brockmeyer. Bochum 2011.

A. Lombard, Constantin V., empereur des Romaines (740-775). Paris 1902.

A. F. Losev, Istorija estetiki. Pamjatniki mirovoj estetičeskoj mysli. Moskova 1962.

Band I.

A. F. Losev, Istorija antičnoj estetiki. Pozdnij ellinizm. Moskova 1980.

Miroslav Marcovich, Origenes. Contra Celsum Libri VIII. Leiden, Brill 2001.

E. J. Martin, History of the Iconoclastic Controversy. London 1930.

Klaus Mehner, Musik als Wahrnehmung—Musik als Kommunikation. In: Musik zwischen ästhetischer Interpretation und soziologischem Verständnis. Herausgegeben von Tatjana Böhme-Mehner und Motje Wolf. Essen 2006.

H. Menges, Die Bilderlehre des hl. Johannes von Damaskus. Diss. Theol. Münster 1937.

F. Normann, Teilhabe—ein Schlüsselwort der Vätertheologie. Münster 1978.

D. G. Ostorgorsky, Studien zur Geschichte des byzantinischen Bilderstreites. Breslau 1929. (Nachdruck, Amsterdam 1964).

Wohlfart Pannenberg, Analogie und Offenbarung. Eine kritische Untersuchung zur Geschichte des Analogiebegriffs in der Lehre von der Gotteserkenntnis. Göttingen 2007.

Günter Patzig, Über den ontologischen Status von Kunstwerken. In: Gesammelte schriften IV. Theoretische Philosophie. Göttingen 1996.

Carl Johann Perl, Aurelius Augustinus, Musik. (Erste Auflage, Leipzig 1937) Zweite Auflage, Paderborn 1940.

W. Perpeet, Ästhetik im Mittelalter. Freiburg München, 1977.

Paul J. Pfäffli, Die Liebe zur Musik verstehen? Natürliche Quellen musikalischen Wohlklangs. Frankfurt am Main, 2006.

Photius, Bibliotheca. Cod. 215. T. III, Ioannes Philoponos über Iamblichos. Ed R. Henry. Paris 1962.

Günther Pöltner, Philosophische Ästhetik. Grundkurs Philosophie 16. Verlag W. Kohlhammer. Stuttgart. 2008.

Erich Przywara S. J., Analogia Entis. Metaphysik I. München 1932.

Erich Raab, Psychologie Ästhetischer Urteile. Ästhetik und Experimentelle Psychologie. In: Harald Kaufmann (Hrsg.), Studien zur Wertungsforschung, Heft 4. Graz 1970.

Gyburg Radke, Die Theorie der Zahl im Platonismus. Ein systematisches Lehrbuch. Tübingen u. a. 2003.

Fritz Reckow, Anschauungs- und Denkformen in kunstwissenschaftlicher und speziell musikologischer Sicht. In: Anschauungs- und Denkformen in der Musik. Herausgegeben von Max Haas, Wolfgang Marx, Fritz Reckow. Bern 2002.

Frank Regen, Formlose Formen. Plotins Philosophie als Versuch, die Regreßprobleme des Platonischen Parmennides zu lösen. Göttingen 1988.

B. Rehm, J. Irmscher, F. Paschke, Die Griechischen Christlichen Schriftsteller der ersten Jahrhunderte. Leipzig Berlin 1899.

Zsigmond RitoÓk, Griechische Musikästhetik. Frankfurt am Main 2004.

M. Schapiro, On the Aesthetic Attitude in Romanesque Art. In: Art and Thought. Issued in honour of A. K. Coomaraswamy. Ed. K. B. Iyer (London 1947).

H. Schaeder, Die Christianisierung der Aristotelischen Logik in der byzantinischen Theologie, repräsentiert durch Johannes von Damaskus († ca. 750) und Gregor Palamas († ca. 1359). In: Kerygma und Dogma 8.

1962.

Arbogast Schmitt, "Zur Erkenntnistheorie bei Platon und Descartes". In: Antike und Abendland 35. 1989.

A. Schmitt, Zahl und Schönheit in Augustins De musica VI. In: Würzburger Jahbücher für die Altertumswissenschaft. N. F. 16. 1990.

C. Schneider, Geistersgeschichte des antiken Christentums. München 1954. Band I.

C. Schönborn, Die Christus-Ikone. Eine theologische Hinführung. Schaffhausen 1984.

K. Schwarzlose, Der Bilderstreit. Ein Kampf der griechischen Kirche um ihre Eigenart und ihre Freiheit. Gotha 1890.

G. Seubold, Lexikonartikel, Schönheit. In: Lexikon für Theologie und Kirche. Herder, Freiburg Basel Wien 2006. Band 9.

Henning Siedentopf, Das Werturteil in der Musik. Tübingen 1991.

O. Stählin (Hrsg.), Clemens Alexandrinus, I, Protreticus und Pädagogus. München 1905.

Edith Stein, Wege der Gotteserkenntnis—Dionysius der Areopagit und seine symbolische Theologie. München 1979.

U. Störmer-Caysa, Augustins Philosophischer Begriff. Ein Vorschlag zum Verständnis der 'Distentio Animi' im Lichte von 'De musica'. Berlin 1996.

B. R. Suchla, Pseudo-Dionysius Areopagita, Die Namen Gottes. Eingeleitet, übersetzt und mit Anmerkungen versehen. BGL 26. Stuttgart 1988.

Tatarkevič, Antičnaja estetika. Moskova 1977.

Władysław Tatarkiewicz, Historia Estetyki. II. Estetyka Sredniowieczna. 1. Auflage Ossolineum (Warschau1962), 2. Auflge Pań stwowe Wydawnietw

Naukowe (PWN, Polnischer Wissenschafts-Verlag), Waschau 1970. Deutsche Übersetzung von Alfred Loepfe, Geschichte der Ästhetik. Zweiter Band, Die Ästhetik des Mittelalters Schwae & Co AG Verlag, Basel/Stuttgart 1980.

Wilhelm Thimme, Augustins geistige Entwicklung in den ersten Jahren nach seiner "Bekehrung", 386-394. Berlin 1908.

H. G. Thümmel, Bilderlehre und Bilderstreit. Arbeiten zur Auseinandersetzung über die Ikone und ihre Begrundung vornehmlich im 8. und 9. jahrhundert (Das östliche Christentum. NF 40). Würzburg 1991.

H. G. Thümmel, Die Frühgeschichte der ostkirhlichen Bilderlehre. Text und Untersuchungen zur Zeit vor dem Bilderstreit (Texte und Untersuchungen zur Geschichte der altchristlichen Literatur 139). Berlin 1992.

E. Troeltsch, Augustin, die christliche Antike und das Mittelalter, im Anschluss an die Schrift "De civitate". München Berlin Oldenburg 1915.

Peter Tschuggnall, Theo Art. Betrachtungen zu Literatur, Musik und Religion im Spannungsfeld von Ästhetik und Treologie. Anif/Salzburg 2004.

Thorsten Valk, Literarische Musikästhetik. Eine Diskursgeschichte von 1800 bis 1950. Frankfurt am Main, 2008.

R. Volkmann, Die Höhe der antiken Ästhetik oder Plotins Abhandlungen vom Schönen. Stettin 1860.

Kurt. Weitzmann, The Monastery of saint Catherin at Mount Sinai. The Icon. Vol. I: From the Sixth to the Tenth Century. Princeton 1976.

Kurt. Weitzmann, M. Chatzidakis, S. Radojčič, Die Ikonen. Simai, Griechenland und Jugoslawien. Rheingauer Verlagsgesellschaft für die Deutsche Ausgabe. Eltville am Rhein 1978.

Kurt Weitzmann, Die Ikone. Prestel-Verlag München 1978.

六、中文研究文献

徐龙飞:

"存在之美与此间世界之美"。《云南大学学报》哲社版,2009年第2期。

"基督宗教哲学的独立:终结还是开端?—试析(托名)狄奥尼修斯的哲学神学本体论"(上),《云南大学学报》哲学社会科学版,2010年第3期。

"基督宗教哲学的独立:终结还是开端?—试析(托名)狄奥尼修斯的哲学神学本体论"(下),《云南大学学报》哲学社会科学版,2010年4期。

"论(托名)狄奥尼修斯《神秘神学》的神秘神学"的相关论述,《云南大学学报》哲学社会科学版,2011年6期。

《形上之路—基督宗教的哲学建构方法研究》,北京大学出版社2013年。

"神秘神学方法研究",《哲学门》第十二卷第二册,2011年。

七、中文译本

无